国家卫生健康委员会住院医师规范化培训规划教材

全科医学

General Practice

第 2 版

主　编　于晓松　季国忠
副主编　路孝琴　迟春花　王永晨　任菁菁

人民卫生出版社
·北京·

图书在版编目（CIP）数据

全科医学 / 于晓松，季国忠主编 . —2 版 . —北京：人民卫生出版社，2023.3（2024.3重印）
国家卫生健康委员会住院医师规范化培训规划教材
ISBN 978-7-117-33441-9

Ⅰ . ①全…　Ⅱ . ①于…②季…　Ⅲ . ①家庭医学 — 职业培训 — 教材　Ⅳ . ①R499

中国版本图书馆 CIP 数据核字（2022）第 141322 号

人卫智网	www.ipmph.com	医学教育、学术、考试、健康，购书智慧智能综合服务平台
人卫官网	www.pmph.com	人卫官方资讯发布平台

全 科 医 学
Quanke Yixue
第 2 版

主　　编：于晓松　季国忠
出版发行：人民卫生出版社（中继线 010-59780011）
地　　址：北京市朝阳区潘家园南里 19 号
邮　　编：100021
E - mail：pmph @ pmph.com
购书热线：010-59787592　010-59787584　010-65264830
印　　刷：保定市中画美凯印刷有限公司
经　　销：新华书店
开　　本：850×1168　1/16　印张：26
字　　数：880 千字
版　　次：2016 年 5 月第 1 版　　2023 年 3 月第 2 版
印　　次：2024 年 3 月第 2 次印刷
标准书号：ISBN 978-7-117-33441-9
定　　价：85.00 元

打击盗版举报电话：**010-59787491**　**E-mail: WQ @ pmph.com**
质量问题联系电话：**010-59787234**　**E-mail: zhiliang @ pmph.com**
数字融合服务电话：**4001118166**　**E-mail: zengzhi @ pmph.com**

编 者 名 单

编　者（按姓氏笔画排序）

于晓松　中国医科大学附属第一医院

马　力　首都医科大学附属北京天坛医院

马　岩　北京市朝阳区潘家园第二社区
　　　　卫生服务中心

马中富　中山大学附属第一医院

王　爽　中国医科大学附属第一医院

王　敏　山东大学齐鲁医院

王永晨　哈尔滨医科大学附属第二医院

王荣英　河北医科大学第二医院

王留义　河南省人民医院

占伊扬　江苏省人民医院

史　玲　上海市普陀区长风街道长风社区
　　　　卫生服务中心

冯　玫　山西白求恩医院

朱新业　西安交通大学第二附属医院

任菁菁　浙江大学医学院附属第一医院

江孙芳　复旦大学附属中山医院

苏巧俐　四川大学华西医院

李　健　深圳市人民医院／四川泰康医院

李洁华　安徽医科大学第一附属医院

肖　雪　遵义医科大学附属医院

吴亚楠　昆明医科大学第一附属医院

迟春花　北京大学第一医院

张存泰　华中科技大学同济医学院附属
　　　　同济医院

张剑锋　广西医科大学第二附属医院

陈　红　四川省医学科学院·四川省人民医院

陈丽英　浙江大学医学院附属邵逸夫医院

季国忠　南京医科大学第二附属医院

周立红　哈尔滨医科大学附属第一医院

赵晓光　西安医学院第一附属医院

顾申红　海南医学院第一附属医院

龚　涛　北京医院

蒋静涵　皖南医学院

韩　珏　杭州市上城区闸弄口街道社区
　　　　卫生服务中心

曾学军　中国医学科学院北京协和医院

路孝琴　首都医科大学

薛志敏　中南大学湘雅二医院

编写秘书　陈歆悦　中国医科大学附属第一医院

出 版 说 明

为配合 2013 年 12 月 31 日国家卫生计生委等 7 部门颁布的《关于建立住院医师规范化培训制度的指导意见》，人民卫生出版社推出了住院医师规范化培训规划教材第 1 版，在建立院校教育、毕业后教育、继续教育三阶段有机衔接的具有中国特色的标准化、规范化临床医学人才培养体系中起到了重要作用。在全国各住院医师规范化培训基地 4 年多的使用期间，人民卫生出版社对教材使用情况开展了深入调研，全面征求基地带教老师和学员的意见与建议，有针对性地进行了研究与论证，并在此基础上全面启动第二轮修订。

第二轮教材依然秉承以下编写原则。①坚持"三个对接"：与 5 年制的院校教育对接，与执业医师考试和住培考核对接，与专科医师培养与准入对接；②强调"三个转化"：在院校教育强调"三基"的基础上，本阶段强调把基本理论转化为临床实践、基本知识转化为临床思维、基本技能转化为临床能力；③培养"三种素质"：职业素质、人文素质、综合素质；④实现"三医目标"：医病、医身、医心；不仅要诊治单个疾病，而且要关注患者整体，更要关爱患者心理。最终全面提升我国住院医师"六大核心能力"，即职业素养、知识技能、患者照护、沟通合作、教学科研和终身学习的能力。

本轮教材的修订和编写特点如下：

1. 本轮教材共 46 种，包含临床学科的 26 个专业，并且经评审委员会审核，新增公共课程、交叉学科以及紧缺专业教材 6 种：模拟医学、老年医学、临床思维、睡眠医学、叙事医学及智能医学。各专业教材围绕国家卫生健康委员会颁布的《住院医师规范化培训内容与标准（试行）》及住院医师规范化培训结业考核大纲，充分考虑各学科内亚专科的培训特点，能够符合不同地区、不同层次的培训需求。

2. 强调"规范化"和"普适性"，实现培训过程与内容的统一标准和规范化。其中临床流程、思维与诊治均按照各学科临床诊疗指南、临床路径、专家共识及编写专家组一致认可的诊疗规范进行编写。在编写过程中反复征集带教老师和学员意见并不断完善，实现"从临床中来，到临床中去"。

3. 本轮教材不同于本科院校教材的传统模式，注重体现基于问题的学习（PBL）和基于案例的学习（CBL）的教学方法，符合毕业后教育特点，并为下一阶段专科医师培养打下坚实的基础。

4. 充分发挥富媒体的优势，配以数字内容，包括手术操作视频、住培实践考核模拟、病例拓展、习题等。通过随文或章节二维码形式与纸质内容紧密结合，打造优质适用的融合教材。

本轮教材是在全面实施以"5+3"为主体的临床医学人才培养体系，深化医学教育改革，培养和建设一支适应人民群众健康保障需要的临床医师队伍的背景下组织编写的，希望全国各住院医师规范化培训基地和广大师生在使用过程中提供宝贵意见。

融合教材使用说明

本套教材以融合教材形式出版,即融合纸书内容与数字服务的教材,读者阅读纸书的同时可以通过扫描书中二维码阅读线上数字内容。

如何获取本书配套数字服务?

第一步:安装 APP 并登录

扫描下方二维码,下载安装"人卫图书增值"APP,注册或使用已有人卫账号登录

第二步:扫描封底二维码

使用 APP 中"扫码"功能,扫描教材封底圆标二维码

第三步:输入激活码,获取服务

刮开书后圆标二维码下方灰色涂层,获得激活码,输入即可获取服务

配 套 资 源

➤ **配套精选习题集:**《全科分册》 主编:迟春花 董爱梅
➤ **电子书:**《全科医学》(第2版) 下载"人卫"APP,搜索本书,购买后即可在 APP 中畅享阅读。
➤ **住院医师规范化培训题库** 中国医学教育题库——住院医师规范化培训题库以本套教材为蓝本,以住院医师规范化培训结业理论考核大纲为依据,知识点覆盖全面、试题优质。平台功能强大、使用便捷,服务于住培教学及测评,可有效提高基地考核管理效率。题库网址:tk.ipmph.com。

主 编 简 介

于晓松

教授，主任医师，博士研究生导师，享受国务院政府特殊津贴，中国医科大学全科医学学科带头人，中国医科大学附属第一医院全科医学住培基地主任；中华医学会全科医学分会前任主任委员、教育部高等学校医学人文素养与全科医学教学指导委员会副主任委员。

从事全科医学、医学教育与评价教学、医疗和研究近40年，尤其近20余年全身心投入推进我国全科医学快速发展与全面提升全科医生培养质量的工作。构建中国全科医生岗位胜任力，为全科医生培养与评价提供依据；创新全科医学院校教育，全面改革临床医学类专业本科核心课程《全科医学概论》，主编中国医学教育干细胞教材《全科医学概论》；不断探索全科医生培养模式，率先实践全科医学住培学员全科医学科轮转，并提出中国全科医生职业置信行为评价框架，为全科医生的精准评价提供了更适宜的方法；构建综合医院全科医学科配置与建设指标体系，指导全科医学科的建设，全方位引领我国全科医学发展与全科医生培养。主持、参加国家自然科学基金等项目10余项，发表文章百余篇。作为主编、副主编等编写了10余部教材。培养博士、硕士研究生百余名。获首届全国教材建设奖"全国教材建设先进个人"、辽宁省教学名师等荣誉，国家级一流本科课程负责人，三次获得辽宁省教学成果奖一等奖。

季国忠

教授，主任医师，博士研究生导师，享受国务院政府特殊津贴，现任南京医科大学第二附属医院(临床医学院)党委书记。兼任中国医院协会病案管理委员会副主任委员，教育部临床医学专业教育指导委员会委员，中国医师协会消化医师分会委员，江苏现代医院管理研究中心理事长，江苏省医院协会互联网医疗服务专委会主任委员，江苏省病案质控及基层医疗质控中心主任，江苏省临床重点学科(消化病学)带头人，江苏省医学会消化及内科学分会副主任委员。曾任江苏省全科医学(社区医生)高级职称评审委员会主任委员。

从事临床医疗、教学科研及管理工作30余年，主持10余项省级及以上医学及管理研究课题；主编或参编多部医学和管理书籍；培养了包括全科医学在内的硕士、博士研究生70余名；发表论文近百篇；获中华医学科技奖等奖项八项。

副主编简介

路孝琴

教授,博士研究生导师。现任教育部高等学校医学人文素养与全科医学教学指导委员会副主任委员,中华医学会全科医学分会副主任委员,中国医疗保健国际交流促进会全科医学分会主任委员,北京医学会全科医学分会主任委员,北京市社区卫生协会副会长。

自 1992 年开始从事全科医学人才培养、培训基地建设和科研等一线工作,曾赴以色列特拉维夫大学、加拿大多伦多大学等进修。主持多项省级及以上课题,以第一作者和遥信作者发表研究论文 70 余篇,主编、副主编全科医学教材 10 余部,担任《中国全科医学》《中华全科医师杂志》等期刊编委。获教育部教学成果奖二等奖 1 项、中华医学科技奖三等奖 1 项、北京市教育教学成果奖一等奖和二等奖各 1 项。

迟春花

教授,主任医师,博士研究生导师。现任北京大学第一医院全科医学科主任,北京大学医学部全科医学学系主任,北京大学医学部全科医学发展研究中心主任,北京大学健康医疗大数据国家研究院基层健康大数据研究中心主任。任第九届中华医学会全科医学分会主任委员,吴阶平医学基金会全科医学部主任委员,中国老年保健协会全科整体医疗健康专业委员会名誉主任委员,中国研究型医院学会医学科普专业委员会常务副主委兼秘书长等职。

多年来致力于推动我国全科医学领域医疗、教学和科研的全面发展,持续推进全科医学人才培养和基层医疗机构能力建设。担任《中华全科医师杂志》副总主编,《中华全科医学》副主编,《中国全科医学》编委。发表论文 100 多篇,其中 SCI 收录 11 篇。主编教材 6 部、副主编教材 4 部。以编写专家组组长身份参与《基层医疗卫生机构合理用药指南》、常见病基层诊疗指南的编写工作,共刊发 50 项指南,其中以执笔专家或通讯作者参与撰写的指南或共识共 5 篇。

王永晨

　　教授,主任医师,博士研究生导师,现任哈尔滨医科大学附属第二医院党委书记、全科医学学科带头人。兼任中华医学会全科医学分会候任主任委员、教育部高等学校医学人文素养与全科医学教学指导委员会委员、中国研究型医院学会副会长、国家卫生标准委员会医疗机构管理专业委员会副主任委员、中国医院协会疾病与健康管理专业委员会副主任委员、黑龙江省医学会全科医学分会主任委员。《中国医院管理》及《寒地医学(英文)》(*Frigid Zone Medicine*)副主编、《中华全科医师杂志》和《中国全科医学》编委。

　　从事医学教育与管理工作30余年,主要研究方向为全科医学教育与慢性病管理。主持国家自然科学基金、中国疾病预防控制中心重大专项子课题、黑龙江省自然科学基金、黑龙江省科技攻关项目等课题20余项,发表SCI收录及国家核心期刊论文80余篇。主编、参编全科医学国家级规划教材多部。

任菁菁

　　教授,主任医师,博士研究生导师。现任浙江大学医学院附属第一医院全科医疗科主任,2019年吴阶平全科医生奖获奖者,中华医学会全科医学分会委员,海峡两岸医药卫生交流协会全科医学专业委员会常务委员,中国医师协会全科医师分会常务委员,中国医师协会全科医生教育培训专家委员会委员,中国老年医学学会公共健康服务分会副会长,浙江省医学会全科医学分会候任主任委员。

　　从事全科临床、教学与科研工作20余年,曾赴美国西弗吉尼亚大学与西澳全科教育培训中心等机构学习。主持国家自然科学基金等多项课题研究,获得浙江省科学技术奖一等奖,发表文章百余篇,主编、参编多部书籍与教材,担任多个杂志编委及审稿专家。

前　言

随着我国社会经济的发展、医药卫生体制改革的不断深入以及人民群众健康需求的不断变化,全科医学的重要性日益凸显。2018年1月《国务院办公厅关于改革完善全科医生培养与使用激励机制的意见》提出:到2030年,适应行业特点的全科医生培养制度更加健全,使用激励机制更加完善,城乡每万名居民拥有5名合格的全科医生,全科医生队伍基本满足健康中国建设需求。党的二十大报告明确指出,要"促进优质医疗资源扩容和区域均衡布局,坚持预防为主,加强重大慢性病健康管理,提高基层防病治病和健康管理能力"。为了实现这些目标和要求,医学教育要积极探索全科医学人才培养的新途径、新模式。为此,我们在国为全科医学发展和实践的基础上,汇集了国内权威的全科医学专家的教学和医疗实践经验编写了本教材。本教材为国家卫生健康委员会住院医师规范化培训规划教材之一,读者对象为包括全科医学在内的各专业住院医师,旨在帮助全科医生与其他专科医师进一步强化全科医学理念、诊疗思维与基本技能,学习如何运用全科医学基础理论、基本知识与技能,结合最佳研究证据,为人民群众提供优质全科医疗服务,使其他专科医师了解基层常见健康问题和疾病的全科医学诊疗方法,加强专科与全科之间的交流合作。本教材也可作为基层全科医生转岗培训、继续教育以及卫生机构管理人员等卫生技术人员全科医学知识培训的教材。

全书共分五篇三十八章。第一篇为全科医学基本理论,包括全科医学概述、以人为中心的健康照顾、以家庭为单位的健康照顾、以社区为范围的健康照顾、以预防为导向的健康照顾、全科医疗中的临床诊断思维、全科医学医患关系与伦理学问题、循证医学在全科医疗实践中的应用和社区健康管理等内容。第二篇、第三篇和第四篇为临床实践篇,均采用病例引导的形式。第二篇介绍社区常见症状及处理。第三篇重点介绍社区常见慢性病预防与管理,包括原发性高血压、冠状动脉粥样硬化性心脏病、糖尿病、慢性阻塞性肺疾病、支气管哮喘、胃食管反流病、消化性溃疡、骨质疏松症、血脂异常和脂蛋白异常血症、卒中等疾病。第四篇侧重介绍常见恶性肿瘤的临床预防,包括肺癌、胃癌、肝癌、大肠癌、乳腺癌、宫颈癌。第五篇为社区和家庭意外伤害及预防。

近年来全科医学能够快速发展,正是因为全科医学服务契合了人民的需求,顺应了时代发展的要求。新时代催人奋进,新征程任重道远。让我们与医学界同仁携手,为建立全科医生制度,实施健康中国战略,实现"健康梦、中国梦"而共同努力。

于晓松

2022年10月

目　录

第一篇　全科医学基本理论 ··· 1

第一章　全科医学概述 ··· 2
　　第一节　全科医学产生基础及在中国的发展前景 ··· 2
　　第二节　全科医学、全科医疗和全科医生 ··· 6
　　第三节　全科医疗的基本原则 ·· 10
　　第四节　全科医学教育 ·· 13

第二章　以人为中心的健康照顾 ··· 17
　　第一节　两种不同的照顾模式 ··· 17
　　第二节　以人为中心的健康照顾的实施 ··· 20
　　第三节　健康信念模型与患者管理 ·· 23

第三章　以家庭为单位的健康照顾 ··· 26
　　第一节　家庭的定义、结构和功能 ·· 26
　　第二节　家庭对健康和疾病的影响 ·· 30
　　第三节　家庭生活周期 ·· 30
　　第四节　家庭资源与家庭危机 ··· 31
　　第五节　家庭评估常用工具 ·· 33
　　第六节　以家庭为单位的健康照顾方式 ··· 40

第四章　以社区为范围的健康照顾 ··· 44
　　第一节　社区及社区健康影响因素 ·· 44
　　第二节　社区医学与基层医疗 ··· 47
　　第三节　社区诊断的基本内容与方法 ·· 50

第五章　以预防为导向的健康照顾 ··· 54
　　第一节　预防医学的概述 ··· 54
　　第二节　全科医疗中常见的临床预防服务 ·· 57

第六章　全科医疗中的临床诊断思维 ·· 64
　　第一节　以问题为导向的临床诊断思维 ··· 64
　　第二节　全科医疗中的临床诊断策略 ·· 68

第七章　全科医学医患关系与伦理学问题 ··· 73
　　第一节　全科医学中的医患关系 ·· 73
　　第二节　全科医学中的医患沟通 ·· 76
　　第三节　全科医学中的伦理学问题 ·· 80

第八章　循证医学在全科医疗实践中的应用 ·· 85

第九章　社区健康管理 ··· 94
　　第一节　健康管理概述 ·· 94
　　第二节　健康管理的策略 ·· 97
　　第三节　肺结核健康宣传教育 ·· 103

第二篇　社区常见症状及处理 ··· 105

第十章　咳嗽 ··· 106

第十一章　胸痛 ··· 113

第十二章　发热 ··· 122

第十三章　眩晕 ··· 130

第十四章　腹痛 ··· 137

第十五章　腰背痛 ·· 145

第十六章　睡眠障碍 ·· 151

第十七章　头痛 ··· 159

第三篇　社区常见慢性病预防与管理 ·· 165

第十八章　原发性高血压 ·· 166

第十九章　冠状动脉粥样硬化性心脏病 ·· 190

第二十章　糖尿病 ·· 201

第二十一章　慢性阻塞性肺疾病 ··· 215

第二十二章　支气管哮喘 ·· 226

第二十三章　胃食管反流病 ·· 239

第二十四章　消化性溃疡 ·· 247

第二十五章　骨质疏松症 ·· 252

第二十六章　血脂异常和脂蛋白异常血症 ··· 264

第二十七章　卒中 ·· 273
　　第一节　缺血性卒中 ·· 273
　　第二节　出血性卒中 ·· 280

第二十八章　骨关节炎 ·· 287

第二十九章　甲状腺功能异常 ·· 300
　　第一节　甲状腺功能亢进症 ··· 300
　　第二节　甲状腺功能减退症 ··· 304

第三十章　心理疾病 ··· 311
　　第一节　焦虑症 ·· 311
　　第二节　抑郁症 ·· 314

第四篇　常见恶性肿瘤的临床预防 ……………………………………………………… 323

第三十一章　肺癌 ……………………………………………………………………… 324

第三十二章　胃癌 ……………………………………………………………………… 329

第三十三章　肝癌 ……………………………………………………………………… 340

第三十四章　大肠癌 …………………………………………………………………… 345

第三十五章　乳腺癌 …………………………………………………………………… 352

第三十六章　宫颈癌 …………………………………………………………………… 364

第五篇　社区和家庭意外伤害及预防 …………………………………………………… 377

第三十七章　社区常见意外伤害及预防 ……………………………………………… 378

第三十八章　家庭常见意外伤害及预防 ……………………………………………… 387

中英文名词对照索引 …………………………………………………………………… 395

推荐阅读文献 …………………………………………………………………………… 399

住培考典 …………………………………………………………………………………

　　考核大纲 ………………………………………………………………………………

　　大赛视频 ………………………………………………………………………………

第一篇
全科医学基本理论

第一章　全科医学概述

全科医学(general practice)又称"家庭医学(family medicine)",是临床医学二级学科。全科医生是身兼医生、教育者、咨询者、健康监护人、卫生服务协调者、居民健康"守门人"等数种角色的综合程度较高的医学人才,主要在基层承担预防保健、常见病多发病诊疗和转诊、患者康复和慢性病管理、健康管理等一体化服务。

全科医学伴随着社会经济的快速发展与人民生活水平的不断提高和城乡居民对健康需求的不断变化而产生和发展。推进全科医疗有利于提高基层医务人员的基本素质,改善医德医风,提高医疗服务水平和质量;有利于合理地使用卫生资源,降低医疗费用,充分满足社区居民的卫生服务需求;有利于实现人人健康的战略目标,因而受到各国政府和医学界的高度重视并得以不断发展。

第一节　全科医学产生基础及在中国的发展前景

一、全科医学产生基础

(一) 人口迅速增长与老龄化

随着各国的社会经济条件普遍改善,公共卫生事业快速发展,促进了人类长寿,人口数量迅猛增长。许多国家 60 岁及以上人口所占的比例日趋增大,在发达国家和部分发展中国家超过了 10%,进入了老龄化社会。我国在 2000 年已正式宣告进入老龄化社会,2021 年末 60 岁及以上人口达 18.7%。

人口老龄化给社会造成了巨大的压力。一方面,社会劳动人口比例下降,老年人赡养系数明显增大,使社会的经济负担加重;另一方面,进入老年后,其生理功能衰退,慢性退行性疾病多发,行为能力减退,社会地位和家庭结构以及心理、精神方面的变化,使老年人的生活质量全面下降,"长寿"和"健康"成为两个相互矛盾的目标。而高度专科化的生物医学模式因其医疗服务的狭窄性、阶段性和费用昂贵,加剧了这一矛盾。如何帮助老年人全面提高生活质量,使其得以安度晚年,越来越成为各国公众和医学界共同关注的热门话题。

(二) 疾病谱与死因谱的变化

20 世纪 40 年代,由于抗生素的成功研制,拯救了许多严重感染的患者,给人类带来了巨大希望。由此开始,千百年来影响人类健康的传染病得到控制。传染病和营养不良症在疾病谱与死因谱上的顺位逐渐下降,而慢性退行性病、与生活方式及行为有关的疾病等已经成为影响人类健康的主要因素,心脑血管病、恶性肿瘤和意外死亡已成为世界各国共同的前几位死因。疾病谱的变化向现代医学及医疗服务系统提出了新的要求,具体包括:服务时间要求长期而连续;服务内容要求生物、心理、社会、环境全方位;服务地点要求以家庭和社区为主;服务类型要求综合性照顾(包括医疗、预防、康复、保健、教育、咨询等干预)重于单独医疗干预;服务方式要求医患双方共同参与,强调患者的主动性和自觉性,而不仅仅是被动地遵从医嘱。

(三) 医学模式的转变

所谓医学模式,是指医学整体上的思维方式或方法,即以何种方式解释和处理医学问题。医学模式受到不同历史时期的科学、技术、哲学和生产方式等方面的影响,人类历史上经历了多种不同的医学模式,如现代的生物医学模式、生物 - 心理 - 社会医学模式。

生物医学模式把人作为生物体看待,致力于寻找每一种疾病特定的病因和病理生理变化,并研究相应的生物学治疗方法。生物医学模式在特定的历史阶段对防治疾病、维护人类健康作出了巨大贡献。而且一直是近代医学科学界占统治地位的思维方式,也是大多数专科医生观察处理其领域问题的基本方法。但生物医学模式无法解释某些疾病的心理社会因素,以及疾病造成的种种心身不适,无法解释生物学与行为科学的相关性,更无法解决慢性病患者的心身疾病和生活质量降低等问题。随着疾病谱的变化和病因病程的多样化,生物医学模式的片面性和局限性也日益显现。自 19 世纪末,随着预防医学、流行病学、行为科学、心身医学、免疫学、医学哲学等领域的发展,系统论的思维逐渐被接受,从而产生了新的医学模式。

生物 - 心理 - 社会医学模式的概念是由美国医生 G. L. Engle 于 1977 年首先提出的,是一种多因多果、立体网络式的系统论思维方式。它认为人体是一个开放系统,通过与周围环境的相互作用以及系统内部的调控能力决定健康状况。因此,生物医学仍是这一模式的基本内容之一,其还原方法被整合到系统论的框架中,与整体方法协调使用。无论是医学的科学特征、医生的诊疗模式或医疗保健事业的组织形式,都将根据新的模式进行调整,使之适应医学模式转变的需要。

(四)医疗费用的快速上涨

20 世纪 60 年代以来,各国都面临医疗费用的快速增长问题,其主要原因为高技术医学的发展和人口老龄化。高技术医学的发展使医疗投入急剧增长,而对改善人类总体健康状况却收效甚微,即成本的投入与其实际效果 / 效益相距甚远。这种资源的不合理分配,不仅使政府不堪重负,也使公众十分不满。因此,人们迫切要求改变现行医疗服务模式,合理利用有限的医疗卫生资源,使其得到及时、方便、优质、价廉的基本医疗卫生服务。

目前世界公认的理想保健体系是正三角形(又称"金字塔形")。其宽大的底部是可以被群众广泛利用、立足于社区、提供基本医疗保健和公共卫生服务的基层医疗卫生机构(全科医疗诊所与社区卫生服务中心);中部是二级医院、慢性病院、护理院和其他能处理需要住院常见问题的机构;顶部是利用高技术处理疑难危重问题的少数三级医院。医生人力有一半以上在基层从事社区卫生服务,体现了卫生资源分配上对社区的倾斜;而所有民众的首诊医疗保健都在基层解决,体现了卫生资源利用对社区的重视。

这种正三角形医疗保健体系意味着不同级别医疗保健机构功能的分化:即不同级别的医疗保健机构各司其职,大医院集中于解决疑难危重问题和高技术的研究,并作为基层医疗的学术与继续医学教育的后盾;基层机构则全力投入社区人群的基本医疗保健工作。在医疗保健系统中充分发挥基层医疗和居民健康"守门人"作用,以较低的医疗费用、有限的卫生资源取得较为理想的居民健康效果。

二、全科医生在卫生改革中的使命

社区作为医学人才培养和科学研究的重要场所,体现了近年来世界范围内卫生改革的方向。作为社区卫生服务的学术核心和业务骨干,全科医生在承担基本诊疗工作的同时,还被赋予了更重要的历史使命。

(一)承担三级预防

生物医学模式的健康观认为,健康就是没有疾病。它在健康与疾病之间划了一条界线,可以称之为"非此即彼"。因为易于操作,所以被医生广泛接受。其缺陷是过于片面,不包括许多病理基础不明的疾病或功能问题;同时过于武断和静止,而疾病的发生与发展是动态的,疾病的早期或前期可能没有明显临床表现,特别是许多慢性病。因而完全遵照这一理念将有可能失去疾病早期的有效干预机会。

世界卫生组织 1948 年给出的健康定义,即"健康是身体上、精神上和社会适应上的完好状态,而不仅是没有疾病或虚弱"。这种定义适应现代社会的多元思维要求,认为良好的健康状况要由全社会共同创造,并强调自我保健责任。同时,它认为健康是一种"状态",即把健康和疾病看作是并存于一个连续统一体中的动态过程,若能及时发现并控制作用于人体的健康危险因素和致病因素,开展健康促进和疾病预防,即可促使健康向疾病发展的进程逆转或减缓。而体现综合性保健观念的预防战略及其按照疾病自然史的不同发展阶段设计的三级预防措施,则为落实这种新型健康观提供了有力的措施。

慢性病三级预防是根据疾病周期(健康—疾病—康复)实施的综合性预防措施,它涉及预防、医疗、康复、心理、行为、社会等许多领域,需要多学科人员共同承担。而由于其出发点是慢性病防治,因此全科医生是进行长期综合性照顾的主要成员。全科医生作为个人和家庭的责任制保健医生,以在社区提供综合性、持续性、协调性服务见长,理应为社区、家庭和个人承担三级预防任务。

(二)发展"照顾医学"

这一使命的提出,来源于"医学目的(the goal of medicine)"的讨论。这场严肃的学术讨论,是在 20 世纪

80 年代中期由美国哈斯廷斯中心 Daniel Callahan 教授发起。在世界卫生组织的支持下,有 13 个不同发达程度的国家参与了该项研究计划。该项研究号召各国医学界、政府和公众"审查医学目的",敦促从"治愈医学(cure medicine)"和高科技医学优先选择,转移到"照顾医学(care medicine)",重点是预防疾病和维护、促进健康。

医学的传统目的可以归纳为三个方面:对抗疾病和延长生命,促进和维护健康,以及解除疼痛和疾苦。随着现代医学的飞速发展,使得人们对于上述三者之一,即对抗疾病和延长生命格外青睐,似乎只要投入足够的金钱和对科学的热忱,医学将能够治愈所有疾病,死亡被视为医学的失败。当社会越来越难以继续为对抗疾病付出高昂代价之时,当大量宝贵资源(甚至是 90% 以上的资源)用于"最后的安慰"时,对医学目的的其他方面,如促进 / 维持健康、解除病痛却投入甚少,并处理乏术。为此,该项研究计划提出了新的医学目的:①预防疾病损伤,促进维持健康;②解除疾病引起的痛苦;③照顾患病与无法治愈者;④避免早死,追求安详死亡。

为了实现上述新的医学目的,应该在广大社区开展"照顾医学",以现代医学和替代医学(传统医学)为手段,实现为慢性病患者解除痛苦并改善生命质量的目的;同时强化预防疾病与促进健康的有效方法的研究。因此,围绕着"生命周期",以人生准备、人生保护、人生质量为中心发展照顾医学的重任就落在了全科医生肩上。

(三) 建立全科医生制度,推进卫生改革

纵观医学史,实施连续性照顾的做法是医生人性化服务的体现。然而,随着现代高技术医学的发展,各种诊疗设备代替了医生的体格检查,甚至代替了诊断思维,患者被视为疾病的载体,医生仅对其所患疾病感兴趣,而不知其作为"人"的期望与情感需求,医患关系越来越走向冷淡与对立。高技术医学作为"双刃剑",在挽救了许多危重患者的同时,也带来了许多副作用,造成卫生资源的高投入、低产出,服务的低覆盖和服务对象的低满意度。

各国政府和医学界都认识到需要通过卫生革命改变一味发展高技术的弊端,纠正卫生资源配置的偏差,强调对基层医疗保健的投入,以适宜技术和高情感的手段,实现卫生服务的经济有效、高覆盖和高满意度。世界卫生组织与世界家庭医生组织联合提出,在卫生保健系统实现优质、经济、有效以及公正的服务过程中,全科医生 / 家庭医生应该起到核心的作用。为了承担这一重任,全科医生必须能高度胜任患者照顾,同时必须将个人和社区的卫生保健融为一体。

在中国,建立全科医生制度是促进医疗卫生服务模式转变的重要举措。建立分级诊疗制度,实行家庭医生签约服务,将医疗卫生服务责任落实到医生个人,是我国医疗卫生服务的发展方向,也是许多国家的通行做法和成功经验。建立适合我国国情的全科医生制度,有利于优化医疗卫生资源配置、形成基层医疗卫生机构与大医院合理分工的诊疗模式,实现为群众提供连续协调、方便可及的基层医疗卫生服务,缓解群众"看病难、看病贵"的状况。

三、全科医学在中国大陆 / 内地的发展与面临的挑战

(一) 全科医学在中国的发展历程与现状

1. 全科医学在中国大陆 / 内地的发展历程　全科医学自 20 世纪 80 年代后期引入中国大陆 / 内地以来,经历了萌芽阶段、起步阶段、快速发展阶段、全面发展阶段。

(1)萌芽阶段(1993 年之前):20 世纪 80 年代后期,全科医学概念引入我国大陆 / 内地,世界家庭医生组织(WONCA)专家来我国介绍全科医学;中华医学会派代表参加 WONCA 年会及亚太地区年会交流学习;在 WONCA 专家的帮助下,在首都医科大学的积极推动下,中国大陆 / 内地开始了中国特色全科医学教育的尝试和探索。

(2)起步阶段(1993—2011 年):1993 年 11 月,中华医学会全科医学分会成立,表明全科医学在中国起步。1995 年 8 月,中华医学会全科医学分会正式成为 WONCA 成员,得到国际认可。1997 年 1 月,中共中央国务院发布《关于卫生改革与发展的决定》,明确要"加快发展全科医学,培养全科医生",政府介入,大力推进全科医学发展。2000 年 1 月,卫生部发布了《关于发展全科医学教育的意见》,提出了我国全科医学教育发展目标,并陆续出台了全科医生规范化培训和岗位培训大纲,教育培训规范起步。2006 年,国务院发布《关于发展城市社区卫生服务的指导意见》,并出台了九个配套文件,对加强城市社区卫生人才队伍建设提出了指导意见,多部门协同推进全科医学发展局面开始形成。2010 年 4 月,国家发展改革委等六部委联合印发《以全科医生为重点的基层医疗卫生队伍建设规划》,开始加大农村全科医学人才培养力度。尽管在该阶段全科医学发展与全科医生队伍建设取得了一定成绩,但仍然存在认识与投入不足、政策落实不到位、发展不平衡

等问题。

(3)快速发展阶段(2011—2019年):2011年7月,国务院印发《关于建立全科医生制度的指导意见》,提出到2020年基本实现城乡每万名居民有2~3名合格的全科医生的目标;全科医生培养规范为"5+3"模式为主,"3+2"模式作为补充;同年国务院学位委员会正式同意在临床医学专业学位类别下增设全科医学领域;之后国家相关部委及学会相继出台关于全科师资培训、全科医生培养与使用激励、综合医院独立设置全科医学科、全科医生转岗培训等一系列相关文件,2017年党的十九大报告特别指出要加强基层医疗卫生服务体系和全科医生队伍建设。在中华医学会及其全科医学分会、中国医师协会及其全科医师分会等学术组织的积极推进下,全科医学得到了迅速发展,全科医生队伍不断壮大。

4)全面发展阶段(2020年1月至今):2020年9月《关于加快医学教育创新发展的指导意见》明确提出要加大全科医学人才培养力度,600余家临床住培基地独立设置全科医学科,全国遴选43家全科医学住培重点基地,这些都标志着全科医学进入全面发展新阶段,开启了新的发展征程。

2. 全科医学在中国大陆/内地的发展现状 经30余年的发展,全科医学取得了显著进步,实力不断攀升。

(1)全科医学学科地位已经确立。①法律层面确立全科医生地位。《中华人民共和国医师法》明确全科医生为国家紧缺专业人才,要求采取多种措施,加强以全科医生为重点的基层医疗卫生人才培养和配备;《中华人民共和国基本医疗卫生与健康促进法》要求加强全科医生培养和使用,明确了全科医生工作职责,从法律层面确立全科医生地位,体现了全科医学学科的重要性。②住培基地(综合医院)独立设置全科医学科,完善全科医学学科建设。国家卫生健康委出台的《关于印发住院医师规范化培训基地(综合医院)全科医学科设置指导标准(试行)的通知》明确要求,认定为住培基地的综合医院在2019年底前均应独立设置全科医学科,为提高全科医生培养质量、完善全科医学学科建设提供了有力支撑。③全科医学进入中国医院专科排行榜。全科医学自2020年进入复旦大学医院管理研究所发布的中国医院专科排行榜,预示着全科医学科进入医院主要科室的行列,体现了全科医学学科建设进入新阶段。④全科医学是完善医疗服务体系的重要内容。目前基层医疗卫生服务薄弱是医疗卫生服务体系存在的主要问题之一,建立符合国情的分级诊疗制度,开展家庭医生签约服务,是解决这一问题的重要举措,这就需要具有强大的以全科医生为主体的基层医疗卫生人才队伍做支撑。提高全科医生培养质量与水平,有利于实现关口前移、重心下移,延缓或减少疾病的发生,降低医疗费用,缓解"看病难、看病贵",不断推进分级诊疗制度的健全与家庭医生签约服务高质量发展。⑤全科医学是实现全民健康的重要支撑。党的十八大以来,党中央明确了建设健康中国的大政方针和行动纲领,不断向实现人人享有健康的美好愿景迈进。加强全科医生培养、发展全科医学有利于落实预防为主、推行健康生活方式,减少疾病发生,强化早诊断、早治疗、早康复,全方位全周期服务百姓健康,为实现全面健康提供保障。

(2)适合国情的全科医生教育培养体系基本建立。目前我国的全科医学教育培养体系同样主要包括在校教育、毕业后教育和继续教育三部分。在校教育主要指学生在本科阶段的教育,针对此类学生,全科医学教育主要是全科医学以人为中心的理念和全科医学知识体系的学习,是全科医学教育的基础;毕业后教育主要是全科住院医生规范化培训,即通常所说的"5+3"模式的后三年,辅以助理全科医生规范化培训,即"3+2"模式,是全科医学教育的核心;继续医学教育主要包括转岗培训和职业发展的培训。

(3)全科医生制度初步建立。2011年国务院出台《关于建立全科医生制度的指导意见》明确建立全科医生制度,提出"到2020年,城乡每万名居民有2~3名合格的全科医生"的目标,近期提出"到2030年,城乡每万名居民有5名合格的全科医生"。为了达到这一目标,我国已确立了全科医生培养模式,统一了全科医生规范化培养方法和内容、全科医生的执业准入条件和统一的全科医学专业学位授予标准。

(4)全科医疗服务模式初步建立。目前,我国分级诊疗制度建设已经初见成效,布局合理、规模适当、层级优化、职责明晰、功能完善、富有效率的医疗服务体系已经初步建立。基层首诊、双向转诊、急慢分治、上下联动的分级诊疗模式逐步形成。家庭医生签约服务持续推进,初步形成了以全科医生社区护士为主的团队服务模式,以基层医疗和公共卫生项目服务为主的签约服务。

(5)全科医生职业发展政策保障逐步到位。为更好地推进全科医生职业发展,2018年国家出台了《关于改革和完善全科医生培养与使用激励机制的意见》。意见提出从建立健全适应行业特点的全科医生培养制度、全面提高全科医生职业吸引力、加强贫困地区全科医生队伍建设三个方面改革完善全科医生培养与使用激励机制,为卫生与健康事业发展提供全科医学人才支撑。

(6)推动全科医学持续发展的良好氛围已经形成。近年来,各级政府、相关部门领导对全科医学高度重视,相关政策不断出台。医学院校、行业组织、医疗机构积极参与全科学科建设和学术活动。社会各界、媒体和群众对全科医学的关注度明显提升。我国全科医生总数从 2012 年的 11.0 万人增加到 2021 年的 43.5 万人,每万人口全科医生数由 2012 年的 0.8 人增加到 2021 年的 3.2 人。

(二)中国全科医学发展面临的挑战

1. 学科建设 目前,医学院校对全科医学学科发展重视程度仍不够;如何建设全科医学系或学院尚在探索;面向全体医学生的全科医学必修课还没有普遍开设;高等院校附属医院 / 住培基地 / 基层卫生机构全科医学学科建设尚不规范;医疗、教学、科研工作如何开展还存在许多待解决的问题。

2. 师资队伍建设 全科医学师资匮乏,教学能力薄弱,教学经验不足;全科医学学科带头人及骨干的培养明显滞后;其他临床专科兼职教师的教学积极性不高。

3. 人才培养 我国全科医生数量缺口仍较大,按照 2030 年城乡每万名居民有 5 名合格的全科医生的目标,我国还缺至少 26.5 万名全科医生;全科医生培养体系有待进一步完善,特别是在标准化和规范化方面;全科医生培养质量参差不齐,水平有待进一步提高,目前"5+3"住培出来的全科医生还较少,仅约 7 万人;全科医生岗位胜任力还需提升,基层全科医生待遇低,职称晋升难,职业发展路径不清晰,适应全科医生特点的人事薪酬制度尚需完善与落实。

4. 科学研究 目前我国的全科医学科学研究尚存在多中心联合研究太少,高级别科研课题(如国家自然科学基金等)、高水平科研文章少,以及基层医疗卫生服务机构对科研重视不够和全科医生整体科研能力薄弱等问题。当然,一些客观因素也阻碍了我国全科医学科学研究的发展,例如全科医学领域申请渠道较少(国家自然科学基金等项目未设置全科医学方向)。

5. 社会服务 目前基层全科医疗服务尚不规范,服务质量参差不齐;全科医疗服务模式有待于进一步优化,服务效率有待进一步提升。综合医院全科医学科与基层全科医学科联动机制有待探索与明确。

第二节 全科医学、全科医疗和全科医生

一、全科医学

(一)全科医学的概念

全科医学是人类社会发展进步的产物,它为人们提供全面的基本医疗保健服务,也在医疗服务上满足了综合重组的需要。全科医学又称"家庭医学",起源于 20 世纪 40—50 年代的英国,正式作为一个医学专科,诞生于 20 世纪 60 年代的美国,并于 20 世纪 80 年代后期传入中国大陆 / 内地。

我国学者普遍认同的全科医学定义是"全科医学是一个面向社区与家庭,整合临床医学、预防医学、康复医学以及人文社会学科相关内容于一体的综合性临床二级专业学科;其范围涵盖了各年龄、性别、各个器官系统以及各类健康问题和疾病。其主旨是强调以人为中心、以家庭为单位、以整体健康的维护与促进为方向的长期负责式照顾,并将个体与群体健康照顾、防和治有机地融为一体"。

全科医学具有独特的医学观与方法论和系统的学科理论,其技术方法更适合于基层医疗卫生服务。全科医学以生物 - 心理 - 社会医学模式为理论基础,秉承整体观和系统论的医学思维,建立了一系列独特的基本原则,以此来指导全科医生利用社区内外有限的卫生资源,为社区中的个体及其家庭提供连续性、综合性、协调性、个体化的医疗保健服务,并最大限度地满足社区居民追求美好生活的需求。

(二)全科医学的学科特点

全科医学主要研究各种类型社区中的常见健康问题以及综合性地解决这些健康问题所需要的理论、方法和技术。它的内容主要包括三个方面:一是通过长期的全科医疗实践而积累起来的实践经验;二是从其他医学学科中整合而来的知识与能力;三是通过全科医学专业研究发展起来的特有的理论、态度、知识和技能。具体的学科特点如下:

1. 一门综合性的临床医学学科 全科医学是一门独立的临床医学二级学科,其理论内容可分为总论和各论两个部分。总论部分主要介绍全科医学的理论精髓,包括以人为中心、以家庭为单位、以社区为范围、以预防为导向的健康照顾等,同时也包括慢性病管理等全科医学临床服务基本能力和服务工具。各论部分主

要是临床诊疗中常见健康问题的诊断、处理与评价的方法和技术,常见健康问题包括生理疾病、心理问题和影响健康的社会问题。从医疗服务角度来说,全科医学又是一门综合性的临床专科。与其他临床专科明显不同的是,其他临床专科都是在一定领域范围内不断地朝纵深方向发展,向患者提供独特且范围较窄的专科服务;而全科医学则是在一定深度上横向发展,并根据服务对象的健康需求,将相关知识、技能有机地整合为一体,向患者提供全面的综合性服务,充分体现了现代医学服务模式的优势。

2. 具有地域和民族特点的现代服务模式　全科医疗服务最充分地体现了现代医学模式和医学目标转变的要求,采取了以人为中心的全人照顾模式。它重视建立与患者间长期稳定的合作伙伴关系,强调要对患者及其家庭、社区的健康长期负责;全面关注疾病预防、治疗及康复,医疗服务满意度,卫生资源的有效利用和医疗伦理学问题等。全科医学的服务领域主要定位于基层医疗卫生,主动地为社区居民提供连续性、综合性、个体化的医疗卫生服务,同时通过适宜和有效的干预,积极维护、促进社区居民的健康。

3. 强调整体性的临床思维方法　全科医学用系统论和整体论的方法来理解和解决人群和个体的健康问题,把患者及其健康看成一个整体,注重患者及其健康问题的背景和关系,采取整体性的生物 - 心理 - 社会医学模式为患者、家庭和社区提供整体服务。全科医学把医学照顾看成一个整体,为满足患者及其家庭和社区的需要,经常要协调提供整体性的多学科服务。

与传统经验医学不同,全科医学应用现代医学的研究成果来解释发生在患者身上的局部问题和整体变化。以科学证据为基础,运用流行病学和循证医学的方法评价与处理临床问题,并在医疗服务过程中注重建立良好的医患关系。

4. 高度重视个体的总体健康　"高情感"的全科医学表现为:以维护个体长远的总体健康为己任,注重人胜于疾病,注重伦理胜于病理,注重满足患者的需求胜于疾病的诊疗。全科医学在强调技术水平的同时,十分注重将其与服务艺术有机结合成为一个整体,使医学成为真正服务于人的科学。

(三) 全科医学的研究内容

1. 社区常见健康问题的诊疗、管理、康复和预防　社区常见健康问题除了包括常见病、慢性病、多发病以外,还有未分化疾病,特别是以症状为主诉的健康问题。有些健康问题甚至难以用现有的医疗知识体系进行解释,被称为医学无法解释症状(medically unexplained symptoms,MUS)。

2. 完整的人及其健康问题　即以人为本,以健康为中心,来了解患者作为一个完整的个体的特征和需求。全科医疗提供的是"生命全周期、健康全过程、躯体心理全覆盖"的"全人照顾",不仅重视患者所患的疾病,更重视患病的人。

3. 家庭的健康问题　即以家庭为单位,了解家庭与个人之间的关系和家庭对健康的影响。家庭既是全科医生的服务对象,也是其开展部分诊疗工作的场所。这是全科医学与专科医学的区别之一。

二、全科医疗

(一) 全科医疗的定义

全科医疗是将全科 / 家庭医学理论应用于患者、家庭和社区照顾的一种基层医疗专业服务,是社区卫生服务中的主要医疗服务形式。它是一种集合了其他许多学科领域内容的一体化的临床专业;除了利用其他医学专业的内容外,还强调运用家庭动力学、人际关系、咨询以及心理治疗等方面的知识技能提供服务。

美国家庭医师学会(American Academy of Family Physicians,AAFP)对家庭医疗(即全科医疗)的定义是:家庭医疗是一个对个人和家庭提供连续性与综合性卫生保健的医学专业。它是一个整合了生物医学、临床医学与行为科学的宽广专业。家庭医疗的范围涵盖了所有年龄、性别,每一种器官系统以及各类疾病实体。

(二) 全科医疗的特点

全科医疗是一种以门诊服务为主体的基层医疗保健服务,是社区居民为其健康问题寻求卫生服务时最先接触、最经常利用的专业性服务,是整个医疗保健体系的门户和基础,通常把全科医疗称为首诊服务。除了提供优质的诊疗服务,全科医生还应通过家访和社区调查,关心未就医的患者以及健康人的需求。全科医疗以相对简便、经济而有效的手段解决社区居民约 80%~90% 的健康问题,并根据需要安排患者及时、适当地利用其他级别或类别的医疗保健服务。

全科医疗的特点包括:强调连续性、综合性、个体化的照顾;强调早期发现并处理病患;强调预防疾病和维持促进健康;强调在社区场所对患者提供服务,并在必要时协调利用社区内外的其他资源。其最大特点是强调对当事人的"长期负责式照顾",这意味着其关注的中心是把服务对象作为整体的人,并对其负有长期管理责任。只要全科医生与服务对象建立了某种契约关系,就应随时关注他们的心身健康,对其主观和客观的、即刻与长期的各种卫生需求作出及时的评价和反应,而且无论何时何地都不能放弃这种责任。由于医生对医学知识的把握胜于患者,因此也可以说,这是一种由医生发起的以人为本、以健康为中心、以需要为基础、需求为导向的主动服务,确保患者在适宜的地点和时间接受最恰当的医疗照顾。

(三) 全科医疗在卫生服务系统中的作用

卫生系统的层级(levels of the health system)是指卫生系统针对具体人群,按卫生机构服务功能的不同而划分的功能层次。基层或社区卫生机构,于所在地区提供基本服务;二级卫生服务机构,常由医师或专科医师提供有选择性的专科服务;三级卫生服务机构,为有限的、需要复杂的诊疗技术和设备的人群提供服务,通常以医院服务为主。理想的医疗体系应该向每个人提供公平、可及、全面、持续的卫生服务。世界卫生组织确定基本卫生保健是提供基本医疗服务的最有效途径。

全科医疗是基本卫生服务系统中的主要医疗服务形式,并以其合理使用卫生资源、有效节约卫生经费,成为整个卫生保健系统的坚实基础。发展全科医疗是我国医疗卫生事业改革的关键,也是解决医疗卫生事业改革中遇到的重要问题的有效方法。全科医疗根据实际情况和背景开展多种服务,尤其重视常见慢性病的防治,通过干预人们的行为和生活方式,为公众提供预防保健指导,如老年人往往身患数种疾病,需要综合性医疗服务,而专科医疗分科过细,不同的专科医生关注不同的侧面使患者无所适从,增加医患双方的负担,而全科医疗能够较好地解决上述问题。

由此可见,以全科医疗为主的基本卫生服务系统具有的优点:人们在一个机构看医生就可以解决大部分的健康问题,并且使有限的卫生资源得到充分利用,取得更高的效率和更好的成本 - 效益。全科医疗在我国卫生事业中具有不可替代的作用,只有坚持卫生事业改革,推进全科医疗实践,才能从根本上解决现行医疗卫生服务系统与公共卫生服务需求不相适应的矛盾,满足人民群众日益增长的卫生服务需求,推进卫生事业发展,进一步达到促进健康的目的。

三、全科医生

(一) 全科医生的定义

全科医生(general practitioner)又称家庭医生(family doctor)、全科医师或家庭医师(family physician),是全科医疗服务的提供者。全科医生是对个人、家庭和社区提供优质、方便、经济有效、一体化的基本医疗卫生服务,进行生命、健康与疾病的全过程、全方位负责式管理的医生。全科医生的服务涵盖不同性别、年龄的个体及其所涉及的生理、心理、社会各层面的健康问题。

世界家庭医生组织(WONCA)对全科医生的定义是:全科医生的基本职责是为每一个寻找医疗保健的人提供综合性的医疗保健服务,必要时也安排其他卫生专业人员为其提供有关服务。美国家庭医师学会(AAFP)对家庭医师的定义为:家庭医师是经过家庭医学范围宽广的医学专业教育训练的医生。家庭医师具有独特的态度、技能和知识,使其具有资格向家庭的每个成员提供连续性和综合性的医疗照顾、健康维护和预防服务,无论其性别、年龄或者健康问题类型是生物医学的、行为的或社会的。这些家庭医师由于其背景和家庭的相互作用,最具资格服务于每一个患者,并且作为所有健康相关事务的组织者,包括适当利用专科医生、卫生服务以及社区资源。

全科医生是接受过全科医学专门训练的医生,除了为个人、家庭和社区提供包括预防、治疗在内的多种卫生保健服务外,作为服务协调者,他们能将初级、二级、三级卫生保健服务结合起来。作为负责人、管理者和监督员,他们能提高团队工作的质量和效率。全科医生与初级保健团队成员共同合作,整合卫生系统中常见的各个部门各自为政所造成的条块分割的服务。

(二) 全科医生应具备的基本能力

1. 处理常见健康和疾病问题的能力　能熟练应用全科医学的原则和方法处理社区中常见健康问题;鉴别患者的患病状况,能及时对急症患者进行必要的处理,准确把握转诊时机;能在社区医疗实践中整合其他专科的知识和技能,整合健康教育、心理咨询、心理治疗等技术,适当运用中西医结合的治疗方法,在日常工作中提供以基本医疗为主,预防、诊疗、保健、康复及健康管理一体化的服务。

2. 评价个人心理、行为问题的能力 能熟练评价和处理各种行为问题,包括生活事件与应激反应,性格问题、性问题、饮食与营养问题,吸烟、酗酒、药物成瘾问题,儿童、女性、老年人的特殊问题。熟悉心身疾病产生的机制,掌握一定范围和程度的心理诊断、心理治疗和心理咨询的基本技能。

3. 家庭评估、家庭访视的能力 能熟练评价家庭的结构、功能、家庭生活周期和家庭资源状况;善于鉴别有问题的家庭及其患病成员,能准确评价家庭功能障碍与个别患病成员之间的互动关系,充分利用家庭资源,为患者提供以家庭为单位的服务;为个人及家庭提供预防性咨询服务;帮助家庭解决存在的问题。

4. 服务社区的能力 具有较强的社会工作能力,能顺利协调和利用社区内外的医疗和非医疗资源,组织必要的社区调查,运用卫生统计学和流行病学的方法全面评价社区健康状况,制订和实施社区卫生计划;能对流行病、传染病、职业病、地方病和慢性病进行有效地监测和控制;能胜任初级卫生保健的组织与实施工作,并为社区中的不同人群提供综合性的预防保健服务。

5. 处理医疗相关问题能力 能妥善处理在医疗过程中可能会遇到的社会与伦理学问题,如为患者保守秘密、尊重患者的隐私权、科学理解死亡的定义、熟悉临床药物试验的有关规定等问题;熟悉有关的法规,在维护患者及其家庭最佳利益的前提下,尽量避免医疗纠纷的发生。

6. 自我完善与发展的能力 有较强的医疗管理能力,善于把握卫生事业改革与发展的规律与方向,利用各种机会学习新的知识和技能,不断取得进步;能熟练查阅文献资料,在专家的指导下开展科研和教学工作,并善于应对各种各样的困境和挑战。

(三) 全科医生的角色

相对不同的层面,全科医生承担着不同的角色。

1. 个人与家庭层面

(1) 医生:负责常见健康问题的诊治和全方位全过程管理,包括疾病的早期发现、干预、康复与终末期服务。

(2) 健康监护人:负责健康的全面维护,促进健康生活方式的养成;定期进行适宜的健康检查,早期发现并干预危险因素;作为患者与家庭的医疗代理人对外交往,维护当事人的利益。

(3) 咨询者:提供健康与疾病的咨询服务,聆听与体会患者的感受,通过有技巧的沟通与患者建立信任关系,对各种有关问题提供详细的资料与解释,指导服务对象进行有成效的自我保健。

(4) 教育者:利用各种机会和形式,对服务对象(包括健康人、高危人群和患者)随时进行深入细致的健康教育,保证教育的全面性、科学性和针对性,并进行教育效果评价。

(5) 卫生服务协调者:当患者需要时,负责为其提供协调性服务,包括动用家庭、社区、社会资源和各级各类医疗保健资源,与专科医生形成有效的双向转诊关系。

2. 医疗保健与保险体系层面

(1) 守门人:作为首诊医生和医疗保险体系的"门户",为患者提供所需的基本医疗保健,将大多数患者的问题解决在社区,为少数需要专科医疗者联系有选择的会诊/转诊;向保险系统登记注册,取得"守门人"的资格,并严格依据有关规章制度和公正原则、成本/效果原则从事医疗保健活动,与保险系统共同实施基本医疗保险。

(2) 团队管理与教育者:作为社区卫生团队的核心人物,在日常医疗保健工作中管理人、财、物,协调好医护、医患关系,以及与社区社会各方面的关系;组织团队成员的业务发展、审计和继续教育活动,保证服务质量和学术水平。

3. 社会层面

(1) 社区与家庭的成员:作为社区和家庭中重要的一员,参与其中的各项活动,与社区和家庭建立亲密无间的人际关系,推动健康的社区环境与家庭环境的建立和维护。

(2) 社区健康的组织与监测者:动员组织社区各方面积极因素,协调建立与管理社区健康网络,利用各种场合做好健康促进、疾病预防和全面健康管理工作,建立与管理社区健康信息网络,运用各类形式的健康档案资料协助做好疾病监测和卫生统计工作。

四、全科医生与专科医生的关系

全科医疗、全科医生与专科医疗、专科医生的关系可概括为各司其职、互补互利,"接力棒"式服务,以达到优质高效的医疗卫生服务。

(一)全科医疗与专科医疗的区别

1. 服务宗旨与职责上的区别　全科医疗和专科医疗负责健康和疾病发展的不同阶段。全科医疗可以视为"照顾医学",负责健康时期、疾病发生高危险期、疾病早期和经专科诊疗后疾病康复期或稳定期的各种病患的长期照顾。全科医疗所关注的中心是人而不是病,其宗旨是为个人、家庭提供全面照顾,而非单纯的疾病诊治。专科医疗强调"治愈医学",只负责疾病形成以后一段时期的诊治,其对患者的管理责任仅限于在医院或诊室内,一旦患者出院或结束就诊,这种管理责任即终止。专科医疗的宗旨是根据医学对人体生命与疾病本质的研究成果来认识与对抗疾病;并因此而承担深入研究病因、病理等微观机制,以及诊断方法、药物、手术等治疗技术的责任。

2. 服务内容与方式上的区别　全科医疗多处理常见健康问题,形式上多利用基本医疗手段以及家庭和社区的卫生资源,以低廉的成本维护大多数民众的健康,同时负责干预各种专科无法治愈的慢性疾患及其导致的功能性问题。专科医疗多处理生物医学上的疑难、急重症疾病,形式上多采用专科的高科技诊疗手段,动用较为昂贵的医疗资源,解决少数人的疑难问题。

(二)全科医生与专科医生的区别

全科医生的知识和技术是在一定深度上的横向发展,一定深度指的是解决社区常见健康问题所需的知识和技术。全科医生能解决的问题不是越来越难,而是范围越来越广,并且能越来越全面地满足患者需要。全科医生把患者看成一个不可分割的有机整体,并用联系、协调、整体的眼光来看问题,完全以患者为中心,即以生物、心理、社会医学模式为基础,提供整体性照顾。

专科医生的知识和技术是在一定范围内的纵深方向发展。专科医生能解决的问题越来越难,而范围越来越窄,通常以疾病为中心,即以生物医学模式为基础,提供专科化服务。

(三)全科医生与专科医生的联系

如果将卫生服务体系比喻为一张渔网,那么纵向的线就是纵向分化的专科医生,而横向的线则为横向整合的全科医生。只有专科医生与全科医生之间互相协同,实行分工合作的机制,才能"织出一张完整、有效的网",形成平衡有效的卫生服务体系,全面满足人民日益增长和变化的卫生服务要求,解决许多超出生物医学范畴、不能被明确诊断为疾病的健康问题,避免卫生资源的严重浪费。

专科医生对某类疾病的了解比较深入,服务手段比较先进,资源比较集中,能够解决一些严重的问题。但专科医生常常脱离患者来评价疾病,对问题的理解可能不够全面,过分依赖实验室检查,仅提供暂时、片段、局部的服务,难以给予连续性、协调性和整体性的服务。而全科医生能够在了解患者的基础上全面地评价其健康问题,充分利用了专科资源和各种社会资源,为患者提供连续性、协调性和整体性的服务。当然全科医生对某种特定类型的疾病了解相对比较浅,只拥有一些基础的服务手段,资源较为分散,需依赖专科资源解决疑难或重症问题。从以上比较来看,两种服务模式互相结合,相得益彰。

全科医生与专科医生合作保持了慢性病控制的连续性。慢性病是危害人民健康的主要疾病,因其通常涉及生物、心理、家庭、社区及社会等多方面因素,需要采用生物-心理-社会医学模式指导医疗服务。慢性病往往是终身性疾病,不仅在急性期需要住院治疗,在恢复期甚至病情稳定期也需要连续性、综合性、协调性、整体性服务。此外,慢性病虽不能完全治愈,却是可以预防控制的,通过健康教育改变社区居民或慢性病患者的生活方式最为关键,而全科医生最有条件通过健康教育使社区居民了解慢性病,提高自我保健的意识和能力,有效控制与慢性病有关的危险因素,逐渐改变不良的生活方式,完成以上照顾对全科医生来说责无旁贷。因此,专科医生与全科医生应该建立有效的合作关系。而合作的关键在于,专科医生与全科医生应该在慢性病控制这场"接力赛"中传好"接力棒",以便使慢性病得到连续、有效的控制。

第三节　全科医疗的基本原则

一、基本医疗

基本医疗主要包含以下六方面的功能:疾病的首次医学诊断与治疗;心理诊断与治疗;对具有各种不同背景、处于不同疾病阶段的患者提供个体化的支持;交流有关诊断、治疗、预防和预后的信息;对慢性病患者提供连续性的管理;通过筛查、教育、咨询和预防性干预来预防疾病和功能丧失。

基本医疗是整个医疗保健体系的门户和基础部分,全科医生就是这个门户的"守门人"。当他第一次与患者接触时,就承担起使患者方便而有效地进入医疗系统的责任;同时,还要通过家访和社区调查,关心没有就医的患者以及健康居民的需要与需求。全科医疗使人们在追求改善全民健康状况的同时,能够提高医疗保健资源利用的成本效益。

二、以人为中心的照顾

全科医疗的照顾目标是维护服务对象的整体健康。为达到这一目标,在全科医疗服务中,医生必须视服务对象为重要合作伙伴,从"整体人"生活质量的角度全面考虑其生理、心理、社会需求并加以解决;以人性化的服务调动患者的主动性,使之积极参与健康维护和疾病控制的过程,从而达到良好的服务效果。

因此,医患之间必须建立亲密的关系,全科医生更能"移情",即从患者的角度看他们的问题。同样是高血压,患者对疾病的担忧程度可能不同,对医疗服务的需求也会有所差异,即针对不同的人采取的具体措施也不同,包括该耐心解释、释其疑团或具体指导、改其偏执或多次提醒、让其重视等。专科医生在临床上多采用常规的、非个体化的诊断和治疗标准进行工作,但对全科医生来说,由于其负有长期照顾患者健康的责任,除了提供常规的生物医学诊治措施之外,还要做到个体化、人性化、整体化,从而显现全科医疗的良好效果。

三、综合性照顾

综合性照顾是全科医学的"全方位"或"立体性"的体现。具体表现在:①就服务对象而言,不分年龄、性别、健康状况与疾病类型;②就服务内容而言,包括预防、医疗、保健、康复和健康管理等,需要强调的是这些服务的一体化,即要有机结合并协调应用于对健康与疾病问题的处理之中;③就服务层面而言,包括生理、心理和社会文化各个方面;④就服务范围而言,涉及个人、家庭和社区,提供以个人为中心、家庭为单位、社区为范围的全方位服务;⑤就服务手段而言,可利用一切对服务对象有利的方式与工具,包括现代医学、传统医学或替代医学,因此又被称为一体化服务(integrated medicine)。

四、连续性照顾

全科医疗是从生到死(生前到死后)的全过程服务,其连续性可包括以下几个方面:①人生的各阶段(生命周期)提供照顾,包括产前保健、婴幼儿生长发育、青少年保健、中老年保健与慢性病管理、临终关怀乃至患者死亡后对家属的保健支持;②疾病的各阶段(疾病周期)提供照顾,从健康危险因素的监测、早期症状的观察与判断、疾病诊断的确立、及时正确的防治与减少并发症和残障以及实施必要的康复措施等;③健康照顾责任的连续性。无论何时何地,包括服务对象外出期间,甚至患者转诊、住院诊治或疾病痊愈后等不同时期,全科医生对负责对象连续性的责任都不应间断或中止。

连续性照顾是全科医学特有的原则和优势。要实现连续性服务需具备的基本条件:①相对固定的服务关系,全科医生要与个人或家庭签订一个契约或合同,以明确这种稳定的服务关系;②稳定的医患联络渠道,建立健全的预约、转诊、随访制度,良好的应急服务系统等;③动态化的健康档案维护,包括个人和家庭医疗保健记录、转诊与会诊记录、全科医生与其他医生或医疗机构联系的信息等。动态化的健康档案能起到承上启下的作用,保持服务的连续性。

五、可及性照顾

全科医疗是可及的、方便的基本医疗照顾,它对服务对象应体现出地理上的接近、使用上的方便、关系上的亲切、结果上的有效,以及价格上的便宜(合理)等一系列使人易于利用的特点,从而实现预防疾病和杜绝浪费的目标。在建立全科医疗服务机构时,应在地点上、服务内容上、服务时间上、服务质量上以及服务价格与收费方式等方面考虑当地民众的可及性,使绝大多数民众,特别是基层百姓感受到这种服务是属于自身,可以并值得充分利用的服务。

六、协调性照顾

为实现针对服务对象全方位、全过程的服务,全科医生应成为动员各级各类资源服务于患者及其家庭的枢纽。全科医生掌握各级各类专科医疗的信息和转、会诊专家的信息,需要时可为患者提供全过程"无缝式"的转会诊服务。会诊与转诊是协调性服务的常用方法,善用转诊、会诊符合医患双方的利益。此外,转诊只是将患者特定问题的照顾责任暂时转移给其他医生,全科医生仍负有连续性保健的责任。

除医疗资源外,协调性服务还包括调动家庭、社区及社会的各相关资源来帮助患者,全科医生应了解社区的健康资源,如社区管理人员、健康促进协会、患者小组、志愿者队伍、托幼托老机构、营养食堂、护工队伍等,必要时可为患者联系有效的社区支持。这些健康资源的协调和利用使全科医生可以胜任其服务对象"健康代理人"的角色。

七、个体 - 群体一体化的照顾

(一) 以家庭为单位的健康照顾

家庭既是全科医生的服务对象,又是其诊疗工作的重要场所和可利用的有效资源。"以家庭为单位的健康照顾"主要涉及两方面的内容:第一,个人与其家庭之间存在着相互作用,家庭的结构与功能会直接或间接影响家庭成员的健康,亦可受到家庭成员健康或疾病状况的影响。第二,家庭生活周期理论是家庭医学观念最基本的构架,家庭生活周期的不同阶段存在不同的重要事件和压力,若处理不当而产生危机,则可能对家庭成员造成健康损害。因此,全科医生要善于了解并评价家庭结构、功能与周期,发现其中对家庭成员健康的潜在威胁,并通过适当的咨询干预使之及时化解,改善其家庭功能;还要善于动员家庭资源,协助对疾病的诊断与长期管理。

(二) 以社区为范围的照顾

全科医疗是立足于社区的卫生服务,其特征表现为:第一,社区的概念体现于地域和人群,即以一定的地域为基础、以该人群的卫生需要 / 需求为导向,全科医疗服务内容与形式都要适应当地人群的健康需要 / 需求,并充分利用社区资源,为社区民众提供服务。第二,社区为导向的基本医疗将全科医疗中个体和群体健康照顾紧密结合、互相促进。全科医生在诊疗服务中,既要利用其对社区背景的熟悉去把握个别患者的相关问题,又要对从个体患者身上反映出来的群体问题有足够的敏感性,必要时通过追踪个别患者,了解其所属单位、团体或住宅区域可能发生的重大生活事件,评估其对个体患者的负面影响,并设法提出合理的社区诊断。

八、以生物 - 心理 - 社会医学模式为诊治理论基础

全科医学所特有的整体论、系统论思维,突破了传统的专科医学对待疾病的狭窄的还原论,强调把患者看作社会和自然大系统中的一部分,从身体、心理、社会和文化等因素来观察、认识和处理健康问题。此外,由于基本医疗中所面临的精神问题和心身疾病日益增多,因而全科医生经常使用各种量表来检查和评价患者的心理社会问题,并全面了解其家庭和社会方面可能的支持力量,从整体上给予协调照顾。因此,生物 - 心理 - 社会医学模式不仅是全科医学的理论基础,也已经成为全科医生诊治患者的一套必需的、自然的程序。

九、以预防为导向的照顾

全科医疗对个人、家庭和社区健康的整体负责与全程管理,要求落实"预防为主"的思想,即在人健康时、由健康向疾病转化过程中以及疾病发生早期(无症状时)就主动提供关注,其服务对象除了患者外还包括高危人群与健康人群。全科医疗注重并实施"生命周期保健",根据服务对象生命周期的不同阶段可能存在的危险因素和健康问题,提供零级、一级、二级、三级预防。全科医生从事的预防多属于"机会性预防",即在日常临床诊疗活动中对个体患者及其家庭适时地提供个体化预防照顾;同时还根据需要与可能,协助其团队成员提供其他公共卫生服务。

十、团队合作的工作方式

全科医疗团队是以全科医生为核心,一批相关医务人员配合,一起为服务对象提供立体网络式健康照顾。就基本医疗本身,存在着门诊团队、社区团队、医疗 - 社会团队及康复团队等,由社区护士、公共卫生护士、康复医师、营养医师、心理医师、口腔医师、其他专科医师与全科医生协同工作,以便改善个体与群体健康状况和生命质量。其中,社区护士是全科医生完成社区、家庭医疗工作的主要助手,其服务对象是需要在社区

长期管理的慢性病患者、老年患者、出院患者及残疾人等,服务内容包括家庭访视、家庭护理、患者小组活动指导和患者教育等。

在基本医疗与各级各类医疗保健网络之间,存在着双向转诊和继续医学教育的团队合作关系,这种关系保证了全科医生协调性服务的开展和服务水平的持续提高。

第四节 全科医学教育

一、医学教育的改革

医学教育在 20 世纪经历了三次重大变革。第一次变革出现在 20 世纪之初,其标志是以学科为基础的课程设置。此次变革鼓励了专科化,并刺激了学科研究的显著进步,但同时也人为地导致了基础医学与临床医学的分离。这一时期,瞩目的技术成就和巨大的科学进步掩盖了医疗照顾正在被逐步肢解和去人性化,以及费用越来越高的事实。第二次变革出现在 20 世纪中期,医学教育工作者们认识到了以疾病为中心教育模式存在的问题,这种教育模式重在关注住院患者及不常见的疾病而忽视了人群健康问题。医学教育工作者开始致力于寻找正确的方法来调整医学课程,从而引进了以问题为中心的教学方法。第三次变革就是目前提出的以系统为中心,借鉴全球经验,围绕岗位胜任力,培养能够提供高质量综合性医疗服务的临床医生。

医学教育应该与医学发展需要相适应。当前,我国传统医学教育模式影响依然很深,以教师为中心的灌输式教学方式,以生物医学模式为依据的课程设置,专业理论学习和临床实践以学科为中心,重专业轻基础,重理论轻实践等现象,依然很普遍。我国医学教育事业处于第一次变革、第二次变革和第三次变革交织中,很大程度处在第一次变革与第二次变革之间。医学院校在改善卫生体系和培养社会需求的医生方面应履行相应的责任。对社会负责的医学院校理应改进和调整自身教育、科研和服务体系,使其与所服务的社区、地区和国家优先考虑的卫生问题相一致。

基本医疗和全科医学培训项目的建立是医学院校对社会需求作出反应的一种表现。世界卫生组织建议:每所医学院校都应向医学生提供在全科(家庭)医疗环境中培训的机会,并且为了提高家庭医学水平,所有选择家庭医疗的毕业生都应接受一定年限的家庭医学毕业后教育,该教育培训是专门为满足家庭医学领域的需求设计的(WHO,1963)。

全科医学已在世界各地以不同的速度得到了发展。1951 年,英国启动了第一个全科医生职业培训项目,该项目在 20 世纪 90 年代进入快速发展阶段。目前,世界上许多国家都建立了国家级的全科医学住院医师培训项目,并设立了全科医学专业人才标准与考核制度。在培训过程中,全科医生逐步熟悉他们所服务人群存在的问题、拥有的资源和特殊需求,从而对教育、科研和服务项目作出调整以更适应社会需要。

二、国外全科医学教育体系

欧美发达国家较早开展全科医学教育,已形成了完善的全科医学教育培训体系。国外主要有三种全科医学教育培训形式,包括在校医学生的全科医学教育、全科医学毕业后教育和全科医学继续教育。在不同国家和地区全科医学培训项目的主体框架基本相同,主要包括医院专科轮转和全科医疗实习两个部分,但具体内容和方式并不完全一致。

(一) 在校医学生的全科医学教育

在英国、美国、加拿大、澳大利亚、日本等许多国家,大多数的医学院校都设有形式不同的全科医学教学机构或部门,并在医学生中开设全科医学概论及相关课程。各国医学院校开展在校医学生全科医学教育的时限不等,一般为 4~10 周,开设的形式各异,如英国医学院在本科教育阶段设有全科医学的理论学习,包括必修课、选修课和社区实习;澳大利亚将全科医学教育作为连续性的课程对本科生开设;日本的家庭医学系承担了在校医学生关于家庭医学的理论课程及基础临床技能的教学,并在附属医院及社区诊所培训学生如何管理照顾患者,以加强学生对长期、连续性社区医疗服务的认识和兴趣。

(二) 全科医学毕业后教育

全科医学毕业后教育(postgraduate training program on general practice),在国外主要指全科医学住院医师培训(residency training program on general practice),在有些国家还称之为全科医学职业培训。这项培训是

医学生完成高等医学院校教育阶段的学习并毕业后,再继续选择和进入的全科医学专科培训项目。全科医学住院医师培训是全科医学教育的核心,也是全科医学专科医师培养的关键环节。主要由大学的全科医学系负责组织实施,训练场所包括能够训练临床诊疗技能的大型综合性医院和能够训练全科医疗思维和社区个体与群体照顾的社区全科医疗诊所。

培训时限各国不等,一般为 3~4 年。美国、英国和日本的全科医学教育过程及全科医生培养年限见表 1-1。

表 1-1　美国、英国、日本全科医学教育过程及全科医生培养年限

美国	英国	日本
大学教育(4 年)	高中毕业后 5~6 年医学院校教育	高中毕业后 6 年医学院校教育,第 6 年参加国家医师执业资格考试
医学院校教育(4 年)	注册前住院医师培训(1 年)	初期临床研修阶段(2 年)
家庭医学住院医师培训(3 年)	全科医学专业培训(3 年)	家庭医学后期临床研修阶段(3 年)
通过美国家庭医疗委员会考试,获得家庭医师资格证书,即注册执业	通过英国全科医学毕业后培训联合委员会考试,获得全科医生资格证书,即注册执业	通过日本家庭医师学会认定资格考试,即注册执业
继续医学教育,150 分 /3 年	继续医学教育,非强制性	由日本家庭医师学会组织的强制性继续医学教育
每 6 年家庭医师资格再认证(再注册执业)		

(三) 全科医学继续教育

世界上许多国家都把全科医学继续教育(continuing education in general practice)作为全科医生终身学习的主要方式,部分国家在进行全科医生资格再认定过程中,对其参加继续教育项目的科目和学分有明确的规定。美国家庭医疗委员会(American Board of Family Practice,ABFP)规定:对于已获得家庭医学专科医生资格的家庭医生,要求每 6 年必须参加美国家庭医疗委员会的专业资格再认定考试,以保持家庭医生的学术水平和先进性,而取得继续医学教育学分则是参加再认定考试的必要条件。英国的全科医学继续教育是非强制性的,但绝大多数的全科医生都自愿参加继续医学教育活动,平均的继续医学教育时间是每年 1 周。日本也有严格的家庭医生继续教育制度,必须参加家庭医学会举办的职业教育和技能考试以取得不同级别学会认定的专业医师资格。学会认定的专业医师资格反映了一名家庭医生在家庭医学领域的医疗学术水平。

三、国内全科医学教育体系

为贯彻落实《关于卫生改革与发展的决定》中"加快发展全科医学,培养全科医生"等决策,卫生部在 1999 年召开"全国全科医学教育工作会议",随后发布了《关于发展全科医学教育的意见》,从此全科医生培养工作在全国正式启动。目前,我国全科医学教育体系与国外先进国家和地区已经基本接轨,建立了由国际通行的院校教育、毕业后教育和继续医学教育(持续职业发展)三阶段构成的连续统一的全科医学教育体系。

(一) 医学本科生的全科医学教育

医学本科生的全科医学教育是全科医学人才培养的基础。我国医学本科生全科医学专业教育经历了从无到有、从单纯课堂教学到课堂教学与社区实践相结合的发展历程。2000 年卫生部发布《关于发展全科医学教育的意见》,明确在高等院校医学专业中设立全科医学有关的必修课和选修课,使医学生了解全科医学思想、内容及全科医生的工作任务和方式,并为将来成为全科医生或其他专科医师与全科医生的沟通和协作打下基础。2010 年《以全科医生为重点的基层卫生人才队伍建设规划》提出要积极引导高等医学教育教学改革,本专科医学类专业教育开设全科医学必修课程,加强对学生在医患沟通、团队合作、健康教育、社区预防保健、卫生服务管理等方面的培养,强化临床实践和社区实践教学。2011 年《关于建立全科医生制度的指导意见》指出要完善临床医学基础教育。临床医学本科教育要以医学基础理论和临床医学、预防医学基本知识及基本能力培养为主,同时加强全科医学理论和实践教学,着重强化医患沟通、基本药物使用、医药费用管

理等能力的培养。2020 年《关于加快医学教育创新发展的指导意见》要求加强面向全体医学生的全科医学教育。国家一系列相关文件的出台为开展好医学本科生全科医学教育提供了明确的遵循标准。

目前，我国各高等医学院校对全科医学的重视程度不断提升，超过 80% 的院校开设了全科医学课程，大家积极探索全科医学课程模式，尝试加强全科医学实践教学。当然，全科医学院校教育仍存在诸多问题，还在创新与完善之中，如尚有 30% 的院校未开设全科医学必修课，开课的学期、学时、教学计划、教学内容及方法、教学评价等均有待进一步明确与完善。

(二)全科医学毕业后教育/全科医学住院医师规范化培训

全科医学毕业后教育是全科医学教育的核心。2003 年卫生部启动了"建立我国专科医师培养和准入制度"的项目，为完善我国医学教育体系，规范临床医师的培训，加强医疗卫生人才培养、准入和监督提供实践依据。2007 年中国医师协会出台了包括全科医学在内的 18 个普通专科和 16 个亚专科的《专科医师培训标准(试行)》和《专科医师培训基地标准(试行)》，于始了全面规范临床医师培养的实践，逐步明确了临床医师"5+3"为主、"3+2"为辅的规范化培养模式。

全科住院医师规范化培训主要是为基层培养具备高尚职业道德、良好职业素养和大健康理念，掌握全科医学专业知识、基本技能及沟通合作技巧，能够在基层独立开展全科医疗工作，以人为中心、以维护和促进健康为目标，向个人、家庭与社区居民提供综合性、协调性、连续性基本医疗及基本公共卫生服务，突发公共卫生事件中能够承担基层防控职责，具备六大核心胜任力的合格全科医生。完成 5 年临床专业类学习的本科毕业生参与培训，以独立承担全科工作为主线，开展分层递进的培养模式；统一培养方法和内容、统一全科医生的执业准入条件，在国家认定的全科医生规范化培训基地完成。培训基地包括临床基地和基层实践基地。培训时间共 3 年，包括全科医疗实践 10 个月(临床基地全科医学科 3 个月和基层实践基地 7 个月)、其他临床科室轮转 23 个月、选修 3 个月。培训方法包括理论学习、全科医疗实践及其他临床科室轮转。培训内容包括理论学习、临床技能训练和基层医疗卫生实践。3 年培训结束通过国家统一考试结业。

伴随着临床医师规范化培养的不断探索，2014 年国家卫生计生委出台《住院医师规范化培训基地认定标准(试行)》全科专业基地认定细则和《住院医师规范化培训内容与标准(试行)》全科专业培训细则，进一步明确了培训基地的要求和培训内容与标准，2019 年做了重大修订，2022 年修订版也已颁布，为全科医学住院医师规范化培训基地建设和全科人才培养作出明确的规范。卫生部于 2007—2008 年首批认定全科住院医师规范化培训基地 34 家，2015 年全面启动全科医学住院医师规范化培训，2017 年开始全国住院医师规范化培训结业统一考核，进一步强化了培训同质化和规范化；2020 年公布了 43 家重点基地，为进一步强化基地建设作出示范。截至 2020 年底，我国认定全科医学住院医师规范化培训临床基地 687 家，基层实践基地 1 600 余家；2021 年底培养出合格全科医生 7 万人，加上"3+2"模式培养的全科医生，共 11 万人。随着全科医生培养工作的不断推进，全科医生服务质量不断提升、百姓认可度逐步提高，基层医疗机构诊疗人次逐步增加，全科医生为建立分级诊疗制度、建设健康中国提供了可靠的人才支撑。

(三)全科医生岗位培训和全科医生转岗培训

为建立适合我国国情的全科医学教育体系，造就一支适应开展社区卫生服务工作迫切需求的高素质社区卫生服务队伍，2000 年卫生部在《关于发展全科医学教育的意见》中提出开展全科医生岗位培训，对从事或即将从事社区卫生服务工作的执业医师，采取脱产或半脱产的方式进行全科医生岗位培训，经省(自治区、直辖市)统一组织考试合格，获得全科医生岗位培训合格证书。现阶段把在职人员转型培训作为重点。根据《关于发展全科医学教育的意见》的要求，原卫生部科技司印发了《全科医生培训大纲》，以从事社区卫生服务的执业医师为培训对象，通过培训使学员掌握全科医学的基本理论、基础知识和基本技能，提高其防治社区常见疾病和解决社区健康问题的能力；使其具有高尚的职业道德，运用生物 - 心理 - 社会医学模式，以维护和促进健康为目标，向个人、家庭、社区提供融医疗、预防、保健等为一体的基层卫生服务，达到全科医生的岗位要求。根据各地区实际情况，采取脱产、半脱产或业余学习方式。教学方法以授课为主，适当结合案例讨论、医院和社区教学基地(包括原单位)见习和实习，合理使用现代化教学手段开展培训。培训学时：600~620 学时，其中理论教学 500 学时，实践教学 100~120 学时。2006 年以后培训学时调整为 500~600 学时，其中理论教学 240 学时，实践教学 260 学时(社区实践不少于 60 学时)，有条件的地区可安排 100 学时的选修内容。全科医生岗位培训项目于 2010 年结束。

2010 年卫生部办公厅印发《基层医疗卫生机构全科医生转岗培训大纲(试行)》；2011 年国务院颁布《关

于建立全科医生制度的指导意见》,正式启动针对基层医疗卫生机构中从事医疗工作、尚未达到全科医生转岗培训合格要求的临床执业(助理)医师,按需进行1~2年的转岗培训。转岗培训以提升基本医疗和公共卫生服务能力为主,在国家认定的全科医生规范化培训基地进行,学员培训结束通过省级卫生行政部门组织的统一考试,获得全科医生转岗培训合格证书,可注册为全科医生或助理全科医生。2019年国家卫生健康委颁布《全科医生转岗培训大纲(2019年修订版)》,对全科医生转岗培训做了进一步的细化与规范,以提高全科医生转岗培训质量。大纲明确了培训以全科医学理论为基础,以基层医疗卫生服务需求为导向,通过较为系统的全科医学相关理论学习和实践技能培训,培养具有高尚职业道德和良好专业素质,热爱全科医学事业,掌握全科专业基本知识和技能,达到全科医生岗位胜任力基本要求,能够为个人、家庭、社区提供综合性、连续性、协调性基本医疗卫生服务的合格全科医生。全科医生转岗培训实施范围在原有培训对象的基础上,鼓励二级及以上医院中取得临床执业医师资格、从事临床医疗工作三年及以上、拟从事全科医疗工作、尚未接受过全科医生转岗培训、全科专业住院医师规范化培训或助理全科医生培训的其他专业临床执业医师参加全科医生转岗培训,培训考核合格的,在原注册执业范围基础上增加全科医学专业执业范围,允许其在培训基地和基层医疗卫生机构提供全科医疗服务。培训总时长不少于12个月,可以在2年内完成。其中,全科医学基本理论知识培训不少于1个月(160学时)、临床综合诊疗能力培训不少于10个月、基层医疗卫生实践不少于1个月(160学时)、全科临床思维训练时间不少于20学时(穿插培训全过程)。培训采取模块式教学、必修与选修相结合的方式进行,允许培训基地根据培训对象的专业背景、工作年限和个性化需求,按照"填平补齐"的原则,灵活安排培训内容,重在全科岗位胜任能力的培养。培训模块包括全科医学基本理论知识、临床综合诊疗能力、基层医疗卫生实践、全科临床思维训练四部分。全科医生转岗培训作为当前加快壮大全科医生队伍的途径,有效地补充了全科医生数量的不足,在全科医生队伍整体建设上发挥了重要作用。截至2021年底,完成全科医生转岗培训人数达到23万人,充实了基层医疗卫生人才队伍。目前,全科医生转岗培训仍在继续。

(四) 全科医学继续教育

全科医学继续教育面向具有中级及中级以上专业技术职务的全科医生,按国家卫生健康委有关规定,采取多种形式,开展以学习新知识、新理论、新方法和新技术为主要内容的经常性、针对性、实用性的继续医学教育,使其适应医学科学的发展,不断提高技术水平和服务质量。目前,应进一步提升对全科医学继续教育的重视程度,规范开展活动,加强考核,提高针对性和培训质量。

(于晓松)

第二章 以人为中心的健康照顾

以人为中心的健康照顾(person-centered care),又称"以患者为中心的照顾"(patient-centered care),是全科医学的基本原则之一,与专科医疗以疾病为中心的诊疗模式相比,存在着根本的不同。它要求医生遵循生物-心理-社会医学模式,在尊重和理解患者的基础上,正确认识和评价其健康问题,与患者及其家属共同商定处理方案,动员和利用各种资源为患者提供综合性、连续性、可及性、协调性和个体化的健康照顾。

本章主要介绍以人为中心的健康照顾的相关知识,包括两种不同的照顾模式、以人为中心健康照顾的实施、健康信念模型与患者管理等。

第一节 两种不同的照顾模式

医生采用何种照顾模式为患者服务,是由医学发展和医学模式决定的。医学模式是人们对健康、疾病、死亡等医学问题的一种思维和行为方式,是人们在与疾病和死亡做斗争的过程中总结的处理方法和医学观念。随着人类历史的演进,科学技术的进步,人们对疾病的认识逐步深化,生物医学模式、生物-心理-社会医学模式深入人心,逐渐形成了两种照顾模式,即以疾病为中心的健康照顾和以人为中心的健康照顾。

一、生物医学模式——以疾病为中心

14—16世纪的文艺复兴运动为资本主义工业和自然科学带来了长足发展,有力地推动了科学进步,为近代实验医学创造了条件。19世纪初,法国化学家巴斯德和德国细菌学家科赫通过研究奠定了疾病的细菌学病因理论,德国病理学家魏尔啸创立了细胞病理学说,生物学、生理学、解剖学、组织学、胚胎学、免疫学、生物化学、病理学等基础医学相继成型。相对古代医学无法探知疾病本质而采用朴素的整体论和哲学方法,现代医学更具科学性、客观性,使医生开始探求人体生理与病理机制,对疾病进行特异性诊断与治疗,此时占主导地位的医学观是生物医学模式。

建立在生物科学基础上的生物医学模式认为:每一种疾病都应从器官组织或细胞,甚至从分子水平寻找到可以测量的形态学或化学改变,都能够确定特定的病因,进而形成了以疾病为中心的健康照顾。生物医学模式运用定量研究方法,具有客观性及科学性。该模式的理论方法简单直观,易于推广掌握。用量化方法对疾病进行诊治便于医学交流和发展,高度技术化的诊治手段也可使急危重症患者得到有效救治。这种模式把疾病看成是外来的或独立的实体而设法消除,医生的关注中心集中在疾病,医生力求利用高科技的检查方法和大量客观实验数据来诊断疾病,通过药物、手术等方法治疗疾病。在医学发展史上作出了巨大的贡献,推动了整个医学历史的发展。

然而随着医学科学发展和疾病谱改变,以疾病为中心的健康照顾逐渐暴露出一些缺陷。①忽略了患者的需求:患者被视为疾病的载体,医生只关注疾病,仅对生理疾病进行评价、只关注疾病的客观变化过程,诊疗过程机械化、失人性化,过分强调精准的诊断和治疗,而忽视了疾病和诊疗措施给患者带来的主观感受。②忽视了人的整体性:现代医学分支的细化使在生物医学模式指导下的各个专科医生把患者从其具体的人文社会环境中孤立出来,只关注一个系统或一个器官的疾病,片面强调症状和体征的客观意义,而忽略了与疾病密切相关的性格、个人经历、经济状况、家庭以及社会支持等因素对疾病的影响,制订的诊疗计划仅限于生物学问题的处理,并不能全面促进健康。③过分强调寻找疾病,导致了过度医疗:在生物医学模式指导下,偏离了正常生理情况即被认为是疾病。医生利用各种现代化的仪器设备,力求准确分析病因,运用各种新治疗手段为患者祛除病痛。医疗机构和卫生管理部门在市场经济环境中为了追求更大经济利益,催化了过度

检查和治疗,为患者和社会带来了额外的经济负担。④造成患者的依从性降低和医患关系紧张:在以疾病为中心的医疗模式下,患者关心的问题得不到及时解答,患者就医需求得不到满足,导致医患信任度降低,医患关系逐渐疏远,患者依从性也随之降低。

二、生物 - 心理 - 社会医学模式——以人为中心

(一) 生物 - 心理 - 社会医学模式

20 世纪中期以来,随着经济和社会的发展,影响人类健康的疾病从各种急慢性传染病、寄生虫病及营养不良转变为以慢性非传染性疾病为主,疾病谱发生了根本性的转变。这些疾病主要由于生活和社会环境变化所致,均包含一定的心理和社会因素,如生活压力、心理紧张、环境污染、不良生活方式等,越来越多的医务工作人员、卫生管理者开始重视心理、社会问题对患者健康的影响,并对健康概念有了新的理解。这种超越了生物医学模式的新模式——生物 - 心理 - 社会医学模式应运而生。生物 - 心理 - 社会医学模式是对生物医学模式的完善和发展,强调以人为中心,在面对健康与疾病问题时,心理及社会因素在医疗行为中同样占据重要的地位。

生物 - 心理 - 社会医学模式认为人的生命是一个开放的系统,它通过与周围环境之间的相互作用及其内部的调控决定着健康状况。一个合格的医生应该能够立体、完整地看待健康问题,在生物医学知识基础上,将病患看作一个有思想和感情的社会人,用精湛的医术与真诚的爱心照顾他们,祛除他们躯体的病痛,关注他们的心理问题和社会家庭问题,满足他们的精神需要。这一模式的提出,得到医学界的广泛认可和重视。它强调健康、疾病与人的关系,重视研究疾病对患者生活的影响,心理社会问题对患者健康的影响。它还解释了许多生物医学模式下的心身双重疾病,对于健康和疾病的理解不再绝对,不再认为疾病只是由生物医学功能紊乱所导致。此模式是一种多因多果、立体网络式的系统论思维方式(图 2-1)。

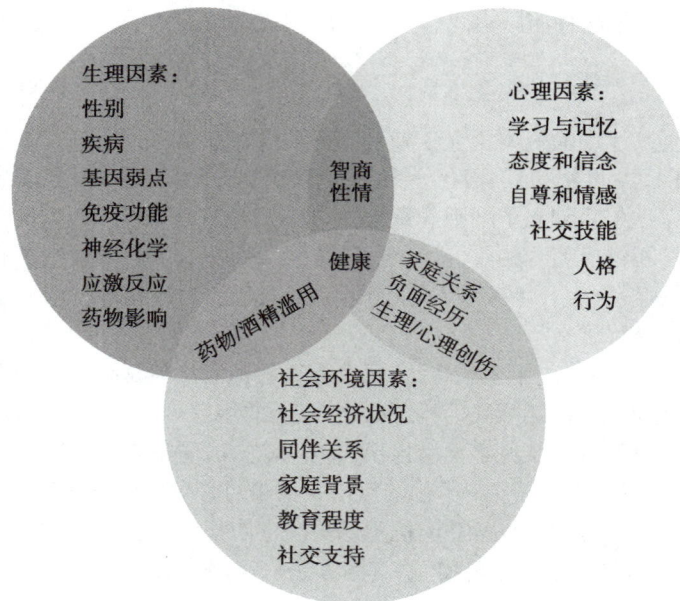

图 2-1　生物 - 心理 - 社会医学模式

(二) 生物 - 心理 - 社会医学模式的优势

生物 - 心理 - 社会医学模式与生物医学模式相比,具有以下优势:①生物 - 心理 - 社会医学模式是生物医学模式的延伸,而非替代,它是建立在生物医学模式的基础之上,并对其进行完善和发展;②生物 - 心理 - 社会医学模式强调健康与疾病的同属关系,它强调了健康与疾病同时共存于人体,任何时候和情况下都可以采取手段来提高自身及他人的健康状况,这一观点促使人们更加积极地采取有效措施维护健康;③生物 - 心理 - 社会医学模式使人们对健康的理解不再局限于躯体上,而是强调从生物、心理和社会三方面对健康进行考察,将健康问题置于个人所处的自然和社会环境中去,寻求综合措施维护健康;④生物 - 心理 - 社会医学模式也为当代整合医学发展奠定了基础,它从人的角度出发,将基础医学、公共卫生、预防医学及中医学等一级

学科与二级学科进行整合,适应了人类的健康需求。

(三) 以人为中心的健康照顾

在生物医学模式指导下,医生关注的中心集中在疾病上,进而形成了以疾病为中心的健康照顾;在生物 - 心理 - 社会医学模式指导下,医生关注的中心由疾病转向患者,全面关注患者的生物、心理和社会等各方面的需求,将生物医学、行为医学和社会医学等诸多研究成果,用于立体多维方式观察和理解患者的健康问题,从而形成了以人为中心的健康照顾(两种模式的区别见表2-1)。这种模式改变了过去"只见疾病,不见患者""头痛医头,脚痛医脚""只治疾病不治患者,不关心患者周围环境"的问题。它要求医生进入患者的世界,全面了解照顾对象各个方面的需求;不仅要治疗患者的症状和体征,还要关注症状背后的精神、社会因素,如家庭生活环境、工作压力等;不仅用药物对患者进行治疗,还要通过改变生活方式和缓解心理压力等各种方法来全面照顾患者,此外对其健康问题还要进行有针对性的预防。生物 - 心理 - 社会医学模式不仅是全科医学的理论基础,是全科医生诊治患者的一套必需的、自然的程序,也逐步为专科医疗所接受和采用。生物 - 心理 - 社会医学模式的整体观在全科医疗服务中体现得最为全面与彻底。

表 2-1　两种不同的照顾模式的比较

项目	以疾病为中心的健康照顾	以人为中心的健康照顾
主体	疾病	患者
世界观	微观世界 (分子、细胞、组织、器官、系统)	宏观世界 (家庭、经历、社区、国家、社会、生态)
学科代表	专科医学	全科医学
特点	线性单纯片面	连续全方位
医学模式	生物医学模式	生物 - 心理 - 社会医学模式

1. 全科医疗的服务对象　全科医疗定位于基层医疗卫生,基层的全科医生面对的大多是慢性病、常见病、轻症患者以及健康人,因此全科医生的服务对象包括患者、亚健康人群和健康的居民。全科医生应该根据不同服务对象提供他们所需的预防、保健、医疗、康复、健康教育、优生优育等服务。对健康人群提供预防保健服务,包括健康咨询、生活方式指导、家庭关系协调等;对重点人群进行个体化疾病预防;为所有居民提供整体性照顾,防止疾病的发生。对于疾病早期的患者,全科医生应该具备高度的敏感性,能够及时识别,早诊断、早治疗,提供适当干预措施,阻止疾病进一步发展,使患者重获健康;对于临床期的患者,全科医生应积极治疗其疾病,尽量减少并发症和后遗症、避免残障、提供康复治疗,特别是对于慢性病患者,全科医生应与患者建立良好的医患关系,帮助患者提高依从性,发挥主观能动性,共同制订健康照顾计划。

2. 以人为中心的健康照顾的基本原则

(1)既关注疾病也关注患者:以人为中心的健康照顾绝不仅仅是"头痛医头、脚痛医脚",只寻找有疾病的器官,将"疾病"从"患者"中孤立出来单独分析处理。以人为中心的健康照顾既关注疾病也关注患者,甚至关注患者胜于关注疾病。因此,全科医生在医疗实践中,首先要向患者提供人文关怀,要关心、了解、尊重和理解患者,还要了解患者的心理状况、健康价值观、患病感受和痛苦体验等,让患者发挥主动性,配合医生取得最佳疗效。

(2)理解患者的角色和行为:患者角色是指从常态的社会人群中分离出来的、处于患病状态的、有求医行为和治疗行为的社会角色。患者角色包括以下四个方面:①患者可以免除或减轻其在健康状况下承担的日常责任;②患者对自身陷入疾病状态这一事实是没有责任的;③患者具有使自己尽快恢复健康的义务;④患者应该寻求有效帮助,在治疗过程中积极与医务人员合作。全科医生应理解患者角色的意义并了解患病的合理性。患者的行为包括患病行为、就医行为和遵医行为等。患者的行为取决于患者对所患疾病的理解,这与其个性特征、生活背景、健康信念模式和生活目的等相关。全科医生应关注患者的行为并适时加以指导和帮助,应以患者的需求为导向,营造安全、温馨的就医环境,尽可能满足患者的期望。

(3)提供个性化服务:以人为中心的健康照顾体现了个性化服务的原则。全科医生首先应了解的个性化倾向,包括患者的背景、患者就医的主要原因以及患者对医生的期望。全科医生在实践中为患者提供的个性化服务包括7个方面:①对患者的生理、心理和社会三个方面的整体性服务,这种服务即"全人照顾",而并非单纯的对疾病的诊断与治疗;②根据患者的性格特征、家庭背景、健康问题的性质、主要及次要需求等具体情况,遵循循证医学原则为患者提供最佳诊疗方案;③根据患者的个性化特点,给予患者不同的治疗措施,可能"异病同治",亦可能"同病异治";④根据不同患者的心理特点及人格特征,注重启发和调动患者的主动性,激发患者同疾病斗争的潜能和勇气,树立康复信念,使其形成良好的遵医行为;⑤根据患者健康问题的原因和转归等特征,对患者本人及其家人进行相关健康问题的教育;⑥正确处理患者的局部与整体利益、暂时与长远利益、个体与群体利益等之间的关系;⑦全科医生应尽量为患者提供心理上、精神上的抚慰与照料,把具有健康问题的个体转变成能够解决自身问题的个体。

(4)尊重患者的权利:患者接受医疗服务过程中,有提供病情、配合治疗、增进健康、尊重医务人员、遵守医院规章制度、支持医学研究与教学的义务,同时也享有患者应有的维护健康所需要的一系列权利。现阶段我国患者享有以下基本权利:①人格和尊严得到尊重的权利;②必要的医疗和护理权利;③参与医疗和对疾病认知的权利;④自主和知情同意的权利;⑤拒绝治疗和实验的权利;⑥医疗保密的权利;⑦监督自身医疗权利实现的权利;⑧对医疗机构造成的影响自身利益的医疗差错或事故,有要求赔偿的权利;⑨一定的社会责任豁免的权利。尊重和保障患者的权利是全科医生应尽的责任和义务。

(5)构建和发展稳定的患者参与式医患关系:建立长期、稳定、连续的合作伙伴式的医患关系是全科医疗服务的核心,是开展预防工作和慢性病管理工作的基础,也是实施以人为中心的健康照顾的先决条件。医疗服务本质上是一种医患互动的过程,医生、患者和医患关系是该过程的三个关键词。对于患者而言,医生不仅能够运用高超的技术提供满意的服务,还应该是容易接近、容易沟通和值得信赖的。在积极的医患互动过程中,患者的各种需求得到满足,对自身问题的了解加深,对医嘱的依从性提高,战胜疾病的信心增强。因此全科医生要设法建立、巩固、发展良好的医患关系,要与患者及时沟通有关疾病诊治和疾病预防的信息,为患者提供可及性、综合性、持续性及个体化的全科医疗照顾。

(6)以患者需求为导向,注重患者整体健康:全科医疗应以患者的需求为导向,以患者及其家庭为照顾单元,协调利用多学科团队的各种资源为患者提供连续性整体服务。全科医疗最终的目标是改善照顾对象的整体健康。全科医生在为患者制订诊疗计划时,应将个人的经验与循证医学证据相结合,选择的诊疗方案应该更安全、经济、有效,从而减少临床危险事件的发生,提高生命质量。

第二节　以人为中心的健康照顾的实施

全科医学遵循"以人为中心"的照顾模式,为全体居民提供预防、治疗、康复、保健、健康教育、优生优育等健康照顾。"以人为本"的全科理念,贯穿在医疗服务实施的全过程和各个方面。

一、全科医疗的问诊方式

问诊的主要任务是采集正确客观的病史资料,根据资料归纳书写,形成病史。然而,在繁忙的全科医疗工作中,全科医生迫切需要一种简明而又系统的问诊方式,以便迅速掌握患者的生理、心理、社会问题。除了常规的问诊方法以外,全科医生最常采用的是 BATHE 问诊和 RICE 问诊。

(一) BATHE 问诊方式

这种问诊方式是一种开放式的问诊方式,强调从背景、情感、烦恼、处理、移情五个方面收集信息。具体如下:

B——代表"背景(background)",了解患者的就医背景、家庭和社会背景等。医生可以用简单的开放式问题引导患者表述出来访的背景。如"最近您的家里有什么事吗?""最近您过得怎么样?""从您觉得不舒服前到现在,生活有什么变化?"等。

A——代表"情感(affect)",了解患者的情绪状态及情感变化。如"您觉得家庭生活如何?""您觉得自己的工作怎么样?""您的心情如何?"等。

T——代表"烦恼(trouble)",了解健康问题给患者带来的影响及其程度。如"您最担心的是什么?""您最近的烦恼有哪些?""这些问题对您的生活造成了哪些困扰?"等。

H——代表"处理(handling)",了解患者的自我管理能力。如"您是如何处理这个问题的?""您的家人在处理这一问题时给了您什么意见或支持？"

E——"移情（empathy）"，即换位思考，对患者的不幸表示理解、认同和同情，使他感受到医生对他的支持。如"是的，我能理解您的心情。""您可真不容易啊！"等。

（二）RICE 问诊方式

这种问诊方式提倡"患者也是专家""助患者自助"等新理念，从患者就诊的原因、想法、顾虑、期望四个方面了解患者的问题及需求。具体如下：

R——原因（reason），了解患者就诊的原因。如"您今天为什么来看病？""您哪里不舒服吗？"等。

I——想法（ideas），了解患者对自身状况的考虑，如"您觉得自己出了什么问题呢？""您为什么这样考虑呢？"等。

C——顾虑（concerns），了解患者关心什么，如"您现在最担心什么？""哪些事情让您觉得忧愁？"等。

E——期望（expectations），了解患者的需要。如"您这次来想让我帮您些什么？""您需要我做什么？"等。

（三）问诊技巧

问诊是一门艺术，只有通过经验积累才能完全掌握，临床实践过程中一定要注意总结。正确的问诊方式和良好的问诊技巧不仅能够拉近医患关系，问诊过程中体现出的对患者的支持、理解与尊重，甚至能让交流本身起到一定的治疗作用。

二、全科医生应诊中的主要任务

全科医生接诊模式与一般门诊医生不同，主要体现在全科医疗服务的综合性、连续性与协调性。Stott 和 Davis 在 1979 年便提出全科医生在初级保健过程中体现以人为中心、个体化医疗服务的四项主要应诊任务（图 2-2）。

（一）确认和处理现患问题

确认和处理现患问题是全科医生的中心任务。一般来说，患者大多因近期感觉身体某一部位不适或由此怀疑患上某种疾病前来就诊，医生在详细采集病史后应分析其就诊原因。全科医生除了要处理生物层面的问题，更要探索疾病背后潜在的其他病

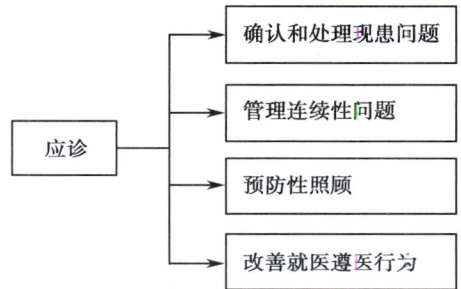

图 2-2　全科医生的四项主要应诊任务

因，如有无明显的发病诱因，有无生活、家庭、工作等各方面的压力，情绪如何，睡眠质量如何，是否规律服药，这些因素对生活的影响有多少，患者对这一问题的顾虑是什么，希望医生给予什么样的帮助等。在清楚上述问题的基础上，全科医生需要针对该患者的具体情况制订处理方案，向患者解释病情，并表示同情、理解；向患者说明处理方案，了解患者的看法；与患者达成共识，协商、调整处理方案；鼓励患者承担起自我管理的责任。

（二）管理连续性问题

长期以来，连续性问题并未受到临床医生的重视。然而，随着慢性疾病发病率的增高以及慢性疾病管理所带来的明显获益，全科医生越来越重视这一问题。全科医疗服务不仅限于确诊和处理现患问题，还要把照顾范围扩大到患者的连续性上，如慢性疾病的长期管理，与患者一起制订长期管理目标，指导患者改变生活方式，定期随访。这种连续性管理将有效地提高患者对医生的信任以及与医生的合作程度，改善慢性病的管理效果。这种持续性照顾覆盖了人生的各个时期、疾病的各个阶段。全科医生有责任把慢性病管理的有关知识教给患者，对患者生活方式进行指导，提高患者自我保健和自我管理能力，并警惕暂时性问题对主要慢性病的影响。

（三）适时提供预防性照顾

这一应诊任务主要分为两部分内容：①促进健康生活方式的形成；②在症状出现前或出现早期进行诊断和干预。前一部分内容是在患者因某一疾病就诊时，医生不仅要对该病进行诊断和治疗，还要帮助患者改变其不良生活方式以防止该疾病进展，例如改变饮食习惯、适当运动等。后一部分内容指患者因其他疾病就诊，医生对其尚未出现的症状或高危因素进行干预。

全科医生在日常医疗活动中应当实施以预防为导向的服务。在接诊每一位患者时必须体现预防观念，

也要利用各种与患者接触的机会提供预防服务。比如,中年男性最主要的死亡原因包括心脏病、恶性肿瘤、卒中、机动车辆造成的意外伤害等,而这些灾难大多数可以通过减肥、戒烟、限酒、健康饮食、规律锻炼、驾车时使用安全带等行为来预防。全科医生还需要根据患者的特定年龄阶段,为其进行周期性的健康检查,比如对育龄期女性进行宫颈涂片检查、对绝经期女性进行骨质疏松的评定等。预防性医疗照顾在全科医疗中占有相当重要的地位,只有重视"医未病",防病于未然,才可能真正为人们带来健康,同时减少居民疾病治疗的费用。

(四)改善就医遵医行为

就医行为是指人们感到不适或觉察到自己可能患有某种疾病时,寻求医疗帮助的行为。改善患者就医行为就是要让患者知道在什么情况下应该就医、什么情况下不应该就医。就医过多通常反映患者有敏感、紧张、依赖的心理;而求医过少则反映出患者对自己的健康不重视或缺乏一定的医学常识。如能适时就医,则可以避免患者延误病情,也可以避免医疗资源的浪费。

遵医行为指患者按照医生的指示和处方进行治疗的行为。遵医行为是患者医疗行为中最为重要的一个方面,常决定其疗效和转归。改善患者遵医行为可以通过以下方法来实现:①提高服务质量、改善服务态度,使患者充分信任医生;②加强患者对处方的理解和记忆,并强化执行力度;③简化药物种类,减轻患者用药负担;④改善医患关系,调动患者的主动性;⑤重视患者的心理行为,有针对性地采取个性化措施改善患者的遵医行为。

全科医生若能在应诊中很好地完成这四项任务,就可以为人们提供持续的、全方位的全科医疗服务。

三、以患者为中心的医疗之家

当今世界,各国都面临着医疗卫生费用支出增长过快的问题。国际卫生改革经验表明,寻求合适的社区卫生服务模式是全球卫生体制改革的必然。近年出现的新型医疗模式——"以患者为中心的医疗之家"(patient-centered medical home,PCMH)(图2-3)标志着家庭医生体制的转型,被世界卫生组织(WHO)誉为"最经济、最适宜"的医疗卫生保健服务模式。

PCMH是一种改进的综合性基层医疗。与传统的医疗模式不同,PCMH更关注疾病预防与健康管理,强调以患者为中心的连续性医疗服务,注重建立医患间长久的信任关系,强调团队化的医疗服务及协同,重视应用循证医学的方法和成果来提升医疗质量及安全,并力求通过付费方式的变革来促进医疗服务体系对疾病预防的重视。PCMH的核心原则为:①以患者为中心;②初级保健医生(PCP)领导的医疗团队;③面向全人的服务;④协同或整合的医疗保健服务;⑤强调医疗质量和安全;⑥增强医患沟通;⑦合理的医疗支付安排。

1967年	美国儿科学会(AAP)针对儿童的特定需求定义了"医疗之家"的概念
2000年	美国家庭医师学会(AAFP)及美国医师协会(ACP)开发并扩展了这个理念,使其涵盖所有的慢性疾病,并确定以患者为中心的原则
2006年	AAFP、AAP、ACP和美国骨科协会(AOA)共同定义了"以患者为中心的医疗之家(PCMH)",并将PCMH与医生的支付改革挂钩

图2-3 "以患者为中心的医疗之家"的发展进程

PCMH模式"三重目标"包括降低医疗成本,提高医疗质量,改善患者就诊体验。PCMH具有以下特点:

①以患者为中心(patient-centered):医生、患者及PCMH之间建立起互相信任的合作关系,保证医疗决策充分考虑了患者的想法、需求和选择,参与决策和自我医疗的患者可以获得医学教育和支持;②综合服务(comprehensive service):一个医疗团队要全面负责患者生理和心理的全方位健康需求,包括预防和保健、急性病和慢性病的治疗;③协调合作(coordinated):医疗体系内所有元素协调组织医疗的实施,这些元素包括专科医疗、医院、家庭医疗、社区服务和护理支持;④服务可及性(accessible):短暂的候诊时间后患者即可获得服务,通过非办公时间的医疗、每日24小时电子邮件往来或电话沟通、医疗信息技术创新等增加患者对PCMH医疗的可及性;⑤致力于医疗质量和安全性(committed to quality and safety):通过使用卫星信息技术和其他工具,提高了临床医师和参与员工的服务质量,并且保证了患者和家属对于自身健康获得知情同意的权利。

总之,PCMH不是一个地方,而是一种健康和医疗的理念。PCMH致力于引导积极的生活方式,从而对

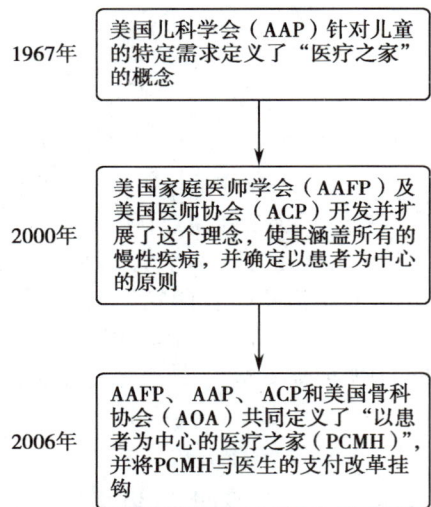

公众健康产生积极影响,不是用来限制患者要去哪里接受医疗服务,而在于清除传统的患者就医阻碍,让患者对基层医疗服务更加信任。

第三节 健康信念模型与患者管理

现阶段有一种普遍错误的观点,认为没有疾病就是健康,即使患病但没有相应症状就是健康。只有当患病或病情加重甚至因此失去生命时,患者本人和家属才认识到健康的重要性。

一、健康信念模型与患病行为

患者的行为包括患病行为和就医遵医行为,它们通常与患者的健康信念关系密切。健康信念是指人们如何理解健康与疾病,如何认识疾病严重程度和易感性,如何看待采取预防措施后的效果及采取措施中所遇到的困难。由于所扮演的社会角色、文化水平、经济状况、受教育程度和家庭及社会的背景不同,每个人对健康的看法也各不相同。而健康信念的形成是人们接受劝导、改变不良行为、采纳健康行为的关键。

健康信念模型(health belief model,HBM)指通过干预人们的知觉、态度和信念等心理活动,改变人们行为的健康教育模型(图 2-4)。如果某一疾病对健康的威胁很大,而采取就医行为产生的效益很高,个人就医并以此获取适当的预防保健和治疗措施的可能性就大;反之,则就医的可能性就小。

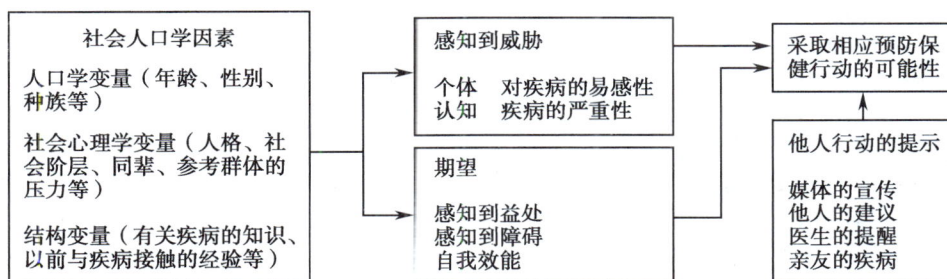

图 2-4　健康信念模型

影响健康习惯形成的原因有很多(图 2-5)。促进患者采取相应预防保健措施的因素主要有四个。①对该疾病严重程度的认识:认识到某一特定疾病的严重性关系到一个人是否采取预防保健措施。如果不采取健康保健行动可能出现严重后果时,人们更可能会选择采取相应的行动。②采取预防措施的利弊和存在的障碍:指一旦采取健康保健行为,能获得什么益处。人们在做针对健康问题的抉择时,常常会权衡利弊。人们只有在认为所采取的行动能够保护他们的健康、使他们免受健康问题的困扰时,才会采取行动。人们认识到一个正面的益处的存在,对于想要接受一项预防措施是非常重要的。同样,认识到采取某种行动的阻碍,对于是否会采取某项行为也有巨大的作用。③患者采取行动的可能性:指患者认为自己采取某项预防保健行动的能力,或认为自己采取该行动的可能性。低估自己的行动能力或采取行动的可能性是接受并执行健康保健意见的主要障碍之一。④将思想转化为实际行动的触发因素:尽管患者对某一健康问题已经具备了一定的认识,但在真正付诸行动前常常有一个触发因素。例如,一位患者某一天突然来就医,希望医生为他制订锻炼计划、指导他合理饮食并戒除不良嗜好,以改变自己原来不合理的生活方式。问询原因,原来他的一位伯伯刚刚因胃癌去世,而他爸爸又患有癌前病变。该实例就是导致这位患者要求采取预防保健措施的触发因素。媒体的宣传、亲友患病、医生的告诫、他人的建议等,都可能成为改变行为的触发因素。这些触发因素可提高患者对自己罹患疾病易感性的认识,提高对疾病严重程度的认识,提高对采取行动获益的认识,降低所存在的不利因素和行动障碍,增强患者改变自己行为的决心。

从患者角度更加简单地说:①我会得这个病吗? ②这个病将会严重到何种程度? ③采取预防措施是否很容易或很难? 采取措施我将付出什么代价? ④我的行动能否使我更健康? ⑤如果行,我现在就行动起来!

所以,医生应该了解患者对自身健康的关心程度,及其对有关疾病的严重性和易感性等问题的认识程度。这些都将影响患者的就医行为和疾病的预后。

```
┌─────────────────────────────────────────────┐
│                    修正因素                    │
│                                               │      ┌──────────────────────┐
│     人口学变量（年龄、性别、种族等）            │      │     行动的可能性        │
│                                               │─────▶│  预防保健行动带来的利益减去│
│     社会心理学变量（人格、社会阶层、同          │      │  采取预防保健行为遇到的障碍│
│     辈、参考群体的压力等）                      │      └──────────────────────┘
│                                               │
│     结构变量（有关疾病的知识、以前与疾          │
│     病接触的经验等）                            │
└─────────────────────────────────────────────┘

┌──────────────┐    ┌──────────────┐    ┌──────────────┐
│  个体   对疾病的易感性 │    │ 受到某疾       │    │ 采取相应预防保 │
│  认知   疾病的严重性   │───▶│ 病的威胁       │───▶│ 健行动的可能性 │
└──────────────┘    └──────────────┘    └──────────────┘

                    ┌──────────────┐
                    │  他人行动的提示  │
                    │  媒体的宣传     │
                    │  他人的建议     │
                    │  医生的提醒     │
                    │  亲友的疾病     │
                    └──────────────┘
```

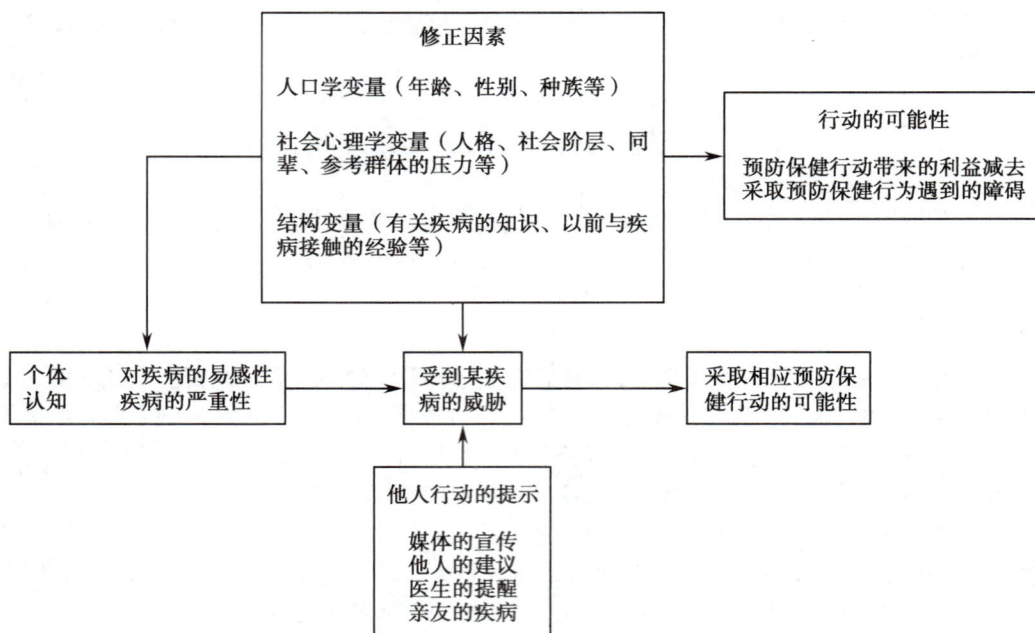

图 2-5　影响健康习惯形成的原因

二、患者管理的原则

全科医生为患者及其家庭提供健康与疾病的咨询服务,负责全面维护健康和形成健康的生活方式,定期进行适当的健康检查,利用各种机会对其进行健康教育,负责常见健康问题的诊治和全过程的管理,并且作为社区医疗团队的核心,在日常医疗保健工作中管理人、财、物,协调医护、医患关系及与社区各方面的关系,与专科形成有效的双向转诊关系。其中,对患者的管理是重要环节之一,具有高度个体化。要做好此项工作又需要很强的艺术性,全科医生应该好好把握管理原则。

1. 协调利用各类资源提供整体服务　全科医生对患者及其家庭比较熟悉,同时也了解社区的健康资源,因此对患者家庭资源的把握和利用具有独到的优势。全科医生可根据需要调动医疗保健体系和社会力量,为患者提供医疗、护理、精神等全方位的合理处置。

2. 充分解释和适当引导　向患者详细说明病情、诊断及治疗的含义及其预后,取得患者同意;接诊患者时须考虑患者的个性与健康信念,进行适当引导。

3. 鼓励患者承担自己的健康责任　改善患者和家属的自我保健意识和能力,通过有针对性的健康教育,使其承担起自己的健康责任,积极进行自我保健。

4. 改变不良的生活方式与行为　开展康复、营养、群体治疗活动等。

5. 注重全科医疗照顾的可及性　要了解患者的医疗付费方式和经济条件,选择最有效、危害最小且较便宜的药物,减少不必要的辅助检查。通过评价及时了解药物治疗的不良反应和成本,并经常评价疗效以及有关的伦理学问题。

6. 尽量减轻疾病对患者及其家庭的影响　比如在诊疗过程中,切身地替患者考虑疾病会给患者及其家庭造成哪些影响或新问题,并考虑如何预防或解决。

三、患者管理的基本技能

患者的管理内容可归纳为以下 7 个方面:安慰与解释(reassurance and explanation)、告诫或建议(advice)、处方(prescription)、转诊(referral)、实验室检查和其他辅助检查(investigation)、观察／随访(observation or follow-up)、预防(prevention),即 RAPRIOP。

(一)安慰与解释

当患者出现健康问题时往往有不同程度的心理问题,对疾病的诊治和预后会产生各种想法,全科医生此时应从医学和心理学不同角度给予患者支持,与患者进行换位思考,表现出对患者的同情,通过安慰与解释消除患者的疑虑,纠正患者消极的态度和信念。戒功的支持取决于医患之间的沟通与信任。医生与患者交流时,语言要通俗易懂,避免使用晦涩难懂的医学术语。应考虑患者不同的知识水平和受教育程度、性格特点等,采用适宜的方法。医生要努力获取患者的信任,良好的医患关系可以提高患者对医学照顾的满意度和遵医程度。

(二) 告诫或建议

全科医疗综合性、连续性照顾的特点要求全科医生必须向患者提供有关改善生活方式及合理用药等家庭管理的建议,提供经常性的咨询服务,进行必要的健康行为干预。全科医生可以就与患者健康有关的生物、心理、社会各方面的问题,向患者提出切实可行的建议,告诉患者与其疾病有关的注意事项。

(三) 处方

开具药物处方是全科医生的一项基本工作。全科医生开具处方时要把握社区卫生服务的特性和社区居民的需求特点,同时遵循国家的处方管理规定。因为任何药物都既有治疗作用,同时又有可能出现不良反应,所以必须遵循以下用药原则:少而精和个体化;旺确用药目的,简化用药方案;如需用药,能外用不口服,能口服不注射,能注射不输液;要高度重视老年人、儿童、妊娠期和哺乳期女性等特殊人群的用药特点;还要注意药物治疗对疾病的进一步检查和诊断的影响。

一旦决定开具处方,医生就有义务向患者解释:为什么开此药物;服药的重要性;如何合理服药;药物的预期作用及效果;可能出现的不良反应及相应处理方法;用药时饮食如何调整;何时需要更换处方。对重要的告知内容,要确认患者已经清楚并记录在案,要求患者遇到问题及时联系医生进行鉴别和处理。

(四) 转诊

实行双向转诊是全科医生协调性服务的重要内容。要建立正规的转诊程序并规范管理,明确转诊指征,提高全科医生的转诊能力。转诊过程中应保证患者信息的完整记录和连续管理。

转诊的原因:①病情加重需要专科治疗;②需要专科医生对复杂问题在诊断和治疗方面提供帮助;③进行特殊仪器的检查和治疗,如内镜检查和手术等;④应对患者或其家属的焦急情绪和压力,需要相关专家证实全科医生的诊断和治疗方案;⑤对不遵医的患者借专科医生的权威施加影响。

全科医生有关转诊的责任包括:①为患者选择转诊专科和专科医生;②向专科医生提供患者的详尽资料,并明确告知此次转诊的目的与要求;③保持与患者及专科医生的联系,当好患者与专科医生的协调者;④做好转回社区前的准备。

(五) 实验室检查和其他辅助检查

实验室检查以及其他辅助检查能够帮助全科医生作出临床判断。全科医生须考虑是否需要做实验室检查、做什么检查。这涉及多种因素,包括患者的社会和心理状况、医生的习惯和态度、医患关系和医疗管理等。全科医疗主张应用适宜技术,注重体格检查,因而实验室检查和其他辅助检查要比专科医疗少得多,也简单得多。全科医生应能够判读并解释基本的检查项目,要注意检查结果的真实性与可靠性;要选用经济且灵敏度和特异性高的检查方法;对患者有损伤的检查,要慎重应用。

(六) 观察 / 随访

观察 / 随访是指由医生提出、患者认可的持续性观察,可在诊室进行,亦可在家中进行。医生对患者的随访时间、随访频率依具体病情而定。急重症疾病患者出院后应进行随访,实施连续性管理。对慢性病患者的常规指导和周期性复查是良好临床管理的基础。从早期发现问题到治疗的任何阶段,随访中需要做很多事情,包括验证诊断的正确性,回顾治疗是否得当,检查患者的遵医行为,预见和确认可能的并发症,评价患者在生理、心理、社会等各方面的功能状态,使之达到生命健康的最佳状态。

(七) 预防

以预防为导向的健康照顾是全科医学的基本原则之一。全科医生在医疗过程中开展三级预防有其独特的优势。全科医生的临床预防工作包括临床健康咨询、患者教育、免疫接种、疾病筛检(特别是机会性筛查、周期性健康检查)、化学预防(重点是药物预防)等,还有组织管理社区居民自我保健和进行社区慢性病的综合防治。

(王留义)

第三章 以家庭为单位的健康照顾

以家庭为单位的健康照顾是全科医学的基本原则和工作方式之一,也是全科医疗服务的专业特征所在。全科医生在其诊疗过程中,通常会考虑到患者家庭因素对疾病发生、发展和康复的影响,如:患者家庭的文化水平、医疗知识情况、家庭环境、经济状况等对疾病治疗和康复的影响。全科医生在为患者制订预防和管理方案时,通常也会充分考虑和利用家庭的相关资源,这是全科医学学科特有的、区别于其他临床专科的特征之一。全科医生在其训练过程中,应了解家庭系统理论,掌握最基本的家庭资源动员和照料技能。学者Epstein等提出了全科医生所应掌握或具备如下关于家庭的基本知识和能力:①家庭结构与功能;②家庭成员的沟通方式;③观察家庭如何运作的技巧;④与患者及其家庭建立与保持关系的能力;⑤为家庭成员的心身健康和社会功能的发展,提供适宜环境的能力。

本章主要介绍与全科医疗服务密切相关的关于家庭的相关知识,包括家庭的定义、内外结构与功能、家庭生活周期的概念、家庭对健康的影响、家庭评估的方法以及提供以家庭为单位的健康照顾方式等。

第一节 家庭的定义、结构和功能

一、家庭的定义

随着社会的发展、家庭结构和人们意识形态的变化,家庭的观念和定义也在不断地发生变化。在原始社会,家庭可以被定义为一个氏族或部落。从家庭演变的历史来看,传统上根据家庭结构和特征,把家庭定义为:在同一处居住的,靠血缘、婚姻或收养关系联系在一起的,两个或更多人所组成的单位。但随着社会变迁,在现实生活中,人们发现一些具有家庭功能的团体,如同居家庭、同性恋家庭等并不符合上述定义。Smilkstein在1980年依据家庭的功能将家庭定义为:"能提供社会支持,其成员在遭遇躯体或情感危机时能向其寻求帮助的,一些亲密者所组成的团体。"此定义几乎覆盖了二十多年来所出现的各种各样的家庭形式,并对家庭的功能给予了强调。但从家庭的社会特征来看,似乎又忽略了某些基本特征,如法律特征。此后又有人提出:家庭是通过生物学关系、情感关系或法律关系连接在一起的一个群体。

从社会学角度来看,关系健全的家庭应包含8种家庭关系,即婚姻关系、血缘关系、亲缘关系、感情关系、伙伴关系、经济关系、人口生产与再生产关系、社会化关系。实际上,社会上存在着大量关系不健全家庭,如单身、单亲、同居、同性恋等家庭。关系不健全家庭往往存在的问题更多,也通常是全科医生重点关注的对象之一。

家庭是一个特殊的社会团体,与其他社会团体相比,其具有非常独特的性质。第一,家庭具有终身性。家庭血缘关系是一种终身关系,这种关系不会因为家庭某成员的功能低下或家庭功能的改变而终止该成员在家庭中的角色。如家长不能因为其子女犯了某种严重的错误而否认他们的亲子关系。第二,家庭成员间具有一定的相似性。家庭成员在遗传、行为特点和价值观方面具有一定的相似性,这是家庭有别于其他社会团体的最突出的特点之一。第三,家庭具有情感性支持的特性。维持家庭关系最根本的是靠姻缘关系、血缘关系和情感关系,而家庭成员之间的关系主要受感情的控制,并在感情上相互依赖和相互影响,家庭成员更多地从感情方面来考虑家庭问题,并重视给予其他家庭成员关心和爱护而不求回报。

二、家庭的结构

家庭的结构(structure of family)即家庭的内部构造,主要是指家庭成员的组成和类型及各成员间的相互关系,包括外部结构(即家庭的类型或人口结构)和内在结构两部分。家庭成员的组成和数量决定着家庭结构的类型,可分为核心家庭、主干家庭、联合家庭(主干家庭和联合家庭又统称为扩展家庭)和其他家庭类型等,而家庭成员间的相互关系决定着家庭的内在结构,包括权力结构、角色、沟通类型和价值观四个方面。全科医生在考察家庭结构时必须考虑以上两个同等重要的部分,并根据其特征划分家庭的结构类型,了解家庭成员相互作用的关系和规律等。

(一)家庭的外部结构

1. 核心家庭　指由父母及其未婚子女组成的家庭,也包括无子女夫妇和养父母及养子女组成的家庭,如图 3-1,表示的是一对夫妇生有一儿一女,并且生活在一起的家庭。现代社会中核心家庭逐渐成为主要类型。在发达国家,此类型家庭的比例曾高达 80% 以上。核心家庭的特征主要表现为:规模小、人数少、结构简单、关系单纯,家庭内部只一个权力和活动中心,便于作出决定等。从医疗保健的角度考虑,核心家庭的家庭资源较其他家庭类型少,家庭关系存在着亲密与脆弱的两重性,一旦家庭出现情感危机,便会陷于危机而难以自拔,最终导致家庭解体。

2. 主干家庭　由一对已婚子女同其父母、未婚子女或未婚兄弟姐妹构成的家庭,包括父和/或母和一对已婚子女及其孩子所组成的家庭,以及一对夫妇的家庭同其未婚兄弟姐妹所组成的家庭,如图 3-2。在图 3-2所列的家庭成员中,如果所有的家庭成员生活在一起,是属于主干家庭,如果长子所组成的家庭与父母生活在一起,而次子远离父母居于其他城市,这样组成的家庭也属于主干家庭类型。

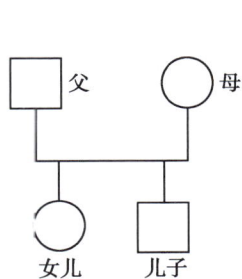

图 3-1　核心家庭示意

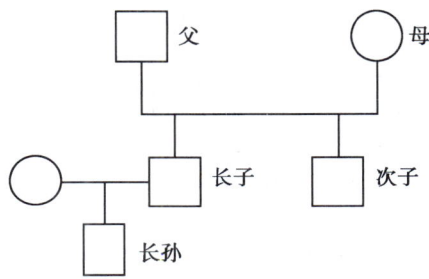

图 3-2　主干家庭示意

主干家庭在我国是一种主要的家庭形式,占家庭总数的 24.28%(1992 年),位列第二。很多家庭尤其在城市中的家庭,在孩子很小的时候需要父母的照顾,很多家庭在一定时期内属于主干家庭;随着孩子的成长,家庭成员慢慢地从大家庭中分离出来,组成或转变为核心家庭。

主干家庭往往有一个权力和活动中心,还存在一个次中心,但家庭关系不像联合家庭那样复杂。

3. 联合家庭　又称"复式家庭",由两对及以上同代夫妇及其未婚子女组成的家庭,包括由父母同几对已婚子女及孙子女构成的家庭,两对以上已婚兄弟姐妹组成的家庭等,如四世同堂的家庭。

这种家庭类型的家庭结构相对松散、不稳定,家庭内存在多个权利和活动中心,多种关系和利益交织,决策过程复杂,该类型家庭在我国目前已退而成为一种为数很少的家庭类型。

主干家庭和联合家庭称为扩展家庭。虽然这种家庭类型具有人数多、结构较复杂、关系较繁多的特点,家庭功能亦受多重相互关系的影响,但家庭内外资源的可用性增大,有利于家庭遇到压力时,提高适应度,克服危机。

4. 其他家庭类型　包括单亲家庭、单身家庭、同居家庭、群居体、同性恋家庭、少年家庭(即由 18 岁以下的少年及其子女组成的家庭)等。这些家庭类型虽不具备传统的家庭形式,但却执行着家庭各种类似的功能,具有家庭的主要特征。

在某些西方国家,这些类型的家庭有明显上升趋势。在我国,单身家庭和单亲家庭也呈增多趋势。

(二)家庭的内在结构

家庭的内在结构是指家庭内部运作机制,是对内部运作关系的描述,反映家庭成员之间的相互作用及相互关系。这种相互关系可以从四方面进行考虑,即家庭角色、权力结构、沟通方式、家庭价值观。

1. 家庭角色　角色是与某一特定的身份相关联的行为模式,它是社会对个人职能的划分。它指出了个人在社会中的地位和位置,代表着每个人的身份。这种身份是社会客观赋予的,而不是自己认定的。

家庭角色是家庭成员在家庭中的特定身份,代表着其成员在家庭中所应执行的职能,反映其在家庭中的相对位置和与其他成员之间的相互关系。家庭角色同其他社会角色一样,要按社会和家庭为其规定的特定模式规范其角色行为,这些特定模式的行为称为角色期待。对于每一位家庭成员来说都存在角色期待,如在家庭中母亲的传统角色被赋予情感和慈爱的形象,她的职责是生育和扶养子女,做"女性"行为的典范。"丈夫"的传统角色被认为是养家糊口、负责作出家庭中重要的决定等。"儿童"的角色被认为是被动和服从,包括孝敬长辈、完成学业、实现父母的愿望等。

随着社会的发展,家庭角色会随着社会潮流、家庭特定环境、文化教育背景以及宗教信仰等因素的变化而改变。如原来由父亲来养家,而现在城市家庭中多由父母双方共同养家;有的家庭中母亲成为家庭中的经济支柱等。

家庭成员通过实现角色期待,完成相应的角色行为,需要一个学习的过程,这个过程称为角色学习。包括学习角色的责任、特权、态度和情感。角色学习是一种综合性的学习,是在相互作用着的社会关系中进行的,它符合社会学习的机制和规律。角色学习是无止境的,需要不断适应角色的转变。如一个女孩子首先要学习做个好女儿,长大结婚后就要学习做妻子、做儿媳、做母亲等角色。

当家庭中某成员实现不了对其的角色期待,或适应不了角色转变时,便会在内心产生矛盾、冲突的心理,称角色冲突。角色冲突可由自身、他人或环境对角色期待的差异而引起。如在一个儿媳与婆婆关系紧张的家庭中,儿子因为同时承担着丈夫和儿子的双重角色,而使其处于左右为难的境地,发生角色冲突。角色冲突常会导致个人心理功能紊乱,严重时出现躯体功能障碍,甚至影响家庭正常的功能。

家庭成员在其家庭中角色功能的优劣是影响家庭功能的重要因素之一,全科医生在进行患者的照顾时,应考虑到家庭角色的问题。全科医生做家庭评估时,应依据以下的五个指标来判断家庭角色的功能:①家庭对某一角色的期望是否一致;②各个家庭成员是否都能适应自己的角色模式;③家庭的角色模式是否符合社会规范,能否被社会接受;④家庭成员的角色能否满足成员的心理需要;⑤家庭角色是否具有一定的弹性,能否适应角色转换并承担各种不同的角色。如果对以上各指标作出了肯定的回答,则可以认为该家庭成员的家庭角色功能是充分的。

2. 家庭的权力结构 家庭的权力结构是全科医生进行家庭评估进而采取家庭干预的重要参考资料,它反映了谁是家庭的决策者,以及作出决定时家庭成员之间相互作用的方式。随着社会的变迁,家庭权力结构除了受到家庭所在社会传统习俗影响外,其形成还受感情和经济等因素的影响,专制的家庭权力形式正向民主、自由的家庭权力形式转变。家庭的权力结构可分为四种类型:

(1)传统权威型:由家庭所在社会的文化传统"规定"而形成的权威。如在我国的封建社会,父亲通常是一家之主,家庭成员都认可他的权威,而不考虑他的社会地位、职业、收入、健康等。

(2)工具权威型:负责供给家庭、掌握经济大权的人,被认为是家庭的权威人物。如在家庭中妻子是这个家庭及其成员生活的供养者,则妻子会成为家庭的决策者。

(3)分享权威型:家庭成员分享权力,协商作出决定,由个人的能力和兴趣来决定所承担的责任。现代社会比较推崇这一类型。

(4)感情权威型:由家庭感情生活中起决定作用的人担当决策者,其他的家庭成员因对他/她的感情而承认其权威。如中国家庭中的"小皇帝"现象。

家庭权力结构并非一成不变,它有时会随家庭发展的各阶段变化、家庭变故、社会价值观的变迁而变化。全科医生在进行家庭评估时应注意这一特点。

3. 家庭成员的沟通方式 沟通是家庭成员间相互交换信息、沟通感情、调控行为和维持家庭稳定的有效手段,也是评价家庭功能状态的重要指标。家庭成员间的沟通一般通过三个元素来实现,即信息的发送者(S)、信息(M)和接受者(R)。在信息传递过程中,任何一个环节出现差错都会出现相应的问题。如发送者表达有误或不明确,接受者没有听清楚等,都会导致沟通不良,影响成员间的相互关系。

Epstein 等根据家庭沟通的内容和方式的不同,将沟通分成三个方面:

(1)第一方面描述沟通的内容。内容与情感有关时,称为情感性沟通,如"我特别喜欢你";内容仅为传递普通信息或与家居活动的动作有关时,称为机械性沟通,如"我要走了"。

(2)第二方面描述信息的表达是否清晰,是否经过掩饰、模棱两可。前者如"我不希望你出差",后者如"你一出差,我就觉得时间很难熬"。

(3)第三方面描述信息是否直接指向接受者,若是直接的,称为直接沟通,如"请你说话婉转一点儿",若是影射或间接的,称为掩饰或替代性沟通,如"有人讲话从不考虑别人的感受"(认为讲话者的语言较为刻薄时)。

观察家庭沟通的意义在于通过它了解家庭功能的状态。人们发现,情感性沟通障碍一般发生在家庭功能不良的早期;而当机械性沟通也中断时,家庭功能障碍通常已相当严重。演示性和替代性的沟通多出现在功能不良的家庭中。

4. 家庭价值观 家庭价值观是指家庭判断是非的标准,以及对某件事情的价值所持的态度。价值观的形成深受传统、宗教、社会文化环境等因素的影响,在相同的社会环境中是极不容易改变的。

家庭是社会的基本单位,个人在家庭中接受人生的第一个教育历程,许多人格、观念的养成皆是在家庭中奠定基础。家庭也是人类发展互动关系的第一个社会世界,人生早期在与父母的人际互动中,承受了来自父母的教导,就在这教导的过程中,价值观有意与无意地被传递着,而个人也主动或被动地接收了一些价值观,这些来自家庭的价值观,将会影响着个体日后的观念、态度与行为。因此,全科医生必须了解家庭的价值观,特别是家庭的疾病观、健康观,如此才能确认健康问题在家庭中的地位,进而与家庭成员一起制订控制健康问题的具体方案。

三、家庭的功能

随着社会现代化的推进,家庭功能有了根本性的变化。在西方,传统家庭的诸多功能不断地缩小甚至丧失,而为各种各样的社会机构和新的因素所替代,如社会化大生产取代了家庭的生产功能;防卫功能也主要由国家和社会来取代;产院、托儿所、幼儿园等妇幼保健、养育设施以及学校教育的作用,使家庭的养育及教育子女的功能逐渐缩小。社会的发展已使某些家庭功能退化或加强。但家庭的某些最基本的功能始终存在,他们能够满足家庭成员在生理、心理及社会各个层次的最基本需要。这些功能可以归纳为:满足感情需要的功能、满足生殖和性需要的功能、抚养和赡养的功能、帮助家庭成员社会化的功能、经济的功能和赋予成员地位的功能。

1. 满足感情需要的功能 家庭能满足人的爱与被爱的需要。家庭成员以血缘和姻缘为纽带在一起生活,通过成员之间的爱与关怀满足感情的需要。主要表现为:①家庭成员间的相互理解、表露和交流彼此的深层情绪与感受;②家庭成员相互关怀、安慰与支持;③聆听对方的倾诉,消除因外部的社会生活挫折所带来的苦恼,以保持家庭成员的健康心态;④家庭成员共度娱乐时光,调节心身,恢复体力,增进家庭成员间的亲密程度。

2. 满足生殖和性需要的功能 生儿育女、延续种族是家庭特有的重要功能,同时它还满足了人对性的需要。

3. 抚养和赡养的功能 通过供给家庭成员衣、食、住、行、安全保护及对病、老者的照顾等以满足成员的基本需要。抚养指夫妻间或家庭同辈人之间或对晚辈成员的供养与照料。赡养是指子女对家庭中长辈的供养和照顾,体现下一代对上一辈家庭成员的责任和义务。

4. 帮助家庭成员社会化的功能 家庭承担将其成员培养成合格的社会成员的责任。家庭具有引导其年轻成员学习社会规范、树立生活目标的职能,成年人具有传授给未成年人社会常识、基本技巧和知识的义务。社会化就是建立和发展人际关系的能力、学会如何与他人相处、逐步胜任与之相适应的社会角色的过程。同其他具有社会化功能的场所(如学校、夏令营、社区等)相比,家庭是完成社会化功能的第一场所,也是最重要的场所。

5. 经济的功能 家庭是社会经济分配的最基本单位,也是社会最基本的消费单位。家庭只有具备充足的经济资源,才能满足家庭成员各种需要。从医疗卫生角度看,基本卫生保健是每个人应该享有的权利,但社会中家庭之间的经济贫富差距现象在相当长的时间内仍旧客观存在,要实现人人享有卫生保健,需要社会共同承担,全科医生在科学健康观指导下,可以将有限的经济资源优先投入医疗保健中。

6. 赋予成员地位的功能 父母的合法婚姻本身便给予子女合法的地位。此外,家庭还能为其成员在社会经济、教育和职业等方面谋求某种优越地位,随着社会文明的进步,这一功能可能会逐渐弱化。

第二节　家庭对健康和疾病的影响

家庭对其成员健康的影响大致包括遗传方面的影响,对儿童发育及社会化的影响,对疾病传播的影响,对成人发病率和死亡率的影响,对疾病恢复的影响,对求医和遵医行为、生活习惯与方式的影响六个方面。

一、在遗传方面的影响

每个人的健康都会受到家族遗传因素和母亲孕期各种因素的影响。目前,先进的医学知识和技术使其中的很多健康问题和疾病可以得到预防。全科医生虽不必是一个遗传病专家,但应知道适时地利用遗传学知识和研究结果为其照顾者服务,并能清楚地让其照顾家庭了解专家建议的含义。

二、对儿童发育及社会化的影响

大量的研究显示,家庭异常和儿童躯体、行为方面的疾病有着密切关系。如:在 3 个月到 4 岁这个儿童发展的关键时期,如果长期丧失父母照顾和情感关怀,会导致与自杀和社会病态人格等有关精神障碍。因此全科医生应劝告父母在婴幼儿阶段尽量避免与孩子分离。

三、对疾病传播的影响

在过去家庭居所环境狭小、条件较差时,感染性疾病在家庭中传播非常明显,如肝炎、沙眼等疾患在家庭中的传播。Buck 和 Laughton(1959)的研究证实,有神经疾患的人的配偶也有产生类似疾患的倾向。Meyer 和 Haggerty(1962)的研究表明,链球菌感染与家庭压力有关。

四、对成人发病率和死亡率的影响

Helsing 和 Szklo(1981)的一项持续 10 年的控制吸烟、社会经济状况等因素的研究,得出了鳏夫的死亡率比普通对照组高;在同一试验中寡妇的死亡率没有变化,说明婚姻对健康有保护作用,至少对男性如此。Kraus 和 Lilienfeld(1959)的研究表明年轻鳏夫多种疾病的死亡率比普通对照组高 10 倍。有研究表明家庭因素不仅会影响发病率和死亡率,还影响了患者及家庭对医疗服务的利用,在家庭压力增加时,其成员对医疗服务的利用也增加。

五、对疾病恢复的影响

家庭资源和家庭支持程度对各种疾病(尤其是慢性病)的治疗和康复有很大的影响。Anderson 等人(1981)发现,糖尿病控制不良与低家庭凝聚度和高冲突度有关。家长的漠不关心可导致最严重的糖尿病失控和患儿患抑郁症(Khurana 和 White,1970)。

六、对求医和遵医行为、生活习惯与方式的影响

家庭的健康观直接影响其成员健康信念的形成。家庭成员的遵医和求医行为会受到家庭成员或整个家庭的影响。家庭成员过频就医和对医生过分依赖往往是家庭功能障碍的表现。同一个家庭的成员会具有相似的生活方式与生活习惯,不良的家庭生活习惯可能影响其成员的健康。

第三节　家庭生活周期

一、家庭生活周期及其划分

1. 概念　家庭生活周期(family life cycle)是指家庭遵循社会与自然规律所经历的产生、发展与消亡的过程。通常经历恋爱、结婚、妊娠、抚养孩子、孩子成家、空巢、退休、丧偶独居等时期。

2. 分期及各时期的主要问题　Duvall(1997)根据家庭在各个发展时期的结构和功能特征将家庭生活周期分为 8 个阶段,即新婚期、第一个孩子出生、有学龄前儿童、有学龄儿童、有青少年、孩子离家创业、空巢期

和退休期。对各阶段的界定和每个阶段可能遇见的主要问题见表 3-1。

表 3-1　家庭生活周期及面临的主要问题

阶段	定义	可能会面临的问题
新婚期	男女结合	各种家庭角色的学习与适应;性生活协调和计划生育;遗传问题等
第一个孩子出生	最大孩子介于 0~30 月龄	父母角色的适应;养育和照顾孩子的压力;生活节律变化产生的压力;母亲的产后康复等
有学龄前儿童	最大孩子介于 30 月龄到 6 岁	孩子的心身发展问题;孩子的教育问题;孩子的安全保护问题
有学龄儿童	最大孩子介于 6~13 岁	孩子的心身发展问题;上学与学业问题;性教育问题等
有青少年	最大孩子介于 13~30 岁	青少年的教育与沟通;青少年的性教育;与异性的交往与引导问题等
孩子离家创业	最大孩子离家至最小孩子离家	父母与子女的关系改变问题;亲子分离的适应问题等
空巢期	父母独处至退休	家庭关系重新调整和适应问题;空巢期父母自我兴趣发展问题;与孩子沟通的问题;计划退休后的生活以及老化带来的一系列健康问题
退休期	退休→死亡	社会角色的转变及适应问题;应对老化与各种健康问题;面对老伴和亲友死亡等问题;经济与赡养问题等

在实际生活中,并非每个家庭都要经历上述 8 个阶段,家庭可在任何一个阶段开始或结束,对其划分仅是人为的行为,对于全科医生来讲,这样划分可以有针对性地学习和进行家庭保健。

二、家庭生活周期划分的意义

在家庭生活周期各阶段中出现任何重大生活事件,如乔迁新居、喜得贵子、患病等,不仅会对家庭系统及其成员的心理造成影响,还会对家庭成员的健康产生影响。全科医生在为患者提供健康照顾时,除了掌握人体正常的发育过程外,还要了解患者所在家庭的发展特点。

全科医生在其服务中了解家庭生活周期及其所处阶段的意义在于:可帮助全科医生辨别患者家庭是否处于正常发展状态;全科医生可以根据家庭不同的发展阶段,预测和识别家庭在特定阶段可能或已经出现的问题,及时地进行健康教育和提供咨询,采取必要的预防和干预措施。

第四节　家庭资源与家庭危机

一、家庭资源

个人及家庭在其发展过程中总会遇到各种压力事件,严重时可导致家庭危机。此时家庭和个人将会寻求支持,以应对困难、渡过危机。家庭为维持其基本功能、应付紧张事件和危机状态所需的物质和精神支持称为家庭资源(family resource)。家庭资源可分为家庭内资源和家庭外资源(表 3-2),其充足与否,直接关系到家庭及其成员对压力及危机的适应能力。

全科医生可通过家庭访谈、绘制家系图等方式,了解患者家庭资源的状况,并帮助患者寻找可利用的资源应对家庭压力事件,或渡过危机。

二、家庭生活压力事件

家庭成员在遇到问题时可以从其家庭中获得支持,但同时家庭成员也可从其家庭中遭遇很多的压力。家庭压力更多地来源于生活压力事件:包括家庭生活压力事件、个人生活压力事件、工作生活压力事件和经济生活压力事件等四类。Holmes 和 Rahe(1967)在其研究中让被调查者将 43 个最常见的生活事件按压力感的大小和调适的难易程度排出顺序(表 3-3),结果发现 15 个最具压力感的事件中有 10 个来自家庭生活事件,说明家庭成员绝大多数的压力来源于其家庭内部。

表 3-2　家庭内资源和家庭外资源列表

分类	家庭资源
家庭内资源	经济支持(financial support):指家庭对成员提供的各种金钱和财物的支持 维护支持(advocacy):指家庭对其成员名誉、地位、权利和健康的维护和支持 医疗处理(medical management):指为家人提供及安排医疗照顾 爱的支持(love support):指家人对成员的关怀及精神支持,满足家人的感情需要 信息和教育(information and education):指为家人提供医疗咨询与建议及家庭内部的健康教育 结构支持(structural support):指家庭住所或设施的改变,以适应患病成员需求
家庭外资源	社会资源(social resources):指亲朋好友及社会团体的关怀与支持 文化资源(cultural resources):指文化、传统、习俗教育等方面的支持 宗教资源(religious resources):指来自宗教信仰、宗教团体的支持 经济资源(economic resources):指来自家庭之外的收入、赞助、保险、福利等 教育资源(educational resources):指教育制度、方式、水平等 环境资源(environmental resources):指居所的环境、社区设施、公共环境等 医疗资源(medical resources):指医疗保健机构、卫生保健制度及卫生服务的可及性、可用性

表 3-3　生活事件压力评分

家庭生活事件	评分/分	个人生活事件	评分/分	工作生活事件	评分/分	经济生活事件	评分/分
配偶死亡	100	入狱	63	被开除	47	经济状况的较大变化	38
离婚	73	较重的伤病	53	退休	45	抵押贷款1万美元以上	31
分居	65	性功能障碍	39	较大的工作调节	39	抵押品赎回权被取消	30
亲密家属死亡	63	好友死亡	37	换职业	36	抵押贷款1万美元以下	17
结婚	50	杰出的个人成就	28	职责的较大变化	29		
夫妻和解	45	开始/停止上学	26	与上司矛盾	23		
家庭健康的重大变化	44	生活条件的较大变化	25	工作条件的较大变动	20		
妊娠	40	生活习惯的大变化	24				
新家庭成员的加入	39	转学	20				
与妻子大吵	35	搬家	20				
子女离家	29	娱乐的较大变化	19				
姻亲矛盾	29	宗教活动的较大变化	19				
妻子开始/停止外出工作	26	睡眠习惯的较大变化	16				
家庭团聚的变化	15	饮食习惯的较大变化	15				
		放假	13				
		圣诞节	12				
		轻微的违法行为	11				

从表 3-3 中可见,生活中令人高兴事件同样可以使人产生压力,这也就解释了人们常说的"乐极生悲"现象。此外,表中的评分反映的是西方社会文化背景中各种生活事件的压力大小,在不同的社会文化背景下,评分必然会有所不同。

全科医生在其实际的诊疗过程中,应考虑患者的个体差异,并观察重要生活事件对患者的影响及其在疾病发生、发展中的作用,来评估压力作用的程度。

三、家庭危机

当生活压力事件作用于个人和家庭时,就会对其产生影响。家庭对压力事件的认知程度及应付压力事件的家庭资源多寡,决定了家庭应对压力的调适能力。如果家庭资源充足,可经过良好的调适,恢复到原来的平衡状态,或达到新的平衡状态,而当家庭内外资源都不足时,即可陷于危机状态,又称"家庭危机(family crisis)"。

家庭出现危机后,通过一定的病态调适,会暂时处于一种病态平衡状态。当一些慢性的压力事件逐渐增加和堆积,其所造成的压力超过个人和家庭所能承受的限度时,家庭便出现耗竭性危机,家庭功能最终会进入彻底的失衡状态。

家庭危机因引发的因素、家庭情况不同而不同,可大致分为以下四种类型(表 3-4)。

表 3-4　引起家庭危机的常见原因

家庭危机的原因	常见情况	异常情况
家庭成员的增加	结婚、孩子出生、亲友搬来同住	意外妊娠 继父、继母、继兄弟姐妹搬入
家庭成员的减少	家庭中老人去世 子女离家工作或结婚	因不愉快子女离家出走 家人意外死亡 夫妻离婚、分居
不道德事件发生	孩子不尊敬长辈 其他常见违反社会或家庭道德规范的事件	酗酒、吸毒 对配偶不忠 被开除或入狱
社会地位的改变	家庭生活周期进入新的阶段 加薪、职位改变 事业的成败 政治地位的变化 退休	社会地位或生活条件的巨大改变 失去自由、失去工作能力 失业、失学 突然出名或发财 患严重疾病失去工作

第五节　家庭评估常用工具

家庭评估(family assessment)是完整家庭照顾的重要组成部分,其目的是了解家庭的结构、家庭所处的家庭生活周期阶段、家庭资源和家庭的功能等,进一步分析家庭存在的健康问题 / 疾病,以及在照顾患者健康问题 / 疾病过程中可以利用的家庭资源。家庭评估有客观评估、主观评估、分析评估和工具评估等几种类型。客观评估是指对家庭客观的环境、背景、条件、结构和功能进行了解和评价。主观评估指用自我报告或主观测验等方法了解家庭成员对家庭的主观感受、愿望和反应。分析评估是利用家庭学原理、家庭系统理论和家庭发展的一般规律来分析家庭的结构和功能状况。工具评估是指利用预先设计好的家庭评估工具来评价家庭结构和功能的状况。

全科医疗中常用的家庭评估方法有:家庭基本资料收集、家系图、家庭圈、家庭关怀度指数(APGAR 量表)、家庭适应度及凝聚度评估量表、P.R.A.C.T.I.C.E. 评估模型等。

一、家庭基本资料收集

全科医生在诊疗中有必要了解和收集家庭的基本资料,包括家庭环境、各家庭成员的基本情况(如性别、年龄、家庭角色、职业、教育、婚姻及主要健康问题等)、家庭经济状况(包括经济来源、家庭年均收入、家庭人均收入、消费观念/健康信念、家庭生活周期、家庭重大生活事件、生活方式等)。

了解和收集家庭基本资料是全科医生做家庭评估最为常用、最为简便的方法。由于全科医生与患者及其家庭成员有着良好的医患关系和长期的照顾关系,对以上资料的收集十分准确。

具体采用文字或图表的形式进行资料收集,则应根据医生的兴趣和当地卫生机构的要求来确定。

二、家系图

家系图(genogram,family tree)是医生在一页纸上总结与家庭有关信息的工具,可用来描述家庭结构、疾病史、家庭成员疾病间有无遗传的联系、家庭关系及家庭重要事件等,使医生能很快能够掌握家庭的大量信息。它包括家庭的遗传背景及其对家庭成员的影响,也包括其他主要医疗、社会问题及其之间的相互作用。

家系图可作为家庭档案的基本资料存于病例中。标准的家系图有3代或3代以上的家人,包括夫妇双方的所有家庭成员。具体画法应遵循以下原则:

1. 一般包含至少三代人。

2. 可以从最年轻的一代开始向上追溯,也可以从患者这一代开始分别向上下展开。

3. 夫妻之间,男在左,女在右。

4. 同代人中年龄大的排在左边,年龄小的排在右边,并在每个人的符号旁边注上年龄、出生或死亡日期、遗传病或慢性病等资料。还可以根据需要,在家系图上标明家庭成员的基本情况和家庭中重要的事件、结婚和离婚日期等。

5. 用虚线圈出在同一处居住的成员。

6. 使用简明扼要的符号,并说明所使用的所有符号。

家系图是了解家庭客观资料的最佳工具,是全科医疗档案的重要组成部分。通过家系图,可以使医生快速地了解家庭的情况;快速地了解、评估家庭情况,从而改善连续性和综合性的照顾;快速识别家庭成员中的危险因素,如糖尿病的家族史等;便于识别并进行高危患者的筛查;促进家庭生活方式的改变并加强患者教育。

家系图一般可在10~15分钟内完成,其内容可不断积累和完善。在全科医疗中有较高的实用价值。

家系图绘制中经常使用的符号见图3-3,家系图绘制范例见图3-4。

从图3-4可见,来就诊的患者是赵家的三儿子赵玉,2018年3月被诊断为2型糖尿病;其父亲63岁死于心肌梗死;母亲2004年被诊断为2型糖尿病;他与妻子、儿子和岳母住在一起(住在一起的家庭成员用虚线圈起来)。从家系图中还可以了解其他家庭成员的情况。

对家系图绘制和相关信息的记录是一个连续的过程,随着全科医生对患者及其家庭照顾的延续,还会了解和记录更多的家庭相关信息。

三、家庭圈

家庭圈(family circle)(Thrower,Bruce和Walton,1982年)是由某一家庭成员描述家庭内情感关系的方法,是一种患者主观评价的方法。家庭圈的做法是:先让患者画一个大圈,再在大圈内画上若干小圈,分别代表患者自己和他认为重要的家庭人员。由于文化背景的差异,患者也可以在大圈内画出他认为对他很重要的"家庭"的其他部分,如家庭中的宠物等。小圈本身的大小代表权威或重要性的大小,圈与圈之间的距离代表关系亲密的程度。患者可独自完成,随后医生向患者提问题或让患者向医生解释图的含义,从而使医生了解患者的家庭情况。家庭圈范例见图3-5。

就家庭圈范例图来讲,可能不同的测试者画出相同或类似的图案,但是不同测试者对其内涵的解释可能会不尽相同。比如一位16岁的女性测试者将内涵解释为父亲在家庭中是权力中心,她与父亲的关系比较疏远;母亲听从父亲的意见,母亲与姐姐关系很好,很少关注测试者的表现和情感;测试者有问题或困难很少请求父母的帮助,但有时会请姐姐来帮助。

男	结婚
女	离婚
死亡	分居
病人/重点病人	同居
自然流产	共同居住
人工流产	
怀孕	
双卵孪生女	
单卵孪生女	冲突关系
养子	同居关系
出生年代和姓名	亲密关系
死亡年代	过度亲密关系
生卒年代和死因	支配关系
婚姻不和谐	
离婚-母亲监护两个女儿	婚姻不和谐和婚外性伴侣

1963
王立
1948
CA
1942—2005

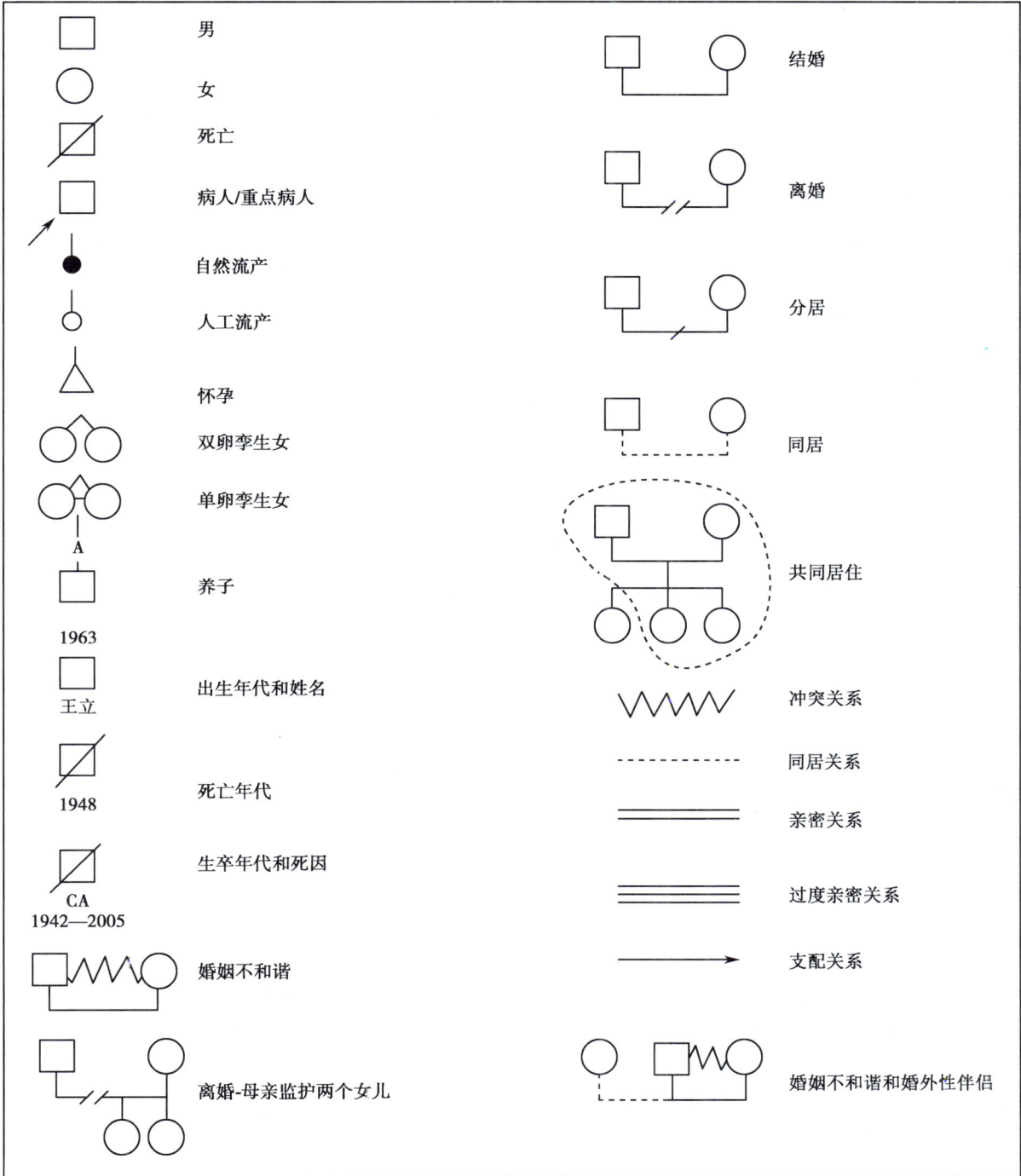

图 3-3 绘制家系图的常用符号

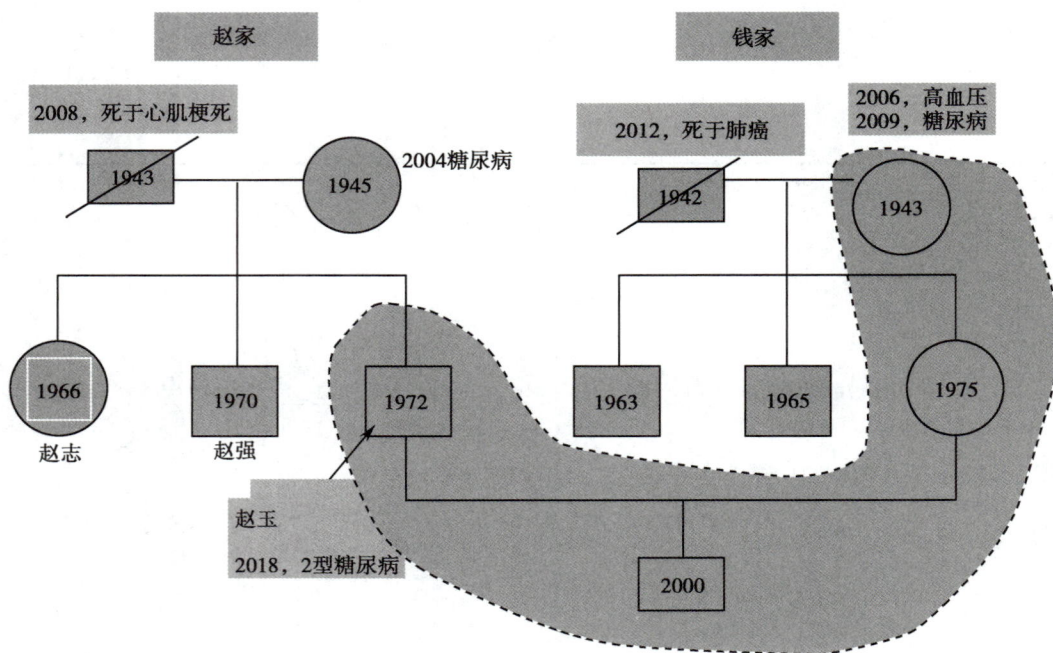

图 3-4　家系图绘制范例

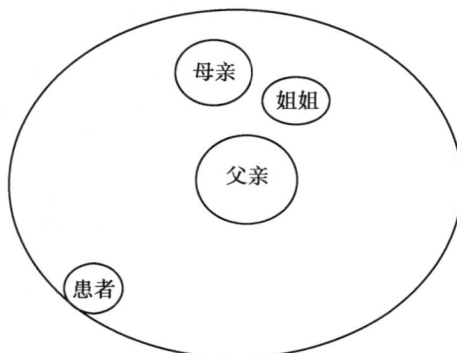

图 3-5　家庭圈范例

四、APGAR 量表

APGAR 量表是 Smilkstein（1978 年）设计出的检测家庭功能的问卷，是自我报告法中的一种，主要是用来测量家庭成员对家庭功能的主观满意度。因为问题较少，评分容易，因而比较适宜在基层工作中使用。APGAR 量表的名称和含义见表 3-5，APGAR 量表的具体内容见表 3-6。

表 3-5　APGAR 量表的名称和含义

名称	含义
1. 适应度（adaptation）	家庭遭遇危机时，利用家庭内、外源解决问题的能力
2. 合作度（partnership）	家庭成员分担责任和共同作出决定的程度
3. 成熟度（growth）	家庭成员通过互相支持所达到的心身成熟程度和自我实现的程度
4. 情感度（affection）	家庭成员间相爱的程度
5. 亲密度（resolve）	家庭成员间共享相聚时光、金钱和空间的程度

表 3-6　APGAR 量表

内容	2 分	1 分	0 分
	经常	有时	很少
1. 当我遇到问题时,可以从家人处得到满意的帮助	☐	☐	☐
2. 我很满意家人与我讨论各种事情以及分担问题的方式	☐	☐	☐
3. 当我希望从事新的活动或发展时,家人都能接受且给予支持	☐	☐	☐
4. 我很满意家人对我表达感情的方式及对我情绪的反应	☐	☐	☐
5. 我很满意家人与我共度时光的方式	☐	☐	☐

该量表共分两部分,第一部分:测量个人对家庭功能的整体满意度,共 5 个题目,每个题目代表一项家庭功能。这 5 个问题有 3 个答案可供选择,若答"经常"得 2 分,"有时"得 1 分,"很少"得 0 分。将 5 个问题得分相加,总分 7~10 分表示家庭功能良好,4~6 分表示家庭功能中度障碍,0~3 分表示家庭功能严重障碍。另外,通过分析每个问题得分情况,可以粗略了解家庭功能障碍的基本原因,即哪一方面的家庭功能出了问题。第二部分:了解受测者与家庭其他成员间的个别关系,分良好、较差、恶劣 3 种程度。

在使用 APGAR 量表时,应注意两个问题,首先是需要将本量表通俗化和本土化,但又不能失其精髓;其次是正确对待用该表测评出来的结果,注意其时效性和主观性的特点。

五、家庭适应度及凝聚度评估量表

家庭适应度及凝聚度评估量表(family adaptability and cohesion evaluation scale,FACES)分为三种,分别用于成人家庭、有青少年的家庭和年轻夫妇双人家庭。每种问卷都由 30 个问题组成,表的右侧有与各个答案相对应的分数。评价的步骤为:先将受试者所答各题的分数用表 3-7 的方法算出凝聚度和适应度的得分;然后,根据表 3-8 找出得分所对应的凝聚度和适应度的性质;最后,则可判断出所评估家庭的适应度及凝聚度。也可以按照 Circumplex 模型(图 3-6)判断该家庭所处的家庭类型。

表 3-7　计算凝聚度和适应度的方法

项目	方法
凝聚度	①第 3、9、15、19、25、29 题得分之和 ②用数字 36 减去步骤①的结果 ③其余所有奇数题及第 30 题得分之和 ④步骤②和③的结果之和
适应度	①第 24、28 题得分之和 ②用数字 12 减去步骤①的结果 ③其余偶数题得分之和(除外第 30 题) ④步骤②和③的结果之和

表 3-8　凝聚度和适应度得分的转换表

项目	得分 / 分	评价
凝聚度	0~50	破碎
	51~59	分离
	60~70	联结
	71~80	缠结
调试度	0~39	僵硬
	40~45	有序
	46~54	灵活
	55~70	混乱

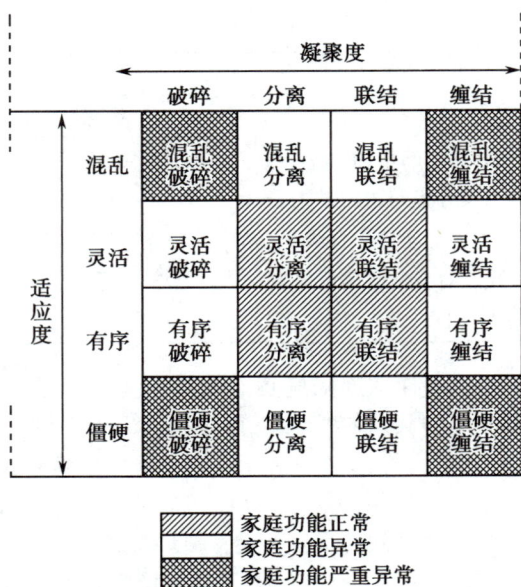

图 3-6 Circumplex 模型（将家庭分成 16 种类型）

由于文献收集的问题，在此仅列出 FACES Ⅱ 成人问卷，以供学习者研究和试用（表 3-9）。

表 3-9 FACES Ⅱ 成人问卷

项目	从不 1分	很少 2分	有时 3分	经常 4分	总是 5分
1. 遇到困难时，家人能互相帮助	□	□	□	□	□
2. 在家里，每个人能自由发表意见	□	□	□	□	□
3. 同外人讨论问题比同家人容易	□	□	□	□	□
4. 作出重大的家庭决定时，每个家庭成员都能参与	□	□	□	□	□
5. 家庭成员能融洽地相聚在一起	□	□	□	□	□
6. 在为孩子定规矩时，孩子也有发言权	□	□	□	□	□
7. 家人能一起做事	□	□	□	□	□
8. 家人能一起讨论问题，并对作出的决定感到满意	□	□	□	□	□
9. 在家里，每个人都各行其是	□	□	□	□	□
10. 家务活由各家庭成员轮流承担	□	□	□	□	□
11. 家庭成员互相了解各自的好友	□	□	□	□	□
12. 不清楚家里有哪些家规	□	□	□	□	□
13. 家庭成员在做决定时同其他家人商量	□	□	□	□	□
14. 家庭成员能畅所欲言	□	□	□	□	□
15. 我们不太容易像一家人那样共同做事	□	□	□	□	□
16. 解决问题时，孩子的建议也予以考虑	□	□	□	□	□
17. 家人觉得互相很亲密	□	□	□	□	□
18. 家规很公正	□	□	□	□	□
19. 家庭成员觉得同外人比同家人更亲密	□	□	□	□	□
20. 解决问题时，家庭成员愿意尝试新途径	□	□	□	□	□

续表

项目	从不 1分	很少 2分	有时 3分	经常 4分	总是 5分
21. 各家庭成员都尊重全家共同作出的决定	□	□	□	□	□
22. 在家里，家人一同分担责任	□	□	□	□	□
23. 家人愿意共同度过业余时间	□	□	□	□	□
24. 要改变某项家规极其困难	□	□	□	□	□
25. 在家里，各家庭成员之间互相回避	□	□	□	□	□
26. 出现问题时，我们彼此让步	□	□	□	□	□
27. 我们认同各自的朋友	□	□	□	□	□
28. 家庭成员害怕说出心里的想法	□	□	□	□	□
29. 做事时，家人喜欢结对而不是形成一个家庭群体	□	□	□	□	□
30. 家庭成员有共同的兴趣和爱好	□	□	□	□	□

六、P. R. A. C. T. I. C. E. 评估模型

P. R. A. C. T. I. C. E. 是以问题为中心的家庭评估工具。每一个字母代表评估中一项独立的内容，为全科医生进行家庭评估时组织和记录家庭资料提供了一个基本的结构性框架。该工具不仅为"家庭评估"提供了便利，同时也可为全科医生管理被照顾者家庭特定家庭健康问题提供可干预的信息并对家庭进行系统的照顾。此工具常被用于评估医疗、行为和人际关系等相关问题，在一些国家全科医学的住院医师培训中因其实用性好而得到重视。

P. R. A. C. T. I. C. E. 评估工具中各字母的含义及其所记录和收集的资料分别如下：

P（presenting problem），展现问题：描述家庭中存在的问题，如与家庭成员所患健康问题或疾病及其管理中的相关问题。

R（role and structure），家庭结构和家庭角色：家庭成员各自在家庭中扮演的角色，以及其在成员健康问题/疾病控制中的角色。

A（affect），影响：家庭成员所患健康问题/疾病对家庭的影响，家庭成员对患病成员的健康问题/疾病影响与感受。

C（communication），交流：家庭成员间的语言表达和相互交流状况。

T（time in life cycle），家庭生活周期：家庭所处家庭生活周期中的时段。

I（illness in family，past and present），家族的疾病史（既往史和现病史）：家族疾病史、家庭成员的患病状况、家庭成员对患病成员健康状况的理解和担心情况。

C（coping with stress），应对压力：家庭成员适应婚姻、家庭以及所患健康问题/疾病等带来的压力的情况。

E（ecology），生态学：家庭生态学情况，如家庭内外资源的情况，家庭的支持度等。

在基层医疗服务中，全科医生经常会到患者家庭进行访视或会谈，了解家庭中与健康照顾相关的情况，在此过程中如果能够运用较好的家庭评估或资料收集模式或借助一个较好的家庭评估工具，将更有利于全科医生和相关工作者对患者及其家庭进行有效的干预和系统的健康照顾。

以一个新诊断为高血压患者的家庭会议记录为例，说明 P.R.A.C.T.I.C.E. 评估工具在实际工作中的具体用法。

P. R. A. C. T. I. C. E. 评估工具在实际工作中的具体应用举例

柳先生，63岁，上周在某三甲级综合医院被确诊为2型糖尿病，医生给他开了饮食和药物治疗的处方。患者于第2日到家附近的社区卫生服务中心找全科医生看病，向医生咨询了一系列问题，包括疾病的严重性、用药方法、血糖监测等。为了更好地进行饮食控制和提高遵医行为，全科医生决定在方便的时候对其做一次家庭访视。

在访视过程中,用 P.R.A.C.T.I.C.E. 模式记录的家庭访视资料结果如下:

P　展示出来的健康相关问题
- 柳先生刚刚被确诊 2 型糖尿病(××年×月×日)。
- 柳先生的妻子感觉柳先生不能理解他所患疾病的诊断、治疗方法。
- 柳先生表示他不愿意遵医嘱服药,进行饮食控制存在很大困难。

R　家庭结构和家庭角色
- 通常柳先生的妻子负责家庭饮食,并且她自己喜欢高盐饮食。
- 柳先生在家庭成员中收入最高,有良好的家庭地位。
- 夫妻双方在家庭中均有清楚的角色定位,柳先生负责挣钱养家,妻子负责日常生活打理。

A　健康问题与家庭之间相互影响
- 妻子因为担心柳先生的血糖控制不理想而焦虑。
- 妻子告诉医生:丈夫不能遵循医嘱服药和饮食。
- 对妻子向医生抱怨其不遵循医嘱,丈夫表现得十分生气。

C　家庭成员交流情况
- 夫妻间表现出愿意相互听取意见,并均对对方的健康表示担心。
- 谈话中夫妻相互打扰对方的谈话很多次,甚至争吵。

T　家庭生活周期
- 新婚期(再婚)

I　家族的疾病史,家人对所患疾病的理解和认同
- 丈夫否认其父亲既往患有任何健康问题 / 疾病(其父亲 51 岁时突然死于心肌梗死)。
- 丈夫认为:"妻子对我担心过多,我的 2 型糖尿病不严重。"

C　家庭压力
- 夫妻均否认他们在婚前和婚后对婚姻适应有任何压力。
- 夫妻间有亲密的照应关系,但感觉糖尿病的诊断对他们产生了一定压力。

E　家庭生态学(家庭关系与社会支持)
- 夫妻双方都有一个很支持的家庭,他们有规律地与双方家庭保持联系。

从以上案例中,可发现使用该工具并不能展示患者家庭的所有问题,有的问题还需要采用特殊的访谈技术呈现出来。

全科医学住院医师和基层医生在熟悉该评估方法后,在自己所照顾的患者中选择并尝试采用 P.R.A.C.T.I.C.E. 模式,进行家庭访视或召开家庭会议,并用该模式记录和呈现各方面的情况,然后与教师或同行讨论问题的处理方式,通过这样的逐步训练,以家庭为单位的健康照顾能力不断提高。

第六节　以家庭为单位的健康照顾方式

进行以家庭为单位的健康照顾与进行个体化患者照顾一样,全科医生首先应与家庭建立一种合作和互相信任的关系,然后再根据患者和家庭的具体情况选择相应的照顾方式。

一、全科医生与患者家庭建立关系

患者及家属与医生间的相互信任是建立在有效的家庭与医生间关系的基础上。如果在诊疗和照顾过程中,彼此间缺乏应有的信任,即使医生作出很多努力,也不会换来患者对医生所提出的建议和疾病管理方法的遵从与配合。

医生要与患者及家庭建立良好的信任关系,除了医生的人格魅力和职业技能可以令人信任,从而使很多家庭开始相信并可以把他们的问题、甚至是敏感的健康问题告诉医生外,还需要医生必须具有并保持对这种关系的敏感性,掌握良好的交流技巧,以鼓励这种信任进一步发展,完善与患者及家庭的关系。

全科医生在工作中应注意利用特定的场合和时机与家庭建立良好的关系,如:

1. 当患者或家庭第一次接触全科医生或全科医疗服务时,全科医生可以借此机会在收集病史时以家庭为导向。

2. 当家庭到全科医生处寻求医疗保健信息时,是与家庭成员沟通和建立彼此信任的良好时机。有资料显示:在女性孕前和妊娠过程中,丈夫会更积极主动地寻求医疗保健信息,并更愿意回答医生提出的各种问题。

3. 当家庭中有急性健康问题发生,或出现临终疾病等医疗危机时,家庭成员常会出现焦虑,对问题的不确定性通常会促使家庭请求医疗帮助,并建立坚固的医生-家庭关系。

4. 家庭访视过程是观察家庭环境的好机会,也是采用恰当方式赢得家庭信任的机会。

5. 在门诊接诊家庭成员的过程也可以建立信任关系。

此外,在建立医生-家庭关系过程中,应注意掌握建立这种的关系的策略与技巧。当全科医生或护士与家庭建立关系时,须考虑家庭的文化价值、健康观、家庭规范、家庭成员的角色、交流技巧等。如在曾经的家庭访视中,感受到妈妈在家庭中的绝对领导地位,家庭医生将通过妈妈与孩子沟通,以保证她在家庭活动中的重要地位。与家庭中权力中心(当家人)的接触与合作是全科医生接触任何家庭系统、建立医生-家庭关系的有效途径。

在做家庭访视的开始或某特定时段,医生或护士应运用有效的方法接触每一个家庭成员,使他们感觉到正在或将被理解、被接受和被喜爱。

二、以家庭为单位的健康照顾方式

多数全科医生都会在其诊疗实践中考虑家庭这一重要的因素,但他们提供以家庭为单位的健康照顾方式和水平可能有很大不同。以家庭为单位的健康照顾,根据在服务中考虑家庭因素和对家庭干预的水平分为以下 5 个层级,根据不同情况和卫生行政机构的不同要求,各地采用不同的以家庭为单位的健康照顾方式。

(一) 以家庭为单位的健康照顾水平

第一个层级:全科医生在为个人提供医疗保健服务时,给予家庭最起码的关心。

第二个层级:认识到了家庭是影响个人健康的重要因素,也是解决个人健康问题的重要场所和资源;在健康档案记录了利于诊断和治疗决定相关的家庭背景资料,并让家庭成员了解和参与健康问题的诊疗过程,指导家庭对患者的疾患作出适当反应,帮助患者获得康复;初步评价家庭的功能,并能视情况作出适当的转会诊。

第三个层级:考虑到患者、家庭和医生本身的情感反应及其相互影响对诊疗过程的重要意义;与家庭一起讨论所面临的紧张事件和家庭成员对疾患的情感反应;给予家庭必要的支持和关怀;帮助家庭寻求和利用有效的资源,以维持家庭的正常功能。

第四个层级:考虑到家庭系统理论、家庭动力学和家庭发展对诊断和治疗的重要性;全面评价家庭背景对健康和疾患的影响;评价家庭的功能状况;找出家庭危机的根源,与家庭一起讨论应付家庭危机的策略;帮助家庭成员改变角色行为、交往方式和有效利用家庭资源来应对危机事件。进行该层级水平的服务需要全科医生经历一定的专业训练。

第五个层级:即做家庭治疗。把家庭看成一个完整的系统,对有严重功能障碍、需要综合性治疗的家庭,运用家庭治疗的原理和方法,提供专业性的家庭治疗服务。要提供家庭治疗服务,全科医生必须接受专门的训练。

目前,大多数全科医生在其服务中仅能够提供前四个层级的服务,只有少数全科医生能提供第五个层级的服务。在全科医学的专业训练项目中,第三、四个层级的服务技能通常会纳入训练范围。

(二) 以家庭为单位的健康照顾方式

1. 一般性照顾　全科医生在对个体患者照顾的过程中,除了向照顾对象提供常规的医疗咨询和治疗外,还要考虑家庭与家庭成员健康问题间相互作用和影响。在收集病史时考虑了家庭的因素,并收集与健康问题相关的家庭资料,在整个家庭范围内,提供教育、咨询、治疗和预防服务。如在糖尿病的控制过程中,动员家庭成员给予患病成员支持,并参与其饮食、体育锻炼、药物使用等控制计划等。

2. 家庭咨询　家庭咨询的对象是整个家庭,而不是家庭中的某个或某些人。家庭咨询的内容是所有成员共同面临的家庭问题,如家庭遗传学咨询、婚姻咨询、患者病情难以控制、生病后情绪反应严重、感情危机、遭遇紧张事件、家庭关系问题等。当家庭出现功能障碍或处于危机状态时便需要全科医生提供必要的帮助,这种帮助可能多以家庭咨询的方式提供,经过家庭治疗专业训练的医生也可提供适当的家庭治疗。

3. **家庭访视**　在交通和通信不发达的时代,对患者进行家庭访视是许多国家全科医生日常工作的重要组成部分。后来,随着交通和电信业的发展以及基层医疗服务的可及性等变化,家庭访视频率开始下降,全科医生的工作转变为主要以门诊服务为主,根据患者与家庭及病情需要安排适当的家庭访视,建立家庭病床。

根据家庭访视目的不同,可将家庭访视分为三个类别:

(1)评估性家庭访视:目的是对照顾对象的家庭进行评估,通常是一次性的,常用于有家庭问题或心理问题的患者,以及年老体弱患者的家庭环境考察。

(2)连续照顾性家庭访视:目的是为患者提供连续性的照顾,常定期进行,主要用于慢性病或行动受限的家庭病床患者,以及临终的患者。

(3)急诊性家庭访视:目的是临时处理患者或家庭紧急情况,多为随机性的。

家庭访视的内容十分宽泛,其适应证包括:初次接诊的新患者;新生儿的家庭;行动不便者;不明原因不遵医嘱的患者;患多种慢性病的老人;有心理社会问题的患者;某些急症患者;临终的患者及其家庭;需要做家庭结构和功能评价者;需要实施家庭咨询与治疗者等。

4. **家庭病床服务**　在国外全科医疗服务中家庭病床服务是家庭访视的内容之一。我国家庭病床服务最早出现在 20 世纪 50 年代的天津,后为了满足患者及家庭的医疗服务需求,而作为一种独立的医疗照顾模式在各级医院中以家庭病床科的形式开展服务。1984 年 9 月,卫生部在天津召开了全国家庭病床工作经验交流会,总结了开展家庭病床工作的经验,并修改讨论"家庭病床暂行工作条例"。条例明确提出:"家庭病床是医疗单位对适合在家庭条件下进行检查、治疗和护理的某些患者,在其家庭就地建立病床,并坚持普及与提高相结合、中西医结合,医疗、预防、保健、康复相结合的方针。"条例还明确了家庭病床服务的任务和收治范围,多年来医疗服务机构一直遵循该条例的规定与要求开展相关工作。

由于家庭病床弥补了专业医疗机构病床的相对不足,降低了医疗费用,也避免了医院住院中的交叉感染,患者在其所熟悉的环境中接受治疗,能够得到更多的家庭支持,有利于患者的康复,在 20 世纪 90 年代初及以前的一段时间内,家庭病床的服务内容和工作模式深受患者和家属的欢迎。在各级医院均有家庭病床科,有专人负责地段和社区的家庭病床患者,并有定期的随访制度和特定病例记录格式与内容。

随着全科医学人才的不断培养和社区卫生服务队伍的不断壮大,社区卫生服务的可及性得到进一步发展,社区卫生服务中心和服务站坐落在居民的生活社区中,居民可以在短距离内得到有效的医疗保健服务。社区卫生服务可及性的增加,使得更多的老年人愿意到社区卫生服务机构中就诊,相应地专科和综合医院的家庭病床数开始减少。高龄老人、行动不便/卧床者、临终患者,仍然愿意得到家庭病床的照顾,家庭病床因而作为社区卫生/全科医疗服务的重要形式之一延续下来。然而在全科医疗的家庭病床服务中,除了治疗生理疾病外,还强调提供以人为中心和以家庭为单位、以生物-心理-社会服务模式进行照顾。患者和家庭对全科医疗中家庭病床服务的要求也较其他专科医疗服务更多、更细致。

各地卫生行政部门对家庭病床服务给予了足够的重视,将家庭病床作为该地区社区卫生服务的重要组成部分,很多地区都规定了社区卫生服务中患者申请建立家庭病床的标准和收费标准。全科医疗服务中的家庭病床正在进一步走向规范。

(1)建立家庭病床的适应证

1)出院后转回社区仍需治疗的患者。如:急性脑血管病病情平稳需继续康复的患者;肿瘤术后或放化疗需支持治疗的患者;高血压、糖尿病合并慢性并发症的患者;骨折术后及外伤换药、拆线、康复、功能锻炼等。

2)慢性疾病需长期治疗的患者,如长期卧床患者。

3)临终期的患者,如晚期肿瘤、植物状态、老年痴呆症等。

4)高龄行动不便老人的常规健康监测和家庭访视。

(2)家庭病床的管理

1)家庭病床的建立:通常由患者家庭提出建立家庭病床的申请,由所在社区卫生服务中心/站的全科医生到患者家庭对患者进行初步评估,然后确定是否建立家庭病床。明确家庭病床管理的责任医师和上级医生。上级医生一般由高年资/高级职称的全科医生担任。

2）制订详细的家庭病床管理方案：决定给患者建立家庭病床后，医生要全面评价患者的病情、家庭环境、家庭资源等情况，根据具体情况为患者制订详细的家庭病床管理方案，包括健康问题的治疗方案、查房的间期、患者在家庭中接受照顾的注意事项、家庭及时寻求医疗照顾和自行转诊指征、家庭成员在健康问题照顾中的责任和义务等。该计划在执行前务必得到患者家庭成员的认同。

3）定期的查房和评估：根据所制订的家庭病床管理方案，对患者家庭进行规律的家庭访视、观察病情变化、组织积极的治疗和照顾，并根据病情变化和综合评估的结果适宜地调整管理方案。对于低年资医生负责管理的家庭病床，应考虑制订上级医生定期查房制度。对于病情较重和病情不稳定的患者可以及时地转诊和请专科医生会诊。

4）对家庭病床的综合评价：为提高家庭病床服务的质量，对家庭病床进行科学化管理，探索家庭病床管理的有效模式，全科医生在管理家庭病床患者过程中，除了应注意过程性评价外，还应注意对家庭病床的服务效果进行综合性评价。通常，家庭病床的综合评价分主观和客观评价，前者包括患者满意度、患者家属满意度、医护人员满意度、社区卫生服务团队的支持度等内容；后者包括患者社会心理功能、生理功能以及经济学评价，此外还包括家庭病床的效果和效益评价。

5）签订必要的知情同意书：在家庭病床的管理中可能存在各种潜在的医疗风险，全科医生在提供照顾的过程中尽量坚持有利的原则，趋利避害。在保护患者的同时，也应注意保护自己在医学伦理与法律上的各种权利。在某些医疗操作执行前，须注意跟患者家庭中处于权力中心地位者交代医疗操作的潜在风险，并请其签订知情同意书，以减少或避免伦理纠纷。

6）沿家庭生活周期进行预防性照顾。

7）家庭治疗：家庭治疗包括家庭咨询的所有内容，但比家庭咨询更广泛、更全面。治疗者通过采取有效的干预措施，影响家庭动力学的各个方面，从而促家庭建立新型的相互作用方式，改善家庭关系，最终维护家庭的整体功能。

（路孝琴）

第四章 以社区为范围的健康照顾

相比于专科医疗，全科医疗处于卫生服务的金字塔底层，主要面向于社区和家庭，致力于基层医疗保健服务，以社区为范围开展健康促进工作，也是全科医疗的基本要求，这意味着全科医生不仅需要处理个体健康问题，同时还需要关注全社区健康问题，消除健康隐患，开展健康教育和管理，营造良好的社区环境，使人们享有保健和健康，切实保障居民整体健康。

本章主要介绍与社区相关的知识，包括社区的定义与功能、社区健康的影响因素、社区医学及社区卫生服务的发展、以社区为导向的基层医疗的内涵以及社区诊断的方法等。

第一节 社区及社区健康影响因素

一、社区

(一) 概念

"社区"一词起源于拉丁语，最初指共同的事物和亲密的伙伴关系，最早由德国社会学家 F.Tonnies 提出，他对社区与社会作出了系统的阐述和比较，认为社区既是社会的最简单形式，又是一种自然状态。他所分析的是传统农业社会的社区，当时定义为"以家庭为基础的历史共同体，是血缘共同体和地缘共同体的结合"，其特征是成员对本社区具有强烈的认同意识，他们重感情、重传统，彼此之间全面了解。F. Tonnies 关于社区的学说，为之后的社区相关研究打下了理论基础。到 20 世纪 30 年代初，我国著名社会学家费孝通先生引入了"社区"一词，近些年，我国很多社会学家也对"社区"进行了深入的研究，而且对"社区"的理解和认识也有诸多不同。有学者认为：社区是指在一定地域内的集体，拥有相同的政治、社会、文化目的，不同社区间的文化、生活方式也因此有所不同。也有学者从社区心理学的角度认为：社区是某一地域范围内个体的集合，其在生活及心理方面有一定的联系和相同点。但综合众多研究，大家基本认同从地理要素、经济要素、社会要素以及心理要素(认同意识和相同价值观)等方面结合起来理解社区这一概念，即把社区视为"若干群体(家庭、氏族)或组织(机关、团体)聚集在某一地域里所形成一个生活上相互关联的、具有共同意识和共同利益的社会群体"。

一般而言，社区定义为在一地域范围内，一定数量的人们结成多种社会关系和社会群体，从事多种社会活动，形成频繁社会互动关系、产生自然情感联系和心理认同所构成的社会生活共同体，其构成因素为地域、人口、生活服务设施、一定的生活制度和管理机构、特定的文化背景及生活方式，满足这五大要素即可构成一个社区。

(二) 分类

社区是多种多样的，根据不同需求可以划分成不同的类型：

1. 按生产力水平分类 有发达社区、不发达社区。

2. 按地理环境分类 有平原社区、山区社区、岛屿社区等类型。

3. 按社区功能分类 有居住社区、商业经济社区、工业社区、政治社区、文化社区、军事社区和特殊社区。

4. 按组织形式分类 有整体社区和局部社区。

5. 按沟通互动方式分类 有具体社区和抽象社区。

6. 按经济、人口结构分类 有农村社区和城市社区。

世界卫生组织(WHO)提出，一个具有代表性的社区，人口为 10 万 ~30 万，面积 5 000~50 000km^2。在我国,城市社区一般指街道、居委会,农村社区一般指乡镇、村。

(三)功能及特点

社区功能是指为满足社区需求所发挥的作用,有时会随着社区的改变和发展产生不同的变化,有些社区会因特殊目的而改变,如某些社区发展为商业城区、学校城区等。根据我国目前社会发展状况,一个完整社区所具有的功能主要有以下几个方面:

1. 服务功能　社区可以为居民提供生活、生产、医疗及消费各方面的服务,满足物质和精神文化等方面的需求。

2. 管理功能　管理生活在社区的人群的生活事务,通过社区的风俗习惯和规范管理社区居民的行为举止,维持社会稳定,也可以发现一些社会问题,及时反馈处理。

3. 教育功能　开展文化教育、卫生健康等多种活动,提高社区成员的健康知识、文明素质等,同时在居民不断参与活动过程中,加强社区认同感,树立公民责任和义务意识。

4. 保障及稳定功能　社区为居民提供财产和安全的保障,同时社区居民也可以通过互助与共济,解决一些社会问题,化解一些社会矛盾,从而维持社区稳定,如慈善团体扶贫助弱、社区卫生服务中心为居民提供医疗保健服务等。

5. 整合资源的功能　每个社区的固有资源有所不同,通过社区这个平台,政府、教育、商业、医疗等资源得以整合,同时又可以根据社区的具体情况,配置相应的资源,充分发挥资源利用效益,避免资源浪费。

社区也是党和政府密切联系广大群众的桥梁,为了加强社区党政工作,社区还设有各种层次的管理和服务机构,各级政府部门、基层管理服务组织都是社区的管理和服务系统,这些机构的主要职能是管理社区的各种事务,为社区成员提供相关服务,发展和稳定社区。而在社区工作中,社区居民也应当享有知情权、监督权及管理权,参与社区的建设和发展,共同创造一个和谐、健康的生活环境。

总而言之,社区是一个社会单位,是社会的缩影,会随着社会、经济的发展发生变化,并没有固定的结构,但具有内在关联性,同一个社区的居民具有共同利益和服务需求,产生共同的生活习惯和文化习俗,还面临着共同的问题,如环境卫生、教育、医疗健康等。

二、社区健康影响因素

社区健康反映的是社区综合健康状况,包括居民个体健康状况以及社区整体健康状况。现代研究认为,影响居民个体健康状况的因素主要包括生物因素、环境因素、行为与生活方式因素和卫生服务因素(图4-1),影响社区整体健康状况的主要因素为社区生活环境因素、社区社会经济文化因素、社区组织制度因素及社区人口因素。

(一)居民个体健康状况影响因素

1. 生物因素　包括感染性疾病、慢性非感染性疾病、遗传疾病、内分泌及代谢疾病、免疫系统疾病、肿瘤等,而影响这些疾病发生发展的因素也有很多,如年龄、性别、基因遗传、饮食、环境等。

2. 环境因素　包括生活环境与社会心理环境。生活环境是影响人群健康的重要因素,社区自然生态环境、地理位置状况、住房条件、生活用水质量、空气污染情况、噪声、排污设施是否健全等都可直接或间接地影响人群健康。社会心理环境涉及社区经济水平、文化教育水平、科技水平、基础卫生设施、人口状况、风俗习惯、人群心理状况等诸多因素,这些都可引起人群的健康问题。

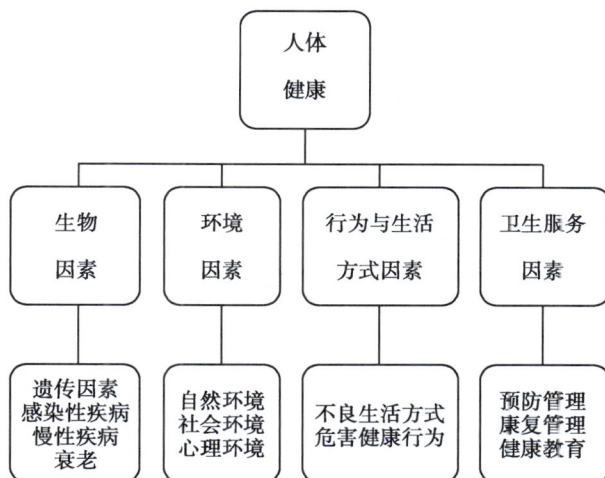

图4-1　影响人体健康水平的因素

3. 行为与生活方式因素　主要包括危害健康行为与不良生活方式,目前已成为危害人们健康,导致疾病和死亡的主要因素。生活方式是指在一定环境条件下所形成的生活意识和生活行为习惯的统称。常见不良生活方式如静坐卧床、缺乏锻炼、过度运动、生活无规律等。常见的危害健康行为分为四类:①日常危害健康行为,主要有吸烟、酗酒、吸毒、药物滥用、不良性行为等。②致病性行为,指某些可能导致特异性疾病发生的行为模式。有些研究认为 A 型行为人群表现为不耐烦、敌意及时间紧迫感,其冠心病发病率、复发率和死亡率较正常人升高 2~4 倍;C 型行为人群表现为情绪好压抑,性格好自我控制,表面上处处忍让,内心却强压怒火,爱生闷气,导致一些肿瘤发病率较正常人升高。③不良饮食习惯,包括饮食过度,高脂、高糖、低纤维饮食,偏食、挑食和过多吃零食,嗜好含致癌物质的食品,不良进食习惯等。④不良疾病行为。疾病行为是指一个人从感知自身有病到疾病完全康复之间所表现出来的行为模式,常见的表现有瞒病行为、惧病惧医行为、自暴自弃行为、疑病紧张行为、已肯定有病但有意拖延就医行为、求医与工作生活矛盾所致拒医误医行为、悲观绝望等心理状态以及求神拜佛等迷信行为。

4. **卫生服务因素**　社区卫生服务的范围、内容与质量直接关系到人群健康问题。社区卫生服务中心和站、卫生院等是卫生保健系统的基础,是维护人群健康的主要资源。社区卫生保健机构的可利用程度、可及性和有效性,对人群健康有着显著的影响,而社区居民能否得到有效的健康照顾,也取决于社区全科医生的水平及医疗质量,确保常见病得到及时、正确、有效的治疗是社区卫生服务的关键。

(二) 社区整体健康状况影响因素

1. **社区生活环境因素**　社区居民拥有着共同的生活环境,社区环境可以给居民健康带来相同的影响,比如社区自然环境如何,水质和空气污染情况,社区周边是否存在放射性物质,是否毗邻大型工业基地、机场、铁路而受到噪声影响,是否处于传染病高发区,是否存在地方特殊疾病等。

2. **社区社会经济文化因素**　经济发展是社区健康教育与健康促进的重要因素,社区文化背景也体现出不同社区居民的生活习惯、行为方式和就医习惯,这些都一定程度上影响着相关疾病的发病情况,决定了社区居民对健康和疾病的认识、态度以及干预措施,影响着社区整体健康水平。例如,在经济文化程度较高的地区,娱乐设施完善,生活节奏快和工作压力大,容易导致精神紧张及其他心理问题;但是其拥有良好的健康氛围,有利于促进人们对健康的认识,改变人们的思想观念,引导居民进行健康的生活行为;同时,公共卫生设施和卫生保健服务较完善,基层医疗健康有所保障。而在经济文化水平较低地区,缺乏基础健康促进措施,基层医疗保健不到位,居民也缺乏健康意识及良好的卫生习惯,从医性差,不利于健康发展。

3. **社区组织制度因素**　社会制度关系到社会对居民健康的关心程度、经济投入及健康维护活动的参与程度,影响着医疗保健服务和社区卫生服务的组织形式。社区组织是社区活动的桥梁,开展并引导社区居民积极参与各项健康活动,丰富业余生活的同时,有利于开展健康宣教和沟通,对居民的健康生活方式起到促进作用。

4. **社区人口因素**　社区人口的基本构成直接影响社区的健康状况,人口过剩或人口老龄化、被赡养人口比例增大、人口密度过高导致医疗资源不足或分配不均衡、人际关系紧张、家庭问题增多等,都可引起社区的健康问题。

三、社区健康管理服务

(一) 概念和意义

社区健康管理服务是指对社区内个体和群体的健康风险因素进行全方位、系统地检测、分析、评估,并提供相应的健康咨询和指导,以及对健康危险因素进行干预的卫生服务工作。其核心在于辨别危险因素,有针对性地干预调节,从而降低患病率和医疗支出。

国际医学界存在一个共识,认为人类疾病中的三分之一都可以通过预防保健来避免,而随着社会和医疗技术的发展,疾病谱已发生改变,民众的健康认识和需求也不断发生变化,从最初的基本医疗到疾病管理,再到目前的健康管理,反映出群众对健康的重视和渴望。实施社区健康管理正是为了发挥社区优势,实现居民群众健康水平的提高。在 2011 年国家出台的有关文件中已经明确指出健康管理是全科医生的基本工作内容之一,为了推进社区健康管理服务建设,大力培养全科医生极为重要。另外,通过互联网系统建立健全健康管理平台,也有利于健康管理服务的实施和发展。

(二) 内容

1. **健康体检**　通过健康体检提前发现一些潜在的健康问题,对之后的诊疗起到指导意义,常规的健康体检内容应包括身高、体重、心率、血压、体温、血糖、血脂等基础内容,一旦发现相关指标异常,需要就医诊疗。

2. 健康风险评估 通过调查疾病史、家族史、生活环境、生活行为方式、心理状况等情况,评估当前健康情况,找出健康危险因素,给出健康评估报告。

3. 健康咨询 综合检查结果及评估报告,解答相关健康问题,可以通过面对面交流,也可以借助互联网、电话等手段进行。咨询内容包括解读健康体检信息和健康评估报告、制订健康管理计划、提供健康指导、制订随访跟踪计划等。

4. 健康随访 建立个体健康档案,并通过随访动态了解健康管理计划实施情况,检查分析健康危险因素的变化情况,解答服务对象的健康问题。

5. 疾病诊疗、保健及双向转诊 针对社区常见病、多发病提供基本诊疗措施,针对常见健康危险因素进行干预,如缓解精神压力、引导戒烟戒酒、运动管理及膳食管理等。同时,秉着"小病慢病在社区,大病急诊进医院,康复保健回社区"的原则,对于一些符合条件的患者实施与大医院之间的转诊服务。

6. 健康教育 结合社区主要健康问题,提供多形式的健康宣教活动,树立健康理念,强化疾病管理意识。

健康风险评估(视频)

健康档案(课件)

健康教育(视频)

第二节 社区医学与基层医疗

一、社区医学

(一)社区医学的概念

社区医学(community medicine)是一门研究和解决社区人群健康问题的医学学科。需要应用社会医学、预防医学的观念和理论,利用流行病学、卫生统计学的基本方法,收集社区相关信息和资料,进行讨论分析,作出社区诊断,找出影响社区健康的主要问题,并根据社区居民的卫生服务需求,动用社区资源,制订、实施和评价一系列的社区卫生服务计划,从而维护和促进社区人群的健康。

(二)社区卫生服务

社区卫生服务(community health service)是社区医学的具体表现形式,指在基层卫生机构,全科医生通过合理使用医疗资源,以个人健康为中心,以家庭为单位,以社区为范围,以需求为导向,坚持预防为主,为社区居民提供健康保健综合服务,解决社区主要卫生问题。其主要内容包括:①社区健康教育,卫生监督管理;②开展危险因素调查和干预;③社区预防、医疗和康复工作;④慢性疾病的防治和管理,建立健康档案,建立疾病和死亡原因登记报告制度等;⑤社区计划生育技术。其特点包括:①兼顾社会效益、成本效益和经济效益;②社区居民广泛参与;③卫生服务和社会发展相结合;④集预防、医疗、保健、康复、健康教育、计划生育技术服务功能为一体,政府、医疗、居委会共同参与;⑤重视发掘利用社区资源,合理配置资源。

只有开展社区卫生服务,才能够改变重医轻防状况,使基层卫生保健工作落到实处;同时增强基层卫生机构的活力,成为基层医院摆脱困境的重要途径。

1. 有利于适应社会需求 随着人口数量和结构的变化,影响人群健康的疾病谱也会变化,而居民经济和教育水平的提高,使得人民对卫生服务的需求更高,方便、快捷地得到医疗服务也是广大居民的意愿。

2. 有利于优化配置卫生资源 目前我国大部分的医疗卫生资源分布在城市和大型医疗卫生机构,使卫生资源的配置呈"倒三角形",这显然与当前社会需求相反,开展社区卫生服务,也是为了引导卫生资源配置从上层往基层流动,使卫生资源的配置和需求相对应。

3. 有利于抑制医药费用不合理增长 卫生资源配置不合理,将会导致上层机构卫生资源大大浪费,不能充分发挥技术效率,也会造成医疗费用增加。开展社区卫生服务,是控制医疗费用的重要环节,在此之中,全科医生需要发挥守门人的作用。

4. 有利于加强预防战略 目前医学模式、疾病谱、死亡谱已经发生了变化,慢性非传染性疾病占据的比例越来越多,针对该类疾病更重要的是开展预防工作,开展社区卫生服务是落实预防措施的关键环节。

5. 实现"人人享有卫生保健"战略的基础 开展社区卫生服务,能显著提高人民群众的生活质量,有助于推进实现全民共享保健服务的战略,深化卫生改革,加强社会主义精神文明建设。

6. 适应新型医学模式　目前医学模式已转变为生物 - 心理 - 社会医学模式,医疗工作中不仅需要关注疾病本身发展,还需要关注患者的心理、社会环境等各种信息,开展社区卫生服务,加强全科医生队伍建设更是和新型医疗模式相一致的。

(三) 社区医学的发生与发展

社区医学是伴随着社区的形成而产生,早在文艺复兴时期,工业迅猛发展,大批手工业者聚集形成了众多社区,由于生产生活条件差,环境问题突出,导致一系列传染病和职业病的发生,对人群健康产生严重危害。随着对众多疾病的深入调查和研究,一些医护人员发现环境及社会因素和健康有着密切的关系。19 世纪上半叶,英国发生霍乱,人们开始关注社区卫生规划和群体健康。20 世纪 20—30 年代,在英国等西方国家,公共卫生服务逐渐走向以社区为实施单位,开始强调不同社区的自主性与需求,并认识到社区资源在公共卫生服务中的重要作用,有学者曾将这部分工作称为社区卫生。至 20 世纪 40—50 年代,流行病学、社会医学和预防医学逐渐兴起,社区卫生又与这些学科相结合,形成了一门以社区人群的健康为研究和服务对象的医学专业,英国于 20 世纪 60 年代率先将其称为社区医学。到 20 世纪 70 年代,社区医学已成为西方国家大部分医学院校正式设立的一门课程,并建立了专门的研究和教学机构,社区医学教育一度成为医学教育改革的一个热点,与此同时,又有学者将社区医学与基层医疗相结合,建立了一种以社区为定向的基层医疗(COPC)服务模式,在北美引起人们的极大关注。至 20 世纪 80 年代,社区医学这一名词出现于我国,其后社区医学教育在我国一些医学院校得到发展,为社区卫生服务培训了大量急需人才。

(四) 意义

1. 维护整体健康　既往有调查表明,人群中所患疾病只有不到 40% 是在医院中检出的,在一些病患群体中也只有不到 1/3 部分愿意主动就医,剩余的疾病和病患在进行社区调查或社区筛检时才被发现,这说明医务工作者在医院所接触的情况并不全面,如果仅仅凭借在诊所或医院中所收集的情况去研究人群健康问题及相关就医行为,可能会得出错误的结论。因此,在维护人群整体健康方面,专科医生所起的作用非常有限,只有社区医学才能深入了解及掌握人群健康情况。

2. 发现健康问题　社区是个体及其家庭的依托,只有在社区的背景上进行观察,才能完整、正确地了解及掌握健康问题。例如,在某一社区中,全科医生在几天内连续接待了十多个四肢关节红肿热痛、畸形患者,最开始均按"类风湿关节炎"进行治疗,但疗效不佳,同时类似患者不断增多,最后发现这些患者均来自同一个村庄。当全科医生来到这个村庄调查时,发现全村 40% 以上的劳动力人口均有轻重不等的类似症状,同时有关节症状的患者均接触过同一座山上的柴火,而这座山上的松树因松毛虫的大量繁殖已全部枯死。经查阅有关的文献资料后,全科医生确认这些患者得了"松毛虫病",同时组织有关力量在当地开展了松毛虫病的社区防治工作。

3. 预防更重要　专科医学只重点关注疾病发病时的治疗,但对于疾病预防不够重视,只治病而不防病,不仅会加重医疗开支等经济负担,而且医疗服务也难以取得理想的成效,对于维护人群健康,社区预防意义重大。例如,全科医生可以通过接触个别病例,及时地预测或掌握有关疾病在社区中的流行趋势和规律,从而可有针对性地采取相关干预措施,及时阻止相关疾病在社区中的流行。

4. 资源合理利用　社会卫生资源并非无穷无尽,如何利用有限的卫生资源最大限度地满足社区群众的健康需求显得极为重要,所以对社区资源的利用程度也是维护社区健康的关键所在。

5. 强化基层卫生服务能力　基层卫生服务的好坏是实施全民健康的基础,强化基层卫生服务是深化医疗卫生改革、加强社会主义精神文明建设、维护社会稳定的重要途径,发展社区医学可以逐步提高基层医生服务水平及质量,从而满足人民群众日益增长的卫生服务需求,提高群众健康水平。

(五) 社区医学教育

社区医学教育(community medical education)是伴随着社区医学的产生,是根据社区卫生服务的需求和可利用的资源,以个人、家庭和社区人群的健康促进、疾病预防、治疗及康复为重点,培养从事社区卫生的人才为目标的教育活动。早在 20 世纪 50 年代,国外许多国家的医学院校开设了社区医学教育课程,60 年代后社区医学不断发展,加拿大的麦克玛斯特大学医学院、澳大利亚的纽卡索大学医学院等著名的大学不断完善社区医学教育,成为世界医学教育改革的一面旗帜,至 20 世纪 70 年代中期,社区医学教育已经形成了完整的教学体系。随着社会和经济不断发展,影响人群健康的因素越来越多,为了更好地保障人群健康状况,提高卫生服务质量,不仅需要加强基础卫生设施建设,更需要培养一批高水平的社区医师,而发展社区医学教育正是为了推动社区医疗服务,培养社区实用型人才,也是推动社区卫生服务发展的重要因素。世界卫生组织明确提出,卫生人员的培训需要和社区卫生服务相呼应。

社区医学教育围绕社区卫生保健需求设计培养目标,主要内容有以下几个方面:

1. 学习与社区卫生有关的预防医学、流行病学、卫生统计学、妇幼保健、计划生育、卫生教育、卫生政策等方面的基本理论知识和技能。

2. 深入社区学习基地,体验熟悉社区服务,包括了解人口结构、地理环境、社会环境、文化习俗等。

3. 训练有关社区调查、社区诊断、提出干预措施、处理实际问题的能力。

4. 掌握社区常见病、多发病的诊断治疗技能。

二、社区为导向的基层医疗

(一) 概念及基本要素

社区为导向的基层医疗(community-oriented primary care,COPC)首次由南非医生 Kark.SL 提出,他认为基层医疗应重视社区、环境、行为等因素与健康问题的关系,要把服务范围由狭小的临床治疗扩大到流行病学的社区照顾,当时在南非实施 COPC 的社区,由于采取了重视基本卫生保健以及改善居民营养状况等措施,疖疮和脓包病发病率和婴儿死亡率分别从 1942 年的 82.0%、27.5% 下降到 1950 年的 7.8%、10%,此后 COPC 的概念、方法引入美国、英国等国家,得到广泛的认同。目前 COPC 已成为同时解决个体医疗和社区保健问题的基层医疗模式,它是全科医学的独特概念,是基层医疗实践与流行病学、社区医学的有机结合。其意义在于不仅需要关注居民个人医疗照顾,更要关注社区居民的整体健康,可以通过社区诊断发现问题,找出并分析影响健康的因素,从而动员基层医疗和社区力量,有根据、有针对性地开展社区预防保健工作,实施以社区为范围的健康目标。

COPC 的基本要素共有三个:一个基层医疗单位,可以提供具有可及性、综合性、协调性、连续性和负责性的卫生服务;一个特定的社区或人群,目标社区可以是地区型社区,也可以是功能型社区;一个解决问题的实施过程。

(二) 分级

0 级:即传统的医疗模式,没有社区的概念,只对患者提供非连续的医疗服务,不去关注所在社区的健康问题。

1 级:对所在社区的健康资料有所了解,但缺乏个体健康资料,以医生的主观印象来推断解决健康问题的方案。

2 级:对所在社区的健康问题有一定的了解,通过间接调查得到了社区健康问题资料,具备制订计划和评价的能力。

3 级:通过社区调查和社区档案资料掌握了 50% 以上居民的健康状况,针对社区内的健康问题采取相应的解决方案,但缺乏有效的预防干预措施。

4 级:建立了社区居民健康档案,掌握所有健康问题,具备有效预防和治疗的干预措施,同时建立社区健康问题资料的收集和评价系统,具备解决社区健康问题和管理社区资源的能力。

(三) 实施过程

COPC 的实施是一个不断提高社区居民健康素养和生活质量的过程,循环往复,发现健康问题后,通过计划、实施、控制、评价等过程得到解决,同时再次发现新的问题,进入新一轮的实施过程(图 4-2),具体步骤如下:

1. 确定社区以及社区人群,确定实施的基层医疗单位　COPC 实施的研究对象是应当接受社区卫生服务的整体人群,其关注的是整体健康问题。

2. 通过社区诊断,确定社区主要健康问题　确定研究对象后,应用流行病学、统计学等方法,收集社区内相关健康资料,统计并分析疾病发病率、患病率、死亡率等情况,掌握社区居民对疾病和健康的认识情况,从而确定社区存在的主要健康问题。

3. 确定需要优先解决的健康问题并制订相应的社区干预计划和方案　在确定社区存在的主要健康问题后,根据社区实际情况,分析投入效益比,确定能够优先解决的问题,然后合理利用现有的社区资源,制订出可行的、具体的干预计划和方案。

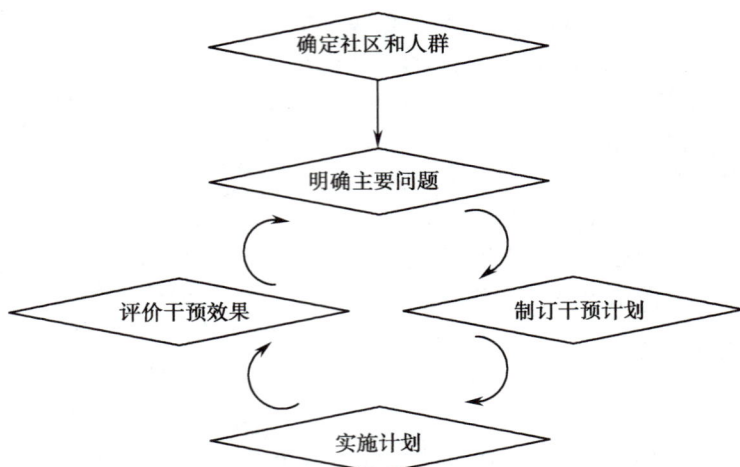

图 4-2　COPC 实施过程

4. 实施计划和方案　确定干预计划后,需要充分利用社区资源,积极发挥团队的协作精神,调动居民的积极性,号召全体居民广泛参与,同时方案的实施过程中也需要注意定期监督和评价反馈,及时发现问题并作出相应调整。

5. 评价干预效果　在方案实施结束后,对各个实施项目进行评价分析,了解方案的成本、实施效率、效果及效益比等情况,以此判断是否完成目标以及目标的完成度,进行总结分析后,决定是否需要进一步改善和调整计划方案。

6. 发现新的问题时重复实施过程　方案完成后,可以针对新的问题,再次循环一个实施过程,以此周而复始,从而逐渐提高整个社区的健康水平。

(四) 现状和问题

尽管COPC的实施有利于推进社区健康水平,但由于其需要社区居民广泛参与,全科团队共同合作以及多部门的协作,其开展存在一些困难和问题。①树立正确观念是首要的问题,各级团队都需要对COPC有全面的认识;②筹资问题;③队伍和技术问题:全科医生需要理解COPC的核心内容和过程,能组建COPC工作团队,掌握流行病学等方法,具备检索相关资料和信息的能力,能使用电子健康档案,同时学会识别社区主要健康问题和需优先解决的问题,掌握健康促进和干预技术,能通过评价说明实施的价值。

第三节　社区诊断的基本内容与方法

一、社区诊断的概念及内涵

(一) 社区诊断的概念

每个社区都有自身的特征和健康问题,把社区当作一个被照顾者,评价其特征及健康需要,从而制订并实施社区卫生保健计划,即是社区诊断(community diagnosis),又称社区卫生需求评价(community health needs assessment)。它是运用社会学、人类学和流行病学的研究方法,对社区各方面进行考察,收集相关资料,包括居民健康资料、社区卫生资源、社区居民需求情况、社区卫生服务利用情况等,发现并分析问题,从而制订相应干预计划,实施卫生行动,充分利用现有卫生资源解决社区主要健康问题的过程。

(二) 社区诊断的目的

1. 分析并确定社区的主要健康问题,以及问题的范围和严重程度,辨明社区居民的卫生服务需要和需求,即需求评价。

2. 判断造成社区健康问题的原因及影响因素,即原因评价。

3. 了解社区中可用于解决卫生健康问题的资源情况,通过分析成本效益比,确定需要解决问题的优先顺序,合理、充分地利用现有资源,即资源评价。

4. 为制订符合社区需要的卫生计划提供必要的参考资料。

(三) 社区诊断的意义

1. 为卫生行政管理部门及有关社会部门编制计划和决策提供科学依据。
2. 有利于有针对性地开展社会防治和自我保健。
3. 有利于评价卫生工作的成效,寻找今后工作重点。
4. 有助于将有限的卫生资源用于解决主要的社会卫生问题,保障卫生资源的利用效益。
5. 有助于树立大卫生观,推进医学模式的转变。

二、社区诊断的内容

(一) 主要内容

1. 社会学诊断

(1)社区特点:包括社区的类型(居民社区、企业社区、城市社区、农村社区);地形、地貌、地理位置;自然资源;风俗习惯;宗教信仰等。

(2)人口学特征:包括人口的规模;流动人口比例;人口的年龄、性别、文化程度、民族、职业、就业状态;人口增长率;人口构成变化和发展趋势等。

(3)经济状况:包括人均收入和消费支出构成;医疗费用支付方式和比例;社区经济发展情况等。

2. 流行病学诊断

(1)传染病、慢性非传染性疾病、各类伤害的发病率、死亡率、死因构成和死因顺位。

(2)从人口动力学角度分析人群健康问题及分布特征:包括婴幼儿死亡率、孕产妇死亡率、潜在寿命损失率、老年病死亡率、儿童和青少年生长发育情况、吾民营养状况等。

(3)居民疾病现患情况:包括人群慢性病现患率及其系统和病种顺位、居民两周患病率及病种顺位、住院情况分析、居民利用卫生服务的费用等。

(4)疾病负担状况:包括不同病因的寿命损失年、残疾生存人年、残疾调整生存人年、残疾现患率等。

(5)社区特殊健康问题:包括损伤与中毒情况、居民或患者的生活质量、心理健康状况、疾病的社会和家庭负担状况等。

(6)卫生服务的选择意向与满意度:包括居民针对急性病、慢性病、门诊和住院服务、长期保健服务、急诊服务的医疗服务选择意向、意见和态度。居民对现有卫生服务的提供(包括社区服务和专家服务、医疗服务和预防服务、门诊服务和住院服务、治疗服务和药品服务等各种形式)的满意程度。

3. 行为和环境诊断

(1)社区居民关于常见疾病和慢性疾病的知识、态度、行为现状。

(2)影响居民健康的因素:社区居民的不良行为,如吸烟、酗酒;不当的生活方式,如不合理膳食习惯、不参加体育锻炼;高危疾病因素,如超重把胖、高血压、高血脂、压力和紧张、性格特征等。

(3)自然环境:包括地理、地貌、自然植被、气象、生态、生物、自然灾害等。

(4)生活工作环境:包括居住条件、卫生设施、水质、生活用燃料、环境污染情况。

4. 社区资源诊断

(1)机构性资源:包括公立、私立医疗机构资源(诊所、卫生院、医院、疗养院等)、公私立福利机构(基金会、扶助中心等)、社会团体组织(工会、教育机构、宗教团体等)。

(2)人力资源:包括各类医务人员(医生、护士、药剂师、营养师、检验师等)、卫生协理人员(学校教师、行政人员、志愿者等)。

(3)经济资源:包括社区整体的经济状况、产业性质、公共设施及交通状况等。

(4)社会动员潜力:包括社区居民的社区意识、社区权力结构及运用、社区组织行动能力等。

5. 其他

(1)教育和组织诊断。

(2)管理和政策诊断。

(二) 社区诊断和个人诊断的区别

社区诊断主要是以社区群体为对象,分析社区的所有资源,找出危害社区人群的主要因素,然后通过组织措施,加以改善或清除,使社区群体维持正常工作和生活。而临床个人诊断以个体为对象,通过辅助检查,找出疾病的病因,经过治疗使疾病改善或治愈。社区诊断与个人诊断的区别见表4-1。

表4-1 社区诊断和个人诊断比较

项目	个人诊断	社区诊断
研究目标	个体	人群、环境
研究途径	临床表现	疾病事件、健康状况
收集资料	疾病病史	健康档案、调查、报表等
研究方法	临床检查项目	社会学调查、流行病学等
解决方案	制订治疗计划	确定问题,制订卫生干预措施
研究目的	确诊疾病,治愈或改善疾病	发现健康问题,找出影响因素,预防疾病

三、社区诊断的步骤和方法

(一) 社区诊断的步骤和方法

1. 成立社区诊断工作小组,明确团队分工,确定负责人。

2. 收集社区诊断所需要的信息,开展讨论,明确目标社区及人群,提出可行实施方案,做好准备工作。

3. 根据不同目的开展调查,收集社区相关资料,主要资料来源有以下几种:

(1)利用现有资料(如各类统计报表、门诊医疗工作记录、健康档案或既往做过的调查研究报告等)。

(2)定性方法收集资料(如专题小组讨论、现场考察、选题小组讨论、案例研究、访谈、咨询等)。

(3)定量方法收集资料(如信访法、结构式访谈、现场问卷法、抽样调查、普查等)。

4. 整理、分析资料,作出社区诊断,确定社区主要健康问题,提出初步卫生服务需求。

5. 结合社区实际情况,确定所需解决健康问题的优先顺序。需要遵循5个基本原则:①普遍性,即该问题在社区普遍存在,通常可以用发生频率的高低来表示;②严重性,即该问题严重影响居民群众的健康,可能会造成严重的后果;③紧迫性,即该问题必须在短时间内得到控制或解决;④可干预性,即该问题能够通过某些措施得以解决;⑤效益性,即在现有资源条件下,处理该问题后的获益最佳。

6. 综合归纳所有结果,经过团队讨论,制订一个可行的社区健康干预方案;实施过程中,需要了解制订的干预计划是否有效,是否能达到预期目的,反复评价完善,其间如果发现新的问题,可以重复进行社区诊断流程。

7. 在完成上述步骤后,应达到以下5个目标。①明确目标人群的相关特征情况;②明确了该社区卫生问题及范围和严重程度;③明确应优先解决的问题;④明确问题的原因;⑤获取当地组织的支持,解决具有优先性的问题。最后综合所有情况,书写出社区诊断报告。

(二) 案例

国内某社区2015年开展了一次社区调查,情况如下:

基本概况:本社区位于平原地带,流动人口多,人口相对密集。社区常住总人口5 342名,居民小区全部为中高层楼房,自来水管道常年供水,全燃气供暖,毗邻大型医院,交通便利,拥有社区卫生服务站1所,小区基础及娱乐设施基本齐全。

人口学特征诊断:本社区2015年全区常住人口5 342人,其中男性2 765人,占51.76%,女性2 577人,占48.24%,2015年出生率11.88%,死亡率5.16%,人口自然增长率8.12%,小于7岁儿童366人,人口比例6.85%,大于60岁有1022人,老龄人口比例19.13%,基本符合老龄化社区标准。

流行病学诊断:①患病疾病谱情况,据统计,本社区常见疾病有心脑血管疾病、内分泌代谢系统疾病、呼吸系统疾病、肿瘤及外伤等,疾病谱前3位分别为高血压、糖尿病、呼吸系统疾病,总人群患病率分别为6.24%、2.32%、2.26%,老年人群患病率分别为32.61%、12.12%、11.81%。②危险因素情况,据统计,本社区常见危险因素有高龄(60岁以上)、吸烟、饮酒、肥胖、睡眠质量不佳、运动不足、高脂高糖饮食、精神紧张焦虑,占据前三位的分别为吸烟、超重及肥胖、缺乏锻炼,占据比例分别为70.12%、38.41%、18.82%。

对以上案例进行综合分析：

1. 确定主要问题,明确需求　根据以上情况分析,确定高血压、糖尿病、呼吸系统疾病等常见慢性病,吸烟、超重肥胖、缺乏体育锻炼等危险因素已经成为影响小区居民健康的主要问题,控制这些慢性病的发生发展,消除危险因素是维护、改善社区卫生健康状况的首要需求。

2. 明确解决问题优先顺序　通过以上调查,发现高血压成为该社区影响居民,特别是老年居民的首要疾病,由于高血压长期控制不良容易并发心脑血管疾病,影响预期寿命;而且进一步调查发现,多数无症状者的高血压患者对疾病毫无重视,一些高血压患者用药不规范等情况,如果不加干预,将会严重影响社区居民健康状况。另外,由于不良生活习惯的存在,也容易导致一些慢性病高发。所以该社区需要优先解决问题的是高血压健康管理及疾病危险因素的干预。

3. 制订干预措施　针对上述问题,通过搜集相关文献,开展讨论,制订了以下相关干预方案:①制订成本预算表,规划支出情况;②开展常见慢性病健康知识教育和社区卫生宣教活动;③争取社区管理组织的配合和支持,联合社区卫生服务中心,建立全方位高血压管理及监测体系;④定期组织社区居民开展运动锻炼。

4. 着手实施干预计划　①开展高血压等慢病知识宣教,引导居民纠正不良饮食生活习惯,提倡低盐低脂低糖饮食,强化疾病风险意识,提升居民的健康观念;②开展社区卫生健康宣教,宣传不良生活习惯的危害,宣传烟酒危害,号召居民戒烟戒酒,加强体育锻炼,提倡健康绿色生活习惯;③开展社区培训课程,教会高血压患者正确血压测量方式,告知患者遵医嘱坚持服药,定期自测血压,血压变化较大及时就医诊疗;④联合社区卫生服务中心,建立高血压等慢病管理档案,加强患者的追踪随访(至少每月1次),注重个体化治疗,注重慢病规范管理及治疗,及时发现问题,及时反馈处理;⑤定期开展社区业余活动和运动锻炼活动,号召居民参加体育锻炼。

5. 执行和评价实施过程　①通过访谈、问卷等方式了解居民对健康知识的认知情况,评价慢病健康知识宣传、卫生健康宣教的效果,了解社区居民对于活动是否满意、积极参加,从而寻找有无新发问题;②观察居民血压控制率、血糖达标等变化情况;③关注有无特殊急性事件发生情况;④关注社区卫生服务中心的工作效率情况,关注社区资源是否得到充分、合理的利用,关注社区居民是否广泛参与。

6. 必要时重复流程　完成所有流程后,如发现社区突出的新发健康问题,可以再次制订并执行另一轮卫生干预计划。

(李洁华)

第五章 以预防为导向的健康照顾

以预防为导向的健康照顾（prevention-oriented care）是全科医学特有的、区别于其他临床专科的特征之一，临床预防服务已成为当今医学发展的趋势之一。全科医生树立预防医学观念，在其诊疗过程中，坚持以预防为先导的健康照顾医疗服务原则，采取公共卫生和临床预防医学相结合的方法和策略，走群体预防和个体保健相结合的路线，并引导社区居民开展自我保健，激发广大群众主动解决健康问题的潜能，才能成为合格的全科医生。在全科医疗服务中自觉采用以预防为导向的健康照顾原则，顺应了医学发展规律，使全面、协调、便捷和可持续的照顾模式融入医学服务中。

本章主要介绍在全科医疗服务中关于预防医学的相关知识，包括预防医学的概述，以及健康咨询、疾病筛查、免疫接种等全科医疗中常见的临床预防服务。

第一节 预防医学的概述

一、预防医学

（一）概念

预防医学（preventive medicine）是医学的一个分支。它以人群为主要研究对象，应用环境医学、生物医学、临床医学和社会医学等有关学科的理论，以及流行病学、卫生统计学、毒理学等原理和方法，研究自然环境和社会环境因素对健康的影响及其作用规律，并通过制订有效的疾病预防、控制措施，对影响健康的主要危险因素进行有效的干预，以达到预防疾病或伤害、保护及促进健康的一门综合性学科。

（二）特点

预防医学的工作对象包括个体和群体，主要关注健康人和无症状患者，采取积极的预防措施；研究方法上注重宏观与微观相结合，重点对人群健康和疾病与环境的关系研究；与临床医学相比，所采用的预防对策具有更大的人群健康效益；预防医学重视与临床医学的结合，将疾病预防的理念和措施整合于临床治疗过程中。

（三）预防医学的发展及观念转变

18世纪初期世界范围内传染病流行，鼠疫、霍乱、天花等烈性传染病成为危害人群健康的主要疾病，预防医学的主要任务为寻找传染源、传染途径及易感人群，通过群众性卫生运动和卫生立法来控制疾病的流行。在战胜鼠疫、霍乱、天花等烈性传染病的过程中，人类逐步认识到隔离检疫、安全用水、垃圾粪便无害化处理、免疫接种等社会性预防措施效益远远高于个体预防，只有开展大规模的人群预防，提高人群的健康水平，才能有效减少或者消除传染病的发生。人类预防的概念从个体防病治病扩大到社会群体性预防，这种医学观念的明显转变称为第一次卫生革命。通过第一次卫生革命，预防医学形成较为完善的体系，大幅降低了当时严重威胁人类健康的各类传染病和寄生虫病的发病率和死亡率。

20世纪40年代以来，由于大规模实施环境卫生措施以及开展人群预防接种，传染病的发病率和死亡率均有明显下降。一方面，随着城市化和工业技术的不断发展，人们的工作方式和生活方式发生了显著变化，心脑血管疾病、恶性肿瘤等慢性非传染性疾病发病率明显增加。另一方面，由于现代社会生活和工作压力增加，精神卫生及心理健康问题日益突出，各国疾病谱和死因谱均发生明显变化。研究发现，大多数慢性病的危险因素与个体的生活方式与行为因素密切相关。通过减少或消除相关危险因素，培养健康行为，可控制慢性病的发展。从而预防策略逐步从以公共卫生人员为主体的预防转向以临床医生为主体的预防，由单一的卫生部门、政府负责转向个人负责的主动预防,从单一的群体预防转向全社会的综合性预防。预防医学的这一重大转变称为第二次卫生革命,自此,预防医学进入了整体性预防阶段。

然而,预防医学的发展仍任重而道远。我国重大疾病预防控制任务十分艰巨,据调查统计,目前我国传染病患病人数仍居高位,乙型肝炎病毒携带者高达 9 300 万人,结核病年发病人数约 130 万,占全球发病人数的 14%,位居全球第二位。在不少农村地区,地方病和寄生虫病、肠道传染病、微量营养素缺乏等仍未得到有效遏制。一方面,严重急性呼吸综合征(SARS)、禽流感、艾滋病等新发传染病的出现,进一步加重我国疾病预防控制工作的难度。另一方面,高血压、糖尿病、恶性肿瘤、心脑血管疾病等患病人数也在不断增加,已成为威胁人民健康的主要病种,我国卫生工作面临慢性病和传染病发展的严峻形势。此外,目前全国有重性精神障碍者约 1 600 万人,精神疾病在中国疾病总负担中排名居首位,约占疾病总负担的 20%,精神卫生问题成为我国的重大公共卫生问题。

在医疗卫生服务过程中,临床医务工作者实施预防与治疗一体化的综合性保健服务已成为当今医学服务的最佳模式,服务于社区的全科医生由于自身的优势,已成为社区预防的积极参与者、个体预防的主力军。临床预防与医疗保健一体化的发展趋势,要求医生尤其是全科医生诊治每一位患者时都必须体现预防观念,在临床诊治的同时对患者提供与健康相关的预防性保健措施。只有这样,才能满足社区居民的健康需求,在我国慢性病的预防控制中发挥更大作用。

二、三级预防

临床预防根据其内容和目的,可分为第一级预防、第二级预防和第三级预防。

(一)第一级预防

第一级预防(primary prevention)又称"病因预防""发病前期预防",是指在疾病尚未发生时所采取的预防措施。第一级预防的主要目的是消除疾病的危险因素,其主要措施包括根本性预防措施、针对个人和群体的预防措施、针对社会和环境的预防措施。

根本性预防措施是从全球性预防战略和各国政府政策与策略角度考虑,制订与实施针对经济、文化、卫生、法规等方面的措施。例如为了保障人民健康,我国先后颁布并实施《中华人民共和国传染病防治法》《中华人民共和国食品卫生法》等法规。

针对个人和群体的预防措施包括特异性措施和非特异性措施两方面。非特异性措施主要有婚姻与生育咨询、健康教育与健康促进等,而免疫接种则属于特异性措施。

针对社会和环境的预防措施包括通过各种法规、卫生标准及公共政策的制订,对水源、土壤、大气的环境保护采取措施,保障食品安全,创造和维护有利于个体健康的自然条件和社会条件,减少致病因素对人群健康的影响。

(二)第二级预防

第二级预防(secondary prevention)又称"临床前期预防",即在疾病的临床前期,做好早期发现、早期诊断、早期治疗的"三早"预防,以阻止疾病的发展和恶化。

慢性病多为致病因素长期作用而发生,且其发展过程较长。因此,对处于临床前期有可能逆转的疾病,早期发现尤为重要,例如子宫颈癌从原位癌发展到浸润癌的时间,可长达十几年,一般也要 5~8 年。宫颈癌越早诊断,治疗预后越好。再如对新入学的大学生进行胸部 X 线检查,进行结核病筛检,也属于第二级预防。

早期发现疾病可通过普查、周期性健康检查、筛检、自我检查及高危人群重点项目检查等进行。实现早期诊断和早期治疗,需要全科医生将发现的患者有效地导入至专科医疗,并协助其他专科医生实现对患者的进一步诊断和治疗,如与患者和家属沟通,让其理解目前的病情及进一步检查诊断和治疗的目的、意义、采用的方法等。随着医疗卫生体系分工逐步明晰,实现"三早"的关键环节为提高全科医生的临床预防能力与水平,当好居民健康的监护人,不遗漏应当早发现、早诊断和早治疗的患者。

对于传染病,早发现和早诊断有助于患者得到及时隔离和治疗,防止和减少周围人被感染的可能性。传染病除做好早发现、早诊断和早治疗,还需做好疫情早报告及患者早隔离。传染病确定诊断(或疑似诊断)后,应按有关规定通过互联网向卫生防疫机构进行传染病报告,这也是第二级预防的重要内容。

(三)第三级预防

第三级预防(tertiary prevention)又称"临床期预防""发病后期预防",是指在疾病的临床期对患者采取积极的对症治疗和康复治疗措施,及时有效防止病情恶化,预防并发症及残疾,最大限度地改善患者的生活质量,延长生存期,并降低病死率。

对不同类型的疾病,有着不同的三级预防策略。在三级预防策略中,第一级预防最为重要。第一级预防是积极、主动、经济、有效的预防措施。预防接种作为控制多种传染病的措施,已成为第一级预防的成功典范。有些疾病病因明确,且由人为因素所致,如医源性疾病、职业因素所致疾病等,如能控制其发生,处理措施得当,一般能获得较好效果。但更多的疾病病因为多种因素,如能按其特点,通过筛查,及早诊断及治疗,则预后相对较好,如心脑血管疾病、代谢性疾病等,除了解其危险因素、致力于第一级预防外,还应兼顾第二级和第三级预防。

三级预防措施的落实,可根据干预对象是个人还是群体,而分为临床预防服务和社区预防服务。临床预防服务是在临床场所,以个体为对象实施的个体预防干预措施,其预防服务实施的主体是临床医务人员。社区预防服务是以社区为范围,以群体为对象开展的预防工作,其预防服务实施的主体为公共卫生人员。在医疗卫生队伍中,临床医务人员占了大多数,他们是三级预防的主体力量。如何在临床医学生中开展以社区为导向的预防医学教育,提高医学生的预防保健能力,弥合临床医学与预防医学之间的"裂痕",将是今后医学教育的重要任务。

三、临床预防及其特点

(一) 概念与意义

临床预防(clinical prevention)又称"个体预防(individual prevention)",是指由临床医务工作者(包括医生、护士等)向患者、无症状患者及健康人提供的融预防、医疗、保健、康复等为一体的综合性卫生服务。

临床预防主要针对慢性病防治过程中的缺陷与不足而提出。世界卫生组织(WHO)在《公共卫生的新挑战》中举了一个非常生动的"想想上游情景"例子:医务工作者相当于一位站在急流边上的救护员,当看到沿河而下的落水者(患者)时,救护员就跳下去把他们救上来;接着,又有另一名落水者沿河出现了,救护者又一次跳下水救人。问题是,救护员整天忙于救护上游漂下的落水者,而没有时间走到上游去看看,为什么有那么多的人掉到水里去? 针对这些原因,应该采取哪些措施? 如果不到上游去解决落水者的根本问题,那么他们的救护工作将徒劳无功。预防医学专家经过研究,提出了临床预防的概念,它要求医生除了做好合格的"救护员"外,还要学会如何避免人们落水,即进行慢性病的病因预防。

全科医生在医疗服务过程中,应针对就医者存在的主要卫生问题开展健康咨询及教育,帮助就医者建立健康的生活方式,以有效减少和阻止疾病的发生;要利用就医者诊疗的机会,通过简便的检查,及时筛查出无症状患者,及时阻止慢性病的进程,进而提高慢性病的治疗效果。临床预防已成为一项基本的、必需的全科医疗卫生保健服务。

(二) 内涵与特征

临床预防是在临床环境下评估和干预疾病的发病危险因素,是对健康人和无症状的"患者"采取的个体化预防措施,它涉及三级预防,并更注重第一级预防和第二级预防的结合。在具体的预防措施上,它强调纠正人们不良的生活习惯,推行临床与预防一体化的卫生服务。临床预防的特征是以临床医务工作者为主体,主要针对慢性病的临床个体化预防,强调患者、家庭和社会共同参与,注重第一级预防与第二级预防紧密结合,并且是以个人主动负责为主的预防。临床预防与预防医学相比,更多采用临床医学的方法和手段,针对个体进行预防服务,很少使用群众性运动来达到目的。

(三) 意义

1. 提高临床疗效　慢性病如糖尿病、高血压等如不能早期发现或者积极治疗,晚期将会出现糖尿病肾病、高血压心脏病等严重并发症,治疗效果差,费用高。但如能对糖尿病、高血压进行早期干预,不仅疗效显著,并发症少,生活质量亦较高。

2. 合理降低医疗费用　慢性病晚期治疗费用最为昂贵,沉重的经济负担使家庭及社会不堪重负。开展临床预防服务可带来良好的成本 - 效益,可降低慢性病的医疗费用,减轻家庭和社会的经济负担。

3. 提高人群生活质量和期望寿命　应用重点人群筛查的方法,在健康人群中发现无症状患者,对于降低发病率和病死率以及减少伤残率均有重要意义。例如,宫颈癌 0~1 期手术治疗的 5 年生存率达到 75%,而4 期的 5 年生存率仅有 14% 左右。通过临床预防手段可做到早发现、早诊断、早治疗,提高人群生活质量和期望寿命。

4. 符合我国现行医疗体制改革要求 我国目前要全面推进医疗改革,完善医疗保障体制,解决"看病难、看病贵"的社会难题。临床预防服务强调改变人们的行为与习惯,早发现、早诊断及早治疗疾病,不仅能较好控制医疗费用,而且显著减少各种慢性病及其并发症的发生,与我国医疗体制改革要求相一致。

(四) 全科医生从事临床预防的优势

1. 能力优势 全科医生所接受的教育和训练,使得他们不但掌握临床医学知识与技能,同时具有预防保健知识与技能,如健康教育、行为干预、协助诊治以及康复治疗等,为开展临床第一级、第二级和第三级预防奠定了良好的基础。

2. 角色优势 对于患者与家庭而言,全科医生既是医生,又是健康监护人、教育者、咨询者和卫生服务协调者。全科医生的多重卫生服务角色,有利于他们为居民提供临床预防照顾。对于社区或社会而言,全科医生不仅是其中的成员,还是社区健康的组织与监测者,以及服务团队的管理者和社区卫生服务的中坚力量。全科医生在社区的特殊地位,有利于开展相关资源的协调工作,有效利用家庭资源、卫生资源和社会支持,保障患者得到更有效的诊疗和康复。

3. 职责优势 全科医生为居民提供协调性照顾、综合性照顾、社区健康照顾、家庭健康照顾、临床预防照顾等,皆含有疾病的临床预防内容。所以,全科医疗的基本原则和全科医生的职责,也有利于他们开展临床预防服务。

4. 关系优势 全科医生长期工作在社区基层医疗机构,与居民保持着密切的接触,熟悉社区环境和居民的生活习惯,有利于对患者、高危人群及其家庭开展深入的健康教育和行为干预。全科医生与患者及其家庭保持着良好的医患关系,有助于利用这种依从性高的朋友式医患关系,实施对高血压、糖尿病、恶性肿瘤等的早发现、早诊断、早治疗和晚期患者的康复治疗。

(五) 全科医生所需的预防医学服务知识和技能

为了有效开展临床预防服务,医务人员应掌握以下相应的临床预防知识和技能:①社区常见疾病的健康咨询和健康教育知识;②评价和鉴别个体疾病的危险因素;③应用生物医学、行为学和环境学的方法,消除或减少疾病的危险因素;④对重要疾病筛查的知识及技能;⑤个性化疾病预防干预措施的制订与实施;⑥临床诊疗活动的组织与管理;⑦对社区及其他人群实施危险因素评价,并采取有效措施减少人群健康危险因素;⑧评估用于减少个人和社区危险因素技术的有效性。

(六) 临床预防服务原则

1. 重视危险因素的搜集 应在全面搜集个人信息、健康体检资料及实验室检验结果的基础上,进行危险因素的分析和评估。

2. 强调患者的作用 医务人员应尊重患者的选择,鼓励医患双方共同参与决策,以作出最佳选择。在临床预防中,尤其在第一级预防中,个人的作用是非常大的。医务人员应向患者提供与行为有关的危险因素信息,鼓励他们作出改变不良行为生活方式的具体建议和策略。

3. 做好健康教育与健康咨询工作 无症状的患者不会主动就医,应对他们采取积极的措施开展健康教育和咨询工作。研究表明,通过健康教育、咨询与指导,改变人们的不良行为与生活方式,是最有效的预防干预手段。

4. 选择合理有效的临床预防方法 应重点针对发病及伤残严重的主要疾病和与疾病密切相关的行为因素,如酗酒、吸烟、药物滥用、缺乏体育锻炼等进行一级预防干预。同时,加强疾病的早期筛查,根据个体不同性别、不同年龄和不同危险因素,选择合适的筛查方法,使其花费较少的资源获得较大的效果和效益。

5. 临床预防不应局限于诊所和医院 患者就诊时可接受临床预防服务,健康人群也应接受定期的检查和筛查,后者的效果和效益可能会更好。

第二节 全科医疗中常见的临床预防服务

一、健康咨询

(一) 概念

健康咨询(health counselling)是指通过收集求医者的健康危险因素,与求医者共同制订改变不健康行为的计划,督促求医者执行干预计划等,促使他们自觉采纳有益于健康的行为和生活方式,减轻或消除影响健康的危险因素,预防疾病、促进健康、提高生活质量。健康咨询是在临床场所,尤其是初级卫生保健场所帮助个体和家庭改变不良行为最常用的一种健康教育方式,是临床预防服务中最主要的内容。

(二) 基本原则与要求

1. 建立良好关系 取得咨询对象的信任,建立良好的合作关系,是完成咨询并取得良好效果的前提。

2. 保护隐私 咨询者可能被告知许多个人隐私问题,如不能做到保守秘密,不仅可能使咨询对象遭遇麻烦,而且会导致信任危机。因此,咨询者一定要替咨询对象严格保守秘密。

3. 调动积极性 对咨询对象的感受表示理解,充分调动其自身积极性,鼓励其找出最适合自己解决问题的办法。

4. 尽量提供信息服务 努力让咨询对象明白行为因素与健康之间的关系,只有确定了它们之间的关系,才有可能采取相应的措施。

5. 找出障碍 与咨询对象一起,分析所面临的主要障碍,并制订相应对策。

6. 取得承诺 取得咨询对象对改变行为的承诺非常重要,受咨询对象一旦有了承诺,往往会尽力去履行其诺言。

7. 选择性干预 造成一种不良行为的因素可能是多方面的,不能期望通过咨询控制所有的影响因素。咨询的关键是首先要搞清这些影响因素,然后选择主要的、干预有效的危险因素进行干预。

8. 帮助制订改变行为的计划 列出较为周密的计划表,不但可为咨询对象提供活动指南,而且可及时地进行监督和评价。

9. 综合干预 干预措施要因人而异,总体上应采取综合性干预措施,调动家庭、单位和社会等共同参与。

10. 加强随访和监督,及时发现问题并采取相应措施。

(三) 方法

健康咨询的方法可表述为"5A"模式。"5A"模式是医务人员在临床场所为患者提供健康咨询的五个基本的步骤。

1. 评估(assess) 评估病情、技能、知识、自信心等。

2. 劝告(advise) 提供有关健康危害的相关信息、行为改变的益处等。

3. 共识(agree) 对个人健康目标的设定表示赞同,共同设定某个改善健康行为的目标。

4. 协助(assist) 为患者找出行动可能遇到的障碍,帮助其确定正确的策略、技巧或方法等。

5. 安排随访(arrange) 明确随访的时间、方式和行动计划。

"5A"模式适用于几乎所有行为改变的健康咨询,但在进行不同行为改变的咨询时,其每个步骤的干预内容有所不同。由于人们的行为可处于行为改变的不同阶段,在实施"5A"模式时,可以从任何一个步骤开始(图5-1)。

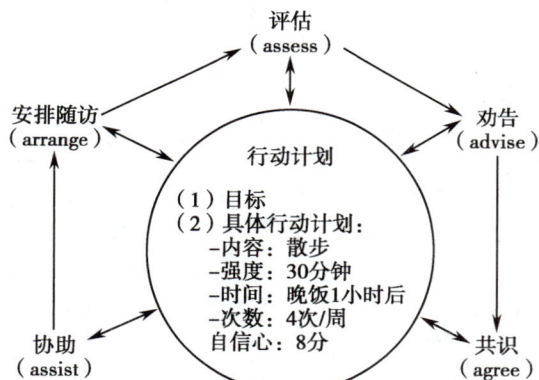

图 5-1 健康咨询的"5A"模式

二、疾病筛查

(一) 概念

疾病筛查(screening)是指运用简便、快速的体格检查、实验室或其他辅助检查方法,在健康人群中发现有健康缺陷的个体或未被识别的患者。筛查的目的是在危险人群中筛出疾病的早期患者,以便早期诊断,及时进行治疗。

(二) 应用原则

1. 被筛查的疾病或缺陷是当地重大的卫生问题。

2. 对被筛查的疾病有进一步确诊的方法和条件。

3. 对发现并确诊的患者和高危人群有条件进行有效干预和治疗,并有统一规定的治疗标准。

4. 被筛查的疾病或某种危险因素有可供识别的早期症状和体征或检测指标。

5. 筛查试验必须快速、简便、经济、安全、可靠、有效,并易为群众接受。

6. 有保证筛查计划顺利完成的人力、物力、财力和良好的社会环境条件。

7. 有连续而完整的筛查计划,能按计划定期进行。

8. 要通盘考虑整个筛查、诊断和治疗的成本及收益问题。

9. 筛查计划应能为目标人群接受,有益无害,尊重个人的隐私权,制订好保密措施。

(三)部分筛查项目

1. **高血压筛查** 高血压是最常见的慢性病,不仅患病率高,而且可引起严重心、脑、肾等并发症,是心血管疾病和卒中的主要危险因素。

筛查方法:定期血压监测。在住所附近的社区卫生服务中心进行定期血压测量。在内科医生的诊疗室里,应常规测量血压。建议:成年人既往舒张压在85mmHg以下者,每2年检查一次血压;舒张压在85~89mmHg之间,每年检查一次;舒张压≥90mmHg或收缩压≥140mmHg则检查更应频繁,并及时就医。高血压患者要按照医嘱要求经常性测量血压。

2. **血脂异常筛查** 血脂异常通常指血浆中总胆固醇(TC)、三酰甘油(TG)和低密度脂蛋白(LDL)升高,高密度脂蛋白(HDL)降低等。高血脂是动脉粥样硬化和冠心病的主要危险因素,而冠状动脉疾病引起的心肌梗死可以引起猝死。因此,预防和治疗高脂血症可预防或减少动脉粥样硬化的发生和发展,减少冠心病的发病率及死亡率。

《中国成人血脂异常防治指南(2016年修订版)》指出:建议20岁以上的成年人至少每5年测量1次空腹血脂,40岁以上男性和绝经期后女性每年进行血脂检查,缺血性心血管疾病及其高危人群每3~6个月测定1次血脂,因缺血性心血管疾病住院治疗的患者入院时或24小时内检测血脂。

3. **宫颈癌筛查** 建议一切有性生活的女性每1~3年进行1次宫颈脱落细胞涂片检查(又称"巴氏涂片"),如果检查结果正常,可以到65岁停止检查。对于高危患者应每年检查1次。停止性生活后的绝经女性出现阴道不规则流血,应请妇产科专家会诊并进行检查。

4. **乳腺癌筛查** 30岁以上女性应推行乳房自我检查,40岁以上的女性每年应接受1次乳房临床检查。有条件时50~75岁女性每1~2年应进行1次乳腺X线摄影检查,或X线摄影检查与每年1次临床检查相结合的筛查,以期早发现乳腺癌。应注意12岁以前月经初潮者、30岁以后初孕者、50岁以后绝经者、肥胖者、患子宫内膜炎疾病及曾患卵巢疾病等高危人群。

5. **结直肠癌筛查** 建议所有40岁以上人群应每年进行1次直肠指诊,以早期筛查结直肠癌。50岁以上人群,特别是有家族性肠息肉史、家族性肿瘤及溃疡史等高风险人群,除每年进行1次大便隐血检查外,还应每3~5年进行1次乙状结肠镜检查。

(四)常用筛查方法

1. **周期性健康检查(period health examination)** 是指根据个体所处生命周期的健康特点和易患疾病谱,选择检查项目,实施全面的健康检查,其目的是早期发现个体所患疾病,并对其健康状况进行全面评价,为进一步诊治和制订预防保健方案提供依据。

全科医生在社区卫生服务中,应当根据国家公共卫生服务规范规定的健康体检项目,结合居民生命周期的特殊情况和卫生保健需求,实施周期性健康检查,以早期发现疾病,提高健康保障水平。周期性健康检查的项目充分考虑了不同年龄、不同性别对卫生保健的不同需求,注重根据证据来选择检查项目,同时考虑成本-效益。周期性健康检查的对象为无症状的个体,其着眼点为第一、二级预防,其目的是确定疾病的危险因素,或早发现疾病,为就医者制订终身预防保健计划。周期性健康检查较普通健康体检更具有针对性和科学性,使医疗保健服务的质量与效率得以提高,卫生资源得到更充分的利用,符合成本-效益原则。

原卫生部疾病控制司根据我国的现状和条件,提出周期性健康检查方案和采用的检查技术应围绕"疾病鉴别"与"健康鉴别"两方面科学选用,以下为推荐方案:

0~6岁:进行先天性疾病、口腔卫生、视(听)力检查,用学龄前儿童询问表测试智力、身长/身高、头围和体重,测定血红蛋白浓度,进行遗传性疾病、血液系统疾病等检查。

5~15岁:每3~5年中进行口腔卫生、视/听力检查,测量身高、体重、头围、胸围、臀围,测定血红蛋白浓度,进行寄生虫检查。

10~14岁:5年中进行一次心电图检查、血压测量、空腹血糖和血脂测定,同时进行体重、身高、腰围、臀围测量。

妊娠期:进行一次空腹血糖测定,根据结果进行健康评价。

20~34岁:5年中进行一次心电图检查、血压测量、空腹血糖和血脂测定,身高、体重、腰围、臀围测量,脱落细胞检查。

30~34岁:女性5年中进行一次红外线乳腺检查,有乳腺癌家族史者以后每3年复查一次,其他对象每5年复查一次。

35~44岁:10年中进行一次胸部X线片;每5年做一次心电图检查,身高、体重、腰围、臀围测量、血压测量、空腹血糖和血脂测定,脱落细胞检查。糖尿病、高血压、吸烟者、肥胖患者、慢性支气管炎患者、有慢性病家族史者和检查结果异常者,根据检查结果进行健康评价,并决定复检时间。

40~49岁:每5年男女均作一次粪便隐血试验,男性对象进行一次前列腺超声检查,女性进行一次妇科病理检查。同时进行心理精神疾病和骨关节疾病的检查。对检查结果异常者和有恶性肿瘤家族史者,应根据结果进行健康评价。

50~65岁:重点做好35~44岁、40~49岁列举对象的5年规范复检工作。检查的重点是恶性肿瘤、心脑血管疾病和内分泌与代谢病。尤其应重视健康危险因素评价和制订健康维护计划,并督促实施。

60~80岁:除重点做好35~44岁、40~49岁列举对象的5年规范复检工作和50~65岁中规定的三大类疾病外,还需要注意慢性病毒感染、慢性感染性疾病、退行性疾病检查,加强骨关节疾病、心理精神疾病和运动平衡能力的检查,重视健康危险因素评价和制订健康维护计划,并督促实施。

全科医生在开展周期性健康检查时,应注意的事项包括:任何周期性健康检查表中的项目都不是绝对的,具体使用时,全科医生可根据居民的具体情况与特点,特别是危险因素,增加或减少检查项目。在为个人设计周期性健康检查计划时,应注意以下问题:①危害本地区居民健康的主要疾病有哪些?其可预防的程度如何?②在无症状人群中,按照现有的检测手段和技术,这些疾病可否早期检测出来?其早期预防和治疗的效果如何?③这些疾病好发于哪些高危人群?④对于各性别组、年龄组的人群,其检查方法、内容和时间间隔如何确定?⑤检查对象有无必要进行某项筛查或采取某种预防措施?

2. 病例发现(case finding)　又称"机会性筛查(opportunistic screening)",是指在全科医疗应诊过程中,根据患者的特点,针对性运用查体或辅助检查,发现患者就诊直接原因以外的其他疾病。例如,一名45岁男性患者因咳嗽就诊,全科医生可根据其明显肥胖和高血压家族史等特点,给予检查血压、血糖、血脂和肾功能,以及进行心电图等检查。病例发现是全科医生在门诊中易于执行的早期诊断措施,对疾病的预防可收到事半功倍的效果。

(五)异常筛查结果的处理

筛查结果异常通常都是临床医生首先发现,筛查发现异常结果后做进一步检查,提出治疗方案及随访要求是筛查发挥作用的关键。有的患者接受了疾病筛查,却没有医生对其筛查结果进行解释或作相应处理,使筛查失去了意义。医生应对患者进行健康教育,对筛查结果进行解释,并对异常现象作出客观的医学评价。

1. 进一步检查明确诊断　根据异常筛查结果,可采用影像学检查、实验室检查或其他诊断性操作来排除筛查结果是否为假阳性,或者能确定疾病的诊断。在选择最佳检查方法时应考虑检查的有效性和准确性。

2. 治疗和教育干预　根据筛查异常结果,可能发现医学治疗及教育干预的指征,对患者及家属进行适当地教育和沟通,确保其充分理解治疗的必要性和重要性,进而选择恰当的方案进行治疗。

3. 申请会诊、转诊或专家咨询　遇到异常筛查结果难于解释或解决时,可以有以下几种解决方法:①转诊至上级医疗机构进一步检查、诊断与治疗;②向有关专家咨询,听取专家意见后作出明确诊断和拟定治疗方案,或做进一步筛查试验;③申请或邀请有关专家会诊作出诊断、治疗或进一步检查的决定。

4. 随访　患者接受筛查发现轻微异常或接受诊断性治疗后,应继续监测,为患者安排随访,进一步观察其变化,以明确诊断。此外,随访也是监测疾病早期并发症的主要方法。

5. 健康教育　针对筛查发现的异常情况,开展临床预防。积极宣传常见疾病筛查方面的知识,发放相关手册或资料,让人们知晓疾病筛查的必要性和重要性,以达到人人享有卫生保健的目标。

三、免疫接种

(一)概念

免疫接种(immunization)又称"预防接种",是指采用人工方法将抗原或抗体注入机体内,使机体通过人工主动免疫或人工被动免疫的方法获得对某些疾病的特异性抵抗力,从而保护易感人群,预防疾病的发生。

(二)种类

1. 基础免疫 又称"计划免疫",由国家统一规定对婴幼儿和儿童实施的免疫,是免疫预防的重要组成部分。常规的基础免疫可预防破伤风、白喉、脊髓灰质炎、百日咳等传染病。

计划免疫是根据某些传染病的疫情监测结果与人群免疫水平分析,按照科学的免疫程序,有计划地使用疫苗对特定人群进行预防接种,以提高人群的免疫水平,达到控制并最终消灭该传染病的目的。预防接种和计划免疫的实质都是通过人工免疫手段预防与控制传染病,但计划免疫比预防接种更进一步,其具有明确的、针对性很强的免疫规划、疾病监测和免疫状况分析等措施。可以说,预防接种是计划免疫工作的重要手段,而计划免疫则是预防接种的进一步完善和发展。

2. 按需免疫 即在某种传染病流行的特殊地区或特殊人群进行的免疫接种。如对经常外出的人员进行甲型肝炎疫苗接种;对医务人员特别是经常接触血液样品的医务人员进行乙型肝炎疫苗接种等。目前,我国这类生物制品主要有流脑疫苗、乙脑疫苗、狂犬病疫苗、破伤风疫苗、甲型肝炎疫苗、霍乱疫苗、伤寒疫苗等。

自从我国对儿童开展计划免疫工作以来,许多危及儿童生命健康的传染病(如脊髓灰质炎、麻疹、白喉)的发病率显著下降。但同时发现,新发传染病如 SARS、禽流感等也不断出现,某些常见的传染病如结核在成人中的发病率逐年增高。因此,成年人也应根据自身情况进行相关免疫接种,以阻断和预防传染病的发生。

(三)实施方式

根据接种时间以及适用情况不同,预防接种的组织实施方式可分为:

1. 定期接种 按一定的时间间隔对固定区域人群按国家规定的基础免疫程序进行规定的生物制品接种,是免疫接种的常规方式。如对记录在册的儿童进行计划免疫工作。

2. 应急接种 是指某些传染病已发生流行时,对传染区域尚未发病的人群进行针对性的疫苗接种。该制品要求能在接种后很快产生免疫力,同时对潜伏期患者无危险性。可用于应急接种的生物制品有脊髓灰质炎疫苗、白喉疫苗和丙种球蛋白等。

3. 暴露后接种 即在明确暴露于某传染病后采用的应急措施,可通过免疫接种加以预防。例如,日常生活中被狂犬或疑似狂犬咬伤后注射狂犬病疫苗可预防狂犬病的发生;卡介苗可预防结核病;乙型肝炎疫苗注射可有效阻断乙型肝炎的母婴垂直传播。

(四)要求

我国 2017 年颁布的《国家基本公共卫生服务规范》对预防接种工作有明确的要求与规定。

1. 接种前的工作 接种工作人员在对儿童接种前应查验儿童预防接种证(卡、簿)或电子档案,核对受种者姓名、性别、出生日期和接种记录,确定本次受种对象、接种疫苗的品种。询问受种者的健康状况以及是否有接种禁忌等,告知受种者或其监护人所接种疫苗的品种、作用、禁忌、不良反应和注意事项,可采用书面和/或口头告知的形式,并如实记录告知与询问的情况。

2. 接种时的工作 接种工作人员在接种操作时应再次查验核对受种者姓名、预防接种证、接种凭证和本次接种的疫苗品种,核对无误后严格按照《预防接种工作规范》规定的接种月(年)龄、接种部位、接种途径、安全注射等要求予以接种。接种工作人员在接种操作时再次进行"三查七对",无误后予以预防接种。三查:检查受种者健康状况和接种禁忌证,查对预防接种卡(簿)与儿童预防接种证,检查疫苗、注射器外观与批号、效期;七对:核对受种对象姓名、年龄、疫苗品名、规格、剂量、接种部位、接种途径。

3. 接种后的工作 告知儿童监护人,受种者在接种后应在留观室观察 30 分钟。接种后及时在预防接种证(卡、簿)上记录,与儿童监护人预约下次接种疫苗的种类、时间及地点。有条件的地区录入计算机并进行网络报告。

(五)疫苗免疫程序

疫苗免疫程序是指需要接种疫苗的种类及接种的先后次序,包括免疫起始月龄、各疫苗接种的次数、时间间隔、加强免疫以及联合免疫等。免疫程序的制订综合考虑了疫苗的性能、疾病的流行特征、实施条件以及经济状况等因素。我国2017年颁布的疫苗免疫程序见表5-1。

表5-1 疫苗免疫程序

疫苗	接种对象月(年)龄	接种剂次	接种途径	备注
乙型肝炎疫苗	0、1、6月龄	3	肌内注射	出生后24小时内接种第1剂次,第1、2剂次间隔≥28日
甲型肝炎灭活疫苗	18月龄,24~30月龄	2	肌内注射	2剂次间隔≥6个月
卡介苗	出生时	1	皮内注射	
脊灰疫苗	2、3、4月龄,4岁	4	口服	第1、2剂次,第2、3剂次间隔均≥28日
百白破疫苗	3、4、5月龄,18~24月龄	4	肌内注射	第1、2剂次,第2、3剂次间隔均≥28日
白破疫苗	6岁	1	肌内注射	
乙脑(减毒)疫苗	8月龄,2岁	2	皮下注射	
乙脑灭活疫苗	8月龄(2剂次),2岁,6岁	4	皮下注射	第1、2剂次间隔7~10日
麻风疫苗(麻疹疫苗)	8月龄	1	皮下注射	
麻腮风疫苗(麻腮疫苗、麻疹疫苗)	18~24月龄	1	皮下注射	
流脑A疫苗	6~18月龄	2	皮下注射	第1、2剂次间隔3个月
流脑A+C疫苗	3岁,6岁	2	皮下注射	2剂次间隔≥3年;第1剂次与A群流脑疫苗第2剂次间隔≥12个月
甲型肝炎(减毒)疫苗	18月龄	1	皮下注射	
出血热疫苗	16~60岁	3	肌内注射	接种第1剂次后14日接种第2剂次,第3剂次在第1剂次接种后6个月接种
钩体疫苗	流行地区可能接触疫水的7~60岁高危人群	2	皮下注射	接种第1剂次后7~10日接种第2剂次
炭疽疫苗	炭疽疫情发生时,病例或病畜间接接触者及疫点周围高危人群	1	皮上划痕	病例或病畜的直接接触者不能接种

(六)社区卫生服务机构在免疫接种工作中的主要职责

社区卫生服务机构是开展免疫接种的主要场所,其主要职责有:①负责辖区适龄儿童预防接种登记、管理、统计分析和上报;②开展适龄儿童预防接种和补种;③协助开展应急接种及强化免疫;④开展成人免疫接种工作;⑤及时向上级疾病预防控制机构报告预防接种中发生的疑似异常反应情况,并协助调查处理;⑥协助疾病预防控制机构开展各项调查、检测及统计、报告工作。

预防乙型肝炎健康指引(视频)

四、化学预防

(一)概念

化学预防(chemoprophylaxis)是指对无症状的人使用药物、营养素(包括矿物质)、生物制剂或其他天然物质作为第一级、第二级预防措施,以提高人群抵抗疾病的能力,从而降低疾病危险,防止疾病的发生。

对已出现症状的患者,给予服用药物来治疗疾病不属于化学预防;但对于有既往病史的人使用预防性化学物质预防疾病复发,则属于化学预防。

(二)常用方法

1. 阿司匹林预防冠心病　冠心病是大多数国家死因谱的第一位,对冠心病的预防及控制措施主要有:

一是针对其常见危险因素如高血压、高脂血症以及吸烟等进行一级预防,二是开展阿司匹林对冠心病的化学预防。已有研究表明,阿司匹林可抑制血小板形成动脉粥样斑块,从而降低心肌梗死和缺血性卒中的发生率。

阿司匹林化学预防的适用对象:40 岁以上男性,绝经期女性,不足上述年龄但有冠心病危险因素者,如高血压、糖尿病、吸烟、冠状动脉疾病早期发病家族史者。

阿司匹林常见的不良反应:腹痛、烧灼感、恶心、便秘等。此外,阿司匹林能降低血小板活性,故可能增加胃肠道出血及颅内出血的危险性。为减少大剂量阿司匹林的副作用,最好采用低剂量疗法,通常每日 75~100mg 的剂量即可达到预防效果。是否接受阿司匹林化学预防也应遵守参与者共同决策的原则,让患者明白如果他们是冠心病或血栓栓塞的高危人群,阿司匹林对其健康有益。多饮水、多食用偏碱性食物、选用肠溶衣片剂,饭后服及加服西咪替丁等 H_2 阻滞剂等,能缓解阿司匹林引起的胃肠不适,减少胃肠道出血的风险。

2. 雌激素替代疗法预防骨质疏松　多用于绝经后女性骨质疏松的预防治疗,可保存骨质、改善脂蛋白、降低冠状动脉疾病的发生率,降低骨质疏松性骨折的发病率,但同时其可能导致阴道出血,增加乳腺癌及子宫内膜癌发病率。

最常用的雌激素替代疗法包括持续联合治疗(雌激素及孕激素同时使用,每日 1 次)或持续序列治疗(雌激素每次月经周期连服 25 日,在服用 10~13 日后加服孕激素,直至雌激素用药 25 日止)。常见药物副作用有恶心、头痛、体重增加、出血、乳房触痛等。

(张剑锋)

第六章 全科医疗中的临床诊断思维

全科医学是一门定位于基层医疗保健领域的医学专科,全科医生在基层需要解决的健康问题是宽泛的,而可利用的资源相对匮乏,没有先进的高精尖技术设备,与医院的环境背景有很大的不同。在这样的环境背景下提供优质的基层医疗服务,要求全科医生必须建立良好的临床思维,在该方面的能力必须得到充分的训练以至娴熟。临床思维(clinical thinking)是指在临床实践中,临床医生收集、分析和评价临床资料并作出诊断评估和临床处理的过程。由于环境背景的不同,使得全科医生在全科医疗实践中运用的临床思维具有一定的特殊性,这种特殊性也进一步丰富了临床医学诊疗思维方法。本章将主要介绍全科医疗中以问题为导向的临床诊断思维及常用的诊断策略。

第一节 以问题为导向的临床诊断思维

临床诊断思维(diagnostic thinking)是临床诊断过程中的科学、辩证思维,是一种最基本的临床实践活动,是临床医生必备的一种能力。临床诊断思维方法是指临床医生认识和诊断疾病等临床实践过程中采用的推理方法和逻辑思维过程。以问题为导向的临床诊断思维是指以发现、确定临床问题为出发点,以解释、解决临床问题为目标,综合运用适宜的临床诊断策略,对患者的各种临床问题进行初步诊断、鉴别诊断、修正或确定诊断,尽可能明确其产生的原因及影响因素,为妥善处理临床问题提供科学、可靠的依据。以问题为导向诊断思维的目标不是为了诊断而诊断,其落脚点是妥善处理患者的临床问题,维护和促进健康。因而,以问题为导向的临床诊断思维渗透着生物 - 心理 - 社会医学观、全人照顾理念、以人为中心的临床方法以及循证医学理论与方法。

一、全科医疗常见健康问题及其特点

(一)不同国家地区基层医疗中的健康问题

全科医疗是一种以门诊为主体的第一线医疗服务,其范围是宽广的,不因服务对象的性别、年龄、背景或器官系统所限制,全科医生需要应对的临床问题也是广泛、多维而具有特色的。根据美国国家卫生统计中心调查结果显示,美国门诊就诊中最常见的就诊原因依次为:原发性高血压、儿童健康检查、急性上呼吸道感染、关节病及相关疾病、恶性肿瘤、糖尿病、脊柱疾病、风湿病、体格检查、随诊检查、特殊操作及出院后医疗、正常妊娠、中耳炎和咽鼓管疾病、哮喘、脂肪代谢异常、慢性鼻窦炎、心脏病、急性咽炎和过敏性鼻炎。常见的慢性疾病依次为:高血压、关节炎、血脂异常、糖尿病、抑郁症、肥胖症、癌症、哮喘、慢性阻塞性肺疾病、缺血性心脏病、骨质疏松症、脑血管疾病、充血性心力衰竭和慢性肾衰竭。在美国、加拿大、英国和澳大利亚全科医疗诊所中,前20位的就诊症状相似,只是排序略有不同。我国第5次国家卫生服务调查结果中,城乡居民两周就诊的前15位疾病见表6-1。其中,有67.5%的居民首诊在基层医疗卫生机构,城市为61.7%,农村为73.6%。

(二)基层常见健康问题特点

尽管不同国家地区基层医疗中的健康问题略有不同,但与专科医生在医院接诊的症状谱和疾病谱相比,全科医生在基层涉及的症状、疾病或健康问题通常具有以下特点:

1. 广泛性 全科医生接触首次就诊患者遇到的临床问题常常是没有经过其他医师筛选的,临床评估诊断过程需要从整个医学范围内进行考虑。

表 6-1　2018 年调查地区居民两周就诊疾病患病率及构成比　　　　　　单位：%

顺位	合计			城市			农村		
	疾病名称	患病率	构成比	疾病名称	患病率	构成比	疾病名称	患病率	构成比
1	高血压	11.8	29.7	高血压	13.2	32.5	高血压	10.2	26.4
2	普通感冒	5.1	12.9	糖尿病	4.7	11.6	普通感冒	5.6	14.6
3	糖尿病	3.7	9.9	普通感冒	4.6	11.4	糖尿病	2.5	6.4
4	急/慢性胃肠炎	1.7	4.4	急/慢性胃肠炎	1.5	3.7	急/慢性胃肠炎	2.0	5.2
5	椎间盘疾病	1.5	3.7	椎间盘疾病	1.2	3.1	椎间盘疾病	1.7	4.5
6	脑血管病	1.3	3.3	脑血管病	1.1	2.8	脑血管病	1.5	3.8
7	流行性感冒	1.0	2.6	缺血性心脏病	1.1	2.7	流行性感冒	1.1	2.9
8	缺血性心脏病	1.0	2.5	流行性感冒	1.0	2.4	缺血性心脏病	0.9	2.2
9	类风湿关节炎	0.6	1.6	类风湿关节炎	0.5	1.2	类风湿关节炎	0.8	2.0
10	慢性阻塞性肺疾病	0.5	1.3	慢性阻塞性肺疾病	0.5	1.1	慢性阻塞性肺疾病	0.6	1.5
11	牙齿疾病	0.3	0.8	牙齿疾病	0.3	0.8	消化性溃疡	0.4	0.9
12	消化性溃疡	0.3	0.8	皮炎	0.3	0.8	牙齿疾病	0.3	0.9
13	皮炎	0.3	0.7	慢性咽、喉炎	0.3	0.7	胆结石和胆囊炎	0.3	0.8
14	胆结石和胆囊炎	0.3	0.7	消化性溃疡	0.3	0.7	皮炎	0.3	0.7
15	慢性咽、喉炎	0.2	0.6	胆结石和胆囊炎	0.2	0.6	慢性咽、喉炎	0.2	0.5

2. 多维性　健康问题涉及生理、心理和社会适应等多个层面，由多种原因综合作用而致，知识、态度、信仰、情绪、行为、关系以及社会环境的相互作用，影响患者的患病体验。因而，全科医疗实践中更需要系统、整体的思维方式，这也增加了全科医疗中的复杂性。

3. 变异性　处于早期、未分化阶段的健康问题在全科医疗中十分常见，这可能是急性或重症疾病的早期表现，也可能是自限性、轻微的功能改变，这两种情况的鉴别诊断需要具备经过充分训练乃至娴熟的临床技能。处理尚未分化的疾病是全科医生应具备的核心能力之一。

4. 诊断明确的慢性病或慢性病健康问题很常见，随着医学诊疗技术进步以及人口老龄化进程的加剧，慢性病共病（multiple chronic diseases）（即同时患有两种及两种以上的慢性疾病或健康问题）患者日益增多，需要采用系统整体论的方法进行推理和提供全人照顾。

5. 健康问题多于疾病，常见病、多发病多于罕见病和疑难重症，在基层门诊，疾病发生的概率与医院门诊是不同的。疾病患病率不同，预测值也就不同，因而诊断思维也有所不同。

总体上讲，全科医生在临床上需要处理的临床问题中常常是症状、体征、辅助检查结果以及与健康相关的心理、行为、社会适应等问题。不仅如此，全科医生工作环境与医院的专科医生也存在很大差异。基层医疗机构一般缺乏齐全的高新仪器设备，可利用的实验室检查和各种辅助检查也十分有限。全科医生又很少有上级医生指导或其他专科医生的及时会诊，工作独立性强。另外，患者健康问题呈复杂多样性，患者的症状或其他健康问题多数是慢性的、常见的、自限性的或一过性的，但也可能是急性的、严重的和少见的，需要全科医生具备良好的识别能力，全科医生必须是一名杰出的诊断学家。

二、以问题为导向的诊断思维方法

在全科医疗门诊，患者就诊的主要原因与其他专科门诊相似，可能是为了明确不适症状，或异常体征，或异常检查结果的原因，也可能是为了确定某种诊断明确疾病的治疗方案，也有部分患者是为了预防疾病、健康咨询、开假条等其他原因就诊。本部分主要介绍患者因不适症状或异常体征与检查结果就诊过程中全科医生常用的诊断思维方法，其他以问题为导向的临床决策方法不属于本章讨论范畴。

(一)临床推理过程

全科医学是一门隶属于临床医学的二级学科,临床医学的诊断思维、临床推理过程与方法同样适用于全科医疗实践。一般情况下,临床推理过程主要包括 3 个步骤(图 6-1):第一,确定临床问题;第二,寻找线索;第三,建立假设和诊断。尽管书面上讨论是按照这 3 个步骤的顺序进行,但在实际工作中,多数医师同时考虑这 3 个步骤并不断地修订和完善诊断。

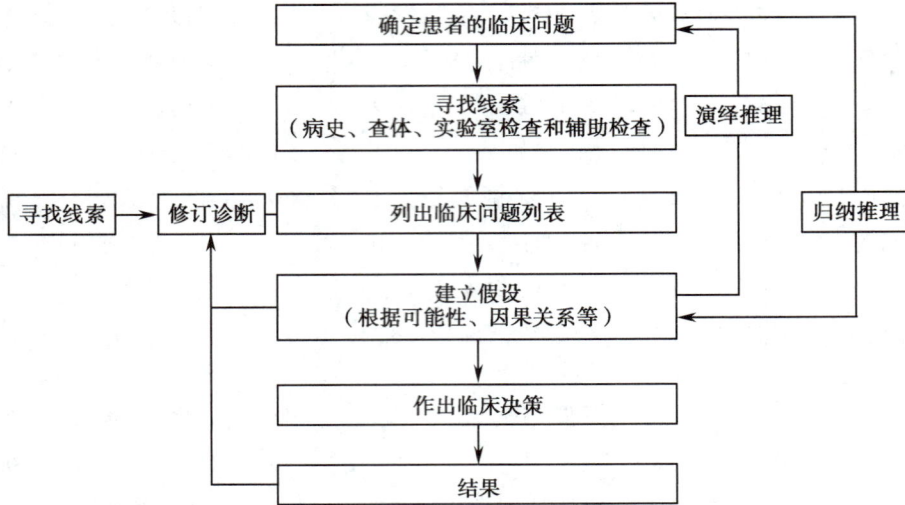

图 6-1　临床推理过程

(二)常用的临床推理方法

1. 归纳推理　归纳推理(inductive reasoning)是从特殊到一般的推理方法,即从个别性前提出发,根据一类事物的部分对象具有某种性质,推出这类事物的所有对象都具有这种性质的推理,得出一般性结论。临床诊断常常是针对个体患者的,个体患者的症状、体征等临床表现、其他病史及相关检查结果也都是个别的、具体的或是特殊的,由此获得初步诊断却是一种普遍性的结论。在归纳推理过程中,个别性的前提是真实的,但获得的一般性结论却未必真实,只是增加了诊断的可能性,永远有例外存在的可能。因此,临床医生需要了解、承认,并有能力分析和处理这种不确定性。例如,临床医生作出初步诊断后,需要进一步完善相关检查和制订经验性治疗方案,如果治疗有效,检查结果支持初步诊断,将可以确定诊断。反之,就需要重新验证,修订诊断。因此,临床医生总是如履薄冰的。

2. 演绎推理　演绎推理(deductive reasoning)是从一般到个别的推理方法,即从一般性的前提出发,通过推导即"演绎",得出具体或个别结论的过程。临床诊断中常采用的推理方法是假设 - 演绎推理(hypothetical-deductive reasoning),首先提出诊断假设解释患者的临床问题,然后从普遍性原理出发,进一步有针对性地收集患者信息,选择实验室和辅助检查,或制订初步治疗方案,根据检查结果和 / 或治疗结果来验证假说是否正确,修正鉴别诊断;必要时回归患者,以肯定、补充或排除初步诊断,得出最可能的诊断结论。假设 - 演绎推理过程是一个"如果⋯⋯那么⋯⋯但是⋯⋯因此(是,否)[if⋯then⋯but⋯therefore(yes,no)]"的过程,即如果有一定的信息,那么某种假设可能是正确的,但通过检验检查获得了进一步的信息,因此,可以确认该假设是真的或是假的。在此过程中一般会形成一个经典的鉴别诊断列表。该方法是临床上最常用的诊断推理方法。

3. 概率推理　概率推理(probabilistic reasoning)是指利用特定症状、体征或诊断试验的诊断价值来确认或排除诊断的推理方法。在临床工作中,医生根据临床资料作出可能的临床诊断以解释患者症状、体征或辅助检查阳性结果,通常不是一个诊断而是多个,一般根据每一个可能诊断发生的概率对这些诊断进行排序,形成鉴别诊断列表,使用不同的术语来表示可能性的大小,如非常肯定或可靠、肯定或可靠、非常可能、可能、不可能、非常不可能、不能排除等。然后,进一步完善相关资料,查找诊断依据,缩小诊断范围,获得最可能的诊断。对于检查前疾病发生概率的估计(验前概率)应选择与患者临床表现相似人群的流行病学资料,而不是一般人群的患病率。实际上是某种症状或症状群的预测值,即具有某种症状或症状群患者患某病的概率。

对于检查后概率的变化(验后概率)则依据诊断试验的似然比来评估患某种疾病的可能性。全科医生熟悉社区患病率和个人背景资料,有利于以概率方法得出最可能的诊断。关于表述诊断可能性的词汇是模糊不确定的,患者通常难以理解。循证诊断常采用0~100%的定量方法描述某种疾病在某个患者身上发生的可能性,但鉴于临床工作的复杂性,临床医生极少使用 0 和 100% 来表述,如临床诊断中常见"发热待查,病毒性肺炎可能性大""水肿待查,特发性水肿可能性大"。有时,临床上带有"问号"的诊断可能比带"句号"的诊断更符合科学,更有利于妥善处理患者的健康问题。

4. 类比推理　类比推理(analogical reasoning)系指根据两个或两个以上患者的部分临床信息相同或相似,推出某个患者的其他临床资料与其他患者相同或相似,从而获得临床诊断的推理方法。类比推理过程中,医生不仅比较不同患者临床资料的相同点,也比较两者的不同点,以不同的方式去思考不同患者的临床问题。类比推理法常常需要和其他推理方法相结合以提高临床诊断的准确性和效率。

5. 模型识别　模型识别(pattern recognition)属于一种类比推理方法。有些疾病的临床表现和检查结果会形成一些特定的组合,临床上常称之为疾病的"典型特征",经临床实践获得了反复的证实。当我们遇到某个患者的临床表现和检查结果与之相同或相似时,会迅速地作出初步诊断。如发热、咳嗽、咳铁锈色痰,伴血白细胞数量增多,提示大叶性肺炎。使用模型识别方法需要临床医生记住疾病的典型表现或者以前的典型案例,需要注意的是,临床上可能会出现不典型的情况,不适合模型识别。

6. 临床预测规则　临床预测规则(clinical prediction rule)属于一种模型识别方法,根据已被明确定义、广泛验证的疾病症状群,通过类比建立初步诊断或进行鉴别诊断、确定。如全科医疗中经常使用的 Ottawa足踝损伤鉴别诊断标准、卒中风险预测 ABCD2 评分、深静脉血栓形成的 Wells 评分等。

(三) 从症状入手的诊断思维方法

从症状入手的诊断思维如何运用物理诊断学作出一个初步诊断/印象诊断,常用的方法有现场即刻诊断法、刻画诊断法、归缩诊断法、从个别问题推理诊断法、利用时间帮助诊断、除外诊断法、诊断三联征、菱形诊断法等。

1. 现场即刻诊断法　现场即刻诊断法(spot diagnosis)是指临床医生对从视觉和听觉采集到症状的最初、即刻的反应,如看见皮肤上的痤疮或听到犬吠样咳嗽。现场即刻诊断法是一种非语言模型的无意识识别,是模型识别法的一种,主要依靠临床经验,常见于湿疹、痣、痤疮、软疣和感染性结膜炎等疾病的初步诊断。国外全科医疗中,大约 20% 的接诊病例应用该诊断法,其中 63% 不需要进一步采集病史,使用其他诊断思维方法。

2. 刻画诊断法　刻画诊断法是医生在接诊过程中运用严密的逻辑思维和熟练技巧,仔细问诊,重点刻画一个症状的特点,与某个疾病的典型症状进行类比,提供临床初步诊断的线索。重点是对临床症状的客观描述以及本质特征的准确把握。逻辑思维具有规范、严密、有条理和可重复的特点,刻画一个症状的特征也有规范的程序和内容,一个症状的刻画内容至少包括以下 9 个方面:①患者的性别、年龄;②是否有诱因;③是急性起病还是慢性;④发生的部位、范围和性质;⑤严重程度;⑥缓解或加重的因素;⑦持续时间与病程;⑧伴随症状;⑨是否存在并存疾病等。刻画诊断法不仅要求对症状有全面细致的把握,也要求掌握疾病的特点。临床医生需要清楚地意识到患者的症状并不都是典型的,临床上变异性较大,而且,即便是看似典型的症状也不能单就症状来肯定是某种疾病,也可能不是想象中的疾病诊断。

3. 归缩诊断法　又称"向导诊断法",适用于患者具有多个临床症状的情况,对症状的临床意义进行定位或定性分析,即进行交叉分析评估,以逐渐缩小诊断的范围,临床上也可能会将诊断直接定位于某个疾病,有利于有针对性地选择实验室和辅助检查以确定诊断。典型归缩诊断法的应用举例:某患者因"发热、咳嗽、咳铁锈色痰伴右下胸痛"就诊;对于发热症状,归属于定性症状,可能是感染性疾病;对于咳嗽症状,可归属于定位症状,可能是胸部疾病;对于咳铁锈色痰,是一个特征性的定性症状,则考虑大叶性肺炎的可能性大;对于伴右下胸痛,又是定位症状,考虑可能是右下叶肺炎。由此,该患者的初步诊断是"右下叶肺炎可能性大"。再如,某患者因"发热、尿频、尿急、尿痛 2 日"就诊。发热属于定性症状,也考虑感染性疾病;而尿频尿急尿痛是定位症状,该患者初步诊断可考虑"尿路感染",但若进一步确诊是泌尿系统的哪个具体部位,是什么病原体感染,还需要进一步完善检查来确诊。但在基层,通常结合尿常规结果可以开始经验性治疗。

4. 从个别问题推理诊断法　从个别问题推理诊断法是一种更适合于全科医生在基层接诊的诊断思维方法,以避免漏诊和误诊。患者因多个症状就诊时,全科医生并不首先对症状群进行综合分析和概括,产生先入为主的概念,如采用"胸痛伴吞咽困难"来描述患者重要的症状和/或体征。而是在总体考虑之前,先从每一个个别症状、体征入手,按照"3S规则"来分别解释每一个问题。所谓"3S规则"是指对于每个问题,都应考虑至少3种解释,形成单独的鉴别诊断,以便尽可能尽快明确患者的健康问题是否是急性问题,哪些是重要问题、关键问题或是本质问题,以便能及时、正确、妥善地处理,最大限度地避免漏诊和误诊。"3S规则"不仅仅用于解释产生症状的原因,也用于解释选择实验室检查和各种辅助检查的原因,选择治疗方案的原因以及作出每个诊断的原因。总之,"3S规则"适合于医师对其作出的每个临床决策的解释。

5. 利用时间帮助诊断 利用时间帮助诊断,是一种"等等看"的策略,利用疾病病程进行预测和诊断的方法。如接诊一名主诉"腹痛、腹泻"的患者,如果没有报警症状或体征,并考虑病毒性胃肠炎的可能性大,可以观察和对症治疗1~2周后,再判断是否需要考虑其他疾病,进行进一步检查。全科医疗中在遇到处于未分化状态、无法用疾病解释的症状,或者没有特异性诊断方法的疾病,排除了急危重症,可采用这种"等等看"的策略,密切观察症状、体征的变化,连续随访患者,及时修正、补充或确定诊断,以尽早妥善处理。全科医生在基层往往没有为患者进行全面检查和鉴别诊断的条件和设备,因而,在某种意义上,全科医疗中的诊断是复杂、困难且富有挑战的。

6. 除外诊断法 在鉴别诊断中,常采用除外诊断法,其也是一种独立的诊断思维方法。通常应用于不能肯定是某种疾病的情况,将可能的原因尽可能全地列出,然后逐一排除,无法排除的疾病作为诊断假设。或者用于间接肯定某病以确立诊断。在基层医疗中,全科医生会遇到的健康问题可能是恶性、危及生命的疾病,或是轻症的"小病",或是处于未分化状态或者是处于生物、心理、社会交界层面的问题,难以用疾病来解释,这种情况更适合采用除外诊断法,尤其在识别报警症状或体征,排除恶性疾病或危及生命重要疾病时。如某患者因头痛就诊,可能是由常见疾病紧张性头痛或偏头痛引起,但在临床上必须常规排除恶性高血压、颞动脉炎和蛛网膜下出血等严重疾病,预防医疗风险。著名加拿大家庭医学学者Anthony S.Dixon曾讲"作为家庭医师,必须是经常诊断它不是什么,而不是肯定是什么"。

7. 诊断三联征 当今医学领域中,知识更新速度大大加快,医学信息来源十分丰富,人民群众的医疗保健需求也越来越高,这使得工作在基层的全科医生面临的挑战越来越多。全科医生不可能精通所有疾病的诊断,即使专科医师在本学科领域也很难做到。因此,如何识别少见疑难疾病一直是基层医疗工作的难题。国外有学者提出了一个全科医疗中很实用的诊断思维方法,称为诊断三联征(diagnostic triad),值得借鉴。诊断三联征是根据疾病3个症状要点,判断患者可能患有某种疾病的可能性,通常在全科医生遇到疑难、少见疾病时使用,为提诊断供线索,避免漏诊,提高安全性。利用该诊断法获得的结论一般不作为初步诊断,而是考虑是否需要紧急处理或立即转诊。诊断三联征并非臆测,或是"想当然",而是建立在丰富的临床实践和研究基础上的。尽管在学术上对该方法还有一些争议,但在基层医疗中很实用。《莫塔全科医学》一书为全科医生提供了一些诊断三联征的例子,可供临床参考。①败血症:发热、僵直、低血压;②脑膜炎:发热、呕吐、头痛;③会厌炎(儿童):发热、流涎、哮鸣音;④宫外孕:腹痛、闭经、阴道异常出血;⑤非霍奇金淋巴瘤:不适感、盗汗、无痛性淋巴结肿大;⑥感染性心内膜炎:不明原因发热、心脏杂音、栓塞;⑦系统性红斑狼疮:乏力、多关节炎、发热或皮肤损害。

8. 菱形诊断法 菱形诊断法是一个先发散后集中的一个思维过程的形象描述,从一个临床症状开始,尽可能全面地考虑该症状的病因,然后利用伴随症状、体征和/或辅助检查结果进行除外诊断,获得初步诊断。这种诊断法一般更适合在综合医院应用。

第二节 全科医疗中的临床诊断策略

临床诊断策略(diagnostic strategy)是在一定原则指导下综合运用临床推理和诊断思维程序作出临床诊断的一系列方案集合。由于在基层全科医生常遇到的临床问题多数是不适的症状,而不是严重的疾病。这些不适的症状在很多情况下不能用某种确切的疾病来解释,严重疾病的患病率也低。因此,同样重视科学和人文精神的全科医生与侧重于生物医学的专科医生的临床诊断策略是有差异的。比如,在临床诊断过程中,全科医生常常不是等待完善了所有检查、应用程序诊断法确诊疾病后,再进行治疗,这似乎与专科医学的临床策略背道而驰。然而,对于处理一过性的、自限性、无法用疾病解释的症状,全科医学的临床策略可能更有效,因为无论是专科还是全科,都有着一致的目标,即妥善处理患者的临床问题、满足患者的健康需要和需求、维护和促进健康。

一、全科医疗中临床诊断思维原则

全科医疗中的临床诊断思维原则包括以下几个方面,全科医生在日常诊疗实践中应遵循的首要原则是以人为中心的原则。

(一) 以人为中心的原则

全科医生在临床实践过程中的关注点始终是服务对象,是作为一个整体的人,而不仅仅是疾病或健康问题。如全科医生的关注点是发热的婴儿、想了解性传播疾病的青少年、有膝关节疼痛的搬运工人、腿部骨折的运动员,或患感冒、卒中后偏瘫的老人,而不是发热、人类免疫缺陷病、骨折等。以人为中心的临床诊疗模式是以生物 - 心理 - 社会医学模式以及全人照顾理念为指导,在临床诊断过程中,考虑微观世界和宏观世界,了解患者的期望、想法、感受、担忧等,与患者多沟通,共同对诊断方法进行筛选、制订和实施。其基本点是关注患者,了解患者的背景与环境,而且,对健康问题的认识和诊断在多数情况下是基于长期积累的对人的了解。

(二) 假设有病的原则

全科医生在接诊时,无论遇见因何种原因就诊的患者,都应该首先建立一个该患者可能患有某种疾病,甚至是急性、严重疾病的可能,如快速识别胸骨中部压榨性疼痛症状是不是由心绞痛或心肌梗死引起、头痛伴颈强直是不是由脑膜炎引起等,以避免误诊、漏诊,规避医疗风险。全科医生经常要想要做的是排除诊断,而不是确定诊断。强调具备快速识别急危重症的能力,掌握一些危及生命疾病的特异性、典型症状或体征,决策是否需要抢救治疗、紧急处理及立即转诊。

(三) 假设是常见病的原则

全科医生的服务对象是相对固定的人群,是以社区为范围的,全科医生应掌握社区疾病谱及患病率情况。根据该社区的疾病概率,首先考虑常见病多发病。但并不是忽视少见病,诊断三联征为全科医生提供了很好的鉴别少见、疑难疾病的方法。

(四) 假定是器质性疾病的原则

尽管基层全科医生比医院专科医师更有机会接触更多的功能性疾病,但对于健康问题的诊断和鉴别诊断来讲,总是应该首先建立一个可能是器质性疾病的诊断假设。社区通常不具备完善功能性疾病诊断依据的条件,这就需要运用协调性、综合性照顾的原则和方法,慎重诊断。出于对生命的尊重和健康的爱护,无论多么谨慎都不过分。

(五) 重要疾病优先检查的原则

日常临床诊疗中的重要疾病是指一些危及生命的、恶性的以及急性需要立即处理的疾病,如恶性肿瘤、卒中、冠心病、心律失常、严重的感染,以及儿科、外科与妇科急症等。判断某一症状可能是哪种疾病时,一般先列出一个疾病列表,按照可能发生概率的大小进行排序,同时要考虑先行检查重要疾病,尽可能地不漏诊,一旦漏诊,会给患者及其家庭带来无法弥补的损失;同时也可规避医疗风险,减少医疗纠纷。

(六) 一元和多元有机结合的原则

患者就诊的症状常常不是一个,而是多个症状。对于涉及多个器官系统的症状群,可能是典型的,但临床上也常见不典型的症状群,尤其在基层,同病异症或同症异病的情况也是不少见的,我们需要考虑用一元论或多元论来解释。专科医疗通常采用一元论优先的原则,而在基层,建议按照"3S 规则"先从个别问题推理,遵循一元和多元有机结合的原则。

(七) 可能优于肯定的原则

在基层全科医疗中,特别是对于首次就诊的患者,全科医生作出一个肯定诊断是少见的现象,多数是初步诊断、印象诊断、可能的诊断。有时候需要先根据初步诊断制订处理方案,临床诊断并不总是先于临床治疗,这本身就是一种临床诊断策略。临床上,确诊疾病和治疗疾病所需要的临床信息往往有质的区别,而且通常作出治疗决策需要较少的临床信息。而且,如果给予试验性治疗后,患者症状缓解,病情好转,可以支持某种疾病的诊断,反之,能排除该种疾病或支持其他疾病的诊断,重构诊断列表。著名家庭医学学者 Crombie DL 和 McWhinney IR 曾指出,诊断未必是临床推理的最终结局。

(八) 从整体观念出发的原则

从整体观念出发是指以生物 - 心理 - 社会医学模式为指导,合理运用系统整体论的方法,践行全人照顾的理念,指导临床诊疗工作。其主要表现在以下三个方面:①处理全身和局部关系,对症状的分析先考虑是不是由全身疾病引起的,再考虑可能是局部器官系统的原因,如鼻出血。②同时考虑患者微观世界和宏观世界因素对健康的影响,病史采集内容除主诉、现病史等与疾病相关资料外,还包括个人资料、家庭背景和社会情境等心理社会资料。③患者的健康状况是由并存的多种疾病共同作用的结果,在确认和处理患者现患问题的同时,考虑是否存在其他健康问题或疾病,始终关心患者的健康问题及其疾病发展。

(九) 基于循证诊断的原则

一个典型的门诊全科医疗过程需要 15 分钟时间,全科医生通常需要解决 3 个完全不同的问题。因此,全科医生在忙碌的医疗实践中,临床诊断过程通常以一种“思维定式”为指导。思维定式是一种预先形成的、概念性的和标准的处理临床问题的方式,其形成于院校教育毕业前后的早期临床训练过程,并在之后的长期临床实践中,通过临床经验的积累、专家的指导、与同行的交流等在持续的职业发展中不断地被优化。将循证医学的理论和方法运用到临床诊断过程中被认为是一种科学、定量的临床推理和诊断思维方法,循证诊断(evidence-based diagnosis)可以帮助定量地分析疾病发生的可能性,选择诊断性试验并解释检查结果,有助于提高诊断质量和效率。尽管目前循证诊断在基层医疗中应用还有很多局限性,但将现有最佳证据、临床经验与患者的需求和意愿有机结合以提供最佳的临床决策是全科医生应始终坚持和追求的重要原则之一。循证诊断过程的 4 个重要组成部分为:①患者的问题,如“对于某种疾病,诊断试验 A 比诊断试验 B 更有效吗? 灵敏度和特异度是多少? ”“诊断试验 C 可以进一步明确某种疾病的诊断吗? ”②查找可以回答该问题的最佳证据。③评价诊断试验真实性、重要性,估计其临床应用的适用性。④决策是否可以将某个真实、重要的诊断试验应用于具体的患者,考虑其是否可获得,是否可支付得起,是否准确等。

二、全科医疗诊断思维三阶段模型

研究显示,在基层医疗实践中,全科医生在实际工作中的诊断程序并不总是按照传统教科书中所描述的采集病史、体格检查、归纳和分析临床资料,后列出需要解决的临床问题、形成诊断假设、鉴别诊断、选择实验室和辅助检查来验证假设、进一步搜集和分析临床资料、作出最终诊断。通常在问诊早期就形成了诊断假设,并在假设 - 演绎推理中指导后续的病史采集和体格检查。C Heneghan 和 P Glasziou 等英国全科医学学者提出了一个适合全科医生日常诊疗实践中使用的诊断思维三阶段模型(图 6-2),每个阶段运用一种或多种不同的临床推理方法。首先,建立初步诊断。在问诊初期,通常采用现场即刻诊断法、自我诊断、列出主诉和模型识别方法建立初步诊断假设。其次,验证、修正诊断假设。采用限制性除外诊断(Murtagh 安全诊断策略)、定位和定性归缩诊断逐步验证、概率推理、模型识别验证诊断、临床预测规则等策略和方法验证诊断假设,修正诊断。最后,确定最终诊断。对于某些疾病,如痤疮,若在第一阶段能够基本确定诊断,可以跳过第二步,

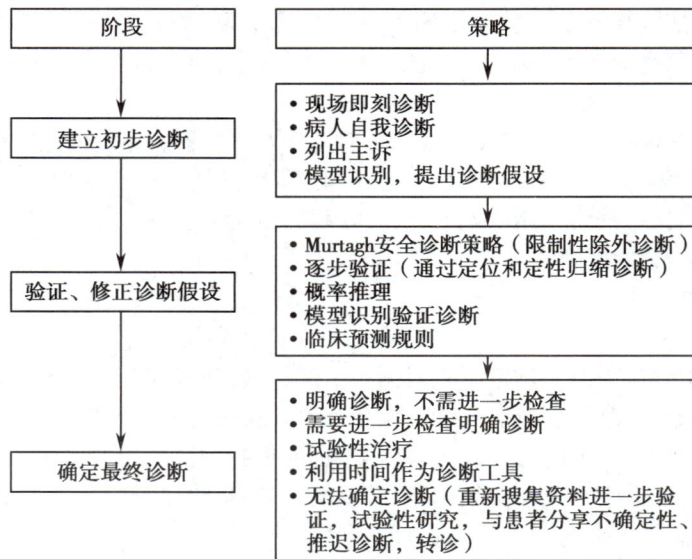

阶段	策略
建立初步诊断	• 现场即刻诊断 • 病人自我诊断 • 列出主诉 • 模型识别,提出诊断假设
验证、修正诊断假设	• Murtagh 安全诊断策略 (限制性除外诊断) • 逐步验证 (通过定位和定性归缩诊断) • 概率推理 • 模型识别验证诊断 • 临床预测规则
确定最终诊断	• 明确诊断,不需进一步检查 • 需要进一步检查明确诊断 • 试验性治疗 • 利用时间作为诊断工具 • 无法确定诊断 (重新搜集资料进一步验证,试验性研究,与患者分享不确定性、推迟诊断,转诊)

图 6-2　全科医疗诊断思维三阶段模型

直接确诊。国外研究显示,在全科医疗中,不需要进一步检查,能明确诊断的病例不足 50%,大多数病例需要通过进一步检查、诊断性治疗以及 "等等看" 策略,利用时间帮助诊断以确诊。对于仍不能诊断的病例,一般可选择以下策略:重新搜集资料进一步验证,试验性研究,与患者分享不确定性、推迟诊断,转诊至上级医院。针对具体的临床病例,一般不能通过单一的推理方法获得可靠的结论,往往需要综合运用多种临床推理方法,形成一定的临床诊断策略或诊断思维程序,来明确诊断。

三、Murtagh 安全诊断策略

从某种意义上讲,学习知识要比培养技能更容易,特别是在临床上遇到相互矛盾或者是两难的问题需要解决时。临床医生在每日的医疗实践中面对的临床问题千变万化,充满了不确定性。作为居民健康的 "守门人",全科医生面对更多的挑战,需要处理更多不典型、非特异的症状或症状群,早期识别严重的、危及生命的疾病并及时转诊,保障医疗安全和质量,规避医疗风险。为此,澳大利亚著名家庭医学专家 John Murtagh 根据其多年的临床经验和理论研究结果,提出了一种适合全科医生、被普遍采用的、简单的安全诊断策略,多用于初步诊断常见病,尽快识别急性、严重的、危及生命的疾病,分析并判断是否可能有导致某种症状、症状群、体征的容易被忽略或遗漏的疾病。可供学习和借鉴。Murtagh 安全诊断策略的基本诊断思维包括以下 5 个自问自答的问题。

1. 具有这种症状和体征的常见疾病有哪些　首先列出引起某种症状的常见疾病有哪些,然后搜集分析临床资料,提出诊断假设。这与假定有病以及假定是常见病的原则一致。常见病的列出主要依据医生的医学知识、临床经验、研究证据、患者资料以及社区患病率等流行学资料的了解。

2. 有没有重要的不能被忽略的疾病　该问题与假定是器质性疾病以及重要疾病优先检查的原则相一致,主要依靠医生的临床经验和判断。刻画诊断法、诊断三联征等都是有益的思维方法。在临床上,医生应注重总结、积累来自自己和他人的临床经验,结合患者的实际情况,并不一定都是 "三联征",也可以是 "四联征" 或 "五联征",以帮助快速评估,任何时候都是可能优于肯定,避免危及生命的、重要的疾病漏诊和误诊。

3. 有没有容易被遗漏和忽略的疾病　重点针对不会危及生命的、轻症的疾病,也包括重大疾病的危险因素。这些健康问题、不适症状和疾病一样困扰患者,同样不能漏诊或忽视。如吸烟引起的腹痛,微量元素缺乏、经前综合征、围绝经期综合征等。

4. 患者是否患有潜在而常有许多共同特征的疾病　针对多个症状,常常不典型,少有阳性体征的情况,患者可能患有重要疾病,也可能是轻症的小病、容易被忽略的潜在疾病。临床上需要考虑用一元论或多元论来解释,主要的、可能的疾病是什么,还有没有其他的原因等。John Murtagh 医生在《莫塔全科医学》中介绍了 7 种主要的潜在疾病,可供借鉴:①抑郁症;②糖尿病;③药物滥用;④贫血;⑤甲状腺和其他内分泌疾病;⑥脊柱疾病;⑦尿道感染。

5. 患者是不是有什么话还没有说　患者可能有意或无意隐瞒或忽视一些症状,这种情况常可能与精神心理问题、性问题、药物滥用问题、家庭与工作背景因素等相关。与患者建立良好的、长期的、稳固的医患关系,尊重、关心、同情患者,了解患者,以及从整体观念出发的思维原则的合理运用等均有助于患者的表达,为临床诊断提供有益的线索。

四、全科诊疗中诊断思维与其他专科医疗的不同

加拿大学者 McWhinney IR. 曾指出,全科医疗中的临床诊断思维与其他专科医疗的不同主要体现在以下几个方面:

1. 由于全科医生处理的疾患常常处于疾病早期,因而,其所能寻找到的线索较少并与其他专科医疗不同。

2. 全科诊疗的病史采集,需要同时考虑生物学因素以及患者的心理行为等背景因素,患者的知识和家庭背景在全科医疗建立诊断假设过程中起重要作用。

3. 由于全科医疗中疾病发生率和患病率与医院不同,因而最初的诊断假设或临床问题列表的排序均可能不同。

4. 当全科医生诊断尚未分化疾病时,通常不能像已经出现明显症状和体征时,作出一个明确的疾病诊断。

5. 由于寻找线索主要基于诊断假设,因而全科医生的诊断策略通常不同于其他专科医疗。

6. 由于全科医生比较熟悉患者的病史和背景,因此,很少采用其他专科医疗中常规的诊断策略。

7. 关于诊断的目标,对于自限性疾病,全科医疗中诊断的目的是排除严重疾病,因此通常采用除外诊断法除外急危重症即可,而不是获得确切的临床诊断。对于其他的疾病,全科医疗中诊断的目的可能是确定是否需要转诊,对于转诊的病例,同样不需要在全科医疗中明确诊断。

8. 由于全科医疗具有连续性特点、全科医生与患者间建立了长期良好的医患关系,全科医生更熟悉患者的病史,能及时感知临床问题的微妙变化,通常在明确症状并非由严重疾病所致之后,允许安排随访观察,利用时间作为诊断工具。

9. 由于全科医疗中诊断的目标与其他专科不同,同一检查结果在不同诊疗环境中其验证假设的临床意义是不同的。

全科医学临床思维方法是科学的、辩证的,如何运用临床思维方法是艺术。重视临床思维方法的掌握和正确运用,可以帮助全科医生少走弯路,提高服务质量和效率。更为重要的是,临床问题的妥善解决不是单一的临床思维及其方法运用的结果,是高尚的职业道德、可信临床资料的搜集、渊博的专业知识、娴熟的技术技巧、丰富的临床经验、最佳的外部研究证据与正确的临床思维综合作用的结果,准确的病史采集和娴熟的体格检查技能在全科诊疗中尤为重要。

(王　爽)

第七章 全科医学医患关系与伦理学问题

为更好地服务患者,医务人员应该不断加强自身的人文修养,熟练掌握医患关系与医患沟通的理论知识和应用技巧。全科医学中的医患关系更加强调人性化服务,互动性作用和亲情式关怀,应该成为医患关系中的典范。全科医生与患者接触的每一过程、每一行为均与医学伦理学息息相关。通过对医学伦理学理论基础、规范体系、应用原则及相关伦理学知识的学习,全科医生能够有效提升自身的伦理学素养,提高自己认识和解决伦理学问题的能力,从而更好地维护和促进健康。

第一节 全科医学中的医患关系

一、医患关系概述

(一)医患关系的概念

医患关系(doctor-patient relationship)是指在医学实践活动中所产生的人际关系。医患关系的概念有广义和狭义之分。广义的医患关系是指以医生为主体的与从事医学活动有关的"医方"群体,同以患者为主体的与就医行为有关的"患方"群体之间的人际关系。"医方"既包括医生、护士、药师、技师等医务人员,也包括医疗机构及其行政、后勤等管理工作人员;"患方"不仅包括患者本人,还包括患者的亲属、监护人等关系人。狭义的医患关系是指医生与患者及其关系人之间形成的人际关系。本章中的医患关系是指狭义的医患关系。

(二)医患关系的内容

根据是否与医学技术实施有关,医患关系可分为技术关系和非技术关系。

1. 技术关系 是指医生依靠医学技术向患者提供诊断、治疗、预防、保健、康复等具体医疗活动过程中形成的互动关系。技术关系是医患关系最基本和最主要的表现形式,是非技术关系产生和形成的基础。

2. 非技术关系 是指医生与患者及其关系人在诊疗过程中因情感、思想、心理、社会、伦理、法律等诸多非技术因素而构成的互动关系。非技术关系主要包括以下几个方面:

(1)道德关系:人际关系需要一定的道德原则和规范来约束。医患关系属于一种特殊的人际关系,更需要医患双方遵循一定的道德规范。作为医生,应具有高尚的道德修养和崇高的敬业精神,关心、爱护和尊重患者;作为患方,应向医生如实提供病情,配合医生的诊疗工作,遵守医院规章制度,尊重医务人员及其劳动,自觉维护医疗机构正常的医疗秩序。

(2)价值关系:医患双方通过诊疗活动体现或实现各自的价值诉求,从而形成一定的价值关系。医生通过医学知识和技术为患者提供医疗服务,得到患方和社会的认可与尊重,实现自身价值;患者通过接受诊疗而减轻痛苦、恢复健康、延长生命,从而更好地承担社会角色。

(3)情感关系:医患双方围绕诊疗活动实现各自价值的过程中,也会形成一定的情感关系。患者因疾病带来的身体不适而情绪低落,甚至产生心理负担,在情感上希望得到医生的关心和帮助,以增强战胜疾病的信心。医生希望在情感上获得患方的理解与支持,从而为更好地服务患者提供精神动力。

(4)经济关系:医疗活动是一种特殊的经济活动。医患关系是在医疗活动中产生的,是为满足医患双方各自需求而形成的一种利益关系。在这种关系中,医生通过诊疗活动付出一定的体力和脑力劳动,从而获得劳动报酬;患者通过接受诊疗服务而减轻痛苦、恢复健康、延长生命,并为此支付诊疗费用。

(5)法律关系:随着社会的发展和医学的进步,医患关系不仅依靠道德的约束和规范,也越来越需要法律的调节。医患双方必须在法律法规和制度约束的范围内行使自身的权利并履行相应的义务。就患者而言,从挂号开始,便与医方建立起了契约关系,受相应的法律法规和制度保护与监督,如果患者权益受到损害可以依法追究医疗机构及其医务人员的责任;就医生而言,其权利和义务同样受法律法规和制度的保护与制约,如果其权益受到损害,也同样可以寻求法律途径解决。

(三) 医患关系的特征

1. 双方目的的同一性　医患关系是围绕患者健康和诊疗活动建立起来的人际关系,因此,医患双方的目的是一致的,即最大限度地解除或减轻患者痛苦、恢复健康、延长生命。

2. 双方利益的一致性　在诊疗过程中,医生通过提供良好的诊疗服务而获得合理经济收入,并满足心理和精神需求,实现人生价值;患者通过接受医生的服务而减轻痛苦、重获健康,进而恢复其一定的家庭和社会角色。

3. 双方信息的不对称性　医学是一门专业性强、技术含量高、知识更新快、风险程度高的学科。需要经过长期不断的专业学习和临床实践,并通过国家统一组织的医师资格考试,并进行执业医师注册,客观上使医生掌握了大量的、专业的医学知识。而对于寻求医疗服务的患者而言,即使通过读书、网络或专家咨询获得相关医学信息,也不能与医生掌握的信息相匹配,是信息劣势方,一般只能被动地接受信息。

4. 医疗过程的互动性　良好的疾病诊疗效果或健康的恢复,需要医患双方共同努力,仅依靠一方难以实现这一目标。医生所开具的物理检查、实验室检查或实施的相关技术操作需要得到患方的认同与配合,以确保患者健康利益的最大化。反之,医生不积极对患者疾病进行全面系统诊疗,或患者拒绝执行医生的合理诊疗方案,就难以实现良好的诊疗效果。

(四) 医患关系模式

医患关系模式(doctor-patient relationship model)是指在历史和现实中存在的具有一定普遍性和代表性的医患关系样式。目前,国内外学者广泛认可的是 1956 年美国学者萨斯(Szasz)和荷伦德(Hollender)在《内科学成就》中发表的《医患关系的基本模式》中提出的医患关系模式,即主动-被动型、指导-合作型和共同参与型(表 7-1)。

表 7-1　萨斯 - 荷伦德医患关系模式表

模式	医生地位	患者地位	适用对象	类似关系
主动 - 被动型	绝对权威	被动接受诊疗	休克昏迷、急诊重度外伤及意识丧失的患者	父母与婴儿
指导 - 合作型	指导作用	积极配合诊疗	意识清醒的急性期、感染期患者	父母与青少年子女
共同参与型	帮助作用	积极协助诊疗	慢性病、心理疾病及有一定医学知识的患者	成人与成人

1. 主动 - 被动型　是一种传统的医患关系模式。其特征是医生在诊疗过程中起主导作用,患者被动接受医生的诊疗行为和方式。这种模式适用于无关系人照护的休克昏迷、急诊重度外伤及意识丧失患者。

2. 指导 - 合作型　是现代医患关系的一种基本模式。医生起指导作用,患者在接受医生诊疗方案和意见的情况下发挥自身的积极性,从而提高疗效、恢复健康。此种模式的应用对象往往是意识清醒的急性期或感染期患者。

3. 共同参与型　是现代医患关系模式的一种发展趋势。其特点是患者不再被动接受诊疗,而是主动的参与者,包括积极协助医生作出正确诊断、制订和实施诊疗方案、密切跟踪反馈治疗效果等。慢性病、心理疾病以及具有一定医学知识的患者一般适用这种模式。

(五) 全科医学中的医患关系特点

全科医学中的医患关系不仅具备与其他专科医患关系的基本属性,还具有其自身的特点和优势。

1. 共同参与的互动关系　全科医学强调以人为本、以健康为中心,将患者置于其家庭背景和社区环境中,运用家庭力量、社会人际关系等协同解决其健康问题。全科医生与居民进行沟通时,要鼓励居民积极主动参与交流,通过开放性提问等沟通技巧尽可能多地了解其性格特点、生活习惯、家庭结构、人际关系、经济状况、工作性质等方面情况,与其共同分析存在的健康危险因素,并提供个体化建议。另外,多数就诊者为慢性病患者,他们在长期的诊疗过程中积累了很多经验,对疾病形成了一定的认识和理解,能够更好地与全科医生进行互动。

2. 全面照护的协同关系　全科医生提供的是基层医疗服务,大多面对的是处于未分化期疾病、慢性病、心理疾病等方面的健康问题,对此全科医生提供的医疗服务应主要定位在照护上,并且是全生命周期的照护。全科医生应该调动各种积极因素,帮助他们制订诊疗方案、预防并发症、疏解负向情绪、指导合理饮食和良好生活习惯。全科医生要让服务对象客观地认识这些疾病,学会并善于与所患疾病更好地共处。

二、全科医学中良好医患关系的建立与维护

(一) 建立与维护良好医患关系的重要意义

全科医学的医患关系有别于专科医疗的医患关系。从形成的动机角度,专科医疗的医患关系是随着患者就诊而形成,对医生而言,医患关系的形成是被动的;而对于全科医生,只要居民入住所辖区域,就有义务去积极了解居民健康状况,建立居民健康档案,是主动形成的医患关系。从患者管理周期角度,专科医疗的医患关系一般是一过性的人际关系,通过门诊及住院诊疗接触过程中形成和建立,是短暂的,可能随着患者健康问题的解决或疾病的恢复而告终;全科医学是面对社区居民全生命周期的健康管理,其医患关系长期且持久。从病种管理角度,专科医疗医患关系往往建立在针对某一种或几种疾病的诊疗基础上;而社区家庭医生要以居民个体为对象,负责居民疾病的预防、治疗、管理、健康教育、生活指导乃至临终关怀等全方位的医疗保障。因此,对于全科医生,良好医患关系的建立与维护至关重要,体现在以下几方面。

1. 做好全科医学工作的基础　全科医学服务具有基础性、持续性、个体化、综合性和协调性的特点,其服务内容贯穿于全生命周期,并着重关注特定阶段的特殊生理、心理、家庭和社会方面的健康问题。这一特点决定了全科医学不同于专科的形式,全科医生不仅要解决患者当前的健康问题,还要注重探寻当前健康问题与既往疾病和生活习惯的联系,调动患者和其家庭成员的主观能动性,参与到疾病的预防和诊疗过程中,从而找到更为恰当的干预措施。因此,全科医学服务目标的实现,必须建立在长久的良好医患关系基础上。

2. 提高医疗工作质量的前提　良好的医患关系是全科医生与患者形成积极互动的催化剂。全科医生对患者的关心、对病情的重视、对注意事项的详细告知、对患方疑虑的耐心解答等本身就是一种治疗手段,能够减轻患者的心身痛苦,增强患者战胜疾病的信心,提高患者的依从性,使医患双方能够更好地融合,从而产生更强的"治疗合力",不断提高全科医学服务质量。

3. 可以调动的良好资源　全科医生在社区医疗工作中往往扮演着一个"多面手"的角色,既是疾病诊疗、健康维护、病患照护和全方位健康管理的医生,又是疾病危险因素早期筛查、促进健康生活方式形成的教育者;既是社区医疗卫生资源的"守门人",又是社区医疗卫生保健工作的管理者;既是实现社区与各级各类医疗卫生机构双向转诊的沟通者,又是建立社区健康档案与社区健康网络的组织协调者。这些角色的实现,都需要全科医生调动其良好的医患关系资源,鼓励大家参与到健康维护与健康促进的工作中,从而带动整体健康水平的提高。

4. 促进全科医学发展的推动力　良好的医患关系能够促使全科医生关心患者,热爱本职工作,给自己强烈的成就感和满足感,有效调动全科医生的内在动力,不断提高全科医生的服务水平和能力,进而促进全科医学事业的健康发展。同时,良好的医患关系也能够促使广大服务对象关注全科医生的学习、生活和工作,关心全科医生的职业发展,为全科医学工作的不断改进和完善建立坚实的群众基础。

(二) 建立与维护良好医患关系的有效策略

全科医学中良好医患关系的建立与维护要以人际信任为基础,人际信任在人类交往和社会生活中至关重要,是人与人之间建立稳定和持久关系的基石,也是社会运行的润滑剂。在推进分级诊疗制度落实过程中,患者对基层医疗卫生服务缺乏信任是制度落实的瓶颈之一,全科医生良好的职业素养、优质高效的医疗服务、以患者为本的理念、充分有效的沟通以及自身的良好形象都是人际信任构成的必要因素,也是打破这一瓶颈,建立和维护良好医患关系的有效策略。

1. 培养良好的职业素养　全科医生的职业素养与其世界观、人生观、价值观、道德修养、医疗能力以及对职业和生活的态度等因素密切相关。全科医生应重视生命,尊重生命,并富有同情心和爱心,对待患者反映的健康问题持亲切、关怀、真诚与负责的态度,善于理解患者的愿望并尽可能地给予帮助和解决,在工作、学习、生活中培养良好的职业素养和道德情操,从而建立良好的医患关系。相反,全科医生如果对患者的健

康问题漠不关心,得过且过,则会降低信任度,甚至引发医患矛盾。

2. 提供优质高效的医疗服务　全科医生工作的"产出"是由服务对象满意度来衡量的,而其满意度是通过全科医学工作过程实现的。全科医生要以不断满足患者日益增长的健康需求为导向,在学校教育的基础上尽可能多地参加继续教育、专业培训和学术研讨等,加强与国内外同行的交流学习,不断提升自身的业务知识、技术水平和工作能力,同时要做好社区居民健康需求调研。只有这样,全科医生才能为服务对象提供更为优质高效的诊疗服务,通过满足诊疗需求而增强患者信任,使其乐于得到全科医生的帮助与指导,从而有效促进和谐医患关系的维护。

3. 坚持以患者为本的理念　时刻把患者利益放在首位是全科医学"以患者为本"这一理念的最佳体现。全科医生通过提供与健康相关的医疗服务来获得报酬,但不能为了获得更高的经济利益而损害患者的利益。此外,除健康服务以外需要患者或居民配合的社区工作,要考虑对方的意愿,并建立在知情同意的基础上。只有树立以患者为本的服务理念,才能使全科医学中的医患关系更加良好而长久。

4. 建立充分有效的沟通　良好医患关系的建立与全科医生的沟通能力和沟通技巧密切相关。全科医生要注重沟通能力的培养,平等对待患者,尊重患者的人格,更多地站在患者角度理解其痛苦和不适,真诚帮助患者解决问题。在沟通的过程中,全科医生应尽可能地听取患者对健康问题的叙述,并尽量使用关心、支持、安慰、鼓励和劝导性语言,增强患者战胜疾病的勇气和信心。同时,全科医生也要注意沟通技巧的学习和使用,针对不同的对象、不同的健康问题采用不同的语言性和非语言性沟通技巧,以达到事半功倍的效果。

5. 身体力行树立良好形象　全科医生自身的良好形象能起到榜样的作用,运用自身生动事例来教育人、影响人,能够弘扬正确价值取向,增强教育的感染力和实效性。全科医生要身体力行,养成良好的生活方式和习惯,为患者起到榜样的作用,增强患者对全科医生的信任与敬佩,从而有利于良好医患关系的建立和维护。

除此之外,在互联网时代,社交媒体因其具有连接关系网络的属性及其即时通信的功能,已成为人际关系维护与拓展的重要媒介,全科医生可以通过科学合理地应用新媒体,加强与维护良好的医患关系。如利用微信群、社区就诊应用程序(APP)等推送健康指导、疾病预防、康复常识、急诊急救等相关信息,不受时间、地域的限制,并可将其作为医患间健康信息及时、有效、持久沟通的必要补充形式。

第二节　全科医学中的医患沟通

案　例

社区患者李某,女,39岁,因"阵发性头晕伴视物旋转2日"就诊。头晕均在体位改变时诱发,发作时伴有视物旋转恶心呕吐,持续2~3分钟可自行缓解,无肢体活动障碍,无听力减退,无耳鸣,无复视,无外伤及既往病史。查体:Dix-Hallpike变位试验阳性。全科医生根据该患者的症状及体格检查诊断为良性阵发性位置性眩晕。

在问诊过程中该患者情绪不稳定,表现为痛苦焦虑,数次追问医生疾病诊断,担心自己是否为脑炎,是否为颅内肿瘤,是否需要做手术,疾病是否严重,会不会进展为肢体瘫痪等。该患者职业为中学教师,发病时正值期末考试,工作任务繁重;同时也是一对双胞胎兄弟的母亲,患病期间不能胜任工作,不能承担家庭职责,担忧病情重无法照看孩子。

【问题】全科医生应如何与该患者沟通? 需要注意什么?

思路:首先,全科医生应该如实、全面地告知李老师病情。参考沟通内容为:李老师,您好,根据您的主要症状、症状的特点及查体结果,可以确定您所患疾病为良性阵发性位置性眩晕,又称耳石症。这种疾病是一种临床上常见的周围性前庭疾病,其特点和您所述症状是一致的,即当头部运动到某一特定位置时可诱发短暂的眩晕,并伴有眼震和自主神经症状。这是一种良性可治愈的疾病,没有后遗症状,不需要手术,更没有生命危险。主要的治疗方法为手法复位,手法复位的目标是将脱落的耳石复位至原先所在位置,就像小孩子玩的拼图一样,差一张所有的图就拼好了,脱落的耳石就好比缺少的这张拼图,我们需要做的就是找到这张图,然后把它拼上。

其次,解除患者担忧。参考沟通内容为:这种天旋地转头晕体验确实很痛苦,您所担忧的事情我非常理解,现在您正是上有老、下有小、工作离不了的状态,工作和家庭都很需要您。现在可以明确告诉您,您所担心的脑炎、颅内肿瘤是可以排除的,因为这两种疾病的症状与您的描述不符,您所担忧的问题目前都不存在。这种病多数是可以一次性治愈的,然后稍加休息后就可以正常的工作和生活了,请您放心。

再次,注意非语言沟通技巧的运用。例如:沟通过程中,注意倾听患者叙述,适当点头表示理解;在患者叙述自己天旋地转眩晕体验时,全科医生可辅以拍肩动作,鼓励患者坚强面对;在手法复位前后过程中,注意搀扶患者,避免意外发生等。

一、沟通概述

(一)相关概念

沟通(communication)在西方是由拉丁文 communis 演变而来,原意是分享和建立共同的看法;在我国,沟通是指使两方能通连。虽然东西方对沟通的释义不尽相同,但其核心都是指双方之间信息传递和理解互动的过程。

人际沟通(interpersonal communication)是指人们为实现一定的目的,通过一定渠道,交流思想、感情和知识等信息的过程。简单地说,人际沟通就是转移信息的过程,就是人与人之间信息的传递与互动。

(二)沟通的要素

根据 Hein1973 年提出的理论,沟通的基本要素包括信息背景、信息发出者、信息、信息传递渠道、信息接收者、反馈六个要素。

1. 信息背景(information background) 是指沟通过程所在的环境(包括地点、周围条件等)、沟通的时间,以及沟通参与者的个人特征(包括知识水平、经历、文化背景及心理特征等)。

2. 信息发出者(message sender) 是把自己的思想、情感、知识等信息传递出去的一方。

3. 信息(message) 是沟通的具体内容,是个体思想、背景、态度、个性、知识、行为模式、价值观等的表现形式,包括语言性信息和非语言性信息。

4. 信息传递渠道(route of message transmission) 是指信息传递的手段、方式、途径、通道,是信息由一方传递给另一方所经过的路径。

5. 信息接收者(message receiver) 是指接收信息的一方。只有当信息接收者接受了信息发出者发出的信息,才能形成有效沟通。信息接受过程包括接收、解码和理解三个步骤。信息接收者和发出者常常互换角色。

6. 反馈(feed back) 是指信息接收者接到信息后的反应和回馈,是信息发出者和信息接收者之间相互反应的过程。反馈是沟通的重要组成部分,通过反馈可以评价沟通的有效性。

在全科医学的医患沟通中,无论是医生作为信息发出者,患者为信息接收者(如健康指导、健康讲座等),还是患者作为信息发出者,医生为信息接收者(如患者主诉、病史等)。医患双方都需要在发出信息后注意接收对方的反馈,不断实现沟通角色的互换,最终达到解决健康问题的目的。以社区健康咨询过程为例展现沟通构成的要素见图 7-1。

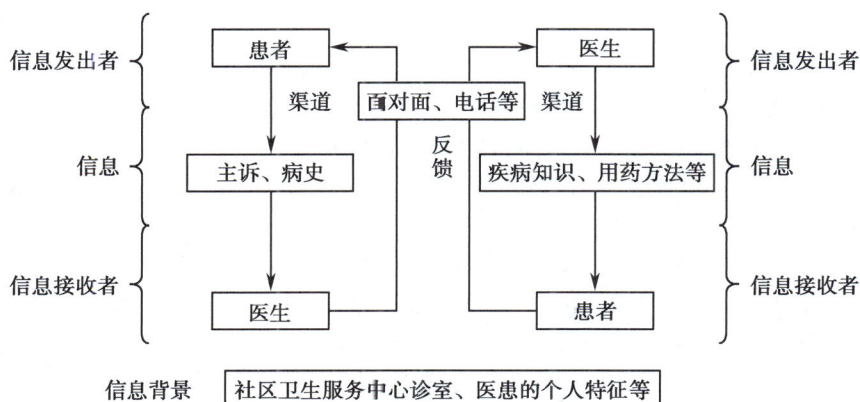

图 7-1 社区健康咨询过程中的沟通要素示意图

（三）沟通的基本原则

1. 诚信（sincerity）　是建立良好人际沟通的前提和基础。全科医生在工作中一定要抱着真诚的态度与对方沟通，对自己的许诺或达成共识的事情，做到言必信、行必果，为良好有效的沟通奠定基础。

2. 平等（equality）　在全科医学中，平等包含两方面含义，一方面是全科医生与社区居民地位和关系上的平等，另一方面是全科医生对待不同的服务对象时要一视同仁、平等相待。

3. 尊重（respect）　尊重分为自尊和他尊，在尊重自己的同时，也要尊重他人。沟通过程中，你充分尊重对方，自然会得到来自对方的尊重，使双方产生共鸣，建立融洽的关系。

4. 移情（empathy）　即沟通双方设身处地站在对方的角度，通过认真地倾听和提问，理解对方的感受，并以正确的方式把这种感受传递给对方。

5. 理性（reason）　是指沟通双方能够客观、理智地来了解、认识和分析沟通的内容，避免情绪化和非正常思维带来的干扰。全科医生要学会调整自己的情绪，清醒地思考问题，以便达到充分有效的沟通效果。

6. 慎言（cautious）　沟通的语言既可"治病"，也可"致病"。沟通过程中，要慎重对待自己的言辞，避免使用自大、夸张、批评、责备、抱怨、攻击性的语言，避免触及对方隐私，避免口无遮拦、喋喋不休。

（四）影响沟通的因素

影响沟通的因素既包括沟通方式、沟通地点、沟通环境等外在因素，也包括沟通者表达能力、理解能力、身体状况、心理特征、情绪状态、个人修养等内在因素，这些因素的条件状况往往决定沟通的成败。

1. 沟通方式　即前文所叙述的沟通渠道，其形式多样，而且不同的沟通方式往往解决不同的问题。以全科医学中医患沟通方式为例，其优缺点和适用范围见表7-2。

表7-2　全科医疗中常见沟通方式的优缺点及适用范围

沟通方式	优点	缺点	适用范围
大众传媒（如电视、广播、报纸等）	覆盖面广，易解决居民"知"的问题	缺少居民"信"和"行"的反馈	适合人群间共性健康问题的指导或解决
面对面交谈	可实现一对一交流，利于信息的传递，易达到完全互动	对沟通双方时间要求严格，效率低	适合所有全科医疗对象个性化的健康问题的解决
电话沟通	可实现一对一交流，实现互动，方便快捷	不能传递眼神、表情等非语言信息	适合无听力障碍人群的个性化健康指导
健康讲座	易实现居民健康知识的宣教和普及	居民反馈少，难以解决个性化的健康问题	适合某特定区域有共同健康需求人群
新媒体（如QQ、微博、微信等）	兼具大众传媒和个体沟通两种功能	对网络、智能手机等不熟悉的人群难以实行	适合人群间共性及个性健康问题的指导或解决

2. 沟通地点与环境　在进行人际沟通时，不同的沟通地点往往会产生不同的沟通效果。沟通环境指沟通双方所处地点周围状况和情境，往往与沟通地点密切相关。如全科医生在诊室对居民进行问诊时，场合比较正式，空间相对封闭，有利于患者表述自己的真实感受、个体隐私；在社区街道，流动人群较多，不宜谈及过多私密话题；在对社区居民进行家庭访视时，环境相对安静，氛围融洽，容易与受访者拉近心理距离，可就居民存在的健康问题进行较为细致地沟通和探讨，有利于唤起其他家庭成员对其健康状况的关注；在社区举办健康讲座时，能够促使社区居民对普遍和共性的健康问题产生共鸣。

3. 沟通双方的表达和理解能力　与沟通者的家庭环境、成长环境、受教育程度、社会接触、个人努力程度等密切相关。一般来说，家庭氛围融洽、成长环境和谐、受教育程度高、社会接触广并有意识不断完善自我的沟通者，具有较强的表达能力和理解能力，更容易获得良好的沟通效果；反之，单亲或家庭氛围长期紧张、成长环境封闭、接受教育贫乏、社会接触面窄且对自我要求低的沟通者，表达能力和理解能力相对欠缺。

4. 沟通双方的心身及情绪状态　双方心身放松、情绪稳定，使表达内容更加系统、清晰和明确，有利于信息的有效交流；如果沟通一方或双方存在身体不适或心情焦躁、不安、愤怒等负面情绪时，沟通效果会大打折扣。

5. 沟通者的修养　是基于个体心理特征上的人的综合素质的体现。一个人能力、气质、性格、品德修养等对沟通效果起着举足轻重的作用。性格乐观、态度积极、心胸豁达的人往往能够结交更多的朋友,赢得更多的信任,也更容易与他人进行充分有效的沟道。而品质低劣、性格孤僻、多疑、自卑、嫉妒等都会阻碍人际沟通有效进行。

二、全科医学中医患沟通的技巧

医患沟通(doctor-patient communication)是者在医疗卫生和保健工作中,医患双方围绕疾病预防、诊疗、保健、康复等主题,以患者为本,以医生为主导,对各种信息进行全方位分析和多途径交流的过程。全科医学服务中,良好有效的医患沟通可以更好地为患者提供优质的医疗卫生和保健服务。

全科医学中的医患沟通技巧可分为语言沟通技巧和非语言沟通技巧。

(一) 全科医学中的语言沟通技巧

1. 运用得体的称呼语　称呼语是语言沟通的开始,全科医生恰当地使用称呼语会给患者留下良好的第一印象,为后续的沟通奠定相互尊重和信任的基础。医生要根据患者性别、年龄、身份、职业等特征的不同而使用不同的称谓,力求尊重为先,恰当自然。可恒用叔叔、阿姨、先生、女士、小朋友等,避免使用诊号、床号取代称谓。对经常接触或长期接受全科医生健康照护的患者,可以直接称呼为"老李、小王"等,以拉近双方之间的距离。

2. 营造和谐的沟通氛围　全科医生接待患者应面带微笑,温和招呼请其落座,以示尊重,放松患者情绪,融洽就医氛围。可以"言他式"开场,避免直入主题。如以小区最近关注的话题入手,过渡到对患者病情的询问。此外,全科医生应尽量保持诊室环境的整洁、安静,避免接打电话、随意走动及闲杂人员出入,干扰沟通过程。

3. 主动倾听积极反馈　倾听是良好有效医患沟通的重要手段,可以使患者感受到医生的尊重和理解,便于患者向医生传递自身的健康信息和真实感受。全科医生与患者沟通时应与对方保持适当的目光接触,集中精力倾听其叙述,观察其面部表情和肢体语言,正确"阅读"所传递的信息,并给予适时反馈。在倾听的过程中,医生一方面要善于采用认同的语言鼓励对方叙述;另一方面也要以"是这样啊""接下来呢"等话语积极回应对方,并根据需要重复对方所叙述的重要信息,避免信息的缺失。

4. 形象化表达医学术语　全科医生的语言既要准确、简练、条理分明,又要使患者容易理解和接受。因为医患双方存在着医学信息、理解能力、受教育程度等因素的差异,所以,在双方沟通过程中,应该尽量使用通俗易懂的语言,避免产生误解,影响沟通效果。在不得不使用深奥难懂的医学术语时,医生可以借助图片、模型、影像等资料加以释疑,必要时可以采用比喻、类比等修辞手法进行形象化说明,使对方充分理解和接受所要表达的内容。

5. 从患者角度看待问题　根据不同患者的特点,采用不同的沟通方式,其核心就是换位思考。全科医生面对的患者各异,每个患者的健康问题千差万别,即使同一患者同样的健康问题,也会因时间的不同而需要采取不同的方式方法。这就要求全科医生站在患者的立场看待其陈述的健康问题,从根本上采取有效的针对性措施加以解决。

6. 开放式与封闭式提问相结合　开放式提问的回答范围没有限制,有利于患者开拓思路,充分、主动、自由地表达自己的观点和真实想法,例如,您最近身体有什么不舒服吗? 封闭式提问将应答限制在特定范围内,患者回答的选择性小,甚至只能用简单的"是""不是""有""没有"来回答。此外,全科医生是交谈的主导者,在让患者充分表达自己的想法和要求的同时,也要注意引导交谈的方向,使交谈流畅有效。

7. 适宜的语气、语调和语速　语气有肯定、陈述、疑问、感叹等,能够体现交谈者情感和态度,全科医生的语气应该亲切自然,充满关爱;语调即说话的腔调,就是声调高低、抑扬轻重的配合和变化,对同一事情的阐述,语调不同往往传递的情感也不同,全科医三应该善于使用、控制和转换不同的语调;语速是指说话的速度,沟通时语速应该急缓适宜、停顿适当,以更好地吸引患者的注意力,使其更易接受和吸收全科医生所表达的信息。

(二) 全科医学中的非语言沟通技巧

1. 衣着得体　衣着是指人的穿衣打扮,可以展现一个人的整体精神面貌。全科医生的穿衣原则是干净、整洁、得体。当与患者初次接触时,如果医生的衣着符合患者的心理预期,会降低患者的焦虑情绪,给患者良好的印象。反之,则会降低患者对全科医生的信任和期待,影响沟通质量。

2. 正确理解和表达面部表情　面部表情是人类情绪、情感的外在表现。全科医生一方面要善于"读懂"患者面部表情所传递出的信息，另一方面也要以合适的面部表情反馈给患者。

3. 善于运用眼神传递信息　眼神是非语言沟通的重要组成部分，正确理解患者眼神传递的信息并附以恰当眼神及时反馈，对医患沟通尤为重要。全科医生与患者保持适当的目光接触，有利于鼓励患者继续讲述病情。目光坦诚，充满仁爱，能够增强患者信任，拉近医患心理距离。应该注意，不宜一直盯着患者的眼睛，也不要目光游离或斜视患者，而应注视患者面颊下部，以示尊重和重视。

4. 运用恰当的身体姿势　身体姿势能够反映双方的心理及情绪状态，可以体现双方的态度和意愿。在患者叙述时，全科医生可以适当与对方缩小距离，上身微微前倾，以表示愿意倾听；在患者讲话迟疑有顾虑时，可以和其握手或拍肩以表示关怀，并愿意为其保密。

5. 保持合适的交谈距离　全科医学服务中，医患双方的交谈距离因医患关系及场合的不同而不同。一般来说，全科医生与患者应该成一定角度而坐，间隔 0.5~1.0m，并避免面对面直视，从而便于双方目光自由接触和分离，而不致尴尬和有压迫感。此外，全科医生也要根据文化、地区、民族和风俗习惯的不同，而采取不同的医患交谈距离，使对方易于接受。

6. 营造和谐的沟通环境　沟通环境会影响全科医学服务中双方的心理及情绪状态，甚至决定沟通的成败。沟通环境要通风良好、光线柔和、整洁安静，并做到一医一患，以更好地保护患者隐私，达到良好的沟通效果。

第三节　全科医学中的伦理学问题

一、医学伦理学的理论基础、基本原则及应用

全科医生是全科医学服务的主力军，承担着基层医疗服务、预防保健服务、健康维护与促进服务、社区卫生资源管理、社区卫生服务组织协调等多重任务。对于全科医生而言，仅仅具备丰富的医疗卫生知识、熟练的业务技能是远远不够的，还必须具备良好的沟通能力、主动的服务意识、无私的奉献精神等医学人文素养。医学伦理与法律相关知识，不仅能够指导全科医学卫生服务，还能够帮助全科医生明确职业价值观及角色责任，加强职业道德修养，对于推动全科医学事业的全面发展，进一步弘扬社会主义核心价值观和医学人道主义具有重要意义。全科医学实践中，全科医生的任何一种职业行为都是在多个行为方案中选择的结果，全科医生不仅要进行医疗技术上的决策，而且还需要在众多的医学决策中进行伦理方面的决策。本节将对医学伦理学的概念、基本原则及其难题决策模式进行探讨。

(一) 相关概念

1. 道德(morality)　是人们在社会实践中形成的并由经济基础决定的上层建筑，以善恶作为评价形式，依靠社会舆论、传统习俗和内心信念来调节人际关系、人与自然关系，并追求自身人格完善的心理意识、原则规范、行为活动的总和。

2. 医德(medical morality)　是医学道德的简称，指医者以善恶为尺度认识和调节医方与患方之间、医方与医方之间、医学与社会及生态间利益关系的所有医德活动现象、医德关系现象、医德意识现象的总和。它以人类健康利益最大化为追求和实现的目标，是一般社会道德在医学领域中的特殊表现，属于职业道德范畴。

3. 伦理(ethics)　伦理一词最早见于我国秦汉时期的《礼记·乐礼》，"凡音者，生于人心者也；乐者，通伦理者也"。"伦"本义为辈分、人伦，指人与人之间的关系；"理"本义为玉石的纹理，指条理、道理、规律和准则。

4. 伦理学(ethics)　是一门完全以道德作为研究对象的科学，即研究道德现象并揭示其起源、本质、作用及发展规律的学科。它是从人们的道德实践中归纳、整理出的法则体系，用来指导人们"应该怎么做""为什么要这么做"，并对此进行严格的评价，是对道德生活的哲学概括，又称道德哲学。

5. 医学伦理学(medical ethics)　是以医德为研究对象的科学，它运用伦理学的理论、方法来研究医学领域中人与人、人与社会、人与自然关系的道德现象、道德问题及其规律，是伦理学的一个分支，也是医学的一个重要组成部分。

在西方，道德和伦理常常作为同义词来使用，并无明显差别。在中国，道德偏重于个人的品德，强调内在

修养和行为规范;伦理则偏重于社会与集体,强调外在的规范和人与人之间的相互依存规律。"伦理"蕴含着西方文化的理性、科学、规则、公共意志等属性,适用于理论范畴;"道德"则是中国道德哲学的逻辑起点,蕴含着更多的东方文化性情、人文、行动、个人修养等色彩,适用于实践范畴。

医学伦理学是伦理学与医学的交叉、融合学科,也是研究医学道德现象和规律的应用学科。伦理学为医学伦理学的研究提供理论支撑,同时医学伦理学也大大丰富和拓展了伦理学的研究内容,是其重要的组成部分。二者区别在于伦理学研究人类所有领域的道德生活,而医学伦理学仅研究人类医学领域的道德生活。

(二)医学伦理学的理论基础

医学伦理学是医学人文学科群内的一门主干学科,有构成其学科体系的基本理论。迄今为止,所有医学家及学者所提及和概括的医学伦理学基本理论可划分为三类,即人的生命论、医德本位论与医德关系论。

1. 人的生命论(theory of human life) 是指在医学实践中,通过对人的生命、生命的价值、生命的质量,以及生命对他人、社会和自我意义的思考,而形成的理论成果。

2. 医德本位论(theory of the standard medical ethics) 是指在医学实践中,确定医学行为善恶性质之最终利益依据的理论思考成果,是医学伦理学理论的主体。

3. 医德关系论(relations theory of medical ethics) 是指在医学实践中,构建合理化医患关系的理论思考成果,是医学伦理学理论的拓展。

(三)医学伦理学的原则及应用

国家高度重视对医疗卫生机构从业人员行为的管理。1981年,在上海举行的"全国第一届医德学术讨论会",首次明确提出了我国的"社会主义医德基本原则",即"防病治病、救死扶伤、实行社会主义人道主义,全心全意为人民服务",简称为社会主义医学人道主义。这一基本原则集中体现了深厚的伦理文化和道德哲学,指引并促进了我国医学伦理学的应用和发展。

医学伦理学最终表达的是仁爱思想及医学的人道主义,从这种崇高的精神出发,结合具体医学实践,形成了医学伦理学的原则。

1. 不伤害原则(principle of non-maleficence) 是指医学服务的动机和效果应避免对患者造成伤害的伦理原则,是一系列原则中的底线原则。医疗事件中,临床诊疗措施存在或可能存在利弊两重性,在选择一种诊疗措施时,就意味着要接受一定程度的伤害,例如药物的副作用、放射诊疗中的射线副损伤、诊查中的痛苦、手术的创伤以及其他伤害等。需要指出的是,不伤害原则的核心不是要求医务人员完全避免对患者的伤害,而是要求医务人员树立患者生命无价、健康至上的伦理理念,在诊疗方案的选择和实施中,要运用成本效用理论对患者的利弊得失进行综合权衡,在尽量满足患方期望的条件下谋求以最小的代价获取最大的健康效益。

2. 有利原则(principle of beneficence) 是指把有利于患者健康放在第一位,并切实为其谋利益的伦理准则。有利原则要求全科医生:①树立正确、全面的利益观,努力满足患者的客观利益(健康宣教、防病、急救、镇痛、康复、节省医疗费用等)和主观利益(正当合理的心理和社会需求等);②提供最优化的个体服务,积极倡导并模范践行良好的生活方式,管理并促进居民健康,全力预防、减少和减轻伤害,降低疾病带来的痛苦,尽可能避免不幸的发生,防止早死和追求安详死亡等;③全面了解患者的疾病及工作生活状况,综合权衡患者的利害得失,选择对患者受益最大、伤害最小的诊疗决策;④坚持公益原则,将满足患者利益同满足他人和社会公众健康利益有机结合起来。

3. 尊重原则(principle of respect) 狭义的尊重原则是指医务人员尊重患者及家属的人格和尊严。广义的尊重原则是在狭义原则的基础上,同时尊重患者自主权和隐私权的原则。患者享有人格权是尊重原则产生的基础。人格权包括患者的生命权、健康权、身体权、姓名权、肖像权、名誉权、荣誉权、人格尊严权、人身自由权、隐私权、财产权等。在提供预防、保健、医疗、康复、健康教育与健康促进及计划生育服务的全过程中,全科医生应注重对患者人格权的尊重,以真诚的尊重赢得患者的信任,构建、维护正常医疗活动及和谐医患关系的基石。

4. 知情同意原则(principle of informed consent) 是患者行使自主权的具体体现,是基本的伦理准则之一。全科医学服务中,一般情况下,知情同意是向患方讲明所患疾病、病情程度或存在的危险因素等情况,并对检查、治疗和干预措施的利弊进行全面如实告知,以便征得患方同意,然后方可实施诊疗行为。知情和同意必须满足一定的条件,才能获得道德或法律的支持。

知情的条件包括：①提供信息的动机和目的必须且完全是为了患方的利益；②向患方提供真实、全面且能够理解的诊疗护理信息；③针对所提供的信息做充分必要的解释和说明。

同意的条件包括：①患者在诊疗中的决策不受他人或其他因素的干扰，即有自由选择的权利；②患者或其代理人有同意的合法权利；③必须确保患者或其代理人有充分的理解能力。

知情同意必须满足以下四个要素方为有效：①全科医生必须把诊疗信息实事求是、无所遗漏地告知患者，避免夸大和隐瞒；②采取多种措施确保患者完全理解所告知的信息；③患者必须具备同意的能力，如不具备，要取得其代理人的同意；④必须保证患者或其代理人是在不受外界干扰情况下自主表示同意。只有满足以上四要素时，所签署的知情同意书才具有法律效力。

5. 保密原则（principle of keeping secret）　是指医务人员保守患者及其关系人隐私，避免造成不良后果或损害其心身健康、人格尊严和声誉的过程。保密原则是尊重患者人格权利的具体体现，也是维系良好医患关系的重要保证。在全科医学中，以事实为依据把患者的病情客观全面地告知患方是全科医生应尽的义务。但当与其他医学伦理学原则相矛盾时，则要根据患者所患疾病状况、经济条件、社会地位以及不同心理特征而采取最有利于患者的告知方式。如某晚期癌症患者如果知道自己病情，就可能对其产生巨大心理压力导致抑郁或自杀倾向，可以在征得关系人同意的基础上暂时不告诉患者病情真相。但这也并不是意味着永远不告知患者真相，不尊重患者隐私权，医务人员可以把握适当时机，选择适当场合，采取适当方式告知患者。

6. 公正原则（principle of justice）　是指在医疗服务中公平、适当地对待每一位患者的伦理准则。公正原则包括形式公正和内容公正。形式公正是指具有同样医疗需求的患者应该得到同样的医疗待遇，这就要求医务人员在诊疗活动中一视同仁，公平、平等地对待每一位患者，不能厚此薄彼、区别对待。但医疗属于稀缺资源，不能满足按需分配的愿望。内容公正是对不同医疗需求、不同社会贡献、不同角色地位的人进行公正的医疗资源分配。

国家卫生行政部门于2012年出台了《医疗机构从业人员行为规范》，对医疗机构管理人员、医师、护士、药学技术人员、医技人员和其他人员的基本行为及与其职业相对应的分类行为提出了明确的伦理要求。其中，医疗机构从业人员基本行为规范包括八个方面的内容：①以人为本，践行宗旨；②遵纪守法，依法执业；③尊重患者，关爱生命；④优质服务，医患和谐；⑤廉洁自律，恪守医德；⑥严谨求实，精益求精；⑦爱岗敬业，团结协作；⑧乐于奉献，热心公益。

二、全科医学中常见的伦理学问题

(一) 医患关系伦理

全科医学服务中的人际关系包括医务人员与患者之间的"医患关系"、医务人员之间的"医际关系"及医务人员与社会的"医社关系"，其中医患关系是全科医学服务中最基本、最核心的关系。医患关系是指医务人员在向患者提供医疗服务过程中所形成的人际关系。

人一旦患病后，由于疾病带来的痛苦，他们往往感觉身体不适，心理负担加重，情绪低落，意志消沉，严重时甚至会对个人的认知和行为产生重要影响。作为患者，往往具有如下特点：①从认识上非常信任医生，希望自己的疾病得到有效的治疗；②希望在情感上和医生产生共鸣，得到医生的同情和关怀；③意志薄弱，尤其是患有难以治愈疾病时，希望医生能够增强其战胜疾病的信心。而对于大多数患者而言，他们寻求医疗服务的第一个对象就是作为居民健康"守门人"角色的全科医生。所以，全科医生在为患者提供诊治服务的同时，也要高度重视患者认识、情感及意志上的需求，运用伦理学原则与患者积极互动，平等对待患者，尊重患者的隐私，想患者之所想、急患者之所急，不断激发其意志，摆脱消极情绪的影响，使其早日恢复健康。同时，全科医生也要注意对患者的不当认识和想法加以引导，必要时要进行告知，使其正确、合理认识疾病的发生、发展、转归和预后，以便医患双方达成共识，有利于医疗活动的顺利进行。

(二) 临床诊疗伦理

疾病诊断的伦理要求，包括及时诊断和准确诊断。居民因健康问题来就诊或治疗时，往往是"症状驱动式"，即躯体不能忍受症状之痛苦才来寻求医生帮助，迫切希望尽快明确问题"真相"，找到解除病痛之门的"钥匙"。而且，及时诊断能够尽早发现患者的疾病，利于采取有效措施及时治疗，比如高血压、糖尿病的早期诊断，乳腺癌的早期发现，宫颈癌的早期筛查等；及时诊断也能帮助患者减轻经济负担，提高工作效率，提升医患之间的信任度。准确诊断则要求全科医生树立严谨科学的工作态度，认真进行病史采集、体格检查、实施恰当的辅助检查,提高疾病诊断的准确度。在诊断的过程中,既不能在诊查中盲目地"撒网式"检查,也不能仅仅采用单一手段或千篇一律式的检查,应该结合患者病情,考虑个体差异,应用循证医学的原则有的放矢,提高检查的阳性率。由于条件或技术方面的限制,不能明确诊断的疾病,要本着实事求是的态度,及时向患者或关系人说明情况,并建议其转往上级医院或专科医院进一步诊治,严禁主观臆断、敷衍了事的行为。

明确疾病诊断之后,则要采取恰当方案进行治疗。从伦理学角度讲,全科医生在治疗过程中要严格遵循"安全、有效、价廉、择优和知情同意"的伦理准则。"安全和有效"准则要求全科医生严格遵守各项规章制度和诊疗操作规范,采用科学的治疗手段、成熟可靠的治疗技术对患者进行治疗,并严密对治疗效果进行观察、跟踪、评估和判断,准确把握患者病情变化情况,实事求是地修正偏差、调整治疗方案,以达到最好治疗效果的目的。"价廉和择优"准则要求全科医生遵循医疗最优化原则,严肃认真地评价各种治疗方案中患者受益与成本的比例关系,并依据患者所患疾病性质、医院及医生的条件,患者意愿、经济承受能力和可利用医疗资源等因素选择最佳治疗方案。"知情同意"准则要求全科医生尊重患者或关系人的自主权,并为自主权的行使提供充分条件。治疗过程中,全科医生应详细向患者或关系人解释病情,告知不同治疗方式、方法和治疗方案的具体内容、风险、预后和费用等信息,使其在充分知情下作出选择。

例如,儿童一般性上呼吸道感染,常伴发热,多数家长担心发热会引发肺炎,急于让患儿尽快康复,要求输液治疗。而一般上呼吸道感染是由病毒所致,有一定自限性,全科医生要对患儿进行综合评估,确定有无合并细菌感染,是否有通过静脉应用抗生素指征,如通过物理降温和口服药物即可达到疾病治愈的,要耐心细致地向患儿家长做好解释,避免盲目输液导致过度医疗。

(三) 临终关怀与死亡医学伦理

临终关怀(hospice care)是一种新兴的医疗、护理服务的外延项目,它是由医生、护士、家属、志愿者、社会工作者以及营养学和心理学工作者等多方面人员组成的团队,对临终患者及其关系人提供全面照护,以使临终患者尽可能舒适、安宁地过人生的最后旅程。临终关怀倡导的是一种人性化的关怀理念,不仅强调以延长生命为目的,还应该让患者在生命的最后阶段得到应有的尊重和照护,减少患者的痛苦以及内心沮丧、焦虑、恐惧、绝望等不良情绪,并使家属心身健康得到照顾。在提供临终关怀服务时,对全科医生的伦理要求包括:①发扬社会主义人道主义精神,以真诚、亲切、博爱的态度理解临终患者生理、心理及行为反应特点,特别是某些强烈的情绪变化和失常行为;②尊重临终患者权利,维护临终患者的利益,例如允许患者保留自己的生活方式,有条件地同意患者自己选择的治疗与护理方案,保守患者隐私等;③优化临终患者的生活,让其充分表达自己的心声,满足其合理要求,并安慰和鼓励患者,让临终生活得以安宁;④想患方之所想,设身处地地理解、关心、体贴患者和家属的痛苦,包容其应激情绪和行为,真心实意帮助患方解决实际问题。

人类对死亡的认识是随着人类认识的发展而发展的。传统的看法认为人的呼吸和心跳停止即为死亡。但随着科学技术的发展,传统的死亡标准受到了极大的挑战。例如电疗能使停跳的心脏再度搏动,心脏本身还可以用机械泵替代;呼吸也完全可以用人工呼吸器来维持。因此,很多国家提出了脑死亡的概念,即包括脑干在内的全脑功能不可逆的丧失。此概念逐渐得到了越来越多的国家认可,但由于受不同历史文化背景、不同认识和理解的影响并未得到世界公认。心肺死亡标准直接且容易判定,更好接受;脑死亡依赖科技的成分较高,需要具备科学的标准、规范的程序、专业的人员、良好的设备及技术操作能力。

(四) 生命科学发展中的伦理

随着生命科学的迅速发展,基因技术、干细胞研究、器官移植、人体试验和动物实验、人类辅助生殖技术等科学技术的发展,一方面对维持和促进人类健康起到了积极作用,另一方面也带来了许多伦理问题,备受社会各界的关注和讨论。如基因研究(genetic research)是指通过有关科学技术及方法对人体所有基因进行位置测定和分离,并研究其功能,进而认识基因和疾病之间的关系。人类基因组计划就是对构成人类基因组的 30 多亿个碱基对进行精确测序,发现所有人类基因及其在染色体上的位置,破译人类全部遗传信息。该项技术也同样引发了伦理争论。

(五) 健康伦理

健康(health)不仅指没有疾病和衰弱,而是指一个人身体、心理、精神和社会适应的完好状态。它既是每个社会成员的一项基本权利,也是每个社会成员的基本义务。在全科医学中,全科医生应该倡导"健康为人人,人人为健康"的健康道德理念,同时应该做到:①利用医学知识和技术,积极帮助居民恢复和实现健康;②努力学习健康知识,树立科学的健康观念;③专播健康知识,践行健康行为;④督促居民改变不良生活和行为习惯,促进健康;⑤制止危害健康的言行,减少危害健康事件的发生;⑥促进居民为他人健康贡献力量等。

(六) 医德评价、监督和修养

医德评价(medical ethics evaluation)是指人们及医务人员自身依据一定的医德标准,对医务人员的行为和医疗卫生机构的活动作出的善恶评判。依据评价主体的不同分为社会评价和自我评价。医德评价的重要意义在于:①通过患者期待、评价等他律要素,逐步内化为医务人员的自律要素,提高个人医德修养;②医德评价指出了什么是善与恶、道德与不道德、应当与不应当,帮助医务人员划清行为界限,从而更好地调整自己的行为;③医德评价的褒奖善行和谴责恶行可以激励医务人员从善去恶,优化医疗行为;④医德评价能够促进医疗卫生机构的精神文明建设,而精神文明建设的提高又会促进医德问题的解决,有利于医学科学的健康发展。

医德监督(medical ethics supervision)是一种医德他律机制,以广泛宣传、告知患者所享有医德权利或所应接受的服务为基础,通过设置投诉信箱、患者调查表、医德医风办公室等措施使患者参加监督和管理,不断提高医院和医务人员医德水准。对于医学生而言,应该自觉把自己当作被监督者,学会适应监督,正确对待监督,把外在医德监督逐渐转化为内在医德标准,促进自身成长。

医德修养(medical ethics accomplishment)是指医务人员按照社会所倡导的医德规范,在实践中进行自我教育、自我评价、自我锻炼和自我陶冶的过程及其所达到的医德境界。医德修养是医德品质形成的内在根据,有助于医德教育的深化及良好医德医风的形成。医德修养来源于医德实践活动。作为医学生要善于总结,把他人"外在的法"变为自觉认同和主动追求的"内在的法",逐渐实现自身医德观念与医德行为的有机统一。

(王永晨)

第八章 循证医学在全科医疗实践中的应用

循证医学（evidence-based medicine，EBM）的本质是基于证据的决策与实践。其重点是强调医疗决策的科学化与成本效益的最优化。实践循证医学方法就是寻找和评价证据，淘汰现行不甚理想的干预措施，促使新的最优干预措施进入医学实践，从而节省卫生资源，提高卫生服务的质量和效率。运用全科医学基本理论知识和最佳科学研究证据为服务对象提供优质全科医疗服务是全科医生必须具备的专业素质，如何充分利用最佳科学证据，作出最适宜的临床决策支持全科医疗，也是全科医生岗位胜任力的要求。

【问题1】什么是循证全科医疗？

思路1：循证医学是20世纪90年代兴起的一门新兴学科。David Sackett教授的经典定义即"循证医学是慎重、准确、明智地应用当前所能获得的最佳研究证据来确定患者的治疗措施"，其实质是现代临床医疗诊治决策的科学方法学。循证医学是将最佳的研究证据与临床医生的知识、技能、经验和患者的期望、价值观三者完美结合，并在特定条件下付诸临床预防、筛查、诊断、治疗、预后等医学实践的实用性科学。

相比传统医学，循证医学有其独特的医学实践要素和优势。循证医学强调"证据"及其质量作为临床实践的决策依据，提倡将医学实践经验与当前可得的最佳证据有机结合，充分考虑服务对象的期望及选择，可不断提高临床医疗质量和培养医学人才素质，促进临床医学的发展，从而为患者提供更优质高效的医疗服务。

知识点

循证医学的四项原则

循证医学遵循四项原则：①必须是基于问题的研究，先寻找临床上遇到的实际问题，后将问题具体化为可以回答的科学问题即开展研究；②必须是遵循证据的决策，强调医疗决策应尽量以客观研究结果为依据；③必须关注实践的结果，将解决的问题升华为证据，对未解决的问题持续探索；④必须进行后效评价，以追求成本效果。这种强调以证据为基础的决策与实践，可避免无效、昂贵和不恰当的医疗决策，适应患者、社会发展和基本医疗保险的需要，在临床诊疗活动中发挥着重要作用，已广泛应用于临床各学科。

借助现代医学科学成果，各临床医学专科迅猛发展，在医疗卫生服务被割裂为各专科服务片段的同时，人们发现以人为中心的连续性、综合性医疗服务变得极其缺乏。由于近年来人口老龄化，疾病谱和死亡谱的变化，医学模式的转变，医疗资源分配不合理与费用增长过快，医疗机构功能分化等问题的凸显，使得强调个体化基本医疗照顾的全科医学得到重视和发展。相比专科医疗，全科医疗既要与之共享人类医学在知识和技能方面的发展成果，更加强调以人为中心，以家庭为单位，以问题为导向的服务理念。全科医疗为服务对象从躯体和精神上提供一种可及的、安全的、费用效益比良好的基础性医疗照顾，是基于最佳科学证据，充分考虑服务对象的需求、尊重患者家庭、个人的价值观的优质医疗服务。

思路2：随着新的生物-心理-社会医学模式的发展和我国卫生改革措施的施行，全科医疗被赋予越来越重要的社会责任。全科医疗服务贯穿人的整个生命周期，包括从女性围生期到新生儿、青少年、中老年乃至临终关怀各个阶段的健康问题。相比专科医生，全科医生需要提供长期负责式的医疗服务实践，全科医生所要面对的临床问题的内涵和外延就更加广泛和多样化。众多临床问题的解决不仅需要全科医生具有全面的临床问题识别与处理能力，而且需要以全科医生为主导的全科医疗服务能满足社会卫生经济效益需求，这就使得全科医疗与循证医学的有机结合成为必然趋势。全科医疗"以患者为中心，以问题为导向"的诊疗模式需要循证医学来决策和实践,循证医学以"证据为基础"服务于患者的理念与全科医疗宗旨相契合。因而开展以循证医学为基础的全科医疗服务,成为促进全科医学发展和培养全科医生能力的最优选择,循证全科医疗实践也不可避免受到重视。

循证全科医疗是指全科医生面对服务对象时,首先通过有效沟通,建立积极的医患关系,并在全面采集病史、查体以及必要的实验及检查资料的基础上,应用自己的理论知识与临床技能,发现和诊断个人、家庭、社区的疾病与健康问题,再结合当前医学的最佳证据,并考虑患者的意愿与临床医疗的具体环境作出诊治决策,从而实现对疾病与健康问题的有效治疗和照顾。

【问题2】循证全科医疗资源有哪些?

循证医学的实践模式是有证查证用证,无证创证用证。这使得循证全科医疗实践在强调证据、经验和患者价值观有机结合的同时,必然对用于查证的循证医学资源提出要求。理想的循证医学资源应是多层次的,每个层次涉及不同程度的信息。

知识点

理想的循证医学资源

理想的循证医学资源包括以下几点:①可供全科医生直接使用的推荐意见;②可供全科医生查询使用的信息库;③用于支持推荐意见的证据小结;④用于判断推荐意见强度的信息;⑤单个的相关临床研究摘要;⑥单个的相关临床研究证据。这样,全科医生根据自己的时间安排和问题需求,迅速获得所需证据,斟酌证据的科学性、适用性和可转化性后作出决策,从而节约花费在检索、评价、总结证据上的时间成本。

在国外,美国家庭医师学会网站、UpToDate、Best Practice、ACP PIER 及专为掌上设备开发的 InfoPOEMs 等以临床问题形式整合证据的循证医学知识库就属此类资源。这类资源既有类似医学书籍的背景知识介绍,又有相关的最新证据总结,还结合专家经验针对临床问题和患者人群的差异性给出不同的推荐意见、推荐强度和证据级别。这类资源的出现和不断完善使越来越多的全科医生实践循证医学成为可能。近年来,随着电子病历系统、电子健康档案系统及电子医嘱系统等信息系统和循证医学资源的发展,另一类更为理想的证据资源经过探索阶段,逐渐走向成熟。这种证据资源是基于高质量证据的知识库与医疗信息系统的高度整合,能提供循证决策支持和个性化患者服务的计算机辅助决策系统(computerized decision support system,CDSS),它能督促全科医生使用以当前最佳证据为基础的最安全有效的实践方案,减少重复检查的可能,减少人为因素的医疗差错,从而提高医疗质量和效率。目前仍缺乏真正意义上的中文循证医学知识库。所以由国外证据知识库、全科医学学术期刊、循证临床指南和专家推荐意见组成的循证医学资源仍然是我国全科医生开展循证实践必须要掌握的与专业相关的信息资源。

思路1:全科医学相关学术期刊。

常见的国外全科医学学术期刊有《牛津家庭医学杂志》(*Oxford Journal of Family Practice*)、《英国全科医学杂志》(*The British Journal of General Practice*)、《澳大利亚家庭医师》(*Australian Family Physician*)、《美国家庭医学杂志》(*Journal of American Board of Family Medicine*)、《美国家庭医师》(*American Family Physician*)和《加拿大家庭医师》(*Canadian Family Physician*)等。这些英文专业期刊虽创刊时间不同,主办国家不同,但各国全科医学相关学术组织办刊宗旨基本一致,均是让发达国家及发展中国家的全科医生、全科医学领域的教育者和研究者及时了解最新的医疗信息,传播有利于全科医生诊疗的循证医学研究成果,促进国际全科医学教育与研究,促进全科医学的学科发展和患者照顾的质量改进。

目前国内的全科医学学术期刊不多,主要有4种杂志,包括创刊于1998年的《中国全科医学》、创刊于2002年的《中华全科医师杂志》和创刊于2003年的《中华全科医学》及《全科医学临床与教育》;还有1份报刊,创刊于2011年的《中国医学论坛报·全科医学周刊》。上述期刊主要服务于基层和社区医生,内容既包括全科医学和社区卫生服务的系列理论研究和全科医学领域前沿进展及临床研究,又包括临床指南学习、实际病例分享和实用技能训练,同时,还要关注全科医学相关的政策、法规。这些在引领中国全科医学发展和支持社区卫生服务发展方面发挥着重要作用。

思路2:循证临床指南。

长期以来,临床医生大多习惯听取专家意见,尤其基层的全科医生,而早期的临床实践指南也多基于专家意见。随着循证医学的发展,这种指南的可信度受到质疑。循证医学倡导者尝试在专家推荐意见形成共识的过程中引入循证方法,即让专家意见更加循证。只有让专家们知晓制订和更新循证指南的步骤及过程,才能让医疗实践随着临床指南的不断增加和应用,成功过渡到循证实践中去。现在的国际指南协作网,在循证指南的制订、传播和应用中逐步趋于完善。

知识点

临床指南的分类

按照制订的方法通常可将临床指南分为两大类:

1. 基于专家共识的临床指南(consensus based guideline) 是早期的、传统的指南编写方法。来自不同学科领域的一组专家及其相关人员,针对具体的临床问题,运用临床经验和主观判断,进行一次或多次的商讨后达成共识,形成推荐意见作为指南,由专业学会或政府机构发布,如中华医学会神经病学分会 2010 年发布的《眩晕诊治专家共识》和 2017 年更新后的《眩晕诊治多学科专家共识》。

2. 循证指南(evidence based guideline) 是基于系统评价的证据和权衡不同干预措施的利弊,在此基础上形成能够为患者提供最佳保健服务的推荐意见。循证指南可增加指南的客观透明性,减少主观片面性,让临床医生做到知证决策,合理诊治。它已成为指南制订的主流。现代质量评价较好的临床指南均为循证临床指南,如《2017 美国成人高血压预防、检测、评估和管理指南》《2018 美国血胆固醇管理指南》和《慢性阻塞性肺疾病全球倡议》等。

临床实践指南是一种医疗实践工具,能帮助医生获取正确而明晰的推荐意见,在临床工作知道不应该做什么、应该做什么及如何做好,但其并不能替代临床医生的临床思维和判断。临床指南作为一种重要的费用管理、质量控制和培训教育的工具,能够提高全球卫生经济效益,进而促进临床指南的开发、使用及更新。目前,结合国际循证临床指南与我国医情,《中国高血压防治指南》《中国成人血脂异常防治指南》《中国脑血管病防治指南》《中国糖尿病防治指南》等几十种国家级临床指南,以及结合我国基层全科医疗实践的《中国高血压基层管理指南》和《支气管哮喘基层诊疗指南》等基层慢病管理指南,均作为我国主要慢病防治的重要指导工具。

【问题3】循证全科医疗的实践步骤有哪些?

完整的循证医学实践包括五个步骤:提出清晰、明确的临床问题;系统全面查找证据;严格评估相关证据;应用最佳证据协助临床决策;后效评价,止于至善。在医疗活动中,临床医生采取三种模式在实践中运用证据:一是"拷贝"模式,完全遵照有威望专家的意见做决定,缺失循证查证,评估取证的过程,有主观片面之嫌;二是"运用"模式,检索严格评价过的证据资源如证据总结用于决策,可节约大量循证时间,但完整性可能不足;三是"实践"模式,完全遵照上述步骤实施循证实践,虽内容相对全面,但时间花费较大,成本效益比较高。因为全科医生面临的临床问题不胜枚举,所以循证全科医疗实践中,建议采用的是"运用"模式,即运用其他人所制订的循证摘要和循证指南或方案,解决基本健康问题。

思路1:明确全科医疗实践中需要解决的临床问题。

在循证全科医疗实践中,提出具体问题,在问题引导下寻找证据。能否发现并提出亟待解决并构建良好的问题,是临床循证实践的关键。在全科医生的培养中,要特别注重训练提出科学问题的能力,根据服务对象的实际情况以及自身工作条件,区分患者关心的背景问题和医师关注的前景问题之间的差异,从病因、诊断、治疗、预后、预防、康复,以及防治结合为主的整体健康维护和促进、提供全方位综合性服务等方面入手。选择亟待解决问题应考虑的因素包括:①在全科医疗领域中涉及面最广的问题;②在诊断与鉴别诊断、预防与治疗过程中最亟待解决的问题;③医患双方最关注的焦点问题;④目前最有可能解决的问题。

知识点

PICO 原则

国际上通常采用 PICO 原则构建一个具体的临床问题,并通过检索获取用于支持临床决策的最新证据文献。PICO 原则包括 4 个基本部分(表 8-1):

表 8-1　PICO 原则

PICO 问题	问题内容
患病人群或健康问题(patients/problem)	诊疗相关的患者特征(年龄、性别、地域、种族、环境、职业) 等待解决的健康问题(现患疾病及其他有临床意义的症状等)
干预措施或暴露因素(intervention/exposure)	暴露的危险因素 诊断性试验方法 预防与治疗方法
比较干预或暴露措施(comparison/control)	对照组的干预措施、治疗药物、诊断方法 可能是空白对照
临床结局(outcome)	希望达到的治疗目标及效果(如病死率、治愈率等)

构建 PICO 问题的目的是分解问题,提炼关键词,便于进行检索和调整检索式。

例 1:一位 50 岁的女性更年期失眠患者,因担心副作用未曾使用催眠药,有朋友推荐褪黑素(melatonin)可以治疗失眠(insomnia)。于是她向全科医生询问,服用褪黑素对改善失眠是否有效,若全科医生凭借以往经验无法给出确切答案,可以通过查阅文献来寻找解决问题的最佳证据。构建 PICO 格式的 4 个基本成分见表 8-2。

表 8-2　构建 PICO 格式的 4 个基本成分

P	I	C	O
失眠患者 insomnia	褪黑素 melatonin	有无对照干预措施 no clear	睡眠时间 sleeping time

例 2:一位发病 2 小时被诊断为急性冠脉综合征(acute coronary syndrome,ACS)的 71 岁的女性患者,为降低其近期死亡的风险,是否应进行经皮冠状动脉介入(PCI)治疗? 如何提出临床问题? 比较以下两种问题提法:其一,"PCI 对 ACS 患者有效吗?"按照 PICO 格式的要求,发现该问题缺少不同临床措施的比较和临床具体结局两项内容,故此为构建不良的问题;其二,"行 PCI 治疗与不行 PCI 治疗相比能降低 ACS 患者近期死亡的风险吗?"分析这一问题可以看出,它具备了 PICO 的 4 项基本成分,成为内容完整、清晰明确而可以回答的构建良好的问题。

思路 2:检索和收集与问题有关的证据资料。

当面临一个临床问题且不确定是否有当前最佳解决方法时,全科医生应尽可能快速地选择最佳证据资源,寻找当前最佳答案。最佳的临床研究证据应具有以下特征:医生在基层医疗实践中所需解决的临床问题;采用以患者意愿性结局及生存质量为评价指标;有可能改变既往医学知识及临床实践中过时或不当的方式和方法。

知识点

"6S"模型

全科医生应清楚从何处寻找证据,寻找何样的证据。全科医生在获取最佳证据资源时,应根据"6S"模型,从证据系统(systems)、证据总结(summaries)、证据摘要(synopses of syntheses)、系统评价

（syntheses）、研究摘要（synopses of studies）和原始研究（studies）逐级检索。证据来源包括书籍、期刊等纸质版和在线文献数据库等网络版两种形式。与纸质版的信息资源相比，网络信息便于检索，获取容易，更新及时，备受现代循证实践者的推崇。习此，拥有电脑和网络连接，成为循证工作的必备硬件措施。但是，纸质版信息资源也不能被完全摒弃，在全科医生基本知识及技能培训时，纸质版资源的教科书作用也很重要。

　　全科医生的循证临床实践不同于做循证医学研究，主要是查证用证，甚少涉及查证创证，因此不需要全面系统地查找所有的文献。在循证全科医疗实践中，美国的家庭医学教授 David Slawson 和 Allen Shaughnessy 就证据类型，率先提出以患者为导向的证据（patient oriented evidence that matters，POEM）的定义，以区别既往以疾病为导向的证据（disease oriented evidence，DOE）。相比 DOE 主要针对中间指标（如实验室结果或其他评价反应的指标）改变，而 POEM 主要针对与患者相关的重要结局，如发病率、病死率或生活质量的改变，更加符合全科医学以患者为中心的医疗服务理念。例如：他汀类药物治疗能降低血浆胆固醇水平是 DOE，而他汀类药物治疗能降低患者动脉粥样硬化疾病的发生风险则是 POEM。

知识点

POEM

　　POEM 有以下纳入标准：①证据满足基层医生日常医疗实践面临解决健康问题时的需求；②证据所需测定的临床结局对于基层医生和其服务对象具有重要意义，其中包括发病率、致残率、治愈率和死亡率等终点指标；③证据使用可提高基层医生的医疗实践水平。

　　实践循证明确需要查找的问题时，既可以按照 POEM 的要求来构建，也可以按照 DOE 的要求进行构建。但两者所得结果有时一致，有时不一致，有时没有定论，如表 8-3 所示。当只能获取 DOE 指南时，则应指出主要的临床建议缺乏结局证据的支持。例如：虽然甲胎蛋白（AFP）检测可发现早期原发性肝癌，但至今尚未能有证据证实 AFP 筛查可降低患者死亡率。

表 8-3　POEM 与 DOE 的循证结果比较

干预措施	POEM	DOE	备注
他汀类调脂药物治疗	用他汀类药物行调脂治疗可降低患者动脉粥样硬化疾病的发生率	用他汀类药物行调脂治疗能降低血浆胆固醇水平	POEM 与 DOE 的结果一致
抗心律失常疗法	证实某些抗心律失常药物与死亡率升高相关	证实抗心律失常药物能降低心电图显示的室性期前收缩发生率	POEM 与 DOE 的结果相反
甲胎蛋白筛检	目前缺乏证据证实甲胎蛋白筛检能够降低肝癌死亡率	用甲胎蛋白筛检可发现早期原发性肝癌	尽管 DOE 的证据可信，但尚不能得到 POEM 确认

　　按照以患者为中心的全科医疗服务模式的要求，患者的利益高于一切，故全科医生应采用 POEM 的循证医学要求，当 POEM 和 DOE 不一致时，要以 POEM 为准则。因此，定制 InfoPOEMs 掌上循证医学数据库，用于日常全科医疗实践，在美国的家庭医生中比较普遍。

　　思路 3：评价证据的真实性和实用性。

　　在循证临床实践中，面对层出不穷又质量参差不齐的大量临床研究证据，应采用临床流行病学、循证医学等原则和方法，严格评价所收集证据的质量，以及证据的效度大小和精确性，并结合自己患者的情况及医疗机构的条件等判断证据的适用性如何。因而，循证医学最鲜明的特点是对证据质量进行分级，并在此基础上作出推荐。

知识点

GRADE 证据质量和推荐强度分级系统

不同的研究可能采用不同的证据分级方法。目前最常应用的是由包括 WHO 和 Cochrane 协作网在内的 60 多个国际组织、协会采纳的证据质量和推荐强度分级系统（GRADE）。它对证据质量和推荐强度作出了明确定义，证据质量指疗效评估的正确度；推荐强度指遵守推荐意见利大于弊的确信度，其中"利"包括降低发病率和病死率、提高生活质量，降低医疗负担和减少资源消耗，"弊"包括增加发病率和病死率、降低生活质量或增加资源消耗。GRADE 还明确患者价值观和意愿，基于推荐意见的强弱，分别从临床医生、患者、政策制订者等使用者角度作出诠释，因而该分级系统在系统评价、卫生技术评估和指南的制作上占有优势。

另外，针对全科医疗实践，美国家庭医师学会（AAFP）还建立了简单的 ABC 三级分级法：

A 级（随机对照试验 RCT/ 荟萃分析）：以患者为导向的高质量 RCT 研究与采用综合检索策略的高质量荟萃分析（定量系统评价）；B 级（其他证据）：为设计完善的非随机临床试验，检索策略正确、论证强度高的定性系统评价；C 级（共识 / 专家意见）：以疾病为中心的研究，包括共识观点或专家意见。

这一分级方法在美国家庭医师全科医疗实践中具有指导意义。对综述或原始研究进行准确提炼形成的 POEM 摘要为临床实践提供最恰当的信息，可帮助全科医生把有限的时间集中在有效地使用证据方面，并且都附带有推荐的等级。

思路 4：应用证据指导临床实践有助于患者获得更好地诊治，降低不良反应发生。但是临床决策不能单纯依靠证据，必须考虑患者所处的特定临床环境和其本人的价值和偏好。现实中的患者与证据中患者的性别、年龄、临床生物学特征、病程、疾病严重程度、并发症、合并症、遵医行为、社会环境、文化水平等多方面往往存在差异，需要注意的是，对所获最佳证据，必须结合临床经验、具体病情、患者意愿和价值取向，以及社会经济、卫生政策、文化环境、家庭及社会资源支持等实际情况，进行综合考虑。充分考虑干预措施对具体患者的影响，权衡可能发生的不良反应及费用和方案的效果和安全，使用经过严格评价合格的最佳证据，与患者及家属形成盟友关系，共同作出临床决策以指导临床实践。

在全科医疗实践中，经常遇到多种疾病或健康问题并存的患者。如面对一位老年冠心病患者，在决定采用指南推荐的方法进行治疗时，发现患者合并了其他健康问题，即酒精性肝硬化、慢性阻塞性肺疾病等。这时需要对复杂问题进行综合干预，简单的指南推荐意见可能已不能满足需求，需要全科医生综合各指南的推荐意见给出组合的治疗方案。全科医生还需要和患者商讨决定目前需要优先处理的问题，达到证据和患者意愿之间的完美结合。在患者同意的前提下，将当前最佳证据应用到患者的治疗中。

后效评价的目的在于总结循证医学实践经验、不断改进医疗方案。在医疗实践中，全科医生应将循证应用前，自己在临床工作中常用的处理方法及其效果与循证应用后的效果和效益等进行对比分析与评价，包括在循证实践中的过程评价和结果评价。若过程评价良好，说明该全科医生掌握循证方法，有利于循证医学的继续学习；若结果良好，证实该循证措施确实可以指导临床实践，有利于医疗质量的提高。反之，应具体分析原因，找出问题，加强循证学习和针对问题进行新的循证研究和实践，不断去伪存真，止于至善。

【问题 4】循证医学实践对全科医生的要求？

工作压力和时间紧张、循证医学资源缺乏或获取困难、知识和技能不足等都是制约当前世界各国全科医生循证医学实践的常见原因，而中国全科医生开展循证实践有更多的需要和要求。

1. 全科医生进行循证医学实践需要的条件　①国家卫生政策支持；②快捷的网络和高配置的计算机或掌上电脑；③医疗机构的图书馆库存足量的电子全文数据库；④图书馆配备为临床医师提供检索支持的专职信息专家；⑤针对实际问题和病案，持续开展有针对性的专题讲座或指南培训等全科医学继续教育。

2. 培养和提高全科医生开展循证实践的能力　全科医生是实施循证全科医疗实践的主体，全科医生循证医疗实践成功与否与其是否具备必需的相关知识和技能密切相关。全科医生接受循证方法培训，加强循证指南学习，反复进行循证实践，能促进其对循证医学相关方法与术语的知识的掌握，以及检索和评价证据的能力培养，从而更好地保证和改善全科医疗的质量和效率。

由此可见,要确保循证医学实践,全科医生应具备科学态度和自我发展能力等素质,既要加强自我学习,不断接受循证医学培训,又要注意时间的合理调配,批判性地评价新知识和信息,保证知识的积累和更新,还要积极参与继续教育和学术研讨会,更要加强医患交流,确保临床决策符合患者的价值取向和意愿。

临床病例一

一位 39 岁女性患者,因发现血压偏高和失眠问题前来就诊。询问医生的问题:她能被诊断高血压吗?睡不着觉怎么办? 需要用药吗?

思路 1:完善患者资料并作出评估。

应从生物 - 心理 - 社会三个层面完善关于血压及睡眠的背景资料及检查。从生物角度详细了解患者发现血压升高的时间、血压值、是否出现过头痛恶心等高血压症状、存在睡眠问题有多长时间、采取过哪些干预措施、既往健康状况、用药史、平素饮食结构与食盐及脂肪类食物摄入情况、有无吸烟饮酒等。相关体格检查:测量收缩压和舒张压,体重指数。辅助检查:血糖 / 糖化血红蛋白、血脂、尿素氮(BUN)、肌酐(Cr)和心电图。从社会层面询问其家族史、工作情况、生活事件、经济状况。从心理方面关注患者对疾病知识的了解、对疾病的关心程度、患者的价值观与期望。根据以上三个层面的情况进一步作出评估。

患者,青年女性,病程 6 个月,主要表现为发现血压较前升高半年,既往血压 120~125/70~75mmHg,近期血压多为 135/85mmHg,偶达 140/88mmHg,无头痛、恶心等症状,同时合并失眠问题,未接受任何治疗。既往健康状况良好,每年定期健康体检,血压、血糖和血脂等基本正常,不喜用药,饮食清淡、低盐少脂,无吸烟饮酒史;父亲患有高血压,采取改变生活方式及药物治疗,血压控制良好;本人为大学教师,教学科研工作繁重,近半年因职称问题忧虑影响睡眠,已婚,配偶及女儿均健康,夫妻关系良好,家庭经济状况良好。门诊血压 140/85mmHg,体重指数 22kg/m²,随机指尖血糖 7.6mmol/L,TC 4.2mmol/L,HDL-C 1.30mmol/L,LDL-C 2.91mmol/L,BUN 5.2mmol/L,Cr 92.1mmol/L,糖化血红蛋白 6.1%。因高血压有遗传倾向,患者对血压格外关注;对于睡眠问题,虽有朋友建议服地西泮,但患者担心药物副作用从未服用,患者此次就诊目的就是希望确定诊断,给予合适的治疗解决目前的健康问题。

思路 2:运用循证医学理论和方法构建并回答临床问题。

获取患者主观及客观资料后,循证医学实践就需要根据关注视角与实践水平不同,构建不同类型的临床问题:一是一般性问题,即背景问题(background question);二是特殊性问题,即前景问题(foreground question)。对于初学实践者来说,多构建背景问题,即围绕疾病,直接询问某疾病或状况的常识性问题;对于临床医生面临如何作出诊治选择的需要时,则常采用前面提到的 PICO 模式构建前景临床问题。依据本病例构建两个问题举例说明:

1. 高血压发病的危险因素是什么? (背景问题)

2. 药物治疗失眠与非药物治疗失眠相比,哪种方式能更好地改善睡眠? (前景问题)

PICO 法构建前景问题的四个成分:

P(患者或人群):失眠患者(insomnia)。

I(干预措施):药物治疗(drug therapy)。

C(对照措施):非药物治疗(no drug therapy)。

O(结局):睡眠时间(sleeping time)。

查找证据:背景问题通常可以通过教科书、综述及指南快速得到答案。目前多数标准化的医学教材均可在网上查阅,使用教科书时要注意查找最新版本。AAFP,Best Practice 和 UpToDate 均是较好的综述性研究信息资源,可利用关键词:高血压(hypertension)、危险因素(risk factors)进行检索。背景问题还可通过查阅临床循证指南或证据摘要获得证据。相比背景问题而言,前景问题的证据查找要复杂些。利用关键词:失眠患者(insomnia)、药物治疗(drug therapy)、非药物治疗(non-drug therapy)、睡眠时间(sleeping time)进行文献检索。最常用的检索信息来源包括 Cochrane Library、Best Practice、UpToDate 等在内的循证医学知识库,以及 PubMed,EMB、Clinical key 等平台数据库。InfoPOEMs 有助于快速查找 POEM 证据。

回答临床问题:通过上述查找证据,第一个背景问题的解答是发生原发性高血压的主要危险因素是年龄,约 50% 的 60 岁及以上的人会出现高血压。年龄、性别和家族史是不可改变的危险因素。中国人群高血压发病的主要危险因素有超重和肥胖、高盐膳食、中度以上的饮酒、精神紧张及缺乏体力活动等。第二个前景问题查找证据发现,非药物治疗即认知行为疗法,包括睡眠卫生教育、放松训练、刺激控制、睡眠限制及认知疗法等。美国睡眠医学会推荐认知行为疗法(CBT)为治疗失眠的一线治疗方法。药物治疗包括 γ- 氨基丁酸受体激动药、褪黑素受体激动药和具有镇静催眠作用的抗抑郁药。2012 年 Morin 的研究表明,单纯药物治疗和认知行为在短期内治疗失眠均有效,但药物治疗在急性期(第 1 周)具有更好效果;治疗第 4~8 周时,两种方法疗效无明显差异;比较长期治疗疗效时,由于药物不良反应明显且疗效减退,认知行为疗法更具优势。因此应在药物干预的同时进行认知行为治疗(Ⅰ级推荐)。

思路 3:综合分析。

该病案中的患者尚未达到高血压诊断标准,目前危险因素不多,主要是精神紧张和睡眠问题,进行情绪调节和处理失眠等干预后,定期随访血压,暂时可以不用降压药,同时与患者交流治疗高血压主要目的是降低心血管病发病及死亡的总风险,而患者的心血管病发病的危险因素控制良好,不必过于担心。关于失眠问题,根据上述循证证据,应给予药物治疗及认知行为疗法联合治疗,在 4~8 周后可根据失眠的改善情况逐渐考虑停药,与患者说明处理依据,同时解释短期内使用药物治疗比较安全,而且失眠问题与血压的波动关系密切,需要积极治疗,以保证患者更好地遵从医嘱,从而解决健康问题。

临床病例二

一位 24 岁的男性患者,因突发"腹胀腹痛 6 日"急诊入院。患者 6 日前无明显诱因出现腹胀、腹痛,伴恶心,呕吐胃内容物,肛门停止排气排便,无呕血、发热等。外院就诊行全腹部 CT 平扫提示小肠梗阻,给予禁食、胃肠减压等治疗病情无好转。否认腹部外伤手术史,否认肝炎结核病史,近 1 个月无大量饮酒史。查体:体温 38.5℃,脉搏 96 次/min,呼吸 24 次/min,血压 113/74mmHg。神志清楚,心肺未见阳性体征。全腹软,全腹压痛,无反跳痛,腹部未触及包块,肠鸣音活跃。他可能的病因和诊断是什么?他需要何种检查协助诊断?他需要何种治疗?

思路:

第一步:提取关键词即主要症状(腹痛 abdominal pain)及伴随症状(恶心 nausea、呕吐 vomiting、肛门停止排气排便 the anus stopping venting and defecating)。

第二步:临床医生面临如何作出诊治选择的需要时,则常构建临床问题。提出临床问题"急性发生的腹痛、腹胀,伴肛门停止排便排气的青年患者可能患什么疾病"和"临床诊断可能性的排序是什么",在 Clinical key 或国内临床决策数据库的临床诊疗知识"诊断询证"栏,输入相关症状,系统会通过输入的临床症状"聚类出"最有可能的疾病,以及它的相关症状、相关诊断方法、罕见及稀有病等。通过"诊断询证"得出"急性肠梗阻 acute intestinal obstruction 是该临床问题首条诊断目录"。

第三步:诊断性评价中"急性肠梗阻正确吗?"在临床评估中发现外院针对该患者给予肠梗阻对症治疗效果不佳,接下来提出是"诊断有误"还是"治疗措施不得当"? 若诊断有误,还首选什么检查? 若治疗措施不得当,应该换用何种治疗,是否需要手术?

第四步:在相关诊断方法推荐排序中,首先推荐"完善腹部增强 CT",而在治疗措施推荐中"针对肠梗阻的手术治疗"也强度不低,进行成本效益比评估,选择完善腹部增强 CT。腹部增强 CT:肠系膜上静脉远端属支(右半结肠区)见高密度影,增强扫描未见确切显影,血栓形成? 周围脂肪间隙模糊,多发淋巴结增大,邻近部分肠管壁稍肿胀,肠系膜肿胀。诊断考虑"急性肠系膜上静脉血栓"。

第五步:该诊断属于以腹痛为症状的临床少见急症,需要"治疗决策询证"。检索相关知识库后,建议给予抗凝治疗,但需根据病因决策疗程。

第六步:"病因询证"中推荐完善检查。系列检查中,血免疫全套、抗中性粒细胞胞质抗体(ANCA)正常,抗心磷脂抗体(ACA)阴性,蛋白 C 活性 40%(参考值 60%~140%),蛋白 S 活性 65.2%(参考值 63.5%~149%)。凝血因子Ⅱ、Ⅴ突变检测:facter Ⅴ突变型(G1691A)阴性,facter Ⅴ野生型阳性,facter Ⅱ突变型(G20210A)阴性,facter Ⅱ型野生型阳性。肢体部静脉超声:左侧贵要静脉前臂段血栓,心脏超声正常。

第七步:该患者确诊为蛋白 C 缺乏性血栓病(protein c deficiency thrombus)。该疾病所致的急性肠系膜上静脉血栓引起患者腹痛症状。给予抗凝治疗后患者症状好转出院,从而避免误诊为"急性肠梗阻"而贸然选择手术治疗带来的风险。最后建议患者进行原发性还是继发性蛋白 C 缺乏性血栓病的检查。

从病例二可以看出,全科医生常常是患者的首诊医师,在患者突发症状开始即介入临床问题的诊断治疗。而将详细问诊查体获取的准确资料进入循证全科医疗流程，经过"诊断询证"排序、辅助检查的推荐级别和治疗决策推荐级别实施，结合成本效益比的综合评估，可以避免某些疾病的漏诊误诊带来的重大治疗决策失误。由此可见在全科医疗实践中引入循证医学的重要性。

【问题5】学习和实践循证医学应注意的问题有哪些？

全科医生针对全科医疗中的问题进行循证研究和实践，去伪存真，不断提高自身业务技能和医学学术水平，高效地解决临床问题，更好更全面地为患者服务。在全科医疗循证实践中，应注意以下问题：

1. 循证全科医疗实践需要正确合理运用 RCT 结果。循证医学一致认为，通过 RCT 取得的科学证据最具优越性和可信性。但如果简单照搬某个 RCT 的结果去治疗患者就会偏离循证医学的初衷。全科医生在开展循证实践，决定是否将一项研究结果用于自己的患者时必须慎重。全科医生临床决策所涉及的内容广度和需要综合考虑的因素幅度，与其他专科医生差异显著。全科医疗实践是指全科医生在建立长期、良好的医患关系前提下，综合考虑患者的临床资料、文化背景和期望值，所作出的临床决策满足医疗服务的可及性和人文性、符合医疗措施的成本 - 效果与成本 - 效益需要的基层医疗服务。全科医学所研究的重点不仅限于某些疾病的诊疗手段和处理技术，而更要关注以患者为中心的生活事件中涉及的广泛的临床健康问题、医学伦理问题与价值取向问题等。一定要注意临床试验的目的、研究对象的特征与自己要干预的病患之间具有哪些相似性和差异性，从而判断该试验结果能否对临床决策有帮助。

循证医学不能简单等同于 RCT 和荟萃分析，需要采用多种科学研究手段。通过患者及其背景资料可以整合出不同的临床问题，这就需要不同的研究设计进行回答。治疗性研究中，多推荐采用 RCT 的研究方法。病因学研究中，不宜采用 RCT 的研究方法，也是违背伦理道德要求的。预后方面的研究中，无论是回顾性队列研究还是前瞻性队列研究，均有科学性及认可度。全科医生在随访自己的患者得到外部证据而产生的描述性研究结果，也属于证据来源。例如，全科医生面对患者的生活事件、工作压力和情绪问题时，和患者面对面的沟通交流往往比采取一些直接的干预措施能更好地解决这类问题，而这一临床决策的科学依据多来自非随机对照试验。因此，在循证全科医疗实践中，既要正确理解证据的等级，还要详细了解患者的愿望及动机，充分掌握科学研究中金标准的 RCT 结果的运用范围，决定对患者采取干预措施的优先顺序。在一些情况下定性研究同样能获得对患者最有价值、最合适的科学证据，从而作出"以患者为中心"的临床决策。

2. 在循证全科医疗实践中，循证证据的运用不能违背患者意愿。在循证全科医疗实践中应注意，依靠证据作出的具有权威性和有效性的临床决策，不一定能获得患者本身的认可。全科医生在进行循证临床决策时应以患者为中心，尊重患者的价值观和喜好。实践循证医学不只是直接将证据指导实践，还必须充分考虑患者的期望或选择。当患者要求进行结肠癌筛查时，全科医生会依据循证医学研究或指南安排粪便隐血（fecal occult blood test，FOBT）和基于高危因素的问卷调查，但患者接受大便检查容易，问卷调查完成困难。由此可见，人们的喜好或行动和循证医学的结果并不是完全一致的。因此，要确保循证实践，全科医生应尽量在获取高质量临床证据的同时，加强医患交流，确保临床决策符合患者意愿。

3. 开展循证全科医疗实践，全科医生应尽量以 POEM 证据为基础作出临床决策。在医学模式上，全科医疗更注重从生物 - 心理 - 社会三个方面改善和提高患者的健康，提供"个人 - 家庭 - 社区"一体化服务。而目前证据多是关于患者的诊断、治疗等方面，研究的终点多是关注相关生物指标的变化。全科医疗实践中经常遇见的健康问题，如慢性咳嗽、控制血压、管理血糖、生命周期保健等，要作出临床决策更需要关注的是以患者为中心如何提高生命质量、降低致残率及死亡率、延长寿命、减少并发症的科学证据。如对抗高血压治疗研究证据的选择，能较好地说明全科医生和心血管专科医生在利用证据时的不同之处。心血管专科医生关注对高血压危险因素的控制以及这些因素对降低收缩压及舒张压水平或心血管事件发生的作用（DOE），而全科医生除了要关注对高血压危险因素的控制，更关注这些因素对延长寿命、降低致残率及死亡率的作用（POEM）。

4. 在循证全科医疗实践中，还应注意全科医生的行为准则，既要识别最有害的诊断，也要注重成本效益比，当出现常规临床处理无效时应停下来回到原点，进行后效评价后，修正临床行为。

（苏巧俐）

第九章　社区健康管理

《国家基本公共卫生服务规范》(2017年版)包括13项内容,即城乡居民健康档案管理、健康教育、预防接种、0~6岁儿童健康管理、孕产妇健康管理、老年人健康管理、高血压患者健康管理、2型糖尿病患者健康管理、重性精神疾病患者管理、肺结核患者健康管理、中医药健康管理、传染病及突发公共卫生事件报告和处理以及卫生监督协管服务规范。在13项任务中有9项与健康管理有关。因此,社区卫生服务以社区居民群体(包括患者和健康者)为服务对象的特点,决定了社区健康管理是社区卫生服务的重要内容。

第一节　健康管理概述

一、健康管理的基本概念

关于健康管理(health management),目前还没有一个公认的定义,要回答什么是健康管理,需要先将这个名词作一词义上的解剖。健康管理由"健康"和"管理"两个词复合而成,透过现代健康的定义,可以帮助理解蕴含其中的健康管理理念。

健康不是简单的无病、无残、无伤,也不是能吃能喝。世界卫生组织(WHO)关于健康的定义:健康是一种躯体、精神与社会和谐融合的完美状态,而不仅仅是没有疾病或身体虚弱。具体来说,健康包括三个层次:第一,躯体健康,指躯体的结构完好、功能正常,躯体与环境之间保持相对的平衡;第二,心理健康,又称"精神健康",指人的心理处于完好状态,包括正确认识自我、正确认识环境、及时适应环境。第三,社会适应能力良好,指个人的能力在社会系统内得到充分的发挥,个体能够有效地扮演与其身份相适应的角色,个人的行为与社会规范一致,和谐融合。

管理就是要通过计划、组织、指挥、协调和控制达到资源配置和使用的最优化,目标是能在最合适的时间里把最合适的东西用在最合适的地方发挥最合适的作用,来达成目的。

健康管理就是根据健康需求对健康资源进行计划、组织、指挥、协调和控制,达到最大健康效果的过程。要计划、组织、指挥、协调和控制个体和群体的健康,就需要全面掌握个体和群体的健康状况(可以通过全面监测、分析、评估来完成),需要采取措施维护和保障个体和群体的健康(可以通过确定健康危险因素提供健康咨询和指导,对健康危险因素进行干预来完成)。简言之,保护健康资源,节约健康资源,最大限度地合理利用健康资源并让其发挥最大的作用,这就是健康管理。

社区卫生服务中的健康管理即社区健康管理,是以社区卫生服务为平台,以全科医生为核心,包括社区护士、心理咨询师、健康管理师、营养师等,以社区居民为对象,对健康和疾病的危险因素进行检测、评估和干预的管理过程。为居民建立个人健康档案和家庭健康档案,跟踪个人健康状况,充分利用社区内外各种资源,应用健康教育、膳食指导和运动锻炼等各种干预措施,为社区居民提供健康管理服务,以预防和延缓疾病的发生,减少疾病并发症,提高患者生存质量。

二、健康管理的基本内容与步骤

健康管理是一种前瞻性的卫生服务模式,它以较少的投入可获得较大的健康效果,从而增加了医疗服务的效益。一般来说,健康管理有以下3个基本步骤。

第一步是了解个体的健康。只有了解个人的健康状况才能有效地维护个人的健康。因此,具体地说,第一步是收集服务对象的个人健康信息。个人健康信息包括个人一般情况(性别、年龄等)、目前健康状况和疾病家族史、生活方式(膳食、体力活动、吸烟、饮酒等)、体格检查资料(身高、体重、腰围、血压等)、实验室检查(血脂、血糖等)与辅助检查数据等。

第二步是进行健康及疾病风险性评估,即根据所收集的个人健康信息,对个人的健康状况及未来患病或死亡的危险性用数学模型进行量化评估。其主要目的是帮助个体综合认识健康风险,鼓励和帮助纠正不健康的行为和习惯,制订个性化的健康干预措施并对其效果进行评估。

第三步是进行健康干预。在前两部分的基础上,以多种形式来帮助个人采取行动、纠正不良的生活方式和习惯,控制健康危险因素,实现个人健康管理计划的目标。与一般健康教育和健康促进不同的是,健康管理过程中的健康干预是个性化的,即根据个体的健康危险因素,由健康管理师进行个体指导,设定个体目标,并动态追踪效果。

应该强调的是,健康管理是一个长期的、连续不断的、周而复始的过程。健康管理的全过程应是"健康管理单循环"的多次往复运行,即是从"健康危险因素的检查监测(发现健康问题)开始→到健康危险因素评价(认识健康问题,引导干预)→再到健康危险因素干预(解决健康问题)结束"的往复循环,即在实施健康干预措施一定时间后,需要评价效果、调整计划和干预措施。

事实上,健康管理过程不可能由一个循环周期完成,而应该周而复始地周期运行(实际多少周期因人而异)。其中后一个循环的检查监测和评价(收集的信息情况),又是前一个循环干预效果的评估依据。健康管理循环每运行一个周期,都要解决部分健康危险问题,通过健康管理循环的不断运行,使管理对象的健康问题不断得到解决,从而走上健康之路。

三、健康档案

居民健康档案(health record)是记录有关居民健康信息的系统化文件,包括病历记录、健康检查记录、保健卡片以及个人和家庭一般情况记录档案等。它是社区卫生服务工作中收集、记录社区居民健康信息的重要工具。健康管理的第一步是要了解健康信息,在收集健康信息后要为管理对象建立健康档案。

就社区健康管理工作而言,居民健康档案应包括个人健康档案、家庭健康档案和社区健康档案,但在日常工作中用的最多的是个人健康档案。

个人健康档案,包括以问题为中心的个人健康问题记录和以预防为导向的周期性健康检查记录,以及长期用药记录、辅助检查记录、住院记录、转诊记录、会诊记录、周期性健康检查记录。这些记录主要以表格形式出现。

目前,全科医疗中个人健康问题记录多采取以问题为中心的医疗记录(problem-oriented medical record, POMR)。POMR 由基本资料、问题目录、问题描述及问题进展记录、病情流程表等组成。

1. 基本资料　基本资料一般包括人口学资料(如年龄、性别、教育程度、职业、婚姻、种族、社会经济状况等)、行为资料(如吸烟、饮酒、饮食习惯、运动、就医行为等)、个人史(药物过敏、月经史等)。

2. 问题目录　问题目录中所记录的问题是指过去影响、现在正在影响或将来还要影响患者健康的异常情况。可以是明确的或不明确的诊断,可以是无法解释的症状、体征或实验室检查结果,也可以是社会、经济、心理、行为问题(如失业、丧偶、偏激行为等)。问题目录常以表格形式记录,将确认后的问题按发生的年代顺序逐一编号记入表中。问题目录分主要问题目录和暂时性问题目录,前者多列慢性问题及尚未解决的问题,后者则列急性问题。

3. 问题描述及问题进展记录　问题描述将问题表中的每一问题依序号逐一以"SOAP"的形式进行描述(表 9-1)。

S:代表患者的主观资料(subject data),包括患者提供的主诉、症状、病史、家族史等,医生的主观看法不可加入其中,要求尽量用患者的语言来描述。

O:代表客观资料(objective data),是医生诊疗过程中观察到的患者的资料。包括查体所见之体征、实验室检查、X 线等检查的资料以及患者的态度、行为等。

A:代表评估(assessment),是 SOAP 中最重要、也是最困难的一部分。完整的评估应包括诊断、鉴别诊断、与其他问题的关系、问题的轻重程度及预后等。

P:代表计划(plan),计划又称与问题相关的计划,是针对问题而提出的,每一问题都有相应的计划。包括诊断计划、治疗计划、患者指导等。

表 9-1　POMR 中的 SOAP 书写范例

患者刘某某,男,50 岁

问题 1：糖尿病

S：乏力、多尿两个半月

既往有消化性溃疡史

父亲患有糖尿病,母亲死于卒中

O：身高 175cm,体重 62.5kg

血压 18.6/12kPa(140/90mmHg)

尿糖(+++),空腹血糖 8.9mmol/L(160mg/dl)

A：根据以上资料,该患者考虑 2 型糖尿病可能性大,但应排除其他原因引起的血糖和尿糖升高。本病可能并发多种感染、动脉粥样硬化、肾脏病变、神经病变、酮症酸中毒等。

P：诊断计划

①测定尿糖、尿酮体

②测定血糖、血脂等

③检查眼底

④检查尿常规、肾功能

治疗计划

①糖尿病饮食

②体重监测

③使用口服类降糖药物

④必要时使用胰岛素(如应激、感染等情况下使用)

⑤注意皮肤护理,防止感染

⑥定期监测血糖、尿糖

患者指导

①介绍有关糖尿病常识

②避免加重糖尿病病情的各种因素(包括饮食、心理因素)

③介绍控制饮食的方法和意义

④预防或减少并发症发生的措施(如注意个人卫生)

⑤注意血糖控制,帮助患者学会自查血糖

⑥介绍使用降糖药物的注意事项

⑦对子女进行血糖检查

4. 病情流程表　流程表以列表的形式描述病情(或其他问题)在一段时间内的变化情况,包括症状、体征、检验、用药、行为等的动态观察。

流程表通常在病情(或问题)进展一段时间后,将资料做一图表化的总结回顾,可以概括出清晰的轮廓,及时掌握病况,修订治疗计划、患者教育计划等。长此以往,于教学、科研非常受益,也是自我学习提高的良好教材。

需要指出的,并非所有患者的健康档案均有必要设计、记录病情流程表,而是对于各种慢性病或某些特殊疾病的患者时,才有必要使用病情流程表。除按表格记录病情流程外,也可按 SOAP 描述。

四、健康风险评估

健康风险评估(health risk assessment)是一个广义的概念,它包括了简单的个体健康风险分级方法和复杂的群体健康风险评估模型。在健康管理学科的发展过程中,出现了很多种健康风险评估的方法。传统的健康风险评估一般以死亡为结果,多用来估计死亡概率或死亡率。近年来,随着循证医学、流行病学和生物统计学的发展,大量数据的积累,使得更精确的健康风险评估成为可能。健康风险评估技术的研究主要转向发病或患病可能性的计算方法上。传统的健康风险评估方法已逐步被以疾病为基础的患病危险性评估所取代,因为患病风险比死亡风险更能帮助个人理解危险因素的作用,有助于有效地实施控制措施。

患病危险性的评估,又称疾病预测,可以说是慢性病健康管理的技术核心。其特征是估计具有一定健康特征的个人在一定时间内发生某种健康状况或疾病的可能性。健康与疾病风险评估及预测一般有两类方法：第一类方法建立在评估单一健康危险因素与发病率的基础上，将这些单一因素与发病的关系以相对危险性来表示其强度，得出的各相关因素的加权分数即为患病的危险性。由于这种方法简单实用，不需要大量的数据分析，是健康管理发展早期的主要健康风险评估方法。目前也仍为很多健康管理机构和项目所使用，如美国糖尿病协会（American Diabetes Association, ADA）。第二类方法建立在多因素数理分析基础上，即采用统计学概率理论的方法来得出患病危险性与危险因素之间的关系模型，能同时包括多种健康危险因素。所采用的数理方法，除常见的多元回归外，还有基于模糊数学的神经网络方法及 Monte Carlo 模型等。这类方法的典型代表是 Framingham 的冠心病模型。

患病危险性评估的一个突出特点是其结果是定量的、可比较的。由此可根据评估结果将服务对象分成高危、中危和低危人群，分别施以不同的健康改善方案，并对其效果进行评价。

在健康风险评估的基础上，可以为个体和群体制订健康计划。个性化的健康管理计划是鉴别及有效控制个体健康危险因素的关键。以可以改变或可控制的指标为重点，提出健康改善的目标，提供行动指南以及相关的健康改善模块。个性化的健康管理计划不但为个体提供了预防性干预的行动原则，也为社区卫生服务中心全科医生团队和个体之间的沟通提供了一个有效的工具。

第二节　健康管理的策略

健康管理的策略在发达国家主要有生活方式管理、需求管理、疾病管理、灾难性病伤管理、残疾管理和综合的群体健康管理等。结合我国社区卫生服务的日常工作实际，本节主要介绍生活方式管理、疾病管理的步骤和内容。

一、生活方式管理

生活方式管理主要关注健康个体的生活方式、行为可能带来的健康风险，这些行为和风险将影响他们对医疗保健的需求。生活方式管理使用对健康或预防有益的行为塑造方法促进个体建立健康的生活方式和习惯，以减少健康风险因素。生活方式管理要帮助个体作出最佳的健康行为选择，调动个体对自己健康的责任心，通过采取行动降低健康风险和促进健康行为来预防疾病和伤害。换言之，生活方式管理是通过健康促进技术，来保护个体远离不良行为，减少健康危险因素对健康的损害，预防疾病，改善健康。其核心是通过科学的方法指导或帮助个体矫正不良生活方式。因此，生活方式管理的效果取决于如何使用行为干预技术来激励个体和群体的健康行为。生活方式管理的策略也可以是其他健康管理的基本组成成分。

生活方式，即个体采取的生活模式，包括饮食结构、工作、睡眠、运动、文化娱乐、社会交往等诸多方面。生活方式以经济为基础，以文化为导向。其核心要素是生活习惯，受人文的价值观、道德伦理等的影响较大，与健康密切相关。过重的压力造成的精神紧张，不良的生活习惯，如过多的应酬、吸烟、过量饮酒、缺乏运动、过度劳累等，都是危害人体健康的不良因素。

对于个体，通过泛泛的健康教育、健康指导、健康咨询等方式改变个体生活方式的效果有一定困难。提倡好的健康生活方式，不但要有一个良好的意愿，还要有一个坚定的决心，同时，也要有一个科学的方法。这就需要不断地学习，掌握科学的健康生活方式知识和自我改善的技能，建立良好的生活方式，为提高全人群的健康贡献自己的力量。

（一）生活方式管理的特点

1. 以个体为中心，强调个体的健康责任和作用　由于不同的文化背景使人在情趣、爱好、嗜好、价值取向方面有所不同，因而生活习惯、风度、气度也有所差异，生活方式是由自身来掌控的，选择什么样的生活方式纯属个人的意愿。全科医生可以告诉个体哪些是有利于健康的生活方式，应该坚持，如运动、戒烟、不挑食等。全科医生也可以通过多种方法和渠道帮助个体作出决策，比如访谈、讲座、俱乐部，提供条件供大家进行健康生活方式的体验，指导个体掌握改善生活方式的技巧等，但这一切都不能替代个人作出选择何种生活方式的决策。

2. 以健康为中心，强调预防为主　在健康管理过程中，要始终贯穿以人的健康为中心，保持科学的生活方式、构筑健康的"四大基石"，即合理膳食、适量运动、戒烟限酒、心理平衡。预防是生活方式管理的核心，其含义不仅仅是预防疾病的发生,还在于逆转或延缓疾病的发展历程。个体能够通过对自己生活方式的调整,适当采取保健措施,来达到最大限度促进自身健康的目的。

3. 形式多元化,强调综合性　在实际应用中,生活方式的管理可以多种不同的形式出现,也可融入健康管理的其他策略中去。例如,生活方式管理可以纳入疾病管理项目中,用于减少疾病的发生率或降低疾病的损害;可以在需求管理项目中出现,帮助更好地选择食物,提醒进行预防性的医学检查等。不管应用了什么样的方法和技术,生活方式管理的目的都是相同的,即通过选择健康的生活方式,减少疾病的危险因素,预防疾病或伤害的发生。

(二) 健康行为改变的技术

生活方式管理可以说是其他健康管理策略的基础。其中生活方式的干预技术在生活方式管理中举足轻重,包括四种主要技术,即教育、激励、训练和营销,常用于促进人们改变生活方式。①教育:是传递知识,有助于人们确立态度,改变行为;②激励:通过正面强化、反面强化、反馈促进、惩罚等措施进行行为矫正;③训练:通过一系列的参与式训练与体验,培训个体掌握行为矫正的技术;④营销:利用社会营销的技术推广健康行为,营造健康的大环境,促进个体改变不健康的行为。单独应用和联合应用这些技术,可以帮助人群朝着有利于健康的方向改变生活方式。

行为改变理论拓展的跨理论模式已经被广泛研究和应用,跨理论模式认为健康行为的改变和进步要经历几个阶段。行为改变阶段模型认为,可以把人的行为分割成一些阶段,每个人处于不同的阶段中。而且,人群可以在不同的阶段之间移动,来实现期望要做的行为。用行为改变阶段模型设计的干预措施,是在不同的行为阶段采取特定的干预。

1. 行为改变阶段　已得到广泛认可的行为改变阶段模型的五个阶段:考虑前期阶段、认真考虑阶段、准备阶段、行动阶段和维持阶段(图 9-1),也有学者将其称为五期,即意向前期、意向期、准备期、行动期和维持期。

(1)考虑前期阶段(意向前期):是指当事人并没有打算在近期内改变自己的某种行为方式,通常会把改变的期限定为 6 个月内,处于"考虑前期阶段"的人群一般并不认为自身的行为方式存在什么不妥,即便在别人(如家人、员工等)看来问题已经非常严重了。

(2)认真考虑阶段(意向期):是人群往往已经意识到自身的行为方式存在着很大的问题,而且准备在近期内(一般为 6 个月)对自身行为作出改变。

(3)准备阶段(准备期):是一个人希望马上改变自身行为方式(通常期限在下个月内),或者是目前已经在尝试着对自身行为方式作零星的改变,例如减少了每日的吸烟量或偶尔参加一些体育活动。

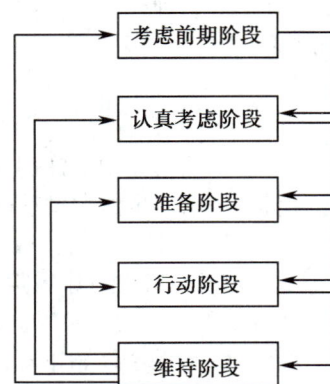

图 9-1　行为改变阶段模型各阶段

(4)行动阶段(行动期):是人往往会为自己指定某个具体目标水平(如每周锻炼 3 次,每次 20 分钟或者更长时间,或是 6 个月内不吸烟),并积极地改变着自身行为。

(5)维持阶段(维持期):当一个人对自身行为的改变已经维持一段时间(在实际操作中通常把这一时间定为 6 个月或更长),就认为它目前处于维持阶段。

大量研究成果把这五个阶段的发生定义为一个循环往复的过程。个体会以各自不同的速度,在这几个阶段中一遍又一遍地循环重复。通常个体处于前几个阶段的时间会相对长一些,而且往往会在行动阶段或维持阶段功亏一篑,而不得不再次重复前边的几个阶段,即考虑前期阶段、认真考虑阶段、准备阶段。

2. 方法　确定个体所处的行为改变阶段,可以让全科医生了解个体行为改变的动机就绪状态,然后就可以确定适合个体的干预措施和方法。通常帮助个体改变行为的方法有意识觉醒、情感唤起、自我再评价、环境再评价、自我解放、帮助的人际关系、反制约、增强管理、刺激控制和社会解放等。

表 9-2 是以增加身体锻炼为例,说明行为改变的 5 阶段以及相对应的行为改变的 10 种方法。

(三) 生活方式管理的步骤

第一步,场所收集资料,了解生活方式。

在进行生活方式管理前,首先要了解管理对象的生活方式,包括饮食、起居、运动、娱乐、爱好等。同时,还要了解管理对象的价值取向和对健康行为的态度等。

表 9-2 行为改变阶段模型用于增加患者的身体锻炼

行为改变阶段	问题	改变行为的方法
考虑前期阶段(意向前期)	没有考虑要增加身体锻炼	分析目标行为的积极和消极方面,并提供简单的信息(意识觉醒、情感唤起)
认真考虑阶段(意向期)	想要增加身体锻炼	鼓励和帮助人们作出承诺,增加自我效能,选定锻炼课程(社会解放)
准备阶段(准备期)	询问医生,并考察锻炼场所	确定目标,确定开始锻炼时间和锻炼方式,利用社会支持(帮助的人际关系),利用刺激控制
行动阶段(行动期)	参加锻炼场所活动	评价人们的目标实现程度,给人们提出建议应对疲劳、不适、缺乏动机的方法。对高自我效能的人们表示出赞扬(增强管理、反制约、刺激控制)
维持阶段(维持期)	在 6 个月内,锻炼身体每周 3 次	评价人们各种应对方法的有效程度,调整锻炼目标和锻炼方法

1. 饮食 食物结构、进食频率和量、口味等。
2. 运动 运动项目、频率和量等。
3. 起居 作息时间。
4. 嗜好 是否吸烟、吸烟的品种、每日吸烟量、开始吸烟的年龄、吸烟的年限等;是否饮酒、酒的品种、每日饮酒量、开始饮酒的年龄、饮酒的年限等。

第二步,评估行为危险因素。

根据管理对象的生活方式,分析判断存在的健康危险因素,如高脂饮食、钠盐摄入过多、蔬菜水果摄入不足、不参加运动等。

第三步,判断行为改变所处阶段。

在使用行为改变阶段模型时,要通过评估确定管理对象所处的行为改变阶段,应该先做一些小调查(如简短的谈话或问卷调查)来了解管理对象处于哪个行为改变阶段。然后,针对每个具体个体所处的阶段,确定有针对性地帮助他改变行为的方法。如:"这个人是不是读过与身体锻炼有关的文章,对身体锻炼有多深的了解?"如果答案是"否",就可以采用意识觉醒方法,"这个人是不是相信锻炼身体能让他更健康?"如果答案是"否",就可以再用自我评价方法。还可以要求参与者做一份问卷调查表,回答问题。以运动为例:

(1)我现在不锻炼。 A 是;B 否。
(2)我打算在未来的 6 个月内开始锻炼。 A 是;B 否。
(3)我现在正在进行有规律的锻炼。 A 是;B 否。
(4)我已经进行有规律的锻炼并保持了 6 个月。 A 是;B 否。

根据问卷答案判断:

如果第 1 题 = 是并且第 2 题 = 否,那么阶段 = 意向前期。
如果第 1 题 = 是并且第 2 题 = 是,那么阶段 = 意向期。
如果第 1 题 = 否并且第 3 题 = 否,那么阶段 = 准备期。
如果第 3 题 = 是并且第 4 题 = 否,那么阶段 = 行动期。
如果第 3 题 = 是并且第 4 题 = 是,那么阶段 = 维持期。

把行为改变阶段与行为改变方法密切地结合起来,只有这样才能有效地帮助人们从一个行为阶段转变到下一个行为阶段。

在实际工作中,阶段评估仅适用于对管理对象初次进行行为干预的行为所处阶段评估。多数情况下阶段评估以沟通方式完成,不宜过多使用问卷(问卷仅适合规模调查或某一特定评估)。过多使用问卷调查会增加管理对象合作的障碍,口头沟通形式更有利于健康管理师了解具体情况,包括管理对象个人对事物的认识、理解和态度,而问卷无法替代人与人的沟通。此外,面对面的沟通增进彼此了解,有利于管理对象建立良好的依存性。

第四步,制订和实施保健计划。

提出分阶段计划,并与管理对象进行沟通。在管理对象接受行为改变的建议并尝试进行行为改变后,为管理对象制订该行为改变的阶段计划,有利于提高行为的进一步改善。

在计划实施过程中,将行为的改善与管理对象本人的自我主观感觉和相关指标改善相联系,有利于增强管理对象执行计划的信心,也利于提高计划的执行率。

行为改变跨理论模式在健康心理学上是用于解释和预测一个人完成指定的行为改变是成功还是失败,分为五个阶段(考虑前期阶段、认真考虑阶段、准备阶段、行动阶段和维持阶段)。以上阶段计划可因人而异,但最重要的是需要健康管理师与管理对象充分沟通,讨论计划的可行性以及可能遇到的障碍,确保计划的实施。阶段间隔时间以 1~2 个月为宜,过短管理对象行为未改变,过长不利于该计划的落实。而在评估后行为改变过程中阶段的分段并不明显,而且各阶段的分段也因人而异,一小部分人因健康需求高和实施条件成熟,行为改变进入维持期较快。但大部分人在接受第一次的健康教育至最后的行为进入维持期需要相当长的时间,与其健康状况及周围支持有关。健康状况差的、周围支持环境好的,改变快;健康状况一般的人改变该行为的意愿不强烈,周围支持环境(尤其是工作中单位领导和同事的支持度)对管理对象行为改变的影响较大。

二、疾病管理

(一)疾病管理的概念

疾病管理(disease management)是基于"预防疾病要比治疗疾病的花费要低"这一理念建立的。它是以疾病发展的自然过程为基础的、综合的、一体化的保健和费用支付管理体系。其特点是以个体为基础,重视疾病发生、发展的全过程,提供全方位的疾病诊断、治疗、监测、维护服务(如疾病高危人群的识别和管理,患病后的临床诊治、疾病状况的监测、生活方式干预和改善、其他疾病并发症的风险评估预防与治疗、疾病的自我维护与监测、相关医学和健康知识的普及和教育等),帮助患者控制病情的发生发展,防止病情恶化及并发症出现,提高患者和家人的生活质量。强调预防、保健、医疗等多学科的合作,强调个人积极参与和自我管理,提倡资源的及早利用,减少非必需发病之后的医疗花费,提高卫生资源和资金的使用效率。

疾病管理的目标是通过健康产业链的各组织和部门相互协作,提供持续、优质的健康保健服务,提高成本效益,并在此基础上提高疾病好转率和目标人群的生活质量,以及对健康保健服务的满意度。

(二)疾病管理的特点

疾病管理为患有特定疾病(慢性病)的人提供需要的医疗保健服务,主要是在整个医疗服务系统中为患者协调医疗资源。它强调患者自我保健的重要性,实质上是患者自我管理。患者必须监督自己疾病进展,在各个方面改善自己的行为,如坚持服药、饮食和症状监控等。患者必须每日和医护人员交流自己的疾病状态。

1. 目标人群是患特定疾病的个体。

2. 不以单个病例和 / 或其单次就诊事件为中心,而是关注个体或群体连续性的健康状况与生活质量,这也是疾病管理与传统单个病例管理的区别。

3. 医疗卫生服务及干预措施的综合协调至关重要。疾病管理关注健康状况的持续性改善过程,而多个服务提供者的医疗卫生服务与干预措施的一致性需要协调。

(三)疾病管理的策略和步骤

根据国外经验,整个疾病管理的计划包括设计、实施、评价和推荐四个阶段。其中以患者为中心的管理团队模式,强调疾病管理责任师的特殊作用、患者自我管理和家庭社会支持的作用,强调个性化的综合干预。开展疾病管理的步骤如下:

1. 筛查患者 通常可用以下几种方法:①可从已建立的健康档案中找出所要管理的患者,进行登记和核实,最好是将健康档案与社区常规的诊疗信息系统连接起来,开展持续性保健服务;②对常规健康体检发现属于管理范围的患者进行登记等;③对常规门诊就诊、属于管理范围的患者进行登记等;④其他途径的筛查,如流行病调查等。

疾病管理目标人群为:①疾病的高危人群;②疾病患者。对高危险度、高医疗费用的人群开展早期预防和治疗,开展疾病管理。确定高危人群首先要对患者的风险度进行评价,患者患其他疾病的风险度以及患疾病本身并发症的风险度。

最适合疾病管理的疾病,必须满足以下的基本条件:

(1)依照循证医学,容易并能够制订疾病治疗和预防指南的疾病。

(2)结果是可以衡量的。

(3)五年内容易看到成效。

(4)耗费医疗成本极大的疾病。

依照国内外的文献,最为适合疾病包括糖尿病、心脏病、卒中、癌症、哮喘、前列腺疾病、皮肤病和心理健康疾病(如抑郁症)等;其次适合的疾病包括高血压、肾透析、药物滥用和消化性溃疡、人类免疫缺陷综合征等。据相关资料,通常选择高血压、糖尿病、哮喘、抑郁症等疾病作为管理疾病。这些疾病往往医疗费用较高,但是通过对患者进行健康教育和医生的培训,会大大提高治疗效果,提高患者治疗的依从性,减少并发症和死亡。

2. 管理患者分层　为确定随访的频率、干预的方式和干预的强度,将精力放到危险度高、自我保健意识差的人群上,将预备管理的患者进行分层。确定患者个体危险(情感和心理、功能状况、社会工作和支持系统、经济状况、环境、健康行为和知识、病史、医疗状况、疾病过程等),对危险程度进行分级(层),一般分3~5层即可。以高血压为例,可这样分为三层:一层为血压>140/90mmHg,并且有并发症和相关临床情况的高血压患者;二层为没有并发症的和相关临床情况,血压>140/90mmHg 的高血压患者,没有定期监测血压;三层为所有其他的高血压患者。

3. 制订保健计划　针对每个患者的实际情况,在患者的共同参与下一步一步地设立小的具体的目标,逐步达到最终的目标。目标设定要具有可行性,要十分具体、清楚,可操作。一次不要设定太多的目标,最好一次一个目标。如指导患者减重,可定为把早餐的油条改为馒头或面包。

管理好患者不仅仅是科学,更是科学和艺术的结合。每个居民的问题都不一样,有些是忘记服药,有些是怕药物有副作用而不服药。健康管理师要学会与患者沟通的技能,建立良好的医患关系,这样患者的依从性就会加强,制订的保健计划才有针对性,体现个性。

4. 执行保健计划、定时随访　对疾病管理患者定时随访内容包括健康教育、临床用药指导、健康行为生活方式建立,如患者是否减少了盐的摄入、是否戒烟等。

(1)方法:常见的疾病管理干预方式有电话咨询指导、邮寄健康教育材料或上网阅读和上门家访。危险度低的患者可采用邮寄健康教育的文字材料或上网阅读的干预方式。这种方式成本最低,但干预效果也较差。多数患者的管理采用电话干预的方式,电话干预成本中等,效率高,干预效果中等至高。采用电话干预每个人大约20分钟。上门家访的方式成本高,但干预效果好,由于这种方式很费人力、物力,建议用于行动困难的老年人、残疾患者或有很大困难的家庭。

(2)患者自我管理:疾病管理成功的关键是患者自我管理能力的提高。以高血压为例,患者的自我管理能力主要包括:对自己血压监测的能力,患者对自己血压评估的能力,患者对药物作用及副作用的简单了解,患者用药依从性的能力,患者把握行为矫正的基本技能,选择食物、进行体育锻炼的能力,戒烟、戒酒、减重、压力管理的技能,寻求健康知识的能力和就医的能力。

(3)培训:理解和贯彻相关技术指南和规范,是医生培训的主要内容。技术指南提供的信息具有权威性,是根据大量循证医学研究的结果由专家集体论证达成一致的建议。因此,医生应把握技术指南的精神并应用到医疗实践中,这样才能给患者提供最好的医疗保健。

(4)协调:协调卫生保健服务是疾病管理的重要内容,要为患者建立转诊和急诊通道。当病情需要转诊时,基层医生要把握转诊的标准。疾病管理责任师应为患者建立双向转诊的通道,为患者进一步到上级医院就诊提供方便,减少不必要的重复检查,节省卫生经费。

在这个环节中,疾病管理责任师起了至关重要的作用,他们担负的职责包括:与患者沟通,与医生和患者共同制订个体化的疾病防治计划,健康教育,危险因素干预,连续观察患者病情及治疗依从性的变化,了解患者需求并及时向医生反馈患者病情,帮助患者提高自我管理以及获得家庭和社会支持等。疾病管理责任师要为患者提供更多的健康教育和更多的疾病预防知识,尽可能改变患者的不良生活方式,减少疾病危险因素的影响。

5. 疾病管理效果评价　测量结果对于疾病管理成功与否也十分重要。这些反馈结果对于找出管理的不足、提高疾病管理质量有很大帮助。评价干预效果应测量以下几方面：

(1)临床结果：测量临床指标、并发症、发病及死亡情况等。

(2)经费结果：测量医疗费用、住院、急诊和门诊次数、误工天数、生活质量。

(3)行为结果：测量患者和医生的依从性、患者的自我治理能力。

(4)服务质量结果：测量患者、医生和管理者的满意度。

疾病管理发展到今天，方法和策略已经标准化，但管理技术还在不断地发展。疾病管理的目标人群主要针对的是患病的人群，因此从社区全人群的健康目标出发，疾病管理还要从个体转向以人群为基础的健康管理。

(四)疾病管理实施

以高血压患者个体管理实施方案为例：

第一步，收集临床评估资料，筛选患者。应用个人健康档案、健康检查记录、慢性病患者门诊随访记录、高血压规范管理随访监测记录等信息。

(1)评估是否为易患个体。

(2)确定是否为原发性高血压。

(3)排除继发性高血压。

第二步，患者血压水平分级。根据患者血压水平，诊断高血压并分级(详见第十八章)。

第三步，完善相关检查。做相关检查，收集资料。

(1)明确有无心血管疾病危险因素。

(2)明确是否存在靶器官损害及并存的相关疾病。

第四步，确定危险分层。高血压患者心血管危险分层标准见第十八章。

第五步，制订个体管理方案，实施随访分级管理。疾病管理责任师收集患者生活行为方式，根据患者血压级别和其他危险因素情况，进行患者危险分层，并按危险分层情况，制订健康保健计划，实行分级随访和管理。按分级管理的频次，监测患者的血压、各种危险因素、临床情况、疗效、相关生活行为因素。

(1)一级管理

①管理对象：男性年龄<55岁，女性年龄<65岁，高血压1级，无其他心血管疾病危险因素，按照危险分层属于低危的高血压患者。②管理要求：至少3个月随访一次，了解血压控制情况，针对患者存在的危险因素情况采取非药物治疗为主的健康教育处方。当单纯非药物治疗6~12个月效果不佳时，增加药物治疗。

(2)二级管理

①管理对象：高血压2级或1~2级同时有1~2个其他心血管疾病危险因素，按照危险分层属于中危的高血压患者。②管理要求：至少2个月随访1次，了解血压控制情况，针对患者存在的危险因素采取非药物治疗为主的健康教育处方，改变不良生活方式。当单纯非药物治疗3~6个月效果不佳时，增加药物治疗，并评价药物治疗效果。

(3)三级管理

①管理对象：高血压3级或合并3个以上其他心血管疾病危险因素或合并靶器官损害或糖尿病或有并存的临床情况，按危险分层属于高危和很高危的高血压患者。②管理要求：至少1个月随访一次，及时发现高血压危象，了解血压控制水平。加强规范降压治疗，强调按时服药，密切注意患者的病情发展和药物治疗可能出现的副作用，发现异常情况，及时向患者提出靶器官损害的预警与评价，督促患者到医院进一步治疗。

第六步，效果评估。

(1)根据个体情况每半年到1年做一次。

(2)进行眼底和实验室检查复查。

(3)进行生活质量评估。

(4)进行危险因素评估。

(5)方法：①根据血压控制情况进行评估，分为优良、尚可和不良；②根据危险分层标准进行重新评估；③根据重新评估的级别出具个体管理方案。

第三节　肺结核健康宣传教育

结核病(tuberculosis)是由结核分枝杆菌引起的一种慢性感染性疾病,以肺结核最常见。

一、流行病学概述

根据世界卫生组织《2018年全球结核病报告》,结核病仍是全球前十位死因之一。报告指出,全球新发结核病患者约1 000万,中国占8.9%,是30个结核病高负担国家之一。目前根据估算结核病发病数计算中国利福平耐药结核患者数为7.3万,占全球13%。

1. 传染源是排菌的患者和动物(主要是牛),其中排菌的开放性肺结核患者是主要传染源。

2. 传播途径以空气传播为主,肺结核患者通过咳嗽、喷嚏将结核分枝杆菌排入空气中,健康人吸入可致感染。或者饮用带菌的牛奶经消化道感染及患病孕妇通过垂直传播。

3. 结核病普遍易感,婴幼儿、青春后期及老年人发病率较高,免疫抑制状态(如器官移植、艾滋病)患者尤其易好发。

二、宣传教育

根据传染病流行过程的三大基本环节采取综合性措施,对肺结核进行重点预防。

(一)控制传染源

对已发肺结核患者根据《中华人民共和国传染病防治法》上报与管理,肺结核属于国家法定乙类传染病,要求发现后24小时内上报(网络或纸质上报)。在结核病高发区及社会生活水平低下人群居住地区进行肺结核防治宣传教育,做到早发现、早诊断、早治疗痰菌阳性肺结核患者。

1. 肺结核临床过程多呈慢性,典型表现为长期午后低热、咳痰、咯血。

2. 利用多种宣传方式,普及结核病危害,倡导结核病的积极筛查,进行结核菌素试验、痰培养及胸部X线等(尤其可疑肺结核患者)。

(1)肺结核除疾病本身造成身体健康危害,还可合并多种并发症,可并发气胸、脓气胸、支气管扩张、肺不张和肺源性心脏病等呼吸系统疾病;其他类型结核病,如肠结核可致肠梗阻、出血,结核性脑膜炎可并发脑疝、癫痫。

(2)抗结核药物价钱昂贵,治疗期长,对患者家庭造成沉重经济负担。

3. 对于结核病患者及家属进行沟通及心理治疗,目前直接督导下短化疗是控制传染源的关键,让患者及家属知悉饮食及生活习惯的注意事项,督导患者家属日常护理。

(1)应向患者强调疾病本身可治愈,进行心理疏导,并告知抗结核药物的作用及其不良反应(表9-3),使患者拥有积极心态的同时,能更好服从医嘱,有利于病情好转。

表9-3　抗结核药物常见不良反应

药物	不良反应
异烟肼(INH,H)	肝损害
利福平(RFP,R)	胃肠反应、肝损害、过敏反应
链霉素(SM,S)	听力及肾功能损害、过敏反应
吡嗪酰胺(PZA,Z)	胃肠反应、肝损害、过敏反应、高尿酸血症
乙胺丁醇(EMB,E)	视神经损害

(2)结核症状明显者应卧床休息及住院治疗,症状轻者可进行适当锻炼。

(3)结核病属于慢性消耗性疾病,应予患者高热量、高蛋白及富含维生素的食物。

(二)切断传播途径

1. 呼吸道隔离　管理好开放性肺结核患者痰液,家属日常接触佩戴口罩。

103

2. 消毒　病房及患者住房应进行消毒；患者用过的衣物、生活用品可通过阳光暴晒处理或弃置特定容器。

(三) 保护易感人群

特异性保护：我国新生儿卡介苗接种时间一般为出生后 24 小时之内。非特异性保护：改善营养、锻炼身体和提高生活水平。

肺结核案例分析
(拓展阅读)

（肖　雪）

第二篇
社区常见症状及处理

第十章 咳 嗽

咳嗽(cough)是一种呼吸系统疾病的常见症状,是机体的防御性神经反射,有利于清除呼吸道分泌物和有害因子。咳嗽是全科门诊和呼吸专科门诊患者中最常见的症状之一,其中慢性咳嗽患者约占三分之一以上。咳嗽病因复杂,尤其是亚急性或慢性咳嗽,因诊断不明,患者反复就诊,过度检查,或长期使用抗生素和镇咳药物,但疗效欠佳,给患者工作生活带来影响的同时,也造成了严重的经济负担。

临床病例

主观资料(S):患者,女性,34岁。因"阵发性咳嗽1个月,加重3日"至全科门诊就诊。

【问题1】作为一名全科医生,面对一位咳嗽的患者应该如何问诊?

思路1:面对以"咳嗽"为主诉的患者,应当首先了解咳嗽的表现,如咳嗽的持续时间、时相、性质、音色等。咳嗽是什么时候开始的?是突然发生的还是逐渐发生的?持续多长时间了?咳嗽多发生在什么时候?白天还是晚上?咳嗽为单发、阵发性还是连续性?咳嗽的音色,干咳还是湿咳,有无嘶哑或无声?

思路2:尚需进一步了解的病史包括有无诱发或加重因素、体位是否影响、有无伴随症状。如伴随鼻塞、流涕、喷嚏、鼻后滴流感、咽后黏液附着感等症状,应首先考虑上气道咳嗽综合征可能;伴随反酸、嗳气、胸骨后烧灼感等症状或者餐后咳嗽加重,应考虑胃食管反流性咳嗽。

思路3:是否有痰?如有,应了解痰液量、颜色及性状等,如慢性支气管炎常咳白色黏液痰;以冬、春季咳嗽为主,痰中带血或咯血者应考虑结核、支气管扩张和肺癌的可能。有无吸烟史、职业或环境刺激暴露史、服用血管紧张素转换酶抑制剂或其他药物史;如有特殊职业接触史,应注意职业性咳嗽的可能;有无其他疾病史,如呼吸系统、心血管系统疾病、中枢神经系统疾病、消化系统疾病;有无习惯性咳嗽、癔症、失眠、家庭不良事件?

思路4:面对一名咳嗽患者,尤其是慢性咳嗽,还需了解咳嗽对患者的影响。有无食欲减退,日常生活自理能力是否受限,近期有胸腹部手术者切口情况如何,剧烈咳嗽者有无自发性气胸、咯血、胸骨骨折等并发症的表现。

思路5:此外,还需了解患者诊断、治疗与护理的经过。如患者接受过什么诊断性检查及其结果怎样;是否服用过抗菌素、止咳、祛痰药物、药物的名称、剂量、效果如何;有何不良反应,有无采取促进排痰的护理措施、效果如何;家庭成员的关心、照护如何等。

总之,面对一名咳嗽为主诉的患者,不仅需要了解咳嗽相关的鉴别诊断,还需要从其个人和家庭等多方面进行评估。

知识点

一、咳嗽的分类

1. 按持续时间分类 急性咳嗽(<3周)、亚急性咳嗽(3~8周)和慢性咳嗽(≥8周)。

2. 按病因分类

(1)急性咳嗽:普通感冒是急性咳嗽最常见的病因,其他病因包括急性支气管炎、急性鼻窦炎、过敏性鼻炎、慢性支气管炎急性发作、支气管哮喘等。

(2)亚急性咳嗽:最常见的原因是感冒后咳嗽(又称"感染后咳嗽")、细菌性鼻窦炎、哮喘等。

(3)慢性咳嗽:慢性咳嗽原因较多,通常可分为两类。

1)原因明确的咳嗽:初查胸部X线片有明确病变者,如肺炎、肺结核、肺癌等。

2)不明原因的咳嗽:胸部X线片无明显异常,以咳嗽为主或唯一症状者,即不明原因慢性咳嗽(简称"慢性咳嗽")。慢性咳嗽的常见原因为咳嗽变异性哮喘(CVA)、鼻后滴漏综合征(PNDS)、胃食管反流性咳嗽(GERC)等。其中CVA约占33%,是我国慢性咳嗽的首位病因。

二、全科医生在咳嗽的病史询问中需要警惕的情况

1. 伴有咯血。

2. >45岁吸烟患者,新发咳嗽或咳嗽性质、音色改变。

3. 55~80岁患者,吸烟史超过30年,目前仍在吸烟或戒烟不超过15年。

4. 明显的夜间发作性呼吸困难。

5. 伴有声嘶。

6. 伴有系统性症状发热、体重下降或周围性水肿所致的体重增加。

7. 伴有吞咽困难。

8. 反复发作的肺炎。

9. 既往呼吸系统检查和/或胸部X线检查阳性表现与本次咳嗽表现相符。

临床病例(续)

主观资料(S):患者,女性,40岁。因"阵发性咳嗽1个月,加重3日"来全科门诊就诊。通过进一步采集病史了解到以下情况:

患者1个月前,每晚睡前无明显诱因出现咳嗽,为刺激性干咳,无咳痰,可入睡,晨起亦可出现同类型咳嗽,无畏寒发热,无胸闷气急等其他不适。1个月来咳嗽几乎每晚都会发作,一直未就医。3日前吹凉风后出现咳嗽加重,夜间和清晨咳嗽明显,仍为干咳,伴胸口发闷,偶有气急,活动后加重,休息可好转,无胸痛,无鼻塞流涕,无头晕头痛,无畏寒发热,无胸痛,无咯血,无夜间盗汗,无心悸,无腹胀腹痛,无反酸嗳气,无恶心呕吐,无尿频尿急尿痛。自服抗生素"头孢"(具体不详),每次一片,每日2次;"止咳糖浆",每次一勺(6~7ml),每日3次,服药连续3日至今,未见明显好转。

自起病来,精神状态尚可,食欲可。平时睡眠好,近3日睡眠质量差,夜间容易咳醒,醒后可入睡(睡眠时间无变化)。大小便无明显异常,近期体重无明显改变。

既往史:既往体健,自认为有"慢性支气管炎"病史,偶尔自服"抗生素"(药店自购),否认使用其他药物。否认高血压、脑梗死、糖尿病、心脏病、肿瘤等病史。否认肝炎、结核、慢性阻塞性肺疾病、支气管哮喘、鼻炎等病史。无药物过敏史,曾有花粉过敏史,未正规治疗。

个人史:无吸烟史,丈夫有吸烟史30余年,每日1~2包。无饮酒史。出生在本地农村,一直居住在本地,很少去外地。初中毕业,在家务农,长期烹饪史,厨房通风条件差。无特别的个人爱好。未去过任何疫区,否认传染病接触史。否认有药物成瘾史。

家族史:母亲体健。父亲前年死于肺癌。有2个哥哥均健康。1儿1女体健。家族中否认有传染病或类似疾病史,否认有糖尿病、高血压等疾病患者,否认有遗传性疾病家族史。

【问题2】该患者的病例特点是什么?如何考虑其可能诊断?

思路1:该患者病史特点为中年女性,阵发性咳嗽1个月,提示亚急性咳嗽。面对亚急性咳嗽,首先要明确咳嗽是否继发于先前的呼吸道感染,该患者无明确感染史,感染后咳嗽可能性不大;起病至今以干咳为主,干咳主要见于非感染性咳嗽,且服用抗生素无效,故应考虑非感染性因素引起的咳嗽;干咳主要发生在夜间,且患者有花粉过敏史,加重与冷空气刺激有关,故咳嗽变异性哮喘可能性较大,但需进一步完善相关检查明确诊断。

思路2:该患者有长期被动吸烟史和长期烹饪史且厨房通风条件差,同时有肿瘤家族史,需要注意排除肺癌。

思路3:亚急性咳嗽,刺激性干咳,以夜间为主,也要注意排除肺结核。

总之,在考虑咳嗽的主要病因时,不要忽略其可能的潜在疾病。

知识点

咳嗽变异性哮喘

哮喘是成人持续性咳嗽的第二大病因,是儿童患者中最常见的病因。哮喘引起的咳嗽常伴有阵发性喘鸣和呼吸困难;但如果是"咳嗽变异性哮喘(cough variant asthma,CVA)",咳嗽可为唯一表现。

CVA是一种特殊类型的哮喘,咳嗽是其唯一或主要临床表现,无明显喘息、气促等症状或体征,但有气道高反应性。主要临床表现为刺激性干咳,通常咳嗽比较剧烈,夜间咳嗽为其重要特征。感冒、冷空气、灰尘、油烟等容易诱发或加重咳嗽。常规抗感冒、抗感染治疗无效,支气管扩张剂治疗可以有效缓解咳嗽症状,此点可作为诊断和鉴别诊断的依据。肺通气功能和气道高反应性检查是诊断CVA的关键方法。

CVA的诊断标准:①慢性咳嗽常伴有明显的夜间刺激性咳嗽;②支气管激发试验阳性或呼气流量峰值(PEF)昼夜变异率>20%;③支气管扩张剂、糖皮质激素治疗有效;④排除其他原因引起的慢性咳嗽。

CVA治疗原则与哮喘治疗相同。大多数患者吸入小剂量糖皮质激素加β受体激动剂。治疗时间不少于6~8周。

【问题3】除此以外,还需要注意与哪些疾病鉴别?

思路:除此以外,尚需与感染后咳嗽、鼻后滴漏综合征、嗜酸性粒细胞性支气管炎、胃食管反流性咳嗽、慢性支气管炎、气管-支气管结核、肺癌和心理性咳嗽鉴别。亚急性和慢性咳嗽鉴别诊治流程见图10-1。

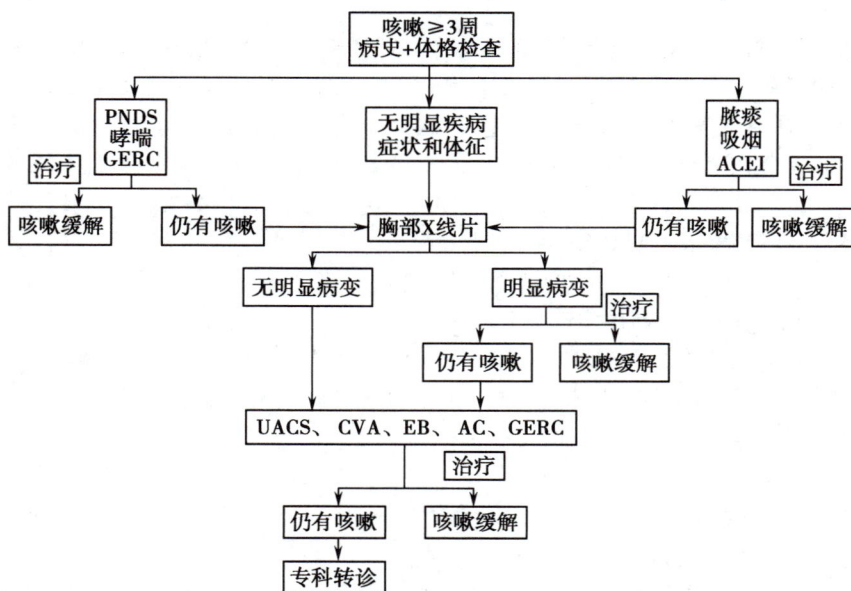

图 10-1 亚急性和慢性咳嗽鉴别诊治流程图

PNDS. 鼻后滴漏综合征;GERC. 胃食管反流性咳嗽;ACEI. 血管紧张素转换酶抑制剂;
UACS. 上气道咳嗽综合征;CVA. 咳嗽变异性哮喘;EB. 嗜酸性粒细胞性支气管炎;AC. 变应性咳嗽。

知识点

1. 感染后咳嗽 当呼吸道感染的急性期症状消失后,咳嗽仍然迁延不愈,多表现为刺激性干咳或咳少量白色黏液痰,通常持续3~8周,胸部X线片无异常,常为自限性,多能自行缓解,但也有部分患者咳嗽顽固,甚至发展为慢性咳嗽。

2. 鼻后滴漏综合征　患者多有鼻炎、鼻窦炎、鼻息肉或慢性咽喉炎等病史。主要表现为：①发作性或持续性咳嗽，以白天咳嗽为主，入睡后较少咳嗽；②鼻后滴流和/或咽后壁黏液附着感。查体可发现咽后壁有黏液附着、鹅卵石样观。其在诊断上无明确的标准，经验性治疗有诊断和治疗的双重作用。

3. 嗜酸性粒细胞性支气管炎　三要症状为慢性刺激性干咳，偶尔咳少许黏痰，可在白天或夜间咳嗽。查体无异常。部分患者对油烟、灰尘、异味或冷空气比较敏感，常为咳嗽的诱发因素。多无气喘、呼吸困难等症状，肺通气功能及呼气峰流速变异率正常，无气道高反应性证据。痰细胞学检查嗜酸性粒细胞百分比≥3%。

4. 胃食管反流性咳嗽　可有典型反流症状（胸骨后烧灼感、反酸、嗳气、胸闷）或仅有咳嗽。咳嗽是其唯一的临床表现，干咳或咳少量白色黏痰，咳嗽大多发生在日间和直立位时，进食酸性有油腻食物易诱发或加重。可通过食管 24 小时 pH 监测明确是否存在胃食管反流。抗反流治疗后咳嗽明显减轻或消失可诊断。

5. 慢性支气管炎　咳嗽、咳痰连续 2 年以上，每年累积或持续至少 3 个月，并排除其他引起慢性咳嗽的病因。咳嗽、咳痰一般晨起明显，咳白色泡沫痰或黏液痰，加重期亦有夜间咳嗽。

6. 支气管扩张症　临床表现为咳嗽、咳脓痰甚至咯血。典型病史者诊断并不困难，无典型病史的轻度支气管扩张症则容易误诊。胸部 X 线片改变（如卷发样）对诊断有提示作用，怀疑支气管扩张症时，最佳诊断方法为胸部高分辨率 CT。

7. 气管 - 支气管结核　主要症状为慢性咳嗽，可伴有低热、盗汗、消瘦等结核中毒症状，部分患者咳嗽是其唯一的临床表现，体格检查有时可闻及局限性吸气期干啰音。胸部 X 线片无明显异常改变。对怀疑气管 - 支气管结核的患者可行结核菌素试验、痰涂片找抗酸杆菌等检查。

8. 肺癌　咳嗽常为中心型肺癌的早期症状和常见症状，早期普通 X 线检查常无异常。对有长期吸烟史，出现刺激性干咳、痰中带血、胸痛及消瘦等症状或原有咳嗽性质发生改变的患者，应高度怀疑肺癌的可能，进一步进行影像学检查和支气管镜检查。

9. 心理性咳嗽　儿童相对常见，典型表现为日间咳嗽，专注于某一事物及夜间休息时咳嗽消失，常伴随焦虑症状。多种心理因素，如感觉、信念、情绪、学习及习惯方式等可导致。心理性咳嗽的诊断系排他性诊断，缺乏特异性诊断方法。

【问题 4】病史采集结束后，下一步体格检查应重点关注哪些方面？
思路：查体应重点关注肺部的情况，此外也要关注一般生命体征、体型、鼻、咽、喉、气管和心脏的情况。

知识点

多数亚急性和慢性咳嗽患者无异常体征，体检很少能确定病因，但所有的咳嗽患者都应关注体型，对鼻、咽、喉、耳、气管、肺、皮肤等部位进行细致的检查。

肥胖体型者应注意睡眠呼吸暂停或胃食管反流合并亚急性和慢性咳嗽的可能。口咽部的鹅卵石外观（代表淋巴组织增生）或潮湿的红斑性鼻黏膜可能由鼻后滴漏引起。

双肺呼吸音有无哮鸣音、湿啰音和爆裂音。听诊闻及呼气期哮鸣音时，提示哮喘；如闻及吸气性哮鸣音要警惕中心型肺癌或支气管内膜结核。肺底闻及爆裂音，应考虑间质性肺疾病。如闻及吸气期哮鸣音，要警惕中心型肺癌或支气管结核。

此外也应注意有无心界扩大、期前收缩、器质性杂音等心脏体征。

临床病例（续）

客观资料（O）

体格检查：体温 36.8℃，脉搏 80 次 /min，呼吸 20 次 /min，血压 120/78mmHg。神清，精神可，呼吸平稳，偶有咳嗽。面容正常，全身未见皮疹、未触及淋巴结肿大。口腔咽部黏膜无明显充血，扁桃体无肿大。巩膜无黄染。肺部视诊:胸廓无畸形、无隆起,胸式呼吸为主,呼吸频率节律正常。触诊:胸廓扩张度正常,无触觉语颤,无胸膜摩擦感。叩诊:肺下界移动度正常,前正中线 6cm,腋中线 8cm,肩胛中线 10cm。听诊:两肺呼吸音清,呼吸频率 20 次/min,呼吸节律整齐,双肺未闻及明显干湿啰音。心率 90 次/min,律齐,各瓣膜未闻及明显杂音,心音正常。腹平软,无压痛反跳痛,肝脾肋下未及,Murphy 征阴性。无肾区压痛和叩击痛。

【问题 5】结合上述查体结果,为明确诊断应进一步实施哪些检查?

思路 1:上述查体结果正常,为进一步明确患者咳嗽病因,在社区卫生服务中心可行血常规、血清特异性 IgE、变应原筛查和肺功能等检查。

支气管激发试验阳性,或呼气峰流速平均日变异率大于 10%,或支气管舒张试验阳性,这三项检查中有一项是阳性,可以诊断 CVA。但如果有些社区卫生服务中心没有肺功能检查,可以经验性使用抗哮喘治疗,如果治疗后患者症状改善,亦可诊断 CVA。

思路 2:夜间咳嗽,刺激性干咳,有被动吸烟史和肺癌家族史,应筛查肺癌和肺结核,在社区卫生服务中心可行胸部 X 线片进行初步筛查。

知识点

针对咳嗽的相关辅助检查及其临床意义:

1. 诱导痰检查　最早用于肺癌的诊断,通过诱导痰细胞学检查可使癌细胞检查阳性率显著增高,甚至是一些早期肺癌的唯一诊断方法。细胞学检查嗜酸性粒细胞增高是诊断嗜酸性粒细胞性支气管炎的主要指标。常采用超声雾化吸入高渗盐水的方法进行痰液的诱导。

2. 影像学检查

(1) 胸部 X 线片:能确定肺部病变的部位、范围与形态,甚至可确定其性质,得出初步诊断,指导治疗。

(2) 胸部 CT 检查:有助于发现纵隔前、后肺部病变,肺内小结节,纵隔肿大淋巴结及边缘肺野内较小的肿物。

(3) 高分辨率 CT:有助于诊断早期间质性肺疾病和非典型支气管扩张。

3. 肺功能检查　通气功能和支气管舒张试验可帮助诊断和鉴别气道阻塞性疾病,如哮喘、慢性支气管炎和大气道肿瘤等。常规肺功能正常,可通过激发试验诊断 CVA。

4. 纤维支气管镜(简称纤支镜)检查　可有效诊断气管腔内的病变,如肺癌、异物、内膜结核等。

5. 食管 24 小时 pH 监测　能确定有无胃食管反流,是目前诊断胃食管反流性咳嗽最为有效的方法。通过动态监测食管 pH 的变化,获得 24 小时食管 pH<4 的次数、最长反流时间、食管 pH<4 占监测时间的百分比等参数,最后以 Demeester 积分表示反流程度。检查实时记录反流相关症状,以获得反流与咳嗽症状的相关概率(SAP),明确反流时相与咳嗽的关系。

6. 其他检查　外周血检查嗜酸性粒细胞增高提示寄生虫感染、变应性疾病。变应原皮试(SPT)和血清特异性 IgE 测定有助于诊断变应性疾病和确定变应原类型。

临床病例(续)

客观资料(O):

肺功能提示:FEV_1 和 FEV_1/FVC 降低,舒张试验阳性;血常规正常,胸部 X 线片未见明显异常。

【问题 6】该患者在基层就诊的初步评估? 在基层应如何处置?

思路:全科医疗中基层评估是指根据就诊者的主客观资料作出的初步疾病诊断或健康问题评估。根据病史、体格检查和辅助检查结果,该患者在基层的评估(A)如下:①咳嗽变异性哮喘首先考虑;②被动吸烟。在初步评估基础上,需要为患者制订基层管理计划,包括治疗计划、病患指导计划和健康管理计划等。

知识点

若存在可逆性气流阻塞或支气管高反应性试验(如醋甲胆碱或组胺激发试验)阳性,则可怀疑为咳嗽变异性哮喘。然而,确诊还需要采用哮喘治疗时有改善,才能证实咳嗽是由哮喘引起。

临床病例(续)

处置计划(P):①避免接触变应原,在好发季节要倍加注意,同时要注意保暖,避免吸入烟尘、异味或刺激性气体等易诱发咳嗽的情况;②常规使用吸入性糖皮质激素及按需使用吸入性支气管扩张剂;③进行相关避免被动吸烟的宣教;④4~6周后门诊随访,随访内容包括患者治疗后症状改善情况,患者对治疗方案的依从性。

【问题7】哪些情况的咳嗽患者,需要及时转诊给专科医生?

思路:在接诊咳嗽患者时,如若出现以下情况应及时转诊给专科医生。

1. 诊断不明确或治疗效果欠佳的严重咳嗽。
2. 症状明显加重或出现呼吸困难者。
3. 出现新的体征或原有体征加重者,如发绀、外周水肿等。
4. 慢性咳嗽怀疑为肺结核或肺癌者。
5. 胸部 X 线片发现肺内占位性病变需进一步检查者。
6. 有严重基础疾病需住院治疗者。
7. 拟诊为鼻后滴漏综合征,胃食管反流,咳嗽变异性哮喘等需要进一步检查和专科治疗的疾病。

【问题8】针对成人咳嗽,全科医生应该如何进行患者教育?

思路:咳嗽是一种重要的反射,有利于清理气道(气管和支气管,即肺内运送空气的管道)。咳嗽有助于防止人们将可能引发问题的东西吸入气道和肺部。偶尔咳嗽属于正常情况,但有时咳嗽是疾病的一种症状。成人咳嗽常见的原因包括呼吸道感染(比如普通感冒)、鼻后滴漏、肺部疾病(比如哮喘和慢性阻塞性肺疾病)、胃酸反流、药物、吸烟。一般情况下,可以通过使用加湿器、戒烟、避免接触过敏物(如花粉、粉尘、动物或霉菌)以及适当使用处方药来尝试缓解咳嗽。

但如果出现以下情况需要及时就诊:咳嗽剧烈引发呕吐;咳嗽加重或持续超过 10 日;伴有体重减轻;咯血或黄色、绿色黏液;伴有发热或胸痛;伴有呼吸困难或喘鸣。在就诊时,医生为了帮助找到咳嗽的病因可能会行血液 / 痰液检查、胸部 X 线片、胸部 CT、肺功能检查、过敏试验等。咳嗽具体的治疗方法取决于具体的病因,如感染使用抗生素,胃酸反流使用抑酸剂等。

【问题9】针对成人哮喘,全科医生应该如何进行患者教育?

思路1:哮喘是一种可导致呼吸困难的疾病,症状可轻可重,可能反复发作,有时还会突然发生。当肺的气道变得狭窄和发炎时,即可出现哮喘发作。哮喘可能表现出家族性。

思路2:哮喘的症状包括喘鸣或呼吸伴杂音、咳嗽、胸闷、呼吸急促。哮喘症状可以每日发生、每周发生或较少发生,从轻度至重度都可。虽然罕见,但哮喘发作有时甚至可导致死亡。哮喘可通过肺功能检查来评估。

思路3:治疗上,可通过不同类型的药物来治疗。这些药物可以是吸入剂、液体或药片。医生将根据症状发作频率和症状严重程度使用药物。不正确用药可能会导致症状加重。因此,需要严格按照医生要求的方式使用医生开具的所有药物。如果症状突然明显加重,需要及时就医。

思路4:哮喘的发生是可以预防的。告知患者可以远离会引起或加重症状的事物,医生将其称为"触发因素"。如果患者知道触发因素是什么,请尽可能避开。一些常见的触发因素包括:粉尘、霉菌、动物(如狗和猫)、花粉和植物、香烟烟雾、感冒或流行性感冒、应激反应。

思路5:如果患者无法避免某些触发因素,请医生与患者讨论该采取什么措施。例如,尽管锻炼是一种哮喘触发因素,但它可能对哮喘患者有益。因此,患者可能需要在锻炼前使用额外剂量的吸入性快速缓解药物。如果患者计划妊娠,须与医生讨论如何控制哮喘;保持良好的哮喘控制对胎儿的健康很重要;大多数哮喘药物都能在妊娠期间安全应用。

综上所述,针对哮喘的健康教育包括患者对该疾病的认知和如何针对哮喘进行预防,以及对患者可能出现的问题如何应对。

(任菁菁)

第十一章　胸　　痛

胸痛(chest pain)是一种临床常见的症状,发生率随年龄增长而逐渐增加。其病因可涵盖多个器官和系统,病情程度轻重不一,同时胸痛的病变部位与疼痛部位、严重程度与疼痛程度并不一致,增加了医生的诊断难度。全科医生接诊胸痛时需进行规范化的评估,及时识别急性致命性胸痛,才能做到早诊断、早治疗并避免发生猝死等严重后果。

临 床 病 例

主观资料(S):患者,男性,68 岁,主因"间断胸痛 2 年,加重 1 周"于社区卫生服务中心全科门诊就诊。

【问题 1】接诊胸痛患者时,全科医生首先要注意什么?

思路:全科医生首诊胸痛的患者时,为保证快速高效的诊断,应首先考虑以下三个问题。第一,是否为胸痛?第二,导致胸痛最可能的病因是什么?第三,是否为危急重症导致的致命性胸痛?

> **知识点**
>
> 胸痛的概念和分类
>
> 胸痛指胸前区的不适或疼痛感,可覆盖胸前区从颈部到上腹部之间部位,分为急性(<72 小时)、亚急性(3 日~1 个月)和慢性(>3 个月)。不同患者对胸痛的描述不同,常见闷痛、针刺痛、烧灼样痛、紧缩感、压榨感等。

在对胸痛进行诊断和鉴别诊断之前,不仅要重点采集胸痛的特点,也要重视高发疾病的问诊和筛查,以确定最可能的病因和必要的检查措施,进一步判断导致胸痛的可能病因。同时,全科医生应注意识别引起胸痛的心理社会因素,以及胸痛对患者的影响。

为确保医疗安全和患者安全,全科医生在接诊胸痛患者时,首先需识别致命性胸痛患者。提示致命性胸痛的常见症状包括:典型心绞痛,伴出汗、恶心、呕吐、濒死感,持续时间长的严重胸痛;突然发作的剧烈撕裂样胸痛等。生命体征异常的胸痛通常为高危患者,包括神志模糊和/或意识丧失、面色苍白、大汗及四肢厥冷、低血压、呼吸急促或困难、低氧血症,需立即采取抢救措施并尽快转诊,以免延误病情。具备检测心肌损伤标志物条件的社区卫生服务中心应及时检测肌钙蛋白和心肌酶。

【问题 2】作为一名全科医生,面对一位胸痛的患者应如何问诊?

思路:采集详细的病史是诊断胸痛最重要的环节,高效的问诊可帮助全科医生快速识别胸痛的病因。除一般的问诊内容以外,胸痛患者的问诊主要包括以下几个方面:

1. 胸痛本身的特点　胸痛的性质(阵发性灼痛、刀割样痛、压榨样痛)、部位(胸骨后、心前区、侧胸)、范围、频率(持续性、间断性)、持续时间(数秒、数分钟、数小时)、严重程度、诱发和缓解因素(活动、情绪激动、饱食后是否加重,休息、含服硝酸甘油是否缓解等),与活动、进餐、情绪、体位等的关系,有无发热、咳嗽、咳痰、咯血、心悸、发绀、反酸、吞咽困难、呼吸困难等伴随症状及其严重程度,诊疗经过及治疗效果等。

2. 胸痛高发疾病的问诊　如冠状动脉疾病、急性肺栓塞、主动脉夹层的危险因素,有无咳嗽及喘息、肿块或皮疹史、口服避孕药和创伤史等。

3. 注意识别引起胸痛的心理因素　如焦虑、抑郁等。

4. 胸痛对患者的影响　鼓励患者自发地描述症状,关注患者的个人感受和情绪反应,积极了解患者的想法、顾虑、担忧及期望,从而帮助患者正确认识疾病,尽量消除恐慌和焦虑,树立战胜疾病的信心。

知识点

胸痛的分类与常见原因

从急诊处理和临床实用角度,可将胸痛分为致命性胸痛和非致命性胸痛两大类(表 11-1)。在接诊胸痛患者时,首先需快速查看患者生命体征,简要收集临床病史,判断是否存在危险性或具有潜在的危险性。对生命体征稳定的胸痛患者,需进行详细的病史询问。多数情况下,结合临床病史、体格检查和特定的辅助检查,可判断患者胸痛的原因。

表 11-1　胸痛的分类与常见原因

分类	原因
致命性胸痛	
心源性	急性冠脉综合征、主动脉夹层、心脏压塞、心脏挤压伤
非心源性	急性肺栓塞、张力性气胸
非致命性胸痛	
心源性	稳定型心绞痛、急性心包炎、心肌炎、梗阻性肥厚型心肌病、应激性心肌病、主动脉瓣疾病、二尖瓣脱垂等
非心源性	
胸壁疾病	肋软骨炎、肋间神经炎、带状疱疹、急性皮炎、皮下蜂窝织炎、肌炎、肋骨骨折、血液系统疾病所致骨痛等
呼吸系统疾病	肺动脉高压、胸膜炎、自发性气胸、肺炎、急性气管支气管炎、胸膜肿瘤、肺癌等
纵隔疾病	纵隔脓肿、纵隔肿瘤、纵隔气肿等
消化系统疾病	胃食管反流病、食管痉挛、食管裂孔疝、食管癌、急性胰腺炎、胆囊炎、消化性溃疡和穿孔等
心理精神性	抑郁症、焦虑症、惊恐障碍等
其他	过度通气综合征、痛风、颈椎病等

临床病例(续)

主观资料(S):

患者 2 年前无明显诱因出现胸痛,表现为胸骨后压迫感,通常在快走或上楼时出现,不伴恶心、呕吐,无大汗及濒死感,每月发作 1~3 次,每次持续 5 分钟左右可自行缓解,日常活动无明显下降,未予诊治。1 周前无明显诱因出现胸痛较前发作频繁,快走 500m 或上 3 层楼即可出现,仍为胸骨后压迫感,不伴恶心、呕吐,无大汗及濒死感,每日发作 2~3 次,每次持续 5 分钟左右可逐渐缓解,日常活动略受限,安静状态无发作,夜间无发作,未用药,为进一步诊治来某社区卫生服务中心诊治。

患者自发病来,精神状态尚可,食欲可。平时睡眠好,近 3 日睡眠质量差,睡眠时间无变化。大小便无明显异常,体重无明显改变。

既往史:高血压病史 10 年,血压最高达 160/100mmHg,未规律用药。

个人史:吸烟 30 余年,每日 10 支。不爱运动。饮食无特殊偏好。

家族史:父亲患冠心病,否认家族遗传病史。

其他:10 日前邻居因急性心肌梗死猝死,之后一直担心自己会得冠心病,不敢去大医院诊治。

【问题 3】该患者的病例特点是什么?如何考虑可能的诊断?

特点 1:患者胸痛为较典型心绞痛表现,胸骨后压迫感,与活动有关,每次持续 5 分钟左右可自行缓解。

特点 2：近 1 周为不稳定状态，较前轻微的活动即可诱发心绞痛发作，发作较前频繁，日常活动略受限。

特点 3：有冠心病危险因素，其中不可干预的危险因素包括老年、男性、家族史，可干预的危险因素包括高血压、吸烟、缺乏运动。

特点 4：10 日前邻居因急性心肌梗死猝死，之后一直担心自己会得冠心病，不敢去医院诊治，近 3 日睡眠质量差。

思路：从以上病史分析，该患者有冠状动脉疾病危险因素，有典型心绞痛发作表现，应高度怀疑冠心病、心绞痛诊断。鉴于近 2 周患者心绞痛诱因、发作频率均与既往不同，根据病史初步考虑为不稳定型心绞痛。

知识点

不同原因胸痛的特征

典型心绞痛的胸痛特征：一般在体力活动（如用力排便、快速上楼、抬重物、爬山或体力劳动等）、情绪激动、寒冷、饱餐时发生。位置多为胸前区（即胸骨体上段或是中段后面），常向左肩、颈部、手臂放射。疼痛性质大多为压榨样痛、压迫、发闷或紧缩感，可伴随有焦虑或濒死的恐惧感。多数患者休息或含服硝酸甘油后 3~5 分钟内缓解。心绞痛发作时患者往往不自觉地停止原来的活动，直至症状缓解。

提示心绞痛的胸痛特征：表现为胸部压迫感或胸骨后疼痛，可表现为压迫性、紧缩性、烧灼感、刀割样或沉重感，或是无法解释的上腹痛或腹胀，可放射至下颌或牙齿、肩部、背部或左臂或双上臂。症状发作与活动、饱餐等增加心肌耗氧量有关，休息后可自行缓解。

非心绞痛的胸痛特征：胸痛为锐痛，与呼吸或咳嗽有关；疼痛部位多变不固定；胸痛与转动身体或按压身体局部有关；持续时间很短的胸痛（<15 秒）。非典型胸痛不能完全除外心绞痛。

【问题 4】病史采集结束后，下一步本格检查应重点关注哪些方面？

思路：心绞痛患者一般无明显异常的体征，但仔细体格检查能提供有用的诊断线索，可排除某些引起心绞痛的非冠状动脉疾病，如瓣膜病、心肌病等，并确定患者的冠心病危险因素。少数心绞痛发作时可出现心率增快、血压升高、表情焦虑、皮肤冷或出汗，或由于乳头肌缺血出现暂时性心尖部收缩期杂音。所有就诊的胸痛患者均需监测血压、呼吸、脉搏、体温等生命体征，重点进行心肺检查对明确诊断十分重要。

一般情况：有无苍白、出汗，意识情况等。

视诊：观察皮肤是否有疱疹、红肿、胸廓畸形等。

触诊：明确患者胸部、颈椎、胸椎是否有压痛、触痛。

叩诊：明确有无浊音、过清音，心脏浊音界是否扩大。

听诊：重点听诊肺部呼吸音、心率快慢、心律是否规整、心脏是否有杂音等。

双下肢：有无水肿、周径不对称、腓肠肌压痛等。

【问题 5】除此之外，胸痛还需要注意与哪些疾病鉴别？

思路：胸痛的鉴别诊断。

1. 神经肌肉骨骼性胸痛　最常见的胸痛就诊原因，如胸壁疾病中的肋软骨炎、筋膜炎及胸椎疾病等，胸椎及背部疾病刺激浅表神经诱发神经痛，也会导致患者感觉胸部疼痛。此类胸痛经常呈隐匿性和持续性，可持续数小时至数日。常为锐痛，局限于某一特定部位如剑突、胸骨体、胸肋关节处。多数胸壁疼痛与体位有关，可因深呼吸、翻身或手臂活动加重。查体可有固定部位的胸壁压痛，但胸壁压痛并不能排除严重冠状动脉疾病。

2. 消化系统疾病　如胃食管反流、贲门失弛缓症、消化性溃疡等，常见于既往溃疡病史、吸烟、应用非甾体抗炎药或其他有胃肠刺激的药物的患者。胃食管反流引起的胸痛多表现为胸骨后烧灼感或压榨感，卧位加重，坐起减轻，可伴反酸、吞咽困难，夜间反流常伴有咳嗽或喘息。

3. 心血管疾病　包括心绞痛、心肌梗死、心律失常、主动脉夹层等，是胸痛患者常见死因，常见于既往有冠心病、高血压病史，或有多种冠状动脉疾病危险因素患者。其中主动脉夹层患者常以突然发生的剧烈胸痛为主诉，性质多为刀割样、撕裂样的持续性疼痛，程度难以忍受，可伴有烦躁、面色苍白、大汗、四肢厥冷等休克表现。胸痛的部位与夹层的起源部位密切相关，随着夹层血肿的扩展，疼痛可随之向近心端或远心端蔓延。对于未明确诊断而具有上述危险因素的胸痛患者，应采用主动脉夹层筛查量表（表 11-2）进行初步筛查。结果为中度可疑或高度可疑的患者,需行影像学检查确诊,首选主动脉 CT 血管成像。

表 11-2　主动脉夹层筛查量表

病史及体征	评分 / 分
病史满足以下任何 1 项:马方综合征、主动脉疾病家族史、主动脉瓣疾病、近期主动脉手术、胸主动脉瘤	1
胸痛特点满足以下任何 1 项:骤然出现、剧烈疼痛、撕裂样疼痛	1
体征满足以下任 1 项:灌注不足表现(脉搏短绌、双侧收缩压不对称、局灶神经功能缺损)、新发主动脉关闭不全杂音、低血压或休克状态	1

注:评分 0 分为低度可疑,1 分为中度可疑,2~3 分为高度可疑。

4. 心理精神性胸痛　随着社会发展,生活节奏加快,群众对健康的需求意识增强,也导致心理精神性胸痛的发生率显著升高,需要全科医生注意鉴别诊断。胸痛常表现为隐痛或刺痛,疼痛位置不固定,多为左乳房偏下方区域,持续时间可长达数小时至数日,劳累或情绪激动时加重,常伴气短、心悸和疲乏无力,可伴有焦虑、抑郁、睡眠障碍等。需依据患者的具体病史及临床表现,结合必要的辅助检查,排除器质性病变方能考虑。对于暂时无法确诊病因的患者,需进行跟踪随访,尽可能最终确定病因,以确保患者及时获得相应治疗。

5. 肺部疾病　包括肺栓塞、肺炎、胸膜炎等。其中肺栓塞导致的胸痛比较危重,患者可有深静脉血栓形成、卧床、术后、肿瘤、妊娠等危险因素,可表现为胸痛、咯血、呼吸困难三联征,严重者可出现烦躁不安、惊恐甚至濒死感,部分患者以晕厥或意识丧失为主要表现。血压下降、休克提示大面积肺栓塞。肺与胸膜病变导致的胸痛多伴有咳嗽或咳痰、发热,常因咳嗽、深呼吸而使胸痛加重。自发性气胸好发于体型高瘦的年轻男性,诱发因素可为剧烈运动、咳嗽、提举重物或上臂高举及用力排便等。典型症状包括剧烈运动、咳嗽或用力排便后突发胸痛,继而出现胸闷、呼吸困难。少量气胸时肺部体征不明显,大量气胸时病变侧胸廓饱满,气管向健侧移位,叩诊呈鼓音,听诊呼吸音降低或消失。胸部 X线是诊断气胸的可靠检查方法,可显示气管向健侧移位、肺压缩的程度等。

气胸病例报告(课件)

临床病例(续)

客观资料(O):

体格检查:体温 36.8℃,脉搏 80 次 /min,呼吸 20 次 /min,血压 150/90mmHg。身高 172cm,体重 90kg,体重指数 30.42kg/m²。神清,精神好。面容正常,全身未见皮疹,未触及淋巴结肿大。双肺未闻及明显干湿啰音。心率 80 次 /min,律齐,心音有力,P₂>A₂,各瓣膜听诊区未闻及杂音。腹平软,无压痛反跳痛,肝脾肋下未及。双下肢无水肿。

【问题 6】结合上述体格检查结果,为明确诊断在社区卫生服务中心应进行哪些检查?

思路:在社区全科诊疗中,胸痛的常见病因包括肌肉骨骼、心血管、呼吸道、胃肠道疾病等。多数社区卫生服务中心没有大型检查设备,缺乏雄厚的技术团队,胸痛的诊断对于全科医生而言往往是一项难度较大的挑战,主要依靠的是全科医生的基本技能。准确的诊断来自详细病史(疼痛描述、相关症状以及疾病危险因素)、认真的体格检查及必要的辅助检查(心电图、胸部 X 线、心肌酶等)。

知识点

胸痛患者在基层常用辅助检查及其临床意义

1. 心电图　所有胸痛患者均需进行心电图检查,急性胸痛患者需在接诊 10 分钟内完成首份心电图检查,建议医院内就诊的胸痛患者采用标准十八导联心电图。心电图是诊断缺血性胸痛的重要手段,对于其他胸痛疾病可能具有间接的提示意义。部分急性肺栓塞的患者心电图可出现 $S_ⅠQ_ⅢT_Ⅲ$、肺型 P 波、右束支传导阻滞等右心负荷过重的表现。急性心包炎患者具有除 aVR 及 V_1 导联外广泛 ST 段弓背向下抬高。

多数心绞痛患者心绞痛发作时出现明显而有特征性的心电图改变,常见发作时 ST 段压低 0.1mV 以上,发作缓解后恢复。T 波改变对反映心肌缺血的特异性不如 ST 段,但如与平时心电图比较有明显差别,也有助于诊断。静息心电图 ST 段压低或 T 波倒置的患者,心绞痛发作时可变为无压低或 T 波直立,称为"假性正常化",也支持心肌缺血的诊断。

2. 胸部 X 线片 胸部 X 线片适用于排查呼吸系统源性胸痛患者,可发现的疾病包括肺炎、纵隔与肺部肿瘤、肺脓肿、气胸、胸椎与肋骨骨折等。心脏与大血管的轮廓变化有时可提示主动脉夹层、心包积液等疾病,但缺乏特异性。

3. 心肌损伤标志物 是鉴别和诊断患者急性冠脉综合征的重要检测手段,其中肌钙蛋白(cTn)的两种亚型(cTnI、cTnT)是首选的标志物,肌酸激酶同工酶(CK-MB)对判断心肌坏死也有较好的特异性。心肌梗死后,cTn 在 2~4 小时后由心肌释放入血,10~24 小时达峰值。CK-MB 在起病后 4 小时内升高,16~24 小时达高峰,3~4 日恢复正常。

临床病例(续)

客观资料(O):该患者的心电图见图 11-1。

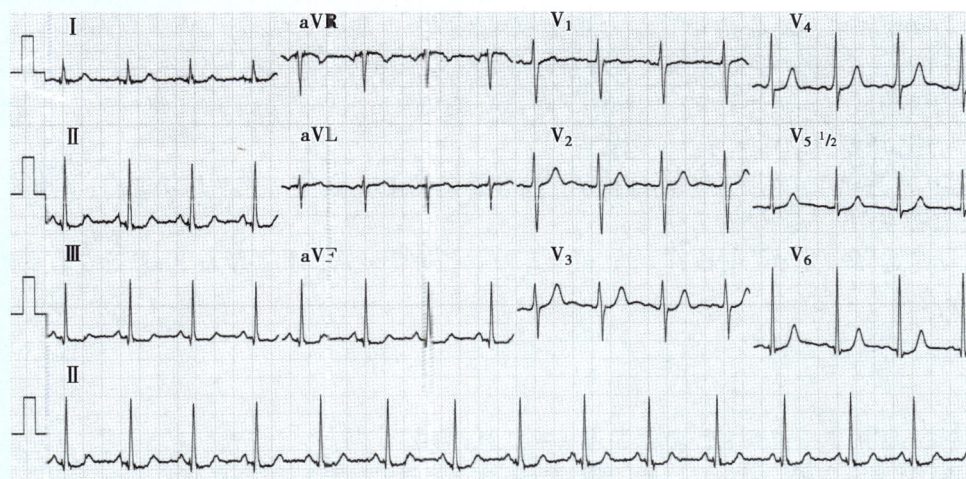

图 11-1 胸痛患者心电图

【问题 7】该患者心电图如何分析?
思路:该患者心电图诊断:窦性心律,不正常心电图,ST 段改变。
心电图描述:P-QRS 正常;Ⅱ、Ⅲ、aVF 导联 ST 段下移;Ⅰ、V_5~V_6 导联 ST 段略下移。

知识点

急性冠脉综合征分类与快速识别

急性冠脉综合征包括 ST 段抬高急性心肌梗死和非 ST 段抬高急性冠脉综合征,后者包括非 ST 段抬高急性心肌梗死和不稳定型心绞痛。心电图是早期快速识别急性冠脉综合征的重要工具,首次医疗接触后 10 分钟内应进行十二导联心电图检查,如患者症状复发或诊断不明确,应复查十二导联心电图。如怀疑患者有进行性缺血而且常规十二导联心电图结论不确定,建议加做 V_{3R}、V_{4R}、V_{5R}、V_7~V_9 导联心电图。

ST 段抬高急性心肌梗死心电图:除 V_2、V_3 导联外,2 个或以上连续导联 J 点后的 ST 段弓背向上抬高>0.1mV;V_2、V_3 导联 ST 段,女性抬高 ≥0.15mV,≥40 岁男性抬高 ≥0.2mV,<40 岁男性抬高 ≥0.25mV,考虑诊断 ST 段抬高急性心肌梗死。新出现的左束支传导阻滞也提示 ST 段抬高急性心肌梗死;心电图表现为缺血相关导联的 T 波高耸提示为 ST 段抬高急性心肌梗死超急性期。在既往合并束支传导阻滞的患者中,对比发病前的心电图有重要的鉴别意义。

非 ST 段抬高急性冠脉综合征心电图：同基线心电图比较，至少 2 个相邻导联 ST 段压低 ≥ 0.1mV 或者 T 波改变并呈动态变化。变异型心绞痛可表现一过性的 ST 段抬高。aVR 导联 ST 段抬高超过 0.1mV 提示左主干或三支血管病变。初始心电图正常不能除外非 ST 段抬高急性冠脉综合征，如胸痛持续不缓解时，需每间隔 5~10 分钟复查 1 次心电图。

【问题 8】为进一步明确诊断，该患者转诊后可能会进行哪些检查？

思路：患者转诊后可能会进行以下检查：

1. 实验室检查

(1) 冠心病危险因素相关实验室检查：血糖（必要时行葡萄糖耐量试验）；血脂水平，即总胆固醇（TC）、高密度脂蛋白胆固醇（HDL-C）、低密度脂蛋白胆固醇（LDL-C）和甘油三酯（TG）。

冠心病心电图（课件）

(2) 血常规：血红蛋白，了解有无贫血。

(3) 心肌损伤标志物：如心肌肌钙蛋白（cTnT 或 cTnI）、肌酸激酶（CK）及其同工酶（CK-MB），以便与急性心肌梗死鉴别。

(4) 肝肾功能：明确患者综合情况，指导用药。

(5) 凝血功能：指导抗血小板、抗凝用药。

2. 超声心动图　可观察心室腔的大小、心室壁厚度以及心肌收缩状态，还可观察陈旧性心肌梗死时梗死区域的运动消失及室壁瘤形成，并及时发现急性冠脉综合征患者的急性机械性并发症。

3. 心电图负荷试验　对怀疑有冠心病的患者给心脏增加负荷（运动或药物），进而激发心肌缺血的一种心电图检查。不适用于急性冠脉综合征患者。

4. CT 冠状动脉成像　判断冠状动脉狭窄程度和管壁钙化情况，也可判断斑块性质，可基本了解冠状动脉病变情况，有较高阴性预测价值。

5. 冠状动脉造影　有创性的检查方法，可确定冠状动脉病变部位和狭窄程度，评价左心室功能，并以此决定治疗策略及判定预后。

临床病例（续）

评估（A）

临床诊断：不稳定型心绞痛，冠心病，高血压病 2 级，高危。

健康问题：高血压病史，未规律诊治；吸烟；肥胖；缺乏运动；睡眠障碍；焦虑状态。

【问题 9】该患者的诊断依据与初步评估是什么？

思路 1：根据该患者典型心绞痛发作特点，结合老年男性、高血压、冠心病家族史、吸烟、肥胖、缺乏运动危险因素，该患者诊断冠心病、心绞痛比较明确，近 2 周诱发心绞痛的诱因、心绞痛发作频率较前有变化，结合心电图表现，初步考虑非 ST 段抬高急性冠脉综合征。患者近 2 周每日发作 2~3 次，每次持续 5 分钟左右可逐渐缓解，无持续超过 20 分钟的症状发作，初步考虑不稳定型心绞痛可能性较大。

思路 2：按照不稳定型心绞痛的 Braunwald 分级，该患者属于不稳定型心绞痛 I 级 B 组，同时患者无静息痛、血流动力学稳定、心电图未见明显的广泛 ST 段改变，初步评估为非高危的不稳定型心绞痛患者。

知识点

稳定型心绞痛的概念及严重程度分级

稳定型心绞痛通常为劳力性心绞痛，发作性质在 1~3 个月内无改变。根据心绞痛的严重程度及其对体力活动的影响，加拿大心血管学会（CCS）将稳定型心绞痛分为 4 级（表 11-3）。

表 11-3 加拿大心血管学会稳定型心绞痛分级

分级	心绞痛的严重程度及其对体力活动的影响
Ⅰ级	一般体力活动(如步行或上楼)不引起心绞痛,但可发生于费力或长时间用力
Ⅱ级	体力活动轻度受限,心绞痛发生于快速步行或上楼、餐后步行或上楼,或在寒冷、顶风逆行时、情绪激动时。平地行走 2 个街区(200~400m),或常速上相当于 3 楼以上的高度能诱发心绞痛
Ⅲ级	日常体力活动明显受限,可发生于平地行走 1~2 个街区或以常速上 3 楼
Ⅳ级	任何体力活动或休息均可出现心绞痛

知识点

非 ST 段抬高急性冠脉综合征患者的临床特点

长时间(>20 分钟)自发性心绞痛;初发型心绞痛,表现为自发性心绞痛或稳定型心绞痛(CCS Ⅱ或Ⅲ级);过去稳定型心绞痛最近 1 个月内症状加重,且具有至少 CCS Ⅲ级的特点(恶化型心绞痛);心肌梗死后 1 个月内发作心绞痛。

思路 3:不稳定型心绞痛危险分层。

不稳定型心绞痛患者临床表现严重程度不一,为选择个体化的治疗方案,必须尽早进行危险分层。危险分层需结合患者的病史、症状、生命体征和查体发现、心电图和实验室检查,作出初始诊断和最初的缺血性及出血性危险分层。不稳定型心绞痛高危患者的临床特点包括:持续>20 分钟的自发性心绞痛、血流动力学受影响、心电图有广泛的 ST 段改变或 cTnT 阳性。中危或低危的患者血流动力学稳定、心绞痛时间较短,且无缺血性 ST 段改变以及 cTnT 阴性。

Braunwald 根据心绞痛的特点和基础病因,对不稳定型心绞痛严重程度提出 Braunwald 分级(表 11-4)。全科医生还可使用简单的 TIMI 风险评分对患者进行缺血评估,包括 7 项指标,即年龄 ≥65 岁、≥3 个冠心病危险因素(高血压、糖尿病、冠心病家族史、高脂血症、吸烟)、已知冠心病(冠状动脉狭窄 ≥50%)、过去 7 日内服用阿司匹林、严重心绞痛(24 小时内发作 ≥2 次)、ST 段偏移 ≥0.5mm 和心肌损伤标志物增高,每项 1 分。TIMI 风险评分使用简单,但识别精度不高。

表 11-4 不稳定型心绞痛严重程度 Braunwald 分级

项目	定义	1 年内死亡或心肌梗死发生率 /%
严重程度		
Ⅰ级	严重的初发型心绞痛或恶化型心绞痛,无静息痛	7.3
Ⅱ级	亚急性自发性心绞痛(1 个月内发作过,但 48h 内无发作)	10.3
Ⅲ级	急性自发性心绞痛(48h 内有发作)	10.8
临床环境		
A	继发性心绞痛,在冠状动脉狭窄基础上,存在着加剧心肌缺血的冠状动脉以外的疾病	14.1
B	原发性心绞痛,无加剧心肌缺血的冠状动脉以外的疾病	8.5
C	心肌梗死后心绞痛,心肌梗死后 2 周内发生的不稳定型心绞痛	18.5

临床病例（续）

处置计划（P）

诊断计划：转诊上级医院复查心电图，查心肌损伤标志物、血糖、血脂，必要时行冠状动脉造影。

治疗计划：①药物治疗，应用硝酸酯类药物、β受体阻滞剂、抗血小板药物、他汀类调脂药物，硝酸甘油备用；②低盐饮食，逐步控制食盐量不超过每日6g；③低脂饮食，减少富含胆固醇食物；④戒烟；⑤控制体重；⑥心理疏导；⑦目前疾病不稳定期，限制活动量；⑧患者具有转诊指征，联系上级医院，绿色通道转诊。

健康教育计划：①高血压、冠心病知识指导；②生活方式和行为指导；③用药指导；④自我保健知识指导；⑤患者家属教育。

【问题10】哪些情况的胸痛患者需及时转诊？

知识点

胸痛患者转诊指征

1. 致命性胸痛　明确或怀疑心肌梗死、怀疑或证明肺栓塞或主动脉夹层，或其他严重威胁生命的疾病（如张力性气胸），在保证生命体征、采取适当急救措施的同时需通过急救车转诊。

2. 怀疑或明确诊断器质性疾病　包括：①心绞痛，对药物治疗无反应的心绞痛；不稳定型心绞痛；心绞痛持续时间>20分钟（对舌下硝酸酯类药物无反应）需紧急入院治疗。②怀疑食管或其他胃肠道疾病（如十二指肠溃疡），需进行内镜或适当的胃肠道检查。③其他器质性疾病，如肺炎、气胸、肿瘤、椎体病变等。④持续疼痛或功能障碍，可能需转诊到理疗科或疼痛科。

3. 非器质性胸痛　治疗效果不好或长期疼痛引起焦虑、抑郁等心理障碍者。

4. 其他需转诊情况。

【问题11】初评低危的不稳定型心绞痛患者转诊前应如何处理？

1. 一般治疗　疾病知识教育和生活方式指导、用药指导。

2. 药物治疗　包括抗血小板药物、β受体阻滞剂、硝酸酯类药物、他汀类调脂药物等。

（1）抗血小板药物：阿司匹林是抗血小板治疗的基石，所有无禁忌证的患者均应口服阿司匹林治疗，并以75~100mg/d的剂量长期服用。除非有极高出血风险等禁忌证，在阿司匹林基础上应联合应用1种P2Y12受体抑制剂，并维持至少12个月。选择包括替格瑞洛（90mg，2次/d维持）或氯吡格雷（75mg/d维持）。建议非ST段抬高急性冠脉综合征患者接受至少1年的双联抗血小板治疗，根据缺血或出血风险的不同，可选择性地缩短或延长双联抗血小板治疗的时间。

（2）β受体阻滞剂：存在持续缺血症状的非ST段抬高急性冠脉综合征患者，如无禁忌证，推荐早期使用（24小时内）β受体阻滞剂，并建议继续长期使用，争取达到静息目标心率55~60次/min。

（3）他汀类调脂药物：如无禁忌证，应尽早启动他汀类调脂药物治疗并长期维持。

（4）硝酸酯类药物：非内皮依赖性血管扩张剂，具有扩张外周血管和冠状动脉的效果，有助于改善胸痛症状和心电图ST-T变化，症状控制后则没有必要继续使用。

3. 心理疏导　关注患者的个人感受和情绪反应，积极了解患者的想法、顾虑、担忧及期望，从而帮助患者正确认识疾病，尽量消除恐慌和焦虑，树立战胜疾病的信心。

【问题12】急性心肌梗死患者转诊前应如何处理？

思路：所有急性心肌梗死的患者均应及时转往上级医院就诊，在社区需采取适当的初步处理和治疗措施。

1. 10分钟内完成第一份心电图。无明显呼吸困难和心功能不全的患者需置于平卧位，存在心功能不全或急性肺水肿的患者需采取半坐位或坐位，必要时可使双腿下垂。有意识障碍的患者应置于侧卧位以防止误吸。

2. 面罩吸氧或鼻导管吸氧（氧浓度一般为2~4L/min），有明确低氧血症或存在心力衰竭的患者可予高浓度吸氧。

3. 开放静脉通路,监测血压、心率、脉搏、心律、肺部啰音及症状变化,有条件情况下进行心电监测,备好除颤仪,做好心肺复苏准备。

4. 所有无阿司匹林禁忌证的 ST 段抬高急性心肌梗死的患者均应立即嚼服阿司匹林 300mg。

5. 如血压正常可舌下含服或静脉应用硝酸酯类药物缓解缺血性胸痛、控制高血压或减轻肺水肿,注意监测血压,急性下壁、右心室心肌梗死慎用。必要时可予吗啡镇痛。

6. 向家属交代病情及可能采取的治疗方案,尽快联系转往上级医院。

7. 呼叫急救车转诊,尽量把患者送到有能力做急诊冠状动脉介入治疗的医疗机构进行救治。

【问题 13】针对不稳定型心绞痛患者,综合医院完成诊疗后转回社区卫生服务中心,全科医生应如何进行社区管理?

思路:不稳定型心绞痛患者转回社区后的管理措施。

1. 健康档案的建立和使用 凡是冠心病患者均应建立居民健康档案,详细了解患者发病情况、既往病史、早发心血管病家族史、生活方式(饮食、运动、吸烟、饮酒)、家庭支持情况、经济情况等。每次随诊记录患者病情变化。

2. 控制危险因素

(1)戒烟、控制饮酒。

(2)控制体重正常:正常体重指数(BMI)在 18.5~24kg/m²,BMI(kg/m²)= 体重(kg)/[身高(m)]²。

(3)健康的生活方式。

(4)治疗高血压、糖尿病、血脂异常等。

3. 健康管理

(1)健康教育内容

1)疾病基本知识:告知患者急性加重的症状,指导患者在病情变化时及时就诊。

2)家庭保健知识:告知患者合理的饮食结构,进行规律适度的体力活动。

3)药物使用知识:告知患者在服用抗心绞痛药物治疗中可能会出现的不良反应及注意事项。告知患者冠心病药物治疗是长期治疗,切忌症状好转自行减药或停药。如果出现药物不良反应,建议并协助患者转诊到上级医院,并在 1 周内随访。

4)给予患者心理支持。

(2)健康教育方式:一对一个别指导、健康大课堂、健康小屋、同伴教育等。

4. 监测内容

(1)症状:患者从上次就诊以来症状发作情况、有无新发症状。

(2)体征:血压、脉搏、心率、心律,超重或肥胖者监测 BMI、腰围。

(3)生活方式评估及建议、服药情况,必要时调整治疗。

(4)根据病情定期做必要的辅助检查,包括血常规、尿常规、生化、心电图,有条件或必要时可选做超声心动图、颈动脉超声、胸部 X 线片等。

5. 随访评估 冠心病患者每年要提供至少 4 次面对面随访。

(1)评估患者病情是否存在危急或其他需转诊情况。

(2)不需转诊的患者,询问上次随访到此次随访期间的症状。

(3)测量体重、心率、血压等,计算 BMI。

(4)询问患者疾病情况和生活方式,包括心脑血管疾病、糖尿病、吸烟、饮酒、运动、摄盐情况等。

(5)了解患者服药情况和药物不良反应,必要时调整药物治疗方案。

(马 力)

第十二章　发　热

发热(fever),俗称发烧,是指机体在致热原作用下或各种原因引起体温调节中枢功能障碍时,体温升高超出正常范围。发热是全科门诊、内科门诊、感染门诊、急诊科等接诊中的常见症状。引起发热的病因超过200种,反复发热给患者及其家庭带来诸多痛苦,如何快速明确发热病因,及时给予患者合理有效的治疗,无疑是对临床工作者能力的较大考验。

临床病例

主观资料(S): 患者,女性,30岁,主因"发热6日"就诊于社区全科门诊。

【问题1】作为一名全科医生,面对发热患者应当如何问诊?

思路1:接诊发热患者,应首先了解发热的临床特点,如体温范围,最高体温是多少? 发热持续时间,是间断还是持续? 发热可能诱因,发热前是否有着凉或不洁饮食? 体温是逐渐升高还是突然起热?

思路2:发热是否有时间规律? 发热多在上午、午后还是夜间? 是否与物品接触、应用药物及情绪变化有关?

思路3:发热时有无伴随症状? 如伴有咳嗽、咳痰、胸闷等,应首先考虑呼吸系统疾病;如伴有食欲不振、恶心、腹痛、腹泻等,应首先考虑消化系统疾病。

思路4:在发热的病史采集过程中,应注意对细节的问诊。是否在刚吃完饭喝完水后就立即测量体温? 每次测量体温前是否忘记甩表? 测量时是否擦干腋窝? 测量时间是否足够? 每次测量的部位是否相同?

思路5:了解相关既往史及个人史。是否从事畜牧业或有动物接触史? 是否有生食习惯? 近期是否接触过传染病患者? 是否到过疫区或牧区? 是否为同性恋? 是否有冶游史?

思路6:此外,还需了解患者的诊治经过。是否应用过解热镇痛药物、抗生素及激素,应用药物的具体名称、剂量及效果,家庭成员的关心、照护程度等。

总之,全面而有质量的病史采集是发热诊断的基石,要做到尽可能认真、系统和详细。

发热病史采集
(视频)

知识点

1. **正常体温与生理变异**　正常人体温一般为36~37℃,可因测量方法不同而略有差异。每个人的正常体温略有不同,而且受时间、季节、环境、月经等因素的影响。在24小时内下午体温较早晨稍高,剧烈运动、劳动或进餐后体温也可略升高,但一般变化范围不超过1℃。女性月经前及妊娠期体温略高于正常。老年人因代谢率偏低,体温相对低于青壮年。另外,在高温环境下体温也可稍升高。

2. **发热的分度**　以腋温为例,正常为36~37℃,37.3~38℃为低热,38.1~39℃为中度热,39.1~41℃为高热,>41℃为超高热。

一般情况下,体温每升高1℃,心率加快10~15次/min,若心率未相应增加,需考虑相对缓脉或是伪装热。

3. **腋温的正确测量方式**　测量前应先让被测者平静休息至少30分钟,移走其身边干扰温度测量的物品(如热水袋、冰块等),将温度计甩至35℃以下,擦干腋窝汗液,将温度计置于腋窝顶端,并屈臂夹紧,测量10分钟后准确读数。

4. 发热伴随症状的问诊 需按照系统逐一询问(表 12-1)。

表 12-1 发热伴随症状的问诊

系统	问诊要点
常见全身症状	畏寒、寒战、出汗、消瘦、皮疹、皮肤颜色改变
呼吸系统	咽痛、咳嗽、咳痰、咯血、胸闷、胸痛、气短
消化系统	食欲不振、吞咽困难、恶心、呕吐、呕血、腹胀、腹痛、腹泻、便秘、黑便、口腔及肛门溃疡
循环系统	心悸、水肿
泌尿生殖系统	尿频、尿急、尿痛、排尿困难、血尿、尿量变化、腰背酸痛、月经、生殖器溃疡、生殖器水肿
内分泌系统	多饮、多食、多尿、生长发育、毛发生长、男性乳腺发育
血液系统	瘀点、瘀斑、淋巴结肿大
运动系统	肌肉酸痛、骨痛、肌无力、关节疼痛、关节僵硬、关节变形
神经系统	头痛、头晕、抽搐、意识丧失

5. 典型热型及临床意义

(1) 稽留热(continued fever):是指体温持续于 39℃ 以上达数日或数周,24 小时内体温波动不超过 1℃,常见于大叶性肺炎、斑疹伤寒等。

(2) 弛张热(remittent fever):是指体温在 24 小时内波动超过 2℃,且最低体温仍高于正常水平,常见于风湿热、重症肺结核及化脓性炎症等。

(3) 间歇热(intermittent fever):体温骤然升达高峰,持续数小时甚至数日后迅速降至正常,经过一段无热间歇期后体温再次升高,如此反复,常见于疟疾、急性肾盂肾炎等。

(4) 回归热(relapsing fever):高热期与无热期各持续数日,周期性互相交替,常见于回归热、霍奇金淋巴瘤等。

(5) 波状热(undulant fever):体温在数日内逐渐上升至高峰,后逐渐下降至正常或微热状态,不久又再发,呈波浪式起伏,常见于布鲁氏菌病。

(6) 不规则热(irregular fever):发热的体温曲线无一定规律,可见于结核病、风湿热、支气管肺炎等。

临床病例(续)

主观资料(S):

通过采集病史了解到以下情况:

患者 6 日前无明显诱因出现发热,体温最高达 40℃,伴畏寒、寒战,伴头痛、右侧腰痛、周身关节疼痛和乏力,口服"布洛芬"退热治疗,体温略有下降。患者无咳嗽、咳痰,无腹痛、腹泻,无尿频、尿急、尿痛,无反酸、胃灼热等不适。自服"左氧氟沙星"抗感染治疗,症状未见好转,遂就诊于社区门诊。

既往 3 年前患妊娠期高血压及妊娠糖尿病,当时口服降压药并应用胰岛素治疗,自诉分娩 3 个月后血压及血糖均恢复正常,后未再测量。否认冠心病病史。否认肝炎、结核等传染病病史及其密切接触史。剖宫产术后 3 年,否认外伤及输血史。否认食物及药物过敏史。

生于本地县城,久居当地,居住条件一般,未到过疫区及牧区,在药厂工作,否认粉尘及毒物接触史,否认吸烟、饮酒史,否认性病及冶游史。自发病以来,精神状态差,食欲差,睡眠差,大小便无明显异常,近期体重无明显变化。患者心态平和,经济状况好,家庭和睦,家庭资源利用度好。

【问题 2】该患者的病例特点是什么?如何考虑其可能诊断?

思路1：患者为青年女性，急性起病，主要症状为发热伴畏寒、寒战，持续高热，伴头痛、右侧腰痛、周身关节疼痛和乏力；自服"左氧氟沙星和布洛芬"抗感染和退热治疗，症状未见好转；既往有妊娠糖尿病和妊娠期高血压病史，应关注患者目前血糖、血压情况，如仍存在高血糖，首先考虑尿路感染可能性大，但需进一步完善相关检查明确诊断。

思路2：患者虽无明显咳嗽、咳痰，但急性发热最常见于呼吸道感染，应注意排除。

思路3：患者发热伴头痛，应注意排除中枢神经系统感染。

思路4：患者为青年女性，急性起病，高热时伴周身关节疼痛，免疫系统疾病可能性不大，但仍需进一步观察病情变化，必要时完善相关检查。

思路5：患者无腹痛、腹泻，无反酸、胃灼热等不适，初步排除消化系统疾病可能。

在进行发热初步诊断时，应发散思维，全面分析患者特点，避免遗漏可能病因。

知识点

尿 路 感 染

尿路感染（urinary tract infection，UTI）是指病原体在尿路中生长、繁殖而引起的感染性疾病。尿路感染多发于女性，尤其多发于性生活活跃期及绝经后女性。尿路感染95%以上是由单一细菌引起的，最常见的病原菌是大肠杆菌；变形杆菌、产气杆菌、肺炎克雷伯菌、铜绿假单胞菌、粪链球菌等见于再感染、留置导尿管、有并发症的尿路感染者；白色假丝酵母菌、新型隐球菌感染多见于糖尿病、使用糖皮质激素、免疫抑制药及肾移植后的患者；多种细菌感染见于留置导尿管、神经源性膀胱、结石、先天性阴道畸形，以及肠道、尿道瘘等。

1. 主要临床表现

（1）泌尿系统症状尿频、尿急、尿痛等膀胱刺激征，患侧或双侧腰痛，患侧脊肋角有明显的压痛或叩击痛等。

（2）全身感染症状如寒战、高热、头痛、恶心、呕吐、食欲不振等，常伴有血白细胞计数升高和红细胞沉降率增快。

2. 诊断

（1）临床表现有尿路感染相关症状。

（2）存在尿路感染的可能原因和伴随疾病。

（3）重点体格检查：包括泌尿外生殖器、腹部（肾区）的查体。

（4）实验室检查：包括血常规、尿常规、尿涂片镜检细菌、中段尿细菌培养＋药敏、血液细菌培养＋药敏等；影像学检查包括超声、腹部 X 线片、静脉肾盂造影等，必要时可选择 CT 或 MRI 检查。

3. 治疗 抗感染治疗的药物选择和抗感染持续时间，可根据感染病原菌、尿路感染的部位以及患者伴随疾病而确定。

【问题3】需要注意与哪些疾病鉴别？

思路：

1. 呼吸系统感染 是一种常见病、多发病，主要病变在气管、支气管、肺部及胸腔。

（1）急性上呼吸道感染：是最为常见的一种呼吸道传染病，大多由病毒引起，根据流行病学特点和临床表现分为普通感冒、急性病毒性咽炎和喉炎、急性疱疹性咽峡炎、急性咽结膜炎、急性咽扁桃体炎。起病较急，多伴咽痛，通常1周内基本恢复。

（2）急性气管支气管炎：是由生物、理化刺激或过敏等因素引起的急性气管支气管黏膜炎症。症状主要为咳嗽和咳痰，常发生于寒冷季节或气候突变时，也可由急性上呼吸道感染迁延不愈所致。

（3）细菌性肺炎：是由细菌感染引起的肺实质急性炎症。临床表现多为寒战、高热，可伴头痛、胸痛、全身痛、咳嗽、咳痰，严重者气促、发绀。

2. 中枢神经系统感染 是指由于病原微生物侵犯中枢神经系统的实质、被膜及血管等引起的急性或慢性炎症性疾病。临床表现多有发热、头痛、呕吐、颈硬、精神异常、意识障碍、病理反射阳性等。

3. 结缔组织病　泛指结缔组织受累的疾病,包括类风湿关节炎、(系统性)红斑狼疮、(系统性)硬皮病、多肌炎/皮肌炎、系统性血管炎综合征(大动脉炎、结节性多动脉炎、肉芽肿性多血管炎等)等。结缔组织病具有某些临床、病理学及免疫学方面的共同特征,如多系统受累(即皮肤、关节、肌肉、心脏、肾脏、造血系统、中枢神经系统等可同时受累),病程长,病情复杂,可伴发热、关节痛、血管炎、红细胞沉降率增快及γ球蛋白增高等。

【问题 4】病史采集结束后,下一步体格检查应重点关注哪些方面?

思路 1:体格检查是临床医生非常重要的基本功,尤其对于基层医生来说,体格检查更是在不借助过多辅助检查的情况下帮助诊断的重要手段。发热作为一种临床症状,不具有特异性,需要在全面查体的基础上结合每位患者的病情特点进行重点查体。该患者体格检查时应重点关注泌尿生殖系统、呼吸系统、神经系统及运动系统的查体,同时也不能忽视其他部位的查体。

思路 2:考虑泌尿生殖系统感染时,查体应包括腹部(双肾区、输尿管和膀胱)及泌尿外生殖器的查体。

思路 3:考虑呼吸系统感染时,查体应关注患者的咽喉、胸部的视、触、叩、听情况。

思路 4:考虑中枢神经系统感染时,查体应关注到患者的意识状态、四肢肌力、肌张力、脑膜刺激征及神经病理征情况。

思路 5:考虑结缔组织疾病时,应注意患者是否存在皮肤颜色变化、皮疹、脱屑、皮下结节、关节肿痛、关节畸形、关节活动障碍等。

临床病例(续)

客观资料(O):

体温 36.3℃,脉搏 110 次/min,呼吸 24 次/min,血压 131/80mmHg,身高 160cm,体重 60kg,体重指数 23.44kg/m²。发育正常,营养良好,自主体位,神清语利,查体合作。全身皮肤颜色正常,未见皮疹、脱屑及皮下结节。双肺呼吸音粗,未闻及干湿啰音。心率 110 次/min,律齐,各瓣膜听诊区未闻及杂音。腹平坦,下腹部可见陈旧性手术瘢痕,未见胃肠型及蠕动波,未见腹壁静脉曲张;腹软,全腹无压痛、反跳痛及肌紧张,肝脾肋下未触及,未触及包块;叩诊鼓音,右肾区叩击痛,移动性浊音阴性;肠鸣音正常存在。脊柱四肢无畸形,四肢肌力及肌张力正常。双下肢无水肿。病理征阴性。

【问题 5】结合以上情况,在社区应进一步行哪些检查以明确诊断?

思路:结合患者病史及体格检查情况,在社区卫生服务中心可行血常规、尿常规、便常规、肝功能、肾功能、电解质、血糖、心电图、腹部超声及胸部 X 线片检查。

临床病例(续)

客观资料(O):

社区相关检查结果如下:

血常规:白细胞计数 9.1×10⁹/L,中性粒细胞百分比 91.2%,淋巴细胞百分比 4.5%,血红蛋白 152g/L,血小板计数 104×10⁹/L。

电解质:钾 3.67mmol/L、钠 139.0mmol/L。

空腹血糖:11.25mmol/L。

尿常规:尿糖 ++,潜血 ++,酮体 -,镜检红细胞 14/HP。

便常规、肝功能、肾功能未见明显异常。

心电图:窦性心律(94 次/min),大致正常心电图。

腹部超声:右肾实性占位,右肾囊肿,建议进一步检查。

胸部 X 线片:未见明显异常。

【问题 6】如何在基层对患者进行初步评估?

思路:根据患者病史、查体和辅助检查结果,该患者在基层的评估(A)为:

1. 发热原因待查

尿路感染? 肾脓肿? 肾肿瘤?

2. 2 型糖尿病?

主要危险因素及健康问题:①年轻女性,3 年前曾患妊娠期高血压及妊娠糖尿病,分娩后未再规律监测血压及血糖,现血糖较高;②运动量少;③饮水量少;④近期工作劳累。

3. 评估

(1)患者心态平和,经济状况好,家庭和睦,家庭资源利用度好。

(2)患者曾患妊娠期高血压及妊娠糖尿病,分娩后未再规律监测血压及血糖,且存在多种不良生活方式,患尿路感染风险大。患者有强烈的就诊愿望及要求,对医嘱的依从性可能较好。

临床病例(续)

处置计划(P):联系家属,交代病情,建议转往上级综合医院进一步诊治,待病情相对稳定后,可转回社区卫生服务中心进行后续治疗。

知识点

发热的转诊指征

1. 经处理高热不退,伴有某种危重病征,如昏迷、抽搐、剧痛、呼吸困难、发绀、休克、重度心律失常等。

2. 经初步检查,对发热诊断不清,需要进一步检查。

3. 疑为结缔组织病、肿瘤、血液系统疾病导致的发热。

【问题 7】患者转入综合性医院后,为明确诊断,需进一步行哪些检查?

思路:患者每日反复高热,应把握时机留取血培养、尿培养;完善感染指标,如降钙素原、红细胞沉降率、C 反应蛋白、铁蛋白、病毒筛查等;患者空腹血糖明显高于正常,需查糖化血红蛋白评估近 3 个月平均血糖情况;为进一步明确肾脏病变情况,应行肾脏 CT 检查。

知识点

1. 发热相关检查的选择思路 在仔细询问病史和详尽体格检查基础上,若未获得诊断线索,可进行发热病因的初步非特异性筛查,这部分多为价格便宜、普及度高、创伤性较小的检查项目,通常包括:血常规、尿常规、粪便常规＋隐血、肝功能、肾功能、电解质、乳酸脱氢酶、肌酸激酶、血糖、弥散性血管内凝血全套、外周血涂片、血培养 2 套(需氧瓶＋厌氧瓶)、中段尿培养＋菌落计数、降钙素原、红细胞沉降率、C 反应蛋白、铁蛋白、免疫固定电泳、免疫球蛋白、淋巴细胞亚群分类(T 淋巴细胞 B 淋巴细胞、自然杀伤细胞)、自身抗体谱、肿瘤标志物、HIV、梅毒 RPR 和 TPPA、甲状腺功能、标准心电图、腹部超声、全身浅表淋巴结超声、胸部 CT 平扫。

非特异性检查中的异常指标偏离正常范围的程度越大对疾病诊断的提示意义就越大,由此综合分析患者整体情况,归纳出最可能的病因诊断方向,进而采取进一步的重点检查,必要时慎重选择相应部位的侵入性检查。

2. 血培养的正确采集方法 目前认为较准确的血培养采集方式为:尽可能在患者接受抗生素治疗之前,患者寒战时或发热初期未用退热药之前,从不同皮肤穿刺点抽取 2 套血液标本同时送检,每套血液标本包括需氧培养及厌氧培养各 1 瓶,抽取 2 套血培养的间隔时间应小于 5 分钟。得到血培养结果的平均时间需要 48~72 小时,阳性率约为 10%。

临床病例(续)

入院后相关检查结果如下:

血常规:白细胞计数 $12.6 \times 10^9/L$,中性粒细胞百分比 86.8%,淋巴细胞百分比 8.4%,血红蛋白 130g/L,血小板计数 $109 \times 10^9/L$。

随机血糖:16.1mmol/L。

电解质：钾 3.8mmol/L、钠 139.3mmol/L。

红细胞沉降率：32mm/h；降钙素原：13.96μg/L；铁蛋白：503.6μg/L；C 反应蛋白：269mg/L；糖化血红蛋白：12.1%。

2 次血培养均提示：大肠杆菌，对阿米卡星、环丙沙星、左氧氟沙星、头孢吡肟、哌拉西林/他唑巴坦、头孢哌酮/舒巴坦、比阿培南均敏感，对氨苄西林、头孢唑林、头孢曲松、头孢呋辛酯均耐药。

患者住院期间处于月经期，未行尿常规及尿培养检查。

病毒系列、自身抗体未见明显异常。

肾脏 CT 提示：肾脓肿。

【问题8】该患者存在何种感染，存在哪些尿路感染的易感因素？

思路 1：患者肾脏 CT 提示肾脓肿，属于较为严重的上尿路感染，是在肾盂肾炎的基础上并发化脓性感染而形成。

思路 2：患者为青年女性，处于性活动活跃期，本身就是尿路感染的高发人群。

思路 3：患者未意识到自己存在糖尿病，导致长期高血糖，这是尿路感染的易感因素之一。因为高血糖可引起中性粒细胞吞噬能力和杀菌能力减弱，导致患者抵抗力低下；同时长期高血糖促使小血管硬化，造成机体重要脏器血液供给减少、功能减退，糖、脂肪和蛋白质代谢紊乱，致使身体营养不良、免疫功能下降；且糖分又是细菌的良好培养基，由此可见，糖尿病患者容易发生各种感染性疾病，而尿路感染是糖尿病最常见的合并症之一。

知识点

尿路感染的分类

根据感染部位，尿路感染分为下尿路感染和上尿路感染。下尿路感染主要为膀胱炎，常见症状为尿频、尿急、尿痛等；上尿路感染主要为肾盂肾炎，以发热、肾区疼痛较为多见。

根据有无基础疾病，尿路感染还可分为复杂性尿路感染和非复杂性尿路感染。

诊断复杂性尿路感染有 2 条标准，尿培养阳性以及包括以下至少 1 条合并因素：

1. 留置导尿管、支架管或间歇性膀胱导尿。
2. 残余尿＞100ml。
3. 任何原因引起的梗阻性尿路疾病，如膀胱出口梗阻、神经源性膀胱、结石和肿瘤。
4. 膀胱输尿管反流或其他功能异常。
5. 尿流改道。
6. 化疗或放疗损伤尿路上皮。
7. 围手术期和术后尿路感染。
8. 肾功能不全、移植肾、糖尿病和免疫缺陷等。

临床病例（续）

该患者入院后治疗过程如下：

1. 一般治疗　充分休息，注意个人卫生，多饮水，均衡营养，糖尿病饮食。

2. 降糖治疗　门冬胰岛素注射液 8U，早餐前皮下注射，门冬胰岛素注射液 8U，午餐前皮下注射，门冬胰岛素注射液 8U，晚餐前皮下注射，地特胰岛素注射液 6U，22：00 皮下注射，监测空腹及三餐后血糖。

3. 抗生素治疗　哌拉西林/他唑巴坦 4.5g，静脉滴注，1 次/8h，连用 3 日，患者体温逐渐降至正常。

【问题9】该患者选择的抗生素治疗是否合理？ 选择的原则是什么？

思路：抗生素的选用原则上应根据病原菌和类及病原菌药敏结果而定，在未获取以上资料时，应根据患者感染部位、发病情况、发病场所、既往抗菌药物应用史及其治疗反应等推测可能的病原菌，并结合当地病原菌耐药情况,先给予经验性抗菌药物治疗。待获知病原菌检测及药敏结果后,结合先前的治疗反应调整用药方案,对病原菌培养阴性的患者,应根据经验治疗的效果制订进一步诊疗措施。

知识点

尿路感染应用抗生素的疗程

1. 轻症上尿路感染通常选择口服抗生素,常用药物有喹诺酮类(如氧氟沙星、环丙沙星)、半合成青霉素(如阿莫西林)、头孢菌素(如头孢呋辛)等,治疗 14 日,治愈率可达 90%,如尿菌仍阳性,应参考药敏结果选用有效抗生素继续治疗 4~6 周。重症上尿路感染需住院治疗,应静脉给药,必要时联合用药,疗程不少于 2 周,经此治疗仍持续发热者,应注意肾盂肾炎并发症,如肾盂积脓、肾周脓肿、感染中毒症等。

2. 下尿路感染的抗生素疗程一般为 3~7 日,停服抗生素 7 日后,若仍有真性细菌尿,应继续给予 2 周抗生素治疗。

3. 反复发作尿路感染包括再感染和复发。对半年内发生 2 次以上的再感染患者可用长程低剂量抑菌治疗,即每晚临睡前排尿后服用小剂量抗生素 1 次,每 7~10 日更换 1 次药物,连用半年。复发且为肾盂肾炎者,在祛除诱发因素(如结石、梗阻、尿路异常等)的基础上,应按药敏结果选择强有力的杀菌性抗生素,疗程不少于 6 周,反复发作者,给予长程低剂量抑菌疗法。

4. 无症状性菌尿在有以下情况时应根据药敏结果选择有效抗生素,主张短疗程用药:

(1) 妊娠期。

(2) 学龄前儿童。

(3) 曾出现有症状感染者。

(4) 肾移植、尿路梗阻及其他尿路有复杂情况者。

临床病例(续)

患者经过上述治疗 14 日,感染指标均转阴,空腹血糖<6.0mmol/L,餐后血糖稳定在 7.0~9.0mmol/L,肾脏 CT 复查提示:脓肿较前变小。患者病情好转,安排出院,转回社区卫生服务中心进一步治疗。

【问题 10】该患者目前是否适合转回社区?

思路 1:社区卫生服务机构应积极主动与所在区域的上级医院建立畅通、互利的双向转诊渠道和机制,使有转诊需要的患者得到及时的专科医疗服务,避免延误病情;同时确保经上级医院治疗好转的患者能顺利转回社区卫生服务机构,减轻患者的就医负担,实现连续性医疗服务。

思路 2:上级医院可在以下情况下将患者转回社区卫生服务机构:诊断明确;治疗方案确定;病情已控制稳定。故该患者目前适合转回社区进一步治疗。

【问题 11】该患者转回社区后应该如何进行后续管理?

思路 1:该患者目前处于疾病恢复期,该阶段管理的主要目标是:防止进展、促进康复、避免复发。

思路 2:针对该患者,社区的后续管理主要包括 3 方面。

(1) 建立健康档案:患者患有 2 型糖尿病,应为其建立标准化的个人健康档案,建立随访记录表,指导其监测血糖,合理应用降糖药物,及时筛查糖尿病并发症,纳入社区长期健康管理。

(2) 健康教育:①多饮水、勤排尿,是最有效的预防方法;②注意会阴部清洁,勤洗澡,勤换衣物,保持衣物宽松干燥;③低糖饮食,注意营养搭配,多吃富含膳食纤维的食品可延缓食物吸收,降低餐后血糖高峰,有利于改善糖脂代谢紊乱;④居室应清洁、通风、向阳、冷暖适宜,避免居住潮湿环境;⑤加强体育锻炼,增加机体抵抗力,注意劳逸结合,如每日可坚持散步,以自我不感觉疲劳为度;⑥若尿路感染与性生活有关,建议性交后立即排尿。

(3) 心理疏导:患者为青年女性,患有 2 型糖尿病,需要终生应用降糖药物,对工作和生活造成诸多不便,易出现焦虑、抑郁、自卑等不良心理,应针对患者心理特征及时给予心理疏导;做好家人及亲友工作,为患者重塑信心。

　　总之,发热的病因复杂,但探究病因钓过程永远离不开详细的病史采集、深入细致的体格检查、对实验室检查和影像学检查技术的合理整合与运用,以及对侵入性操作的慎重选择。作为全科医生,要善于运用全科诊疗思维模式,即整体观、全人观、全家庭观,这不仅能扩大全科医生思维的宽度,更能让患者感受到来自医生全方位的关怀。

发热待查诊断思路(课件)

（王荣英）

第十三章 眩 晕

　　眩晕（vertigo）是自身或环境的旋转、摆动感或倾斜感，是一种主观的运动错觉；其发生是由于迷路、前庭神经或脑干的中枢前庭结构损伤或功能障碍所致的前庭系统不对称。眩晕是头晕（dizziness）的一种，在临床中多与头晕（自身不稳感）、头昏（头脑不清晰感）并存。眩晕/头晕常见的疾病谱中，前庭周围性病变占44%~65%，其中良性阵发性位置性眩晕（benign paroxysmal positional vertigo，BPPV）的发病率居单病种首位，其次为前庭神经炎（vestibular neuritis，VN）、梅尼埃病（Ménière disease）和突发性聋（sudden sensorineural hearing loss，SSHL）伴眩晕等；前庭中枢性病变中，脑干和小脑病变占7%~12%，前庭性偏头痛占6.7%~11.2%；此外，还有精神心理性头晕和全身疾病相关性头晕，以及部分病因不明的。眩晕/头晕可由许多疾病引起，可以是良性疾病，也可以是立即危及生命的疾病，因此，对于全科医生来说，尽早识别出需要紧急处理或转诊的眩晕患者，给予规范化诊疗至关重要。

临床病例

主观资料（S）：患者，男性，45岁，因"反复眩晕伴呕吐1个月"至全科门诊就诊。

【问题1】全科医生面对眩晕的患者，应该如何问诊？

　　思路1：临床中面对以"眩晕"为症状的患者，大多主述却为"头晕"，故应首先询问采集完整的病史以还原眩晕/头晕发作时的真实场景，准确掌握前庭症状的若干亚类的定义以正确描述平衡障碍的状态。询问眩晕/头晕的表现，包括起病形式、发作性质、发作程度、持续时间、发作频率等。眩晕/头晕是什么时候何种状态下发生的？急性突发的还是缓慢渐进的？反复发作还是持续进行性的？眩晕/头晕的性质是旋转性、浮动性、摇摆性还是站立不稳、地面移动或倾斜感等？发作的眩晕/头晕程度是剧烈的还是轻微的？持续多长时间了？反复发作的间歇期多久？

　　思路2：尚需进一步了解的病史包括有无诱发因素或加重因素、有无缓解因素、与体位的关系、有无伴随症状等。如眩晕因咳嗽、打喷嚏、用力或是过大的噪声（Tullio现象）而加重时，考虑可能是外淋巴瘘（中耳与内耳外淋巴隙之间异常相通）或是上半规管裂综合征。如每当头部处于一定位置时即发生眩晕，应首先考虑位置性眩晕；如头颈部过伸或侧转时诱发眩晕，应首先考虑颈椎病引起椎动脉受压所致；如头部突然转动时出现眩晕，应考虑第四脑室及某些颅后凹的肿瘤；站立位诱发的眩晕常见于直立性低血压等。伴随耳鸣耳聋明显者，应考虑前庭器官疾病所致；听神经病变时常伴有耳鸣及听力减退，如病变性质为肿瘤，则耳鸣及听力减退常为持续性和进行性。伴随恶心与呕吐者，是自主神经功能平衡失调的症状，应考虑梅尼埃病、晕动病等；颅后凹肿瘤直接（或颅内压增高间接）压迫第四脑室底部的呕吐中枢，也可出现眩晕伴呕吐。伴随眼球震颤者，在头部处于一定位置时方出现者考虑位置性眩晕；伴有垂直性眼球震颤、非共轭性眼球震颤，仅见于中枢性病变；眼球震颤与眩晕的消长相一致，应考虑为梅尼埃病。伴共济失调的眩晕，病变可能在小脑、颅后凹或脑干，如小脑和颅后凹的肿瘤、蛛网膜炎，以及椎基底动脉供血不足等。伴畏光、头痛或视觉先兆者，应考虑偏头痛性眩晕。

　　思路3：是否有药物使用史，如庆大霉素和链霉素的前庭毒性远大于其耳蜗毒性，可引起明显而持久的眩晕；水杨酸制剂可引起耳聋伴眩晕，但眩晕程度较轻，较易恢复；某些镇静药、催眠药、抗癫痫药和镇痛药，如氯丙嗪、地西泮、苯妥英钠、吗啡、哌替啶等均可产生眩晕的副作用，其特点是撤药后眩晕很快消失。是否有毒物接触史，如长期接触汞、铅、砷等重金属可损害耳蜗、前庭器和小脑；有机溶剂甲醛、二甲苯、苯乙烯、三氯甲烷等可损害小脑。是否有外伤史，如头颅外伤或颈椎损伤等，眩晕是头部外伤后常见的症状，常伴有头痛及其他大脑皮质功能减弱的症状。有无眩晕家族史或其他疾病史，如心血管系统疾病、中枢神经疾病、血液系统疾病(如贫血)、内分泌疾病、眼科疾病、精神疾病等,有无卒中危险因素等(如高血压、糖尿病、吸烟及心血管病史)。近期是否有病毒感染症状或发热性疾病等,如有近期病毒感染症状的眩晕患者可能提示急性前庭神经炎。

思路4:面对一名眩晕患者,还需了解眩晕对患者的影响,如有无并发跌倒等,有无失眠,有无食欲减退,有无日常生活自理能力受限等。

思路5:此外,还需了解患者的检查、治疗与护理的经过。患者接受过什么诊断性检查及其结果如何;是否服用过缓解症状的药物,药物的名称、剂量、效果、不良反应;有无采取前庭康复训练、手术治疗或心理治疗,效果如何;家庭成员的关心、照护如何等。

总之,作为一名全科医生,面对眩晕为主诉的患者时,不仅需要了解眩晕相关的鉴别诊断,还需要从其个人和家庭等多方面进行评估。

知识点

眩晕/头晕常见的疾病

1. 前庭中枢性病变 是中枢前庭通路病变导致,包括前庭核团,动眼神经核,中脑的整合中枢,前庭小脑、丘脑以及颞顶叶的多感觉前庭皮层区。常见疾病包括脑梗死、脑出血、多发性硬化、肿瘤、感染、变性病和前庭性偏头痛等。

2. 前庭周围性病变 前庭神经核团以下的前庭通路病变,是由于前庭神经末梢感受器(球囊、椭圆囊、半规管)、前庭神经或前庭神经节病变。常见疾病包括良性阵发性位置性眩晕、前庭神经炎、梅尼埃病、突发性聋伴眩晕等。

3. 精神心理性头晕 诊断尚无统一意见,常见疾病包括惊恐障碍、躯体形式障碍、广泛性焦虑障碍、抑郁症、精神分裂症、强迫症等。

4. 全身疾病相关性头晕 常见于部分贫血、低血糖、甲状腺功能减退或亢进、严重的心肌梗死或心律失常、心力衰竭、体液电解质或酸碱度紊乱、眼肌麻痹和屈光不正等,还有特殊疾病如直立性低血压、药源性眩晕、视觉性眩晕、晕动病等,应注意加以鉴别。

此外,仍有部分眩晕/头晕的病因不明。

Epley 耳石复位法(视频)

临床病例(续)

主观资料(S):患者,男性,45岁。因"反复眩晕伴呕吐1个月"至全科门诊就诊。通过进一步采集病史了解到以下情况:

患者于1个月前,在无明显诱因下出现眩晕且视物旋转,眩晕发作与头位变动无关,无头痛,无耳鸣,无听力下降,无视觉障碍,无眼球震颤,无复视等视觉障碍,无面瘫,无饮水或进食呛咳,无吞咽困难,无声音嘶哑或失声,无颈部疼痛,无肢体无力或麻木,无肢体震颤或肌阵挛。7日后再发眩晕伴恶心呕吐,呕吐一天一夜,呕吐物为胃内容物,无咖啡色样物质,无心悸,无出汗,无发热;于上级医院急诊就诊,头颅MRI显示右侧小脑软化灶,MRI弥散加权成像(DWI)序列右侧小脑近四脑室右后方小片高信号;两侧侧脑室旁白质多发缺血灶;两侧基底节区腔隙灶,脑血管周围间隙考虑;新发脑梗死不排除,考虑"脑梗死"后予以阿司匹林、氯吡格雷对症治疗。住院期间行颈动脉计算机体层血管成像(CTA)显示左侧颈总动脉近端混合型斑块、两侧颈内动脉床突上端细小钙化斑块;前庭神经MRI显示双侧内听道和所示前庭蜗神经未见异常。现患者转头时仍感到轻微眩晕伴恶心,无明显好转。否认近期病毒感染症状或其他疾病史。

自起病来,患者精神状态稍欠佳,食欲略下降。平时睡眠尚好,近1个月睡眠质量略下降,夜间偶醒,醒后可入睡(睡眠时间无变化)。大小便无明显异常,近期体重无明显改变。

既往史:既往糖尿病史9年余,精蛋白生物合成人胰岛素注射液(预混30R)17~20U早晚皮下注射、二甲双胍片0.5g早晚各一次口服,平时空腹血糖波动在8~9mmol/L,餐后2小时血糖控制在11mmol/L以下。否认其他药物使用史,否认高血压、心脏病、肿瘤等病史,否认肝炎、结核等急慢性传染病史。25岁曾有脑外伤史予以头皮清创缝合术。无药物过敏史。

　　个人史：无吸烟饮酒史。出生在本地，一直居住在本地，很少去外地。大学毕业，公司普通职员。无特别的个人爱好。未去过任何疫区，否认传染病接触史。否认药物成瘾史（女性尚需询问月经史）。

　　家族史：父母亲体健，儿女体健。家族中否认类似眩晕疾病史，否认有糖尿病、高血压等疾病患者，否认遗传性疾病家族史或传染病史。

　　【问题2】该患者的病例特点是什么？如何考虑其可能诊断？

　　思路1：该患者病史特点为，中年男性，急性起病，反复眩晕伴呕吐1个月。起病1个月内曾急诊行MRI检查显示右侧小脑软化灶，MRI DWI序列右侧小脑近四脑室右后方小片高信号；两侧侧脑室旁白质多发缺血灶；两侧基底节区腔隙灶，脑血管周围间隙考虑。新发脑梗死不排除，予以对症治疗后未见明显好转。住院期间行颈动脉CTA显示左侧颈总动脉近端混合型斑块、两侧颈内动脉床突上端细小钙化斑块；前庭神经MRI显示双侧内听道和所示前庭蜗神经未见异常。该患者既往糖尿病病史9年余，且血糖长期控制欠佳，故血管源性的中枢性眩晕可能性较大，小脑梗死或后循环缺血性发作等仍需进一步完善相关检查明确诊断。

　　思路2：该患者眩晕发作持续数周，病灶累及小脑，需要注意排除中枢神经系统脱髓鞘疾病如多发性硬化。

　　思路3：该患者眩晕反复发作伴呕吐，无耳蜗症状，无近期脑外伤史，需要注意排除周围性眩晕，如前庭神经炎。

　　总之，在考虑眩晕的主要病因时，不要忽略其可能的潜在危险因素。

知识点

小脑梗死

　　1. 小脑梗死病初可出现发作性眩晕，常合并延髓性麻痹、复视、面瘫、面部感觉障碍等脑神经损害的表现，有时合并霍纳征（Horner sign）。局限于内侧小脑后下动脉供血区内侧小脑蚓部的梗死常可引起眩晕迷路综合征；重度眩晕和突出的眼球震颤是其主要表现，部分患者还有躯干侧倾，其特征为感觉躯干被拽向病变同侧。全部小脑后下动脉供血区梗死常伴有水肿形成和占位效应，故称假肿瘤样小脑梗死；小脑大面积占位性梗死时，肿胀的小脑梗死区挤压脑桥被盖部，可发生特征性的动眼异常，其进展为双侧后，昏睡将转为深昏迷。

　　2. 小脑梗死的诊断标准　①急性起病，发作性眩晕（局灶神经功能缺损的表现），大多存在心脑血管危险因素。②影像学检查，进行脑部CT/MRI检查可确定责任病灶，尤其是发病早期MRI DWI扫描证实脑组织梗死。③排除其他原因（非血管性病因）引起的眩晕。

　　3. 小脑梗死治疗原则与脑梗死相同。

　　【问题3】除此以外，还需要注意与哪些疾病鉴别？

　　思路：

　　1. **多发性硬化**　最常见的中枢神经系统免疫介导性炎症性脱髓鞘性疾病，病灶累及脑干和小脑时可出现眩晕，可为位置性，持续数日甚至数周。诊断主要根据病史和体格检查，结合临床症状与MRI检查结果，证实中枢神经系统病灶在空间和时间两方面的多发性，并除外其他原因。

　　2. **前庭神经炎**　病毒感染前庭神经或前庭神经元，出现眩晕发作常持续24小时以上，伴剧烈呕吐等自主神经反应；部分患者病前有病毒感染史；无耳蜗症状；除外卒中及脑外伤；眼震电图（ENG）检查显示一侧前庭功能减退。

　　3. **椎-基底动脉系统血管病变**　椎基底动脉系统短暂性脑缺血发作（transient ischemic attack，TIA），发病急，反复发作，持续数分钟眩晕，脑神经系统损害症状全部或部分出现，发作间期无神经系统损害体征，MRI DWI序列扫描无新鲜梗死病灶；血管超声或经颅多普勒超声（transcranial Doppler，TCD）、CTA、磁共振血管成像（magnetic resonance angiography，MRA）和数字减影血管造影（digital subtraction angiography，DSA）等检查可确定椎基底动脉有无狭窄。锁骨下动脉盗血综合征，可表现为眩晕、视力障碍或小脑性共济失调，血管超声、TCD、CTA、MRA和DSA可明确诊断。

　　4. **小脑或脑干出血**　轻症表现为突发性头晕或眩晕，查体可见小脑性共济失调，大量出血的恢复期可出现头晕;需颅脑 CT 等影像学确诊。

5. 全身疾病相关性头晕　当病变损伤前庭系统时可引发眩晕,如血液病(贫血等)、内分泌疾病(低血糖等)、心血管疾病(低血压等)、眼部疾患(双眼视力显著不一致性等)等。

6. 脑干或小脑感染　急性起病,伴有发热等全身炎症反应,常有上呼吸道感染或腹泻等前驱感染史。除小脑和脑干损害的临床表现外,有时出现眩晕,脑脊液学检查是主要的确诊依据。

7. 肿瘤　小脑或脑干肿瘤,多亚急性或慢性起病,主要表现为小脑性共济失调、脑神经和交叉性锥体损害,有时合并眩晕发作。出现典型症状和体征时影像学多能明确诊断。

8. 精神疾病　焦虑抑郁患者出现头晕的比率较高,可伴发心悸等躯体化症状,而头晕和眩晕患者伴发精神障碍的比例也较高;诊断需全面问诊,辅助检查排除器质性病变。

9. 其他少见的中枢性眩晕　偏头痛性眩晕,中重度(干扰或限制日常活动)的发作性前庭症状,包括旋转性眩晕、位置性眩晕等;至少 2 次眩晕发作时出现 1 项偏头痛症状(如搏动样头痛、畏光、畏声、视觉或其他先兆);排除其他病因的偏头痛,且符合国际头痛疾病分类标准。癫痫性眩晕,属局灶性癫痫,以眩晕为主或仅为眩晕的癫痫实属罕见,持续数秒或数十秒;眩晕可以是部分性癫痫,特别是颞叶癫痫的先兆症状;眩晕发作时,脑电图在相应导联显示痫样波放电,诊断需排除其他原因。颈性眩晕,目前尚无统一标准;临床表现为眩晕或头晕,多出现在颈部活动后,伴颈部疼痛,部分患者颈扭转试验阳性;颈部影像学检查异常如椎体不稳、椎间盘突出等;多可有颈部外伤史;且排除其他原因即可诊断。

【问题 4】病史采集结束后,下一步体格检查应重点关注哪些方面?

思路:体格检查应重点关注神经系统局灶性损害的体征情况(有无脑神经损害,如小脑性共济失调体征包括步态异常或闭目难立,有无锥体束损害体征,有无肢体无力或震颤,有无眼球震颤、外展神经麻痹、眼睑下垂、视觉障碍,有无霍纳征,有无面瘫或面部感觉障碍,有无延髓性麻痹或构音障碍,有无桡动脉搏动减弱或收缩压患侧下降),以及诊室听力检查(对话复述或手指摩擦声听力测试或音叉检查)。此外也要关注一般生命体征,包括体温、脉搏和心率、呼吸、血压、意识、心脏的情况和精神状况(如是否存在抑郁焦虑状态)。

知识点

眩晕／头晕应重点关注的体格检查

对眩晕／头晕患者,除了常规的体格检查之外,应重视神经及耳科学的检查,包括自发性眼球震颤、视动性检查、前庭 - 眼反射以及前庭 - 脊髓反射等内容和诊室听力检查。眼球震颤、头脉冲试验和闭目难立征及加强试验均属于基础性的检查,对于鉴别中枢和周围前庭病变或判断前庭功能低下,具有极为重要的价值。眼偏斜反应和摇头性眼震试验对于部分中枢和周围前庭病变的鉴别有帮助;瓦尔萨尔瓦动作(Valsalva maneuver)诱导试验、耳屏压迫试验、强声诱发试验和瘘管试验等对于某些少见的周围前庭病变,具有一定的参考价值。位置试验对于良性阵发性位置性眩晕的诊断和鉴别诊断,具有重要的价值。

临床病例(续)

客观资料(O):

体格检查:体温 36.5 ℃,脉搏 80 次/min,呼吸 18 次/min,血压左上肢 110/70mmHg、右上肢 120/80mmHg。神志清楚,精神可,无明显抑郁或焦虑状态。面容正常,全身未见皮疹、未触及淋巴结肿大。双侧瞳孔等大等圆,直径 3mm,光反射灵敏,双侧眼球运动自如,无眼球内陷,无眼球震颤,无视觉障碍,无眼睑下垂,双侧额纹唇沟对称等深,霍纳征阴性,构音清楚,对话复述粗测听力检查未见异常。桡动脉搏动正常,心肺听诊无特殊,心率 80 次/min,律齐。四肢肌力 5 级,双侧键反射(-),肌张力正常,无肢体震颤或肌阵挛,双侧巴宾斯基征阴性,双侧深浅感觉正常,双侧指鼻试验阴性,双侧跟 - 膝 - 胫试验稳准,闭目难立征(-),直线行走步态平稳。头脉冲试验(-)。

【问题 5】结合上述查体结果,为明确诊断应进一步实施哪些辅助检查?

思路 1:上述查体结果正常,为进一步明确患者眩晕病因,在社区卫生服务中心为评估病情可行血常规、血液生化或免疫学检查、血清甲状腺功能、颈部动脉超声、颈椎 X 线、心电图等检查。

思路 2：针对眩晕但无神经系统体征的患者（不包括听力）在社区卫生服务中心可进行初步筛查，包括耳镜检查、听力学检查（包括纯音测试、言语测听），以及前庭功能检查（如转椅试验、前庭自旋转试验）等以刺激诱发前庭反应（如眩晕、眼球震颤等）；此外，还有诱发试验，如冷热试验、Dix-Hallpike 或仰卧滚转试验。

耳镜的使用（视频）
Dix-Hallpike 试验（视频）

知识点

针对眩晕 / 头晕的相关辅助检查

1. 耳部检查　包括耳镜检查、听力学检查（量化高频和低频的听力损失）和前庭功能检查。

2. 影像学检查　①神经影像学检查：如头颅 CT 或 MRI，有助于发现中枢性病变和前庭神经病变（如听神经瘤）；②血管影像：包括血管超声、TCD、CTA、MRA 和 DSA 等，确定血管病变；③耳部影像：耳部 CT 或 MRI 有助于明确耳部疾病；④颈部影像：如颈椎 X 线初步筛查颈椎损伤或畸形等，CT 或 MRI 有助于发现颅底高颈髓病变等。

3. 血液常规、生化、免疫学或激素检查　有助于发现眩晕相关的全身性疾病。

4. 电生理学检查　①眼震电图（ENG）和视频眼震电图（VENG）评估前庭功能和眼能动性，以区分中枢性和周围性病因；②前庭诱发肌源性电位（VEMP）用于判断球囊和椭圆囊及其通路的功能，包括颈性前庭诱发肌源性电位（cVEMP）和眼性前庭诱发肌源性电位（oVEMP）。

5. 其他检查　①脑电图检查用于确诊癫痫性眩晕；②脑脊液检查有助于明确病灶累及小脑或脑干的颅内感染、脱髓鞘病变等；③心电图、眼科检查等。

临床病例（续）

客观资料（O）：

上级医院头颅 MRI 显示右侧小脑软化灶，MRI DWI 序列右侧小脑近四脑室右后方小片高信号；两侧侧脑室旁白质多发缺血灶；两侧基底节区腔隙灶，脑血管周围间隙考虑；住院期间行颈部颈动脉 CTA 显示左侧颈总动脉近端混合型斑块、两侧颈内动脉床突上端细小钙化斑块；前庭神经 MRI 显示双侧内听道和所示前庭蜗神经未见异常。在社区卫生服务中心行血常规、血清生化和免疫检查、血清甲状腺功能、颈椎 X 线、心电图检查、听力学检查、耳镜检查，均正常。前庭功能检查阴性，包括转椅试验、前庭自旋转试验等刺激诱发前庭反应（如眩晕、眼球震颤等），以及诱发试验（如冷热试验、Dix-Hallpike 或仰卧滚转试验）。

【问题 6】该患者在基层就诊的初步评估是什么？在基层应如何处置？

思路：全科医疗中基层评估是指根据就诊者的主、客观资料和眩晕 / 头晕诊断流程（图 13-1）作出的初步印象、疾病诊断或健康问题评估。根据病史、体格检查和辅助检查结果，该患者在基层的评估（A）如下：①小脑梗死；②2 型糖尿病。在初步评估基础上，需要为患者制订基层初步计划，包括治疗计划、病患指导计划和健康管理计划等。

临床病例（续）

处置计划（P）：

1. 病因治疗　完善该患者的相关辅助检查以明确病因，及时采取针对性强的治疗措施。该患者为稳定期的缺血性卒中，应进行危险因素控制管理，包括抗血小板和抗凝治疗、降纤、他汀类药物调脂，同时改善脑血循环、神经保护治疗和控制颅内压等措施。如是缺血性卒中，在急性起病 3~6 小时的患者应及时进行转院予以溶栓治疗和并发症预防处理等。

2. 对症治疗　评估该患者需求，缓解主诉症状（如眩晕伴呕吐等），主要包括改善症状和心理治疗。急性期可采用前庭抑制剂控制症状（不适用于前庭功能永久损害者）。通过良好的医患沟通进行心理治疗，可消除眩晕造成的恐惧心理和焦虑、抑郁症状，必要时应使用药物治疗。

3. 前庭康复训练 主要针对因前庭功能低下或前庭功能丧失而出现平衡障碍的患者,多由于平衡障碍持续了较长时间且常规药物治疗无效。常用的训练包括适应、替代、习服、Cawthorne-Cooksey 训练等,其目的是通过训练,重建视觉、本体觉和前庭的传入信息整合功能,改善患者平衡功能,减少振动幻觉。

4. 手术治疗 对于药物难以控制的持续性重症周围性眩晕患者,则需考虑转院予以内耳手术治疗。

5. 病情监测和卒中并发症的预防管理 该患者既往糖尿病仍需控制血糖等治疗。根据诊治和用药计划需制订监测方案,密切关注患者生命体征和病情变化。采取合适的预防策略和治疗方法,以减少卒中并发症的发生。

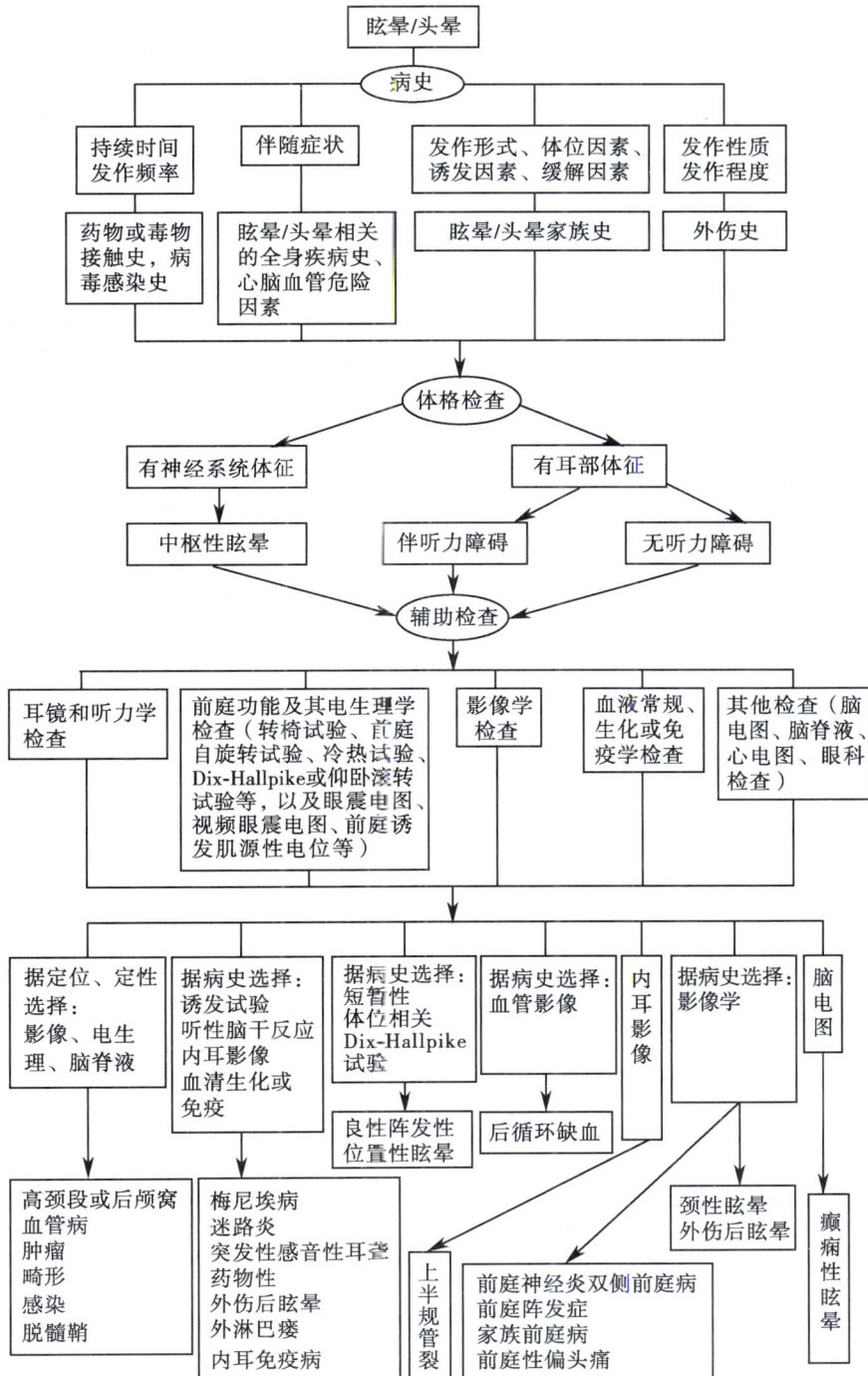

图 13-1 眩晕 / 头晕的诊断流程图

【问题7】哪些情况的眩晕患者,需要及时转诊给专科医生?

思路:在接诊眩晕患者时,若出现以下情况应及时转诊给专科医生。

1. 诊断不明确的血管源性疾病(如小脑或脑干的出血或梗死)或治疗效果欠佳的严重眩晕。

2. 神经系统损害症状明显加重或出现意识障碍者。

3. 出现新的体征或原有体征加重者,如进行性听力下降或耳聋等。

4. 眩晕怀疑为中枢神经系统炎症(脑干或小脑感染)或肿瘤者。

5. 颈椎 X 线发现齿状突半脱位等颅颈交界区畸形病变需进一步检查者。

6. 有严重基础疾病需住院治疗者。

7. 拟诊为中枢血管源性的缺血性发作、多发性硬化、前庭神经炎、抑郁或焦虑状态等需要进一步检查和专科治疗者。

【问题8】针对成人眩晕,全科医生应该如何进行患者教育?

思路:眩晕主要是自身或环境的旋转、摆动感或倾斜感,是一种主观的运动错觉,也是头晕的一种;头晕主要是自身不稳感。眩晕和头晕的发病机制不同,但有时两者是同一疾病在不同时期的两种表现,可伴发恶心、呕吐、眼球震颤及站立不稳或步态不稳等。

成人眩晕常见的原因包括良性阵发性位置性眩晕、梅尼埃病、前庭神经炎,脑部常见问题包括短暂性脑缺血发作、脑出血或梗死、多发性硬化,其他原因如头部受伤、药物、偏头痛等。一般情况下,如果因眩晕而站立或行走困难,则有摔倒的危险,故应防跌倒。

如果出现以下情况需要及时就诊:①眩晕伴发严重的头痛或新发头痛;②眩晕伴发热(体温高于38℃);③眩晕伴呕吐不止;④眩晕伴视物不清或复视、言语或听力障碍、肢体麻木或无力、面瘫、意识障碍;⑤眩晕伴胸痛;⑥眩晕患者年龄在60岁以上者;⑦眩晕患者既往曾有卒中史者;⑧眩晕患者有高血压、糖尿病或吸烟等卒中高发风险者。

在就诊时,医生为了寻找眩晕的病因,可能会进行神经系统检查、听力检查和前庭功能检查、耳镜检查、血液检查、头颈部或耳部 CT、头颈部或耳部 MRI、血管影像学检查、脑电图、心电图等。眩晕具体的治疗方法取决于具体的病因,如脑梗死在急性发作期 6 小时内需使用静脉溶栓治疗,前庭神经炎需使用激素和抗病毒治疗,多发性硬化需使用免疫干预治疗如皮质激素、干扰素、免疫抑制剂等。

(韩　珏)

第十四章 腹 痛

腹痛(abdominal pain)是临床常见的症状,多由腹腔内外组织或器官病变所致,也可由邻近脏器及全身性疾病引起。腹痛的部位、性质和程度多与病变器官和病变情况有关,也受神经和心理等因素的影响。腹痛病因较为复杂,机制亦不尽相同,故必须充分了解病史,认真进行体格检查,完成必要的辅助检查,甚至有创性检查,经综合分析判别后作出诊断。

临 床 病 例

主观资料(S):患者,男性,68 岁,右上腹及剑突下疼痛、腹胀 4 日就诊。

【问题 1】作为一名全科医生,对于腹痛患者,应该如何问诊?

思路 1:通过问诊了解腹痛的特点,主要包括疼痛和放射痛的部位、诱发和缓解因素,疼痛的性质和程度,疼痛发作的规律以及与体位的关系等。①腹痛起病情况是急骤或是缓慢,有无饮食、药物、外伤或手术等诱因。②腹痛的性质与病变性质密切相关,如绞痛多为空腔脏器痉挛、扩张或梗阻所致;烧灼痛多与化学性刺激有关,如胃酸;剧烈刀割样痛多为脏器穿孔或严重炎症所致;持续性钝痛可能为实质脏器牵张或腹膜外刺激所致;隐痛或胀痛可能与脏器轻度扩张或包膜牵扯等有关。③腹痛的部位多代表疾病部位,对牵涉痛的理解更有助于判断疾病的部位。④腹痛与进食、活动、体位等的关系等。

思路 2:询问腹痛的伴随症状对疾病的诊断及判断病情轻重十分重要。腹痛伴发热、寒战常提示炎症存在,可见于急性胆道感染、腹腔脓肿、肝脓肿,也可见于腹腔外疾病;腹痛伴休克同时有贫血者可能是腹腔脏器破裂,无贫血者见于胃肠穿孔、绞窄性肠梗阻、急性梗阻性化脓性胆管炎、急性出血坏死性胰腺炎;腹腔外疾病,如心肌梗死、肺炎等也可有腹痛与休克的表现;腹痛伴黄疸,可能与肝胆胰疾病有关,急性溶血性贫血也可出现腹痛与黄疸;腹痛伴血尿,可能为泌尿系统疾病,如泌尿系结石;腹痛伴恶心、呕吐、腹泻,提示胃肠道病变,呕吐量大提示胃肠道梗阻;伴反酸、嗳气提示消化性溃疡或胃炎。

思路 3:诊治经过:①患病以来是否到医院就诊?体格检查有哪些阳性发现?做过哪些辅助检查,例如血常规、尿常规、大便常规、肝肾功能等生化检查、腹部超声或 CT 检查、内镜检查、病理检查等,结果如何?②治疗和用药情况,效果如何,包括抗菌药物、解痉药物、质子泵抑制剂、生长抑素等的疗效。③患病以来一般情况,包括饮食、睡眠、大小便和体重变化情况等。

思路 4:既往史:有无糖尿病、冠心病、胃肠道疾病、肿瘤等慢性疾病史;有无结核、肝炎等传染病史;有无外伤、手术史;有无药物和食物过敏史;有无长期疫区居住史,如有疫区接触史要考虑寄生虫病;有无烟酒嗜好,如有酗酒史要考虑急性胰腺炎、急性胃黏膜损伤或慢性胃炎急性发作;有无职业或环境刺激暴露史。

思路 5:了解有无家庭不良生活事件,如家庭关系是否和睦、家庭经济收入是否稳定、家庭成员之间的关心照护如何等。如家庭成员之间关系冷漠,患者出现腹痛,需要注意其是否有什么话可能没有说,如做作性障碍(孟乔森综合征),患者可出现自己装病,欣然接受各种治疗手段,或者虚构家人生病而求得同情,严重的可出现对照顾对象投毒等。

总之,面对一名腹痛为主诉的患者,不仅需要了解腹痛相关的鉴别诊断,还需要从个人、家庭、社会多维度进行综合评估。

知识点

社区腹痛常用的分类方法:按腹痛起病缓急和持续时间分为两类,即急性腹痛与慢性腹痛。

1. 急性腹痛(acute abdominal pain)　特点是起病急骤、病因复杂、病情严重程度不一。有些腹痛如果诊断有误或者处理不当,将可能产生严重后果,甚至可能危及患者生命,因此,对于突然发生的腹痛千万不能掉以轻心。有些腹痛,患者可以自行在家处理,有些腹痛需要尽快去医院就诊,而有些腹痛则必须叫救护车接诊。急性腹痛按病因可分为以下几类:

(1)腹腔器官急性炎症:急性胃肠炎、急性胰腺炎、急性胆囊炎、急性盆腔炎等。

(2)腹腔脏器阻塞或扩张:肠梗阻、泌尿系结石梗阻、胆道结石等。

(3)腹腔脏器扭转或破裂:肠扭转、卵巢囊肿蒂扭转、肝破裂、脾破裂及异位妊娠破裂等。

(4)腹膜炎症:由胃肠穿孔引起。

(5)腹腔内血管阻塞或破裂:肠系膜血管栓塞、腹主动脉瘤破裂,以及胸、腹动脉夹层等。

(6)腹壁疾病:腹壁挫伤、腹壁带状疱疹等。

(7)胸腔疾病所致的腹部牵涉性痛:肺炎、急性心肌梗死、急性心包炎、胸膜炎等。

(8)全身性疾病所致的腹痛:腹型过敏性紫癜、尿毒症、铅中毒、糖尿病酮症酸中毒等。

2. 慢性腹痛(chronic abdominal pain)　对于急性腹痛而言,慢性腹痛病史较长,由数月至数十年不等,且病因不同,性质不定,一般呈间歇性发作,多为隐痛或钝痛。慢性腹痛诊断比较困难,因此容易误诊、误治。慢性腹痛分类具体如下:

(1)腹腔脏器的各种慢性炎症改变:慢性胃炎、慢性十二指肠炎、慢性胆囊炎、慢性胰腺炎、结核性腹膜炎、溃疡性结肠炎、克罗恩病等。

(2)消化道空腔脏器的运动功能障碍:功能性消化不良、肠易激综合征及胆道运动功能障碍等。

(3)胃十二指肠溃疡。

(4)腹腔脏器的扭转或梗阻:慢性胃肠扭转、十二指肠壅滞、慢性肠梗阻。

(5)腹腔脏器的被膜受到牵拉与扩张:实质性器官因病变肿胀,导致包膜张力增加而发生的腹痛,如肝淤血、肝炎、肝脓肿、肝癌等。

(6)中毒与代谢障碍:铅中毒、尿毒症等。

(7)肿瘤压迫及浸润:恶性肿瘤居多,与肿瘤不断生长、压迫和侵犯感觉神经有关。

临床病例(续)

主观资料(S):患者,男性,68 岁,"右上腹及剑突下疼痛,伴腹胀 4 日"就诊于全科门诊。

现病史:患者于 4 日前无明显诱因出现腹部疼痛,以右上腹及剑突下疼痛明显,呈持续性隐痛,阵发性加剧,改变体位时疼痛加重,伴腹胀,无腹泻,无畏寒、发热,无恶心、呕吐,无呕血、黑便、血便,无头晕、头痛,无胸闷、气促及心悸。在家自行服用"肠胃康",每次 8g,每日 3 次,共 2 日,未见明显缓解。自发病以来,精神、食欲及睡眠欠佳,大便未解,小便正常,近期体重无明显减轻。

既往史:有冠心病、心房颤动病史,否认胆结石、高血压、糖尿病、慢性肾脏病等病史,否认肝炎、结核等传染病病史,否认外伤、手术、中毒及输血史。否认食物及药物过敏史。

个人史:吸烟 30 余年,每日 10~20 支。否认饮酒史。喜食油腻食物。出生、居住在本地,未到过疫区。25 岁结婚,育有 2 子,配偶及孩子均体健,家庭成员之间关系和睦。经济收入稳定,高中文化,治疗依从性好。

家族史:患者父亲因肺癌病故,母亲已去世。兄妹 3 人均健康。家族成员中无类似疾病史,否认家族传染性疾病史,否认糖尿病、高血压等慢性遗传性疾病史。

【问题 2】该患者的症状特点是什么?具备这些症状的常见疾病有哪些?

思路:该患者为老年男性,右上腹及剑突下疼痛,伴腹胀 4 日,提示急性腹痛。对于急性腹痛,首先需要定位。该患者右上腹疼痛,多见于胆石症、胆囊炎、肝脓肿等;剑突下疼痛则可由胃十二指肠或胰腺病变引起。但是需要注意,疼痛部位有时并非病变部位,也可由躯体性疼痛或牵涉性疼痛引起。其次,该患者腹痛性质呈持续性隐痛,阵发性加剧,4日来无明显缓解,应注意空腔脏器的绞痛,如胃肠绞痛、胆绞痛、肾绞痛,但需要进一步完善相关检查以明确诊断。

知识点

腹痛按发病机制分为三种:内脏性腹痛、躯体性腹痛和牵涉性腹痛。

1. 内脏性腹痛　由自主神经的痛觉纤维传导,因空腔脏器的平滑肌过度收缩、牵拉、扩张,或实质脏器的包膜张力增高或炎症而引起。前者多为阵发性绞痛,后者多为钝性疼痛。内脏性腹痛对针刺、切割和烧灼等刺激不敏感,但对空腔脏器突然扩张膨胀、平滑肌痉挛、化学刺激等极为敏感。特点:疼痛弥漫、定位不明确,常伴有迷走神经兴奋症状,如恶心、呕吐、出汗等。

2. 躯体性腹痛　来自腹膜壁层及腹壁的疼痛刺激经体神经传至脊神经根,反映到相应脊髓节段所支配的皮肤。特点:与内脏性腹痛相比,疼痛更剧烈而局限,定位较准确,疼痛持续时间更持久,局部可有腹肌紧张、反跳痛。咳嗽、体位改变时腹痛可加重。

3. 牵涉性腹痛　又称感应性腹痛,是腹部脏器引起的疼痛刺激经内脏神经传入,影响相应脊髓节段而定位于体表所致,更多具有体神经传导特点。感觉疼痛的部位与疼痛的来源部位不同,但为同一脊髓节段背根神经所支配的皮肤感觉区。特点:疼痛剧烈,定位明确,易被识别。

【问题3】还有什么重要的不能被忽略的疾病?

思路1:该患者表现为右、中上腹疼痛,伴腹胀,有肿瘤家族史,需要注意排除胃癌、肝癌、胰腺癌或胆道恶性肿瘤等。

思路2:患者为老年男性,有冠心病、心房颤动病史,也要注意排除急性下壁心肌梗死、肠系膜上动脉栓塞或腹主动脉夹层动脉瘤等。

总之,在考虑腹痛的主要病因时,不要忽略其他可能的严重致命性疾病。

知识点

对于在社区工作的全科医生,不遗漏严重的、危及生命的疾病很重要。上腹部疼痛患者,有些疾病不能被忽略。

1. 消化道恶性肿瘤　部分消化道恶性肿瘤早期症状不明显,超过50%的患者就诊时已经是肿瘤晚期。消化道恶性肿瘤常见症状有上腹部不适或疼痛、食欲减退、消瘦、乏力、恶心、呕吐、黑便、腹泻、便秘、黄疸、发热等。肿瘤位于胃贲门可有进食梗阻感,位于幽门则有进食后饱胀感,肿瘤破溃出血可出现呕血或黑便。早期常无明显体征,晚期可扪及上腹部包块,发生远处转移时,根据转移部位可出现相应体征。

2. 急性下壁心肌梗死　表现为剑突下或上腹部持续性压榨样痛,伴大汗淋漓、恶心、呕吐、面色苍白等,含服硝酸甘油无效。上腹部可有轻压痛,但无肌紧张和反跳痛。根据心电图和血清心肌损伤标志物可以鉴别。

3. 肠系膜血管栓塞　危险因素有高龄、动脉粥样硬化、低心输出量状态、心律失常(如心房颤动)、严重的心脏瓣膜疾病、近期心肌梗死及腹腔内恶性肿瘤等。发病开始表现为突发的剧烈腹痛,并伴有排便、恶心、呕吐。随着病情进展,腹胀逐渐加重,出现腹膜炎体征、肠鸣音消失,进而迅速出现休克。腹部X线片可见肠管扩张、气液平面。超声、磁共振血管成像或血管造影可明确诊断。

4. 腹主动脉瘤　多数腹主动脉瘤的患者无症状,但通过体格检查可发现搏动性包块、血管杂音,或通过腹主动脉超声筛查发现。当症状出现时,常表现为腹痛、背痛、腰痛,也可发生血栓栓塞导致肢体缺血症状。出现症状的动脉瘤其破裂风险增加,并伴高死亡率。

【问题4】有无可能导致腹痛而容易被遗漏的潜在病症?

思路:该患者表现为上腹部疼痛,往往容易忽略或遗漏一些潜在的、有着许多共同特点的疾病,如脊柱疾病、肾盂肾炎、带状疱疹、糖尿病酮症酸中毒、药物的不良反应等。这些疾病在全科诊疗中较为常见,同时也容易漏诊。

知识点

一些在全科诊疗中常见却容易被忽略的疾病,应该如何鉴别?

1. 脊柱疾病 常见的疾病如脊柱侧弯、脊椎炎、脊柱关节炎、胸椎结核、脊柱转移瘤、椎间盘突出症等,可压迫神经根而出现疼痛,疼痛多在体位扭转、屈曲、咳嗽、排便时加重。此外,要注意以腹痛为首发症状的老年人脊柱压缩性骨折,通过脊柱CT检查不难鉴别。

2. 肾盂肾炎 多数的急性肾盂肾炎患者有腹部绞痛,沿输尿管向膀胱方向放射,但多以单侧或双侧腰痛为主,同时伴有明显发热、寒战的全身中毒症状,以及尿频、尿急、尿痛的膀胱刺激症状,肋脊角有明显压痛,肾区叩痛阳性。尿检菌落计数及白细胞计数均阳性。

3. 带状疱疹 主要表现是发病部位的带状皮疹及神经痛。在腹部可表现为腹痛。患处皮肤灼热感,触之有明显的痛觉,持续1~3日,随后出现粟粒至黄豆大小的丘疹,簇状分布而不融合,继之迅速变为水疱,疱液澄清,外周绕以红晕,各簇水疱群间皮肤正常;皮损沿某一周围神经呈带状排列,多发生在身体的一侧,一般不超过正中线。神经痛为本病特征之一,显著者易误诊为肋间神经痛、胸膜炎及急性阑尾炎等急腹症,需加注意。

4. 糖尿病酮症酸中毒 多数的糖尿病酮症酸中毒患者,尤其是1型糖尿病患者,可有广泛性急性腹痛,易误诊为急腹症,要引起重视。但诊断并不困难,多有已确诊的糖尿病病史或发病前有多饮、多食和多尿症状,血糖、血酮体、血气分析能提供充足的诊断依据。

5. 药物不良反应 很多药物可引起不同程度、不同类型的消化道症状。由于药物直接刺激或对损伤的消化道黏膜修补再生功能的抑制,引起腹痛、口干、恶心、呕吐、腹泻,甚至便血,如激素、非甾体抗炎药、烷化剂、抗癌药及抗生素等引起的消化道症状。

临床病例(续)

客观资料(O):体温36.3℃,脉搏78次/min,呼吸18次/min,血压118/82mmHg,神志清楚,精神疲倦,对答切题,表情自然,体胖,体重指数28.6kg/m²,自动体位,呼吸平顺。全身皮肤黏膜无黄染,未见肝掌及蜘蛛痣,无皮下出血点及皮疹,全身浅表淋巴结未触及肿大。口唇无发绀。颈软,颈静脉无怒张。胸廓对称无畸形,双肺叩诊呈清音,双肺呼吸音清,未闻及干湿啰音。心浊音界正常,心率92次/min,心律不齐,第一心音强弱不等,各瓣膜听诊区未闻及杂音。腹部平坦,未见胃肠型及蠕动波,未见腹壁静脉显露及曲张。腹软,右上腹部及剑突下有压痛,无反跳痛,全腹未触及包块,肝、脾肋下未触及,胆囊触痛阳性,麦氏点无压痛,肝上界位于右锁骨中线第5肋间,肝区有叩击痛,肾区无叩击痛,移动性浊音阴性,未闻及气过水声,肠鸣音5次/min,未闻及血管杂音。双下肢无水肿。

【问题5】对于腹痛患者体格检查要注意哪些要点?

思路:生命体征、精神状态和体位往往提示病情轻重。该患者生命体征平稳、神志清楚、对答切题、精神疲倦,提示非危急重症。体位改变对某些疾病诊断有一定意义,如强迫体位是患者为减轻疼痛被迫采取的特殊体位。该患者为自主体位,提示为轻症或疾病早期。局部压痛往往提示病变所在。该患者右上腹及剑突下压痛,多见于肝、胆、结肠肝曲疾病,以及胃、十二指肠、胰腺等疾病;腹软,无反跳痛,提示尚未并发腹膜炎;未见肠型、蠕动波,未闻及气过水声,肠鸣音5次/min,可排除胃、肠梗阻;麦氏点无压痛不支持阑尾炎。胆囊触痛阳性,支持存在胆囊病变。肝脾胰未及肿大,腹部未及包块,腹部移动性浊音阴性,不支持肝硬化、胰腺炎或肠道肿瘤。心肺查体可了解是否存在心血管或呼吸系统疾病所致腹痛。该患者心脏听诊提示心律不齐,要注意心房颤动引起的肠系膜上动脉栓塞。双肺查体正常,不支持肺炎。腹部血管杂音对诊断腹部血管疾病有一定意义。该患者腹部血管听诊未闻及动静脉杂音,不支持存在血管相关疾病。

无论任何病症,查体首要关注生命体征,即体温、血压、脉搏、呼吸。检查一般情况:神志、面容、体位等,有一些疼痛与体位相关,如胆绞痛、肾绞痛患者出现蜷曲体位。对于腹痛患者的查体重点是腹部的视、听、触、叩。①通过视诊观察腹部外形、呼吸运动、腹壁皮肤、腹壁静脉、胃肠型和蠕动波以及疝等情况。②听诊了解肠鸣音、血管杂音、摩擦音和搔弹音。③触诊是腹部检查最重要的部分,对腹部病变的定位有着重要的意义。根据检查部位和目的不同,可用浅部或深部触诊法。触诊的内容包括:腹部皮肤弹性,腹壁静脉血流方向,腹壁紧张度、压痛和反跳痛,腹部包块,液波震颤及肝脾等腹腔脏器的情况。④叩诊可叩知某些脏器的大小,检查有无叩击痛、胃肠道充气、腹腔内积气、积液和肿块等情况。此外,上腹部疼痛还应排除心肌梗死、肺炎等可能,需要进行心肺体格检查。怀疑存在内痔、肛瘘、直肠癌、前列腺癌等疾病时,需要进行直肠检查。

【问题6】综上考虑什么诊断? 为明确诊断需做哪些辅助检查?

思路1:患者老年男性,右上腹及剑突下疼痛,伴腹胀4日就诊。腹痛性质呈持续性隐痛,阵发性加剧。4日来无明显缓解。喜食油腻食物。查体:体胖,腹平软,右上腹部及剑突下有压痛,胆囊触痛阳性,无反跳痛。初步考虑为急性胆囊炎。

思路2:为明确诊断与鉴别诊断,需做以下辅助检查:血常规、尿常规、肝功能、血糖、胰腺炎筛查指标(淀粉酶、脂肪酶)、凝血功能测定、心肌损伤标志物、肝胆脾胰肾超声、心电图、胸部X线片等。

针对腹痛的相关辅助检查及其鉴别意义

1. 实验室检查

(1)常规检查:白细胞及中性粒细胞计数增高或出现中毒颗粒,提示细菌感染性疾病;嗜酸性粒细胞增高,多见于过敏、寄生虫病;淋巴细胞增高,可见于结核病等;红细胞和血红蛋白减少,多见于腹腔内出血或消化道出血疾病。尿中出现大量红细胞,提示泌尿系结石、肿瘤或外伤(女性需排除月经期干扰);尿白细胞增高,提示尿路感染;尿比重增高,提示存在脱水;尿酮体和尿糖注意糖尿病酮症。尿卟啉和尿卟胆原均阳性,提示急性间歇性肝卟啉病。大便隐血阳性,可见于溃疡或肿瘤等引起的消化道出血、痔疮出血;粪便镜检找虫卵对肠寄生虫病有诊断价值。怀疑肠道感染时,需镜检找白细胞和粪病原菌培养。

(2)生化检查:血、尿淀粉酶及血脂肪酶升高提示胰腺炎;血糖与血酮体的检测可用于排除糖尿病酮症引起的腹痛;考虑肝胆疾病需做肝功能检查;电解质异常,注意低血钾或低血钙等所致腹痛可能;考虑急性心肌梗死时,需查心肌酶谱、肌钙蛋白;肝肾功能、超敏C反应蛋白、降钙素原等可以帮助判断感染严重程度;考虑妊娠时需行血、尿绒毛膜促性腺激素检测。

(3)免疫检查:怀疑胰腺癌查糖类抗原19-9(CA19-9),怀疑肝癌查AFP,怀疑胃肠道肿瘤查癌胚抗原等,如肿瘤标志物升高,需考虑有恶性肿瘤性疾病。抗核抗体谱、抗磷脂抗体阳性,补体低下,考虑系统性红斑狼疮活动;抗心肌抗体、抗A组链球菌壁多糖抗体阳性,考虑风湿热可能。

2. 影像学检查

(1)超声检查:对于腹痛患者,超声检查为首要的影像学检查方法之一。如果超声已明确诊断,不推荐再行CT检查。超声可了解肝、胆道、胰、脾和泌尿系有无病变,明确是否存在腹水,并估计积液量。对于胆囊结石、泌尿系结石、腹腔脓肿、异位妊娠、卵巢囊肿等疾病具有诊断价值。

(2)X线检查:腹部X线片检查在腹痛的诊断中应用较广。膈下游离气体,考虑胃肠道穿孔;肠腔积气扩张、肠中多个液平,即可诊断肠梗阻;输尿管钙化影,提示输尿管结石。X线钡餐或钡剂灌肠检查,可发现消化道溃疡、肿瘤或梗阻,但急性腹痛未排除消化道穿孔时不宜使用钡剂,可用水溶显影剂(如泛影葡胺)代替。

（3）影像学检查：CT 或 MRI 在腹痛鉴别诊断中的作用日益凸显。主要用于实质性脏器破裂、炎症、脓肿、肿瘤等的鉴别。CT 对于判断肠梗阻的部位有帮助。增强 CT 或血管造影对于血管性疾病的诊断很有价值。腹腔气体干扰胆总管下端显示不清可行增强 CT 或磁共振胆胰管成像（MRCP）。怀疑有尿路异常可行静脉或逆行肾盂造影。

（4）其他辅助检查

1）心电图：可用于鉴别急性心肌梗死、心绞痛等心脏疾病引起的上腹痛。

2）内镜检查：根据腹痛不同部位的需要，可进行胃镜、十二指肠镜、小肠镜、结肠镜、腹腔镜、胆道镜等检查（疑有空腔脏器穿孔者，不宜做该项检查）。应用内镜可直接观察消化道内腔，包括溃疡、出血、炎症、肿瘤等病变。内镜逆行胰胆管造影、经皮肝穿刺胆管造影术有助于胆道和胰腺病变的诊断。膀胱镜可用于诊断膀胱炎症、结石及肿瘤。腹腔镜则对腹腔炎症、肿瘤或粘连等有较高诊断价值。

3）腹腔穿刺：可用于获取腹水进行实验室检查、放腹水减轻症状或向腹腔内注药治疗。腹痛诊断未明确，发现腹水者，可考虑行腹腔穿刺快速诊断及鉴别诊断。但需警惕有禁忌证。

4）脑电图：考虑有腹型癫痫时可行脑电图检查。

【问题 7】腹痛的鉴别诊断思路。

腹痛的鉴别诊断流程见图 14-1。

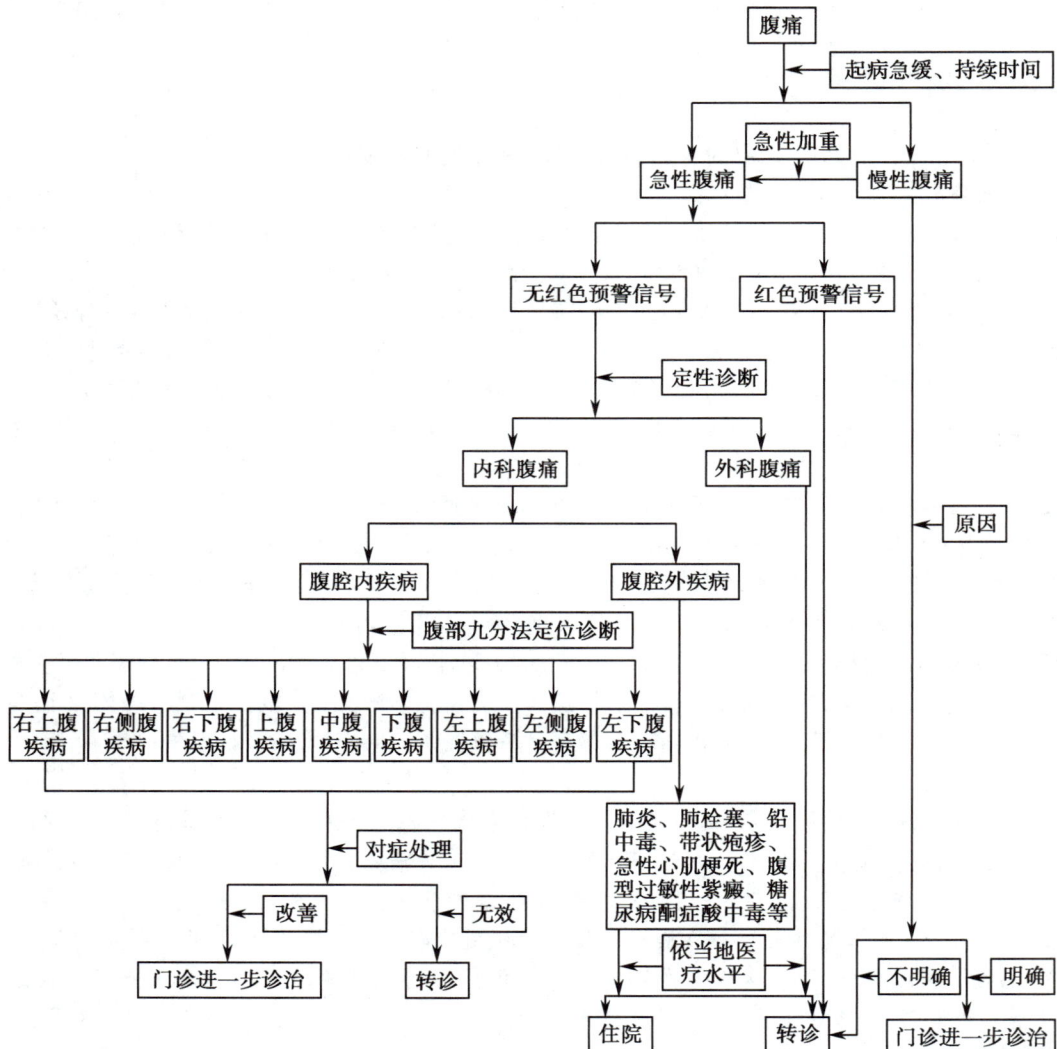

图 14-1　腹痛鉴别诊断流程图

临床病例（续）

客观资料（O）：

血常规：白细胞计数 15.11×10^9/L，中性粒细胞百分比 83.3%，红细胞计数 4.31×10^{12}/L，血红蛋白 129g/L，血小板计数 100×10^9/L；超敏 C 反应蛋白 133.3mg/L；肝功能：谷草转氨酶 37U/L，谷丙转氨酶 25U/L，γ- 谷氨酰转肽酶 26U/L，总胆红素 20.9μmol/L，直接胆红素 5.7μmol/L，白蛋白 36.8g/L，白蛋白 / 球蛋白 1.08；肾功能、电解质、血糖、淀粉酶、脂肪酶、肌酸激酶司工酶和肌钙蛋白、凝血功能均未见异常；心电图：心房颤动，T 波改变；肝胆脾胰肾超声：肝稍大，胆囊增大乒胆囊壁乇糙增厚，胆囊腔内胆泥淤积，肝内外胆管未见扩张，胰腺、脾脏、双肾未见异常；胸部 X 线片：主动脉弓迂曲，心影增大。

【问题8】 在基层对该患者的病情评估（A）是什么？全科医生应如何处置？

思路1：疾病诊断：急性结石性胆囊炎。

健康问题评估：①急性起病，目前患者腹痛仍持续存在，应立即治疗；②危险因素有喜食油腻食物、吸烟、体胖等，需改变生活方式；③合并冠心病、心房颤动，需规范治疗、二级预防；④经济收入稳定，高中文化，治疗依从性好，家庭关系和睦。

思路2：该患者诊断为急性结石性胆囊炎，右上腹和剑突下持续性疼痛，阵发性加剧，4 日未缓解，需要转诊。

思路3：转诊前，全科医生要做什么？

全科医生作为居民健康守门人，应充分评估腹痛患者全身情况和腹部情况，掌握本疾病的转诊指征。对于危、急、重症应立即建立静脉通道，给予抗感染、抑酸、补液等，与上级医院联系开通绿色通道、救护车转诊。对于非危重患者，全科医生应书写转诊单，为患者预约专科门诊。

急性胆囊炎严重程度评估见表 14-1。

表 14-1　急性胆囊炎严重程度评估

程度	表现
轻度	胆囊炎症较轻
中度	符合以下任何一项： 1. 白细胞计数增高，通常 $>18 \times 10^9$/L 2. 右上腹可扪及触痛性包块 3. 发病持续时间在 3 日以上 4. 局限性炎症：肝脓肿、坏疽性胆囊炎、胆囊周围脓肿、腹膜炎、气肿性胆囊炎等
重度	有以下任何一个系统功能障碍： 1. 心血管系统：低血压或休克，需用血管活性药，如多巴胺或去甲肾上腺素 2. 神经系统　意识不清 3. 呼吸系统　$PaO_2/FiC_2 < 300mmHg$ 4. 肾功能：血肌酐 $>176.8μmol/L$ 5. 血液系统：血小板计数 $<10 \times 10^9$/L，国际标准化比值（INR）>1.5

知识点

腹痛的转诊指征

1. 腹痛经处理无改善。
2. 需外科或妇产科干预的急腹症。
3. 慢性腹痛原因不明。
4. 铅中毒、糖尿病酮症酸中毒等全身性内科疾病。
5. 生命体征不平稳等病情危重者。

临床病例(续)

处置计划(P):

1. **诊查计划**　①行胃镜检查,排除有无胃、十二指肠器质性病变;②腹部 CT 平扫＋增强、磁共振胆胰管成像。

2. **治疗计划**　①急性期禁食或无脂饮食;②选择针对革兰氏阴性菌及厌氧菌有效的抗菌药,利胆,解痉镇痛,补液,维持水、电解质及酸碱平衡等;③进行相关饮食、保暖等健康宣教。

【问题 9】该患者是否有外科治疗指征?

思路:该患者诊断急性结石性胆囊炎,一般先采用非手术治疗,既控制炎症,又为术前准备。非手术治疗期间应密切观察患者全身和局部变化,以便随时调整治疗方案。大多数患者经上述治疗后,病情能够控制,择期行手术治疗。

知识点

急性结石性胆囊炎的手术指征及手术方法

1. 手术指征

(1)发病在 72 小时以内者。

(2)采用非手术治疗无效,症状无缓解,或病情反而加重者。

(3)有胆囊穿孔、弥漫性腹膜炎、急性化脓性胆管炎、急性坏死性胰腺炎等并发症者。

2. 手术方法

(1)胆囊切除术多由腹腔镜完成,与开腹胆囊切除术相比,腹腔镜具有美观、术后痛苦少、住院时间短等优点。

(2)胆囊造瘘。

(3)超声引导下经皮经肝胆囊穿刺引流术。

【问题 10】针对腹痛患者(以胆囊炎为例),全科医生应该如何进行患者教育?

思路:针对腹痛患者进行健康教育,应从四个方面入手,即腹痛相关知识、饮食、心理、随访。

1. 腹痛相关知识的普及　有些腹痛可自行缓解,有些则会进行性加重,常因患者重视不足而延误治疗时机。故应让患者对腹痛有一定的了解,让患者知晓什么是急腹症、急腹症的病因或诱因、何时需要就诊、需要做哪些检查、如何治疗等常识。

2. 饮食教育　对于急腹症病因不明,尤其是不排除外科性腹痛时应禁食、禁水。待病因明确,充分评估病情后再决定是否进食。以急性胆囊炎为例,发作时应禁食或无脂饮食,缓解期或慢性期以低脂肪、低胆固醇饮食为主。适当摄入蛋白质、碳水化合物及复合维生素,避免辛辣刺激性食物。同时注意饮食卫生。

3. 关注心理　已患有胆石症、胆囊炎患者,应积极配合治疗,避免紧张,保持心情舒畅,戒烟限酒,适当运动,按时用药,预防复发。

4. 定期随访　应重视对本病癌变的监测,定期随访复查腹部超声或 CT,以便对恶变患者早发现、早诊断、早治疗,提高其生存质量。

(顾申红)

第十五章　腰背痛

腰背痛(lumbodorsalgia)是指肋缘以下、臀横纹以上及两侧腋中线之间区域内的疼痛与不适,伴或不伴大腿牵涉痛,由此区域的神经、肌肉、骨骼、内脏病变引起,是全科门诊就诊常见的临床症状之一。全球普通人群过去1年腰背痛的患病率为38.1%。80%~85%的人在一生中经历过腰背痛。中国基于功能社区和职业人群的研究显示,腰背痛患病率达42.7%~72.0%。腰背部支撑上半身,活动范围大,如果出现疼痛,尤其是慢性疼痛将会严重影响患者运动功能,使生活质量下降。腰背痛还是耗费医疗费用和造成生产力损失的重要原因,给个人、家庭和社会造成沉重负担。早期诊断、明确致痛原因、做好鉴别诊断,是全科医生的主要任务。

临床病例

主观资料(S):患者,男性,40岁,因"反复腰背痛5年,加重10日"至全科门诊就诊。

【问题1】作为一名全科医生,面对一位腰背痛的患者应该如何问诊呢?

思路1:首先要围绕腰背痛的"痛"来问诊。如疼痛的诱因、部位、性质、持续时间和程度、缓解或加剧的因素等。

①疼痛的诱因及缓解或加剧的因素:腰肌劳损因劳累和活动过多时加重,休息时缓解;风湿性腰背痛在天气变冷或潮湿阴冷环境下加重;腰椎间盘突出症在咳嗽、打喷嚏和用力大小便时加重;盆腔妇科疾病常在月经期加重。②起病缓急:腰部外伤、肾结石及胆道胰腺疾病起病急骤;腰椎结核、腰肌劳损起病缓慢。③疼痛部位:脊柱或软组织病变引起的疼痛一般在病变部位;胸膜肺部病变引起的一般是颈胸背部疼痛;胃肠胰腺及泌尿系统病变引起的一般是中腰背部疼痛;前列腺炎、子宫、附件等病变引起的是腰骶部疼痛。④疼痛性质:骨折、急性扭伤为锐痛,化脓性炎症为跳痛,陈旧性损伤为胀痛,肾结石为腰部绞痛。⑤疼痛持续时间:外伤或感染患者能准确指出疼痛时间,慢性累积性疼痛患者只能指出大概时间。⑥疼痛程度:急性外伤、炎症、泌尿系结石、脊椎肿瘤压迫神经根等疼痛程度较剧烈;腰肌慢性劳损、腰肌筋膜炎和盆腔脏器炎症引起的疼痛一般较轻微。

思路2:还需进一步了解伴随症状。

1. 伴脊柱畸形　外伤后畸形多为脊柱骨折、错位所致;自幼畸形多为先天性脊柱疾病所致;缓慢起病者见于脊柱结核和强直性脊柱炎。

2. 伴活动受限　见于脊柱外伤、强直性脊柱炎、腰背部软组织急性扭挫伤。

3. 伴发热　伴长期低热者见于脊柱结核和类风湿关节炎;伴高热者见于化脓性脊柱炎和椎旁脓肿。

4. 伴尿频、尿急及排尿不尽　见于尿路感染、前列腺炎或前列腺肥大;腰背剧痛伴血尿,见于肾或输尿管结石。

5. 伴嗳气、反酸和上腹胀痛　见于胃、十二指肠溃疡或胰腺病变。

6. 伴腹泻或便秘　见于溃疡性结肠炎或克罗恩病。

7. 下腰痛伴月经异常、痛经、白带过多　见于宫颈炎、盆腔炎、卵巢及附件炎症或肿瘤。

思路3:了解疼痛的演变过程。

反复出现反复缓解,但不留畸形则考虑腰肌筋膜炎;进行性加重则考虑腰椎间盘突出症、脊椎结核及肿瘤。

思路4:了解患者的职业特点。长期弯腰或负重的工作易造成腰段脊柱退变或损伤,故相关职业者(汽车驾驶员、铸造工等)容易产生椎间盘突出症。

思路5：还需了解患者的既往诊断、检查及其结果、治疗及治疗效果。

引起腰背痛的病因较多，机制复杂。全科医生面对腰背痛为主诉的患者，不仅需要掌握腰背痛相关疾病的鉴别诊断，还需要从机械性因素、化学性因素及社会心理学因素等进行分析。

知识点

腰背痛分类

按腰背痛的病因分为特异性腰背痛与非特异性腰背痛两大类。

1. **特异性腰背痛** 是能找出相应病因的腰背痛，按病因分为：

(1) 脊柱病变

①损伤：骨折或脱位、椎间盘突出、腰椎滑脱、椎弓崩裂；②炎症：结核、骨髓炎、强直性脊柱炎、类风湿关节炎；③退变：骨质疏松症、腰椎骨关节炎、小关节紊乱；④发育及姿势异常：脊柱裂、侧凸、后凸、移行椎、水平骶椎；⑤肿瘤或类肿瘤：血管瘤、转移性肿瘤、嗜酸性肉芽肿。

(2) 软组织疾病

①腰扭伤、腰背筋膜脂肪疝、腰肌劳损、腰3横突综合征；②炎症：筋膜炎、血管炎、神经炎、纤维织炎；③发育及姿势异常：脊肌瘫痪性侧弯；④肿瘤或类肿瘤：脂肪瘤、纤维瘤、血管瘤。

(3) 椎管疾病

①损伤：陈旧性骨折脱位、畸形、硬脊膜囊肿；②炎症：蛛网膜炎、脊髓炎、神经根炎；③退变：椎管狭窄、黄韧带肥厚、椎体后缘骨赘；④发育及姿势异常：神经根和神经节变异、血管畸形、脊膜膨出、神经根管发育狭窄；⑤肿瘤或类肿瘤：脊髓及神经根肿瘤等。

(4) 内脏疾病

①损伤：肾挫伤；②炎症：消化性溃疡、胰腺炎、前列腺炎、肾炎、肾盂肾炎、盆腔炎、上尿路结石；③退变：内脏下垂；④发育及姿势异常：多囊肾、游走肾；⑤肿瘤或类肿瘤：胰腺癌、肾肿瘤、盆腔肿瘤、腹膜后肿瘤。

2. **非特异性腰背痛** 是病因不明的、除脊柱特异性疾病及神经根性疼痛以外原因所引起的腰背痛。非特异性腰背痛按持续时间分为3类，即急性非特异性腰背痛（≤6周）、亚急性非特异性腰背痛（7~12周）和慢性非特异性腰背痛（>12周）。

临床病例（续）

主观资料（S）：患者，男性，40岁，因"反复腰背痛5年，加重10日"至全科门诊就诊。通过进一步采集病史了解到以下情况：

现病史：5年前患者无明显诱因出现腰背部疼痛，疼痛为阵发性钝痛，不伴四肢麻木和疼痛，疼痛劳累后加重，休息可有缓解，于院外保守治疗（牵引、理疗和按摩等），症状反复，劳累后间断发作。10日前患者半弯腰持重物后出现腰背部疼痛加重，为痉挛样剧痛。伴有左下肢放射痛，感觉由腰部至左大腿后方、左小腿外侧的放射性疼痛，直达左足底部，伴有双下肢麻木无力感。无间歇性跛行。无咳嗽、咳痰，无头晕、头痛，无腹痛、嗳气、反酸，无畏寒、发热，无潮热、盗汗，无胸闷、心悸，无尿频、尿急、排尿不尽，无腹泻或便秘等。院外保守治疗（牵引、理疗和按摩等），症状无缓解。患者疼痛严重，行走困难，影响生活，为进一步诊治收入院。自患病以来，精神、睡眠欠佳，饮食正常。大小便正常，体重无下降。

既往史：既往体健。无外伤手术史及输血史。否认高血压、糖尿病及冠心病病史。否认胃肠疾病、胰腺疾病、肾脏疾病病史。否认肝炎、结核等传染病史。否认药物、食物过敏史。无中毒史。按期预防接种。

个人史：汽车驾驶员，从事驾驶工作22年。否认长期外地居住史，否认疫区、疫水接触史。否认化学性物质、粉尘、放射性物质等有毒物质接触。吸烟史20年，每日15支，已戒烟10年。无饮酒史。

家族史：父母健在；否认家族成员有类似疾病史；否认有遗传性疾病家族史。

【问题2】该患者的病例特点是什么？如何考虑其可能诊断？

思路1：该患者为中年男性，起病缓，病程长。

思路2：长期从事汽车驾驶，处于坐位工作。

思路3：5年前出现腰背部疼痛。10日前半弯腰持重物后出现疼痛加重并伴坐骨神经痛。

腰背痛伴下肢放射痛，最常见的疾病为腰椎间盘突出症。

知识点

腰椎间盘突出症流行病学及临床表现

腰椎间盘突出症（lumbar disc herniation）是因椎间盘发生退行性改变以后，在外力作用下，纤维环部分或全部破裂，单独或者连同髓核、软骨终板向外突出，刺激或压迫脊神经脊膜支和神经根引起腰腿痛为主要症状的一种病变。常见于20~50岁患者，男女比例(4~6)：1。90%以上腰椎间盘突出症发生在腰4~腰5、腰5~骶1间隙。患者多有弯腰劳动或长期坐位工作史。典型症状为腰痛和坐骨神经痛，若马尾神经受压，可出现大小便障碍，鞍区感觉异常。

腰椎间盘突出症发病机制(动画)

【问题3】病史采集结束后，下一步本格检查应重点关注哪些方面？

思路：除应进行胸、腹、盆腔脏器全面检查外，对运动系统（骨骼、肌肉）与神经系统进行重点检查。

运动系统检查：①视诊要特别注意脊柱有无畸形，背部软组织有无肿胀、充血、皮下血肿，肌肉有无痉挛、萎缩，骨盆有无倾斜，站立姿势、步态有无异常、腰部活动度是否正常；②触诊时注意棘突连线有无偏移、腰背部有无压痛点；③叩诊时观察棘突有无直接叩痛、脊柱有无间接叩痛；④还应进行必要的特殊试验，如直腿抬高及加强试验。

神经系统检查：应进行深浅感觉、肌力、肌张力、深浅反射全面检查。

椎间盘突出症直腿抬高及加强试验(组图)

临床病例（续）

客观资料（O）：

体格检查：入院查体，体温36.2℃，脉搏89次/min，呼吸20次/min，血压114/68mmHg，神志清楚，对答切题，全身浅表淋巴结未扪及肿大。咽部无充血，双侧扁桃体无肿大。双肺呼吸音清，双肺未闻及干湿啰音。心界不大，心率89次/min，律齐，各瓣听诊区未闻及明显病理性杂音，无心包摩擦音。腹软，无压痛，无反跳痛及肌紧张，肝脾肋下未扪及，肝肾区无叩痛，腰背部软组织无肿胀、充血、皮下血肿，脊柱无畸形，腰4、腰5椎旁深压痛，伴叩击痛，向左下肢放射。左下肢直腿抬高试验30°阳性。双侧足背及小腿外侧感觉减退。四肢肌力正常，生理反射正常，病理反射未引出。

【问题4】结合上述体检结果，为明确诊断应进一步实施哪些检查？

思路1：结合临床查体有直腿抬高试验阳性，以及下肢的感觉异常，考虑腰椎间盘突出症。需要实施进一步检查。

思路2：需完善X线片、CT、MRI检查。

思路3：X线片是腰椎最基本的影像学检查，可反映腰椎生理曲度变化、畸形、失稳、椎体形态以及椎旁软组织等改变。CT在脊柱影像学评估中发挥重要作用，可产生不同层面的脊柱横断面影像，精确判断神经根位置，可用于神经根性疼痛的诊断。MRI在显示软组织方面具有独特优势，可区分椎间盘的髓核和纤维环、显示韧带。

知识点

针对腰背痛的相关辅助检查及其临床意义

1. 红细胞沉降率　结核病、风湿病活动期及恶性肿瘤可使红细胞沉降率加快，应注意的是，妊娠或流产也可使红细胞沉降率加快。

2. 血、尿常规　类风湿、恶性肿瘤可致贫血、感染，使用肾上腺皮质激素及白血病可使白细胞增多。尿中本周蛋白增加意味着多发性骨髓瘤，尿中存在红细胞、蛋白质和管型考虑泌尿系统病变，尿糖阳性考虑糖尿病。

3. 抗链球菌溶血素 O、类风湿乳胶试验与 HLA-B27　抗链球菌溶血素 O 增高表示有风湿热活动，类风湿乳胶试验阳性有类风湿可能，HLA-B27 阳性有强直性脊柱炎可能。

4. 酸性磷酸酶与碱性磷酸酶　前列腺癌转移时酸性磷酸酶可升高。碱性磷酸酶升高反映骨重建活动增加，在骨转移癌、甲状旁腺功能亢进、多发性纤维骨炎等疾病中多增高。

5. 双能 X 线骨密度测量　明确有无骨质疏松的情况，以排除骨质疏松性腰背痛。

6. X 线　X 线是检查腰背痛的重要手段。它直接观察腰椎生理曲线的改变、椎体的排列、骨质的改变，对腰椎骨折、结核、肿瘤及畸形均有良好的显示。

7. 椎管造影　椎管造影有助于对涉及椎管内的各种损伤或疾病的诊断与鉴别诊断。

8. CT　主要反映骨性结构变化，椎管形态、骨质破坏等，是否有椎间盘突出以及脊柱肿瘤、硬脊膜外血肿的定位。

9. MRI　对椎间盘、神经结构等敏感，明确是否有血管畸形、血管瘤、肿瘤，以及神经根、硬脊膜囊、脊髓受压程度。

临床病例（续）

客观资料（O）：

X 线：腰椎退行性改变。MRI：腰 4~ 腰 5 椎间盘巨大突出。

【问题 5】除此以外，还需要注意与哪些疾病鉴别？

思路：还需要与有腰背痛症状的其他疾病相鉴别。

1. 强直性脊柱炎　常青年起病，男性多见，先有持续性腰痛伴晨僵，逐渐出现胸背部疼痛，脊柱活动明显受限，出现驼背畸形，一般无全身症状。

2. 增生性脊柱炎　又称"退行性脊柱炎"，好发于中老年，起病缓，腰背痛在长时间休息后（夜间、凌晨）加重，活动腰部后减轻。常伴有单侧或双侧坐骨神经痛。

3. 脊柱肿瘤　以转移性恶性肿瘤多见，如前列腺癌、甲状腺癌等转移或多发性骨髓瘤累及脊柱。表现为顽固性腰背痛，剧烈持续，并有放射性神经根痛。碱性或酸性磷酸酶升高。X 线片显示骨破坏。

4. 化脓性脊柱炎　常发生在严重感染或腰椎间盘手术、腰椎穿刺后。多为急性起病，高热、寒战，剧烈腰背痛，轻微活动即可引起剧烈疼痛，局部有明显压痛、叩痛。

5. 腰椎结核　有结核病史或接触史。常有午后低热、盗汗、乏力、消瘦等全身中毒症状。疼痛局限于病变部位，夜间明显，活动后加剧。X 线片上有明显的骨破坏，受累的椎体间隙变窄，病灶旁有寒性脓肿阴影。

6. 腰肌劳损　中年人多发，与长期保持一种劳动姿势有关。无明显诱因的慢性疼痛为主要症状，腰痛为酸胀痛，休息后可缓解。无坐骨神经痛，痛点局部封闭有良好的效果。

7. 腰肌纤维炎　表现为腰背部弥漫性疼痛，以腰椎两旁肌肉及髂嵴上方为主，晨起时加重，活动后减轻，活动过多又加重，轻叩腰部疼痛可缓解。

8. 第三腰椎横突综合征　常发生于中青年男性，起病为慢性或亚急性，主要表现为单侧或双侧腰部酸胀、疼痛，夜间明显，活动后加重，第三腰椎横突有明显压痛。

9. 泌尿系统疾病　肾小球肾炎、肾盂肾炎、泌尿道结石、结核、肿瘤、肾下垂和肾积水等。

10. 盆腔器官疾病　男性前列腺炎和前列腺癌；女性慢性附件炎、宫颈炎、子宫脱垂和盆腔炎等。

11. 消化系统疾病　胃十二指肠溃疡，急性胰腺炎、胰腺癌、溃疡性结肠炎和克罗恩病。

12. 呼吸系统疾病　胸膜炎、肺结核和肺癌等。

临床病例（续）

处置计划（P）：患者病史较长，有明显神经受累表现，影响生活，院外保守治疗效果不好，目前可考虑手术治疗。

知识点

腰背痛诊疗流程

腰背痛诊疗流程见图15-1。

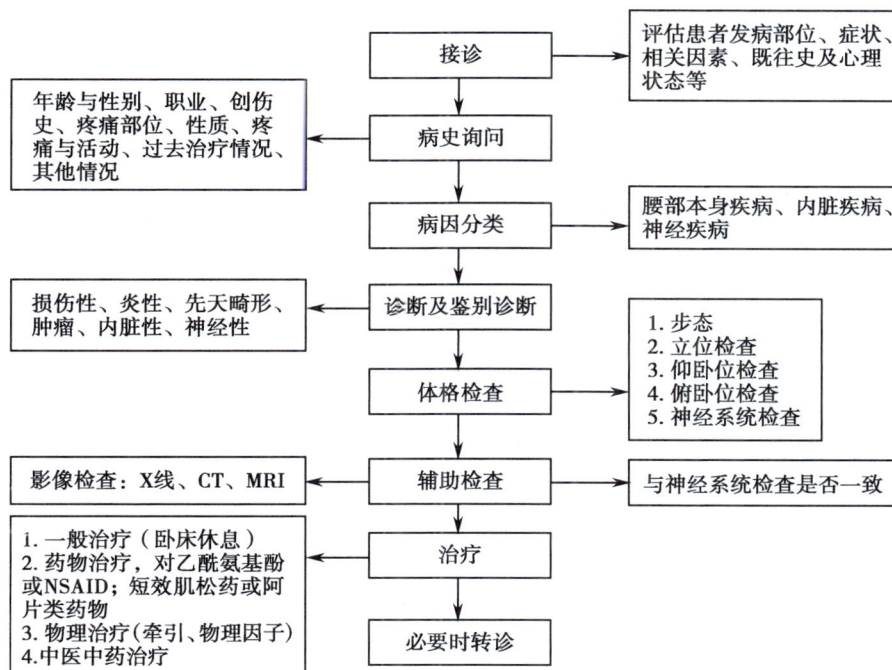

图 15-1　腰背痛诊疗流程

【问题6】腰背痛影响患者的运动功能,使生活质量下降。如何评估其功能障碍?

思路:可以根据腰背痛患者的病史、体格检查和辅助检查结果,作出初步的功能评估。常用的腰背痛评估方法是Oswestry功能障碍指数(Oswestry disability index,ODI)评分法。对患者进行功能评估,有助于评价患者的整体健康状况、设计治疗方案和评价治疗效果。

知识点

Oswestry 功能障碍指数评分法

由10个问题组成,每个问题为0~5分,共6个由轻到重的选项。无任何影响者为0分,严重影响不能做者为5分。满分50分。记分方法是实际得分/最高可能得分×100%,越高表明功能障碍越严重。问卷如下:

1. 疼痛的程度(腰背痛或腿痛)　无任何疼痛;有很轻微的疼痛;较明显的疼痛(中度);明显的疼痛(相当严重);严重的疼痛(非常严重);痛得什么事也不能做。

2. 日常活动自理能力(洗漱、穿脱衣服等活动)　日常活动完全能自理,一点也不伴腰痛或腿痛;日常活动完全能自理,但引起腰背或腿痛加重;日常活动虽然能自理,由于活动时腰背或腿痛加重,以致小心翼翼,动作缓慢;多数日常活动能自理,有的需要他人帮助;绝大多数的日常活动需要他人帮助;穿脱衣物、洗漱困难,只能躺在床上。

3. 提物　提重物时并不导致疼痛加重(腰背或腿);能提重物,但导致腰背或腿疼痛加重;由于腰背或腿痛,以致不能将地面上的重物拿起来,但是能拿起放在合适位置上的重物,譬如桌面上的重物;由于腰背或腿痛,以致不能将地面上较轻的物体拿起来,但是能拿起放在合适位置上的较轻的物品,譬如放在桌面上的;只能拿起一点轻东西;任何东西都提不起来或拿不动。

4. 行走 腰背或腿痛,但不妨碍走路;由于腰背或腿痛,最多能走 1 000m;由于腰背或腿痛,最多只能走 500m;由于腰背或腿痛,最多只能走 100m;只能借助拐杖或手杖行走;不得不躺在床上,排便也只能用便盆。

5. 坐 随便多高椅子,想坐多久就能坐多久;只要椅子高矮合适,想坐多久就能坐多久;由于疼痛加重,最多只能坐 1 小时;由于疼痛加重,只能坐半小时;由于疼痛加重,最多只能坐半小时;由于疼痛加重,完全不敢坐。

6. 站立 想站多久,就能站多久,疼痛不会加重;想站多久就能站多久,但疼痛有些加重;由于疼痛加重,最多只能站 1 小时;由于疼痛加重,最多只能站半小时;由于疼痛加重,最多只能站 10 分钟;由于疼痛加重,完全不敢站。

7. 睡眠 半夜不会被痛醒;有时晚上会被痛醒;由于疼痛,最多只能睡 6 小时;由于疼痛,最多只能睡 4 小时;由于疼痛,最多只能睡 2 小时;因疼痛根本无法入睡。

8. 性生活 性生活完全正常,绝不会导致疼痛加重;性生活完全正常,但会加重疼痛;性生活基本正常,但会很痛;由于疼痛,性生活严重受限;由于疼痛,基本没有性生活;由于疼痛,根本没有性生活。

9. 社会活动 社会活动完全正常,绝不会因为这些活动导致疼痛加重;社会活动完全正常,但是这些活动会加重疼痛;疼痛限制剧烈活动,如运动,但对参加其他活动没有明显影响;由于疼痛限制了正常的社会活动,以致不能参加某些经常性的活动;由于疼痛限制参加社会活动,只能在家从事一些活动;由于疼痛,根本无法从事任何活动。

10. 旅行(郊游) 能到任何地方去旅行,腰背或腿一点也不痛;可以到任何地方去旅行,但会导致疼痛加重;由于受疼痛限制,外出郊游最多超不过 2 小时;由于受疼痛限制,外出郊游最多超不过 1 小时;由于受疼痛限制,外出郊游最多不超过半小时;由于疼痛,除了到医院,根本就不能外出郊游。

【问题 7】哪些情况的腰背痛患者,需要及时转诊给专科医生?

思路:腰背痛是症状,需要早期诊断,明确致痛原因,出现以下情况需转诊诊治。

1. 不能明确诊断的腰背痛。

2. 脊柱骨折或感染。

3. 脊髓,尤其是急性马尾综合征。

4. 严重的神经根病变,有进展性神经功能受损害表现。

5. 瘤样病(如 Paget 病),骨骼的 Paget 病是一种慢性骨瘤样变性,可造成骨的膨胀、畸形、强度减弱,进而形成骨痛。

6. 关节炎、畸形和骨折。

7. 伴有其他系统并发症。

8. 一般治疗不能缓解病情。

【问题 8】全科医生应该如何进行腰背痛患者的健康管理?

思路 1:在生物-心理-社会医学模式下进行健康管理,治疗目标是缓解疼痛、尽力改善患者躯体功能、恢复正常活动、预防残疾及维持工作能力。治疗方法包括药物治疗、物理/康复治疗和认知行为疗法。

思路 2:积极治疗引起腰背痛的病因。转专科诊治的患者,全科医生需与专科医生取得联系,详细了解患者的临床诊断、治疗经过。制订后期的延续治疗方案。

思路 3:充分告知患者疾病情况并安抚患者,提供足够信息,使患者认识疾病,协助治疗,尽快康复。

思路 4:进行健康教育,改变患者的行为生活方式。①减少腰椎的慢性损伤:长期坐位工作者应注意桌椅的高度,定时活动腰部,定时站立活动,有条件者可平卧休息,可使用腰带保护。②尽量避免搬动重物:搬动重物时,应下蹲,膝关节屈曲,将物体尽量靠近身体,并使腹肌维持紧张以保护腰部较弱的肌肉,防止其拉伤。③避免进行会增加脊柱应力的高冲击性运动,避免反复旋转和弯腰的运动,如某一特定的活动会引起严重的腰痛,或使疼痛明显加重,则应避免进行该活动。④积极锻炼腰背肌,增加脊柱的稳定性。⑤冷暖季节交替时注意腰部保暖。

150003

腰椎间盘突出症
医疗体操(视频)

(陈 红)

第十六章　睡　眠　障　碍

2001 年国际精神卫生和神经科学基金会主办的全球睡眠和健康计划发起了一项全球性的活动,将每年 3 月 21 日定为"世界睡眠日"。睡眠具有多种不同的作用,包括巩固学习记忆、保存能量、促进生长发育、促进代谢产物排出、增强免疫功能等。睡眠是脊椎动物周期性出现的一种自发性且可逆的静息状态,表现为人体对外界刺激的反应性降低和意识的暂时中断。人类生命约 1/3 的时间在睡眠中度过,睡眠与觉醒交替的节律周期是维持人类生命的重要生物节律之一。睡眠的缺乏或障碍可导致一系列精神和躯体症状,许多神经系统疾病(如卒中、阿尔茨海默病和帕金森病等)都与睡眠障碍有关。随着人们对睡眠认识的不断增加和对睡眠质量的日益关注,睡眠障碍患者也不断增多。导致睡眠障碍病因复杂,临床诊断也很多,本章重点介绍失眠、嗜睡、睡眠 - 觉醒节律障碍和成人阻塞型睡眠呼吸暂停。

> **知识点**
>
> **睡眠生理调节**
>
> 哺乳动物的睡眠和觉醒都是一个由多种神经调节系统复杂融合调控的主动过程,是脑部进入不同的激活模式("睡眠"和"觉醒")的过程。神经调节系统包括:存在于脑干的 5- 羟色胺、去甲肾上腺素、乙酰胆碱、多巴胺和谷氨酸;存在于下丘脑的组胺和下丘脑分泌素;存在于大脑的腺苷、乙酰胆碱和 γ- 氨基丁酸(GABA)。除此之外,还有很多其他活性物质对睡眠产生的影响(例如多肽类、免疫分子和激素),但是目前我们对这些神经活性物质对睡眠影响的认识甚少。

> **知识点**
>
> **睡眠 - 觉醒障碍的疾病分类**
>
> 目前有关睡眠 - 觉醒障碍的疾病分类包括:世界卫生组织国际疾病分类(ICD)-10 及 ICD-11、美国精神病学会的《精神障碍诊断与统计手册》第 5 版(DSM-5)、第 3 版睡眠障碍国际分类(ICSD-3)等。在 ICD-10 第五章"精神与行为障碍"分类中仅包括情绪因素为原发病因的睡眠障碍,即非器质性睡眠障碍,具体包括非器质性失眠症、非器质性嗜睡症、非器质性睡眠 - 觉醒节律障碍、睡行症、睡惊症、梦魇等,而将器质性睡眠障碍多数归类于"神经系统疾病"。在 ICD-11 中,将睡眠 - 觉醒障碍独立成章,排列在"精神与行为障碍"及"神经系统疾病"之间,具体包括失眠、睡眠相关运动障碍、嗜睡、睡眠相关呼吸障碍、异态睡眠、睡眠 - 觉醒节律障碍等。

> **知识点**
>
> **睡眠障碍相关研究内容**
>
> 一般包括两个方面:①睡眠本身发生失调的疾病,如失眠和睡眠过多;②睡眠过程中诱发或发生的疾病,如睡眠呼吸暂停综合征、不安腿综合征、家族性发作性睡病、梦游、夜惊、梦魇和遗尿等。

> **知识点**
>
> ### 睡眠研究的常用实验室检查项目
>
> 1. 根据脑电图发生的一系列变化将睡眠分为非快速眼动睡眠（NREM）和快速眼动睡眠（REM）两个部分。目前应用脑电图记录研究睡眠是最常用的手段。
>
> 2. 多导睡眠图（PSG）是在全夜睡眠过程中连续同步记录睡眠中生物电变化和生理活动、进行睡眠医学研究和睡眠疾病诊断的技术。监测涉及脑电图、眼动电图、心电图、肌电图、呼吸、氧饱和度等 10 余项指标。
>
> 3. 多次睡眠潜伏时间试验（multiple sleep latency test，MSLT）。

一、失眠

失眠（insomnia）是以频繁而持续的入睡困难或睡眠维持困难并导致睡眠满意度不足为特征的睡眠障碍，常影响日间社会功能，为临床最常见的睡眠障碍。由于失眠定义、诊断标准、调查人群各异，失眠患病率差异很大。依据不同的评估标准，失眠症状或失眠的现患率在 4%~50%。长期严重失眠常给患者的躯体、心理、生活、工作等带来负面影响，甚至会导致恶性意外事故的发生。

> **知识点**
>
> ### 失眠的常见病因
>
> ①心理社会因素：如生活和工作中的各种不愉快事件；②环境因素：如环境嘈杂、不适光照、过冷过热、空气污浊、居住拥挤或突然改变睡眠环境等；③生理因素：如饥饿、过饱、疲劳性兴奋等；④精神疾病因素，如焦虑与抑郁障碍时；⑤药物与食物因素：如咖啡因、茶碱、甲状腺素、皮质激素、抗震颤麻痹药、中枢兴奋剂等的使用时间不当或过量，药物依赖戒断时或药物不良反应发生时；⑥睡眠节律变化因素：如夜班和白班频繁变动等；⑦躯体疾病因素；⑧生活行为因素：如日间休息过多、睡前运动过多、抽烟等；⑨个性特征因素：如过于紧张、焦虑、强迫的人格特征。

> **知识点**
>
> ### 失眠的临床表现
>
> 1. 入睡困难　在适当的睡眠机会和环境条件下，不能较快理想入睡。入睡快慢的临床意义有年龄差异。对于儿童和青少年，入睡时间大于 20 分钟有临床意义；对于中老年人，入睡时间大于 30 分钟有临床意义。
>
> 2. 睡眠维持困难　包括睡眠不实（觉醒过多过久）、睡眠表浅（缺少深睡）、夜间醒后难以再次入睡、早醒、睡眠不足等。早醒通常指比预期的起床时间至少提早 30 分钟并引起总睡眠时间减少，早醒的判定需要考虑平时的就寝时间。

> **知识点**
>
> 失眠的临床类型可分为慢性失眠（chronic insomnia disorder，CID）、短期失眠（short-term insomnia disorder，STID）和其他失眠。CID 指失眠和日间功能损害每周至少出现 3 次，至少持续 3 个月。STID 指失眠和日间功能损害少于 3 个月并且没有症状出现频率的要求。

临床病例

患者，女性，49岁，农民，主诉"入睡困难、夜眠差2个月"就诊。1个多月来无明显诱因出现入睡困难，需要1~2小时才能睡着，睡眠浅，易醒，醒后不易再次入睡，多梦。因睡眠不足心烦、急躁。次日精神差，乏力，注意力不集中，记忆力差，明显影响家务及工作。以往身体健康，无明显焦虑、抑郁等精神健康问题。

临床诊断：短期失眠。

【问题1】诊断失眠的要点依据。

思路1：①主诉是入睡困难、难以维持睡眠或睡眠质量差；②这种睡眠紊乱每周至少发生3次并持续1个月以上；③日夜专注于失眠，过分担心失眠的后果；④睡眠量和/或质的不满意引起了明显的苦恼或影响了社会及职业功能。

思路2：当存在失眠症状和日间过度嗜睡时，应该考虑进行PSG和MSLT监测，以排除发作性睡病和睡眠呼吸障碍；当患者依从性良好地执行失眠治疗方案后却缺乏疗效时，PSG监测可能有助于排除与失眠共病的其他睡眠障碍。

【问题2】失眠的治疗目标。

思路：主要改善睡眠质量；使总睡眠时间>6小时和/或睡眠效率>80%；建立床与睡眠间良性而明确的联系；改善睡眠相关心理障碍；改善睡眠相关日间损害。

【问题3】失眠的治疗原则。

1. 在病因治疗、认知行为治疗、睡眠卫生教育等非药物治疗的基础上，酌情给予药物治疗。

2. 个体化。

3. 按需、间断、适量给药；疗程一般不超过4周，超过4周应每月评估。

4. 动态评估。

5. 合理撤药。

6. 特殊人群不宜给药等。

失眠具有慢性、复发性或持续性倾向，一旦发生，应积极治疗。早期干预可有效防止短期失眠向慢性化发展。慢性失眠彻底治愈较为困难，患者经常优先选择非药物治疗方法，部分患者还优先试验一些自助策略，但较多患者仍同时需要药物治疗。综合治疗通常是最常用的治疗方案。

【问题4】非药物治疗失眠的常用方法。

1. 睡眠卫生教育　保持规律的就寝和起床时间；日间尤其是下午或晚间避免饮用茶、咖啡等兴奋性物质；临近就寝时避免烟酒及饱餐；临近就寝时避免从事兴奋性活动及妨碍睡眠的精神活动；睡前3小时避免剧烈锻炼；睡眠中醒来不看钟表；调整卧室环境等。

2. 刺激控制疗法　建立稳定的睡眠-觉醒规律。需要告知患者的6条指令：只有感到瞌睡时才上床；不在床上进行除睡眠和性生活以外的其他事情；躺床20分钟（仅凭感觉估计而非看表计时）不能入睡，则起床离开卧室进行放松活动，直至瞌睡时再上床；若再上床后还不能入睡则重复该步骤，若有必要可整夜重复该步骤；无论夜间睡了多久每日定时起床；避免日间打盹。

3. 睡眠限制疗法　减少夜间卧床觉醒时间，同时禁止日间打盹，使卧床时间尽量接近实际睡眠时间。当睡眠效率超过90%时（可通过失眠日记获得），可增加卧床时间15~30分钟，进而增加睡眠时间。

另外，补充替代性治疗包括锻炼、心身干预（冥想、太极、瑜伽等）操作、躯体治疗（按摩、针灸、穴位按压、反射疗法等）、物理治疗（经颅电刺激、经颅磁刺激等）、光照治疗等。

二、嗜睡

嗜睡（hypersomnia）是以日间过度思睡及睡眠发作为主要特征的睡眠障碍，包括发作性睡病（narcolepsy）、特发性睡眠增多（idiopathic hypersomnia）、Kleine-Levin综合征、疾病相关过度思睡、药物或物质滥用所致过度思睡、睡眠不足综合征等。

知识点

发作性睡病

1. 日间过度思睡和睡眠发作 所有患者日间均感过度思睡,尤其在安静或单调环境下常发生不可抗拒的睡眠发作。睡眠发作可不分时间、地点及场合,多持续数分钟至数十分钟。小睡后可头脑清醒,但不能持久。一日可反复多次发作。

2. 猝倒发作 60%~70% 的患者可发生无力发作甚至猝倒,为特征性表现。猝倒常于睡眠发作数月至数年后出现,常见于强烈情感刺激,如发怒、大笑时。实质为强烈情感所诱发的躯体双侧肌张力突然完全或部分丧失。发作时意识清晰,历时短暂,常小于 2 分钟。若发作地点不妥则有可能造成危险。

3. 睡眠瘫痪 多出现于刚入睡或刚睡醒时,为患者从快速眼动睡眠(REM)醒转时发生的一过性全身不能活动或不能讲话,实质是睡眠时出现的肌肉失张力发作。发作时意识清楚,持续数秒至数分钟,发作时若遭人触碰可提前终止睡眠瘫痪状态。

4. 入睡幻觉 由觉醒至睡眠的转换期出现的视、触、听幻觉,也可表现为梦境样经历体验。

5. 夜间睡眠紊乱 易醒多梦,醒后再入睡困难,夜间体动明显增多,早晨困倦而起床困难。

发作性睡病患者 MSLT 显示:平均睡眠潜伏期 ≤8 分钟,出现 2 次或 2 次以上的异常入睡期始发 REM 期(sleep onset REM period,SOREMP)。依据有无猝倒分为伴猝倒和不伴猝倒的发作性睡病,目前常依据下丘脑分泌素降低与否分为伴(1 型)和不伴(2 型)下丘脑分泌素降低的发作性睡病。

知识点

特发性睡眠增多

以日间过度思睡但不伴猝倒为基本特征。患者早晨或小睡后觉醒困难(宿醉睡眠),觉醒耗时过长、难以醒转、反复再入睡,伴易激惹、无意识行为和意识模糊。自我报告睡眠时间过长,通常夜间睡眠超过 10 小时,日间小睡超过 1 小时,醒后无精神恢复感。上述表现明显影响患者社会功能,或引起患者显著痛苦,不能用其他原因更好地解释。特发性睡眠增多患者 MSLT 显示:SOREMP 少于 2 次,或在整夜 PSG 中无 SOREMP;平均睡眠潜伏期 ≤8 分钟,或 24 小时 PSG 显示总睡眠时间 ≥60 分钟。

临 床 病 例

患者,女性,17 岁,近日乏困无力,3 个多月来课间思睡,夜间多梦易醒,突发晕厥数次。反复行头颅 CT、MRI 检查无异常。门诊诊断晕厥待查。给予对症治疗。自述用药无效,再次就诊。

诊断:发作性睡病。

【问题 1】非器质性嗜睡的诊断要点。

思路:诊断应依据病史、临床表现、必要的辅助检查。在 ICD-10 中"非器质性嗜睡"的诊断要点:①白天睡眠过多或睡眠发作,无法以睡眠时间不足来解释和 / 或清醒时达到完全觉醒状态的过渡时间延长;②每日出现睡眠紊乱,超过 1 个月,或反复地短暂发作,引起明显的苦恼或影响了社会或职业功能;③缺乏发作性睡病的附加症状(猝倒、入睡前幻觉、睡眠瘫痪)或睡眠呼吸暂停的临床证据(夜间呼吸暂停、典型的间歇性鼾音等);④没有可表现出日间嗜睡症状的任何神经科及内科情况。必要时可进行多次睡眠潜伏时间试验(MSLT)或多导睡眠图(PSG)。

【问题 2】非器质性嗜睡的治疗。

思路 1:发作性睡病的治疗。

1. 保持有规律、充足的夜间睡眠;白天有计划地安排小睡(午睡);在职业选择方面应避免驾驶、高空或水下等作业;及时有效地干预心理症状等。

2. 针对日间思睡,可选择性地使用促觉醒药莫达非尼、咖啡因、苯丙胺类、哌甲酯、匹莫林等治疗。莫达非尼的使用从小剂量起始,50~100mg/d,每4~5日增加50mg,直至最适剂量200~400mg/d。

3. 针对发作性猝倒,可选择性使用丙米嗪、氯米帕明、地昔帕明等治疗。以上药物使用低于抗抑郁的剂量即可发挥抗猝倒效应,并且应规律服用,骤然停药造成撤药性猝倒反跳。

4. 针对夜间睡眠紊乱,γ-羟丁酸钠被证实是目前唯一对思睡及猝倒均有较强疗效的药物。多在入睡前服用起始剂量3~4.5g,数周内递增至6~9g。停药通常不会导致猝倒反跳,有药物依赖的可能性。

思路2:特发性睡眠增多的治疗。

特发性睡眠增多的病因不明,仅为对症治疗。延长睡眠时间常无效,白天小睡也不能保持清醒。注意睡眠卫生、保持健康生活方式、限制卧床时间可能很有帮助。

可使用中枢神经兴奋剂来保持日间清醒。如哌甲酯或哌甲酯缓释片、莫达非尼(一线治疗药物)。若怀疑有抑郁症,应首选抗抑郁药治疗。

三、睡眠-觉醒节律障碍

睡眠-觉醒节律障碍包括睡眠-觉醒时相延迟障碍、睡眠-觉醒时相提前障碍、不规律型睡眠觉醒节律紊乱、非24小时睡眠-觉醒节律障碍、倒班工作障碍及时差障碍等临床类型。睡眠-觉醒节律紊乱或反常,与个体所需求的学习、工作及社会活动时间不匹配,多伴忧虑或恐惧心理,引起精神活动效率下降,妨碍社会功能。

知识点

常见睡眠-觉醒节律障碍

1. 睡眠-觉醒时相延迟障碍　相对于常规或社会接受的作息时间,患者入睡和觉醒时间呈现习惯性延迟≥2小时。典型患者在凌晨2点至6点入睡,无约束条件下偏爱觉醒时间在日间10点至13点。早睡早起困难,而晚睡晚起严重影响生活节奏。当允许按照个人意愿安排作息时间时,患者睡眠与觉醒时间虽然延迟,但相对稳定,可保持24小时睡眠-觉醒周期,睡眠时间及质量正常。睡眠-觉醒时相延迟障碍为最常见的临床类型,常见于青少年及年轻人。

2. 睡眠-觉醒时相提前障碍　相对于常规或社会接受的作息时间,患者睡眠时段提前,通常提前≥2小时。典型患者在晚上6点至8点入睡,凌晨2点至5点觉醒。由于长期早睡早起,下午或傍晚思睡或精神萎靡,难以正常参与学习、工作或社会活动。若患者按照前提的时间表作息,可提高睡眠时间和睡眠质量。常见于老年人。

临床病例

患者,男性,46岁,作家,晚睡晚起5年。5年前出现晚睡晚起,凌晨3点上床睡,下午1点醒来,起床醒来后有1小时感到头昏眼花,难以做事,但晚上精力充沛、思维活跃,效率很高。工作多安排在晚上,以提高效率。因其睡眠时间与他人完全脱节,很少参加社交活动,为此苦恼,来求诊。

诊断:睡眠-觉醒时相延迟障碍。

【问题1】非器质性睡眠-觉醒节律障碍的诊断。

思路:依据病史、临床表现,并结合睡眠-觉醒节律障碍的诊断要点或标准进行。在ICD-10中列出的诊断要点如下:①个体的睡眠-觉醒形式与特定社会中的正常情况及同文化环境中为大多数人所认可的睡眠-觉醒节律不一致;②在主要的睡眠时段失眠,在应该清醒时嗜睡,该情况几乎天天发生并持续1个月以上,或在短时间内反复出现;③睡眠量、质及睡眠时序的不满意状态使患者深感苦恼,或影响了社会或职业功能。必要时选择使用睡眠日记、体动监测、早晚问卷、昼夜时相标记物测定(微光褪黑素分泌试验或最低核心体温测定)、多导睡眠监测来协助诊断。

【问题 2】睡眠 - 觉醒节律障碍的治疗。

思路：联合采用睡眠卫生教育及行为指导、调整睡眠时间、重置生物时钟（定时光照、定时服用褪黑素、定时运动）等多种方法尽快重置昼夜节律，同时进行必要的药物治疗，按需服用催眠剂与促觉醒药物。

四、成人阻塞型睡眠呼吸暂停

> **知识点**
>
> #### 易感因素和诱发因素
>
> 1. 肥胖　肥胖是阻塞型睡眠呼吸暂停的主要易感因素之一，估计 60% 以上的中重度阻塞型睡眠呼吸暂停可归因于肥胖。随着体重的增加，阻塞型睡眠呼吸暂停的发生风险增加。
>
> 2. 通气控制不稳定　通气控制不稳定增加阻塞型睡眠呼吸暂停的发病风险。由于呼吸紊乱引起过度通气反应的患者更易于发生阻塞事件。
>
> 3. 更年期　更年期是女性阻塞型睡眠呼吸暂停发生的独立于年龄和体重指数的风险因素。
>
> 4. 解剖结构异常　头部和颈部骨性组织和软组织的结构异常可能是阻塞型睡眠呼吸暂停的易感因素。
>
> 5. 内分泌疾病　肢端肥大症、甲状腺功能减退和多囊卵巢综合征都会增加阻塞型睡眠呼吸暂停的发生风险。
>
> 6. 神经系统疾病　阻塞型睡眠呼吸暂停常见于外周肌肉的神经系统疾病，如肌强直性营养不良。
>
> 7. 其他　睡前饮酒或者服用镇静催眠类药物、鼻塞会加重阻塞型睡眠呼吸暂停。

> **知识点**
>
> #### 阻塞型睡眠呼吸暂停疾病特征
>
> 呼吸暂停 / 低通气事件的判读必须满足事件持续时间最少 10 秒，而且随后出现致血氧饱和度较基线水平下降 3% 以上。阻塞型呼吸事件的特征是胸、腹呼吸仍然存在，但是口鼻气流消失或者减弱。多数呼吸暂停 / 低通气事件维持 10~30 秒，但是偶尔也会长于 1 分钟或者更长。呼吸事件可以发生在任何一个睡眠周期，但是在 NREM1、2 期和 REM 期更为常见。一般来说，发生在 REM 期的睡眠和平卧位睡眠时呼吸事件的持续时间更长，血氧饱和度下降程度更严重。血氧饱和度在恢复正常呼吸后一般会恢复到基线水平，但是当呼吸事件频发且延长时，或者患者伴随潜在的呼吸疾病史，血氧饱和度可能会保持低下。

> **知识点**
>
> #### 阻塞型睡眠呼吸暂停常见症状
>
> 1. 夜间症状　①打鼾，是阻塞型睡眠呼吸暂停患者最常见的伴随症状，床伴通常报告患者睡眠时存在影响睡眠的响亮鼾声，并且伴随喘气、窒息或者躯体运动；②胃食管反流；③频繁觉醒。
>
> 2. 日间症状　①白天过度嗜睡，是阻塞型睡眠呼吸暂停最常见的主诉之一，在普通人群中，16%~22% 阻塞型睡眠呼吸暂停患者抱怨有日间过度嗜睡，而在临床患者中比例更高，高达 40%~70%。伴随日间过度嗜睡的患者，心血管、代谢类疾病发生风险较无嗜睡的患者和正常睡眠者显著增加。日间过度嗜睡男性较女性患者常见，女性患者更常见的症状是失眠、睡眠质量差和疲劳。②晨起后疲劳和无恢复性睡眠，尽管有充分的睡眠时间 / 机会，但是晨起仍存在疲劳或无恢复性睡眠。③头痛。④注意集中困难。⑤抑郁。

知识点

阻塞型睡眠呼吸暂停常见主诉

患者首诊最常见的第一主诉依次为睡眠后被床伴观察到的呼吸暂停(33%)、打鼾(29%)、睡眠时窒息/喘气(13%)、白天嗜睡(5%)和其他(20%)。和欧美国家相比,我国阻塞型睡眠呼吸暂停门诊就诊患者重度者比例更高,年龄更小,睡眠质量更差。

知识点

阻塞型睡眠呼吸暂停常见相关疾病和症状

1. 心血管代谢类疾病 大量的临床和流行病学证据表明阻塞型睡眠呼吸暂停是高血压发生的独立风险因子。在冠心病、心房颤动和卒中患者中发生率也很高,也是预测2型糖尿病发生的独立风险因子。

2. 肺动脉高压 由于其他共病(如肥胖或慢性阻塞性肺疾病)引起白天高碳酸血症的重度阻塞型睡眠呼吸暂停者,肺动脉高压和肺心病的发生风险可能增加。

3. 抑郁症 阻塞型睡眠呼吸暂停可能会加重抑郁症的严重程度。

4. 可引发胃食管反流综合征、遗尿症、情绪障碍和勃起功能障碍。

临床病例

患者,男性,39岁,妻子发现患者入睡时反复出现呼吸停止,最长呼吸停止时间达3分钟,但患者对此并不知情。检查结果:患者清醒平静时呼吸频率25~32次/min;动脉血气分析结果提示PCO_2 80mmHg;整夜多导睡眠图(PSG)结果提示,患者从清醒转入睡眠期反复出现中枢性睡眠呼吸暂停事件21次,最长持续时间164秒。胸部X线片、肺功能检测、头颅MRI、心电图未见异常。

诊断:成人阻塞型睡眠呼吸暂停。

【问题1】阻塞型睡眠呼吸暂停实验室检查。

1. PSG PSG是诊断阻塞型睡眠呼吸暂停的金标准。PSG检查发现,阻塞型睡眠呼吸暂停表现为口鼻气流中止但是存在胸腹呼吸努力,多表现为胸腹部的矛盾呼吸。睡眠脑电图发现微觉醒增加,麦克风记录到响亮的鼾声,阻塞型睡眠呼吸暂停或阻塞型呼吸低通气事件可能伴随心动过缓、心律失常。疾病严重程度呼吸暂停低通气指数(apnea-hypopnea index, AHI)见表16-1。

表16-1 疾病严重程度呼吸暂停低通气指数 单位:次/h

疾病严重程度	呼吸暂停低通气指数
轻度	5~15
中度	15~30
重度	>30

2. 经食管测压 经食管测压通常发现吸气和呼气努力之间的压力波动增加。经食管测压是定量识别气流和食管压力最精确的方法,用此方法可以用于准确鉴别阻塞型和中枢型呼吸事件。但是经食管测压不是阻塞型睡眠呼吸暂停的常规检查工具。

【问题2】成人阻塞型睡眠呼吸暂停的诊断。

思路:依靠PSG监测结果和伴随症状。诊断标准如下(同时满足以下A和B,或者满足C):

A. 出现以下一条或多条:①患者抱怨存在日间嗜睡、无恢复性睡眠、疲劳或失眠;②患者由于呼吸暂停、窒息或者喘气而醒来;③床伴或者其他人报告患者睡眠时有习惯性打鼾、呼吸中断或者两症状同时存在;

④患者已被诊断为高血压、情感障碍、认知障碍、冠心病、卒中、充血性心力衰竭、心房颤动或者2型糖尿病。

B. 多导睡眠图（PSG）或者在睡眠中心以外执行的睡眠监测（OCST）结果提示：每小时出现5次或者5次以上明显的阻塞型睡眠呼吸事件（阻塞型和混合型呼吸暂停、低通气或者呼吸事件相关的微觉醒）。

C. 多导睡眠图（PSG）或者在睡眠中心以外执行的睡眠监测（OCST）结果提示：每小时出现15次或者以上明显的阻塞型睡眠呼吸事件（呼吸暂停、低通气或者呼吸事件相关微觉醒）。

【问题3】阻塞型睡眠呼吸暂停的治疗指征。

治疗指征取决于临床症状和实验室检查结果。当AHI大于15次/h或者血红蛋白氧饱和度下降大于10%，并且同时存在日间过度嗜睡或心脑血管疾病（如高血压、心律失常和卒中）时，需要进行治疗。但是，即使是单纯性打鼾，如伴随明显的睡眠片段化和日间嗜睡，也需要进行干预治疗。

【问题4】阻塞型睡眠呼吸暂停的治疗方法。

阻塞型睡眠呼吸暂停的治疗方法包括：

1. 持续气道正压通气（CPAP）　是一个安全和有效的治疗方式。能有效减轻阻塞型睡眠呼吸暂停和日间过度嗜睡的程度。CPAP治疗的耐受性和依从性较高，大约70%的患者在5年内持续使用。

2. 手术治疗　目的在于扩大上气道横截面积。常见的鼻部手术包括鼻中隔矫正术和鼻息肉切除术。常见的咽部手术包括腭咽成形术（一般不推荐使用于儿童）和扁桃体和腺样体摘除术（多用于儿童）。但是咽部手术对中重度患者疗效欠佳。此外，舌减容术适用于巨舌患者，骨骼框架手术包括颏舌肌前移舌骨悬吊术和上下颌骨前移手术。

3. 药物治疗和保守治疗（包括减重和改善生活方式）。

（朱新业）

第十七章 头 痛

头痛是临床最常见的症状之一,是指头颅眉以上至枕部下缘范围的疼痛。头痛产生与颅内外各种痛觉敏感组织(如硬脑膜、神经、肌肉等)受牵拉、压迫或炎症的刺激,颅内外血管扩张等多种因素有关,亦与吗啡肽、P 物质、5- 羟色胺等神经递质及前列腺素、血管活性肠肽等物质的参与有关。

临床病例

主观资料(S):患者,男性,65 岁,因"间断头痛 1 年,加重 1 日"至全科门诊就诊。

【问题 1】面对头痛患者,全科医生应该如何问诊?

思路:

1. 面对以"头痛"为主诉的患者,应当首先了解头痛的表现,如头痛的部位、持续时间、时相、性质、程度等。头痛是什么时候开始的? 是突然发生的还是逐渐发生的? 持续多长时间了? 头痛多发生在什么时候,白天还是晚上? 头痛为阵发性还是连续性?

2. 尚需进一步了解的病史包括有无诱发或加重因素、体位是否影响、有无伴随症状。如伴随恶心、呕吐,多见于颅内高压;如伴随发热,多见于严重感染、中暑;如伴随眩晕,多见于内耳、小脑病变,椎基底动脉供血不足;如伴随视力障碍,多见于屈光不正、急性闭角型青光眼、虹膜睫状体炎;如伴随神志改变,多见于颅内出血、脑炎、脑膜炎等。

3. 有无感染征象,有无高血压病史、心肺疾病及心肺功能不全,有无低血糖、甲状腺功能紊乱和贫血,有无气体、金属等中毒。

4. 面对一名头痛患者,还需了解头痛对患者的影响。有无食欲减退? 日常生活自理能力是否受限? 近期有头、面部手术者,切口情况如何?

5. 此外,还需了解患者的诊断、治疗与护理的经过。患者接受过什么诊断性检查及其结果怎样? 是否服用过镇痛药物,如服用过,药物名称、剂量、效果、不良反应如何? 有无采取缓解疼痛的护理措施、效果如何? 家庭成员的关心、照护如何?

总之,面对一名头痛为主诉的患者,不仅需要了解头痛相关的鉴别诊断,还需要从其个人和家庭等多方面视角进行评估。

头痛的病史采集
(视频)

知识点

头痛的分类

头痛分类十分复杂,各国及不同学者分类各异。

一、国际头痛疾病分类第三版

国际头痛学会(IHS)对其分类标准进行了多次修订。2018 年发表国际头痛疾病分类第三版(ICHD- Ⅲ)。最新的分类标准共 3 部分,14 类,病种达 250 多种。

1. 原发性头痛 ①偏头痛;②紧张性头痛;③三叉神经自主神经性头痛;④其他原发性头痛。

2. 继发性头痛 ①缘于头颈创伤或损伤的头痛;②缘于颅或颈部血管性疾病的头痛;③缘于颅内非血管性疾病的头痛;④缘于物质或物质戒断的头痛;⑤缘于感染的头痛;⑥缘于内环境紊乱的头痛;⑦缘于颅骨、颈、眼、耳、鼻、鼻窦、牙、口或其他颅面部结构疾患的头痛或面痛;⑧缘于精神疾患的头痛。

3. 其他　①痛性脑神经病和其他面痛;②其他头痛。

二、根据病变发生的部位分类

1. 颅外疾病　如五官科疾病。

2. 颅内疾病　如颅内肿瘤、脑膜炎、脑炎。

3. 全身性疾病　如高血压、神经症。

三、根据病因分类

1. 血管性头痛　如偏头痛、贫血、缺氧、发热、高血压等。

2. 头部神经病变　如三叉神经痛、舌咽神经痛。

3. 颅内改变　如各种原因引起的颅内压增高、颅内压降低。

4. 炎症　如脑炎、脑膜炎、脑脓肿。

5. 外伤　如颅脑外伤、颅骨骨折。

6. 肌肉收缩性　如精神过度紧张、劳累。

7. 精神性　如神经症。

临床病例(续)

主观资料(S):患者,男性,65 岁,因"间断头痛 1 年,加重 1 日"至全科门诊就诊。通过进一步采集病史了解到以下情况:

现病史:患者 1 年来间断出现头痛,劳累时明显,严重时伴头晕、恶心、视物模糊,发作时自测血压偏高,波动在 150~160mmHg/90~100mmHg,口服降压药并休息后症状可缓解,未曾到医院检查。昨日再次出现头痛症状,伴恶心、食欲不振、视物模糊,自测血压为 158/96mmHg,服用降压药后未见明显好转。自起病来,精神欠佳,食欲不振,睡眠尚可。大小便无明显异常,近期体重无明显改变。

既往史:高血压 10 年,血压最高为 180/100mmHg,平素口服依那普利 1 片、1 次/d 治疗,平时只头痛发作时测血压偏高。否认脑梗死、糖尿病、心脏病、肿瘤等病史。否认肝炎、结核、慢性阻塞性肺疾病、支气管哮喘、鼻炎等病史。无食物、药物过敏史。

个人史:吸烟 30 余年,每日 20 支左右,饮酒 20 余年,每日 150~200ml(3~4 两)白酒。出生在本地,一直居住在本地,很少去外地。高中毕业,技术工人退休。无特殊嗜好。未去过任何疫区,否认传染病接触史。否认有药物成瘾史。

家族史:父母已故,病因不详,哥哥姐姐均患有高血压,子女体健。

【问题 2】该患者的病例特点是什么? 如何考虑其可能诊断?

思路 1:该患者病史特点为老年男性,间断头痛 1 年,加重 1 日,平素发作时口服降压药后可缓解,昨日服药后效果欠佳,提示头痛不单纯系高血压所致,应进一步检查明确诊断。

思路 2:该患者有高血压病史,血压最高为 180/100mmHg,平素口服依那普利 1 片、1 次/d 治疗,平时未监测血压。需进一步检查排除高血压引起的心、脑、肾等靶器官损害所致的头痛。

思路 3:该患者头痛时伴恶心、食欲不振、视物模糊,应排除急性青光眼或慢性青光眼急性发作导致的头痛。

总之,在考虑头痛的主要病因时,不要忽略其可能的潜在疾病。

知识点

高血压和高血压急症

高血压(hypertension)是指以体循环动脉血压(收缩压和/或舒张压)增高为主要特征(收缩压 ≥140mmHg,舒张压 ≥90mmHg),可伴有心、脑、肾等器官的功能或器质性损害的临床综合征。高血压是最常见的慢性病,也是心脑血管病最主要的危险因素。临床上分为原发性高血压和继发性高血压。高血压的症状因人而异。早期可能无症状或症状不明显,常见头晕、头痛、颈项强直、疲劳、心悸等,仅仅会在劳累、精神紧张、情绪波动后发生血压升高,并在休息后恢复正常。随着病程延长,血压明显地持续升高,逐渐会出现各种症状,此时被称为缓进型高血压。缓进型高血压常见的临床症状有头痛、头晕、注意力不集中、记忆力减退、肢体麻木、夜尿增多、心悸、胸闷和乏力等。高血压的症状与血压水平有一定关联,多数症状在紧张或劳累后可加重,清晨活动后血压可迅速升高,出现清晨高血压,导致心脑血管事件多发生在清晨。

高血压急症(hypertensive emergency)指原发性或继发性高血压患者,在某些诱因作用下,血压突然和显著升高(一般超过180/120mmHg),同时伴有进行性心脑肾等重要靶器官功能不全的表现,包括高血压脑病、颅内出血(脑出血和蛛网膜下腔出血)、脑梗死、急性心力衰竭、肺水肿、急性冠脉综合征(不稳定型心绞痛、急性非 ST 段抬高和 ST 段抬高心肌梗死)、主动脉夹层动脉瘤、子痫等。

【问题3】除此以外,还需要注意与哪些疾病鉴别?

思路:需与以下4种疾病鉴别。

1. 肾功能不全 肾功能不全(renal insufficiency)是由多种原因引起的,肾小球严重破坏,使身体在排泄代谢废物和调节水电解质、酸碱平衡等方面出现紊乱的临床综合征。分为急性肾功能不全和慢性肾功能不全。预后严重,是威胁生命的主要病症之一。精神、神经系统表现:精神萎靡、疲乏、头晕、头痛、记忆力减退、失眠,可有四肢发麻、手足灼痛和皮肤痒感,甚至下肢痒痛难忍,须经常移动、不能休止等,晚期可出现嗜睡、烦躁、谵语、肌肉颤动甚至抽搐、惊厥、昏迷。

2. 肾动脉狭窄 肾动脉狭窄(renal artery stenosis)常由动脉粥样硬化及纤维肌性发育不良引起,常引起肾血管性高血压,ACEI 可通过收缩出球小动脉维持肾灌注压,降低肾灌注压,导致肾滤过滤下降和肾功能下降;而肾动脉狭窄患者本身的肾血流就少,运用 ACEI 后加重肾功能损伤,升高血肌酐,严重者甚至产生氮质血症,进一步加重了肾功能损害。

3. 青光眼 青光眼(glaucoma)是一组以视神经乳头萎缩及凹陷、视野缺损及视力下降为共同特征的疾病,病理性眼压增高、视神经供血不足是其发病的原发危险因素,视神经对压力损害的耐受性也与青光眼的发生和发展有关。在房水循环途径中任何一环发生阻碍,均可导致眼压升高而引起的病理改变,但也有部分患者呈现正常眼压青光眼。青光眼是导致人类失明的三大致盲眼病之一,总人群发病率为1%,45岁以后为2%。临床上根据病因、房角、眼压描记等情况将青光眼分为原发性、继发性和先天性三大类。急性闭角型青光眼和慢性闭角型青光眼急性发作表现为突然发作的剧烈眼胀、眼痛、畏光、流泪、头痛、视力锐减、眼球坚硬如石、结膜充血,伴有恶心、呕吐等全身症状。

4. 卒中(cerebral stroke) 又称"中风""脑血管意外"。是一种急性脑血管疾病,是由于脑部血管突然破裂或因血管阻塞导致血液不能流入大脑而引起脑组织损伤的一组疾病,包括缺血性和出血性卒中。缺血性卒中的发病率高于出血性卒中,占卒中总数的60%~70%。缺血性卒中是指因脑部血管血液循环障碍,缺血、缺氧所致的局限性脑组织的缺血性坏死或软化。高血压为脑梗死的危险因素,一般症状有头晕、头痛、肢体麻木、眩晕、记忆力减退、反应迟钝、抽搐、痴呆,无意识障碍,精神症状少见。出血性卒中是指非外伤性脑实质内血管破裂引起的出血,占全部卒中的20%~30%,急性期病死率为30%~40%。发生的原因主要与脑血管病变有关,即与高血脂、糖尿病、高血压、血管的老化、吸烟等密切相关。脑出血患者往往由于情绪激动、费劲用力突然发病,早期死亡率很高,幸存者中多数留有不同程度的运动障碍、认知障碍、言语吞咽障碍等后遗症。头痛是脑出血的首发症状,常常位于出血一侧的头部;有颅内压力增高时,疼痛可以发展到整个头部。头晕常与头痛伴发,特别是在小脑和脑干出血时。

【问题4】病史采集结束后,下一步体格检查应重点关注哪些方面?

思路:查体应重点关注血压、视力、视野、眼压和神经系统的情况,此外也要关注一般生命体征、体型、鼻、咽、喉、气管和肺部、心脏、腹部血管听诊的情况。

1. 血压的测量方法 测量前30分钟内不要吸烟或喝咖啡,排空膀胱;测量前至少休息5分钟,保持心情平静,深呼吸;上臂尽量裸露。如果穿着过多或过厚衣服,可导致测得的血压偏高;使用适合自己的袖带。儿童和偏瘦成年人,使用长18cm、宽12cm的小号袖带;肥胖或臂围大者,使用长40cm、宽12cm的大号袖带;坐位测血压。测量血压时应坐位测量,上臂可平放在支撑物上或用手托住被测手臂的肘部,使之与心脏处于同一水面;测量过程中保持安静,不要说话。同时要注意测量双上肢血压。

2. 视力、视野和眼压的简单检测方法　视力用视力表检测。视野检测方法:医生与患者相距 1m,面对面坐着,患者的左眼看医生的右眼或患者的右眼看医生的左眼,彼此注视,双方眼睛保持在同一水平高度。将患者的一眼遮盖,医生伸出自己的手来回摆动,在两人之间从各个方向的外周向中心移动,当患者觉察手指出现的刹那,立即告知,如医生视野正常,患者能在各个方面与医生同时看到手指,这说明患者的视野大致正常。眼压测量方法:检查时让患者向下看,检查者以两手示指尖置于上睑,交替按压眼球,借指尖触知的抵抗感觉估计眼压的高低。记录方法:眼压(T)Tn= 正常;T+1= 稍高;T+2= 较高;T+3= 很高(眼球硬如石头);T-1= 稍低;T-2= 较低;T-3= 很低(眼球软似棉)。

3. 神经系统检查　生理反射及病理反射检查,明确有无神经系统疾病。

4. 心肺听诊　心脏杂音、肺动脉听诊区有无亢进、有无杂音。

5. 腹部听诊　听诊腹主动脉和双侧肾动脉有无杂音,除外肾动脉狭窄等疾病。

临床病例(续)

客观资料(O):

体格检查:体温 36.8℃,脉搏 80 次 /min,呼吸 20 次 /min,左上肢血压 160/96mmHg、右上肢血压 164/98mmHg。神清,精神欠佳,呼吸平稳,面容正常,左侧视力正常,右侧视力为 0.2,手测右眼眼压感觉较左眼增高,右眼视野缩小,全身未见皮疹、未触及淋巴结肿大。口腔咽部黏膜无明显充血,扁桃体无肿大。巩膜无黄染。两肺呼吸音清,呼吸频率 20 次 /min,呼吸节律整齐,双肺未闻及明显干湿啰音。心率 80 次 /min,律齐,各瓣膜未闻及明显杂音,心音正常。腹平软,无压痛反跳痛,肝脾肋下未及,Murphy 征阴性,无肾区压痛和叩击痛,腹主动脉及双侧肾动脉听诊未闻及杂音。双下肢无明显可凹性水肿。神经系统检查生理反射存在,病理反射未引出。

【问题 5】结合上述查体结果,为明确诊断应进一步实施哪些检查?

思路 1:上述检查结果示,双侧血压均高于正常,行 24 小时动态血压监测以指导合理用药。

思路 2:建议转诊至上级医院行眼压、视野、眼底等相关检查,明确青光眼的诊断。

知识点

1. 基本检查项目

(1)眼压:正常眼压范围在 10~21mmHg,若眼压超过 21mmHg,或双眼压差值大于 5mmHg,或 24 小时眼压差值超过 8mmHg,则为病理性眼压升高。测量眼压的方法有多种,目前公认 Goldmann 压平眼压准确性相对最好。

(2)房角:通过房角镜检查直接观察房角的开放或关闭,从而区分开角型和闭角型青光眼。

(3)视野:视野检查是诊治和随访青光眼治疗效果的最重要的检查之一,包括中心视野和周边视野检查。

(4)视神经乳头:通过检眼镜、裂隙灯前置镜或眼底照相的方法,观察"杯盘比 C/D"的大小、盘沿有无切迹、视神经乳头有无出血、视网膜神经纤维层有无缺损等。

2. 超声生物显微镜的应用　该项技术可在无干扰自然状态下对活体人眼前段的解剖结构及生理功能进行动态和静态记录,并可做定量测量,特别对睫状体的形态、周边虹膜、后房形态及生理病理变化进行实时记录,为原发性闭角型青光眼(特别是原发性慢性闭角型青光眼)的诊断治疗提供极有价值的资料。

3. 共焦激光扫描检眼镜　该机采用了低能辐射扫描技术,实时图像记录及计算机图像分析技术,通过共焦激光眼底扫描,可透过轻度混浊的屈光间质,获得高分辨率、高对比度的视网膜断层图像,能准确记录和定量分析视神经纤维分布情况、视神经乳头的立体图像,并能同时检查视神经乳头区域血流状态和完成局部视野、电生理检查,对青光眼的早期诊断、病情分期及预后分析均有重要价值。

4. 定量静态视野,图形视觉诱发电位　青光眼出现典型视野缺损时,视神经纤维的损失可能已达 50%。计算机自动视野计通过检测视阈值改变,为青光眼最早期诊断提供了依据,图形视觉电生理 PVEP、PE-RG 检查,在青光眼中有一定敏感性及特异性,如将上述两种检查结合起来,能显著提高青光眼的早期检出率。

客观资料(O):

右眼:眼压26mmHg,房角为中等狭窄,眼底有典型的青光眼性视神经乳头凹陷,伴有不同程度的青光眼性视野缺损。左眼:各项检查未见明显异常。

【问题6】该患者在基层就诊的初步评估? 在基层应如何处置?

思路1:该患者高血压病史10年,平素口服依那普利治疗,且未进行血压监测,头痛发作时血压增高,考虑与应激有关,应进行动态血压监测观察血压波动情况,进一步调整降压药,平稳降压。发作时血压增高,应给予临时对症治疗。积极控制原发病。

思路2:该患者头痛发作时血压增高,伴恶心、视物模糊,应该关注高血压之外的其他疾病,如慢性闭角型青光眼,病程进展缓慢,反复发作,容易误诊,应高度重视,进行鉴别诊断。在基层没有眼压计和视野检测设备的情况下,应利用简便易行的指压法检测眼压,在暗环境下用烛光移动法进行视野检测,初步进行青光眼的筛查。如高度疑似,应及时转上级医院进一步检查治疗。

评估(A):①高血压3级;②慢性闭角型青光眼急性发作。

处置计划(P):

1. 该患者血压偏高,且平素未进行血压监测,建议转上级医院进一步进行椎动脉和头颅血管的检查以除外血管并发症所致的头痛。

2. 进行青光眼相关的眼科检查,以明确青光眼所致头痛的诊断。

3. 为该患者建档,进行高血压规范管理。

4. 根据其动态血压监测结果调整降压药物。

【问题7】针对成人头痛,全科医生应该如何进行患者教育?

思路:头痛是多种疾病所致的一种临床症状,高血压患者血压增高时,可有头痛的表现,但一定要进行鉴别诊断,以免延误治疗,如缘于颅或颈部血管性疾病的头痛,缘于颅内非血管性疾病的头痛,缘于物质或物质戒断的头痛,缘于感染的头痛,缘于内环境紊乱的头痛、缘于颅骨、颈、眼、耳、鼻、鼻窦、牙、口或其他颅面部结构疾病的头或面痛,缘于精神疾病的头痛,应根据患者的具体情况进行全面分析判断,寻找头痛的主要致病因素,进行对症治疗。

(冯 玫)

第三篇
社区常见慢性病预防与管理

第十八章 原发性高血压

高血压定义为在未使用降压药物的情况下,非同日 3 次诊室测量血压,收缩压(SBP)≥ 140mmHg 和 / 或舒张压(DBP)≥ 90mmHg。收缩压 ≥ 140mmHg 和舒张压 <90mmHg 为单纯收缩期高血压。患者既往有高血压史,目前正在使用降压药物,血压虽然低于 140/90mmHg,仍应诊断为高血压。根据血压升高水平,又进一步将高血压分为 1 级、2 级和 3 级(表 18-1)。24 小时动态血压的高血压诊断标准为:平均 SBP/DBP ≥ 130/80mmHg;白天 ≥ 135/85mmHg;夜间 ≥ 120/70mmHg。如果家庭自测血压:收缩压 ≥ 135mmHg 和 / 或舒张压 ≥ 85mmHg,应进一步评估血压水平。

表 18-1 血压水平分类和定义

分类	收缩压 /mmHg	舒张压 /mmHg
正常血压	<120 和	<80
正常高值	120~139 和 / 或	80~89
高血压	≥ 140 和 / 或	≥ 90
1 级高血压(轻度)	140~159 和 / 或	90~99
2 级高血压(中度)	160~179 和 / 或	100~109
3 级高血压(重度)	≥ 180 和 / 或	≥ 110
单纯收缩期高血压	≥ 140 和	<90

注:当收缩压和舒张压分属于不同级别时,以较高的分级为准。

由于诊室血压测量的次数较少,血压又具有明显波动性,需要数周内多次测量来判断血压升高情况,尤其对于 1 级、2 级高血压。如有条件,应进行 24 小时动态血压监测或家庭血压监测。

原发性高血压是以体循环动脉压升高为主要临床表现的心血管综合征,可损伤机体心、脑、肾等重要脏器的结构和功能,并与其他心脑血管病危险因素并存,是心脑血管疾病发病和死亡的主要危险因素。据《中国居民营养与慢性病状况报告(2020 年)》,中国 18 岁及以上居民高血压患病率达 27.5%,估算全国患病人群达 3 亿。

尽管目前有明确治疗方案能使几乎每一个高血压患者的血压降低到正常水平,但高血压患者的知晓率、治疗率和控制率是反映高血压防治状况的重要评价指标。据《中国居民营养与慢性病状况报告(2020 年)》显示,18 岁以上人群高血压的知晓率、治疗率和控制率分别为 41.0%,34.9% 和 11.0%,高血压的综合防控形势依然十分严峻。重要原因之一是患者对高血压认识不足、治疗依从性差。

由于高血压是一种慢性病,需要终身管理,大部分患者在基层医疗机构就诊,需要患者进行自我监测和管理,因此,基层卫生机构是高血压综合防治基地,全科医生是主要的管理者,高血压的基层管理至关重要。本章将从基层门诊全科医生接诊开始,主要介绍基层原发性高血压的诊疗与管理。

临床病例

主观资料(S):患者,男性,43 岁。头晕 5 年,加重伴后枕部搏动性胀痛 1 个月。患者于 5 年前出现头晕、头枕部胀痛、嗜睡、精神紧张时加重,于市级医院就诊,诊断"原发性高血压",最高血压 170/100mmHg,给予口服降压药物(具体不详)治疗后症状好转。5 年来间断口服降压药,未系统监测血压。1 年前患者因工作繁忙、作息不规律而停用降压药。1 个月前,患者因强烈精神刺激后出现头晕加重,伴后枕部胀痛、搏动感,与体位及头位无关、无视物旋转、意识障碍、恶心呕吐，无耳鸣、听力改变，无肢体麻木及感觉运动障碍。大便规律，无夜尿增多，饮食睡眠欠佳，心情及精神体力可，体重无明显变化。

　　既往史：否认糖尿病、冠心病等慢性病病史，否认肝炎、结核等传染病病史。

　　个人史：本科学历，现任某企业销售经理。性格开朗，心情好。吸烟20支/d，20年，不饮酒。患者平素工作及休息时以静坐为主，无运动习惯。好食咸油辣、腌制品食物，较少进食蔬菜、水果。

　　家族史：父亲生前患高血压、因结肠癌行手术治疗，母亲体健。兄弟姐妹4人，一兄患高血压，一弟患结肠息肉，内镜下已行切除。育有一子、体健。家庭和睦、家庭成员互相爱护和帮助。

　　近1个月因强烈精神刺激后头晕加重，伴后枕部搏动性胀痛感，既往有高血压病史，未经规范治疗。全科医生首先要明确患者就诊的主要原因，需要考虑以下3个相关问题。

　　【问题1】该患者就诊的主要目的是什么？

　　思路1：确认和处理现患疾病。这是全科医生和其他专科医生接诊患者的核心任务。该患者此次就诊需要解决的主要健康问题是头晕伴头胀痛，这是临床常见，但非特异的症状。基层医疗机构的诊疗环境与综合性医院不同，与医院门诊相比，基层门诊常见的疾患为常见病、多发病，以及涉及生理、心理和社会适应等多个层面的健康问题，具有广泛性、多维性、变异性的特点，且多种健康问题并存。另外，医疗资源相对不足，可利用的实验室检查和各种辅助检查十分有限。因而，针对同一症状或疾病，基层卫生机构门诊与医院的诊疗方式也有所不同。Murtagh安全诊断策略是基层全科医生常用的诊断策略。

　　思路2：头晕（dizziness）是一个临床上难以确切描述的主诉，患者通常主诉头昏沉、头胀、眼花、头重脚轻等模糊感觉。对所有因头晕就诊的患者，都需要鉴别是否是眩晕、晕厥、平衡失调或非特异性头晕，重点询问伴随症状。在基层门诊，最常见的主诉"头晕"是非特异性头晕。根据患者症状，可初步考虑为非特异性头晕。

　　1. 头晕的临床分类　包括眩晕、晕厥前兆、平衡失调感、非特异性头晕。

　　眩晕：患者主诉的共性是"头晕"或"头昏"，但症状实质存在差异，如何评价这些症状及其意义？一例血压控制不良的高血压患者诉反复出现头昏、头胀、昏沉不清醒感；一例高血压患者突发视物旋转，感自身和/或外物在旋转、浮沉或翻滚；一例高血压患者只是感到自身摇晃不稳，但无旋转感。

　　头昏、头晕、眩晕概念性症状描述见表18-2。

表18-2　头昏、头晕、眩晕概念性症状描述

症状	概念性描述	临床意义
头昏	头昏沉和不清醒感	多由全身性疾病或神经症等所引起，临床很常见，但非神经科关注重点
头晕	头重脚轻和摇晃不稳感，是一种轻微的运动幻觉	多由前庭系统、视觉或深感觉病变障碍所引起
眩晕	自身和/或外物按一定方向旋转、翻滚、移动或浮沉，为运动幻觉，伴恶心、呕吐、倾倒等	多由前庭系统病变，且以前庭系统末梢病变（内耳迷路的半规管和囊斑）所致

　　2. 头晕的常见机制

　　（1）脑源性头晕：见于脑动脉粥样硬化（如基底动脉粥样硬化）或颈椎骨关节病引起的脑部血液循环障碍，或由此导致的一过性脑供血不足。其临床特点是头晕、睡眠障碍、记忆力减退三大症状，还有顶枕部头痛、轻瘫、言语障碍、情绪易激动等表现，一般病情缓慢发展，此类头晕的特点是在体位转变时容易出现或加重。

　　（2）颈椎源性头晕：颈椎病头晕是颈椎病最常见的临床症状之一，患者主要表现为突然头晕发作。典型症状是当头转到某一个位置的时候突然出现头晕，严重起来天旋地转，甚至晕倒；多伴有复视、眼震、耳鸣、耳聋、恶心呕吐等症状，猝倒是本型特有的症状。颈椎病出现头晕大多属于椎动脉型颈椎病。

　　（3）心源性头晕：可见于急性心源性脑供血不足综合征，这是心脏停搏、阵发性心动过速、阵发性心房颤动、心室颤动导致的急性脑缺血，可表现头晕、眼花、胃部不适、晕厥等。

　　（4）血管抑制性头晕：常因情绪紧张、疼痛、恐惧、出血、天气闷热、疲劳、旋转感、失眠等而促发。患者常有头晕、眩晕、恶心、上腹部不适、面色苍白、出冷汗等自主神经功能紊乱的表现。其时血压下降、脉搏微弱。血管抑制性头晕多见于体弱的年轻女性。直立性低血压指站立时出现头晕、眼花、腿软、眩晕，甚至晕厥等，

常伴有无汗、大小便障碍。

(5)药物中毒性头晕：以链霉素、新霉素、卡那霉素、庆大霉素等中毒多见，患者除头晕外还有眩晕和耳蜗神经损害所致的感音性耳聋。慢性铅中毒多表现为神经衰弱综合征(以头晕、头痛、失眠、健忘、乏力、多梦为主要症状)，又有体温减低、食欲减退等。

(6)功能性低血糖亦可引起头晕、心悸、虚弱感，在空腹或用力时可有震颤，有时出现抽搐、意识丧失等。情绪紧张或过度换气时，由于二氧化碳排出量增加，可出现呼吸性碱中毒，脑细胞缺氧，引起头晕、乏力，患者并感到面部和手足麻凉，间或有恍惚感。

(7)抑郁症：可因迷走神经兴奋引起血压低、心动过缓等，出现头晕。

【问题2】引起非特异性头晕的常见疾病有哪些？

思路1：非特异性头晕的病因可能与眩晕、晕厥前兆和平衡失调感病因相同，是相关疾病较轻的一个临床表现，也可能虽经系统的检查也无法明确诊断，属于医学无法解释的症状，或称不能用疾病解释的症状。可能的原因有：高血压、低血压、心律失常等心血管疾病，神经系统疾病，贫血，全身中毒性疾病，眼源性疾病，感染性疾病，代谢性疾病，颈椎病和颈肌病，抑郁症和焦虑症等，常见于基层相关疾病。

该患者为男性，43岁，头晕伴后枕部搏动感，常自觉胸闷、乏力、食欲缺乏，无其他伴随症状。有明确的诱因：精神刺激。既往诊断原发性高血压，38岁起病，有家族史。未经系统治疗和管理。故该患头晕原因初步考虑为原发性高血压，但需要与继发性高血压、其他疾病引起的头晕相鉴别，同时需要除外其他常见疾病，特别是严重的、不能被忽略的疾病，避免危及生命的疾病漏诊。

思路2：与其他专科诊疗一样，全科医生首先通过问诊进行鉴别诊断。初步诊断是临床医生随着问诊的进行而逐渐形成的，对于所有疑似高血压的患者均应该询问是否存在原发性与继发性高血压的典型症状与原因，为进一步鉴别诊断提供线索。临床上，大多数高血压患者没有特异性症状，是通过健康体检或其他疾病就诊时发现。而大多数头晕的患者并不是由于高血压引起的。因此，即使是既往有高血压病史的患者也需要进行头晕的鉴别诊断。对于本病例，在进行高血压鉴别诊断的同时，还需要考虑是不是由严重危及生命的疾病引起的头晕。

知识点

高血压的病史

应全面详细了解患者病史，包括：

1. 家族史 患者有无高血压、卒中、糖尿病、血脂异常、冠心病或肾脏病的家族史，包括一级亲属发生心脑血管病时的年龄。

2. 病程 初次发现或诊断高血压的时间、场合、血压最高水平。如已接受降压药治疗，说明既往及目前使用的降压药物种类、剂量、疗效及有无不良反应。

3. 症状及既往史询问 目前及既往有无卒中或一过性脑缺血、冠心病、心力衰竭、心房颤动、外周血管病、糖尿病、痛风、血脂异常、性功能异常和肾脏疾病等症状及治疗情况。

4. 继发性高血压的线索 例如肾炎史或贫血史；肌无力、发作性软瘫等；阵发性头痛、心悸、多汗；打鼾伴有呼吸暂停；是否长期应用升高血压的药物。

5. 生活方式 盐、酒及脂肪的摄入量，吸烟状况，体力活动量、体重变化、睡眠习惯等情况。

6. 心理社会因素 包括家庭情况、工作环境、文化程度以及有无精神创伤史。

知识点

原发性高血压的典型症状

1. 大多数起病缓慢，缺乏特异性症状。
2. 常见症状包括头晕、头痛、颈项强直、疲劳、心悸等，典型高血压头痛随血压下降可消失。

3. 当血压突然升高到一定程度时甚至会出现剧烈头痛、恶心呕吐、心悸、眩晕、视力模糊、鼻出血等较重症状，严重时会发生神志不清、抽搐，这属于急进型高血压和高血压危重症，多会在短期内发生严重的心、脑、肾等器官的损害和病变，如卒中、心肌梗死、肾衰竭等。症状与血压升高的水平并无一致的关系。

思路3：与继发性高血压相鉴别。继发性高血压的主要疾病及其典型临床表现见表18-3。

表 18-3 继发性高血压的主要疾病及其典型临床表现

主要疾病	典型临床表现
肾实质性高血压	高血压；伴明显蛋白尿、血尿和贫血
肾血管性高血压	血压升高进展迅速、突然加重；上腹部和背部肋脊角处可闻及血管杂音
原发性醛固酮增多症	多数情况下血压为轻中度增高；可有肌无力、周期性瘫痪、烦渴、多尿等
嗜铬细胞瘤	阵发性血压升高；伴心动过速、头痛、出汗、面色苍白
皮质醇增多症	高血压；向心性肥胖、满月脸、水牛背、皮肤紫纹、毛发增多等
主动脉狭窄	上臂血压增高，下肢血压不高或降低；肩胛区、胸骨旁、腋部可有动脉搏动和杂音，腹部听诊可有血管杂音

【问题3】是不是由严重危及生命的疾病引起头晕？

思路1：遵循重要疾病优先检查的原则。这些疾病通常是指一些危及生命的、恶性的以及急性需要立即处理的疾病，如卒中、急性冠脉综合征、心律失常、严重的感染、恶性肿瘤及其他社区急症。尽管患病概率可能不大，也要考虑先行检查重要疾病，尽可能不漏诊。对于非特异性头晕，不能除外的严重疾病有高血压急症和亚急症、严重心律失常、心肌梗死、脑肿瘤、卒中等。

思路2：对于该病例，基层全科医生在接诊的每个环节中均需要优先除外严重疾病。因而，在问诊过程中，特别需要询问是否存在意识改变、剧烈头痛或头晕、恶心呕吐、视力模糊、眼痛、心悸、胸闷、喘憋不能平卧、心前区疼痛等。

【问题4】病史采集结束后，下一步查体应重点做哪些方面？

思路1：体格检查的主要目的是支持、修订或否定问诊过程中形成的诊断假设，有助于发现继发性高血压线索、靶器官损害情况、并存临床疾病情况。在基层门诊查体的重点应包括：

1. 生命体征测量，包括身高、体重、腰围测量；必要时测量立、卧位血压和四肢血压。

2. 观察有无库欣面容、向心性肥胖、紫纹与多毛、神经纤维瘤性皮肤斑、甲状腺功能亢进性突眼征或下肢水肿等，排除继发性高血压。

3. 触诊甲状腺，检查周围血管搏动。

4. 重点是心脏和大血管的检查。视诊：心尖搏动是否向左下扩大。触诊：有无心脏震颤及抬举性心尖搏动；叩诊：心界有无扩大。听诊：心脏有无杂音，主动脉瓣音有无增强，有无心律失常，颈动脉、胸主动脉、腹部动脉、肾动脉、髂总动脉和股动脉有无杂音。血管杂音的常见听诊部位包括颈部、背部两侧肋脊角、上腹部脐两侧、腰部肋脊角处等。

5. 检查腹部有无肾脏增大（如多囊肾）或肿块。

6. 神经系统检查。

思路2：虽然有大量的高新技术和设备应用于临床，但病史、体格检查的诊断符合率并没有下降。临床医生依据仔细询问病史、细致的查体和正确的临床思维应该能作出70%~80%的临床诊断。在基层，由于缺乏先进的诊疗设备，全科医生反而会在长期的基层诊疗实践中，不断提高诊疗思维能力和娴熟的物理检查能力。

临床病例（续）：社区门诊查体记录

客观资料(O)：血压185/105mmHg，一般状况可。双肺听诊呼吸音清，心率74次/min，心律齐，S_1稍增强，$A_2 > P_2$，各瓣膜听诊区未闻及病理性杂音。各血管听诊区未闻及杂音。

【问题 5】上述门诊记录是否准确反映了患者的体征?

思路:上述体格检查记录并不能完整反映患者的患病情况及特点,应针对继发性高血压的特点以及其他引起头晕的疾病特点进行重点查体,以期进行鉴别诊断。

该患者补充相关检查后的查体结果为:体温 36.5℃,呼吸 16 次/min,脉搏 74 次/min,右上肢血压 185/105mmHg,左上肢血压 180/100mmHg,右下肢血压 195/100mmHg,左下肢血压 195/100mmHg,身高 173cm,体重 78kg,体重指数(BMI)26kg/m² 。一般状况可。鼻唇沟对称,伸舌居中,颈椎活动良好,无压痛。双肺听诊呼吸音清,叩诊心界向左下扩大,心尖搏动位于左锁骨中线外 0.5cm 处,可触及抬举性心尖搏动,心率 74 次/min,心音正常,心律齐,各瓣膜听诊未闻及病理性杂音,未闻及其他部位血管杂音。腹软,无压痛及反跳痛,未触及腹部包块,肝脾未触及,双肾区无叩痛,腹部听诊未闻及血管杂音。下肢无水肿,双足背动脉搏动良好。神经根牵拉试验、Hoffmann 试验阴性。肌力、肌张力、腱反射正常,深感觉、痛温觉、位置觉正常,病理反射未引出。

【问题 6】高血压的诊断。

思路 1:根据上述查体结果,血压 185/105mmHg,叩诊心界向左下扩大,心尖搏动位于左锁骨中线外 0.5cm 处,可触及抬举性心尖搏动,$A_2>P_2$;双侧肾动脉区可闻及收缩期杂音;余无阳性体征。结合病史,可初步诊断为高血压。对于所有诊断为高血压的患者,应进行诊断性评估。

思路 2:全科医生的基本职责之一是帮助患者做好高血压的自我管理。因而,全科医生不仅应该掌握诊室血压和动态血压的测量方法,还需要掌握家庭血压测量的方法,并教会患者如何进行家庭血压监测。家庭血压监测的临床意义在于有助于提高高血压的知晓率、诊断和判断预后的准确性以及降压治疗的质量与达标率。

知识点

高血压的诊断标准

1. 主要依据诊室测量的血压值。

2. 采用经核准的汞柱或电子血压计。

3. 患者于安静休息状态下,取坐位测量上臂肱动脉部位血压。

4. 在未使用降压药物的情况下,非同日测量 3 次血压值收缩压均 ≥140mmHg 和/或舒张压均 ≥90mmHg 可诊断高血压。

5. 患者既往有高血压病史,正在使用降压药物,血压正常也诊断为高血压。

诊断高血压后,必须要进行血压升高患者心血管风险水平分层和影响高血压患者心血管预后的重要因素分析(表 18-1、表 18-4、表 18-5)。

表 18-4 血压升高患者心血管风险水平分层

其他危险因素和疾病史	血压 /mmHg			
	SBP 130~139 和/或 DBP 85~89	SBP 140~159 和/或 DBP 90~99	SBP 160~179 和/或 DBP 100~109	SBP ≥180 和/或 DBP ≥110
无		低危	中危	高危
1~2 个其他危险因素 ≥3 个其他危险因素	低危	中危	中/高危	很高危
靶器官损害,或 CKD 3 期,无并发症的糖尿病临床并发症,或 CKD	中/高危	高危	高危	很高危

注:CKD,慢性肾脏病;SBP,收缩压;DBP,舒张压。

表 18-5　影响高血压患者心血管预后的重要因素

心血管危险因素	靶器官损害	伴临床疾病
• 高血压（1~3 级） • 年龄＞55 岁（男性）；＞65 岁（女性） • 吸烟 • 糖耐量受损（餐后 2 小时血糖 7.8~11.0mmol/L）和/或空腹血糖受损（6.1~6.9mmol/L） • 血脂异常：总胆固醇 ≥5.7mmol/L（220mg/dl）或 LDL-C＞3.3mmol/L（130mg/dl）或 HDL-C＜1.0mmol/L（40mg/dl） • 早发心血管病家族史［一级亲属发病年龄＜55 岁（男性），＜65 岁（女性）］ • 向心性肥胖［腰围 ≥90cm（男性），≥85cm（女性）］或肥胖（BMI≥28kg/m²） • 血同型半胱氨酸升高（ ≥10μmol/L）	• 左心室肥厚：心电图 Sokolow-Lyon＞38mm 或 Cornell＞2 440mm·ms；超声心动图 LVMI ≥125g/m²（男性），≥120g/m²（女性） • 颈动脉超声 IMT ≥0.9mm 或动脉粥样硬化斑块 • 颈、股动脉 PWV ≥12m/s • ABI＜0.9 • eGFR 降低［eGFR＜60ml/(min·1.73m²)]或血清肌酐轻度升高 115~133μmol/L（1.3~1.5mg/dl，男性）；107~124μmol/L（1.2~1.4mg/dl，女性） • 录微量白蛋白 30~300mg/24h 或白蛋白/肌酐 ≥30mg/g（3.5g/mol）	• 脑血管疾病：脑出血、缺血性卒中、短暂性脑缺血发作 • 心脏疾病：心肌梗死、心绞痛、冠状动脉血运重建、慢性心力衰竭 • 肾脏疾病：糖尿病肾病，肾功能受损，肌酐 ≥133μmol/L（1.5mg/dl，男性），≥124μmol/L（1.4mg/dl，女性），尿蛋白 ≥300mg/24h • 外周血管疾病 • 视网膜病变：出血或渗出，视神经乳头水肿 • 糖尿病：空腹血糖 ≥7.0mmol/L（126mg/dl），餐后 2h 血糖 ≥11.1mmol/L（200mg/dl），糖化血红蛋白 ≥6.5%

注：LDL-C，低密度脂蛋白胆固醇；HDL-C，高密度脂蛋白胆固醇；BMI，体重指数；LVMI，左心室质量指数；IMT，内膜中层厚度；ABI，踝臂血压指数；PWV，脉搏波传导速度；eGFR，估算的肾小球滤过率。

知识点

《家庭血压监测中国专家共识》的建议

1. 在高血压的诊治和管理中，除了诊室血压、动态血压测量外，建议患者进行家庭血压监测。

2. 建议选择经过临床验证的上臂式全自动电子血压计进行家庭血压监测。

3. 监测频率与时间，对于初诊或血压控制不佳患者，建议就诊前连续测量 5~7 日，每日早、晚各测量 2~3 次读数，间隔 1 分钟，取平均值。对于血压控制良好患者，建议每周测量 1 日。

4. 高血压的管理者应积极推动家庭血压监测，包括高血压患者和目前血压正常者。

思路 3：结合病史和体格检查结果，基层实验室和辅助检查项目的选择思路主要有 2 个，一是尽可能除外可能的社区急症，二是诊断性评估。高血压患者诊断性评估的主要内容包括：①确定血压水平及其他心血管危险因素；②判断高血压的病因，明确有无继发性高血压；③寻找靶器官损害以及相关临床情况，评估心血管疾病发生风险，以指导诊疗和管理。

需要特殊关注的是，在基层检查项目的选择还取决于基层医疗机构的设备条件及其可利用的医疗资源。尽管理想的诊疗过程是在完善高血压的诊断评估后开始初始治疗。但在基层并不是所有的患者都在完善诊断和心血管疾病风险评估后才开始治疗和管理。

结合上述查体结果，为明确诊断高血压，应做的实验室检查和辅助检查包括：

（1）功能性指标和代谢综合征指标：全血细胞计数、血红蛋白和血细胞比容、血小板；尿液分析（包括尿蛋白、24 小时尿蛋白定量、尿糖和尿沉渣镜检）；血生化检查，包括血钾、空腹和餐后 2 小时血糖、糖化血红蛋白/总胆固醇、甘油三酯、低密度脂蛋白胆固醇、高密度脂蛋白胆固醇、肌酐和尿酸；血同型半胱氨酸；心肌酶学和心功能指标如心房钠肽（BNP 或 pro-BNP）；肝功能和肝代谢指标。

（2）靶器官结构性损害：眼底检查，心电图、24 小时动态心电图，超声心动图，脉搏波传导速度（PWV）、踝臂血压指数（ABI），各大血管的彩色多普勒、肾脏肾动脉超声、腹部超声等，胸部 X 线检查、颈椎双斜和张口位 X 线片、头颅 CT。

（3）排除继发性高血压的检查（功能和形态学检查）：对怀疑为继发性高血压患者，根据需要可以分别选择以下检查项目：血浆肾素活性、血和尿醛固酮、血和尿皮质醇、血浆游离甲氧基肾上腺素及甲氧基去甲肾上腺素、血和尿儿茶酚胺、动脉造影、肾和肾上腺超声、CT 或 MRI、睡眠呼吸监测等。对有合并症的高血压患者，进行相应的脑功能、心功能和肾功能等检查。

（4）使用抑郁自评量表和焦虑自评量表筛查抑郁症和焦虑症。

临床病例（续）：基层门诊实验室检查与辅助检查结果

客观资料（O）：

实验室检查：钠 151mmol/L，氯 98mmol/L，甘油三酯 2.6mmol/L，低密度脂蛋白胆固醇 4.5mmol/L，高密度脂蛋白胆固醇 0.84mmol/L，空腹血糖 6.8mmol/L，餐后 2 小时血糖 8.9mmol/L，余未见异常。

辅助检查：心电图窦性心律，心率 82 次 /min，电轴左偏，RV_6 2.8mV，RV_5+SV_1 4.3mV，$V_4\sim V_6$ 导联 T 波双向。头颅 CT 未见明显异常。颈椎双斜位：颈椎退行性变。胸部 X 线：心胸比 $>1:2$。抑郁自评量表测试结果：总粗分 51 分，标准总分 63.75 分，参考诊断有（中度）抑郁症状。焦虑自评量表测试结果：总粗分 40 分，标准总分 50 分，参考诊断有（轻度）焦虑症状。

【问题7】该患者在基层就诊的初步评估结果是什么？

思路 1：全科医疗中的基层评估是指根据就诊者的主客观资料作出的初步印象、疾病诊断或健康问题评估。全科医疗中的评估类似其他专科医疗的临床诊断，但又有所不同。基层评估不仅包括初步印象和疾病诊断，还包括个人心理行为评估、家庭评估等。有时悬而未决的临床问题也可列入评估列表中。

思路 2：具有科学基础的系统整体论是全科医学的哲学方法，用以解释和处理患者的健康问题，提供以人为中心的全人照顾。因此，全科医生对个体健康状况的评估并不局限于某个器官系统，通常将病态看作多种疾病及其危险因素综合的结果，根据患者躯体、心理、社会、精神等多方面的需求提供健康照顾。对于该病例，全科与其他专科不同的诊断思维是，不仅考虑引起头晕的相关疾病（包括精神心理疾病）以及与高血压相关的心脑血管系统疾病及其危险因素，同时也分析其是否有其他的并存疾病或重大疾病的危险因素，适时地提供包括临床预防在内的健康照顾。适时地提供预防性照顾也是全科医生应诊的主要任务之一。

根据病史、体格检查、实验室检查和辅助检查结果，该患者在基层的初步评估结果如下。

临床病例（续）：基层初步评估结果

评估（A）：①原发性高血压 3 级；②高血压心脏病；③血脂异常症，高甘油三酯血症，高低密度脂蛋白胆固醇血症，低高密度脂蛋白胆固醇血症；④高钠血症；⑤空腹血糖受损，糖耐量异常；⑥超重；⑦吸烟史；⑧有中度抑郁症状，轻度焦虑症状；⑨结直肠癌高危人群。

【问题8】该患者在基层应如何处置？

思路 1：在初步评估基础上，需要为患者制订基层处置计划（P），包括诊断计划、治疗计划、患者指导计划或健康管理计划等。

思路 2：制订基层处置计划过程中，全科医生和患者及其家属重点讨论转诊、治疗和基层管理等。基层医疗机构与医院双向转诊的主要目的是确保患者安全和医疗质量，减轻患者经济负担，充分发挥基层与医院各自的技术优势，有效利用医疗资源，通过分工协作，最大限度地提高百姓健康水平。

对于本病例患者，在充分尊重患者意愿以及与患者和 / 或其家属协商的前提下，提出基层门诊的处置计划如下。

临床病例（续）：基层处置计划

处置计划（P）：①立即启动治疗性生活方式干预；②立即启动药物治疗，选择钙通道阻滞剂（CCB）+ 血管紧张素转换酶抑制剂（ACEI）类降压药联合治疗；③立即转诊至上级医院，进一步明确诊断和治疗方案；④建立个人健康档案，纳入社区高血压患者健康管理，制订健康管理计划；⑤2 周内随访。

知识点

高血压患者基层转诊至医院的指征

1. 初诊高血压患者基层转诊指征

(1) 合并严重的靶器官损害或临床情况,如高血压急症等。

(2) 鉴别原发性与继发性高血压。

(3) 需要进一步明确高血压诊断及心血管疾病危险分层,如怀疑白大衣高血压。

(4) 因其他疾病诊疗需要到上级医院进一步检查,如精神心理疾病、糖尿病、恶性肿瘤筛查等。

(5) 妊娠和哺乳期女性。

2. 已在基层管理的复诊高血压患者基层转诊指征

(1) 在改善生活方式的基础上,按照初始治疗方案治疗2~3个月,血压不达标者。

(2) 难治性高血压。

(3) 血压控制平稳的患者,再度出现血压升高并难以控制者。

(4) 随访过程中,出现新的、基层无法处理的不良反应或其他严重临床疾病。

思路3:目前,基层高血压患者的诊疗方案主要是依据《内科学》(第9版)和2018年《中国高血压防治指南》(以下简称《指南》)。对于诊断明确的高血压患者,无论采用何种治疗策略,均应达到《指南》规定的治疗目标要求。标准治疗目标是:①在非药物治疗基础上,优先选择长效制剂,遵循小剂量、联合用药和个体化的原则;②控制其他可逆性的危险因素;③治疗靶器官损害和并存的临床疾病。

本病例的非药物治疗方案:采用个体化健康咨询方式,干预以下内容,帮助患者建立健康生活方式。①限盐;②控制体重;③戒烟;④尽量放松自己的心情、少吵架,遇到不愉快的事情时深吸气,闭上眼,安静2~3分钟。

本病例的初始药物治疗方案:①二氢吡啶类钙通道阻滞剂联合血管紧张素转换酶抑制剂降压治疗;②使用他汀类药物控制血脂水平。

本病例转诊目的旨在评估患者其他心血管危险因素、亚临床靶器官损害,诊断是否存在精神心理疾病、糖尿病,筛查结直肠癌。

知识点

治疗性生活方式干预指导方案

1. 减少钠盐摄入 每人钠盐摄入量逐步降至<6g/d。

(1) 日常生活中钠盐主要来源为腌制、卤制、泡制的食品以及烹饪用盐,应尽量少用上述食品。

(2) 建议在烹饪时,尽可能用量具(如盐勺)称量加用钠盐。

(3) 用替代产品,如代用盐、食醋等。

2. 体育运动

(1) 强度:中等量,每周3~5次,每次持续30分钟左右。运动的形式可以根据自己的爱好灵活选择,步行、快走、慢跑、游泳、太极拳等均可。

(2) 应注意量力而行,循序渐进,运动的强度可通过心率来反映,可参考脉率公式。可以先进行一些适度的运动,心跳加速但不过快,一般不宜超过160次/min,身体微微出汗,气喘但可以正常说话即可。

(3) 目标对象为没有严重心血管病的患者。

3. 合理膳食,营养均衡

(1) 食用油,包括植物油(素油),每人<25g/d。

(2) 少吃或不吃肥肉和动物内脏。

(3) 其他动物性食品也不应超过50~100g/d。

(4) 多吃蔬菜,400~500g/d;水果100g/d。

(5)每人每周可吃蛋类 5 个。

(6)适量豆制品或鱼类,奶类 250g/d。

4. 控制体重指数 <24kg/m²,腰围 <90cm(男性),<85cm(女性)

(1)减少总的食物摄入量。

(2)增加身体活动量。

(3)肥胖者若非药物治疗效果不理想,可考虑辅助用减肥药物。

5. 戒烟

(1)彻底戒烟,避免被动吸烟。

(2)为有意戒烟者提供戒烟帮助,一般推荐采用突然戒烟法,在戒烟日完全戒烟。

(3)戒烟咨询与戒烟药物结合。

(4)公共场所禁烟,避免被动吸烟。

6. 限制饮酒 每日白酒 <50ml,或葡萄酒 <100ml,或啤酒 <300ml。

(1)宣传过量饮酒的危害,过量饮酒易患高血压。

(2)高血压患者不提倡饮酒。

(3)酗酒者逐渐减量;酒瘾严重者,可借助药物。

知识点

对初诊高血压患者而言,应遵循的评估及监测程序见图 18-1。

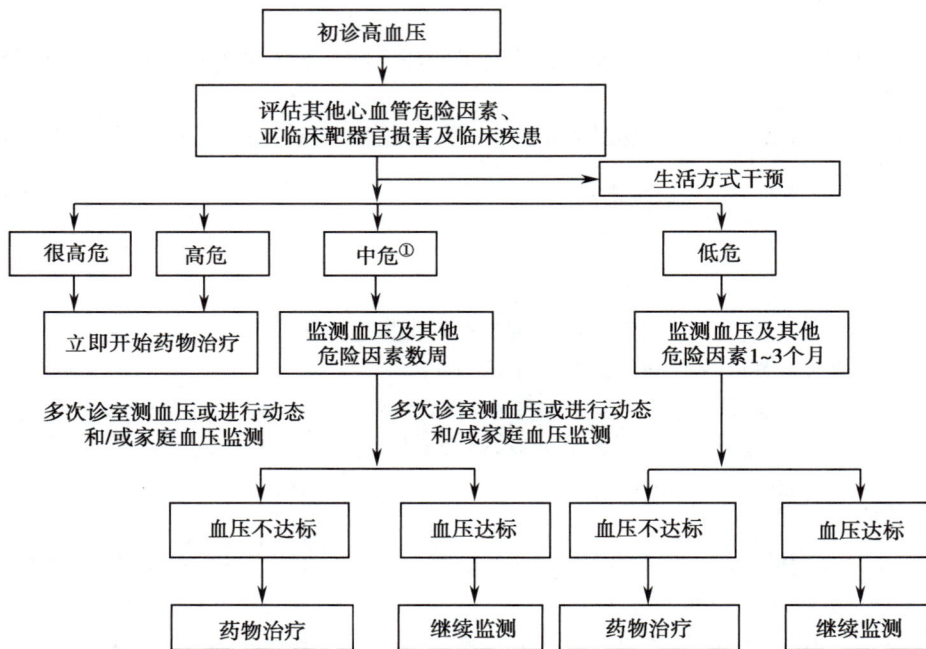

图 18-1 初诊高血压患者的评估及监测程序

①中危且血压 ≥160/100mmHg 应立即启动药物治疗。

知识点

常用降压药

(1) CCB：主要通过阻断血管平滑肌细胞上的钙离子通道发挥扩张血管、降低血压的作用，包括二氢吡啶类 CCB 和非二氢吡啶类 CCB。我国以往完成的较大样本的降压治疗临床试验多以二氢吡啶类 CCB 为研究用药，并证实以二氢吡啶类 CCB 为基础的降压治疗方案可显著降低高血压患者卒中风险。二氢吡啶类 CCB 可与其他 4 类药联合应用，尤其适用于老年高血压、单纯收缩期高血压、伴稳定型心绞痛、冠状动脉或颈动脉粥样硬化及周围血管病患者。常见不良反应包括反射性交感神经激活导致心率加快、面部潮红、脚踝部水肿、牙龈增生等。二氢吡啶类 CCB 没有绝对禁忌证，但心动过速与心力衰竭患者应慎用。急性冠脉综合征患者一般不推荐使用短效硝苯地平。

非二氢吡啶类 CCB 也可用于降压治疗，常见不良反应包括抑制心脏收缩功能和传导功能，二度至三度房室传导阻滞；心力衰竭患者禁忌使用，有时也会出现牙龈增生。因此，在使用非二氢吡啶类 CCB 前应详细询问病史，进行心电图检查，并在用药 2~6 周内复查。

(2) ACEI：作用机制是抑制血管紧张素转换酶，阻断肾素血管紧张素 II 的生成，抑制激肽酶的降解而发挥降压作用。在欧美国家人群中进行了大量的大规模临床试验，结果显示此类药物对于高血压患者具有良好的靶器官保护和心血管终点事件预防作用。ACEI 降压作用明确，对糖脂代谢无不良影响，限盐或加用利尿剂可增加 ACEI 的降压效应。ACEI 尤其适用于伴慢性心力衰竭、心肌梗死后心功能不全、心房颤动预防、糖尿病肾病、原发性肾病综合征、代谢综合征、蛋白尿或微量白蛋白尿患者。最常见不良反应为干咳，多见于用药初期，症状较轻者可坚持服药，不能耐受者可改用 ARB。其他不良反应有低血压、皮疹，偶见血管神经性水肿及味觉障碍。长期应用有可能导致血钾升高，应定期监测血钾和血肌酐水平。禁忌证为双侧肾动脉狭窄、高钾血症及妊娠女性。

(3) ARB：作用机制是阻断血管紧张素 II 1 型受体而发挥降压作用。在欧美国家进行了大量较大规模的临床试验研究，结果显示，ARB 可降低有心血管病史（冠心病、卒中、外周动脉病）患者并发症的发生率和高血压患者心血管事件风险，降低糖尿病或肾病患者的蛋白尿及微量白蛋白尿。ARB 尤其适用于伴左心室肥厚、心力衰竭、糖尿病肾病、冠心病、代谢综合征、微量白蛋白尿或蛋白尿患者以及不能耐受 ACEI 的患者，并可预防心房颤动。不良反应少见，偶有腹泻，长期应用可升高血钾，应注意监测血钾及肌酐水平变化。双侧肾动脉狭窄、妊娠女性、高钾血症者禁用。

(4) 利尿剂：主要通过利钠排尿、降低容量负荷而发挥降压作用。用于控制血压的利尿剂主要是噻嗪类利尿剂，分为噻嗪类利尿剂和噻嗪样利尿剂两种，前者包括氢氯噻嗪和苄氟噻嗪等，后者包括氯噻酮和吲达帕胺等。在我国，常用的噻嗪类利尿剂主要是氢氯噻嗪和吲达帕胺。PATS 研究证实吲达帕胺治疗可明显减少卒中再发风险。小剂量噻嗪类利尿剂（如氢氯噻嗪 6.25~25mg）对代谢影响很小，与其他降压药（尤其 ACEI 或 ARB）合用可显著增加后者的降压作用。此类药物尤其适用于老年高血压、单纯收缩期高血压或伴心力衰竭患者，也是难治性高血压的基础药物之一。其不良反应与剂量密切相关，故通常采用小剂量。噻嗪类利尿剂可引起低血钾，长期应用者应定期监测血钾，并适量补钾，痛风者禁用。对高尿酸血症以及明显肾功能不全者慎用，后者如需使用利尿剂，应使用袢利尿剂，如呋塞米等。

保钾利尿剂（如阿米洛利）、醛固酮受体拮抗剂（如螺内酯）等也可用于控制难治性高血压。在利钠排尿的同时不增加钾的排出，与其他具有保钾作用的降压药（如 ACEI 或 ARB）合用时需注意发生高钾血症的危险。螺内酯长期应用有可能导致男性乳房发育等不良反应。

(5) β 受体阻滞剂：主要通过抑制过度激活的交感神经活性、抑制心肌收缩力、减慢心率发挥降压作用。高选择性 $β_1$ 受体阻滞剂对 $β_1$ 受体有较高选择性，因阻断 $β_2$ 受体而产生的不良反应较少，既可降低血压，也可保护靶器官、降低心血管事件风险。β 受体阻滞剂尤其适用于伴快速性心律失常、冠心病、慢性心力衰竭、交感神经活性增高以及高动力状态的高血压患者。常见的不良反应有疲乏、肢体冷感、激动不安、胃肠不适等，还可能影响糖、脂代谢。二度至三度房室传导阻滞、哮喘患者禁用。慢性阻塞性肺疾病、运动员、周围血管病或糖耐量异常者慎用。糖脂代谢异常时一般不首选 β 受体阻滞剂，必要时也可慎重选用高选择性 β 受体阻滞剂。长期应用者突然停药可发生反跳现象，即原有的症状加重或出现新的表现,较常见有血压反跳性升高,伴头痛、焦虑等,称之为撤药综合征。

(6)α受体阻滞剂:不作为高血压治疗的首选药,适用于高血压伴前列腺增生患者,也用于难治性高血压患者的治疗。开始给药应在入睡前,以预防直立性低血压发生,使用中注意测量坐、立位血压,最好使用控释制剂。直立性低血压者禁用,心力衰竭者慎用。

(7)肾素抑制剂:为一类新型降压药,可显著降低高血压患者的血压水平,但对心脑血管事件的影响尚待大规模临床试验的评估。

常用降压药的用法及不良反应见表18-6。

表18-6　常用的降压药

口服降压药物	每日剂量/mg（起始剂量~足量）	每日服药次数	主要不良反应
二氢吡啶类CCB			心率加快、面部潮红、脚踝部水肿、牙龈增生
硝苯地平	10~30	2~3	
硝苯地平缓释片	10~80	2	
硝苯地平控释片	30~60	1	
氨氯地平	2.5~10	1	
左旋氨氯地平	2.5~5	1	
非洛地平	2.5~10	2	
非洛地平缓释片	2.5~10	1	
拉西地平	4~8	1	
尼卡地平	40~80	2	
尼群地平	20~60	2~3	
贝尼地平	4~8	1	
乐卡地平	10~20	1	
马尼地平	5~20	1	
西尼地平	5~10	1	
巴尼地平	10~15	1	
非二氢吡啶类CCB			房室传导阻滞,心功能抑制
维拉帕米	80~480	2~3	
维拉帕米缓释片	120~480	1~2	
地尔硫䓬胶囊	90~360	1~2	
噻嗪类利尿剂			血钾降低,血钠降低,血尿酸升高
氢氯噻嗪	6.25~25	1	
氯噻酮	12.5~25	1	
吲达帕胺	0.625~2.5	1	
吲达帕胺缓释片	1.5	1	
袢利尿剂			血钾减低
呋塞米	20~80	1~2	
托拉塞米	5~10	1	
保钾利尿剂			血钾增高
阿米洛利	5~10	1~2	
氨苯蝶啶	25~100	1~2	

续表

口服降压药物	每日剂量 /mg（起始剂量~足量）	每日服药次数	主要不良反应
醛固酮受体拮抗剂			血钾增高,男性乳房发育,血钾增高
螺内酯	20~60	1~3	
依普利酮	50~100	1~2	
β 受体阻滞剂			支气管痉挛,心功能抑制
比索洛尔	2.5~10	1	
酒石酸美托洛尔片	50~100	2	
美托洛尔缓释片	47.5~190	1	
阿替洛尔	12.5~50	1~2	
普萘洛尔	20~90	2~3	
倍他洛尔	5~20	1	
α、β 受体阻滞剂			直立性低血压,支气管痉挛
拉贝洛尔	200~600	2	
卡维地洛	12.5~50	2	
阿罗洛尔	10~20	1~2	
ACEI			咳嗽,血钾升高,血管神经性水肿
卡托普利	25~300	2~3	
依那普利	2.5~40	2	
贝那普利	5~40	1~2	
赖诺普利	2.5~40	1	
雷米普利	1.25~20	1	
福辛普利	10~40	1	
西拉普利	1.25~5	1	
培哚普利	4~8	1	
咪哒普利	2.5~10	1	
ARB			血钾升高,血管性神经水肿(罕见)
氯沙坦	25~100	1	
缬沙坦	80~160	1	
厄贝沙坦	150~300	1	
替米沙坦	20~80	1	
坎地沙坦	4~32	1	
奥美沙坦	20~40	1	
阿利沙坦酯	240	1	
α 受体阻滞剂			直立性低血压
多沙唑嗪	1~16	1	
哌唑嗪	1~10	2~3	
特拉唑嗪	1~20	1~2	

续表

口服降压药物	每日剂量/mg （起始剂量～足量）	每日服药次数	主要不良反应
中枢作用药物			
利血平	0.05~0.25	1	鼻充血,抑郁,心动过缓,消化性溃疡
可乐定	0.1~0.8	2~3	低血压,口干,嗜睡
可乐定贴片	0.25	1/周	皮肤过敏
甲基多巴	250~1 000	2~3	肝功能损害,免疫失调
直接血管扩张药			
米诺地尔①	5~100	1	多毛症
肼屈嗪②	25~100	2	狼疮综合征
肾素抑制剂			
阿利吉仑	150~300		腹泻,高血钾

注:CCB,钙通道阻滞剂;ACEI,血管紧张素转换酶抑制剂;ARB,血管紧张素Ⅱ受体阻滞剂;①欧美国家上市,中国未上市;②中国已批准注册。

知识点

常用降压药的适应证见表 18-7。

表 18-7　常用降压药的适应证

适应证	CCB	ACEI	ARB	利尿剂	β受体阻滞剂
左心室肥厚	+	+	+	±	±
稳定性冠心病	+	+[a]	+[a]	−	+
心肌梗死后	−[b]	+	+	+[c]	+
心力衰竭	−[e]	+	+	+	+
心房颤动预防	−	+	+	−	−
脑血管病	+	+	+	+	±
颈动脉内中膜增厚	+	±	±	−	−
蛋白尿/微量白蛋白尿	−	+	+	−	−
肾功能不全	±	+	+	+[d]	−
老年	+	+	+	+	±
糖尿病	±	+	+	±	−
血脂异常	±	+	+	−	−

注:CCB,钙通道阻滞剂;ACEI,血管紧张素转换酶抑制剂;ARB,血管紧张素Ⅱ受体阻滞剂;+,适用;−,证据不足或不适用;±,可能适用;a,冠心病二级预防;b,对伴心肌梗死病史者可用长效 CCB 控制高血压;c,螺内酯;d,eGFR<30ml/min 时应选用袢利尿剂;e,氨氯地平和非洛地平可用。

知识点

降压药的联合应用

联合应用降压药物已成为降压治疗的基本方法。为了达到目标血压水平,大部分高血压患者需要使用 2 种或 2 种以上降压药物。

1. 联合用药的适应证　血压 ≥ 160/90mmHg 或血压高于目标血压,往往初始治疗即需要应用 2 种降压药物。如血压超过 140/90mmHg,也可考虑初始小剂量联合降压药物治疗。如仍不能达到目标血压,可在原药基础上加量,或可能需要 3 种甚至 4 种以上降压药物。CHIEF 研究表明,初始联合治疗对国人心血管中高危的中老年高血压患者有良好的降压作用,明显提高血压控制率。

2. 联合用药的方法　两药联合时,降压作用机制应具有互补性,同时具有相加的降压作用,并可互相抵消或减轻不良反应。例如,在应用 ACEI 或 ARB 基础上加用小剂量噻嗪类利尿剂,降压效果可以达到甚至超过将原有的 ACEI 或 ARB 剂量倍增的降压幅度。同样加用二氢吡啶类 CCB 也有相似效果。

3. 联合用药方案

(1)ACEI 或 ARB+ 噻嗪类利尿剂:ACEI 和 ARB 可使血钾水平略有上升,能拮抗噻嗪类利尿剂长期应用所致的低血钾等不良反应。ACEI 或 ARB+ 噻嗪类利尿剂合用有协同作用,有利于改善降压效果。

(2)二氢吡啶类 CCB+ACEI 或 ARB:CCB 具有直接扩张动脉的作用,ACEI 或 ARB 既扩张动脉、又扩张静脉,故两药合用有协同降压作用。二氢吡啶类 CCB 常见的不良反应为踝部水肿,可被 ACEI 或 ARB 减轻或抵消。CHIEF 研究表明,小剂量长效二氢吡啶类 CCB+ARB 用于初始治疗高血压患者,可明显提高血压控制率。此外,ACEI 或 ARB 也可部分阻断 CCB 所致反射性交感神经张力增加和心率加快的不良反应。

(3)二氢吡啶类 CCB+ 噻嗪类利尿剂:FEVER 研究证实,二氢吡啶类 CCB+ 噻嗪类利尿剂治疗,可降低高血压患者卒中发生的风险。

(4)二氢吡啶类 CCB+β 受体阻滞剂:CCB 具有扩张血管和轻度增加心率的作用,恰好抵消 β 受体阻滞剂的缩血管及减慢心率的作用。两药联合可使不良反应减轻。

我国临床主要推荐应用的优化联合治疗方案是:二氢吡啶类 CCB+ARB;二氢吡啶类 CCB+ACEI;ARB+ 噻嗪类利尿剂;ACEI+ 噻嗪类利尿剂;二氢吡啶类 CCB+ 噻嗪类利尿剂;二氢吡啶类 CCB+β 受体阻滞剂。

可以考虑使用的联合治疗方案是:利尿剂 +β 受体阻滞剂;α 受体阻滞剂 +β 受体阻滞剂;二氢吡啶类 CCB+ 保钾利尿剂;噻嗪类利尿剂 – 保钾利尿剂。

不常规推荐但必要时可慎用的联合治疗方案是:ACEI+β 受体阻滞剂;ARB+β 受体阻滞剂;ACEI+ARB;中枢作用药 +β 受体阻滞剂。

多种药物的合用:①三药联合的方案。在上述各种两药联合方式中加上另一种降压药物便构成三药联合方案,其中二氢吡啶类 CCB+ACEI(或 ARB)+ 噻嗪类利尿剂组成的联合方案最为常用。②四种药联合的方案。主要适用于难治性高血压患者,可以在上述三药联合基础上加用第 4 种药物,如 β 受体阻滞剂、醛固酮受体拮抗剂、氨苯蝶啶、可乐定或 α 受体阻滞剂等。

4. 单片复方制剂(SPC)　是常用的一组高血压联合治疗药物。通常由不同作用机制的两种或两种以上的降压药组成。与随机组方的降压联合治疗相比,其优点是使用方便,可改善治疗的依从性及疗效,是联合治疗的新趋势。应用时注意其相应组成成分的禁忌证或可能的不良反应。

5. 我国传统的单片复方制剂　包括复方利血平(复方降压片)、复方利血平氨苯蝶啶片、珍菊降压片等,以当时常用的利血平、氢氯噻嗪、盐酸双屈嗪或可乐定为主要成分。此类复方制剂目前仍在基层较广泛使用,尤以长效的复方利血平氨苯蝶啶片常见。

新型的单片复方制剂:一般由不同作用机制的两种药物组成,多数每日口服 1 次,使用方便,可改善依从性。目前我国上市的新型的单片复方制剂主要包括:ACEI+ 噻嗪类利尿剂,ARB+ 噻嗪类利尿剂,二氢吡啶类 CCB+ARB,二氢吡啶类 CCB+ACEI,二氢吡啶类 CCB+β 受体阻滞剂,噻嗪类利尿剂 + 保钾利尿。

选择单药或联合降压治疗流程图见图 18-2。

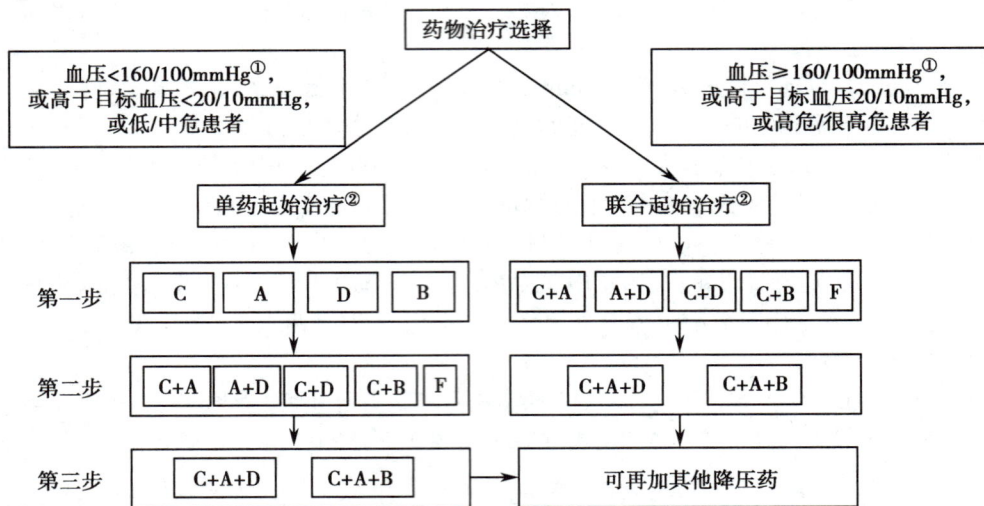

图 18-2 选择单药或联合降压治疗流程图

A. ACEI 或 ARB；B. β 受体阻滞剂；C. 二氢吡啶类 CCB；D. 噻嗪类利尿剂；F. 固定复方制剂。
①对血压 ≥ 140/90mmHg 的高血压患者，也可起始小剂量联合治疗；②包括剂量递增到足剂量。

临床病例（续）：专科门诊辅助检查及会诊意见

同型半胱氨酸水平正常。尿微量白蛋白：10mg/24h。超声心动图：室间隔厚度 8~9mm，左心室后壁厚度 11mm。颈动脉超声及双下肢动脉超声未见异常。动态心电图提示：窦性心律，偶发房性期前收缩。OGTT 结果见表 18-8。大便常规检查无异常，便隐血阴性。纤维结肠镜检查未见异常。精神医学科会诊意见：除外抑郁症。

表 18-8 患者 OGTT 结果

指标	0′	30′	60′	120′	180′
血糖 /(mmol·L⁻¹)	6.30	12.60	13.64	10.88	4.98
C 肽 /(pmol·L⁻¹)	5 551.48	1 604.91	1 976.19	2 210.25	1 182.89
胰岛素 /(mIU·L⁻¹)	7.46	40.09	47.08	53.69	15.17

【问题 9】该患者在心血管专科就诊的确定诊断有哪些？

思路：该患者经转诊完善检查后，明确原发性高血压和高血压心脏病诊断，除外高血压急症、卒中、脑肿瘤、心肌梗死、结直肠癌等可能的、严重的、危及生命疾病诊断，补充诊断：心律失常（偶发房性期前收缩）、周围动脉粥样硬化性疾病、高胰岛素血症、中度抑郁状态。最终确立疾病诊断为：①原发性高血压 3 级（极高危险组）；②高血压心脏病；③心律失常（偶发房性期前收缩）；④血脂异常症，高甘油三酯血症，高低密度脂蛋白胆固醇血症，低高密度脂蛋白胆固醇血症；⑤空腹血糖受损，糖耐量减低，高胰岛素血症；⑥高钠血症。在其他专科，临床医生多数情况下只关躯体疾病的诊断，采用 ICD-10 进行疾病分类和登记。

高血压患者心血管危险分层标准见表 18-9。

表 18-9 高血压患者心血管危险分层标准

其他危险因素和病史	1 级	2 级	3 级
无其他危险因素	低	中	高
1~2 个危险因素	中	中	很高危
≥3 个危险因素或糖尿病或靶器官损害	高	高	很高危
有并发症	很高危	很高危	很高危

注:1 级高血压,收缩压 140~159mmHg 和 / 或舒张压 90~99mmHg;2 级高血压,收缩压 160~179mmHg 和 / 或舒张压 100~109mmHg;3 级高血压,收缩压 ≥180mmHg 和 / 或舒张压 ≥110mmHg。

【问题 10】根据专科检查和会诊结果,如何调整治疗方案?

思路 1:该患诊断为原发性高血压 3 级(很高危组),有心脏靶器官损害,并存有糖代谢异常、高胰岛素血症,需要在强化生活方式干预基础上,长期联合使用药物治疗。药物治疗方案包括:选择 CCB+ACEI 类药物联合控制血压,使用他汀类药物调脂治疗以及阿司匹林抗血小板治疗。

思路 2:大多数高血压患者需要长期乃至终身治疗,因而需要专科医师、全科医生、患者与家属等多方面的共同努力以尽可能实现综合控制目标。所有诊断明确的高血压患者均应纳入基层高血压患者管理。在医院心血管专科就诊的高血压患者,也应转回基层接受全科医生的规范化管理。

患者转回基层的转诊指征:①明确诊断和治疗方案;②靶器官损害和并存临床疾患控制稳定。

临床病例(续):转诊回基层门诊管理

患者转诊医院 2 周后,基层全科医生对患者进行了电话随访,患者自测血压 130/83mmHg,无明显不适主诉。并与患者预约了基层门诊初次随访时间。

【问题 11】首次社区随访主要内容是什么?

思路 1:全科医生每次随访高血压患者均应评估以下内容:①血压水平;②是否存在需要紧急处理和转诊的危急情况;③是否有药物副作用。

此外,首次社区随访还需要完成以下任务:①补充健康档案,完成全科医疗基层门诊接诊记录;②确定基层管理级别和管理内容;③与患者及家属协商,确定管理方案,包括管理目标、随访的方式和干预措施等。该病例的基层管理方案见表 18-10。

表 18-10 病例基层管理方案

内容	目标	措施
1. 管理级别	一级管理	强化管理
2. 重点监测指标		
血压	BP<140/90mmHg	生活方式干预 药物治疗 家庭血压监测
血糖	空腹血糖<6mmol/L 餐后 2 小时血糖<8mmol/L	治疗生活方式干预 3 个月监测 1 次
血脂	LDL<3.0mmol/L	治疗药物治疗 生活方式干预 3~6 个月后复查

续表

内容	目标	措施
3. 非药物治疗		
减少钠盐摄入	每日食盐量逐渐降至<6g	戒掉餐中吃咸菜习惯,尽量少在外就餐,逐渐适应低盐饮食习惯
体育锻炼	每周3次及以上中等强度体育锻炼,每次30分钟	晚餐后快走
合理膳食	低盐低脂平衡膳食	糖尿病饮食
戒烟	彻底戒烟,避免被动吸烟	1年内,逐渐达到彻底戒烟目标
限制饮酒	不饮酒	继续保持不饮酒良好习惯
控制体重	体重指数 BMI<24kg/m² 腰围<90cm	非药物治疗、半年复查
心理平衡	缓解中度抑郁状态,保持心理平衡	预约下一次随访时间,重点讨论导致抑郁状态的原因和干预措施
4. 药物治疗		
控制血压	苯磺酸氨氯地平 雷米普利	5mg/d,一次口服 5mg/d,一次口服
调节血脂	阿托伐他汀	20mg/晚,一次口服
5. 预约下一次随访时间	2周后	

　　思路2:基层门诊接诊记录不同于医院专科门诊,其格式由主观资料(S)、客观资料(O)、评估(A)和处置计划(P)构成。全科医疗中的评估不仅包括上述专科医疗的疾病诊断,还包括健康问题评估。根据本章临床案例,补充评估结果包括:超重、吸烟、结直肠癌高危人群。

　　思路3:基层随访中,全科医生的重点问诊内容包括:询问患者症状,特别注意是否有危急情况、新发症状和用药情况等。对不需紧急转诊患者,询问患者疾病情况和生活方式,包括心脑血管疾病、糖尿病、吸烟、饮酒、运动、摄盐情况等。重点体格检查内容有:①测量血压、心率、体重、腰围,计算体重指数(BMI);②包括心脏听诊、血管杂音、眼底在内的重点查体;③必要时行神经系统检查。然后,根据诊查结果和随访管理计划确定基层门诊实验室检查和辅助检查项目,填写高血压患者管理随访表。《国家基本公共卫生服务规范》推荐的社区高血压患者随访表见表18-11。

　　思路4:评估是否存在危急情况,如出现收缩压≥180mmHg和/或舒张压≥110mmHg;意识改变、剧烈头痛或头晕、恶心呕吐、视力模糊、眼痛、心悸、胸闷、喘憋不能平卧及处于妊娠期或哺乳期同时血压高于正常等危急情况之一,或存在不能处理的其他疾病时,须在处理后紧急转诊。

　　按照《指南》要求,基层全科医生应根据患者高血压危险分层对其进行分级管理,管理内容见表18-12。

表18-11　《国家基本公共卫生服务规范》推荐社区高血压患者随访表

姓名＿＿＿　　　　　　　　　　　　　　　　　　　　　　　编号□□□-□□□□□

		随访日期	随访日期	随访日期	随访日期
		年　月　日	年　月　日	年　月　日	年　月　日
	随访方式	1.门诊　2.家庭　3.电话	1.门诊　2.家庭　3.电话	1.门诊　2.家庭　3.电话	1.门诊　2.家庭　3.电话
症状	1. 无症状	□/□/□/□/□ 其他	□/□/□/□/□ 其他	□/□/□/□/□ 其他	□/□/□/□/□ 其他
	2. 头痛头晕				
	3. 恶性呕吐				
	4. 眼花耳鸣				
	5. 呼吸困难				
	6. 心悸胸闷				
	7. 鼻衄出血不止				
	8. 四肢发麻				
	9. 下肢水肿				
体征	血压（mmHg）	/	/	/	/
	体重（kg）	/	/	/	/
	体重指数				
	心率	/	/	/	/
	其他	/	/	/	/
生活方式指导	日吸烟量（支）	次/周	次/周	次/周	次/周
	日饮酒量（两）	次/周	次/周	次/周	次/周
	运动	次/周　　分钟/次	次/周　　分钟/次	次/周　　分钟/次	次/周　　分钟/次
	摄盐情况（咸淡）	轻/中/重	轻/中/重	轻/中/重	轻/中/重
	心理调整	1. 良好　2. 一般　3. 差 □	1 良好　2. 一般　3. 养 □	1. 良好　2. 一般　3. 差 □	轻/中/重
	遵医行为	1. 良好　2. 一般　3. 差 □	1. 良好　2. 一般　3. 差 □	1. 良好　2. 一般　3. 差 □	1. 良好　2. 一般　3. 差 □

183

续表

随访方式	1. 门诊　2. 家庭　3. 电话□	1. 门诊　2. 家庭　3. 电话□	1. 门诊　2. 家庭　3. 电话□	1. 门诊　2. 家庭　3. 电话□
辅助检查				
服药依从性	1. 规律　2. 间断　3. 不服药□	1. 规律　2. 间断　3. 不服药□	1. 规律　2. 间断　3. 不服药□	1. 规律　2. 间断　3. 不服药□
药物不良反应	1. 无　2. 有___□	1. 无　2. 有___□	1. 无　2. 有___□	1. 无　2. 有___□
此次随访分类	1. 控制满意　2. 控制不满意 3. 不良反应　4. 并发症	1. 控制满意　2. 控制不满意 3. 不良反应　4. 并发症	1. 控制满意　2. 控制不满意 3. 不良反应　4. 并发症	1. 控制满意　2. 控制不满意 3. 不良反应　4. 并发症
用药情况　药物名称1				
用法用量	每日　次　每次　mg	每日　次　每次　mg	每日　次　每次　mg	每日　次　每次　mg
药物名称2				
用法用量	每日　次　每次　mg	每日　次　每次　mg	每日　次　每次　mg	每日　次　每次　mg
其他药物				
用法用量	每日　次　每次　mg	每日　次　每次　mg	每日　次　每次　mg	每日　次　每次　mg
转诊　原因				
机构及级别				
下次随访日期				
随访医生签名				

表 18-12　社区高血压分级管理内容

项目	一级管理	二级管理	三级管理
管理对象	低危患者	中危患者	高危、很高危患者
建立健康档案	立即	立即	立即
非药物治疗	立即开始	立即开始	立即开始
药物治疗（初诊者）	可随访观察 3 个月 血压仍 ≥140/90mmHg 即开始药物治疗	随访观察 1 个月 血压仍 ≥140/90mmHg 即开始药物治疗	药物治疗
血压未达标或不稳定，随访测血压	3 周 1 次	2 周 1 次	1 周 1 次
血压达标且稳定后，常规随访测血压	3 个月 1 次	2 个月 1 次	1 个月 1 次
测体重指数、腰围	2 年 1 次	1 年 1 次	6 个月 1 次
检测血脂	4 年 1 次	2 年 1 次	1 年 1 次
检测血糖	4 年 1 次	2 年 1 次	1 年 1 次
检测尿常规	4 年 1 次	2 年 1 次	1 年 1 次
检测肾功能	4 年 1 次	2 年 1 次	1 年 1 次
心电图检查	4 年 1 次	2 年 1 次	1 年 1 次
眼底检查	选做	选做	选做
超声心动图检查	选做	选做	选做
转诊	必要时	必要时	必要时

注：随访检测记录说明。

①血压监测：医院、社区站（中心）测量或患者自测血压均可；血压不稳定者增加随访和测压次数；鼓励患者自测血压。②其他检测项目：社区卫生服务中心（站）或医院检测均可。③辅助检测的频率为基本要求，根据需要可增加监测次数。

【问题 12】全科医生如何提供个体化、预防性健康咨询？

思路 1：患者教育是全科医生及其他专科医生共同的责任。由于专科医生很少和患者建立长期持续的医患关系，专科医疗的时间又十分有限等原因，因而很少提供有计划的患者教育、生活方式干预的具体指导以及连续的病情监测与随访管理。预防性健康咨询是全科医生在接诊任何患者时的主要应诊任务之一。

全科医生对高血压患者个体化健康咨询的三要内容包括：

①高血压的基本知识：什么是高血压，如何早期发现和确诊高血压，高血压发生的危险因素等；②高血压的危害：靶器官损害和临床并发症；③高血压患者分层管理与控制目标；④高血压相关心脑血管疾病危险因素的处理常识；⑤非药物治疗内容与方法：健康饮食、适量运动、体重控制、戒烟限酒、心理平衡；⑥药物治疗的常识：抗高血压药物种类、用法、禁忌证、不良反应等；⑦患者自我管理的内容、方法、目的和意义等。

知识点

高血压患者教育的重点内容

1. 初诊时　高血压的危害、高血压发生的危险因素及其控制、确诊高血压应做的检查、家庭自测血压的方法。

2. 复诊时　告知个体血压控制目标、药物治疗常识、制订个体化生活方式干预方案。

3. 随访时　自我管理与监测随访的内容、方法和意义，如何观察高血压的并发症。

思路 2：以人为中心是全科医生在临床场所提供健康咨询的主要原则，常用方法是在与患者进行有效的沟通和交流的基础上，取得患者信任，帮助患者实现建立健康行为与生活方式的目标，改善患者就医行为和治疗依从性，提高疾病自我管理的能力。对于本章案例，全科医生重点和患者讨论三个问题：①服药依从性；②定期接受全科医生管理；③确定行为危险因素的优先干预次序并实施行为干预（戒烟、减少钠盐摄入、合理膳食、体育锻炼、心理平衡、控制体重）。

知识点

健康咨询 5A 工作模式

1. 评估（assess）。
2. 劝告（advice）。
3. 达成共识（agree）。
4. 协助（assist）。
5. 安排随访（arrange follow-up）。

【问题 13】高血压患者基层管理中，最难处理的问题是什么？应如何解决？

思路 1：治疗性生活方式干预是高血压及大多数慢性非传染性疾病综合治疗的基础。良好的就医、遵医行为也是高血压患者是否能实现治疗目标的决定性因素之一。而绝大多数人的健康行为不是由于缺少知识，而是由于信念认同上的偏差。信念决定行动，行动决定结果。因而，提高自我效能和行为干预是高血压等慢性病患者基层管理中最难处理的问题。

思路 2：自我效能（self-efficacy）是指人们对自己能否建立健康行为能力的评价和判断，以及因健康行为取得预期结果的自信心，是影响个体健康信念的重要因素。根据健康信念模式（health belief model），如果一名高血压患者坚信彻底戒烟能有效预防心血管事件发生，降低死亡风险，并认为自己有能力解决戒烟过程中遇到的困难，具有较强的意志力避免吸烟的诱惑，则其自我效能较高，彻底戒烟的可能性大。

知识点

健康信念模式

健康信念模式是一种用于解释个体健康行为的理论模式，属于个体水平的行为理论。健康信念模式认为健康信念是人们采纳健康行为的基础和动因。一个人是否采纳健康行为与下列因素相关：①对疾病威胁的感知；②对行为益处和障碍的感知；③自我效能；④社会人口学因素；⑤行为线索，即行为改变的诱发因素。

知识点

自我效能产生的途径：设定和达到目标、口头劝说和支持、借鉴他人经验、激发积极的情感。

思路 3：一个人的信念往往具有一定情感色彩，采取何种行为方式通常取决于其所相信的，而所相信的不一定是科学的、基于证据的，或是客观事实。因而行为改变是一个复杂的过程。根据阶段变化理论，人们的行为变化是一个动态的过程，需要在特定阶段采取有针对性的干预策略，最终实现建立健康行为与生活方式的目标。全科医生往往综合运用相关的行为改变理论，制订个体化的干预策略。全科医生首先应了解患者处于何种行为改变阶段，针对不同阶段的心理需要提供相应的指导和帮助，促使患者行为向成功建立健康行为的下一个阶段转变。根据本章病例，不同行为改变阶段的戒烟策略见表 18-13。

表 18-13　不同行为改变阶段戒烟策略举例

行为改变阶段	评估	患者特点	个体化干预策略
无打算阶段	未来 6 个月内尚未打算戒烟	• 了解烟草使用的危害 • 受工作与生活环境影响,认为"我不可能有问题""我不可能戒烟"	• 全科医生提供患者教育重点内容:吸烟增加心脑血管疾病和恶性肿瘤等疾病发生
打算阶段	打算在未来 6 个月内开始戒烟	• 因担心急性冠脉事件和恶性肿瘤的发生而打算戒烟 • 对自己能否戒烟信心不足 • 希望到权威医院戒烟门诊获得咨询	• 提供典型案例,鼓励患者,提高自我效能 • 协助转诊戒烟门诊 • 制订戒烟目标和时间表:半年内(10 月 12 日前)彻底戒烟,7 月 12 日前,吸烟量减至 10 支/d,至彻底戒烟
准备阶段	打算在未来 1 个月内开始戒烟	• 希望得到全科医生帮助,彻底戒烟	• 与患者共同制订戒烟后的随访计划 • 从不买烟开始,扔掉吸烟相关用具,逐渐过渡到不吸烟
行动阶段	已经戒烟,但时间少于 6 个月	• 患者家属支持患者戒烟 • 患者好朋友中有多人吸烟,影响患者戒烟	• 向同事和朋友宣布戒烟决定 • 在家庭环境彻底戒烟,指导患者采用替代方法,如嚼口香糖 • 学习戒烟相关常识,与医生共同讨论戒烟问题,处理戒断症状,必要时药物治疗
维持阶段	保持戒烟状态达 6 个月以上	• 患者本人开始不适应吸烟环境 • 仍存在来自朋友的吸烟诱惑	• 依靠坚强的意志和成功的结果持续获得社会认同,从而保持良好的不吸烟习惯

知识点

行为变化的 5 个阶段

1. 无打算阶段。
2. 打算阶段。
3. 准备阶段。
4. 行动阶段。
5. 维持阶段。

对于成瘾性行为来说,行为变化还有第 6 个阶段(终止阶段)。

知识点

烟草依赖综合征诊断依据

世界卫生组织于 1998 年正式将烟草依赖列入慢性高复发性疾病。根据国际疾病分类(ICD-10)诊断标准,烟草依赖诊断依据如下。

在过去 1 年内体验过或表现出下列 6 条中的至少 3 条可确诊烟草依赖综合征。

1. 对吸烟的强烈渴望或冲动感。

2. 对吸烟行为的开始、结束及剂量难以控制。

3. 当吸烟被终止或减少时出现生理戒断状态,表现为戒烟后烦躁不安、易怒、焦虑、情绪低落、注意力不集中、失眠、心率降低、食欲增加、体重增加、口腔溃疡、咳嗽、流涕等。

4. 耐受性增加,必须使用较高剂量的烟草才能获得过去较低剂量的效应。

5. 因吸烟逐渐忽视其他的快乐或兴趣,在获取、使用烟草或从其作用中恢复过来所花费的时间逐渐增加。

6. 坚持吸烟不顾其明显的危害性后果,如过度吸烟引起相关疾病后仍然继续吸烟,明确知道自己的行为有害但无法自控。

【问题 14】全科医生如何开展社区人群高血压管理?

思路 1:开展以社区为导向的基层医疗(community-oriented primary care,COPC)是基层医疗卫生服务的重要特征,也是全科医生应具备的核心能力。全科医学的主旨强调将个体和群体健康照顾融为一体,全科医生应能够将个体疾病诊疗与群体的预防保健有机结合起来。对于高血压的防治,在个体层面的诊疗和管理目标主要是血压及其心血管疾病危险因素的综合达标和预防高血压并发症。在人群层面社区防治的主要目标是高血压患者管理率、高血压患者规范管理率、管理人群血压控制率、高血压知晓率、治疗率和控制率。这将有助于将全科医生的服务对象从就医者扩大到未就医者,从患者扩大到健康人和高危个体,有助于将全科医疗服务从患者的诊疗和管理扩大到健康人群和高危人群的预防和管理,提高基层医疗卫生服务的质量和效率。

知识点

社区高血压防治效果评价指标

1. 高血压患者健康管理率 = 年内已管理高血压人数 / 年内辖区内高血压患者总人数 ×100%。

注:辖区高血压患病总人数估算:辖区常住成年人口总数 × 成年人高血压患病率(通过当地流行病学调查、社区卫生诊断获得或是选用本省(区、市)或全国近期高血压患病率指标)。

2. 高血压患者规范管理率 = 按照规范要求进行高血压患者管理的人数 / 年内管理高血压患者人数 ×100%。

3. 管理人群血压控制率 = 最近一次随访血压达标人数 / 已管理的高血压人数 ×100%。

4. 高血压知晓率 = 知道自己患高血压人群 / 高血压总人群 ×100%。

5. 高血压治疗率 = 近两周在服用高血压药物的人数 / 高血压总人群 ×100%。

6. 高血压控制率 = 血压控制达标的人数 / 高血压总人群 ×100%。

思路 2:全科医生开展社区人群高血压管理的策略是面向一般人群、高风险人群和患者群,运用健康促进、健康管理和疾病管理等手段进行社区综合防治。具体的实施步骤如下:①确定目标人群;②开展社区诊断;③分析并确定需优先解决的健康问题;④制订社区干预计划并实施;⑤进行效果评价;⑥在前期工作基础上开展新一轮社区干预,周而复始。高血压社区防治操作流程见图 18-3。

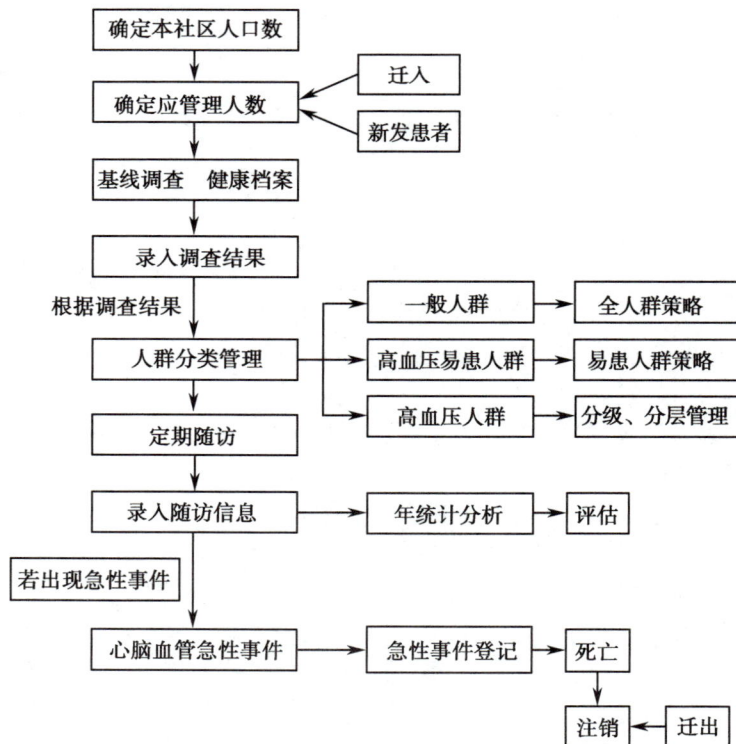

图 18-3　高血压社区防治操作流程图

思路3：高血压的检出是高血压干预与管理的第一步。检出方法主要包括：①有计划地测量普通人群血压，建议健康成年人每年测量1次血压，至少每2年测量1次血压。②机会性筛查，如利用到医疗机构就诊、公共场所健康促进活动、各种健康体检以及社区建立健康档案等机会筛查血压。③易患人群的筛查，这些人群包括：血压水平为收缩压130~139mmHg和/或舒张压85~89mmHg；有高血压家族史者；长期高盐饮食者；超重或肥胖者；长期过量饮酒者；年龄≥55岁者。对于易患人群，建议至少每半年测量一次血压，鼓励进行家庭血压监测。

社区高血压筛查流程见图18-4。

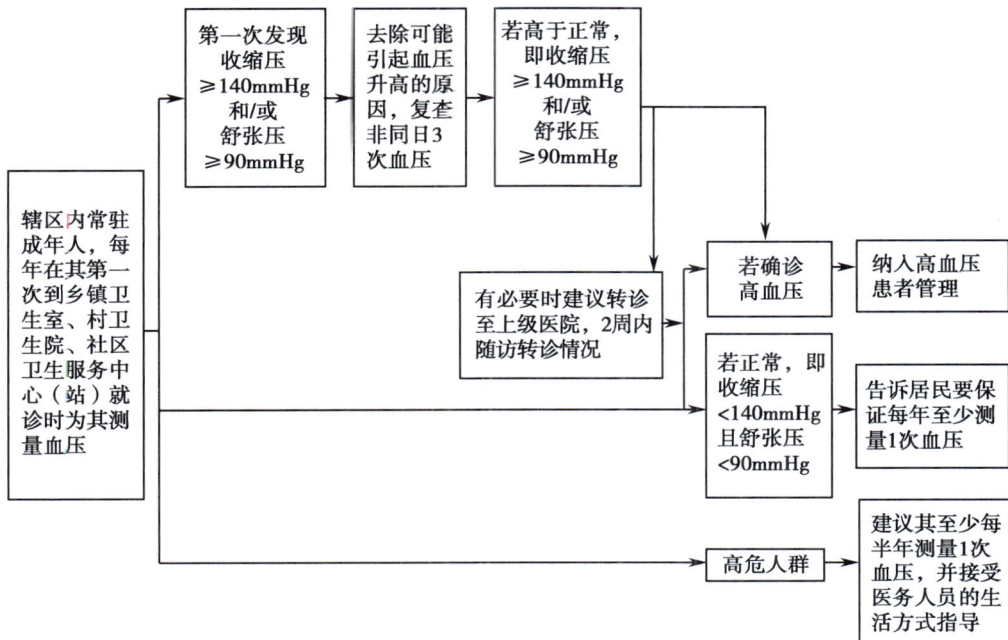

图 18-4　社区高血压筛查流程图

（马中富）

第十九章　冠状动脉粥样硬化性心脏病

冠状动脉粥样硬化性心脏病(coronary atherosclerotic heart disease),简称冠心病(coronary heart disease, CHD),是指冠状动脉发生粥样硬化引起管腔狭窄或闭塞,导致心肌缺血缺氧或坏死而引起的心脏病,又称缺血性心脏病(ischemic heart disease)。

冠心病在临床上可分为5型:隐匿型冠心病、心绞痛、心肌梗死、缺血性心肌病和猝死。近年来根据冠心病的发病特点和治疗原则的不同,可分为两大类:慢性心肌缺血综合征和急性冠脉综合征(acute coronary syndrome, ACS)。前者包括稳定型心绞痛、隐匿型冠心病和缺血性心肌病。后者包括不稳定型心绞痛、非ST段抬高心肌梗死和ST段抬高心肌梗死,也有将冠心病猝死包括在此类中的。本章将从基层门诊全科医生接诊开始,主要介绍基层冠心病的诊治和管理。

临床病例

主观资料(S):

患者,男性,63岁,以"间断胸痛半年余"为主诉来社区门诊就诊。

患者约半年前快速负重上楼时出现胸痛,不伴头昏、心悸、咳嗽、喘息及呼吸困难等,当即停止活动,休息数分钟后缓解,未行进一步诊治。其后在疾走、快速上楼等活动时,再发4~5次胸痛,每月不超过1次(最后一次发生在昨日快步赶公交时),每次持续数分钟至十余分钟不等,经终止活动并休息后可缓解。

起病以来,精神食欲睡眠无异常,大小便正常,体力体重无改变。

【问题1】患者以"胸痛"就诊,应该考虑哪些情况,处理流程如何?

思路1:胸痛是门急诊(包括社区门诊)患者就诊过程中常见的主诉症状,其病因复杂,临床表现各异,预后及危险性差异大。在临床上,按胸痛的危险程度可分为致命性胸痛和非致命性胸痛。致命性胸痛主要包括急性冠脉综合征、主动脉夹层、肺栓塞、张力性气胸、心脏压塞等;此类胸痛死亡率高,自然预后差,应积极采取干预措施。非致命性胸痛包括稳定型心绞痛、心肌炎、肥厚型心肌病、反流性食管炎、肋软骨炎、带状疱疹、胸膜炎、心脏神经症等。因此,全科医生应熟悉胸痛的常见病因,对胸痛高度重视,能迅速对胸痛进行判断,给予及时正确的处理以降低风险。

思路2:社区门诊对胸痛的诊治处理流程(图19-1)。

对于急性胸痛患者:第一,要快速排除最危险、最紧急的疾病,如急性心肌梗死、主动脉夹层、肺栓塞、张力性气胸、心脏压塞等,对生命体征不稳定的患者,应立即开始稳定生命体征的治疗;同时做好转诊准备。第二,对生命体征稳定的患者,积极获取病史和体征后仍不能明确诊断的,应常规留院观察或转诊至综合医院进一步检查,对于可以明确病因的患者,予以相应处理或若不能处理应及时转诊。对于非急性胸痛患者:详细采集病史和体征,予以常规检查和必要的治疗,若不能明确病因,建议转诊至综合医院进一步检查。

知识点

胸痛如何产生

任何理化、机械和生物的因素(如机械压迫、化学刺激、外伤、炎症、肿瘤等)刺激心脏大血管的感觉纤维、气管、支气管和食管的迷走神经以及膈神经的传入纤维等,均可引起胸痛感觉。因此,胸部包括胸壁各层(皮肤、肌肉、肋间神经、肋骨、胸骨、胸椎直至胸膜壁层)、心脏、主动脉、肺动脉、气管、食管、纵隔以及肺的病变或损伤均可引起胸痛。此外,某一内脏与体表某一部位同受某些脊神经后根传入神经支配时,内脏的传入冲动还可引起体表相应部位的疼痛感(放射痛)。

知识点

胸痛的病因

1. 心源性胸痛

①缺血性疾病:稳定型心绞痛、急性冠脉综合征;②瓣膜性疾病:主动脉瓣狭窄等。③心肌疾病:心肌炎、梗阻性肥厚型心肌病、应激性心肌病;④心包疾病:急性心包炎、心脏压塞;⑤大血管疾病:主动脉夹层、胸主动脉瘤等;⑥其他:心脏挤压伤(冲击伤)等。

2. 非心源性胸痛

①胸壁疾病:肋软骨炎、肋间神经炎、带状疱疹、急性皮炎、肋骨骨折、血液系统疾病所致骨痛(急性白血病、多发性骨髓瘤)等;②呼吸系统疾病:急性肺栓塞、肺动脉高压、胸膜炎、张力性气胸、自发性气胸、肺炎、急性气管支气管炎、胸膜肿瘤、肺癌等;③纵隔疾病:纵隔肿瘤、纵隔气肿;④膈肌疾病:膈疝、膈下脓肿;⑤消化系统疾病:胃食管反流(包括反流性食管炎)、食管痉挛、食管裂孔疝、食管癌、急性胰腺炎、胆囊炎、消化性溃疡和穿孔等;⑥心理精神因素:抑郁症、焦虑症、惊恐障碍等。

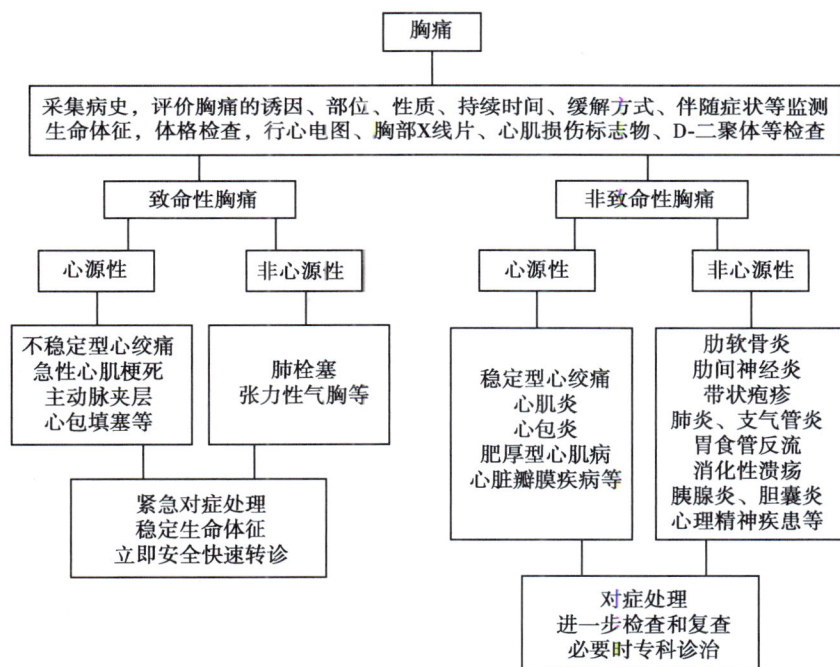

图 19-1　胸痛的诊治处理流程

【问题2】根据上述病史可疑的诊断是什么,还需要补充哪些病史?

思路1:患者出现间断活动后胸痛,持续时间不超过十余分钟,经终止活动并休息后可缓解,应该高度怀疑稳定型心绞痛。

思路2:补充病史。包括:详细询问胸痛的发作特点(诱发因素、部位、性质、持续时间、缓解方式),有无伴随症状和相关鉴别诊断的症状,患者的既往史、个人史、社会心理史、家族史、身高体重、饮食习惯、冠心病危险因素等。

胸痛的病史采集
(视频)

191

知识点

稳定型心绞痛

稳定型心绞痛（stable angina pectoris）是在冠状动脉固定性严重狭窄的基础上，由于心肌负荷的增加引起的心肌急剧、暂时缺血缺氧的临床综合征，是临床上最常见的心绞痛，其发生的频率、程度、性质及诱发因素等在数周至数月内无明显变化。

知识点

典型心绞痛的特点

部位：典型心绞痛的部位是在胸骨后或左前胸，范围大约有拳头或手掌大小，可以放射到颈部、咽部、颌部、上腹部、肩背部、左臂及左手指内侧。

性质：心绞痛往往不是真正的疼痛，而是紧缩感、压迫感、烧灼感、窒息感、沉重感或胸憋、胸闷，部分患者只描述为胸部不适，有的表现为乏力、气短，主观感觉个体差异较大。

持续时间：呈阵发性发作，持续数分钟至十余分钟，较少超过 30 分钟；若仅持续数秒，通常与心绞痛无关，但不能完全排除心绞痛诊断。

诱发因素：心绞痛的发作与劳力或情绪激动有关，如走快路、爬坡时诱发，多发生在劳力当时而不是之后。

缓解方式：往往被迫停下休息或舌下含服硝酸甘油后，症状可在数分钟内缓解。

知识点

冠心病的危险因素

冠心病的危险因素包括：男性、年龄（男性 ≥45 岁；女性 ≥55 岁）、早发冠心病家族史（直系亲属中男性<55 岁，女性<65 岁出现冠心病）、吸烟、高血压（血压 ≥140/90mmHg 或服用降压药物）、血脂异常（高胆固醇或高低密度脂蛋白胆固醇、低高密度脂蛋白胆固醇、高甘油三酯）、糖耐量异常、胰岛素抵抗、糖尿病、肥胖和超重、较少运动、不良饮食习惯、社会心理因素等。除性别、年龄与家族史外，其他危险因素都可以治疗或预防。

临床病例（续）

主观资料（S）：

在与患者进一步交流后，补充病史如下：①胸痛多位于左前胸部，疼痛呈压迫性，一般可以耐受，无明显伴随症状，无咳嗽、咳痰、咯血、反酸、嗳气、胃痛、腹痛等，疼痛与呼吸运动无关。②相关病史。有混合型高脂血症（具体指标记忆不详）3 年，超声发现脂肪肝 5 年，无高血压、糖尿病等；吸烟 30 余年，约 3 日 1 包，偶尔饮酒，家庭饮食偏油腻，成员均偏胖。企业退休干部，长期伏案工作，平素性格乐观开朗，但较少运动。父母病史不详，兄妹各一人，均无冠心病、高血压、糖尿病、卒中等病史，1 子体健。

患者对胸痛较为担心，要求明确原因。

客观资料（O）：

体格检查：血压 135/70mmHg，身高 168cm，体重 78kg（BMI 27.6kg/m²），神志清楚，体型偏胖，步态正常，颈静脉无怒张，呼吸平稳，双肺呼吸音清，未闻干湿啰音，心界不大，心率 78 次/min，心音正常，未闻杂音，腹软，无压痛反跳痛，肝脾不大，双下肢不肿。

【问题 3】在充分了解病史及体格检查后，下一步做何检查有助于明确诊断和评价病情。

　　思路 1:全科医生应结合患者病史和体格检查结果,根据本级医疗机构设备条件及其可利用的医疗资源的实际情况,安非相关检查;必要时可建议患者至上级医院进一步检查。

　　思路 2:基本的血液常规检查包括:血脂、心肌酶谱、肌钙蛋白、肝肾功能、电解质、血常规、血糖、糖化血红蛋白、甲状腺功能、尿常规等。所有可疑患者均应行静息心电图,有条件可行动态心电图监测、超声心动图等,必要时可建议进一步行运动负荷心电图、心肌放射性核素检查、冠状动脉 CTA、冠状动脉造影等明确诊断。若患者胸痛症状不典型,必要时行钡餐或胃镜、胸部 X 线片或肺部 CT、肝胆超声等以进行相关的鉴别诊断。

知识点

冠心病常用的检查

　　1. 静息心电图　心电图出现动态的缺血性 ST-T 改变,有助于冠心病心绞痛诊断。但约半数患者静息心电图在正常范围,其他最常见的心电图改变为非特异性的 ST-T 改变。

　　2. 动态心电图　通过连续 24 小时记录并自动分析心电图,可发现心电图 ST-T 改变和各和心律失常,不仅可以反映有症状的心肌缺血(心绞痛发作),也可以发现无症状的心肌缺血。同时可以观察发作的频度和持续时间。但此过程中出现的 ST-T 改变可受多种因素影响,一般不作为诊断冠心病心肌缺血的主要依据。但心绞痛症状出现的时间伴随的 ST-T 改变,则有重要的诊断价值。

　　3. 运动心电图试验　适于疑似冠心病,静息心电图无明显异常需要明确诊断者,运动负荷增加心脏负荷以激发心肌缺血,运动中出现典型的心绞痛,心电图改变主要以 ST 段水平型或下斜型压低 ≥0.1mV(J 点后 60~80 毫秒)持续 2 分钟为运动试验阳性标准。

　　4. 超声心动图　若无心脏病史,未发作时多为正常表现。可探测到缺血坏死区心室壁运动异常,排除结构性心脏病引起的心绞痛(如主动脉瓣狭窄、肥厚型心肌病等)。

　　5. 放射性核素检查　包括单光子发射计算机断层扫描(SPECT)及正电子发射断层扫描(PET)的心肌灌注显像。SPECT 静息状态下心肌缺血部位无异常表现,而心肌梗死部位可见放射性分布缺损;负荷状态下心肌缺血部位可见放射性分布稀疏,而心肌梗死部位可见放射性充盈缺损;门控 SPECT 显像(根据心电信号在每个心动周期中按设定时间间隔连续采集心肌灌注显像)可进一步获得左心室射血分数及室壁运动状况等。PET 通过对心肌血流灌注和代谢显像匹配分析可准确评估心肌活力,但因价格相对昂贵而不常使用。

　　6. 冠状动脉 CTA　是能够显示冠状动脉病变及形态较为可靠的无创检查方法,敏感性超过 95%、特异性 64%~83%。目前冠状动脉 CTA 阴性预测价值较高,若 CTA 检查未见狭窄病变,一般可不进行有创性检查。阳性判断意义有限,对病变程度的判断有一定局限性,尤其当存在钙化病变时常难以准确判断病变程度,可能会高估狭窄程度。

冠状动脉造影
(视频)

　　7. 冠状动脉造影(CAG)　为有创性检查,是诊断冠心病、判断冠状动脉病变严重程度的金标准,对决定治疗策略和判断预后有重要价值。

知识点

稳定性冠心病和验前概率

　　稳定性冠心病(stable coronary artery disease, SCAD)是包括稳定型心绞痛、缺血性心肌病和急性冠脉综合征之后稳定的病程阶段在内的三种情况的总称。

　　验前概率(pre-test probability, PTP)是指胸痛患者在行相关检验及检查之前,通过胸痛性质、性别和年龄等 3 个因素,综合推断其罹患稳定性冠心病的临床可能性。PTP 有助于临床医师根据罹患稳定性冠心病的概率(表 19-1),合理规划胸痛患者下一步诊断路径。

　　一般而言,对于左心室射血分数(left ventricular ejection fraction, LVEF)≥50% 者,可根据 PTP 决

定后续检查：

(1) 低概率(PTP<15%)：基本可除外心绞痛。

(2) 中低概率(15%≤PTP≤65%)：建议行运动负荷心电图作为初步检查；若条件允许，可优先选择无创性影像学检查。

(3) 中高概率(65%<PTP≤85%)：建议行无创性影像学检查以确诊 SCAD。

(4) 高概率(PTP>85%)：可确诊 SCAD，对症状明显者或冠状动脉病变呈高风险者，应启动药物治疗或有创性检查和治疗。

对于典型胸痛伴 LVEF<50% 者，建议直接行冠状动脉造影，必要时行血运重建。

表 19-1　胸痛患者罹患 SCAD 的验前概率　　　　　　　　　　　　　　　单位：%

年龄/岁	验前概率					
	典型心绞痛		非典型心绞痛		非心绞痛性质的胸痛	
	男性	女性	男性	女性	男性	女性
30~39	59	28	29	10	18	5
40~49	69	37	38	14	25	8
50~59	77	47	49	20	34	12
60~69	84	58	59	28	44	17
70~79	89	68	69	37	54	24
>80	93	76	78	47	65	32

注：浅蓝色区域，低概率(PTP<15%)；深蓝色区域，中低概率(15%≤PTP≤65%)；浅棕色区域，中高概率(65%<PTP≤85%)；深棕色区域，高概率(PTP>85%)。

典型心绞痛(明确的)同时符合下列 3 项特征；非典型心绞痛(有可能)符合下列特征中的 2 项；非心绞痛性质的胸痛仅符合下列特征中的 1 项或都不符合。

(1) 胸骨后不适感，其性质和持续时间具有明显特征。

(2) 劳累或情绪应激可诱发。

(3) 休息和/或硝酸酯类药物治疗后数分钟内可缓解。

知识点

冠状动脉 CTA 检查推荐

对于中低概率的 PTP(15%~65%)的疑诊 SCAD 患者，预期成像质量较好：

(1) 应考虑采用冠脉 CTA 检查来替代负荷影像学检查，以排除 SCAD。

(2) 若运动负荷心电图或负荷影像学检查结果不确定，或有负荷试验禁忌证者，为了避免不必要的冠状动脉造影，应考虑行冠状动脉 CTA 检查。

对冠状动脉搭桥术(CABG)后患者，可考虑冠脉 CTA，作为旁路移植血管通畅度的随访。

对确认冠状动脉狭窄或既往置入冠状动脉支架的患者，不建议行冠状动脉 CTA。

对无症状且无临床疑似冠状动脉疾病的患者，不建议将冠状动脉 CTA 作为筛查方法。

临床病例(续)

客观资料(O)：

在向患者仔细解释目前病情，引起其足够重视并商量后，于当日行常规心电图、胸部 X 线片、动态心电图。结果显示：心电图未见明显异常（图19-2），胸部X线片正常，次日动态心电图示日均心率81次/min，未见明显心律失常，可见快频率依赖性ST-T改变（在主动快步上楼略感胸痛时）。次日查空腹血尿常规、肝肾功能、血糖、甲状腺功能均正常；总胆固醇5.96mmol/L，甘油三酯2.35mmol/L，高密度脂蛋白胆固醇0.86mmol/L，低密度脂蛋白胆固醇3.11mmol/L。

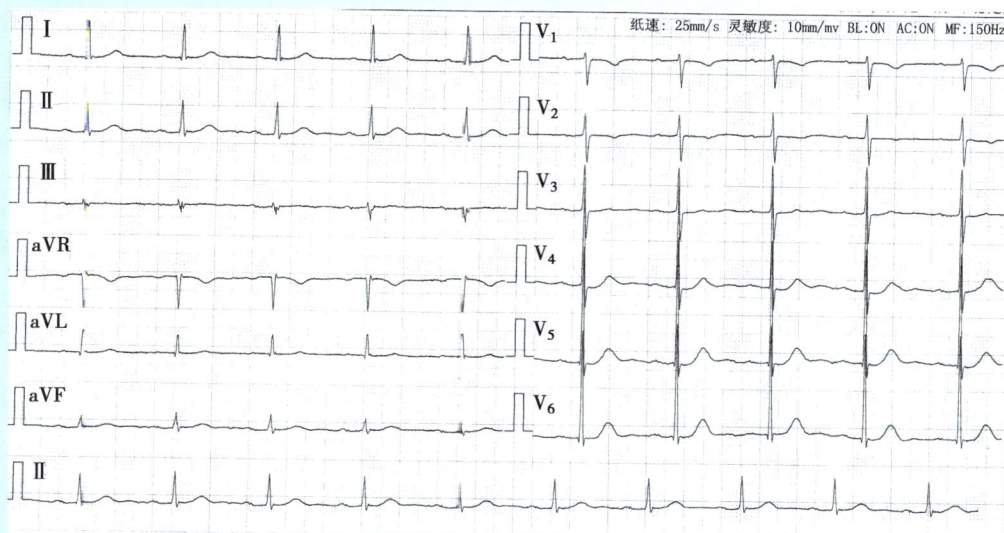

图 19-2　患者首次就诊时的十二导联心电图

【问题 4】根据上述病史及检查结果是否可诊断稳定型心绞痛？

患者有发作性左前胸痛，与活动有关，一般持续十分钟左右，休息后可缓解，有相关冠心病危险因素（高脂血症、肥胖、吸烟、活动少等），虽为初发，但病程有半年，且发作较为规律，仍考虑稳定型心绞痛。

知识点

根据典型心绞痛的发作特点和冠心病的危险因素，即可作出初步诊断；结合心肌缺血的客观依据和/或冠状动脉病变的影像学检查，即可明确稳定型心绞痛诊断。若症状不典型，结合心电图等有心肌缺血表现的客观检查资料或冠状动脉造影等，一般均可建立诊断。

【问题 5】稳定型心绞痛需要和哪些疾病相鉴别？

1. 急性心肌梗死　疼痛部位、性质与稳定型心绞痛相仿，但程度更重、时间更长，硝酸酯的作用减弱甚至无效。特异性心电图改变和心肌损伤标志物检测可资鉴别。

2. 主动脉夹层　多因主动脉壁动脉瘤破裂，可同时出现血压增高，胸痛性质剧烈可放射至背部、腹部、下肢等，影像学检查也可作为鉴别的参考。

3. 急性心包炎　一般多见于年轻人，疼痛多位于心前区、上腹部及颈部，持续存在，为刀割样锐痛，深吸气、体位改变和吞咽时加重，坐位或前倾位及憋气时减轻，早期可出现发热及心包摩擦音。心电图可见QRS波群低电压，ST段弓背向下抬高及T波倒置。

4. 其他疾病引起的心绞痛　包括严重的主动脉瓣病变、风湿热或其他原因的冠状动脉炎，梅毒性主动脉炎引起的冠状动脉口狭窄或闭塞，肥厚型心肌病引起的心肌相对缺血，特纳综合征，心肌桥，先天性冠状动脉畸形等产生的心绞痛，可根据其他临床表现进行鉴别。

5. 肺栓塞　可表现为胸痛、咯血、呼吸困难，血压下降，多发生于手术后、长期卧床等，肺动脉造影（CTPA）或选择性肺动脉造影可确定诊断。

6. 心脏神经症　是排他诊断，患者常诉胸痛，常表现为短暂（几秒）的刺痛或较持久（几小时）的隐痛，且胸痛部位经常变动。患者常喜欢不时地深吸一大口气或作叹息性呼吸，常伴有心悸、疲乏等神经衰弱的症状。

7. 肋间神经痛和肋软骨炎　本病疼痛常累及 1~2 个肋间,但并不一定局限在前胸,为刺痛或灼痛,多为持续性而非发作性,咳嗽、用力呼吸和身体转动可使疼痛加剧,沿神经走行处有压痛,手臂上举活动时局部有牵拉疼痛;后者一般在肋软骨处有压痛。

8. 不典型疼痛　还需与反流性食管炎及食管裂孔疝、消化性溃疡、胆囊炎及胆石症、胰腺炎、颈椎病、带状疱疹等所引起的胸、腹疼痛相鉴别。

【问题 6】如何对慢性稳定型心绞痛进行危险分层?

可根据临床情况、运动心电图、左心室功能评估及冠状动脉造影综合判断。运动心电图早期出现阳性(ST段压低>1mm)改变、运动核素心肌灌注异常、左心室射血分数低于 35%、冠状动脉造影证实为多支或左主干病变为高危患者。此外,应重视冠心病相关的危险因素的评估,如高龄、吸烟、高脂血症、高血压、糖尿病、肥胖、外周血管疾病、早发冠心病家族史、心肌梗死病史等。心绞痛严重度分级可参照加拿大心血管学会(CCS)心绞痛严重度分级。

【问题 7】全科医生如何对患者的病情作出评估?

在社区门诊的诊疗过程中,全科医生对患者病情作出的评估类似于专科医疗中专科医师所作出的临床诊断,两者都是根据患者的主观症状和客观资料作出的判断,但两者又有所不同。全科医疗是以人为中心的健康照顾,不仅要了解患者的躯体疾病的状况,还要了解患者心理、家庭和社会情况,必要时对患者进行抑郁/焦虑自评量表测试等。因此,对患者的评估不仅仅包括对疾病的诊断,还应包括个人心理行为评估和家庭评估等。

根据该患者的病史、体格检查、实验室检查和辅助检查结果,评估结果如下。

临床病例(续)

评估(A):

(1)冠心病:稳定型心绞痛 CCS Ⅱ级。

(2)血脂异常:高胆固醇血症、高甘油三酯血症、低高密度脂蛋白血症。

(3)超重。

(4)吸烟者。

【问题 8】根据目前评估状况如何给予患者相应治疗?

稳定型心绞痛的治疗主要包括:改变不良生活方式,祛除危险因素,缓解心绞痛症状,延缓或逆转动脉粥样硬化的进程,减少血栓形成,预防心肌梗死和死亡,提高生活质量,延长寿命。

知识点

稳定型心绞痛缓解期的一般治疗

1. 向患者解释疾病的性质、预后、治疗方案以取得患者的合作,消除患者的紧张焦虑情绪。

2. 控制冠心病危险因素,如高血压、高脂血症、吸烟、糖尿病、痛风、肥胖。

3. 消除冠心病的诱发因素,避免过度劳累,生活要有规律,保证充分休息,根据病情安排适当的体力活动。

4. 治疗并发的其他系统疾病,如胆囊疾病、溃疡病、颈椎病、食管炎等。这些疾病的发作常可诱发心绞痛,使其难以控制。

知识点

稳定型心绞痛缓解期的药物治疗

1. 缓解期改善预后的药物　抗血小板治疗(阿司匹林、氯吡格雷、替格瑞洛)、β 受体阻滞剂、调脂治疗(他汀类药物)、血管紧张素转换酶抑制剂或血管紧张素 Ⅱ 受体阻滞剂(ACEI 或 ARB)。

2. 减轻症状和改善缺血的药物　硝酸酯制剂、β受体阻滞剂、钙通道阻滞剂,三类药物可单独、交替或联合使用,但应与改善预后的药物联合使用。

3. 其他药物　调节心肌能量代谢药物曲美他嗪、钾通道开放剂尼可地尔可减少心绞痛发作;选择性抑制窦房结起搏电流的伊伐布雷定,可通过减慢心率达到降低心肌耗氧的作用。

临床病例(续)

处置计划(P):

向患者仔细解释病情,消除疑虑,考虑其初发型心绞痛,建议可至专科或综合医院进一步详细检查。但患者自觉发作次数较少,要求先在社区治疗。与其共同商量后制订治疗方案如下:

改变家庭油腻饮食习惯,控制饮食(减少饱和脂肪酸和胆固醇的摄入),减轻体重(半年至1年内减轻5~8kg),逐步彻底戒烟,适当运动(每日步行1~2小时),避免剧烈运动、劳累等,避免情绪激动,保持大便通畅。

根据患者的病情可予以冠心病二级预防(阿司匹林100mg/d,比索洛尔2.5mg/d,阿托伐他汀20mg/d);备用硝酸异山梨酯或硝酸甘油,若再次发作心绞痛,立即休息并可舌下含服1片硝酸甘油或硝酸异山梨酯,必要时马上至社区门诊或上级医院就诊。

建立健康档案,定期(1~2个月)复诊,复查心电图、血脂、肝肾功能等。

知识点

稳定型心绞痛发作时处理

在院外心绞痛发作时,应立刻停止活动或休息,有条件者可吸氧。一般患者在停止活动后症状即可消失。

心绞痛发作较严重时,可用起效较快的硝酸酯制剂,如硝酸异山梨酯、硝酸甘油。这类药物除扩张冠状动脉、减少冠状循环阻力外,还对外周血管具有扩张作用,减少静脉回流心脏的血量、降低心室容量、心腔内压、心排血量和血压,减低心脏前后负荷和心肌的需氧,从而缓解心绞痛。必要时在应用硝酸酯制剂的同时可考虑用镇静剂。

缓解不明显应立即就诊,如在医院或门诊,尽可能在发作时做心电图。

临床病例(续)

其后半年内患者每1~2个月于社区门诊复诊取药,坚持药物治疗,已戒烟,体重减轻2kg,偶有发作心绞痛,休息或含服硝酸异山梨酯数分钟后缓解。复查心电图正常,肝肾功能正常;血脂全套,总胆固醇3.98mmol/L,甘油三酯1.68mmol/L,高密度脂蛋白胆固醇0.96mmol/L,低密度脂蛋白胆固醇2.02mmol/L。嘱患者继续坚持目前治疗。

【问题9】稳定型心绞痛患者在缓解期如何随访和健康管理?

可建议患者每1~2个月随访一次,了解自觉症状,心绞痛发作情况;评估生活方式改善的效果(包括饮食、戒烟、体重、运动等);评估心理状态,给予健康教育和心理行为干预;测量血压,做心电图,检测血脂、血糖(若有糖尿病,需检测血糖),必要时检测肝肾功能,做动态心电图等;根据以上情况评估药物治疗的效果,调整药物治疗方案。

知识点

冠心病患者调脂治疗的策略和目标值

血脂异常防治的核心策略是依据个体罹患动脉粥样硬化性心血管病(atherosclerotic cardiovascular disease,ASCVD)的危险程度,以决定是否启动药物调脂治疗和采取何种强度的干预措施。

根据《中国成人血脂异常防治指南(2016年修订版)》的ASCVD危险分层流程,ASCVD人群可分为:极高危者、高危者、中危和低危者。凡临床上诊断为ASCVD(包括急性冠脉综合征、稳定性冠心病、血运重建术后、缺血性心肌病、缺血性卒中、短暂性脑缺血发作、外周动脉粥样硬化病等)的患者均属极高危人群。

低密度脂蛋白胆固醇(LDL-C)水平是防控ASCVD危险的首要干预靶点。根据上述危险分层,LDL-C的治疗目标值分别为:极高危者LDL-C<1.8mmol/L;高危者LDL-C<2.6mmol/L;中危和低危者LDL-C<3.4mmol/L。

所有冠心病患者均为ASCVD的极高危者,均需调脂治疗,且目标值为LDL-C<1.8mmol/L;LDL-C基线值较高不能达目标值者,LDL-C至少降低50%;极高危患者LDL-C基线在目标值以内者,LDL-C仍应降低30%左右。

调脂治疗首选他汀类药物。起始宜应用中等强度他汀类药物,根据个体调脂疗效和耐受情况,适当调整剂量,若胆固醇水平不能达标,可与其他调脂药物联合使用。

临床病例(续)

主观资料(S):

患者在家属陪同下再次就诊,较为紧张。诉近1周因房屋装修劳累,几乎每日均有发作心绞痛,部位、程度、持续时间同前,含服硝酸异山梨酯可缓解。今日发作心绞痛2次,第二次发作持续近20分钟,含服3次硝酸异山梨酯方缓解,立即来社区门诊就诊。

客观资料(O):

在门诊检查过程中,再发心绞痛,发作时血压145/65mmHg,心率70次/min,行心电图示前壁心肌缺血(图19-3),立即予以休息、吸氧、含服硝酸异山梨酯后缓解,前后持续约10分钟。缓解后复查心电图正常。

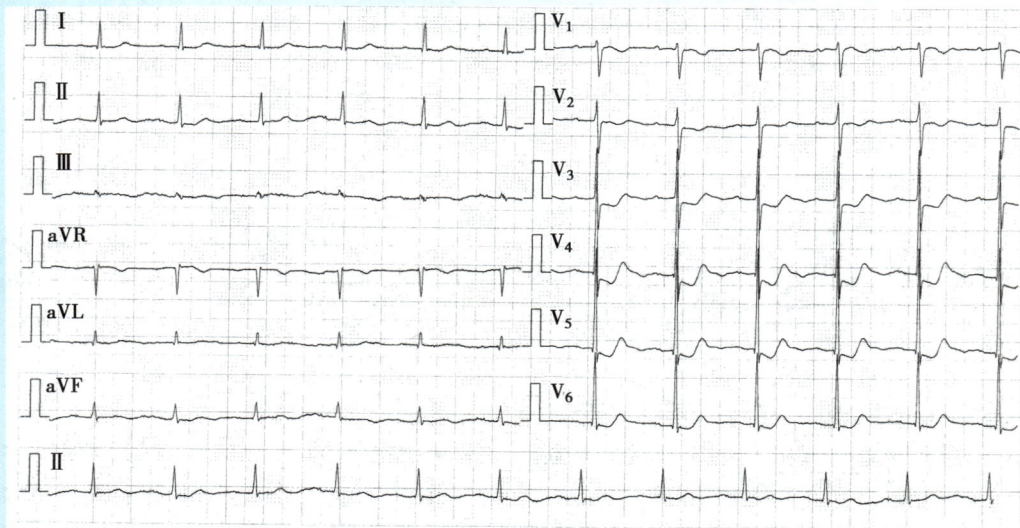

图19-3　患者复诊时的十二导联心电图

【问题10】患者目前的诊断考虑是什么。

患者有明确的冠心病史,坚持冠心病二级预防后症状缓解,虽目前发作持续时间不超过20分钟,含服硝酸异山梨酯可缓解,但近1周发作频繁,考虑非ST段抬高急性冠脉综合征(NSTE-ACS),高度疑似不稳定型心绞痛,且需密切动态观察,除外急性心肌梗死。

知识点

非 ST 段抬高急性冠脉综合征(NSTE-ACS)

非 ST 段抬高急性冠脉综合征(NSTE-ACS)分为非 ST 段抬高心肌梗死和不稳定型心绞痛;两者具有相似的发病机制,均是在严重动脉粥样硬化病变的基础上,发生了冠状动脉内膜下出血、斑块破裂、斑块糜烂、破损处血小板与纤维蛋白凝集形成血栓、冠状动脉痉挛以及远端小血管栓塞引起的急性或亚急性心肌缺血所致。两者的区别在于心肌缺血是否导致心肌损伤,从而在外周血中检测出心肌损伤标志物。

【问题 11】不稳定型心绞痛包括哪些情况?

不稳定型心绞痛是急性冠脉综合征中常见的类型,是介于稳定型心绞痛和急性心肌梗死之间的临床状态,包括除稳定型劳力性心绞痛以外的初发型心绞痛、长时间自发性心绞痛(>20 分钟)、恶化性劳力性心绞痛、各型自发性心绞痛和心肌梗死后 1 个月内再发心绞痛。

【问题 12】该患者目前如何处理?

1. 留观患者,做好心理疏导,消除紧张情绪。

2. 做心电图检查,应加做 $V_7 \sim V_9$、$V_{3R} \sim V_{5R}$,如果正常,15~30 分钟后复查。若在发作时记录下心电图,应在症状缓解后复查。

3. 有条件的情况下,可急查肌钙蛋白,除外心肌梗死。如果在发病 6 小时内为阴性,可在发病 8~12 小时再次复查。

4. 建立静脉通路,予以吸氧、心电监护,准备好基本急救措施(如除颤仪等)。

5. 予以阿司匹林 300mg 嚼服,若不适用阿司匹林,可服用氯吡格雷 300~600mg。

6. 必要时予以硝酸甘油静脉缓慢维持及镇静治疗。

7. 建议患者转上级医院进一步诊治。

知识点

冠心病患者由社区门诊转诊至上级医院的指征

1. 首次发生心绞痛。

2. 首次发现的陈旧性心肌梗死。

3. 发作较前频繁、持续时间延长、活动耐量下降的稳定型心绞痛者。

4. 需要调整药物治疗方案、需要进一步检查或需定期至上级医院进行病情评估者。

5. 无典型胸痛发作,但心电图有 ST-T 动态改变者或有胸痛伴新近出现束支传导阻滞者。

6. 确诊、高度怀疑或不能排除急性冠脉综合征的患者。

7. 考虑血运重建的患者。

8. 新近发生的心力衰竭或正在恶化的慢性心力衰竭。

临床病例(续)

向患者及家属交代病情后,予以阿司匹林 300mg 嚼服,硝酸甘油缓慢静脉滴注维持,并通过 120 急救车转诊至上级医院。转诊过程中未再发心绞痛。在上级医院调整药物治疗后,仍反复发作心绞痛,多次查肌钙蛋白正常,心电图提示动态缺血改变,心脏超声正常。遂行冠状动脉造影提示前降支 80% 狭窄,植入涂层支架一枚,1 周后好转出院。术后 1 个月再至社区门诊复诊。目前服药方案:阿司匹林 100mg/d,氯吡格雷 75mg/d,比索洛尔 5mg/d,阿托伐他汀 20mg/d,曲美他嗪 20mg/ 次,每日 3 次,单硝酸异山梨酯缓释胶囊 50mg/d。1 个月来未再发心绞痛。测血压 130/70mmHg,心率 68 次 /min。

【问题 13】目前如何指导患者下一步治疗?

1. 继续健康教育,通过与患者交流、咨询,让患者进一步了解冠心病及其治疗的相关知识,保持乐观心态,避免情绪激动、不必要的紧张和焦虑。

2. 鼓励患者继续原有改善生活方式的措施(饮食控制、戒烟限酒、减轻体重等),控制冠心病危险因素。

3. 继续适当康复运动,建议每日有氧运动(行走、慢跑、骑自行车、游泳、爬楼梯),30~60 分钟,以不感觉劳累为原则。建议初始从 20 分钟开始,根据患者运动能力逐步增加运动时间。运动频率 3~5 次/周,运动强度为最大运动强度的 50%~80%。

4. 继续目前药物治疗,1~2 个月门诊复诊,调整用药。

知识点

有 氧 运 动

有氧运动所致的心血管反应主要是心脏的容量负荷增加,改善心脏功能。

有氧运动对冠心病的治疗作用:使冠状动脉管径增大、弹性增加;改善血管内皮功能,从而改善冠状动脉的结构和功能;促进冠状动脉侧支循环建立,代偿性地改善冠状动脉供血供氧能力;稳定冠状动脉的斑块;增加血液流动性,减少新发病变;有益于防控冠心病的危险因素,如高血压、血脂异常、糖尿病及肥胖等。

知识点

冠心病的社区管理流程

冠心病的社区管理流程见图 19-4。

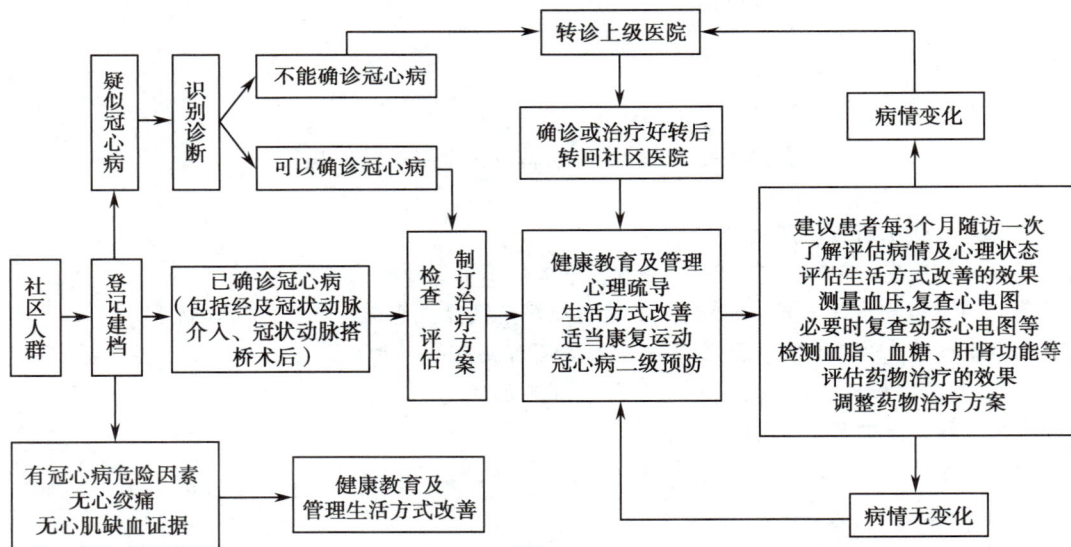

图 19-4　冠心病的社区管理流程

(张存泰)

第二十章 糖 尿 病

随着经济的发展、人口老龄化、生活方式的改变,糖尿病患病率和糖尿病患者数量急剧上升。根据国际糖尿病联盟(International Diabetes Federation,IDF)统计,目前全球糖尿病患者已达 4.25 亿,其中我国约有 1.14 亿糖尿病患者,占全球的 27% 左右,已成为世界上糖尿病患者最多的国家。糖尿病及其并发症给人类健康和社会发展带来了严重的负担。全科医生应该根据病史和辅助检查,及时诊断糖尿病,同时规范治疗和定期随访,共同遏制糖尿病对人类的危害。

临床病例

主观资料(S):

患者,孙先生,60 岁,8 年前无明显诱因出现多饮、多食、多尿伴体重减轻,前往某三甲医院查静脉血空腹血糖(FPG)12.4mmol/L,诊断为"2 型糖尿病",遂开始口服药物治疗(具体药物不详)。此后患者定期监测血糖,调整药物用量,目前用药为格列齐特 160mg、2 次/d,二甲双胍 0.5g、3 次/d,空腹血糖为 5~7mmol/L。平时无心悸、胸闷、视物模糊、皮肤瘙痒、尿泡沫增多等表现,近半年时有双足趾尖针刺感,感觉迟钝,以夜间及寒冷时为重,无活动障碍。

既往史:有高血压病史 10 年,血压最高 168/96mmHg,目前口服苯磺酸氨氯地平 5mg,1 次/d,血压控制在 150/90mmHg 左右;有高脂血症病史,但具体情况不详。

个人史:饮白酒每日 100ml(2 两),20 年;吸烟每日 20 支,20 年;已退休,无规律运动习惯。

家族史:母亲及哥哥患糖尿病,父亲患高血压。

【问题 1】糖尿病的诊断标准。

目前,常用的糖尿病诊断标准有 1999 年 WHO(World Health Organization)标准和 2003 年美国糖尿病协会(American Diabetes Association,ADA)标准。我国目前采用 1999 年 WHO 糖尿病诊断标准(表 20-1),将静脉血浆血糖作为糖尿病诊断指标,不采用糖化血红蛋白(HbA1c)作为糖尿病的诊断标准。

表 20-1 WHO 糖尿病诊断标准

项目	静脉血浆葡萄糖水平/$(mmol \cdot L^{-1})$
糖尿病症状(典型症状包括多饮、多食、多尿和不明原因的体重下降)加随机血糖	≥11.1
或空腹血糖(FPG)	≥7.0
或 75g OGTT 2 小时血糖	≥11.1

注:无糖尿病症状者,需改日重复检查明确诊断。

静脉空腹血糖、随机血糖和口服葡萄糖耐量试验(oral glucose tolerance test,OGTT)均可用于糖尿病的诊断,必要时在次日复查核实。此病例中,孙先生有明显三多一少症状,静脉血空腹血糖 12.4mmol/L,根据诊断标准,糖尿病诊断成立。

> **知识点**
>
> **血糖测定注意事项**
>
> 1. 空腹血糖是指至少 8 小时无热量摄入。
> 2. 毛细血管血糖和尿糖均不能用于糖尿病的诊断,糖尿病的诊断应依据静脉血浆血糖值。
> 3. 在急性感染、创伤或其他应激情况下可出现暂时性血糖升高,须在应激消除后复查,再确定是否患有糖尿病。

全科医生在日常工作中,应学会识别糖尿病高危人群,并对高危人群进行有针对性的健康教育,加强对高危人群的糖尿病筛查。糖尿病高危人群建议每年至少测量 1 次空腹血糖,全科医生在日常诊疗过程中也应增加血糖检测,利用义诊、健康宣传活动、健康体检等机会进行糖尿病筛查。

【问题 2】糖尿病的病因与分型。

糖尿病分为 4 型:1 型糖尿病、2 型糖尿病、妊娠糖尿病和特殊类型糖尿病。其中 1 型糖尿病、2 型糖尿病和妊娠糖尿病是临床的常见类型(表 20-2)。1 型糖尿病、2 型糖尿病的鉴别见表 20-3.

表 20-2　糖尿病分型、病因及发病机制

分型	病因及发病机制
1 型糖尿病 A. 免疫介导性 B. 特发性	病因和发病机制尚不清楚,其显著的病理生理学和病理学特征:胰岛 B 细胞数量显著减少和消失所导致的胰岛素分泌显著下降或缺失
2 型糖尿病	病因和发病机制目前亦不明确,其显著的病理生理学特征:胰岛 B 细胞功能缺陷所导致的胰岛素分泌减少(或相对减少),或胰岛素抵抗所导致的胰岛素在机体内调控葡萄糖代谢能力下降,或两者共同存在
妊娠糖尿病	在妊娠期间被诊断的糖尿病
其他特殊类型糖尿病	1. 胰岛 B 细胞功能遗传性缺陷及胰岛素左右的基因缺陷 2. 胰腺外分泌疾病(胰腺炎、胰腺肿瘤、创伤 / 胰腺切除术后等) 3. 内分泌疾病(肢端肥大症、库欣综合征、胰高糖素瘤、嗜铬细胞瘤、甲状腺功能亢进症等) 4. 药物或化学品所致的糖尿病(喷他脒、烟酸、糖皮质激素、甲状腺激素、二氮嗪、β 肾上腺素能激动剂、噻嗪类利尿剂、苯妥英钠、α 干扰素等) 5. 感染(先天性风疹、巨细胞病毒感染等) 6. 不常见的免疫介导性糖尿病(僵人综合征、胰岛素自身免疫综合征、胰岛素受体抗体等) 7. 其他与糖尿病相关的遗传综合征

表 20-3　1 型和 2 型糖尿病的鉴别诊断

鉴别点	1 型糖尿病	2 型糖尿病
起病	急性起病	起病隐匿
临床特点	起病年龄常 <30 岁;体型多不胖;烦渴、多饮、多尿、体重下降等症状明显	年龄常 >40 岁;常肥胖;症状多不明显;常合并黑棘皮病、脂肪肝、高甘油三酯血症
遗传倾向	多无糖尿病家族史	较强的 2 型糖尿病家族史
酮症	自发酮症倾向或 DKA	通常没有自发酮症
C 肽	低 / 缺乏	正常 / 升高
免疫学标记物(ICA、GADAb)	常阳性	阴性
治疗	依赖胰岛素	生活方式、口服降糖药或胰岛素
其他自身免疫性疾病	常合并	多无

【问题3】2型糖尿病的高危人群有哪些？

年龄≥40岁、有糖调节异常史、超重(BMI≥24kg/m²)或肥胖(BMI≥28kg/m²)和/或向心性肥胖(腰围男≥90cm,女≥85cm)、静坐生活方式、一级亲属中有2型糖尿病家族史、有巨大胎儿(出生体重≥4kg)生产史或妊娠糖尿病病史、高血压或正在接受降压治疗、血脂异常或正在接受调脂治疗、动脉粥样硬化性心脑血管疾病患者、有一过性糖皮质激素诱发糖尿病病史者、多囊卵巢综合征患者或伴有与胰岛素抵抗相关的临床状态、长期接受抗精神病药物和/或抗抑郁症药物治疗者。在上述各项中糖调节异常史者是最重要的2型糖尿病高危人群。

临床病例(续)

孙先生有高血压、高脂血症病史,有糖尿病家族史,因此属2型糖尿病的高危人群。对于高危人群应行OGTT检查以明确其糖代谢状态。

【问题4】患者的诊断是什么？

孙先生起病年龄较晚,病程中无自发性酮症倾向,有糖尿病家族史,首先考虑2型糖尿病,必要时可进一步行C肽、胰岛素测定及自身抗体测定。

因此患者目前的诊断为:2型糖尿病,原发性高血压2级(很高危),高脂血症。

【问题5】该患者此次就诊目的是什么？

全科医生在就诊过程中,需要关注患者的就诊需求,如对疾病的期望及感受,建立良好的医患关系,共同协商决定下一步诊治方案。通过进一步交流了解到,孙先生对近期血糖控制水平不满意,并非常担心可能由此导致一些并发症,因此前来就诊。

临床病例(续)门诊查体记录

客观资料(O):

体格检查:血压150/90mmHg,身高176cm,体重85kg,体重指数27.4kg/m²。双肺呼吸音清,无干湿啰音。心率78次/min,律齐无杂音。腹软无压痛,肝脾肋下未及。下肢无水肿。上肢感觉正常,双足感觉减退,膝腱反射正常,双侧足背动脉搏动正常。足部皮肤完整,无明显红斑及胼胝形成。

【问题6】糖尿病患者的问诊与查体要点是什么？

对已经确诊的糖尿病患者,要详细询问既往的治疗方案和血糖控制情况,病程中有无糖尿病酮症酸中毒等急性并发症,有无慢性并发症临床症状,有无低血糖等,为制订个体化的治疗方案奠定基础(表20-4)。在治疗过程中,还需定期随访,及时调整治疗方案。

知识点

表20-4　糖尿病问诊与查体要点

问诊与查体要点		具体实施内容
问诊要点	一般情况	年龄、饮食、运动习惯、营养状况
		儿童和青少年要了解生长发育情况;女性患者要询问有无巨大儿分娩史,有无妊娠期糖尿病病史
	病程特点	起病特点(如有无三多一少、有无糖尿病酮症酸中毒)
		以往的治疗方案和治疗效果,包括药物、饮食和运动、血糖检测结果(如HbA1c记录)
		糖尿病酮症酸中毒发生的诱因、频率及严重程度
		低血糖发生的原因、频率及严重程度
	慢性并发症	大血管病变:主动脉、冠状动脉、脑动脉、肾动脉、肢体外周动脉等
		微血管病变:糖尿病肾病、糖尿病视网膜病变、糖尿病心肌病
		神经系统并发症:周围神经病变(痛觉过敏、疼痛、肢端感觉异常)、自主神经病变(排汗异常、胃动力不足、腹泻、便秘、性功能异常)
		糖尿病足:足部溃疡、坏疽
	合并症	高血压、血脂紊乱、代谢综合征、高尿酸血症

续表

问诊与查体要点		具体实施内容
查体	一般检查	身高、体重、腰围、臀围
	生命体征	血压
	眼科检查	眼底
	皮肤检查	色素沉着、溃疡
	足部检查	膝反射、足背和胫后动脉搏动、足癣、足部溃疡、坏疽、痛觉、温度觉、振动觉等

【问题 7】2 型糖尿病该如何治疗？

2 型糖尿病是全科医生处理最多的糖尿病类型。2 型糖尿病患者常合并高血压、血脂异常、肥胖症等，因此糖尿病的治疗遵循综合管理的原则，包括控制高血糖、高血压、血脂异常、超重 / 肥胖、高凝状态等心血管多重危险因素。除了药物治疗外，生活方式干预在糖尿病综合管理中显得尤为重要。2 型糖尿病控制目标见表 20-5。

表 20-5　2 型糖尿病控制目标

指标	目标
血糖 /(mmol·L^{-1})	空腹 4.4~7.0，餐后 <10.0
糖化血红蛋白 /%	<7.0
血压 /mmHg	<130/80
总胆固醇 /(mmol·L^{-1})	<4.5
HDL-C/(mmol·L^{-1})	男性 >1.0，女性 >1.3
甘油三酯 /(mmol·L^{-1})	<1.7
LDL-C/(mmol·L^{-1})	未合并冠心病 <2.6，合并冠心病 <1.8
体重指数 /(kg·m^{-2})	<24
尿白蛋白 / 肌酐 /(mg·mmol^{-1})	男性 <2.5(22mg/g)，女性 <3.5(31mg/g)
主动有氧活动 /(min·周$^{-1}$)	≥150

【问题 8】糖尿病的规范化治疗包括哪些内容？

糖尿病的综合治疗有"五驾马车"，包括饮食控制、运动疗法、药物治疗、糖尿病教育、血糖的自我监测五方面，药物治疗只是其中一部分。生活方式干预是 2 型糖尿病的基础治疗措施，应该贯穿于糖尿病治疗的始终。除了饮食控制、运动治疗外，糖尿病患者均应接受糖尿病自我管理教育，以掌握自我管理所需要的知识和技能。糖尿病自我管理教育应以患者为中心，医护工作者应在最佳时机为糖尿病患者提供尽可能个体化的糖尿病自我管理教育。建立糖尿病管理团队，人员包括医师（全科医生和 / 或专科医师）、糖尿病教员（教育护士）、营养师、运动康复师、患者及其家属等。目前临床上血糖监测方法包括利用血糖仪进行的毛细血管血糖监测、持续葡萄糖监测、HbA1c 和糖化白蛋白（GA）检测等。其中，持续葡萄糖监测是指通过葡萄糖传感器监测皮下组织间液的葡萄糖浓度变化的技术，可以提供更全面的血糖信息，了解血糖波动的特点，目前已被越来越多的糖尿病患者使用。

【问题 9】糖尿病患者如何进行饮食控制？

饮食计划的制订包括以下几个方面：

1. 总热量计算　根据理想体重和参与体力劳动的情况，便可计算出每日需要从食物中摄入的总热量，每日所需要的总热量 = 理想体重 × 每千克体重需要的热量。不同体力劳动的热量需求见表 20-6。

表 20-6 不司体力劳动的热量需求

劳动强度	举例	热量 /(kcal·kg^{-1})		
		消瘦	正常	肥胖
卧床休息		20~25	15~20	15
轻体力劳动	办公室职员、教师、售货员、简单家务,或与其相当的活动量	35	30	20~25
中体力劳动	学生、司机、外科医生、体育教师、一般农活,或与其相当的活动量	40	35	30
重体力劳动	建筑工、搬运工、冶炼工、干重农活者、运动员、舞蹈者,或与其相当的活动量	40~45	40	35

知识点

理想体重的计算方法

方法 1:理想体重(kg)=身高(cm)-105。在此值 ±10% 以内均属正常范围,低于此值 20% 为消瘦,超过 20% 为肥胖。

方法 2:计算 BMI。BMI 18.5~23.9kg/m^2 为正常,<18.5kg/m^2 属于消瘦,≥24.0kg/m^2 属于超重,≥28.0kg/m^2 为肥胖。

2. 三大营养素的配比

(1)脂肪:供能不超过总热量的 25%~30%,饱和脂肪酸不超过总热量的 10%,胆固醇摄入量<300mg/d。

(2)碳水化合物:供能不超过总热量的 50%~60%,每日定时进三餐,碳水化合物均匀分配,可适量摄入糖醇和非营养性甜味剂。

(3)蛋白质:供能占总比例的 10%~15%,其中,植物蛋白 50%,动物蛋白 50%。有显性蛋白尿者,限制蛋白 0.8g/(kg·d)。

3. 饮食治疗注意事项

(1)糖尿病患者应少食多餐,定时定量,一般按 1/5、2/5、2/5 或 1/3、1/3、1/3 分配。

(2)酒精可使血糖控制不稳定,饮酒初期可引起使用磺脲类或胰岛素治疗的患者出现低血糖,随后血糖又会升高。大量饮酒,尤其是空腹饮酒时,可使低血糖不能及时纠正。因此糖尿病患者不推荐饮酒,如饮酒需将热量计入摄入总热量,饮酒每日不超过 1~2 份标准量(一份标准量为:啤酒 285ml,清淡啤酒 375ml,红酒 100ml 或白酒 30ml,各约含酒精 10g)

(3)膳食纤维具有降低餐后血糖、降血脂、改善葡萄糖耐量的作用。豆类、富含纤维的谷物类(每份食物 ≥5g 纤维)、水果、蔬菜和全麦食物均为膳食纤维的良好来源,推荐膳食纤维每日摄入量至少为 14g/kcal。

(4)每日食盐摄入量应限制在 6g 以内,合并高血压的患者,可能根据病情进行更严格的限盐。

(5)糖尿病患者应尽量从天然食物中补充铬、钙、硒、铜、铁、锌、锰等矿物质,以及各种维生素。

知识点

三大营养物质和酒精所提供的热量见表 20-7。

表 20-7 每克三大营养物质和酒精所提供的热量　　　　单位:kcal

项目	热量
碳水化合物	4
蛋白质	4
脂肪	9
酒精	7

【问题 10】糖尿病患者如何进行运动治疗？

运动可提高 2 型糖尿病患者的胰岛素抵抗,改善葡萄糖代谢,降低血糖;促进血液循环和心脏健康,改善心肺功能,预防和治疗糖尿病并发症;改善脂肪和蛋白质代谢,降低甘油三酯水平;使患者精力充沛,缓解压力,帮助改善患者心理状态;改善患者的骨骼肌功能,增强肌肉力量和身体灵活性;减少身体脂肪含量,保持标准体重;另外,运动可降低糖尿病的发病率。糖尿病患者应在医生指导下坚持适宜的运动。

糖尿病平衡饮食（视频）

1. 运动的适应证与禁忌证

(1)适应证:绝对适应证包括糖耐量减低、无明显高血糖和并发症的 2 型糖尿病。相对适应证包括轻度合并症者(有微量白蛋白尿、无眼底出血的单纯性视网膜病、无明显自主神经功能障碍的糖尿病周围神经病变),在饮食指导和药物控制血糖后,再行运动疗法;无酮症的 1 型糖尿病患者,在调整好饮食和胰岛素用量的基础上进行运动治疗,能有效控制血糖在良好水平。

(2)禁忌证:空腹血糖>16.7mmol/L、反复低血糖或血糖波动较大、有酮症等急性代谢并发症、合并急性感染、增殖型糖尿病视网膜病变、严重糖尿病肾病、严重心脑血管疾病(不稳定型心绞痛、严重心律失常、一过性脑缺血发作)等,病情控制稳定后方可逐步恢复运动。

2. 制订运动方案　制订运动方案需要考虑以下因素:

(1)运动类型:根据患者健康程度和平时运动习惯选择。主要包括步行、慢跑、快走、骑自行车、打太极拳、乒乓球、羽毛球、游泳、跳绳和爬楼梯等。

(2)运动强度:建议大多数 2 型糖尿病患者进行低至中等强度的体育活动(常见的运动方式及强度见表 20-8)。中等强度的标准为运动中的目标心率<(170- 年龄);锻炼后能连贯说话,不能唱歌,有微汗,稍累;锻炼后稍感肌肉酸痛,但休息后消失,次日体力充沛。

(3)运动持续时间:有氧运动建议每次 20~60 分钟。

(4)运动频率:建议每周运动 3~7 次,运动间隔不超过 2 日。

(5)运动时机:不要在注射胰岛素和 / 或口服降糖药物发挥最大效应时运动,不建议在空腹时运动。

表 20-8　糖尿病患者推荐的运动方式

运动强度	运动方式
轻度	购物、散步、做操、太极拳等
中度	快走、慢跑、骑车、爬楼梯、健身等
重度	跳绳、爬山、游泳、球类、跳舞等

【问题 11】糖尿病的药物治疗有哪些？

2 型糖尿病患者中少部分患者通过控制饮食、运动锻炼和减轻体重等可控制病情,大部分患者还需通过口服降糖药物或胰岛素治疗。糖尿病的药物治疗包括口服降糖药物和胰岛素治疗。目前临床应用的口服降糖药主要有 6 类,即双胍类、磺脲类、葡萄糖苷酶抑制剂、噻唑烷二酮类、非磺脲类胰岛素促分泌剂及其他。

糖尿病有氧运动（视频）

1. 双胍类　二甲双胍是 2 型糖尿病患者的基础用药,尤其是肥胖的糖尿病患者,如患者无明确的应用禁忌证,且能耐受药物,二甲双胍应贯穿药物治疗的全程。

二甲双胍的药理作用主要是抑制肝葡萄糖的输出,改善外周组织对胰岛素的敏感性,增加外周组织对葡萄糖的摄取和利用。二甲双胍可单独使用或联合其他药物,通常的用法为盐酸二甲双胍肠溶片 0.25~0.5mg/ 次,3 次 /d。

二甲双胍的主要副作用为胃肠道反应,从小剂量开始并逐渐加量可减轻不良反应。因其有发生乳酸性酸中毒的危险,因此肾功能不全[血肌酐水平,男性>132.6μmol/L（1.5mg/dl）,女性>123.8μmol/L（1.4mg/dl）,或估算的肾小球滤过率<45ml·min^{-1}·1.73m^{-2}],肝功能不全、心力衰竭、休克、严重感染、大手术、新近有心肌梗死等缺氧状态者禁用。

2. 磺脲类　该类药物通过刺激胰岛 B 细胞分泌胰岛素,增加体内胰岛素水平来发挥作用,因此该类药物适用于 B 细胞功能尚存的 2 型糖尿病患者,尤其可作为非肥胖的 2 型糖尿病患者的一线治疗药物。

常用药物为:甲苯磺丁脲(D860)0.5~1.0g/ 次,3 次 /d;格列齐特(达美康)80mg/ 次,1~2 次 /d;格列吡嗪(美吡达)2.5~5mg/ 次,1~2 次 /d。餐前服用,并根据血糖调整剂量。

主要副作用为低血糖和体重增加。1 型糖尿病并发酮症酸中毒、高渗性昏迷,或有严重心、脑、肾、眼并发症;2 型糖尿病患者伴应激,如严重感染、手术、创伤、妊娠和分娩等情况为使用磺脲类药物的禁忌。

3. α- 糖苷酶抑制剂 该类药物通过抑制碳水化合物在小肠上部的分解和吸收而降低餐后血糖。

常用药物为阿卡波糖(拜糖平)25~100mg/ 次,2~3 次 /d,与第一口饭同时服用。由于其胃肠道的不良反应(腹胀、排气等),建议小剂量开始给药,逐步增加剂量。单独服用本药不会发生低血糖;在服用过程中如发生低血糖,应静脉滴注或口服葡萄糖治疗,用蔗糖或淀粉类食物纠正低血糖效果差。因 α- 葡萄糖苷酶活性被抑制,寡糖及多糖的消化和吸收受阻,血葡萄糖水平不能迅速提高。

4. 噻唑烷二酮(TZDs)类药物 该类药物为胰岛素增敏剂,通过增强外周组织对胰岛素的敏感性、改善胰岛素抵抗而降低血糖。

常用药物为罗格列酮 4~8mg/d,一次或分次服用;吡格列酮 15mg,每日 1 次。体重增加和水肿是 TZDs 常见的不良反应,与胰岛素联合使用时更加明显;心功能不全(NYHA 分级 Ⅲ 级以上)者禁用;严重骨质疏松和骨折病史禁用;活动性肝病或转氨酶升高超过正常上限 2.5 倍禁用。

5. 格列奈类 该类药物通过刺激胰岛素早时相分泌降低餐后血糖。通常在餐前即刻服用,不进食不服药,故称餐时血糖调节剂。

常用药物有瑞格列奈 0.5~4mg/ 次,那格列奈 120mg/ 次,餐前即刻口服。

6. 其他降糖药 主要包括二肽基肽酶Ⅳ(DPP-4)抑制剂、钠 - 葡萄糖共转运蛋白 2(SGLT2)抑制剂、胰高糖素样肽 -1(GLP-1)受体激动剂等。

DPP-4 抑制剂通过减少 GLP-1 在体内的失活,增加 GLP-1 在体内的水平,以葡萄糖浓度依赖的方式增强胰岛素分泌,抑制胰高血糖素分泌。目前在国内上市的 DPP-4 抑制剂为西格列汀、沙格列汀和维格列汀。

SGLT2 抑制剂通过抑制肾脏肾小管中负责从尿液中重吸收葡萄糖的 SGLT2 降低肾糖阈,促进尿葡萄糖排泄,从而达到降低血液循环中葡萄糖水平的作用。目前在我国被批准临床使用的 SGLT2 抑制剂为达格列净、恩格列净和卡格列净。

GLP-1 受体激动剂通过激动 GLP-1 受体,以葡萄糖浓度依赖的方式增强胰岛素分泌、抑制胰高血糖素分泌,并能延缓胃排空,通过中枢性的食欲抑制减少进食量。目前国内上市的 GLP-1 受体激动剂为艾塞那肽和利拉鲁肽,均需皮下注射。

知识点

胰岛素适应证

适用于以下情况:

1. 1 型糖尿病患者。

2. 2 型糖尿病患者经过较大剂量多种口服药物联合治疗后,HbA1c>7.0%,可考虑启动胰岛素治疗。

3. 妊娠糖尿病和糖尿病伴妊娠。

4. 难以分型的糖尿病患者和部分糖尿病特殊类型。

5. 糖尿病酮症。

6. 糖尿病合并感染、手术、急性心肌梗死、卒中等应激状态。

7. 严重糖尿病血管并发症以及活动性肝病等。

8. 新诊断 2 型糖尿病患者 HbA1c>9% 或空腹血糖 >11.1mmol/L,可以短期使用胰岛素强化治疗。

【问题 12】孙先生应该如何选择治疗方案?

孙先生目前血糖控制不佳,需对其加强糖尿病教育,嘱其减重、戒烟酒、调整饮食结构,如随访血糖仍不达标,可加用基础胰岛素。如患者对胰岛素应用有顾虑,可考虑加用 α- 糖苷酶抑制剂或噻唑烷二酮类药物,并嘱其定期检查血糖及 HbA1c。2 型糖尿病治疗路径见图 20-1。

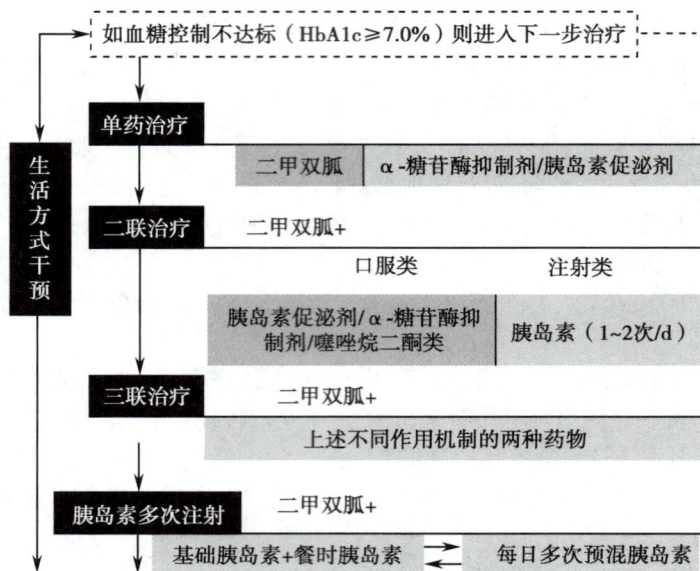

图 20-1　2 型糖尿病治疗路径

【问题 13】是否需要转诊至上级医院?

孙先生近期血糖控制不佳,并有双足部感觉异常,应转诊至上级医院行糖尿病相关并发症检查,并调整治疗方案。

糖尿病患者转诊的目的是确保得到患者安全和有效的治疗,最大限度地发挥基层医疗卫生机构和专科医疗机构各自的优势。糖尿病患者转往上级医院的指征包括:

1. 诊断困难和特殊患者

(1)初次发现血糖异常,病因和分型不明确者。

(2)儿童和青少年(年龄＜18 岁)糖尿病患者。

(3)妊娠和哺乳期女性血糖异常者。

2. 治疗困难

(1)原因不明或经基层医生处理后仍反复发生低血糖。

(2)血糖、血压和 / 或血脂不达标者:①血糖(空腹血糖、餐后 2 小时血糖或 HbA1c)控制不达标,调整治疗方案规范治疗 3~6 个月后 HbA1c＞8.0% 者;②血压控制不达标,调整治疗方案并规范治疗 3 个月后血压＞130/80mmHg;③血脂不达标,调整治疗方案并规范治疗 6 个月后 LDL-C＞2.6mmol/L。

(3)血糖波动较大,基层处理困难,无法平稳控制者。

(4)出现严重降糖药物不良反应难以处理者。

3. 并发症严重

(1)糖尿病急性并发症,包括严重低血糖、严重高血糖伴或不伴有意识障碍(确诊的糖尿病酮症、疑似为糖尿病酮症酸中毒、高血糖高渗综合征或乳酸性酸中毒)。

(2)糖尿病慢性并发症(视网膜病变、肾病、神经病变、糖尿病足或周围血管病变)的筛查、治疗方案制订和疗效评估,在社区处理有困难者。

(3)糖尿病慢性并发症导致严重靶器官损害,需要紧急救治者。如急性心脑血管病、糖尿病肾病导致的肾功能不全、糖尿病视网膜病变导致的严重视力下降、糖尿病外周血管病变导致的间歇性跛行和缺血性症状、糖尿病足。

临床病例(续)

上级医院行相关并发症检查,神经系统检查及肌电图检查提示双下肢神经损伤,建议孙先生改用胰岛素治疗,并转回社区卫生服务中心。2 周后社区全科医生对患者进行了电话随访,并与患者预约了门诊随访时间。

【问题 14】糖尿病患者如何选择胰岛素治疗?

根据作用特点的差异,胰岛素又可分为超短效胰岛素类似物、常规(短效)胰岛素、中效胰岛素、长效胰岛素(包括长效胰岛素类似物)和预混胰岛素(包括预混胰岛素类似物),详见表 20-9。

表 20-9 常用胰岛素及胰岛素类似物

胰岛素制剂通用名	商品名举列	起效时间	峰值时间	作用持续时间
短效胰岛素(RI)	优泌林 R/ 诺和灵 R	15~60min	2~4h	5~8h
速效胰岛素类似物(门冬胰岛素)	诺和锐	10~15min	1~2h	4~6h
速效胰岛素类似物(赖脯胰岛素)	优泌乐	10~15min	1.0~1.5h	4~5h
中效胰岛素(NPH)	优泌林 N/ 诺和灵 N	2.5~3h	5~7h	13~16h
长效胰岛素类似物(甘精胰岛素)	来得时	2~3h	无峰	长达 30h
预混胰岛素(30R)	诺和灵 30R	0.5h	2~12h	14~24h
预混胰岛素(50R)	诺和灵 50R	0.5h	2~3h	10~24h
预混胰岛素类似物(预混门冬胰岛素 30)	诺和锐 30	10~20min	1~4h	14~24h
预混胰岛素类似物(预混赖脯胰岛素 25)	优泌乐 30	15min	30~70min	16~24h
预混胰岛素类似物(预混赖脯胰岛素 50)	优泌乐 50	15min	30~70min	16~24h

1. 口服药物 + 基础胰岛素 联合中效人胰岛素或长效胰岛素类似物睡前注射。起始剂量为 0.2U/(kg·d)。根据患者空腹血糖水平调整胰岛素用量,通常每 3~5 日调整 1 次,根据血糖的水平每次调整 1~4U 直至空腹血糖达标。

2. 口服药物 + 每日 1~2 次预混胰岛素 联合每日 1 次预混胰岛素时,起始的胰岛素剂量一般为 0.2U/(kg·d),晚餐前注射。如使用每日 2 次注射方案时,应停用胰岛素促泌剂。起始的胰岛素剂量一般为 0.2~0.4U/(kg·d),按 1:1 的比例分配到早餐前和晚餐前。

在每日两次预混胰岛素注射方案中,晚餐前注射的预混胰岛素中的短效或速效胰岛素主要控制当日晚餐后血糖,中效胰岛素主要控制次日空腹血糖;早餐前注射的预混胰岛素中短效或速效胰岛素主要控制当日早餐后 2 小时血糖,中效胰岛素主要控制当日晚餐前血糖。所以要根据早餐前后血糖和晚餐前后血糖分别调整早餐前和晚餐前的胰岛素用量,每 3~5 日调整 1 次,根据血糖水平每次调整的剂量为 1~4U,直到血糖达标。

3. 胰岛素强化治疗

(1)基础胰岛素加餐时胰岛素:开始启动此方案时,可在基础胰岛素的基础上采用仅在一餐前(如主餐)加用餐时胰岛素的方案。根据睡前和三餐前血糖的水平分别调整睡前和三餐前胰岛素用量。

(2)每日 3 次预混胰岛素类似物:根据睡前和三餐前血糖水平进行胰岛素剂量调整,每 3~5 日调整 1 次,直到血糖达标。

4. 胰岛素起始治疗注意事项

(1)1 型糖尿病在发病后即应开始胰岛素治疗,并持续终生。

(2)对于新发的糖尿病且与 1 型糖尿病难以鉴别时,应以胰岛素为一线治疗方案。

（3）在糖尿病治疗过程中,出现无明显诱因的体重下降时,应及早启动胰岛素治疗。

（4）2 型糖尿病患者在生活方式和口服降糖药联合治疗的基础上,如果血糖仍然未达到控制目标,即可开始口服药物和胰岛素的联合治疗。一般经过较大剂量多种口服药物联合治疗后 HbA1c 仍大于 7.0% 时,就可以考虑启动胰岛素治疗。

（5）糖尿病患者一旦出现酮症、高渗性昏迷等急性并发症应立即启动胰岛素治疗。

【问题 15】如何进行胰岛素注射?

胰岛素注射技术要点:

1. 不同注射部位吸收胰岛素速度快慢不一,腹部最高,其次依次为上臂、大腿和臀部。因此注射餐时短效胰岛素,腹部为首选注射部位;而注射预混胰岛素时,早餐前首选注射部位是腹部,以加快短效胰岛素的吸收,便于控制早餐后的血糖波动。晚餐前首选注射部位是臀部或大腿,以延缓中效的吸收,减少夜间低血糖的发生。

2. 注射部位的轮换是有效预防局部硬结和皮下脂肪增生的有效方法。

3. 预混胰岛素为云雾状的混悬液,在注射前须将胰岛素水平滚动和上下翻动各 10 次,使瓶内药液充分混匀,直至胰岛素转变成均匀的云雾状白色液体。注射预混胰岛素前,为保证剩余的胰岛素能被充分混匀,应确保胰岛素笔中的预混胰岛素大于 12U。若不足 12U,应及时更换新笔芯。

4. 注射方法　检查注射部位并消毒→用拇指、示指和中指提起皮肤→与皮褶表面呈 90° 进针后,缓慢推注胰岛素→当活塞完全推压到底后,针头在皮肤内停留至少 10 秒(采用胰岛素笔注射)→拔出针头→松开皮褶。

知识点

胰岛素注射部位轮换

1. 注射部位的左右轮换两种方法　一种是按照左边 1 周、右边 1 周的方法进行注射部位的左右对称轮换。例如:这周手臂注射的部位是左手臂,那下 1 周就轮换到右手臂,再下 1 周又轮换到左手臂。另一种方法是一次左边、一次右边的方法进行注射部位的左右对称轮换。大腿、臀部和腹部也是如此进行轮换。

2. 同一注射区域内的轮换　从上次的注射点移开至少 1cm 的距离进行注射。每次注射后,最好能在一幅人体图上记录所注射的部位、日期。应避免在 1 个月内重复使用同一注射点。

【问题 16】如果孙先生接受胰岛素治疗,具体方案如何?

孙先生体重 85kg,目前服用格列齐特 160mg/ 次、每日 2 次,二甲双胍 0.5g/ 次、每日 3 次,糖化血红蛋白 9.0%,可使用预混胰岛素治疗。具体方案如下:

1. 停用胰岛素促泌剂格列齐特,二甲双胍也可停用。

2. 每日胰岛素总量 =85（kg）× 0.4U/（kg·d）=34U。

3. 按 1∶1 或者 2∶1 的比例分配到早餐前和晚餐前,也就是早餐和晚餐前分别注射 17U,或者早餐前注射 22U,晚餐前注射 12U。

【问题 17】糖尿病患者如果出现低血糖,该如何处理?

低血糖是糖尿病患者在药物治疗过程中发生的血糖过低现象,低血糖可导致患者不适甚至生命危险,应该引起特别注意和重视。对于非糖尿病患者来说,低血糖的诊断标准为血糖<2.8mmol/L,而对于接受药物治疗的糖尿病患者,只要血糖水平 ≤3.9mmol/L 就属低血糖范畴。低血糖的临床表现与血糖水平和血糖的下降速度有关,可表现为交感神经兴奋(如心悸、焦虑、出汗、饥饿感等)和中枢神经症状(如神志改变、认知障碍、抽搐和昏迷)。低血糖的诊治流程见图 20-2。

怀疑低血糖时，应立即测定血糖水平，以明确诊断

意识清楚

意识不清

口服15~20g葡萄糖或糖类食物

50%高渗葡萄糖60ml静脉推注

每15min测血糖

血糖≤3.9mmol/L，再次口服15g葡萄糖

血糖>3.9mmol/L，距离下次进餐时间>1h者，给予含淀粉或蛋白质食物

血糖≤3.0mmol/L，再次给50%高渗葡萄糖60ml静脉推注

低血糖纠正：
1. 明确低血糖原因，调整用药
2. 注意低血糖诱发的心脑血管疾病
3. 加强糖尿病教育及自我血糖监测

低血糖未纠正：
1. 静脉滴注5%或10%葡萄糖溶液，必要时可应用糖皮质激素
2. 长效磺脲类药物或长效胰岛素半衰期长，需长时间葡萄糖滴注
3. 意识恢复后24~48h内仍需监测血糖

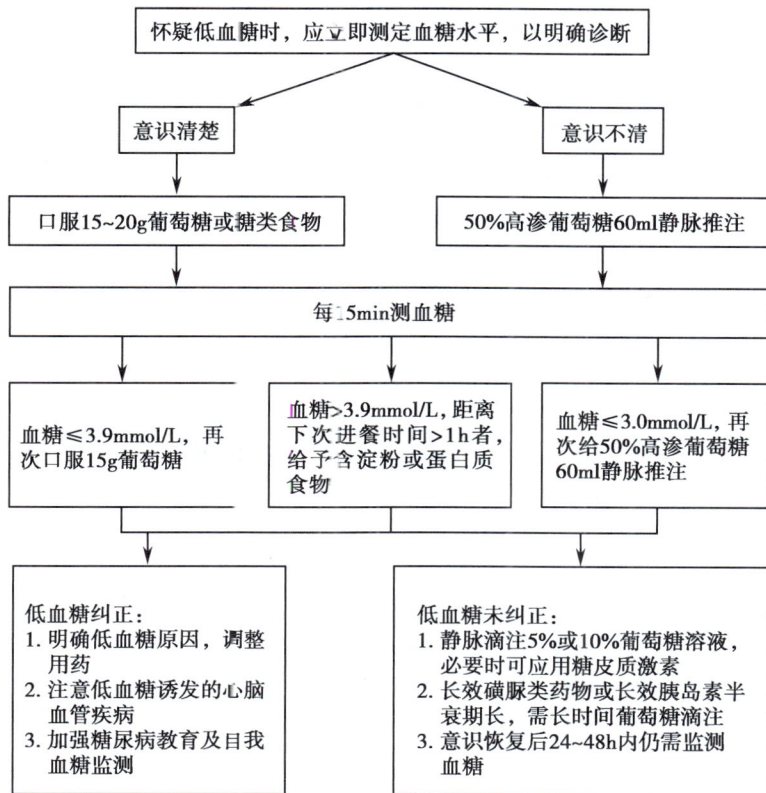

图20-2 低血糖的诊治流程

【问题18】糖尿病慢性并发症有哪些？

糖尿病常见的慢性并发症包括糖尿病大血管并发症(冠心病、脑血管病变、下肢动脉病变、肾动脉病变等)、糖尿病微血管并发症(慢性肾脏病、糖尿病视网膜病变、糖尿病周围神经病变)、糖尿病皮肤病变、感染、糖尿病足等。以累及心、脑、肾等生命器官和危害严重为特点，是糖尿病防治的重点和难点。

1. 糖尿病肾病

(1)糖尿病患者在确诊糖尿病后每年都应做肾脏病变的筛检。

1)尿常规：定期随访，检测有无尿蛋白。

2)尿白蛋白与肌酐的比值：对于初诊患者，有条件即可检测尿中的微量白蛋白，如结果异常，则应在3个月内重复检测以明确诊断，此后每年复查。

3)每年检测血清肌酐浓度，并计算肾小球滤过率。

上述检查异常者，应及时转诊上级医院，明确诊断。

(2)治疗

1)改变生活方式：如控制体重、糖尿病饮食、戒烟及适当运动等。

2)优质低蛋白饮食：如患者出现显性蛋白尿，即临床糖尿病肾病期时应实施优质低蛋白饮食治疗，肾功能正常的患者饮食蛋白入量为0.8g/(kg·d)；在肾小球滤过率下降后，饮食蛋白入量为0.6~0.8g/(kg·d)。如蛋白摄入量≤0.6g/(kg·d)，应适当补充复方α-酮酸制剂。

3)控制血糖：尽量选择从肾排泄较少的降糖药，严重肾功能不全患者应采用胰岛素治疗，宜选用短效胰岛素，以减少低血糖的发生。

4)控制血压：大于18岁的非妊娠患者目标血压<140/80mmHg，降压药首选肾素-血管紧张素系统抑制剂(ACEI或ARB类药物)。

5)纠正血脂异常。

6)控制蛋白尿：肾脏病变早期阶段(微量白蛋白尿期)，不论有无高血压，首选ACEI/ARB类药物减少尿白蛋白。开始应用药物的前1~2周内应检测血清肌酐和血钾浓度。临床研究显示，血清肌酐≤265μmol/L

（3.0mg/dl）的患者应用 ACEI/ARB 类药物是安全的。血清肌酐>265μmol/L 时应用 ACEI/ARB 类药物是否有肾脏获益尚存争议。

7）透析治疗和移植：对糖尿病肾病肾衰竭者需透析或移植治疗，当肾小球滤过率<30mL/（min·1.73m²）时，应积极咨询肾脏专科医生，评估是否应当接受肾脏替代治疗。透析方式包括腹膜透析和血液透析，有条件的患者可行肾移植。

2. 糖尿病视网膜病变　患者一经确诊为糖尿病，首次就诊应接受眼科检查（1 型糖尿病在诊断后的 5 年内应进行眼科检查）；此后定期随访，包括视力、眼压、房角、眼底（是否有微血管瘤、视网膜内出血、硬性渗出、棉绒斑、视网膜内微血管异常、静脉串珠、新生血管、玻璃体积血、视网膜前出血、纤维增生等）等。糖尿病视网膜病变国际临床分级见表 20-10。

糖尿病肾病发生发展机制（动画）

表 20-10　糖尿病视网膜病变的国际临床分级标准（2002 年）

分级	散瞳眼底检查
无明显视网膜病变	无异常
非增殖期（NPDR）	
轻度	仅有微动脉瘤
中度	微动脉瘤，存在轻度与重度非增殖期的表现
重度	出现下列任何一个改变，但无增殖期表现： 1. 任一象限中有多于 20 处视网膜内出血 2. 在两个以上象限有静脉串珠样改变 3. 在一个以上象限有显著的视网膜内微血管异常
增殖期（PDR）	出现一种或多种改变：新生血管形成、玻璃体积血或视网膜前出血

（1）正常眼底和极轻度非增殖期糖尿病视网膜病变：需每年检查一次。

（2）轻度和中度非增殖期糖尿病视网膜病变：如没有出现有临床意义的黄斑水肿的症状和体征（如视物变形、明显的视力下降），应在 6~12 个月内复查。一旦出现有临床意义的黄斑水肿，需进一步行彩色眼底照相、荧光造影和光学相干断层扫描检查。

（3）重度非增殖期糖尿病视网膜病变：应当每 2~4 个月进行复查，检查时强调荧光造影，以确定无灌注区和检眼镜下无法看到的新生血管。治疗可早期行全视网膜光凝，光凝完成后应每隔 2~4 个月随访 1 次。但是，如果患者存在有临床意义的黄斑水肿，应该先采用局部或格栅样光凝治疗黄斑水肿，然后再进行全视网膜光凝；对于伴有牵拉的有临床意义的黄斑水肿，可实施玻璃体切割手术。

（4）增殖期糖尿病视网膜病变：一旦进入此期，如屈光间质条件允许（白内障、玻璃体积血没有明显影响眼底观察）应立即行全视网膜光凝。

（5）凡是需要进行荧光造影、光凝治疗或玻璃体切割手术的患者，如当地无相关设备或条件，建议转诊至上级医院。

3. 糖尿病神经病变　2 型糖尿病诊断 10 年内，60%~90% 的患者有不同程度的神经病变。糖尿病神经病变除导致躯体不适外，还是导致糖尿病足和截肢的主要原因。糖尿病神经病变可累及中枢神经和周围神经，以后者为常见。糖尿病中枢神经病变是指大脑、小脑、脑干及脊髓的神经元及其神经纤维的损伤。

（1）临床表现

1）糖尿病周围神经病变：包括远端对称性多发性神经病变（NSPN）；局灶性单神经病变；非对称性的多发局灶性神经病变；多发神经根病变。其中以 NSPN 最为常见。

2）糖尿病自主神经病变：是糖尿病常见的并发症，其可累及心血管、消化、呼吸、泌尿生殖等系统。诊断主要依靠临床表现。

（2）查体：跟腱反射减弱或消失，振动觉减弱或消失，10g 尼龙丝压力觉异常，针刺和温度觉有减弱。卧立位收缩压差超过 30mmHg。

（3）治疗

1）一般治疗：控制血糖，纠正血脂异常，控制高血压。

2)定期进行筛查及病情评价:确诊为糖尿病后至少每年筛查一次糖尿病周围神经病变;对于糖尿病病程较长,或合并有眼底病变、肾病等微血管并发症的患者,应该每隔 3~6 个月进行复查。

3)加强足部护理。

4)对因治疗:①降糖治疗;②神经修复,常用药物如甲钴胺等;③抗氧化应激,常用药物如 α- 硫辛酸等;④改善微循环,常用药物如前列腺素类似物(前列腺素 E_1 和贝前列素钠)、西洛他唑、己酮可可碱、山莨菪碱、钙通道阻滞剂和活血化瘀类中药等;⑤改善代谢紊乱,常用药物如醛糖还原酶抑制剂依帕司他等。

5)对症治疗:通常采用以下顺序治疗糖尿病周围神经病变患者的疼痛症状,甲钴胺和 α- 硫辛酸、传统抗惊厥药(丙戊酸钠和卡马西平等)、新一代抗惊厥药(普瑞巴林和加巴喷丁等)、度洛西汀、三环类抗抑郁药物(阿米替林、丙米嗪和新选择性 5- 羟色胺再摄取抑制剂西酞普兰等)。

(4)随访项目:可以根据简便易行的密歇根神经病变筛选表(MNSI)(3~6 个月随访一次)判断病变的程度与变化,内容包括足外观、踝反射及大脚趾振动觉评分。足外观:正常 0 分,不正常 1 分(畸形、干燥、胼胝、感染、裂口),若有溃疡再加 1 分。踝反射和大脚趾振动觉分别为:正常 0 分,减退 0.5 分,消失 1 分,足部体格检查总分 ≥2 分时,考虑周围神经病变。

(5)转诊:对于症状严重,如剧烈疼痛、胃肠道症状显著、膀胱麻痹和 / 或心律失常的患者,治疗效果无改善者,应转到上级医院进一步治疗。

4. 糖尿病心脑血管病　心脑血管病变是糖尿病患者的主要健康威胁。糖尿病患者发生心、脑血管疾病的危险性增加 2~4 倍,而且病变更严重、更广泛、预后更差和发病年龄更早。

(1)筛查:糖尿病确诊时及以后每年评估心脑血管病变的危险因素一次,评估的内容包括当前或以前心脑血管病病史、年龄、高血压控制情况、向心性肥胖、吸烟、血脂异常、肾脏损害和尿蛋白以及心脑血管疾病的家族史。静息时心电图对 2 型糖尿病患者心血管病的筛查价值有限,但能了解有无心房颤动等心律失常和显著的心肌缺血或心肌梗死。对有罹患大血管疾病可能性的患者(如有明显家族史、吸烟、高血压和血脂异常),应作进一步检查来评估心脑血管病变情况。

(2)治疗:治疗主要在于对心血管病变风险因素的控制,包括降压、调脂、降糖及抗血小板治疗等。将血糖、血压、血脂控制在相对理想和稳定的范围。

(3)转诊:对较严重心律失常、不稳定型心绞痛、心肌梗死、心力衰竭、难治性高血压、卒中或偏瘫的患者,可转入上级医院相应专科(心血管科或神经内科)。

5. 糖尿病足　糖尿病足的基本发病因素是神经病变、血管病变和感染,这些因素共同作用可导致组织的溃疡和坏疽。

(1)预防

1)识别糖尿病足高危因素

①病史:既往有足部溃疡或截肢史;独居;经济条件差;赤足行走、视力差、弯腰困难、老年、合并肾病变等。②神经病变:有神经病变的症状,如下肢麻木、疼痛。③血管状态:间歇性跛行;静息痛;足背动脉搏动明显减弱或消失;与体位有关的皮肤呈暗红色。④皮肤:皮色呈暗红、发紫;皮温明显降低;水肿;趾甲异常;胼胝;溃疡;皮肤干燥;足趾间皮肤糜烂。⑤骨 / 关节畸形。⑥不合适的鞋袜。

2)筛查糖尿病足患者

①神经病变检查:10g 尼龙丝压力觉检查、128Hz 的音叉检查振动觉、用细针检查两点辨别感觉、用棉花絮检查轻触觉、足跟反射。②下肢动脉病变检查:触诊下肢动脉搏动、ABI 检查、血管超声、计算机体层血管成像(CTA)、磁共振血管成像(MRA)。

3)宣教:①每日检查足部,皮肤干燥可以使用油膏类护肤品。②定期洗脚,用干布擦干,尤其是擦干足趾间,每日换袜子。③水温不宜过热,低于 37℃。④不宜用热水袋、电热器等物品直接保暖足部。⑤避免赤足行走。⑥水平地剪趾甲,请专业人员修除胼胝或过度角化的组织。⑦穿鞋前先检查鞋内有否异物或异常;不穿过紧或毛边的袜子或鞋。⑧一旦发现问题,及时就诊。

(2)治疗

1)神经性溃疡:常见于反复受压的部位,如足底、胼胝的中央,常伴有感觉的缺失或异常,而局部供血好。治疗主要是减压,特别要注意患者的鞋袜是否合适。

2)缺血性溃疡:多见于足背外侧、足趾尖部或足跟部,局部感觉正常,但皮温低、足背动脉和 / 或胫后动脉明显减弱或不能触及。治疗要重视解决下肢缺血,轻-中度缺血的患者可以实行内科治疗。病变严重的患者可以接受介入治疗或血管外科成形手术。

3)合并感染的足溃疡:要定期祛除感染和坏死组织,只要血供好,要彻底清创。

4)转诊:一旦出现以下情况,应该及时转诊至专科。皮肤颜色的急剧变化、局部疼痛加剧并有红肿等炎症表现、新发溃疡、原有浅表的溃疡恶化并累及软组织和/或骨组织、播散性的蜂窝组织炎、全身感染征象、骨髓炎等。

【问题 19】如何管理糖尿病患者?

糖尿病足(视频)

1. 建立糖尿病档案 初诊糖尿病患者由基层医疗机构在建立居民健康档案的基础上,建立糖尿病患者管理档案。糖尿病患者的健康档案至少应包括健康体检、年度评估和随访服务记录。社区全科医生要详细询问糖尿病患者病情,是否存在糖尿病并发症和糖尿病家族史。对已经诊断的糖尿病患者,复习以往的治疗方案和血糖控制情况,并进行以下检查:

体格检查:包括身高、体重、体重指数、腰围、血压和足背动脉搏动。

实验室检查:包括空腹/餐后血糖、糖化血红蛋白、血脂(TC、TG、HDL-C、LDL-C)、尿常规和肝肾功能;若具备检测条件,应检测尿微量白蛋白和尿肌酐。

特殊检查:包括心电图、视力及眼底检查、足部检查和神经病变的相关检查。

综合患者的年龄和心血管疾病史等情况,确定血糖控制的个体化最初目标;有针对性地为患者制订饮食和运动的方案;肥胖患者确定减轻体重的目标;建议患者戒烟和限酒。根据患者的具体病情处方合理的降糖药物并指导药物的使用;指导患者进行自我血糖监测包括血糖测定的时间和频度,并做好记录;告诉患者下次随诊的时间及注意事项。

2. 建立标准随访方案 糖尿病患者随访要点见表 20-11。

表 20-11 糖尿病患者随访要点

监测项目	初访	每月随访	每季度随访	年随访
体重/身高	√	√	√	√
体重指数(BMI)	√	√	√	√
血压	√	√	√	√
空腹/餐后血糖	√	√	√	√
糖化血红蛋白	√		√	√
尿常规	√		√	√
TC、TG、HDL-C、LDL-C	√			√
尿白蛋白/尿肌酐	√			√
肾功能	√			√
肝功能	√			√
心电图	√			√
视力及眼底	√			√
足部检查	√		√	√
神经病变的相关检查	√			√

注:TC,总胆固醇;TG,甘油三酯;HDL-C,高密度脂蛋白胆固醇;LDL-C,低密度脂蛋白胆固醇。

(江孙芳)

第二十一章 慢性阻塞性肺疾病

慢性阻塞性肺疾病（chronic obstructive pulmonary disease,COPD）简称慢阻肺,是一种严重危害人类健康的常见病、多发病,致残率及病死率高,给患者及其家庭和社会带来沉重经济负担。2018 年中国成人肺部健康研究（CPHS）对 10 个省市 50 991 名人群调查显示,20 岁及以上成人的慢阻肺患病率为 8.6%,40 岁以上则高达 13.7%。据"全球疾病负担研究项目（the global burden of disease study）"估计,2020 年慢阻肺将位居全球死亡原因的第 3 位。世界银行和世界卫生组织的资料表明,至 2020 年慢阻肺将位居世界疾病负担的第 5 位。对慢阻肺患者进行规范化诊疗和管理,可避免急性加重,延缓病情发展,改善生活质量,降低致残率和病死率,减轻疾病负担。

慢阻肺是一种以持续气流受限为特征的可以预防和治疗的常见疾病,气流受限多呈进行性发展,与气道和肺脏对有毒颗粒或气体的慢性炎性反应增强有关。急性加重和合并症对个体患者整体疾病的严重程度产生影响。慢性气流受限由小气道疾病（阻塞性支气管炎）和肺实质破坏（肺气肿）共同引起,两者在不同患者中所占比重不同。

临床病例

主观资料（S）:

患者,男性,65 岁,因"间断咳嗽、咳痰、喘憋 11 年,加重 5 日"就诊。11 年前患者受凉后出现咳嗽、咳少量白痰,夜间咳嗽明显,伴活动后喘憋。无发热、胸痛、咯血、盗汗等不适。此类症状每年发作 3~4 次,多于感冒后发生,每次持续约 1 个月,痰量增加,痰黄、黏稠,予抗生素等治疗可好转,多次被诊断为"慢性支气管炎",予中药治疗效果不佳。近 7 年来患者每年均出现咳嗽、咳痰、喘憋加重 2~3 次,每次持续时间至少 3 个月,经抗生素治疗或口服糖皮质激素后好转。过去 1 年,自觉走路较同龄人偏慢,有时需停下歇息,因病情加重住院治疗 2 次。5 日前患者受凉后咳嗽、喘憋加重,轻微活动即感呼吸困难,咳黄痰,伴发热,体温最高 37.5℃。

既往史:6 个月前胃镜发现"反流性食管炎",予抑酸治疗后好转。否认冠心病、原发性高血压及糖尿病等病史。

个人史:患者从事办公室文员工作,现已退休。吸烟 40 年,每日 40 支。否认饮酒史。

家族史:否认家族遗传疾病史。

针对该病例,社区全科医生初步采集病史后,可明确该患者慢性支气管炎诊断成立,慢阻肺诊断依据不足。为进一步评估病情,需考虑和明确以下相关问题。

【问题 1】该患者的病史特点是什么,如何考虑其可能诊断?

思路:该患者病史特点为老年男性,长期大量吸烟史;反复咳嗽、咳痰、喘憋 11 年,每年持续 3 个月以上,且无其他慢性咳嗽病因,考虑该患者慢性支气管炎诊断成立。其症状呈现进行性加重,慢阻肺可能性较大,但需进一步完善相关检查明确诊断。当慢性支气管炎和肺气肿患者的肺功能检查出现持续气流受限时,则可诊断为慢阻肺。

【问题 2】该患者具有慢阻肺的哪些危险因素?

思路 1:引起慢阻肺的确切病因尚不明确,据流行病学的研究资料,慢阻肺的发病是遗传和环境因素共同作用的结果。已知的遗传因素为 α1- 抗胰蛋白酶缺乏,但是这种基因缺陷主要发生在北欧地区,亚洲很罕见。环境因素中吸烟是众多研究中证据最充分的慢阻肺危险因素之一,也是慢阻肺最重要的环境危险因素。被动吸烟、环境暴露（如生物燃料和空气污染）也可能导致呼吸道症状及慢阻肺的发生。

慢阻肺的发病机制也尚未完全明确,肺部炎症反应、氧化应激、蛋白酶和抗蛋白酶失衡等在慢阻肺的发病中起重要作用。

知识点

慢阻肺危险因素

慢阻肺的发病是遗传与环境因素共同作用的结果。

1. 遗传因素。
2. 吸烟。
3. 空气污染。
4. 职业性粉尘和有害化学。
5. 社会经济地位。

思路2:该患者目前具有吸烟与呼吸道感染两个主要危险因素,考虑慢阻肺诊断时,需询问患者可能存在的相关危险因素,如患者的职业是否有接触粉尘及相关化学物质、是否经常从事家庭烹饪、冬季室内煤火取暖时间、家庭成员吸烟情况及社会经济情况等。充分了解患者相关危险因素不仅为慢阻肺诊断提供证据支持,并且可指导和帮助患者控制相关危险因素,促进疾病康复和延缓疾病进展。

知识点

慢阻肺高危人群

当患者符合以下1个及以上特征时均属于慢阻肺的高危人群:

1. 年龄≥35岁。
2. 吸烟或长期接触"二手烟"污染。
3. 患有某些特定疾病,如支气管哮喘、过敏性鼻炎、慢性支气管炎、肺气肿等。
4. 直系亲属中有慢阻肺家族史。
5. 居住在空气污染严重地区,尤其是二氧化硫等有害气体污染的地区。
6. 长期从事接触粉尘、有毒有害化学气体、重金属颗粒等工作。
7. 在婴幼儿时期反复患下呼吸道感染。
8. 居住在气候寒冷、潮湿地区以及使用燃煤、木柴取暖。
9. 维生素A缺乏或者胎儿时期肺发育不良。
10. 营养状况较差,体重指数较低。

思路3:当社区卫生服务中心不具备肺功能检查设备,临床医生可以通过问卷调查(图21-1)筛查慢阻肺高危人群,对疑诊患者应该向上级医院转诊进一步确诊。

【问题3】病史采集结束后,下一步体格检查应重点关注哪些方面?

思路:体格检查是临床医生非常重要的基本功,尤其对于基层医生来说,体格检查更是在不借助过多辅助检查的情况下帮助诊断的重要武器。慢阻肺作为一种全身性疾病,病变不仅仅在肺脏,全身多脏器功能均可受影响。故体格检查时除重点关注肺部的视、触、叩、听外,还需要关注其他部位的体征。

这是一份有关您最近呼吸状况和活动能力的问卷,请您回答问卷时选择最能描述您实际情况的答案。

1. 过去的一个月内,您感到气短有多频繁?

从未感觉气短	很少感觉气短	有时感觉气短	经常感觉气短	总是感觉气短
□0	□0	□1	□2	□2

2. 您是否曾咳出"东西",例如黏液或痰?

从未咳出	是的,但仅在偶尔感冒或胸部感染时咳出	是的,每月都咳几天
□0	□0	□1

是的,大多数日子都咳	是的,每天都咳
□1	□2

3. 请选择能够最准确地描述您在过去12个月内日常生活状况的答案。因为呼吸问题,我的活动量比从前少了。

强烈反对	反对	不确定	同意	非常同意
□0	□0	□0	□1	□2

4. 在您的生命中,您是否已至少吸了100支烟?

否	是	不知道
□0	□2	□0

5. 您今年多少岁?

35~49岁	50~69岁	≥70岁
□0	□2	□0

问卷评估办法:

在下面的空白处,写上每个问题的答案旁边的数字。将这些数字相加,得到总分。总分为0~10分。

_____ + _____ + _____ + _____ + _____ + = _____
　#1　　　#2　　　#3　　　#4　　　#5　　　总分

如果您的总分≥5分,说明您的呼吸问题可能是慢阻肺(COPD)导致。慢阻肺通常被称为慢性支气管炎和/或肺气肿,是一种缓慢进展的严重肺病。虽然慢阻肺不能治愈,但它是可以控制的。

请将填好的问卷拿给医生看。您的得分越高,说明您有慢阻肺的可能性越大。医生可以做一个简单的呼吸测试(也称为肺功能测定),帮助评价您的呼吸状况。

如果您的总分在0~4分,而且您有呼吸问题,请将这份文件拿给医生看。医生会帮助评估您呼吸问题的类型。

图 21-1　慢阻肺筛查问卷

知识点

慢阻肺典型体征

慢阻肺早期体征可不明显,随着疾病进展,常出现以下体征:

1. 视诊　胸廓前后径增大,肋间隙增宽,剑突下胸骨下角增宽,称为桶状胸。部分患者呼吸变浅,频率增快,严重者可有缩唇呼吸等。

2. 触诊　双侧语颤减弱。

3. 叩诊　肺部过清音,心浊音界缩小,肺下界和肝浊音界下降。

4. 听诊　两肺呼吸音减弱,呼气期延长,部分患者可闻及湿啰音和/或干啰音,心音遥远,合并肺动脉高压时肺动脉瓣区第二心音(P_2)较主动脉瓣区第二心音(A_2)强($P_2>A_2$)。

5. 肺外体征　低氧血症者可出现黏膜和皮肤发绀。伴二氧化碳潴留者可见球结膜水肿。伴有右心衰竭者可见下肢水肿和肝脏增大。

217

临床病例(续):门诊查体记录

客观资料(O):

体格检查:体温 37.4℃,脉搏 150 次/min,呼吸 30 次/min,血压 130/80mmHg。端坐位,神志清楚,体格检查欠配合。无球结膜水肿,口唇发绀,指/趾甲端无发绀,浅表淋巴结无肿大,无颈静脉怒张。双侧胸廓对称,无畸形,无桶状胸,呼吸活动度双侧对称,双侧触觉语颤对称、无减弱,未触及胸膜摩擦感。双肺叩诊清音,双肺呼吸音低,双肺散在呼气相哮鸣音,呼气相延长,未闻及湿啰音。心界不大,心律齐,心率 150 次/min,心音遥远,$A_2 > P_2$。腹软、肝、脾肋下未触及。双下肢无水肿。

【问题4】该患者的体格检查结果是否支持慢阻肺的诊断?

思路1:该患者以下体征支持慢阻肺的诊断:双肺呼吸音低、心音遥远符合肺气肿体征,双肺散在呼气相哮鸣音、呼气相延长是呼气相气流受限的征象,这些都支持慢阻肺的诊断。确诊需要肺功能检查结果证实。

思路2:若 40 岁以上的个体存在表 21-1 中"关键提示"的任何一点,都应考虑到慢阻肺并进行肺功能检查。这些提示并非诊断本身,但多个关键提示的存在提高了被诊断为慢阻肺的可能性。肺功能检查是慢阻肺诊断的要点。

表 21-1　考虑诊断慢阻肺的关键提示

关键提示	表现
呼吸困难	进行性加重
	运动时加重
	持续存在
慢性咳嗽	可能是间歇性的,也可能是干咳
	反复发作喘息
慢性咳痰	任何形式的慢性咳痰均提示慢阻肺
反复发作下呼吸道感染	
危险因素病史	宿主因素(如遗传因素、先天或发育异常等)
	烟草吸入(包括当地流行的其他烟草类似物)
	家庭烹饪及取暖造成的烟尘
	职业粉尘、蒸汽、烟、气体或其他化学物质
慢阻肺家族史和/或童年因素	比如低出生体重、儿童呼吸道感染等

【问题5】根据该患者病史和查体结果,是否适合在社区治疗?

思路1:判定患者适合在社区治疗还是应转诊到综合医院住院治疗,需对患者病情进行评估。大多数一般状况较好、轻度慢阻肺急性加重期的患者可以在社区或门诊治疗,而中重度慢阻肺急性加重期的患者常需要住院治疗。需特别关注标志患者病情危重的症状,如严重呼吸困难、发绀、意识模糊等,同时综合考虑患者是否存在并发症以及当地社区处理能力等因素。当患者出现以下情况,建议向综合医院呼吸专科转诊。

> 知识点
>
> 慢阻肺转诊指征
>
> 1. 紧急转诊　当慢阻肺患者出现中重度急性加重,经过紧急处理后症状无明显缓解,需要住院或行机械通气治疗,应考虑紧急转诊。
>
> (1)普通病房住院指征:①症状显著加剧,如突然出现的静息状态下呼吸困难;②重度慢阻肺;③出现新的体征或原有体征加重(如发绀、神志改变、外周水肿);④有严重的合并症(如心力衰竭或新出现的心律失常);⑤初始药物治疗急性加重失败;⑥高龄患者;⑦诊断不明确;⑧院外治疗无效或医疗条件差。

（2）入住监护病房指征：①对初始急诊治疗反应差的严重呼吸困难；②意识状态改变，包括意识模糊、昏睡、昏迷；③持续性低氧血症（$PaO_2 < 40mmHg$）或进行性加重和/或严重或进行性加重的呼吸性酸中毒（$pH < 7.25$），氧疗或无创通气治疗无效；④需要有创机械通气治疗；⑤血流动力学不稳定、需要使用升压药。

2. 普通转诊

（1）因确诊或随访需求或条件所限，需要做肺功能等检查。

（2）经过规范化治疗症状控制不理想，仍有频繁急性加重。

（3）为评价慢阻肺合并症或并发症，需要做进一步检查或治疗。

思路2：结合患者病史及体格检查结果，该患者病情较重，符合转诊指征。主要表现在：①心率快（150次/min），呼吸频率快（30次/min）；②口唇及甲床发绀（可靠的低氧血症体征）。接诊患者后应尽快给予低流量吸氧，缓解低氧血症，也应尽快给予支气管扩张剂等治疗，尽快缓解症状。

【问题6】针对该患者，转诊前需完成哪些处理？

思路1：对重症慢阻肺急性加重患者，符合转诊指征的，转诊前需完成以下任务：完整病史采集、重点体格检查，并尽早采取紧急处理措施（吸氧、支气管扩张剂、糖皮质激素等），若病情允许，可完成血常规、心电图、胸部X线片等常规检查评估患者严重程度，积极联系转院治疗。对于有生命危险患者应在给予相应处理措施的基础上，尽快转院治疗。

【问题7】患者转入综合性医院后，为明确诊断，需进一步进行哪些检查？

思路1：慢阻肺早期可无明显的症状表现，其早期诊断是临床上的一个难点。慢阻肺全球创议（GOLD）2014年更新版指南强调凡是有呼吸困难、慢性咳嗽和/或咳痰症状，以及有危险因素暴露史的患者应怀疑慢阻肺，进行肺功能检查，应用支气管扩张剂后第1秒用力呼气容积（FEV_1）/用力肺活量（FVC）< 0.70，可确定存在持续性气流受限，除外其他疾病后可确诊慢阻肺。因此，持续存在的气流受限是诊断慢阻肺的必备条件，肺功能检查是诊断慢阻肺的金标准。

思路2：对慢阻肺的诊断和评估，除了最重要的肺功能检查之外，胸部X线检查对于确定肺部并发症及与其他疾病（如肺间质纤维化、肺结核等）鉴别具有重要意义。血常规检查对于发现部分慢阻肺患者长期低氧血症引起的红细胞增多、部分患者贫血以及合并感染时白细胞及中性粒细胞百分比升高等均有意义。血气分析对确定发生低氧血症、高碳酸血症、电解质紊乱和呼吸衰竭类型有重要价值，如果患者肺功能指标 FEV_1 占正常预计值 ≤ 40%，或者出现发绀或心力衰竭等体征，应进行血气分析检查。合并感染时，痰涂片可见大量中性粒细胞，痰培养有助于病原菌的检出。合并肺动脉高压和肺源性心脏病时，可行心脏超声加以明确。胸部CT检查一般不作为诊断慢阻肺的常规检查。

知识点

慢阻肺的诊断

1. 慢阻肺的诊断应该根据临床表现、危险因素接触史、体征及实验室检查等资料，综合分析确定。

2. 任何有呼吸困难、慢性咳嗽和/或咳痰症状，以及有危险因素暴露史的患者临床上需要考虑慢阻肺诊断。

3. 诊断慢阻肺需要进行肺功能检查，吸入支气管扩张剂后 $FEV_1/FVC < 70\%$，可确定存在持续性气流受限，除外其他疾病后可确诊慢阻肺。

临床病例（续）辅助检查结果

血常规检查：白细胞计数 6.79×10^9/L，中性粒细胞百分比74.6%，血红蛋白146g/L，血小板计数 188×10^9/L。

胸部正侧位X线片：见图21-2、图21-3。

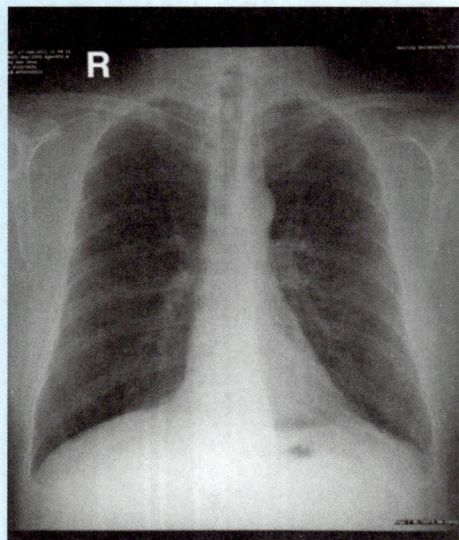

图 21-2　胸部正位 X 线片

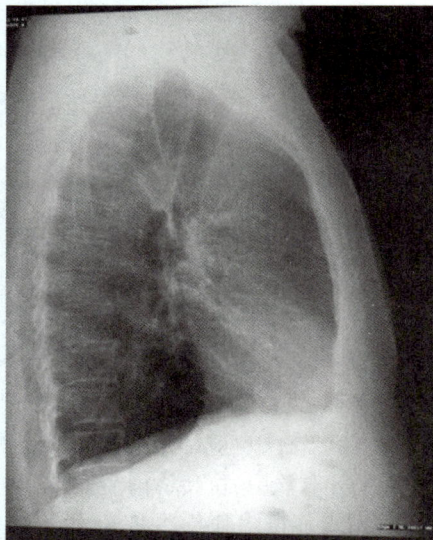

图 21-3　胸部侧位 X 线片

血气分析结果（吸氧 2L/min）：pH 7.41，$PaCO_2$ 38mmHg，PaO_2 72mmHg，SaO_2 97.5%，$StHCO_3^-$ 23mmol/L。

肺功能检查：使用支气管扩张剂后 FEV_1/FVC 为 30.7%，FEV_1 占预计值 26.5%。

【问题 8】如何判读患者的血常规？

思路：患者血常规结果显示：中性粒细胞百分比升高，结合患者近 5 日来出现咳嗽、咳痰、喘憋加重，咳黄脓痰、发热，需考虑患者存在呼吸道感染。

【问题 9】如何判读患者的胸部 X 线片？

思路 1：胸部正位 X 线片示：双肺中上肺野透亮度减低，肺纹理稀疏，相应肋间隙增宽，双肺下叶肺纹理增多增粗；胸部侧位 X 线片示：胸廓前后径增大，胸骨后心影前透亮区增大，心影后脊柱前方透亮区增大。符合慢性支气管炎、肺气肿改变。

思路 2：慢阻肺早期胸部 X 线片可无明显变化，随病情进展可出现肺纹理增多、紊乱等非特征性表现。典型肺气肿 X 线片表现为：肺容积增大、胸腔前后径增大、肋骨走向变平、肺野透亮度增加、横膈位置低平、心影狭长等。并发肺源性心脏病和肺动脉高压时，会出现右心增大的 X 线特征及右下肺动脉增宽、肺门血管影扩大等表现。如前所述，胸部 X 线片在慢阻肺的诊断中的重要意义在于确定肺部并发症及与其他疾病（如肺间质纤维化、肺结核等）鉴别。该患者目前的胸部 X 线片无明确的并发症及其他疾病表现。

【问题 10】如何判读患者血气分析结果？

思路：该患者 pH 处于正常范围（7.35~7.45），$PaCO_2$ 处于正常范围（35~45mmHg），且 $StHCO_3^-$ 处于正常范围（22~27mmol/L），该患者目前无酸碱平衡紊乱。该患者在 FiO_2=21+ 氧流量（2L/min）× 4=29% 时，PaO_2 为 72mmHg，计算氧合指数（PaO_2/FiO_2）=248mmHg，小于 300mmHg，表明该患者目前存在 I 型呼吸衰竭。

【问题 11】根据该患者的病史及肺功能等相关辅助检查结果，目前能否确诊慢阻肺？

思路 1：该患者老年男性，长期大量吸烟史。反复咳嗽、咳痰、喘憋 20 余年，且症状进行性加重，呼吸道感染为其明确加重诱因。肺功能检查吸入支气管扩张剂后 FEV_1/FVC 为 30.7%，小于 70%，可确定存在持续性气流受限，行胸部 X 线检查除外其他相关疾病，故可确定该患者慢阻肺诊断。

思路 2：社区卫生服务中心慢阻肺诊断流程见图 21-4。

【问题 12】慢阻肺的鉴别诊断需考虑哪些疾病？

思路：由于很多疾病都具有与慢阻肺相似的症状，如咳嗽、咳痰、呼吸困难等，故诊断慢阻肺时需要与其他疾病相鉴别（表 21-2）。

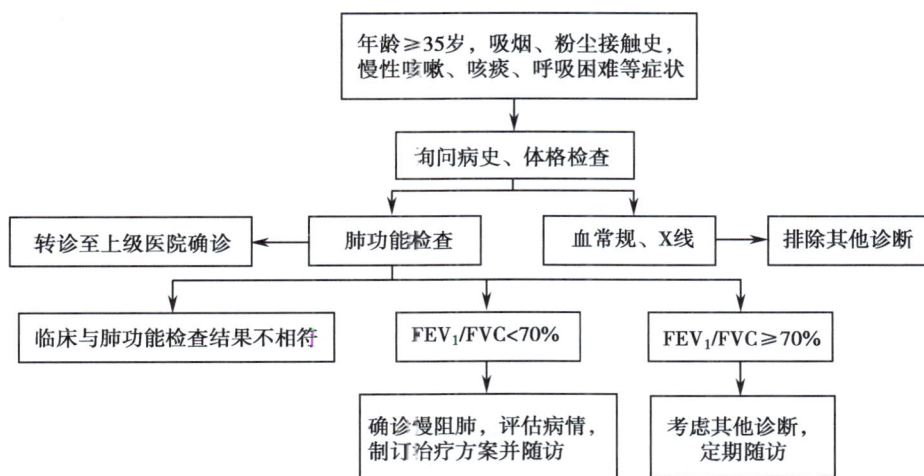

图 21-4 社区卫生服务中心慢阻肺诊断流程图

表 21-2 慢阻肺与其他疾病的鉴别诊断要点

疾病	鉴别诊断要点
慢阻肺	中老年发病、症状缓慢进展、长期吸烟史或者其他烟雾接触史
支气管哮喘	早年发病(通常在儿童期),每日症状变化快,夜间和清晨症状明显,可有过敏史、鼻炎和/或湿疹、哮喘家族史
充血性心力衰竭	胸部 X 线片示心脏扩大、肺水肿,肺功能提示有限制性通气功能障碍,而非气流受限
支气管扩张症	大量脓痰,常伴有细菌感染、粗湿啰音、杵状指,胸部 X 线片或者 CT 提示支气管扩张、管壁增厚
肺结核	所有年龄均可发病,胸部 X 线片示肺浸润性病灶或者结节状、空洞样改变,微生物检查可确诊,流行地区高发
弥漫性泛细支气管炎	主要发生在亚洲人群中,多为男性非吸烟者,几乎均有慢性鼻窦炎,胸部 X 线片和高分辨率 CT 示弥漫性小叶中央结节影和过度充气征

【问题 13】根据该患者目前情况,如何对该患者的病情进行综合评估?

思路 1:临床医生要了解慢阻肺病情对患者的影响,应综合症状、气流受限和急性加重风险评估,以期改善慢阻肺的疾病管理。①症状评估:主要通过慢阻肺患者自我评估测试问卷(CAT)进行评估(表 21-3);或采用改良版英国医学研究委员会呼吸问卷(mMRC)对呼吸困难严重程度进行评估(表 21-4):较轻(mMRC 0~1 分或 CAT<10 分),患者处于 A 组或 C 组;较重(mMRC ≥2 分或 CAT ≥10 分),患者处于 B 组或 D 组。②气流受限评估:使用肺功能检查进行评估(表 21-5),低风险(GOLD 1 或 2),患者处于 A 组或 B 组;高风险(GOLD 3 或 4),患者处于 C 组或 D 组。③急性加重风险评估:低风险(每年 ≤1 次或未曾因急性加重而住院),患者处于 A 组或 B 组;高风险(每年 ≥2 次或住院次数 ≥1 次),患者处于 C 组或 D 组。慢阻肺患者 A、B、C、D 分组见表 21-6。

表 21-3 慢阻肺患者自我评估测试问卷

我从不咳嗽	1 2 3 4 5 6	我总是在咳嗽
我一点痰也没有	1 2 3 4 5 6	我有很多很多痰
我没有任何胸闷的感觉	1 2 3 4 5 6	我有很严重的胸闷的感觉
当我爬坡或者上一层楼时,没有气喘感觉	1 2 3 4 5 6	当我爬坡或者上一层楼梯感觉严重喘不过气
我在家里能做任何事情	1 2 3 4 5 6	我在家里做任何事情均受影响

续表

尽管我有肺部疾病,但对外出很有信心	1 2 3 4 5 6	由于我有肺部疾病,对离开家一点信心都没有
我的睡眠很好	1 2 3 4 5 6	由于我有肺部疾病,睡眠相当差
我精力旺盛	1 2 3 4 5 6	我一点精力都没有

注:数字1~6表示严重程度,请标记最能反映你当前情况的选项,在数字上打√,每个问题只能标记一个选项。

表21-4　改良版英国医学研究委员会呼吸问卷

呼吸困难评价等级	呼吸困难严重程度
0 级	只有在剧烈活动时感到呼吸困难
1 级	在平地快步行走或者步行爬小坡时出现气短
2 级	由于气短,平地行走时比同龄人慢或者需要停下来休息
3 级	在平地行走 100m 或者数分钟后需要停下来喘气
4 级	因为严重呼吸困难而不能离开家或者穿衣服时出现呼吸困难

表21-5　气流受限严重程度的肺功能分级

肺功能分级	气流受限程度	FEV_1 占预计值 %
GOLD 1 级	轻度	≥80%
GOLD 2 级	中度	50%~<80%
GOLD 3 级	重度	30%~<50%
GOLD 4 级	极重度	<30%

注:FEV_1 为吸入支气管扩张剂之后。以吸入支气管扩张剂后 FEV_1 值为基础,$FEV_1/FVC<70\%$。

表21-6　慢阻肺的综合评估

组别	特征		肺功能分级 / 级	急性加重 /(次·年$^{-1}$)	CAT 评分 / 分	呼吸困难分级 / 级
	风险	症状				
A 组	低	少	Ⅰ~Ⅱ	<2	<10	<2
B 组	低	多	Ⅰ~Ⅱ	<2	≥10	≥2
C 组	高	少	Ⅲ~Ⅳ	≥2	<10	<2
D 组	高	多	Ⅲ~Ⅳ	≥2	≥10	≥2

注:①上 1 年因急性加重住院 ≥1 次,也表明具有高风险;②评估急性加重风险时,若依据肺功能评估与急性加重病史结果不一致时,应选取较高的危险度级别。

思路 2:

该患者的综合评估:症状评估,该患者咳嗽、咳痰、呼吸困难等症状严重,严重影响日常活动及睡眠,其 CAT 评分为 38 分(>10 分),呼吸困难评价等级为 2 级,故其症状评估为症状多。肺功能分级为Ⅳ级,气流受限严重程度为极重度,急性加重风险为高风险。该患者过去 1 年中因急性加重住院 2 次,故急性加重风险评估也为高风险。故该患者的综合评估分组为 D 组。

【问题 14】患者目前病程分期如何?

思路:慢阻肺病程分为稳定期和急性加重期。①稳定期:患者咳嗽、咳痰、气短等症状稳定或症状较轻;②急性加重期:患者呼吸道症状超过日常变异范围的持续恶化,并需改变药物治疗方案,在疾病过程中,患者常有短期内咳嗽、咳痰、气短和 / 或喘息加重,痰量增多,脓性或者黏液脓性痰,可伴有发热等炎症明显加重的表现。该患者近 5 日咳嗽、咳痰、喘息明显加重,咳黄脓痰,伴发热,目前为慢阻肺急性加重期。

【问题 15】慢阻肺的常见合并症包括哪些?

思路:慢阻肺常与其他疾病合并存在,不同严重程度患者均可发生这些合并症,对疾病的进展、住院率和病死率均有影响。因此,应努力发现患者的合并症并给予适当的治疗。治疗合并症应依据各种疾病指南,治疗方法与未合并慢阻肺者相同,通常不应因为患有合并症而改变慢阻肺的治疗方法。

知识点

慢阻肺的常见合并症

1. 心血管疾病　是慢阻肺最重要和最常见的合并症。主要包括:①缺血性心肌病;②心力衰竭;③心房颤动;④高血压。

2. 骨质疏松　是慢阻肺的主要合并症,常见于肺气肿患者。

3. 焦虑和抑郁。

4. 肺癌。

5. 感染。

6. 代谢综合征和糖尿病。

7. 支气管扩张症。

210001

慢性肺源性心脏病的临床表现(视频)

临床病例(续):住院后治疗

该患者入院后治疗方案如下:

1. 氧疗　持续低流量吸氧(1L/min)。

2. 支气管扩张剂　雾化吸入复方异丙托溴铵气雾剂(含沙丁胺醇和异丙托溴铵)2.5ml、每日 3 次;茶碱缓释片 0.2g、每日 2 次。

3. 糖皮质激素　口服醋酸泼尼松 40mg、每日 1 次;雾化吸入布地奈德悬液 2ml、每日 3 次。

4. 抗生素治疗　静脉滴注头孢哌酮钠舒巴坦钠 3.0g、每日 2 次。

5. 戒烟指导。

【问题 16】该患者住院后,该如何治疗?

思路:该患者目前为慢阻肺急性加重期,对于慢阻肺急性加重期治疗原则为根据患者临床症状、体征、血气分析和胸部影像学等指标评估患者严重程度,采取相应治疗措施。慢阻肺急性加重期的主要治疗手段包括:

1. 氧疗　氧疗是治疗慢阻肺急性加重期的一个重要部分,持续低流量吸氧,保证氧饱和度为 88%~92%。

2. 支气管扩张剂　推荐单独应用短效吸入 β_2 受体激动剂或联合短效抗胆碱能药物,出院前应尽早开始长效支气管扩张剂维持治疗。

3. 全身应用糖皮质激素　全身应用糖皮质激素可以缩短康复时间,改善肺功能和低氧血症,降低早期复发及治疗失败的风险,缩短住院时间,推荐泼尼松 40mg/d,共 5 日。

4. 抗生素　抗生素应用的指征为:①呼吸困难加重、痰量增加和脓性痰是 3 个必要症状;②脓性痰在内的 2 个必要症状;③需要有创或者无创通气治疗。

5. 辅助治疗　根据患者的临床情况,注意维持患者的水及电解质平衡;注意加强患者营养,对于卧床、红细胞增多症或脱水的患者,无论是否有血栓栓塞病史,均需考虑使用肝素或者低分子量肝素抗凝治疗。另外还需注意痰液引流,识别和治疗合并症及并发症。

6. 机械通气治疗　通过无创或者有创机械通气治疗,维持呼吸功能,通过药物治疗消除慢阻肺急性加重的原因,从而使呼吸衰竭得以逆转。

【问题 17】慢阻肺患者的常用治疗药物包括哪些?

思路:药物治疗可以缓解慢阻肺症状,减少急性加重的频率和严重程度,改善健康状况和运动耐量。慢阻肺常用药物包括支气管扩张剂、糖皮质激素、磷酸二酯酶抑制剂以及其他药物(祛痰药、抗氧化剂等)。

1. 支气管舒张药物　支气管舒张药物是控制慢阻肺症状的重要治疗药物,主要包括 β_2 受体激动剂、抗胆碱能药等。长效 β₂ 受体激动剂(福莫特罗、沙美特罗)较短效制剂(沙丁胺醇)可更有效控制症状,吸入剂相对于口服副作用更少。

2. 糖皮质激素 长期规律吸入糖皮质激素适用于重度和极重度且反复急性加重的患者,可减少急性加重次数、增加运动耐量、改善生活质量,但不能阻止 FEV_1 的下降趋势、可能增加患肺炎的风险,不推荐单独使用吸入糖皮质激素治疗慢阻肺。联合吸入糖皮质激素和长效 β₂ 受体激动剂(布地奈德/福莫特罗、沙美特罗/氟替卡松),疗效优于单一制剂。不推荐长期口服、肌内注射或静脉应用糖皮质激素治疗。

3. 抗生素 对已给予恰当治疗但仍有急性加重的既往吸烟者,可考虑使用阿奇霉素或红霉素。但阿奇霉素治疗与细菌耐药性增加及听力测试受损有关,应谨慎使用。

4. 甲基黄嘌呤 甲基黄嘌呤没有长效支气管扩张剂那么有效和耐受。当长效支气管扩张剂可获得并且有能力支持时,不建议使用甲基黄嘌呤。有证据表明,和安慰剂相比,甲基黄嘌呤类药物能够在一定程度上扩张支气管,改善治疗稳定期慢阻肺患者症状。

5. 其他药物 ①祛痰药:常用药物有盐酸氨溴索、乙酰半胱氨酸、羧甲司坦、标准桃金娘油等。②抗氧化剂:有证据提示,抗氧化剂如羧甲司坦、N-乙酰半胱氨酸等可降低疾病急性加重次数。③磷酸二酯酶-4(PDE-4):PDE-4 抑制剂(罗氟司特)的主要作用机制是通过抑制细胞内的环腺苷酶降解来减轻气道炎症,目前该药物尚未在我国上市,但研究表明,该药能够改善由沙美特罗和/或噻托溴铵治疗的患者的 FEV_1,并减少急性加重。④中医治疗等。

【问题 18】该患者选择抗生素治疗是否合适?选择的原则是什么?

思路:如前所述慢阻肺急性加重应用抗生素有 3 条指征,该患者目前具备 3 个必要症状符合应用抗生素的指征。临床上应用何种类型的抗生素需要根据当地细菌耐药情况选择,对于反复发生急性加重,严重气流受限,和/或需要机械通气的应进行痰培养,根据药敏结果合理选择抗生素。在呼吸系统疾病中,慢阻肺是最常见的容易发生铜绿假单胞菌感染的基础疾病之一,尤其是进展期以及因病情加重需要住 ICU 和机械通气的患者。当慢阻肺急性加重患者出现以下 4 项中的 2 项时应考虑铜绿假单胞菌感染的可能:①近期住院史;②有经常(>4 个疗程/年)或近期(近 3 个月内)抗菌药物应用史;③病情严重(FEV_1<30%);④应用口服糖皮质激素(近 2 周服用泼尼松龙>10mg/d)。初始抗菌治疗需考虑是否有铜绿假单胞菌感染的可能,有相关危险者选择抗生素其抗菌谱需覆盖铜绿假单胞菌,常应用于铜绿假单胞菌感染治疗的药物包括抗假单胞菌青霉素和头孢菌素、氨曲南、氨基糖苷类、喹诺酮类及碳青霉烯类等,如哌拉西林/他唑巴坦、头孢他啶、头孢吡肟、亚胺培南、美罗培南等。对无铜绿假单胞菌危险因素者,主要依据急性加重严重程度、当地耐药情况、费用和潜在的依从性选择药物。

临床病例(续):住院期间治疗方案的调整

患者经过上述治疗,5 日后咳嗽、咳痰、喘憋等症状明显改善,体温正常。

治疗方案调整为:

将抗生素更换为口服头孢地尼 0.1g、每日 3 次。

停用口服糖皮质激素治疗。

开始稳定期慢阻肺治疗:噻托溴铵粉吸入剂 18μg 吸入,每日 1 次;沙美特罗替卡松粉吸入剂 50/250 每次 1 吸,每日 2 次;沙丁胺醇定量气雾剂 200μg,必要时吸入。

1 周后患者症状进一步改善,活动耐力明显增加,安排出院,转入门诊(社区)进行随访管理。

【问题 19】该患者转入社区后该如何管理?

思路 1:该患者目前转入社区后为慢阻肺稳定期,稳定期管理主要目标包括减少症状、改善运动耐力和健康状况,同时防止疾病进展、降低死亡率。

思路 2:慢阻肺稳定期的社区管理。

1. 建立健康档案 对于初次就诊的慢阻肺患者应为其建立健康档案,进行规范化长期管理。

2. 健康教育 ①教育与督促患者戒烟;②使患者了解慢阻肺相关基础知识,掌握一般和特殊的自我管理方法(如吸入装置的使用、规律服药等);③了解定期就诊的情况及紧急情况下求救能力;④社区医生定期随访。

思路 3:慢阻肺相关危险因素干预。

1. 戒烟　在很大程度上能够延缓慢阻肺的病程,全科医生应该鼓励患者戒烟。临床咨询能够显著提高患者的主动戒烟率,尼古丁替代疗法和药物疗法能够显著提高长期戒烟率。

2. 禁烟　通过一系列综合性的控烟政策与措施,建立无烟学校,公共场所和学校实行全面禁烟,鼓励患者不在家中吸烟,可显著减少吸烟带来的相关危害。

3. 减少职业性粉尘及有害化学物质暴露,加强室内外空气污染治理均能对慢阻肺相关危险因素加以控制。

4. 加强锻炼　慢阻肺患者需要适当运动,能够从日常体育运动中不断获益。

思路 4 :慢阻肺稳定期的非药物治疗。

1. 氧疗　慢阻肺患者长期家庭氧疗的适应证为:休息状态下存在动脉低氧血症,即呼吸室内空气时,其动脉血氧分压(PaO$_2$)<55mmHg 或动脉血氧饱和度(SaO$_2$)<88% 或 55mmHg< 动脉血氧分压(PaO$_2$)<60mmHg,伴随右心衰竭或红细胞增多症。长期家庭氧疗一般是经鼻导管吸入氧气,流量 1.0~2.0L/min,每日吸氧持续时间>15 小时,调节动脉血氧饱和度(SaO$_2$)≥90%。慢阻肺稳定期患者长期家庭氧疗,可以维持重要脏器的功能,保证周围组织的氧气供应,提高慢性呼吸衰竭患者的生存率。

2. 康复治疗　对于慢阻肺稳定期患者,可通过适当咳嗽、呼吸及体育锻炼,增加呼吸功能,改善生活质量。①咳嗽和排痰;②缩唇呼吸和腹式呼吸;③扩胸、步行等运动。

3. 疫苗　推荐所有慢阻肺患者使用流行性感冒疫苗,推荐所有>65 岁的患者或有严重心肺合并症的年轻患者使用肺炎疫苗。

4. 营养支持　营养不良是慢阻肺常见的并发症,病程长、反复感染、呼吸衰竭、低氧血症均会造成高代谢、高分解状态,对慢阻肺患者需加强营养支持。

5. 心理疏导　慢阻肺因长期患病,影响工作和生活,常出现焦虑、抑郁、紧张、恐惧、悲观失望等不良心理,应针对病情及心理特征及时给予心理疏导;做好家人和亲友工作,树立战胜疾病的信心。

思路 5 :慢阻肺患者的三级预防。

患者一旦确诊慢阻肺,即纳入慢阻肺患者分级管理,定期对患者进行随访与评估。建议对中度以上慢阻肺每 6 个月检查一次,对轻度 / 中度慢阻肺每年检查一次。检查内容应包括:吸烟状况、肺功能是否下降、吸入剂使用方法、患者了解其疾病以及自我管理能力、急性加重频率、运动耐量、体重指数、SaO$_2$、疾病的心理影响、并发症等。

(迟春花)

第二十二章　支气管哮喘

支气管哮喘(bronchial asthma)简称哮喘,哮喘是一种气道慢性炎症性疾病。主要特征包括气道慢性炎症,气道对多种刺激因素呈高反应性,可逆性气流受限以及随病程反复而导致的气道重塑。其临床表现为反复发作的喘息、气急、胸闷或咳嗽等症状,常在夜间及凌晨发作或加重,多数患者可自行缓解或经治疗后缓解。目前,中国 20 岁及以上人群哮喘患病率为 4.2%,成人和儿童哮喘患病率均有逐年上升趋势。而且我国尤其是边远地区和社区卫生服务中心的哮喘患者控制率仍较低,因此,全科医生对哮喘患者早期诊断、规范化治疗及长期管理会起到尤为关键的作用。

临床病例

患者,男性,36 岁,因"反复发作性喘息、胸闷 10 余年,再发加重 3 日"来社区卫生服务中心门诊就诊。

患者 10 余年前开始反复出现发作性喘息、胸闷,严重时伴大汗,口唇发绀,自觉呼气时喉中有"喘鸣音",症状多于接触冷空气或刺激性气味后发生。曾于当地医院就诊,诊断为"支气管哮喘",每次可自行缓解或经药物治疗好转,缓解时可正常工作和生活,曾不规则服用茶碱类药物及吸入沙丁胺醇,具体用药剂量及时间不详。每年间断发作 3~4 次。3 日前患者受凉后再次出现喘息、胸闷,轻咳,无痰,夜间症状加重,无畏寒发热、胸痛、咯血。自行服用"感冒药"及茶碱类药物无明显缓解来诊。

既往史:患"过敏性鼻炎"8 年。有花粉、尘螨等过敏史。否认"糖尿病、高血压、冠心病"等病史,否认"肝炎、结核"等传染病史。否认药物及食物过敏史。否认外伤、手术及输血史。

个人史:无烟酒嗜好,现为公务员。30 岁结婚,婚后育有 1 女,家人均健康。

家族史:奶奶有"支气管哮喘"病史,母亲有"过敏性皮炎"病史,否认其他遗传性疾病史。

【问题 1】通过上述问诊,该患者可能的诊断是什么?

根据患者的主诉、症状、既往史、个人史及家族史,应高度怀疑哮喘。

思路 1:哮喘是一种反复发作的慢性疾病,主要症状为不同程度的呼吸困难,急性发作多与接触空气中的变应原、病毒或细菌感染及运动等相关,且夜间或凌晨发作或加重,可自行或经药物治疗缓解,常有哮喘及其他过敏性疾病家族史,因此在采集病史时应注意询问患者的主要症状、诱发加重因素、缓解方式、既往史及家族史等,有利于疾病的诊断。该患者以反复发作的喘息、胸闷为主要表现,每次发病均与接触冷空气或其他刺激气体相关,夜间症状加重,可自行或经药物治疗缓解,有过敏性疾病家族史,结合既往诊治情况,诊断应首先考虑哮喘。

哮喘气道炎症机制(视频)

> ### 知识点
>
> **呼吸困难的问诊要点**
>
> 1. 起病缓急,是突发还是渐进;原因或诱因;药物、毒物接触史。
> 2. 呼吸困难的表现,是吸气性、呼气性等;与活动、体位的关系;昼夜的关系。
> 3. 是否伴发热、胸痛、咳嗽、咳痰、咯血、发绀等。
> 4. 有无高血压、肾病与代谢性疾病史。
> 5. 有无头痛、意识障碍、颅脑外伤史等。

知识点

哮喘易夜间发作的原因

1. 夜间气道反应性升高。
2. 夜间迷走神经张力增高。
3. 夜间肾上腺皮质激素水平降低。
4. β肾上腺素能受体水平下降。
5. 肺容积的减少,睡眠时功能残气量(functional residual capacity,FRC)减少。
6. 其他如平卧体位、鼾症、夜间胃食管反流、夜间用药时间间隔延长等。

思路2:患者以喘息、胸闷为主要临床表现,要注意引起喘息、胸闷的病因。哮喘主要为呼气性呼吸困难,故问诊中需注意询问,并需特别注意引起呼气性呼吸困难的疾病,常见病因包括慢性阻塞性肺疾病(chronic obstructive pulmonary disease,COPD)、哮喘。此外,亦需考虑引起呼吸困难的其他系统疾病如心血管系统疾病等。

知识点

呼吸困难常见疾病

1. 呼吸系统疾病
(1) 气道阻塞(如气管/支气管异物、炎症、肿瘤,哮喘、慢性阻塞性肺疾病等)。
(2) 肺部疾病(如肺炎、肺纤维化、肺不张、肺癌等)。
(3) 胸廓疾病(如畸形、外伤、气胸、胸腔积液等)。
(4) 其他:膈运动障碍、神经肌肉疾病。
2. 循环系统疾病 如心力衰竭、心脏压塞、肺栓塞等。
3. 中毒 如尿毒症、糖尿病酮症酸中毒。

思路3:患者早年起病,有过敏性鼻炎史,对多种物质过敏,有哮喘家族史。哮喘是一种复杂的、具有多基因遗传倾向的疾病,其发病具有家族集聚现象。患者系成人,需注意职业询问,排除有无职业性哮喘的可能。此外,还应注意询问患者的服药史,除外药物性哮喘可能,常见的药物如非甾体抗炎药,其中以阿司匹林为代表,称为阿司匹林性哮喘,其他药物还有降压药、β受体阻滞剂、抗胆碱药、抗生素和某些生物制剂。该患者系公务员,无上述药物的服用史,故不考虑上述情况。

【问题2】病史采集结束后,下一步查体应重点做哪些方面?

体格检查是疾病诊断的重要部分,是医生应具备的基本功,也是简单易行的方法,在基层工作的全科医生尤需重视查体,对于哮喘患者查体时应注意以下方面:

思路1:对急诊患者而言,临床情况较差,需特别关注患者的生命体征,包括体温、呼吸频率、脉搏和血压情况,同时应注意患者神志、呼吸困难的程度等情况。严重患者出现呼吸、脉搏加快,危重患者出现脉搏变慢或无规则。中重度患者可出现奇脉。患者可有不同程度的神志改变,甚至嗜睡、意识模糊。哮喘患儿最常见异常体征为呼气相哮鸣音,但慢性持续期和临床缓解期患儿可能没有异常体征。

知识点

奇 脉

指吸气时脉搏明显减弱甚至消失,呼气时又出现或恢复原状的现象。用血压计观察奇脉,常较手指触诊更为明显,吸气时收缩压较呼气时低10mmHg以上。

思路2：哮喘患者应重视胸部的体格检查。首先观察患者有无三凹征、体位、呼吸频率、呼吸节律。严重患者可出现端坐呼吸、三凹征、呼吸频率明显加快。危重患者出现胸腹矛盾运动。触诊需注意患者的呼吸动度、语音震颤及胸膜摩擦音。患者可出现呼吸动度变小，语音震颤降低。叩诊注意叩诊音的类别，急性发作时可为过清音，注意有无鼓音，是否合并气胸。听诊对于哮喘尤为关键，尤其是啰音，双肺可闻及哮鸣音，若能听到，更加支持哮喘的诊断。需特别注意的是危重患者，哮鸣音可能减弱甚至消失，称为"沉默肺"。

知识点

胸 部 体 征

1. **三凹征**　是指吸气时胸骨上窝、锁骨上窝、肋间隙出现明显凹陷，是由于上气道部分梗阻所致吸气性呼吸困难。

2. **胸腹矛盾运动**　指呼吸时胸廓与腹部出现相反运动，该表现是呼吸肌疲劳的可靠临床征象，也是给予人工通气的适应证。

3. **哮喘哮鸣音**　是干啰音的一种，哮鸣音的出现主要是由于肺内广泛的细支气管痉挛，在呼气时，气流通过狭窄的细支气管管腔而产生的一种病理性呼吸音，在呼气时最明显。特点是音调高，具有像金属丝震颤样音乐性的音响，持续时间久，呼气时明显而吸气时基本消失等特征。

思路3：根据患者的体格检查结果，可初步判定患者病情的严重程度。为进一步明确诊治及与其他疾病相鉴别，还需要进一步完善体格检查内容（如心脏、腹部、四肢、神经系统等其他系统检查）。

临床病例（续）

社区门诊查体记录：体温36.2℃，血压120/80mmHg，意识清楚，气急貌，焦虑状态，仅说单字，端坐呼吸，口唇发绀，颈静脉无充盈。双肺可闻及广泛哮鸣音。心界不大，心率124次/min，律齐，未闻及杂音。

【问题3】上述查体记录是否准确反映了患者的体征？

思路：该查体记录虽然包括了哮喘的临床特点，但还需要进一步完善，以便更充分地掌握患者的疾病信息，为更加准确地诊断和治疗打下基础。①首先生命体征不够完善，关键需要体现患者的呼吸频率；②肺部体格检查，需完善视、触、叩等检查，以便进一步了解患者肺部情况，如排除有无胸腔积液、气胸等；③全身其他部位的检查尚欠缺，只注重胸部听诊，忽略了其他部位包括腹部、四肢等其他系统的检查。

临床病例（续）

该患者补充相关查体：体温36.2℃，脉搏124次/min，呼吸31次/min，血压120/80mmHg，SpO_2 86%（未吸氧），意识清楚，气急貌，焦虑状态，仅说单字，端坐呼吸，口唇发绀，颈静脉无充盈。胸廓饱满，无畸形，叩诊呈过清音，双肺可闻及广泛哮鸣音，未触及胸膜摩擦音。心界不大，心率124次/min，律齐，未闻及杂音。腹平软，肝脾肋下未触及，移动性浊音阴性，双下肢无水肿，未见杵状指。

【问题4】结合上述查体结果，进一步如何确定诊断？

思路：通过上述病史采集及查体结果，患者有喘憋，呼吸频率、心率明显加快，焦虑状态，仅说单字，端坐呼吸，口唇发绀，双肺可闻及广泛哮鸣音，平素可自行缓解或用药缓解，有过敏史，有哮喘家族史，故考虑哮喘急性发作的诊断。

知识点

哮喘诊断标准

1. **可变的呼吸道症状和体征**　①反复发作喘息、气急，伴或不伴胸闷或咳嗽，夜间及晨间多发，常与接触变应原、冷空气、物理与化学性刺激以及上呼吸道感染、运动等有关；②发作时双肺可闻及散在或弥漫性哮鸣音，呼气相延长；③上述症状和体征可经治疗缓解或自行缓解。

2. 可变气流受限的客观检查　有气流受限的客观证据[在随访过程中,至少有 1 次气流受限的证据,第 1 秒用力呼气容积占用力肺活量百分比(FEV_1/FVC)<75%],同时具备以下气流受限客观检查中的任 1 条:

(1) 支气管舒张试验(BDT)阳性:吸入支气管舒张剂后,FEV_1 增加>12%,且 FEV_1 绝对值增加>200ml。

(2) 呼气流量峰值(PEF)平均每日昼夜变异率>10%,每日监测 PEF 2 次、至少 2 周。

(3) 抗炎治疗 4 周后,肺功能显著改善:与基线值比较,FEV_1 增加>12% 且绝对值增加>200ml。

(4) 运动激发试验阳性:与基线值比较,FEV_1 降低>10% 且绝对值降低>200ml。

(5) 支气管激发试验(BPT)阳性:使用标准剂量的乙酰甲胆碱或组织胺,FEV_1 降低≥20%。

符合上述第 1、2 两条,并除外其他疾病所引起的喘息、气急、胸闷和咳嗽,可以诊断为哮喘。

儿童哮喘诊断标准基本同成人,仅 PEF 日间变异率(连续监测 2 周)为>13%。

220002

不典型哮喘的诊断(拓展阅读)

知识点

哮喘的异质性——可变的呼气气流受限

1. 肺功能被记录有明显变化和记录到气流受限　被观察到更大的变化,或发生更多次的变化,更有利于确诊;当 FEV_1 降低时在诊断过程中至少发生 1 次,可证实 FEV_1/FVC 下降(正常的标准:成人,>75%~80%;儿童,>90%)。

2. 支气管扩张剂可逆性试验阳性　成人:在 200~400μg 沙丁胺醇 10~15 分钟后,FEV_1 自基线提高大于 12%,且绝对值大于 200ml(如果增加大于 15%,且绝对值大于 400ml 更可确诊)。儿童:FEV_1 提高>12% 预计值。

3. 每日 2 次 PEF 检查,出现明显变化,超过 2 周　成人:平均每日 PEF 昼夜变异率>10%;儿童:平均每日 PEF 昼夜变异率>13%。

4. 4 周抗炎治疗后肺功能显著提高　成人:4 周治疗后,FEV_1 自基线提高大于 12%,且绝对值大于 200ml,除了呼吸道感染外。

5. 运动激发试验阳性　成人:FEV_1 自基线降低>10%,且绝对值大于 200ml;儿童:FEV_1 降低>12% 预计值,或 PEF>15%。

6. 支气管激发试验阳性(通常仅在成人中进行)　给予标准剂量的乙酰甲胆碱或组胺后 FEV_1 自基线下降≥20%,或者在标准化过度通气,高渗盐水或甘露醇激发试验后,FEV_1 自基线下降≥15%。

7. 随访期间肺功能的明显变化　成人:随访间 FEV_1 变化大于 12%,且绝对值大于 200ml;儿童:随访期间 FEV_1 变化>12% 或 PEF 日间变异率>15%。需除外呼吸道感染。

知识点

哮喘的异质性——可变的症状

1. 不同的呼吸道症状　喘息、气促、胸闷和咳嗽可因不同的文化和年龄表现有所不同。

2. 不同的哮喘诊断标准　通常存在≥1 种的呼吸道症状类型;症状出现可随时间推移而不同,且严重程度不同;症状往往在夜间或醒来时尤其严重;症状往往由运动、大笑、变应原、冷空气等激发;症状出现和加重常与病毒感染有关。

知识点

哮喘的临床分期

根据临床表现哮喘可分为急性发作期、慢性持续期和临床缓解期（表 22-1）。

表 22-1　哮喘临床分期

分期	主要特点
急性发作期	喘息、气急、咳嗽、胸闷等症状突然发生，或原有症状加重，并以呼气量降低为其特征，常因接触变应原、刺激物或呼吸道感染诱发
慢性持续期	每周均不同频度和 / 或不同程度地出现喘息、气急、胸闷、咳嗽等症状
临床缓解期	患者无喘息、气急、胸闷、咳嗽等症状，并维持 1 年以上

知识点

儿童哮喘的特点

儿童如具有以下临床特点则高度提示哮喘的诊断：①多于每月 1 次的频繁发作性喘息；②活动诱发的咳嗽或喘息；③非病毒感染导致的间歇性夜间咳嗽；④喘息症状持续至 3 岁以后；⑤抗哮喘治疗有效，但停药后又复发。

不同年龄哮喘的
鉴别诊断（拓展
阅读）

【问题 5】如何评估患者的病情？社区医生下一步应如何处置？

思路：因严重哮喘可导致生命危险，而社区卫生服务中心诊治条件有限，因此，作为全科医生应准确判断病情，早期识别哮喘相关死亡高风险人群，把握转诊指征，及时将重症患者转至上级医院治疗。

知识点

哮喘相关死亡高危因素

①曾经有过气管插管和机械通气濒于致死性哮喘的病史；②在过去 1 年中因为哮喘而住院或急诊就诊；③正在使用或最近刚刚停用口服激素；④目前未使用吸入激素；⑤过分依赖短效 β_2 受体激动剂（SABA），特别是每月使用沙丁胺醇（或等效药物）超过 1 支的患者；⑥有心理疾病或社会心理问题，包括使用镇静剂；⑦有对哮喘治疗计划不依从的历史；⑧有食物过敏史。具有哮喘相关死亡高危因素的患者出现急性发作时应当尽早至上级医院就诊。

知识点

哮喘急性发作严重度分级

哮喘急性发作时严重程度不一，可在数小时或数日内出现，偶尔可在数分钟内即危及生命，故应对病情作出正确评估，以便及时给予有效的紧急治疗。哮喘急性发作严重度分级见表 22-2、表 22-3。

表 22-2　成人哮喘急性发作严重度分级

临床特点	轻度	中度	重度	危重
气短	步行，上楼时	稍事活动	休息时	—
体位	可平卧	喜坐位	端坐呼吸	—

续表

临床特点	轻度	中度	重度	危重
讲话方式	连续成句	单句	单词	不能讲话
精神状态	可有焦虑,尚安静	时有焦虑或烦躁	常有焦虑、烦躁	嗜睡或意识模糊
出汗	无	有	大汗淋漓	—
呼吸频率	轻度增加	增加	常>30 次/min	—
辅助呼吸肌活动及三凹征	常无	可有	常有	胸腹矛盾呼吸
哮鸣音	散在,呼吸末期	响亮、弥散	响亮、弥散	减弱,乃至无
脉率/(次·min⁻¹)	<100	100~120	>120	变慢或不规则
奇脉	无,<10mmHg	可有,10~25mmHg	常有,10~25mmHg(成人)	无,提示呼吸肌疲劳
最初支气管舒张剂治疗后 PEF 占预计值或个人最佳值 %	>80%	60%~80%	<60% 或 100L/min 或作用时间<2h	—
PaO_2(吸空气)/mmHg	正常	≥60	<60	<60
$PaCO_2$/mmHg	<45	≤45	>45	>45
SaO_2(吸空气)/%	>95	91~95	≤90	≤90
pH	—	—	—	降低

注:只要符合某一严重程度的某些指标,而不需满足全部指标,即可提示为该级别的急性发作;—:无反应或无变化。

表 22-3　6 岁以下儿童哮喘急性发作严重度分级

症状	轻度	重度③
精神意识改变	无	焦虑、烦躁、嗜睡或意识不清
血氧饱和度(治疗前)①	≥0.92	<0.92
讲话方式②	能成句	说单字
脉率/(次·min⁻¹)	<100	>200(0~3 岁);>180(4~5 岁)
发绀	无	可能存在
哮鸣音	存在	减弱或消失

注:①吸氧和支气管舒张剂治疗前的测得值;②需要考虑儿童正常的语言发育过程;③只要存在其中一项就可归入该级别。

临床病例(续)

　　该患者情绪焦虑,仅说单字,呼吸频率>30 次/min,心率 124 次/min,全科医生应立即将患者转入上级医院治疗。若患者病情危重,全科医生应亲自护送患者,或呼叫 120 将患者送至上级医院。

知识点

哮喘的社区转诊指征

当患者出现以下情况,建议向综合医院呼吸专科转诊:

1. 紧急转诊　当哮喘患者出现中度及以上程度急性发作,经过紧急处理后症状无明显缓解时应考虑紧急转诊。

2. 普通转诊 ①因确诊或随访需要做肺功能检查(包括支气管舒张试验、支气管激发试验、运动激发试验等);②为明确变应原,需要做变应原皮肤试验或血清学检查;③经过规范化治疗哮喘仍然不能得到有效控制。

【问题6】为进一步明确诊断、评估病情需实施哪些检查?

思路:通过病史采集及体格检查,诊断考虑哮喘,为进一步明确诊断及评估病情,应根据患者目前情况,进行血常规、血气分析、痰液及胸部 X 线检查,若病情严重,需进一步除外其他疾病,可行胸部高分辨率 CT、气管镜等检查。

临床病例(续)

血常规:白细胞计数 $7.8 \times 10^9/L$,中性粒细胞百分比 72%,淋巴细胞百分比 15%,嗜酸性粒细胞百分比 10%(正常值 0.5%~5%),血红蛋白 132g/L,血小板计数 $243 \times 10^9/L$。胸部 X 线片见两肺透亮度增加,余未见明显异常。血气分析示:pH 7.48,PCO_2 31mmHg,PO_2 55mmHg,HCO_3^- 25mmol/L。

【问题7】如何判断哮喘患者的血常规?

思路:哮喘患者血常规中红细胞及血红蛋白均在正常范围内,如合并有较长期而严重的肺气肿或肺源性心脏病者,则二者均可增高。白细胞总数及中性粒细胞数量多正常,如有感染时则相应增高,嗜酸性粒细胞一般在 6% 以上,可高至 30%。

【问题8】哮喘患者 X 线特点?

思路:哮喘发作时早期胸部 X 线可见两肺透亮度增加,呈过度通气状态;在缓解期多无明显异常。部分患者胸部 CT 可见支气管壁增厚、黏液阻塞。

【问题9】哮喘患者动脉血气的特点?

思路:轻度哮喘发作,PO_2 和 PCO_2 正常或轻度下降;中度哮喘发作,PO_2 下降而 PCO_2 正常;重度哮喘发作,PO_2 明显下降而 PCO_2 超过正常,出现呼吸性酸中毒和 / 或代谢性酸中毒。

知识点

呼 吸 衰 竭

呼吸衰竭是各种原因引起的肺通气和 / 或换气功能严重障碍,以致不能进行有效的气体交换,导致缺氧伴(或不伴)二氧化碳潴留,从而引起一系列生理功能和代谢紊乱的临床综合征。在海平面大气压下,于静息条件下呼吸室内空气,并排除心内解剖分流和原发性心排血量降低等情况后,动脉血氧分压(PaO_2)<60mmHg,伴(或不伴)有二氧化碳分压($PaCO_2$)>50mmHg,可诊断为呼吸衰竭。

呼吸衰竭与呼吸支持技术(课件)

【问题10】如何确定患者的治疗方案?

思路:哮喘急性发作期的治疗目的在于尽快缓解症状、解除气流受限和改善低氧血症,治疗措施取决于哮喘的严重程度以及对治疗的反应。根据患者的症状体征及目前检查结果,鉴于患者目前病情的严重性,且暂未发现其他引起喘息病因,故诊断考虑为哮喘急性发作期(重度),Ⅰ 型呼吸衰竭,呼吸性碱中毒。针对患者目前诊断,给予的治疗方案包括监测生命体征,吸氧,吸入短效 β_2 受体激动剂,静脉予以糖皮质激素治疗。

知识点

哮喘治疗药物分类

1. 控制药物 针对气道慢性炎症,需要每日使用并长时间维持的药物,这些药物主要通过抗炎作用使哮喘维持临床控制,包括吸入性糖皮质激素(ICS)、全身性激素、白三烯调节剂(LTRA)、长效 β_2 受体激动剂(LABA,不单独使用)、缓释茶碱、色甘酸钠、抗 IgE 单克隆抗体及其他有助于减少全身激素剂量的药物等。

2. 缓解药物　按需应用,迅速缓解支气管痉挛从而缓解症状。包括速效吸入和短效 β_2 受体激动剂(SABA)、全身性激素、吸入性抗胆碱能药物[短效抗胆碱能药物(SAMA),长效抗胆碱能药物(LAMA)]、短效茶碱等。

知识点

儿童哮喘治疗药物使用注意

ICS 是儿童哮喘长期控制的首选药物,每日规律使用 ICS 临床疗效优于间歇或按需使用。LABA 与 ICS 联合应用具有协同抗炎和平喘作用,一般不单独使用 LABA。LTRA 可单独或与 ICS 联合应用于不同严重程度哮喘患儿的治疗。口服糖皮质激素仅适用于重症未控制的哮喘患儿,且应选择最低有效剂量,并尽量避免长期使用。鉴于茶碱的有效性和毒副作用,目前一般不推荐用于儿童哮喘的长期控制治疗。

SABA 可用于任何年龄儿童哮喘急性发作的缓解治疗。对于病情较重,吸入高剂量激素疗效不佳或近期有激素口服史或有危重哮喘发作史的患儿,早期加用糖皮质激素可以防止病情恶化、减少住院、降低病死率,可口服或静脉注射,但不推荐激素冲击疗法。

知识点

哮喘急性发作期处理

1. 轻中度哮喘发作的处理　反复使用吸入性 SABA 是治疗急性发作最有效的方法,在第 1 小时可每 20 分钟吸入 4~10 喷,随后根据治疗反应逐渐延长吸入时间。对 SABA 初始治疗反应不佳的患者,推荐使用泼尼松龙 0.5~1.0mg/kg,最大剂量不超过 50mg,或等效剂量的其他全身激素口服 5~7 天,症状减轻后迅速减量或完全停药。

儿童哮喘急性发作可使用支气管舒张剂联合大剂量布地奈德雾化,其疗效优于单用支气管舒张剂。

2. 中重度急性发作的处理

(1)支气管舒张剂的应用:首选吸入 SABA 治疗,初始治疗阶段,推荐间断(每 20 分钟 1 次)或连续雾化给药,随后根据需要间断给药(每 4 小时 1 次)。短效抗胆碱能药物仅推荐用于急性重度哮喘或经 SABA 治疗效果不佳的患者。重度患者还可以联合静脉滴注茶碱类药物治疗。

(2)全身激素的应用:中重度哮喘急性发作应尽早使用全身激素,推荐中重度急性加重首选口服给药,推荐口服泼尼松龙 0.5~1.0 mg/kg 或等效的其他激素。严重的急性发作患者或不宜口服激素的患者,可以静脉给药。推荐用法:甲泼尼龙 80~160mg/d,或氢化可的松 400~1000mg/d 分次给药。

(3)氧疗:对有低氧血症(氧饱和度<90%)和呼吸困难的患者可给予控制性氧疗,使患者的氢饱和度维持在 93%~95%。

(4)其他:哮喘急性发作若由细菌感染引起,应及时使用抗菌药物。

3. 急性重度和危重哮喘的处理　经过上述药物治疗,若临床症状和肺功能无改善甚至继续恶化,应及时给予机械通气治疗。其指征主要包括:意识改变、呼吸肌疲劳、$PaCO_2 \geq 45mmHg$ 等。对部分较轻的患者可试用经鼻(面)罩无创机械通气。若无创通气无改善则及早行气管插管机械通气。

临床病例(续)

急诊治疗:该患者予以心电监护,血氧饱和度、血压监测,给予吸氧,沙丁胺醇雾化吸入(0.1mg,每 20 分钟吸入 1 次,共 1 小时),甲泼尼龙 40mg 静脉滴注。观察患者仍气急明显,双肺仍可闻及哮鸣音,血氧饱和度波动于 86%~89%。

【问题11】患者目前经急诊室治疗后是否有效？下一步如何处理？

思路：患者入住急诊室开始初始治疗方案，予以选用缓解药物，包括短效 β₂ 受体激动剂及糖皮质激素。但是根据患者的症状体征及血氧饱和度，患者病情并未得到有效缓解，此时继续氧疗，考虑联合雾化吸入（β₂ 受体激动剂加激素混悬液），继续全身使用糖皮质激素，静脉使用茶碱类药物。

> **临床病例（续）**
>
> 该患者继续予以心电监护，血氧饱和度、血压监测，给予吸氧，雾化吸入特布他林雾化液 2.5mg 及布地奈德混悬液 2mg，再予以甲泼尼龙 40mg 静脉滴注。多索茶碱静脉滴注。观察患者神志清楚，仍有气急，双肺仍可闻及哮鸣音，血氧饱和度波动于 86%~92%。

【问题12】患者经继续治疗后效果如何？下一步治疗方案是什么？

思路：患者虽经继续治疗，症状有所改善，但是整体病情未得到有效控制，需收入院治疗，严密监测患者生命体征，氧气吸入，继续联合雾化吸入，全身运用糖皮质激素，静脉使用茶碱类药物，注意水、电解质及酸碱平衡，注意预防呼吸道感染。

> **临床病例（续）**
>
> 该患者入院后，继续予以氧疗，监测神志、呼吸、血压、脉搏等，监测心电变化、血氧饱和度、血气分析等，协助患者采取合适的体位，注意保持呼吸道通畅，定期听诊肺部呼吸音，随病情改变及时调整吸氧浓度，注意药物的不良反应。雾化吸入特布他林及布地奈德混悬 2 次 /d，甲泼尼龙 40mg、2 次 /d，多索茶碱 0.2g、2 次 /d。完善电解质检查：钾 3.8mmol/L、钠 138mmol/L，氯 105mmol/L。患者经 5 日治疗后，气急症状缓解，听诊双肺呼吸音清，未闻及明显干湿啰音。复查血常规：白细胞计数 6.8×10⁹/L，中性粒细胞百分比 63%，淋巴细胞百分比 28%，嗜酸性粒细胞百分比 2.2%，血红蛋白 128g/L，血小板计数 210×10⁹/L。血气分析：pH 7.40，PCO_2 40mmHg，PO_2 72mmHg，HCO_3^- 26mmol/L。

【问题13】患者经抗炎，舒张支气管等治疗后疗效如何？下一步如何处理？

思路 1：患者经治疗后，症状体征及各项指标均得到改善，目前治疗有效。对于治疗有效的患者，进一步处理需要考虑激素停药问题以及后续治疗方案。

思路 2：哮喘急性发作，使用激素的时间若在 2 周内可考虑直接停药，不需逐渐减量。患者经治疗 5 日后停用激素，改口服多索茶碱片 0.2g、2 次 /d，并加用布地奈德福莫特罗吸入剂 160μg/4.5μg，1 吸，2 次 /d（指导患者吸入器的正确使用及注意事项）。观察病情，若病情无反复，疗程结束，予以布地奈德福莫特罗吸入剂作为缓解及控制药物出院。

哮喘急性发作管理流程见图 22-1。

【问题14】患者出院后是否治疗真正结束，作为全科医生如何制订长期治疗方案？

思路 1：哮喘是慢性疾病，目前不能根治，但长期规范治疗可使大多数患者达到良好或完全临床控制。哮喘急性发作控制后，可转入家庭或社区卫生服务中心继续治疗。全科医生应该为哮喘患者建立健康档案，定期对哮喘急性发作患者和慢性持续期患者进行随访，随访应包括以下内容：

1. 评估哮喘控制水平　检查患者的症状或 PEF 日记，评估症状控制水平（哮喘控制测试评分），如有加重应帮助分析加重的诱因；评估有无并发症。

2. 评估肺功能　哮喘初始治疗 3~6 个月后应复查肺功能，随后多数患者应至少每 1~2 年复查 1 次，但对具有急性发作高危因素、肺功能下降的患者应适当缩短肺功能检查时间。

3. 评估治疗问题　评估治疗依从性及影响因素；检查吸入装置使用情况及正确性，必要时进行纠正；教育患者需配备缓解药物；询问对其他有效干预措施的依从性（如戒烟）；检查哮喘行动计划，如果哮喘控制水平或治疗方案变化时应及时更新哮喘行动计划。

```
┌─────────────────────────────────────────┐
│   基层门诊：患者出现急性或亚急性哮喘发作        │
└─────────────────────────────────────────┘
                    │
                    ▼
         ┌──────────────────┐
         │ 评估：是否为哮喘      │
         │      危险因素        │
         │      严重程度        │
         └──────────────────┘
```

| 轻~中度 | 重度 | 危重 |

经定量气雾剂+储雾罐吸入SABA4~10喷，第1小时内每20min可重复1次
泼尼松龙0.5~1.0mg/kg，最大剂量不超过50mg
控制性氧疗：目标SaO₂为93%~95%

病情恶化 →

转诊到急诊：等待转诊过程时，给予吸入性SABA、SAMA、氧疗、全身性糖皮质激素

按需使用SABA；治疗1h内评估疗效

病情恶化 →

病情好转

离院前评估
症状：好转，不需使用SABA
PEF：PEF恢复到个人最佳值预测值60%~80%
SaO₂：>94%（不吸氧情况下）
确认家中哮喘药品齐全

后续治疗
缓解类药物：按需使用
控制类药物：开始或升级治疗；检查吸入方法；提高患者依从性
泼尼松龙：继续使用，疗程5~7d
随诊：2~7d内

随访
缓解类药物：逐渐减少至按需使用
控制类药物：根据患者急性加重的危险因素，继续使用较高剂量控制类药物1~2周或3个月
危险因素：核查及纠正导致急性加重的可逆危险，包括药物吸入方法和患者依从性
行动计划：是否理解、是否正确使用、是否需要调整

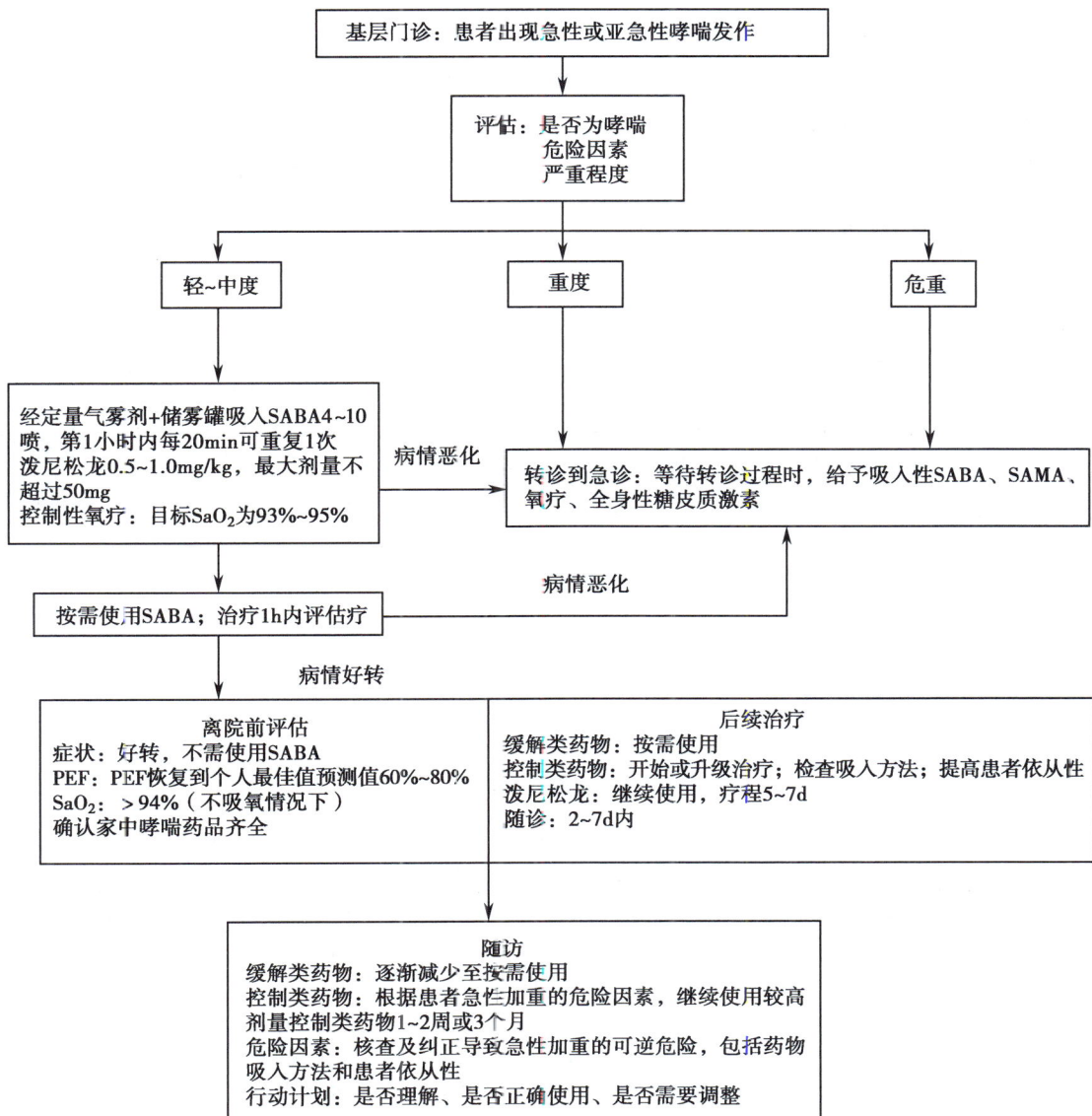

图 22-1　哮喘急性发作管理流程

SABA. 短效 β₂ 受体激动剂；SAMA. 短效抗胆碱能药物；PEF. 呼气流量峰值；SaO₂. 动脉血氧饱和度。

知识点

哮喘控制水平分级

哮喘控制水平分级（表 22-4、表 22-5）：分为良好控制、部分控制和未控制 3 个等级。这种方法简单易行，临床运用较为广泛。

表 22-4　哮喘控制水平分级

哮喘症状控制	哮喘症状控制水平		
	良好控制	部分控制	未控制
过去 4 周,患者存在：	无	存在 1~2 项	存在 3~4 项
日间哮喘症状>2 次 / 周　　是□否□			
夜间因哮喘憋醒　　是□否□			
使用缓解药次数>2 次 / 周　　是□否□			
哮喘引起的活动受限　　是□否□			

表 22-5 <6 岁儿童哮喘控制水平分级

哮喘症状控制		哮喘症状控制水平		
		良好控制	部分控制	未控制
过去 4 周,患者存在:		无	存在 1~2 项	存在 3~4 项
持续至少数分钟的日间症状>1 次 / 周	是□否□			
夜间因哮喘憋醒或咳嗽	是□否□			
使用缓解药次数>1 次 / 周	是□否□			
哮喘引起的活动受限(较其他儿童跑步 / 玩耍减少,步行 / 玩耍时容易疲劳)	是□否□			

哮喘控制测试(asthma control test,ACT):ACT 是一种评估哮喘患者控制水平的问卷。ACT 评分与专家评估的患者哮喘控制水平具有较好的相关性。ACT 不要求测试患者的肺功能,简便、易操作,适合在缺乏肺功能设备的社区卫生服务中心推广应用。

哮喘患儿可根据年龄和就诊条件,选择儿童哮喘控制测试(childhood asthma control test,C-ACT,适用于 4~11 岁儿童)、哮喘控制问卷(asthma control questionnaire,ACQ)和儿童呼吸和哮喘控制测试(test for respiratory and asthma control in kids,RACK)等,定期进行评估。

220005

哮喘控制测试(ACT)问卷及其评分标准(拓展阅读)

知识点

哮喘患者长期(阶梯式)治疗方案见表 22-6、表 22-7。

表 22-6 哮喘患者长期(阶梯式)治疗方案

治疗方案	第 1 级	第 2 级	第 3 级	第 4 级	第 5 级
首选控制药物	不需使用药物	低剂量 ICS	低剂量 ICS/LABA	中 / 高剂量 ICS/LABA	添加治疗,如噻托溴铵、口服激素、IgE 单克隆抗体、抗 IL-5 药物
其他可选控制药物	低剂量 ICS	• LTRA • 低剂量茶碱	• 中 / 高剂量 ICS • 低剂量 ICS/LTRA(或加茶碱)	• 加用噻托溴铵 • 中 / 高剂量 ICS/LABA(或加茶碱)	—
缓解药物	按需使用 SABA 或 ICS/ 福莫特罗复合制剂	按需使用 SABA 或 ICS/ 福莫特罗复合制剂	按需使用 SABA 或 ICS/ 福莫特罗复合制剂	按需使用 SABA 或 ICS/ 福莫特罗复合制剂	按需使用 SABA 或 ICS/ 福莫特罗复合制剂

注:该推荐适用于成人、青少年和 ≥6 岁儿童;茶碱不推荐用于<12 岁儿童;6~11 岁儿童,第 3 级治疗首选中等剂量 ICS;噻托溴铵吸入剂用于有哮喘急性发作史患者的附加治疗,但不适用于<12 岁儿童;ICS,吸入性糖皮质激素;LTRA,白三烯调节剂;LABA,长效 β₂ 受体激动剂;SABA,短效 β₂ 受体激动剂;—,无。

表 22-7 <6 岁儿童哮喘患者长期(阶梯式)治疗方案

治疗方案	第 1 级	第 2 级	第 3 级	第 4 级
首选控制药物	一般不需要	低剂量 ICS	中剂量 ICS	中高剂量 ICS+LTRA
其他可选控制药物		• LTRA • 间歇(高)剂量 ICS	低剂量 ICS+LTRA	• 中高剂量 ICS/LABA • 中高剂量 ICS+ 缓释茶碱 • 中高剂量 ICS+LTRA(或 LABA)与口服最低剂量糖皮质激素
缓解药物	按需使用 SABA			

注:ICS,吸入性糖皮质激素;LTRA,白三烯调节剂;LABA,长效 β₂ 受体激动剂;SABA,短效 β₂ 受体激动剂。

知识点

哮喘升级或降级治疗方案

1. 三种升级治疗

(1)持续升级治疗:适用于在当前治疗级别不能取得控制,且排除了影响哮喘控制因素的哮喘患者,应考虑高一级治疗方案中的推荐选择方案;2~3个月后进行评估,如疗效不佳,可考虑其他推荐方案。

(2)短程加强治疗:适用于部分哮喘患者出现短期症状加重,如发生病毒性上呼吸道感染或季节性变应原暴露时,可选用增加维持用药剂量1~2周的方法。

(3)日常调整治疗:用于使用布地奈德/福莫特罗或倍氯米松/福莫特罗同时作为维持治疗和缓解治疗的哮喘患者,可在布地奈德/福莫特罗或倍氯米松/福莫特罗每日维持用药的基础上,根据患者哮喘症状情况按需增加上述药物用量作为缓解用药治疗。

2. 降级治疗原则

(1)当哮喘症状得到了良好控制,肺功能已稳定3个月或以上,可考虑降级治疗。如果患者存在急性加重的危险因素或固定的气流受限,无严密监管下不能降级治疗。

(2)选择适当的时机,需避开患者呼吸道感染、妊娠、旅行期等。

(3)通常每3个月减少ICS剂量25%~50%是安全可行的。

(4)降级治疗过程中密切观察症状控制情况、PEF变化、危险因素等,按期随访,并告知降级治疗相关风险。

3. 降级治疗方案(表22-8)

表 22-8　哮喘降级治疗方案

目前治疗级别	目前使用的药物和剂量	降级治疗方案	证据
第5级	高剂量ICS/LABA+口服激素	继续高剂量ICS/LABA和减少口服激素	D
	高剂量ICS/LABA+其他药物	根据诱导痰细胞分类减少口服激素	B
		隔日口服激素	D
		高剂量ICS替代口服激素	D
		按专家建议	D
第4级	中或高剂量ICS/LABA维持治疗	继续ICS/LABA,减少50%ICS	B
		停用LABA(可能导致恶化)	A
	中剂量ICS/福莫特罗维持和缓解治疗	减少ICS/福莫特罗至低剂量维持量,继续按需使用ICS/福莫特罗作为缓解治疗	D
	高剂量ICS加第二控制药物	减少50%ICS,继续保留第二控制药物	B
第3级	低剂量ICS/LABA维持治疗	ICS/LABA减至每日1次	D
		停用LABA(可能导致恶化)	A
	低剂量ICS/福莫特罗维持和缓解治疗	维持剂量ICS/福莫特罗减至每日1次,继续按需使用低剂量ICS/福莫特罗作为缓解治疗	C
	中-高剂量ICS	减少50%ICS	B
第2级	低剂量ICS	减至每日1次	A
	低剂量ICS或LTRA	无症状6~12个月且无危险因素,可停用控制药物,但须制订随访计划密切监测	D
		不建议成人完全停用ICS(增加急性发作风险)	A

注:ICS,吸入性糖皮质激素;LTRA,白三烯调节剂;LABA,长效β₂受体激动剂;SABA,短效β₂受体激动剂。

思路2:建立和维护医患之间良好的合作关系是实现哮喘有效管理的首要措施。作为社区工作的全科医生,需对患者进行哮喘知识的健康教育、有效控制环境、避免诱发因素,加强患者的自我管理包括自我监测、定期随访患者,其中对患者进行哮喘教育是最基本的环节。

知识点

哮喘健康教育

哮喘健康教育的内容包括:①避免接触危险因子以及避免的方法;②哮喘的本质及发病机制;③哮喘长期规范治疗的意义和方法,哮喘治疗药物的区别;④用药依从性和正确使用吸入装置的指导和培训;⑤如何自我监测:包括正确使用峰流速仪和准确记录哮喘日记;⑥哮喘发作的先兆、征象以及应采取的措施;⑦何时及如何寻求医疗帮助等。

知识点

哮喘的预防

多种环境因素(包括生物因素和社会因素)可能对哮喘发生起重要作用。①营养:母乳喂养、孕期进食富含维生素 D 和维生素 E 的食物,可以降低儿童喘息的发生。②变应原:避免变应原暴露是哮喘治疗的关键。婴儿期避免变应原暴露可以预防童年哮喘和过敏症发生,在生命的第 1 年多方面干预可以预防哮喘高危儿童在 2 岁发病,减少哮喘高危儿童 7 岁时的发病率。③药物:镇痛剂中对乙酰氨基酚可能与成人和儿童哮喘相关,且孕妇口服可导致后代哮喘增加。④污染:产前、产后母亲吸烟与儿童哮喘发生相关。⑤微生物:"卫生假说"和最近的"微生物群落假说""生物多样性假说"表明,人类与微生物群落的相互作用可能有利于预防哮喘的发生。⑥社会心理因素:儿童所处的社会环境也影响哮喘的发生及严重程度。

临床病例(续)

患者出院后继续吸入中剂量布地奈德福莫特罗,全科医生对患者定期随访,评估哮喘控制情况良好,3个月后根据哮喘分级治疗原则及降级治疗方案,减少布地奈德福莫特罗至低剂量维持用量,继续按需使用布地奈德福莫特罗作为缓解治疗,同时对患者进行哮喘健康宣教,以达到长期良好控制。

(吴亚楠)

第二十三章　胃食管反流病

胃食管反流病（gastroesophageal reflux disease,GERD）是指胃十二指肠内容物反流入食管,引起不适症状和/或并发症的一种疾病。GERD 是一种常见病,40~60 岁为高峰发病年龄,男女发病无明显差异,亚洲人群 GERD 病情较西方国家轻,西方国家成年人发病率为 10%~20%,亚洲成年人发病率约为 5%。

临床病例

患者,女性,50 岁,因"反酸、嗳气 1 年余,加重 1 个月"来社区门诊就诊。

患者于 1 年余前无明显诱因出现反酸嗳气,进食后明显,近 1 个月来上述症状加重,出现烧灼感,并时感胸骨后疼痛,呈间歇性钝痛,无放射性疼痛,无恶心、呕吐,无呕血、黑便,无胸闷气喘。发病以来饮食睡眠欠佳,大便规律,精神体力可,体重无明显变化。

既往史:既往体健,否认手术史;否认慢性支气管炎、糖尿病、冠心病等慢性病病史,否认肝炎结核等传染病史。

个人史:否认烟酒等特殊不良嗜好,无长期服药史。有饮用咖啡的喜好,每日 1~2 杯,20 年。无体育锻炼习惯。

家族史:否认家族中高血压、肿瘤等疾病病史,否认家族遗传性疾病病史。

该患者反酸嗳气病史 1 年余,近 1 个月反酸嗳气加重,出现烧灼感和胸骨后疼痛感,既往体健。对于此类患者,基层全科医生在初步病史采集后,首先要明确患者就诊的主要原因,需要考虑以下几个相关问题。

【问题 1】该患者就诊的主要原因是什么?

思路:确认和处理现患问题,是全科医生以及其他专科医生接诊患者的核心任务。患者此次就诊需要解决的主要健康问题是反酸嗳气,是一个临床常见的症状。对因反酸嗳气就诊的患者,需要重点询问伴随症状。

【问题 2】引起反酸嗳气的常见疾病有哪些?

思路 1:该患者以反酸嗳气为主诉,进食后明显。近 1 个月来反酸嗳气症状加重,出现烧灼感,并时感胸骨后疼痛,呈间歇性钝痛,无放射性疼痛,无恶心呕吐,无呕血黑便,无胸闷气喘。根据患者症状,可初步考虑为 GERD。问诊需注意症状的发生与进食及体位的关系。

思路 2:传统的 GERD 定义强调食管黏膜是否破损,诊断方面则以内镜和食管 pH 监测为基准,而新规定则把重点转移到症状上,要求临床医生在 GERD 的诊断方面改变传统观念,应用新的合理策略和流程。因此在问诊时应特别强调以下几点:患者是否常有起源于胸骨后向上传导的不适? 这种不适是否常伴有胸骨后灼热感? 抗酸剂是否可以缓解患者的症状? 若以上问题患者均回答"是",其 GERD 的可能性较大。

知识点

胃食管反流病的临床表现

GERD 的临床表现多样,轻重不一,主要表现有以下几方面:

1. 食管症状　烧灼感和反流是 GERD 最常见的典型症状,反流是指胃内容物在无恶心和不用力的情况下涌入咽部或口腔的感觉,含酸味或仅为酸水时称反酸。烧灼感是指胸骨后或剑突下烧灼感,常由胸骨下段向上延伸。烧灼感和反流常在餐后 1 小时出现,仰卧位、弯腰或腹压增高时可加重,过饱、饮茶、咖啡、酒、果汁等也可诱发,部分患者烧灼感和反流症状可在夜间入睡时发生。除烧灼感和反流外,还可有胸痛、吞咽困难、吞咽疼痛等非典型症状,主要因反流物刺激食管、食管痉挛、功能紊乱或食管狭窄等引起。

2. 食管外症状　由反流物刺激或损伤食管外组织或器官引起,主要有咽喉炎、慢性咳嗽、哮喘和牙蚀症等。部分患者以此为首发或主要症状,相关治疗效果不佳时应注意是否存在 GERD。

知识点

胃食管反流病分型

根据是否导致食管黏膜糜烂、溃疡,分为反流性食管炎(reflux esophagitis,RE)及非糜烂性反流病(non-erosive reflux disease,NERD)。

思路 3:严重的 GERD 可有相关消化道并发症,应注意患者是否有并发症发生,且与其他消化道疾病相鉴别。

知识点

胃食管反流病并发症

1. 上消化道出血　食管黏膜糜烂及溃疡可导致呕血和/或黑便,伴有不同程度的缺铁性贫血。
2. 食管狭窄　食管炎反复发作致使食管纤维组织增生,最终导致瘢痕狭窄。
3. Barrett 食管　食管下段鳞状上皮被化生的柱状上皮替代,称为 Barrett 食管,可发生在反流性食管炎的基础上,也可不伴反流性食管炎。Barrett 食管是食管腺癌的癌前病变,其腺癌的发生率较正常人高 10~20 倍。

【问题 3】患者合并有胸骨后疼痛感,是否由其他疾病引起?

思路:与其他专科一样,全科医生也是首先通过问诊进行鉴别诊断。初步诊断假设是临床医生随着问诊的进行而逐渐形成的,同时需要除外其他常见疾病,特别是除外严重的、不能被忽略的疾病,避免危及生命的疾病漏诊。本病例同时合并有胸骨后疼痛,因此在进行 GERD 鉴别诊断同时,还需要考虑是否有心绞痛、心肌梗死等严重危及生命的疾病。

知识点

胃食管反流病鉴别诊断

虽然 GERD 症状有其特点,临床上仍应与其他病因的食管病变相鉴别:吞咽困难应考虑是否有食管癌、贲门失弛缓症;内镜下食管炎常见的还有真菌性食管炎、药物性食管炎。合并上消化道出血者需与消化性溃疡、胆道疾病等鉴别;以胸痛为主要症状者,应与冠心病鉴别;以咽喉炎、慢性咳嗽等为主要表现者,应排除原发性的喉及肺部疾病。还应注意与功能性疾病(如功能性烧灼感、胸痛、功能性消化不良等)作鉴别。

【问题 4】病史采集结束后,下一步查体应重点做哪些方面?

思路:在基层,由于缺乏先进的诊疗设备,体格检查显得尤为重要。体格检查的主要目的是支持、修订或否定问诊过程中形成的诊断假设,有助于发现临床并存疾病情况。在基层门诊查体的重点应包括:①生命体征(血压、脉搏、呼吸频率等)测量；身高、体重、腰围测量；②观察有无皮肤黏膜苍白、黄染等；③听诊心庭心率、心律、有无杂音等；④重点腹部检查，触诊腹部有无压痛反跳痛，有无包块，听诊肠鸣音有无亢进。

临床病例(续):社区门诊查体记录

体温36.6℃,脉搏75次/min,呼吸16次/min,血压120/75mmHg,身高161cm,体重68kg,体重指数(BMI)26.2kg/m²。一般状况可,肥胖体型,口唇及皮肤黏膜色泽正常,无苍白或黄染。双肺听诊呼吸音清,心率75次/min,心律齐,未闻及病理性杂音。腹软,无胃肠型及蠕动波,无压痛及反跳痛,未触及腹部包块。双下肢无水肿。

【问题5】结合上述查体结果,为明确诊断应进一步实施哪些检查?

思路:结合病史和查体结果,基层实验室和辅助检查项目的选择思路主要有两方面。一是除外可能的急症,二是诊断性评估。根据患者查体结果:患者肥胖体型,身高161cm,体重68kg,BMI 26.2kg/m²,无其他阳性体征。结合病史,可初步诊断为胃食管反流病。在基层,检查项目的选择取决于基层医疗机构的设备条件。为除外心绞痛、心肌梗死等心血管系统疾病,应常规行心电图检查。

临床病例(续):基层门诊辅助检查

患者胸部疼痛发作时心电图示窦性心律,正常范围心电图,可初步排除心绞痛、心肌梗死等疾病。

【问题6】该患者在基层就诊的初步评估是什么?在基层应如何处置?

思路1:全科医疗中的基层评估是指根据就诊者的主、客观资料作出的初步疾病诊断或健康问题评估。

根据病史体格检查和辅助检查结果,该患者在基层的评估(A)为:①胃食管反流病;②超重。

思路2:在初步评估基础上,需要为患者制订基层处置计划,包括治疗计划、病患指导计划或健康管理计划等。

思路3:首先应了解发生GERD的病因及发病机制,才能有目的地选择合适的治疗手段。

> **知识点**
>
> #### GERD的病因及发病机制
>
> GERD是一种消化道动力障碍性疾病,主要发生机制是抗反流防御机制减弱和反流物(如酸和/或胆汁)对食管黏膜攻击作用的结果。
>
> 1. 抗反流屏障结构及功能异常　抗反流屏障是指在食管和胃交接的解剖结构,包括食管下括约肌(lower esophageal sphincter,LES)、膈脚、膈食管韧带、食管与胃底间的锐角(His角)等,其中最主要的是LES的功能状态。LES指食管末端长3~4cm的环形肌束,正常人静息时LES压力为10~30mmHg,为一高压带,防止胃内容物反流入食管。贲门失弛缓术后、食管裂孔疝、腹压增高(如妊娠、肥胖、腹水、呕吐、负重劳动等)及长期胃内压增高,均可使LES结构受损。上述部分原因、某些激素(胆囊收缩素、促胰液素、胰高血糖素、血管活性肠肽等)、食物(高脂肪、巧克力、咖啡等)、药物(钙通道阻滞剂、地西泮、茶碱等)可引起LES功能障碍或一过性LES松弛(TLESR)。需注意,TLESR是指非吞咽情况下LES自发性松弛,其松弛时间明显长于吞咽时LES松弛时间。TLESR为正常人生理性胃食管反流的重要原因,也是LES静息压正常的GERD患者的主要发病机制。
>
> 胃食管反流病(动画)
>
> 2. 食管清除能力降低　食管清除能力包括推进性蠕动、唾液的中和与食团的重力,食管蠕动和唾液产生的异常也参与GERD的发生。食管裂孔疝患者因LES位于膈上,膈肌松弛时发生反流,而收缩时反流物又不易排空,不可复性裂孔疝尤为明显。
>
> 3. 食管黏膜屏障功能减弱　长期吸烟、饮酒等刺激性因素或药物使食管黏膜不能抵御反流物的损害。

思路4:GERD为慢性病,临床表现多种多样,病因可持续存在,难以治愈。因此,GERD的治疗目的是控制症状,治愈食管炎,减少复发和防止并发症。临床需结合患者情况,制订有效的治疗方案。目前,基层GERD患者的诊疗方案主要是依据《临床诊疗指南消化系统疾病分册》(中华医学会编著,人民卫生出版社)和《内科学》(第9版,人民卫生出版社)进行制订。

知识点

GERD 的治疗

1. 一般治疗　改变生活方式及饮食习惯,如避免睡前2小时内进食,将床头抬高15°~20°以减少卧位及夜间反流;减少一切引起腹压增高因素,如屈身、弯腰、低头、仰卧、紧束腰带、用力排便等动作;加强体育锻炼,减轻体重;避免进食降低LES压力的食物(如高脂、高糖、咖啡、烟、酒、辛辣或酸性等食物及饮料);避免使用钙通道阻滞剂、抗胆碱能制剂、β受体阻滞剂、多巴胺受体激动剂、硝酸盐制剂及茶碱等药物,避免使用延迟胃排空药物。

研究表明,抬高床头后,卧位反流时间、酸清除时间、长反流次数、症状积分均明显改善,睡眠质量提高;减轻体重也有相似的作用。

2. 药物治疗

(1)促胃肠动力药:多潘立酮、莫沙必利、依托必利等,可增加LES压力、改善食管蠕动功能、促进胃排空,从而减少胃内容物食管反流及减少其在食管暴露时间,但其疗效有限,只适用于轻症患者,或作为与抑制胃酸分泌药合用的辅助治疗。

(2)抑制胃酸分泌药:有H_2受体拮抗剂(H$_2$ receptor antagonist,H$_2$RA)和质子泵抑制剂(proton pump inhibitor,PPI)两类。多个荟萃分析显示,在食管炎愈合率、愈合速度和反流症状缓解率方面,PPI均优于H_2受体拮抗剂,是治疗GERD的首选药物。

H_2RA:如雷尼替丁,法莫替丁等,此类药物可减少24小时胃酸分泌的50%~70%,但不能有效抑制进食刺激引起的胃酸分泌,因此适用于轻至中度反流患者。临床试验提示,H_2RA缓解轻至中度食管反流症状疗效优于安慰剂,但缓解时间短,且4~6周后大部分出现药物耐受,长期疗效不佳。常用H_2RA的用法及用量见表23-1。

表23-1　常用 H$_2$ 受体拮抗剂(H$_2$RA)的用法及用量

药物	用法及用量
法莫替丁	20mg,2次/d
雷尼替丁	0.15g,2次/d
西咪替丁	0.4g,2次/d

PPI:如奥美拉唑、兰索拉唑、泮托拉唑、雷贝拉唑等,其抑酸作用强,效果优于H_2RA,适用于症状重、有严重食管炎患者,疗程8周。疗效不佳时可联合促胃肠动力药,并适当延长疗程。初次治疗患者或有食管炎的患者宜首选PPI治疗,以迅速控制症状、治愈食管炎。对于合并食管裂孔疝的GERD患者以及重度食管炎(LA-C和LA-D级)患者,PPI剂量通常需要加倍。常用PPI的用法及用量见表23-2。

表23-2　常用质子泵抑制剂(PPI)的用法及用量

药物	用法及用量
奥美拉唑	20mg,1次/d
雷贝拉唑	20mg,1次/d
埃索美拉唑	20mg,1次/d
兰索拉唑	30mg,1次/d
泮托拉唑	40mg,1次/d

(3)抗酸药:如铝碳酸镁、硫糖铝、氢氧化铝凝胶等,仅适用于症状轻、间歇发作的患者作为临时缓解症状用。

3. 维持治疗　GERD 有慢性复发倾向,为减少症状复发,防止食管炎复发引起的并发症,需考虑给予维持治疗,维持治疗首选 PPI 维持剂量以缓解症状之最低剂量为最适剂量。停药后很快复发者,需要长程维持治疗;有食管溃疡、食管狭窄、Barrett 食管等并发症者需要长程维持治疗。对无食管炎的患者可采用按需维持治疗,即有症状时用药,无症状时停药。

4. 手术治疗　常用胃底折叠术来阻止胃内容物反流入食管。其疗效与 PPI 相当,但术后有一定并发症。因此,对需长期大剂量 PPI 维持治疗患者,可根据患者意愿选择抗反流手术;对确诊反流引起的严重呼吸道并发症且 PPI 治疗效果欠佳时亦考虑抗反流手术。

5. GERD 并发症的治疗

(1)食管狭窄:食管狭窄可行内镜下食管扩张术治疗,极少数瘢痕狭窄需行手术切除,扩张术后予以长程 PPI 维持治疗防止狭窄复发。

(2)Barrett 食管:应使用 PPI 治疗及长程维持治疗。Barrett 食管是食管腺癌的癌前病变,其腺癌的发生率高,加强定期随访是目前预防 Barrett 食管癌变的唯一方法。重点是早期识别食管不典型增生,发现重度不典型增生或早期食管癌应及时手术治疗。

胃食管反流病-Touret 折叠(视频)

临床病例(续):基层处置计划

对于本例患者,在充分尊重患者意愿以及与患者及其家属协商的前提下,提出处置计划如下:

①启动个体化治疗性生活方式干预,帮助患者建立健康生活方式:嘱患者抬高床头,避免餐后立即卧床和睡前 2 小时禁水;加强锻炼,控制体重,低糖低脂饮食,避免饱食;停服咖啡。②本例患者除反酸、嗳气外,还合并存在烧灼感、胸痛等症状,选择药物联合治疗:使用促动力药物莫沙必利增强胃肠道动力;质子泵抑制剂奥美拉唑抑酸治疗;建立个人健康档案,纳入社区 GERD 患者健康档案,制订健康管理计划;必要时转诊至上级医院,行内镜检查,进一步明确诊断和治疗方案;2 周内随访。

思路5:本病例转诊目的为评估患者是否存在反流性食管炎。

知识点

胃食管反流病患者基层转诊指征

1. 初诊患者基层转诊指征

(1)诊断无法明确者。

(2)需要进一步明确是否存在食管狭窄、Barrett 食管等并发症者。

(3)因合并其他疾病诊疗需要到上级医院进一步检查。

2. 对于已在基层管理的复诊患者,基层转诊指征如下:

(1)在改善生活方式的基础上,按照初始治疗方案治疗 2~3 个月,症状仍无缓解者。

(2)症状控制良好的患者,再度复发或加重并难以控制者。

(3)随访过程中,出现消化道出血、食管狭窄、吸入反流物引起反复肺部疾病等基层无法处理的并发症,疑有癌变或其他严重临床疾患者。

【问题7】该患者转诊上级医院后,拟做哪些检查?

思路:检查项目重点围绕转诊目的,选择相关检查手段,GERD 的常用辅助检查项目包括内镜检查、食管滴酸试验、24 小时食管内 pH 监测、食管吞钡 X 线检查、食管压力测定等。内镜检查为诊断 GERD 的一线方法,患者上消化道症状明显,为明确诊断,应行胃镜检查。

知识点

GERD 的常用检查方法

1. 上消化道内镜检查 内镜检查是诊断反流性食管炎最准确的方法,并能判断反流性食管炎的严重程度及有无并发症,必要时还可行黏膜染色或组织活检确诊及与其他食管病变鉴别。先行内镜检查较先行诊断性治疗更能有效缩短确诊时间。但有相当部分 GERD 患者内镜下可无食管炎表现,即 NERD。

2. 24 小时食管 pH 监测 酸反流是 GERD 的致病因素之一,24 小时食管 pH 监测是诊断 GERD 的重要方法,其意义在于可明确患者是否存在病理性酸反流及其程度、昼夜酸反流规律,酸反流与症状的关系以及患者对治疗的反应。对行内镜检查和 PPI 试验后仍不能确定是否存在反流或拟接受手术的患者,建议行 24 小时食管 pH 监测,以指导进一步的治疗。

3. 食管测压 可测定 LES 的压力,显示频繁的一过性 LES 松弛和评价食管体部功能。由于食管测压不直接反映胃食管反流,因此不直接作为 GERD 的诊断依据,可作为 GERD 的辅助性诊断方法。

临床病例(续):专科门诊辅助检查结果

患者胃镜结果如图 23-1 所示。

食管:黏膜光滑柔软,血管纹路清晰,扩张度好,齿状线清晰,齿状线上方见 4 条纵形糜烂,最长大于 0.5cm,未见融合。贲门、胃底、胃体、胃角、胃窦、幽门、十二指肠未见明显异常。

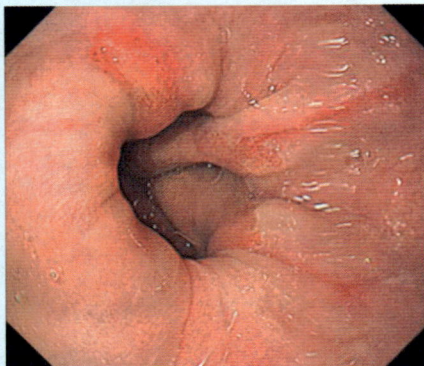

图 23-1 胃镜图

【问题 8】该患者在消化专科就诊的确定诊断有哪些?

思路:该患者经转诊行胃镜检查后,明确反流性食管炎诊断,除外消化性溃疡、食管癌等疾病诊断。根据胃镜下反流性食管炎分级方法(洛杉矶分级法),病例中患者食管黏膜损害程度为 B 级(图 23-2)。

胃镜下反流性食管炎分级:

正常:食管黏膜没有破损。

A 级:一个或一个以上食管黏膜破损,长径小于 5mm。

B 级:一个或一个以上食管黏膜破损,长径大于 5mm,但没有融合性病变。

C 级:黏膜破损有融合,但小于 75% 的食管周径。

D 级:黏膜破损有融合,至少达到 75% 的食管周径。

【问题 9】根据专科检查结果,是否需要调整治疗方案?

思路 1:该病例诊断为反流性食管炎 B 级,需要在强化生活方式干预基础上,联合使用药物治疗。该患者目前无须调整治疗方案。

食管炎胃镜表现
(视频)

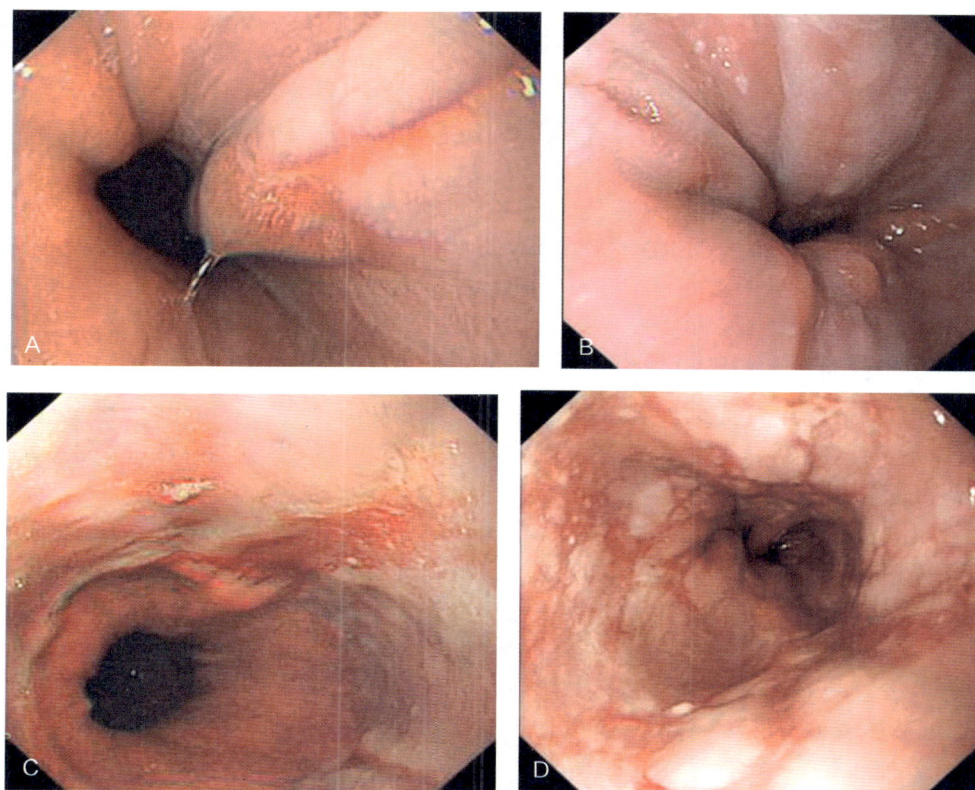

图 23-2　胃镜下反流性食管炎分级方法

A. 反流性食管炎（A 级）；B. 反流性食管炎（B 级）；C. 反流性食管炎（C 级）；D. 反流性食管炎（D 级）。

思路 2：GERD 为慢性病，复发可能性较大，在上级医院明确 GERD 诊断的患者，应转回基层接受全科医生的规范化管理。

知识点

上级医院转回基层的转诊指征

1. 已明确诊断和治疗方案。
2. 并存临床疾病控制稳定。

病例（续）：转诊回基层门诊管理

患者口服药物治疗 4 周后，基层全科医生对患者进行了电话随访，患者反酸、嗳气等症状明显缓解，未再有烧灼感、胸痛等症状发作，无明显不适主诉，遂嘱患者继续服用药物至 8 周，继续保持良好生活习惯，并与患者预约了基层门诊随访时间。

知识点

维 持 治 疗

GERD 是一种慢性疾病，停药半年后的食管炎与症状复发率分别为 80% 和 90%，故经初始治疗后，为控制症状、预防并发症，通常需要采取维持治疗。目前维持治疗的方法有三种：维持原剂量、间歇用药和按需给药。全科医生根据患者症状和食管反流分级来选择药物与剂量，通常严重的糜烂性食管炎需要足量维持治疗，非糜烂性食管炎采取按需治疗。H_2RA 长期使用会产生耐受性，一般不适合作为长期维持治疗的药物。

1. 原剂量或减量维持　主要采用PPI,每日一次,长期使用以维持症状缓解,预防食管炎复发。

2. 间歇治疗　PPI剂量不变,但延长用药周期,最常采用隔日疗法,若症状出现反复,应增至足量维持。

3. 按需治疗　仅在出现症状时用药,症状缓解后即停药。患者可在医师指导下,自己控制用药。PPI按需治疗能长期有效地治疗GERD和轻度食管炎患者,也能提高患者依从性,但此方法不适合重度食管反流病患者。

【问题10】社区随访主要内容是什么?

思路1：GERD患者临床表现多样,轻重不一,具有慢性复发倾向,经有效治疗后,需建立慢性病管理档案,定期复查,以确定食管炎等是否复发,或是否有新发症状并予相应治疗,是否存在需要紧急处理和转诊的情况,是否有药物副作用等。

思路2：在解决现患的同时,还应适时地提供预防服务,特别是以一级和二级预防为主的临床预防服务。需注意对患者生活方式和饮食习惯的教育,加强对反流性食管炎的监测,及时发现Barrett食管等并发症并予相应治疗。

（季国忠）

第二十四章　消化性溃疡

消化性溃疡（peptic ulcer，PU）是指在各种致病因子的作用下，黏膜发生的炎症与坏死、脱落，形成溃疡，溃疡深达黏膜肌层，甚至可达固有肌层。溃疡可发生于食管、胃或十二指肠，也可发生于胃空肠吻合口附近，以胃溃疡（gastric ulcer，GU）和十二指肠溃疡（duodenal ulcer，DU）最常见。

消化性溃疡是全球性常见疾病，各地区发病率不尽相同，男女发病也有差异，男：女=(2~7)：1，GU：DU=(2~3)：1。PU 可以发生在任何年龄，GU 好发在中老年，DU 好发于青壮年。PU 可以引起上消化道出血、穿孔、幽门梗阻、癌变等并发症。目前的治疗方法是可以治愈 PU 的，故早发现、早诊断、早治疗，对 PU 患者缓解并消除临床症状、促进溃疡愈合、防控溃疡复发和减少并发症的发生有着十分重要的意义。

临床病例

患者，男性，35 岁，因"反复发作反酸、中上腹隐痛 2 年，加重 3 日，黑便 1 日"就诊于社区卫生服务中心。

患者 2 年前有反复反酸、中上腹疼痛，以隐痛、钝痛为主，空腹时多发，进食后大多缓解，可持续数日至数周，多在秋末至春初发病，自服"胃药"也可缓解，无恶心、呕吐、黑便。3 日前症状加重，服"胃药"未缓解，昨天发现大便发黑，呈"柏油"状，约 200g，黑便后感觉轻度头昏、眼花，无出冷汗。患者近来无重大创伤，无非甾体抗炎药等药物服用史。

既往史：否认肝炎、结核、血吸虫等传染性疾病史。

个人史：吸烟 8 年，每日 30 支；饮酒 8 年，每日 250ml（5 两）黄酒；职业为市场营销。

家族史：爷爷和父亲有"复合性溃疡"病史，妻子与一女体健。

【问题 1】引起黑便的常见疾病有哪些？

思路 1：全科医生应熟悉掌握哪些情况下会引起"黑便"，包括生理性和病理性黑便。生理性黑便是指服用了动物血及铁剂制品引起的。病理性黑便应首先考虑上消化道出血。引起上消化道出血的原因有很多，最常见的是消化性溃疡、肝硬化引起的胃底食管静脉曲张破裂出血或门静脉高压性胃病、急性糜烂性胃炎、食管贲门黏膜撕裂症（Mallory-Weiss 综合征）、胃癌等。全科医生应具备初步判断上消化道出血病因的能力。

思路 2：PU 是上消化道出血中最常见的病因，DU 较 GU 更易发生出血。慢性、周期性、节律性中上腹痛是消化性溃疡的典型临床症状，部分患者可有腹胀、反酸、嗳气等消化不良表现。慢性过程，病程可长达数年或十余年；周期性发作，尤以 DU 更为突出，可持续数日、几周或更长，发作具有季节性，以秋末至春初较冷的季节更为常见；腹痛与进餐之间有明显的相关性和节律性，GU 的腹痛常发生于餐后 0.5~1 小时，经 1~2 小时后缓解，直至下餐进食后再重复出现，而 DU 的腹痛则常出现于两餐之间空腹时，直至下餐进食后缓解，即"饥饿痛"。腹痛发生与进餐时间的关系是鉴别 GU 与 DU 的重要依据。缓解期查体一般缺乏特异性体征，发作时中上腹有局限性压痛，如存在并发症则出现其相应的症状与体征。

【问题 2】该患者反复反酸、中上腹隐痛，直至黑便，其症状还可能与哪些疾病相关？

思路：

①全身性疾病：如过敏性紫癜、动脉粥样硬化、遗传性毛细血管扩张症、血小板减少性紫癜、白血病、血友病、流行性出血热、钩端螺旋体病、结缔组织病、尿毒症、全身重度感染、脑血管意外等应激状态。②上消化道疾病：如食管癌、食管炎、食管损伤、胃血管异常、胃泌素瘤（佐林格-埃利森综合征）、息肉、淋巴瘤、壶腹周围癌、胃黏膜脱垂、急性胃扩张、吻合口炎、溃疡或糜烂、钩虫病等。③上消化道邻近器官或组织的疾病：如胆道结石、蛔虫、肿瘤、肝脓肿或肝血管瘤破入胆道引起的出血等，胰腺癌、急性胰腺炎并发脓肿破入胆管累及十二指肠，主动脉瘤破入上消化道，纵隔肿瘤或脓肿破入食管等。

【问题 3】该患者此次就诊的目的是什么?

思路:该患者此次就诊主要问题是因为出现"柏油样便",想明确其病因、近 2 年来的腹痛是否与其有关,以及如何治疗和预防。

【问题 4】为进一步了解病情,全科医生在采集病史时应包括哪些方面?

思路:接诊该患者,高度怀疑是消化性溃疡引起的上消化道出血,在采集病史时应详细了解其家族史(爷爷及父亲复合性溃疡的发病过程,其他直系亲属是否有类似疾病史)、生活及饮食习惯、职业情况、血型、对自身疾病的认识及详细的用药记录。并对需要鉴别的疾病的相关临床症状和体征进一步追问并排除。

【问题 5】作为该患者的首诊全科医生,体格检查应重点突出哪些方面?

思路:对于该患者接诊后高度怀疑上消化道出血,在查体时应着重检查生命体征、全身一般情况及腹部情况。

在生命体征查体中尤其要注重监测心率,因为心率是失血后反应最快和最明显的指标,当短时间内大量出血,才会出现血压下降、呼吸急促、大汗淋漓等表现;全身一般情况包括精神状态、皮肤颜色、营养状况、有无发热等,对排除其他疾病有重要的意义。腹部查体对于该患者的疾病诊断至关重要,可以初步判断出上消化道出血的病因,如出血患者可有肠鸣音亢进,肝硬化患者可出现脾大,肿瘤性疾病可触及质地较硬、表面不光滑的包块等。

全科医生接诊消化性溃疡的患者应做到哪些(拓展阅读)

临床病例(续):社区门诊查体记录

体温 37.4℃,呼吸 17 次/min,脉搏 92 次/min,血压 125/85mmHg,体重 65kg,身高 175cm。神志清,反应可,对答切题,查体合作。发育正常,营养中等,巩膜无黄染,无贫血貌,全身皮肤未见明显瘀斑、皮疹及出血点。双肺听诊呼吸音粗,未闻及明显干湿啰音,心界无扩大,心率 92 次/min,律齐,心音有力,未闻及病理性杂音。无蠕动波,腹平软,肝脾未触及,剑突下偏右有局限性轻压痛,无肌紧张与反跳痛,全腹未触及包块,振水音(−),肠鸣音活跃(7 次/min)。双下肢无水肿,腱反射正常。直肠指诊指套发现有少量柏油样便。

【问题 6】根据目前的病史,该患者的初步诊断及需要鉴别的疾病是什么?

思路:初步诊断:上消化道出血,消化性溃疡。

诊断依据:①青壮年男性,市场营销员,有饮食不规律、吸烟、饮酒史等;②有反复发作反酸、中上腹隐痛史 2 年,且发作有一定的周期性与节律性;③排柏油样便,且有低热和头昏眼花等失血表现,柏油便前 3 日中上腹隐痛;④查体上腹部轻压痛,肠鸣音活跃,直肠指诊指套有柏油样便。

消化性溃疡的诊断要点(拓展阅读)

鉴别诊断:根据该患者的病史及体格检查基本可以排除因食管、肝脏、胆囊、胰腺及全身性疾病引起的上消化道出血,但仍需与胃泌素瘤、淋巴瘤、壶腹周围癌、胃黏膜脱垂、胃或十二指肠克罗恩病或结核等消化道疾病鉴别。

【问题 7】为了进一步明确诊断及判断病情,还应做哪些检查?

该病例的 SOAP 病例形式(拓展阅读)

思路 1:①血常规检查。红细胞数量及血红蛋白量可以初判失血量,但在出血早期,红细胞数量和血红蛋白基本没变化,故二者正常时并不能排除上消化道出血的诊断;白细胞数量在失血患者早期会有一过性的白细胞轻度增高,多在止血后 2~3 日恢复正常;血小板数量可以除外由于血小板减少导致的出血,对于鉴别肝脏病、血液病等导致的上消化道出血有重要的意义。②血尿素氮检查。上消化道出血后数小时,可有血中尿素氮暂时升高,为肠源性氮质血症,该指标还可以用来监测有无活动性出血。③粪常规及大便隐血试验。根据粪常规有无大量完整的红细胞,如果有考虑上消化道出血,表明出血量大、出血急,否则考虑下消化道出血。

思路 2:①幽门螺杆菌(Hp)检测,包括侵入性和非侵入性两大类。非侵入性检测为首选的检查方法,包括 ^{13}C 或 ^{14}C 尿素呼气试验、血清学试验和粪便 Hp 抗原检测;侵入性检测包括快速尿素酶试验、胃黏膜直接涂片染色镜检、胃黏膜组织切片染色镜检。有消化性溃疡病史者,无论溃疡处于活动期还是瘢痕期,均应检测 Hp。②胃液分析和血清胃泌素测定,鉴别诊断胃泌素瘤时,应行此两项检查。

思路 3:胃镜检查是诊断上消化道出血的首选方法,可直接发现十二指肠以上的病变及出血部位、出血情况,并明确病因,同时还可行镜下止血治疗。大力推进急诊内镜检查,即在出血后 24~48 小时内进行胃镜检查,可以提高诊断的准确率,有些疾病(急性糜烂性胃炎、黏膜下恒径动脉破裂出血等)可在短时间内愈合或止血。

思路4：影像学检查,主要包括3项。①X线钡餐检查:对十二指肠降段以下的小肠段疾病诊断有特殊价值,存在胃镜检查禁忌证的患者也可行该检查,一般在出血停止后数日检查。②腹部超声检查:在胃镜检查阴性的情况下,可用来筛查有无其他脏器疾病导致的上消化道出血,包括肝脏、胆囊、胰腺等其他疾病。③腹部CT或MRI检查:对于超声检查存在问题的脏器,可进行CT或MRI进一步明确,必要时行增强造影。

临床病例(续):社区门诊辅助检查

客观资料(O):血常规检查,红细胞计数 $3.5×10^{12}/L$,血红蛋白 10.1g/L,白细胞计数 $9.5×10^9/L$,血小板计数 $280×10^9/L$ 。大便常规可见少量有皱褶红细胞,粪隐血试验阳性。血尿素氮 10mmol/L,肌酐 81μmol/L。胃镜检查,食管未见异常,胃为非萎缩性胃炎表现,胃腔内未见血性物质,十二指肠前壁可见一 $1.6cm×1.0cm$ 溃疡,周边充血水肿,表面覆盖有血痂,未见活动性出血。上腹部超声检查各器官未见明显异常。

消化性溃疡(组图)

几种特殊类型的消化性溃疡及其表现(拓展阅读)

【问题8】结合辅助检查结果,该患者的诊断是什么?

思路:根据患者的病史、体格检查及辅助检查结果,目前诊断:十二指肠球部溃疡,上消化道出血。

【问题9】该患者目前的治疗计划是什么?

思路1:针对该患者上消化道出血已停止,治疗方案为:

1. 嘱患者休息、禁食,严密观察患者有无再出血表现(呕血、黑便、心率变化等)。

2. 开放静脉通道,补充血容量,可输平衡液或葡萄糖盐水,保证充足的热量及液体量,同时加入质子泵抑制剂(PPI)或 H_2 受体拮抗剂(H_2 RA),根据生命体征及血常规变化情况决定是否需要输血。

3. 如再无出血,3日后可恢复流质或软食,可换口服PPI或 H_2 RA、胃黏膜保护剂及根治幽门螺杆菌治疗等规范系统治疗。

思路2:针对该患者消化性溃疡的治疗方案是什么?

消化性溃疡的治疗目的:消除病因、缓解症状、愈合溃疡、防止复发、防治并发症。针对病因的治疗如根治幽门螺杆菌等。

1. 一般治疗 生活要有规律,避免过度劳累和精神紧张,卧床休息。注意饮食规律,戒烟、酒,服用NSAIDs者尽可能停用,即使未使用要告诫患者今后慎用。

2. 药物治疗 治疗消化性溃疡的药物可分为抑制胃酸分泌药和胃黏膜保护剂两大类,主要起缓解症状和促进溃疡愈合的作用。

(1)抑制胃酸分泌药:抑制胃酸分泌的主要药物为 H_2 RA和PPI两大类,是目前治疗消化性溃疡首选药。抑制胃酸分泌药治疗疗程一般为DU 4~6周、GU 6~8周,维持治疗用药剂量可以减半,根据病情可维持3~6个月,长者可维持1~2年或更长。

1) H_2 受体拮抗剂(H_2 RA):通过抑制胃壁细胞上的 H_2 受体活性,达到抑制基础及刺激的胃酸分泌的目的。具体药物种类、抑酸强度与常用剂量见表24-1。

表24-1 常用的 H_2 受体拮抗剂比较

药物	抑酸相对强度	抑酸等效剂量/mg	治疗剂量/mg	维持剂量/mg
西咪替丁	1	600~800	400,2次/d	400,每晚1次
雷尼替丁	4~10	150	150,2次/d	150,每晚1次
法莫替丁	20~50	20	20,2次/d	20,每晚1次
尼扎替丁	4~10	150	150,2次/d	150,每晚1次

2)质子泵抑制剂(PPI):PPI主要作用胃壁细胞 H^+ - K^+ -ATP酶,使其不可逆地失去活性,从而导致壁细胞内的 H^+ 不能转至胃腔中而抑制胃酸分泌,可以充分抑制刺激胃酸的分泌。该类药物的抑酸作用比 H_2 RA更强,作用更持久。该类药物一般餐前30分钟服用。常用的PPI见表24-2。

表 24-2　常用的质子泵抑制剂比较

药物	治疗剂量 /mg	维持剂量 /mg
奥美拉唑	20,2 次 /d	20,1 次 /d
雷贝拉唑	20,1 次 /d	10,1 次 /d
兰索拉唑	30,1 次 /d	30,1 次 /d
泮托拉唑	40,1 次 /d	20,1 次 /d

（2）胃黏膜保护药

1）枸橼酸铋钾：可以黏附在溃疡表面阻止胃酸、胃蛋白酶继续侵蚀溃疡表面，促进内源性前列腺素合成和刺激表皮生长因子分泌，有利于溃疡得到快速愈合。有较强的抗幽门螺杆菌作用，可用于根治幽门螺杆菌联合治疗。副作用较少，但不宜长期使用。

2）米索前列醇：具有抑制胃酸分泌、刺激胃黏液碳酸氢盐分泌，增加黏膜血液和加速黏膜修复作用，从而促进溃疡愈合。其主要副作用为腹泻，因可引起子宫收缩，故孕妇忌服。

（3）根治幽门螺杆菌治疗：对幽门螺杆菌感染引起的消化性溃疡，根治幽门螺杆菌不但可促进溃疡愈合，而且可预防溃疡复发，从而彻底治愈溃疡。无论初发或复发、活动或静止、有无合并症，均应予以根治幽门螺杆菌的治疗。

目前根治幽门螺杆菌的方法：主要是抑制胃酸分泌药、抗生素或起协同作用的铋剂联合应用的治疗方案。经典的治疗方案是三联治疗方案，即 PPI 或胶体铋剂为基础加上两种抗生素，三联治疗方案有较高幽门螺杆菌根除率（表 24-3），又以 PPI 加克拉霉素再加阿莫西林或甲硝唑的方案根除率最高。对于治疗失败者可采用 PPI、铋剂联合两种抗生素的"四联"疗法。值得注意的是目前有许多幽门螺杆菌已变为耐药菌株，应根据耐药情况调整抗生素种类。如可用呋喃唑酮替代甲硝唑，前者具有抗菌作用强、不易产生耐药等特点。

表 24-3　根治幽门螺杆菌的常用三联治疗方案

质子泵抑制剂（PPI）或胶体铋剂	抗菌药物
PPI 常规剂量的倍量 /d（如奥美拉唑 40mg/d） 枸橼酸钾（胶体次铋枸橼酸铋）480mg/d （选择一种）	克拉霉素 1 000g/d 阿莫西林 2 000mg/d 甲硝唑 800mg/d （选择两种）
上述剂量分 2 次服,疗程 7~14 日	

注：目前国内多采用 7 日疗程，但国外有报道 10 日疗程疗效优于 7 日、14 日优于 10 日。

3. 消化性溃疡的预防　部分 PU 治疗后容易复发，对于吸烟、饮食不规律、幽门螺杆菌感染、长期服用非甾体抗炎药等引起溃疡复发的危险因素，应尽量祛除。维持抑制胃酸分泌药治疗是预防 PU 复发的有效方法。对于反复复发者，特别是顽固性溃疡，要注意是否有胃癌和胃泌素瘤的存在。

4. 手术治疗　手术指征包括：①大量出血经内科治疗无效；②急性溃疡穿孔；③瘢痕性幽门梗阻；④胃溃疡可能癌变；⑤严格内科治疗无效的顽固性溃疡。

【问题 10】该患者是否需要转诊至专科？转诊专科的指征是什么？

思路 1：该患者诊断明确，上消化道出血已止，可以在具有一定条件的社区门诊观察治疗。如再出现大量出血，需转专科治疗。

思路 2：转诊指征包括 4 项。

1. 顽固性或难治性溃疡患者。

2. 消化性溃疡患者出现急性并发症如消化道大出血、溃疡穿孔、幽门梗阻时，应立即转诊。

3. 消化性溃疡患者出现进行性消瘦，粪隐血持续阳性时，需警惕癌变的可能，应转诊后行胃镜检查。

4. 经规范治疗后迁延不愈的消化性溃疡患者。

【问题 11】针对该病例，如何体现全科医学"以患者为中心"的连续性管理？

　　思路：对于消化性溃疡合并大出血患者，在社区用止血药物无效或者效果不明显，初步评估出血量较大，且出血部位不明确等，需要立刻转诊至就近的上级医院。在转诊过程中，全科医生应该做到以下方面：心理上安慰患者，让患者不要过分担心、焦虑；注意观察患者的生命体征，观察评估患者出血量；尽早给予静脉补液，给予质子泵抑制剂和止血药物等；联系并办理转院手续，充分落实患者转诊至上级医院。待患者查明原因，在专科接受规范治疗，好转后返回到社区，社区全科医生应主动联系患者，并且在饮食、生活与合理用药方面给予正确的指导，并且监督患者及时复诊，预防溃疡再次发生。

（史　玲）

第二十五章　骨质疏松症

骨质疏松症(osteoporosis,OP)是以骨密度下降、骨折风险增加为特征的骨骼系统疾病,是临床上常见的代谢性骨病。本质是骨代谢的动态平衡紊乱,骨吸收超过骨形成。

骨质疏松症分为原发性和继发性。前者在社区中最常见,又分为绝经后骨质疏松症(常在女性绝经后5~10年内发生)、老年骨质疏松症(一般指70岁后发生的骨质疏松);后者指由任何影响骨代谢的疾病和/或药物导致的骨质疏松。根据2003—2006年全国大规模流行病学调查,估2006年全国50岁以上人群有6 944万人患骨质疏松症,约2.1亿人存在低骨量。但骨质疏松症的治疗人数占患病人数比例不足1/9,低于高血压、高血脂的治疗比例。全科医生应积极普及骨质疏松知识,提高知晓率、诊断率和治疗率,做到早期诊断,及时规范治疗可减少骨折等严重并发症。

临 床 病 例

主观资料(S):患者,孙某,女性,60岁,以"背部痛2周"为主诉来社区全科门诊就诊。

患者2周前无明显诱因出现腰背部持续性锐痛,向左侧臀部放射,有夜间痛醒,活动时加重,休息时减轻;坐位时加重,平卧时减轻。无下肢无力、麻木。自行服用布洛芬、地塞米松,症状缓解不明显。精神弱,体力差,无大小便失禁,饮食睡眠欠佳,体重无明显变化。

既往史:25岁时因双手、双腕、双足关节红肿疼痛,诊断类风湿关节炎,未规律诊治,长期自行服用泼尼松10~30mg/d治疗,逐渐出现手足畸形,2年前开始拄拐行走;半年前因腕关节、髋关节痛加重,就诊风湿免疫科门诊,开始规律服用甲氨蝶呤15mg/周,硫唑嘌呤50mg/d,仍同时自行长期服用泼尼松15mg/d,症状好转后未随诊。1年前摔倒致"右股骨头骨裂",X线提示骨质疏松。偶有血压偏高,最高150/90mmHg,近1年服用尼群地平10mg/d。3岁时曾患"肺结核",治疗不详。否认冠心病、糖尿病、肝炎病史。否认食物、药物过敏史。

个人史:不饮酒,不吸烟。初中学历,病退多年。

婚育史:已婚,育1女,体健。丈夫退休工人。44岁绝经,无绝经后阴道出血史。

家族史:父亲生前患高血压。母亲股骨颈骨折病史。姐妹2人,体健。

【**问题1**】该患者的就诊目的是什么?

思路:患者因急性背部疼痛就诊。因既往有类风湿关节炎病史,患者常常有骨关节痛的症状,此次急性腰背痛发作,患者担心类风湿关节炎复发,自行调整药物无效来诊。可以通过询问"您以前有没有背痛过?""这次为什么疼痛2周才就诊?""您最希望我帮你解决什么问题?",获得相关信息,了解患者对于解决问题的预期。重视解答患者疑惑,从患者角度解释病情,可以提高依从性。

【**问题2**】引起该患者症状的常见病有哪些?

思路1:背痛是在全科诊所就诊的第三大原因,仅次于头痛、乏力。背痛的病因很复杂,分类首先要区别是脊柱相关的疾病,还是其他部位引起的,如胸、腹、盆腔的病变都可以引起背痛。病程超过6个月称为慢性背痛。根据发病率,背痛病因可分为三类。①机械性背痛:占85%~95%,无严重病理基础,预后良好,常常以下腰部痛为主,可有臀部或大腿牵涉痛,疼痛程度与活动或体位有关,随时间变化。②神经根性疼痛:约占5%,常常单侧,小腿疼痛为主,疼痛分布符合脊神经节段性,直腿抬高试验阳性(直腿抬高时,小腿疼痛加重,而腰背痛不加重),50%患者6周内缓解。③其他特征性疾病:占1%~2%,需要积极明确诊断和治疗,病因可以是创伤性、炎症性、感染性、血管性、肿瘤性,如骨质疏松性骨折、强直性脊柱炎、类风湿关节炎、脊柱结核、骨髓炎、波状热、间歇性跛行、肿瘤骨转移等。

思路2:此患者疼痛进行性加重,影响睡眠,常用非甾体抗炎药镇痛无效,考虑机械性背痛可能性小。结合有脆性骨折家族史和骨质疏松,应考虑有无胸腰椎骨折;背痛伴下肢放射性疼痛,应警惕有无椎间盘突出;结核感染病史,年龄较大,长期服用激素和免疫抑制剂,还应排除有无感染或肿瘤。

【问题3】可引起该患者症状重要的、不能被忽略的疾病有哪些?

思路1:全科就诊患者,以常见病为主,但全科医生作为健康"守门人",鉴别诊断时须排查严重疾病,主要是若延误诊治可能危及生命或导致伤残的疾病或恶性疾病。

思路2:提示病情严重的危险因素包括12项。①起病年龄小于20岁或大于55岁;②暴力创伤史;③一般状态较差,如合并发热、畏寒、厌食、乏力、体重减低、盗汗等;④持续性、进展性疼痛,影响睡眠,神经根性疼痛,普通镇痛药无效;⑤平卧位疼痛加重;⑥伴胸痛;⑦伴畸形;⑧伴严重脊柱屈曲受限;⑨广泛神经病变或上运动神经元损害体征;⑩抗凝治疗中;⑪全身性糖皮质激素治疗史,免疫抑制剂或药物滥用史;⑫肿瘤病史。

本例患者具有危险因素,应仔细排查。

知识点

全科医生须考虑的引起背痛的严重疾病

1. 主动脉瘤或夹层。
2. 腹膜后血肿。
3. 硬膜外压迫综合征,包括脊髓受压、脊髓圆锥综合征、马尾综合征,常有尿便功能障碍。
4. 多发性骨髓瘤或恶性肿瘤骨转移。

【问题4】除上述病史,全科医生还应采集哪些病史?

思路1:社区老年患者,可能有许多基础疾病,同时服用多种药物。全科医生在接诊患者时,除了针对主要症状问诊,还应综合评估患者全身健康状况、精神心理状态、行为模式等,提高患者管理效率、安全性和满意度。

思路2:此患者有类风湿关节炎的基础病,长期服用糖皮质激素和免疫抑制剂,应注意评估类风湿关节炎活动度,询问激素相关副作用,如身高、体重、体型变化,血压、血糖、血脂、血常规监测结果,有无感染情况。长期服用镇痛药物,也应注意有无肝肾功能损害。患者自诉摔倒后"右股骨头骨裂",应询问有无其他部位骨折史,并核实医疗记录。长期骨关节痛,应评估对其日常生活影响的程度,家庭成员支持力度,是否存在情绪障碍。

如筛查抑郁状态,可通过以下两个简单问题:①您经常感觉情绪低落、沮丧或者没有希望吗? ②您经常做事时提不起兴趣或者快乐不起来吗? 如果两个问题回答都是"否",可除外抑郁;如果两个回答都是"是",可进一步通过相关焦虑抑郁量表明确。

临床病例(续)

再次详细询问,补充病史如下:患者此次背痛发作,不伴手足、腕关节疼痛,无晨僵、发热。无干咳、咯血、盗汗。无多饮、多尿,无尿量减少、夜尿增多。无黄疸、苍白。夜间偶有上腹不适,伴饥饿感,进食后好转,无反酸,无黑便。近1周开始牙痛,进食时加重。半年前就诊查血 ALT 50U/L,ESR 50mm/h,血常规、胆红素、肾功能正常范围,X线提示"坐骨、耻骨体陈旧骨折,骨质疏松"。近半年未就诊,平时未监测血压。半年前身高158cm,家属发现其近期身高减低。体型无明显变化。患者与丈夫居住;女儿已婚已育,独自居住,工作繁忙,每2周探望父母一次。患者丈夫从工厂退休后在一家私营机修厂打工,补贴家用。患者因类风湿关节炎10年前开始不能从事穿针、切菜等精细动作,日常洗漱、穿衣、二便可自理,常常自责拖累家人;近2周发作背痛,需家人护理,情绪更加低落,不愿就诊,认为自己无药可治,也担心花费太高。

【问题5】患者目前存在哪些健康问题?

思路:患者问题列表如下。①背痛的诊断及鉴别诊断;②类风湿关节炎;③长期激素治疗的副作用,如骨质疏松、高血压、可疑消化性溃疡;④骨盆陈旧性骨折;⑤结核感染史;⑥牙痛;⑦抑郁状态可能。其中背痛的诊治是首要矛盾。

【问题6】病史采集结束后,下一步查体应重点做哪些方面?

思路:查体应注意一般生命体征,心、肺、腹部情况,类风湿关节炎受累关节状况,脊柱外形、活动度和触诊、叩诊,下肢活动度、感觉、肌力和神经反射等。

临床病例(续):社区门诊查体记录

客观资料(O):体温 36.2℃,呼吸 18 次/min,脉搏 85 次/min,右上肢血压 160/100mmHg,轮椅推入病房,精神较弱,面容痛苦,库欣貌。右侧下颌第二前磨牙触痛明显,牙龈红肿。甲状腺右下可及结节,直径 2cm,质软。心率 85 次/min,心律齐,各瓣膜听诊区未闻及病理性杂音。双肺听诊呼吸音清,无明显干湿啰音。腹软,无压痛,未及肝脾大,未及搏动性包块,血管无杂音。指关节畸形,双下肢不肿。

【问题7】上述门诊记录是否准确反映了患者的体征?

思路:病史和查体是全科医生鉴别诊断的基石。鉴别腰背痛,查体应包含以下项目:

1. 有无脊柱变形(前凸、后凸、侧凸)、脊柱活动度(前屈后伸、侧弯、旋转)异常、步态异常。

2. 下肢肌张力、肌力,皮肤轻触觉和针刺觉,下肢深感觉,腱反射。

3. 脊柱压痛、叩痛;枕墙距、肋髂距。

4. 诊断试验,如直腿抬高试验、Schober 试验、4 字试验等。

知识点

胸腰椎骨质疏松性骨折的常见体征

1. 病历记录显示身高减少 3cm 以上。

2. 胸腰椎节段棘突处压痛、叩痛。

3. 枕墙距(平视前方,足跟和背部贴紧墙面时,测量后枕部与墙面的距离)>0cm。

4. 肋髂距(在腋中线,肋骨下缘至骨盆上缘的距离)≤2 横指。

知识点

直腿抬高试验

患者去枕仰卧,双下肢平伸,检查者一手扶住患者膝部使膝关节伸直,另一手握住踝部并慢慢抬高,直至患者产生下肢放射痛为止,记录此时下肢与床面的角度,即为直腿抬高角度。正常人一般可达到 80°~90°。若抬高不足 70°,且伴有下肢后侧的放射性疼痛,则为阳性。直腿抬高加强试验,是在直腿抬高试验阳性时,缓慢回落下肢至疼痛刚好消失,此时如果背伸患者同侧足,再次诱发根性痛,则为阳性。试验阳性提示神经根受压,常见于腰椎间盘突出症,也可见于单纯性坐骨神经痛。

临床病例(续)

补充查体结果如下:身高 154cm,体重 44kg,体重指数 18.5kg/m²。双侧掌指关节尺侧偏斜,手指多处天鹅颈样畸形,手、腕、足、膝关节无红肿压痛。脊柱后凸畸形,前屈、后伸、旋转受限,因疼痛不能行走。枕墙距 4cm,肋髂距 1 横指。胸 11 至腰 1 椎体压痛、叩痛阳性。Schober 试验阳性,直腿抬高试验、4 字试验阴性。脊柱旁肌肉紧张,下肢肌肉无强直或痉挛,肌张力正常,双下肢近端、远端肌力 5 级,膝腱反射、踝反射正常引出。未及针刺觉、轻触觉减退,跟-膝-胫试验阴性。巴宾斯基征阴性。肛门括约肌收缩正常,肛周针刺觉无减低。

【问题8】经过查体,患者的初步诊断是什么?需要与哪些疾病相鉴别?

思路:初步诊断骨质疏松性椎体骨折。需与肿瘤椎体转移、脊柱结核鉴别。病史和查体资料不支持类风湿关节炎发作、股骨头坏死、腰椎间盘突出症。

【问题9】该患者下一步应做的检查项目及其目的是什么？

思路：为评估病情和鉴别诊断，临床怀疑骨质疏松性骨折的患者应完成以下基本检查：

(1)骨骼X线片：分析骨骼影像学的改变与症状、体征的关系。

(2)血常规、尿常规、大便常规、肝肾功能、血糖、电解质、心电图、腹部超声：了解患者器官功能情况。

(3)血钙、磷、碱性磷酸酶，24小时尿钙、磷：了解骨代谢一般指标。原发性骨质疏松症患者通常血钙、磷和碱性磷酸酶值正常，骨折时血碱性磷酸酶可轻度升高。

(4)双能X线骨密度仪测定腰椎和髋部骨密度。

若以上检查明显异常，则需转诊进一步鉴别诊断。

疑有继发性骨质疏松或其他骨骼疾病者可选择：红细胞沉降率、血气分析、性腺激素、血25-羟维生素D、血1,25-羟维生素D、甲状旁腺激素、甲状腺功能、皮质醇、血免疫固定电泳、尿免疫固定电泳、血尿轻链、骨髓形态学检查、肿瘤标志物、骨扫描甚至骨活检等检查。

在社区卫生服务中心患者可先行胸腰椎X线片检查，和一般血常规、生化、红细胞沉降率检查。

知识点

骨质疏松症的诊断

骨质疏松症是最常见的骨骼疾病，是一种以骨量低，骨组织微结构损坏，导致骨脆性增加，易发生骨折为特征的全身性骨病。2001年美国国立卫生研究院(National Institutes of Health, NIH)将其定义为以骨密度下降和骨折风险增加为特征的骨骼疾病，提示骨量降低是骨质疏松性骨折的主要危险因素，但还存在其他危险因素。骨质疏松症可发生于任何年龄，但多见于绝经后女性和老年男性。

骨质疏松症初期通常无明显的临床表现，因而被称为"寂静的疾病"或"静悄悄的流行病"。但随着病情进展，骨量不断丢失，骨微结构破坏，患者会出现骨痛、脊柱变形、甚至发生骨质疏松性骨折等后果。部分患者可没有临床症状，仅在发生骨质疏松性骨折等严重并发症后才被诊断为骨质疏松症。所以骨质疏松症的诊断，重视辅助检查。

1. 根据临床表现诊断 有脆性骨折史，即非外伤或轻微外伤发生的骨折。

2. 根据骨密度诊断 骨密度值低于同性别、同种族正常年轻人的骨峰值2.5个标准差以上，即T值≤-2.5。

(1)骨密度检查方法多样，包括骨X线片、双能X线吸收测定法、定量计算机断层照相术、定量超声技术。其中双能X线吸收测定法是当前国际学术界公认的骨质疏松症诊断的金标准。

(2)骨密度的单位是g/cm^2，测定值受骨质增生、损伤、软组织异位钙化和体位等影响。

(3)临床上推荐测量的部位是第1~4腰椎、髋部和股骨颈。

(4)T值用于评价围绝经期、绝经后女性和50岁以上男性的骨密度水平。Z值主要用于评价绝经前女性和50岁以下的男性。

(5)定量超声测定，因价廉、便携、无放射线，适合孕妇和儿童，可检测跟骨、胫骨、髌骨及指骨，多用于社区卫生服务中心或人群筛查。但无超声诊断骨质疏松症的统一标准。

骨质疏松症分为原发性和继发性两大类。原发性骨质疏松症包括绝经后骨质疏松症(Ⅰ型)、老年骨质疏松症(Ⅱ型)和特发性骨质疏松症(包括青少年型)。绝经后骨质疏松症一般发生在女性绝经后5~10年内，老年骨质疏松症一般指70岁以后发生的骨质疏松，特发性骨质疏松症主要发生在青少年，病因尚未明。继发性骨质疏松症指由任何影响骨代谢的疾病和/或药物及其他明确病因导致的骨质疏松。

知识点

引起骨质疏松的常见疾病和药物

1. 疾病 甲状旁腺功能亢进、库欣综合征、甲状腺功能亢进、糖尿病、性腺功能减退、酒精性肝病、严重肝病、胃切除术后、慢性吸收不良综合征、淋巴瘤、多发性骨髓瘤、类风湿关节炎、慢性阻塞性肺疾病。

2. 药物　糖皮质激素、肿瘤化疗药物、肝素、免疫抑制剂(环孢素 A、他克莫司)、抗惊厥药、长效孕激素、他莫昔芬。

临床病例(续):社区门诊辅助检查

客观资料(O):血常规正常范围,血丙氨酸转移酶 21U/L,碱性磷酸酶 55U/L,血钙 2.15mmol/L,血磷 0.96mmol/L,肌酐 45μmol/L,血钾 4.3mmol/L,空腹血糖 4.6mmol/L,超敏 C 反应蛋白 6.39mg/L,红细胞沉降率 25mm/h,血浆白蛋白和球蛋白比例 2.0。总胆固醇 5.84mmol/L,总甘油三酯 3.54mmol/L。24 小时尿钙 4.99mmol。

心电图:窦性心律,心电图正常。腹部超声:胆囊多发结石,胆囊壁毛糙,双肾回声稍增强,皮质稍变薄。肝、脾、胰腺未见明显异常。

X 线:胸 8、腰 2 椎体明显变扁,考虑压缩性骨折(图 25-1)。

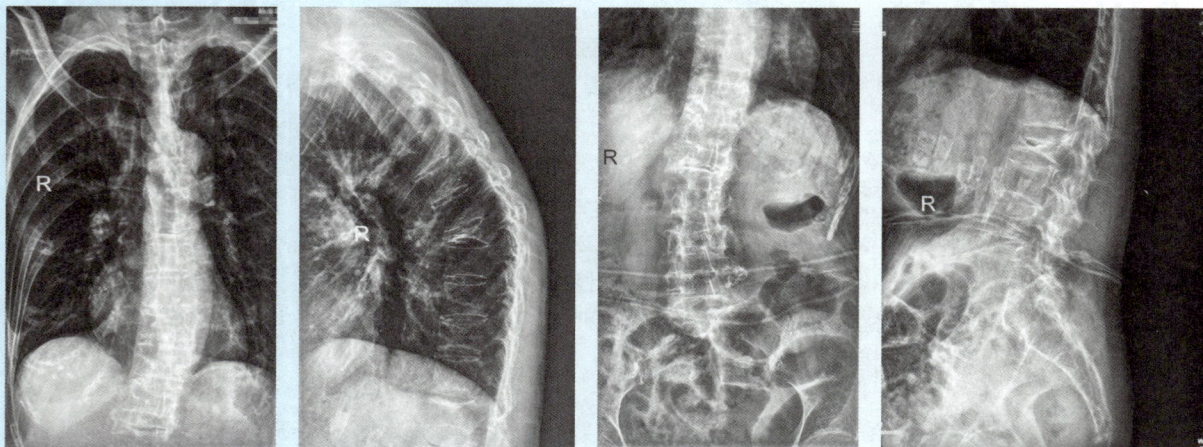

图 25-1　脊椎 X 线片

【问题 10】患者的确定诊断是什么?

思路 1:患者当前最主要的诊断:①骨质疏松症;②胸 8、腰 2 椎体压缩性骨折;③类风湿关节炎;④牙龈炎。

依据:

1. 患者发生脆性骨折,临床考虑骨质疏松症,同时 X 线片提示骨质疏松。

2. X 线片提示胸 8、腰 2 椎体明显变扁,提示椎体骨折。

3. 既往慢性对称性多关节炎,有腕关节、双手关节受累,长期甲氨蝶呤等药物治疗有效。

4. 近 1 周开始牙痛,进食时加重。

思路 2:进一步分析骨质疏松为原发还是继发?

分析患者可能的继发因素:

1. 类风湿关节炎　患者既往诊断类风湿关节炎多年,可以继发骨质疏松。

2. 药物　患者治疗类风湿过程中长期使用糖皮质激素,且未补充钙等预防骨质疏松,需考虑类固醇相关性骨质疏松。

3. 代谢性疾病和肿瘤　已完成的骨代谢指标、内分泌激素检查及肿瘤筛查可除外代谢性疾病和肿瘤。

故最后确立诊断:①继发性骨质疏松;②胸 8、腰 2 椎体压缩性骨折;③类风湿关节炎(非活动期);④结节性甲状腺肿;⑤高血压;⑥高血脂;⑦胆囊结石;⑧牙龈炎;⑨消化性溃疡待除外。

【问题 11】应给予患者什么初步治疗?

思路:嘱患者暂时卧床休息,睡硬质平板床。给予易消化饮食,保证营养,维持大便通畅。积极镇痛治疗,可选择曲马多或氨酚羟考酮。开始基础骨营养治疗,钙三醇 0.25μg/d,碳酸钙 D_3 每日 600mg。口服甲硝唑 0.2g,3 次/d,淡盐水漱口,治疗牙龈炎。疼痛控制后评估血压情况,继续监测血糖。

知识点

急性骨质疏松性脊椎骨折的治疗原则

1. 充分镇痛　轻度疼痛可选非甾体抗炎药,如布洛芬、对乙酰氨基酚;无效,或中重度疼痛,选用阿片类或和降钙素。

2. 活动方式调整　充分休息,但不主张绝对卧床。疼痛减轻后可行背部过伸练习和提臀练习。

3. 急性期或亚急性期可短期使用支具,长期使用会继发肌肉萎缩。

4. 抗骨质疏松治疗。

5. 如果存在脊椎不稳定情况,或疼痛持续不缓解,及时转诊。

【问题 12】该患者是否需要转诊至专科? 转诊的目的是什么?

思路:患者疾病较复杂,应转诊至专科,协助重点解决以下几个问题。

1. 患者新发椎体骨折,疼痛明显,有轻度放射痛,请骨科评估脊柱稳定性,是否需要手术,指导镇痛、康复等。

2. 严重骨质疏松,但不能除外消化性溃疡,双膦酸盐使用有顾虑,请内分泌科指导抗骨质疏松药物治疗。且进一步明确甲状腺结节性质。

3. 骨质疏松考虑与长期糖皮质激素使用有关,请风湿免疫科调整激素至最小需要剂量,直至停用。

4. 情绪障碍,请心理医学科评估和干预。

临床病例(续):专科门诊辅助检查

血清甲状旁腺激素:39.2ng/L。

性激素:促卵泡素 51.8mU/ml,黄体生成素 24.87mU/ml,雌激素 3.7ng/L,催乳素 11.55μg/L。

甲状腺功能:游离甲状腺素 T_3、T_4 正常范围,促甲状腺激素 1.67mU/L。

免疫固定电泳:阴性。

甲状腺超声:甲状腺多发囊实性结节,最大者位于右叶下极,直径 1.8cm,周边和内部无明显血流信号,颈部淋巴结未及肿大。骨密度结果见表 25-1。

表 25-1　双能 X 线吸收法检查患者骨密度值

部位	骨量/(g·cm^{-2})	T 值
腰 1~4	0.996	−1.1
股骨颈	0.475	−3.8
股骨大转子	0.217	−4.9
全髋	0.396	−4.5

临床病例(续):转诊回社区门诊随诊

专科意见如下:患者长期服用抗类风湿关节炎药物,目前有腹部症状,警惕消化性溃疡,无法使用口服双膦酸盐,且有牙龈炎,暂不考虑用静脉双膦酸盐,先处理口腔情况。因骨痛明显,可增加依降钙素 20U 肌内注射,每周 1 次。骨科考虑目前为稳定性胸椎骨折,可继续保守治疗。风湿免疫科认为目前类风湿关节炎病情稳定,泼尼松每周减量 5mg 至停用。

因患者行动不便,全科医生至患者家庭随访。

【问题 13】该患者随访的项目有哪些? 控制目标是什么?

　　思路 1：近期随访项目：背痛症状和功能锻炼情况，下肢神经系统症状和体征，口腔和胃肠道情况。

　　思路 2：长期随访项目：血钙、磷，尿钙、磷变化；骨密度变化，有无新发骨折，活动能力；药物相关副反应，如胃肠道症状、下颌骨病变、肝肾功能；小关节症状和功能，红细胞沉降率、C 反应蛋白；血压；甲状腺结节变化。

　　思路 3：针对骨质疏松症和骨折，短期目标是缓解疼痛，促进功能恢复，并注意防治骨折相关的并发症，如压疮、肺部感染、尿路感染等。长期目标是维持或减缓骨密度减低，防止再发骨折，因此口腔症状稳定后应再请专科评估，尽早开始双膦酸盐治疗。

知识点

骨质疏松症的一般防治措施

　　1. 钙剂。根据中国人群膳食营养素摄入量的建议推荐，成人每日 800mg 元素钙(包括饮食中的钙＋钙剂)，50 岁以上人群每日 1 000~1 200mg，妊娠期女性每日 1 500mg。低盐、低脂饮食，多吃奶制品、鱼肉和新鲜蔬菜，必要时补充钙剂(钙片或冲剂)。

　　2. 增加维生素 D。适当日照，骨质疏松患者推荐每日维生素 D 800~1 200U。

　　3. 推荐每日负重锻炼 30 分钟，负重锻炼如跑步、跳舞、爬楼、打球等(游泳、骑自行车等不属于负重锻炼)。

　　4. 调整生活方式，限酒、戒烟，慎用影响骨代谢的药物。

　　5. 安全的家庭环境，如防止跌倒扶手、浴室有防滑措施、卧室有夜灯等。

　　6. 使用拐杖、助步器等。

　　【问题 14】对患者的管理中，最难处理的问题是什么？应如何解决？

　　思路 1：此患者既往病史提示随诊不及时，治疗不规范，依从性较差。而骨质疏松症和类风湿关节炎均需要长期正规治疗，如何提高患者依从性是关键和难点。可通过密切医患沟通增强依从性；通过家庭会议，鼓励患者本人和家属表达对疾病的认识和希望，帮助患者树立疾病可防可控的信心，介绍治疗不当的严重后果，邀请家属鼓励和监督患者；适当增加早期随诊频率，必要时可进行电话随访。

　　思路 2：患者直系亲属(其姐妹和女儿)具有骨质疏松症的危险因素，应重视对其宣教，鼓励其开始骨质疏松的一级预防，评估危险因素，必要时建议就诊内分泌专科。

知识点

骨质疏松症防治分级

一级预防：针对儿童、青少年，争取获得最大骨量峰值。

二级预防：主要针对绝经前后的女性，减少骨量快速丢失。

三级预防：主要针对已有骨质疏松的老年人，防治严重并发症；防止已有骨折患者再发骨折。

知识点

骨质疏松症的危险因素

　　1. 不可更改因素　人种(黄色人种和白色人种风险高于黑色人种)、高龄、绝经后女性、母系家族史。

　　2. 可更改因素　吸烟、过度饮酒、饮过多咖啡、蛋白质摄入过多或不足、高钠饮食、钙和 / 或维生素 D 缺乏、缺乏体力活动或制动、低体重、性腺功能低下、影响骨代谢的疾病或药物。

> **知识点**
>
> **影响骨代谢的疾病和药物**
>
> 1. 影响骨代谢的疾病　包括性腺功能减退症等多种内分泌系统疾病、风湿免疫性疾病、胃肠道疾病、血液系统疾病、神经肌肉疾病、慢性肾脏及心肺疾病等。
>
> 2. 影响骨代谢的药物　包括糖皮质激素、抗癫痫药物、芳香化酶抑制剂、促性腺激素释放激素类似物、抗病毒药物、噻唑烷二酮类药物、质子泵抑制剂和过量甲状腺激素等。

骨质疏松合并骨折病例(拓展阅读)

【问题15】骨质疏松症转诊指征及治疗。

思路1: 骨质疏松症患者转诊至专科门诊的指征。

(1)首次确诊骨质疏松症的患者。

(2)骨量低下患者(骨密度:−2.5<T值≤−1.0)并存在一项以上骨质疏松危险因素,无论是否有过骨折。

(3)无骨密度测定条件时,具备以下情况之一者,也需考虑药物治疗:

1)已发生过脆性骨折。

2)亚洲人骨质疏松自我筛查工具(osteoporosis self-assessment tool for asians,OSTA)筛查为"高风险"。

3)世界卫生组织推荐的骨折风险预测简易工具,计算出髋部骨折概率≥3%或任何重要部位的骨折概率≥20%。

妊娠和哺乳相关骨质疏松病例(拓展阅读)

具备以上情况之一者,需考虑抗骨质疏松药物治疗,应转骨质疏松或内分泌专科评估。

思路2: 抗骨质疏松的治疗。

抗骨质疏松药物按作用机制可分为骨吸收抑制剂、骨形成促进剂、其他机制类药物及传统中药。通常首选使用具有较广抗骨折谱的药物(如阿仑膦酸钠、唑来膦酸、利塞膦酸钠和狄诺塞麦等)。对低中度骨折风险者(如年轻的绝经后女性、骨密度水平较低但无骨折史)首选口服药物治疗。对口服不能耐受、禁忌、依从性欠佳及高骨折风险者(如多发椎体骨折或髋部骨折的老年患者、骨密度极低的患者)可考虑使用注射制剂(如唑来膦酸、特立帕肽或狄诺塞麦等)。如仅椎体骨折高风险,而髋部和非椎体骨折风险不高的患者,可考虑选用雌激素或选择性雌激素受体调节剂(SERMs)。新发骨折伴疼痛的患者可考虑短期使用降钙素。国家药品监督管理局已批准的主要抗骨质疏松药物如下:

(1)双膦酸盐类:双膦酸盐是焦磷酸盐的稳定类似物,其特征为含有P-C-P基团。是目前临床上应用最为广泛的抗骨质疏松药物。双膦酸盐与骨骼羟磷灰石的亲和力高,能够特异性结合到骨重建活跃的骨表面,抑制破骨细胞功能,从而抑制骨吸收。不同双膦酸盐抑制骨吸收的效力差别很大,因此临床上不同双膦酸盐药物使用剂量及用法也有所差异。目前用于防治骨质疏松症的双膦酸盐主要包括阿仑膦酸钠、唑来膦酸、利塞膦酸钠、伊班膦酸钠、依替膦酸二钠和氯膦酸二钠等。

双膦酸盐类药物总体上安全性较好,但须关注以下几点:①胃肠道不良反应;②一过性"流行性感冒样"症状;③肾脏毒性;④下颌骨坏死;⑤非典型股骨骨折。

(2)降钙素类:是一种钙调节激素。目前应用于临床的降钙素类制剂有鳗鱼降钙素类似物、鲑降钙素。鉴于鼻喷剂型鲑降钙素具有潜在增加肿瘤风险的可能,鲑降钙素连续使用时间一般不超过3个月。

(3)激素治疗:绝经激素治疗类药物能抑制骨转换,减少骨丢失。临床研究已证明绝经激素治疗类药物包括雌激素补充疗法和雌、孕激素补充疗法,能减少骨丢失,降低骨质疏松性椎体、非椎体及髋部骨折的风险,是防治绝经后骨质疏松症的有效措施。

绝经女性正确使用绝经激素治疗,总体上是安全的,须关注以下几点:①子宫内膜癌;②乳腺癌;③心血管疾病;④血栓;⑤体重增加。

鉴于对上述问题的考虑,建议激素补充治疗遵循以下原则:①明确治疗的利与弊;②绝经早期开始用(<60岁或绝经10年之内),收益更大,风险更小;③应用最低有效剂量;④治疗方案个体化;⑤局部问题局部治疗;⑥坚持定期随访和安全性监测(尤其是乳腺和子宫);⑦是否继续用药,应根据每位女性的特点,每年进

行利弊评估。

（4）选择性雌激素受体调节剂（SERMs）：如雷洛昔芬。

（5）甲状旁腺激素类似物（PTHa）：如特立帕肽。

（6）锶盐：如雷奈酸锶。

（7）活性维生素 D 及其类似物：α - 骨化醇、骨化三醇。

（8）维生素 K 类：四烯甲萘醌。

（9）RANKL 抑制剂：狄诺塞麦。

思路 3：使用抗骨质疏松药物的临床关注问题。

1. 关于疗程的建议　抗骨质疏松药物治疗的成功标志是骨密度保持稳定或增加，而且没有新发骨折或骨折进展的证据。对于正在使用抑制骨吸收药物的患者，治疗成功的目标是骨转换指标值维持在或低于绝经前女性水平。患者在治疗期间如发生再次骨折或显著的骨量丢失，则需考虑换药或评估继发性骨质疏松的病因；如果治疗期间发生一次骨折，并不能表明药物治疗失败，但提示该患者骨折风险高。

除双膦酸盐药物外，其他抗骨质疏松药物一旦停止应用，疗效就会快速下降，双膦酸盐类药物停用后，其抗骨质疏松性骨折的作用可能会保持数年。另外，由于双膦酸盐类药物治疗超过 5 年的获益证据有限，而且使用超过 5 年，可能会增加罕见不良反应（如下颌骨坏死或非典型股骨骨折）的风险，建议双膦酸盐治疗 3~5 年后需考虑药物假期。目前建议口服双膦酸盐治疗 5 年，静脉双膦酸盐治疗 3 年，应对骨折风险进行评估，如为低风险，可考虑实施药物假期停用双膦酸盐；如骨折风险仍高，可以继续使用双膦酸盐或换用其他抗骨质疏松药物（如特立帕肽或雷洛昔芬）。特立帕肽疗程不应超过 2 年。

抗骨质疏松药物疗程应个体化，所有治疗应至少坚持 1 年，在最初 3~5 年治疗期后，应该全面评估患者发生骨质疏松性骨折的风险，包括骨折史、新出现的慢性疾病或用药情况、身高变化、骨密度变化、骨转换生化指标水平等。如患者治疗期间身高仍下降，则须进行胸腰椎 X 线摄片检查。

2. 关于骨折后应用抗骨质疏松药物　骨质疏松性骨折后应重视积极给予抗骨质疏松药物治疗，包括骨吸收抑制剂或骨形成促进剂等。迄今很多证据表明使用常规剂量的抗骨吸收药物，包括口服或静脉双膦酸类药物，对骨折愈合无明显不良影响。骨质疏松性骨折后，应建议开展骨折联络服务（fracture liaison service，FLS）管理项目，促进多学科联合诊治骨质疏松性骨折，及时合理使用治疗骨质疏松症的药物，以降低再发骨折的风险。

3. 抗骨质疏松药物联合和序贯治疗　骨质疏松症如同其他慢性疾病一样，不仅要长期、个体化治疗，也需药物联合和序贯治疗。甲状旁腺激素类似物等骨形成促进剂获准使用后，药物的联合和序贯治疗更为普遍。目前已有的骨质疏松联合治疗方案，大多以骨密度变化为终点，其抗骨折疗效，尚有待进一步研究。总体来说，联合使用骨质疏松症治疗药物，应评价潜在的不良反应和治疗获益，此外，还应充分考虑药物经济学的影响。联合治疗方案包括同时联合方案及序贯联合方案。根据药物作用机制和特点，对联合用药暂做以下建议：

（1）同时联合方案：钙剂及维生素 D 作为基础治疗药物，可以与骨吸收抑制剂或骨形成促进剂联合使用。

不建议联合应用相同作用机制的药物。个别情况为防止快速骨丢失，可考虑两种骨吸收抑制剂短期联合使用，如绝经后女性短期使用小剂量雌 / 孕激素替代与雷洛昔芬，降钙素与双膦酸盐短期联合使用。

联合使用甲状旁腺激素类似物等骨形成促进剂和骨吸收抑制剂，可增加骨密度，改善骨转换水平，但缺少对骨折疗效的证据，考虑到治疗的成本和获益，通常不推荐。仅用于骨吸收抑制剂治疗失败，或多次骨折需积极给予强有效治疗时。

（2）序贯联合方案：尚无明确证据指出禁忌各种抗骨质疏松药物序贯应用。特别是如下情况要考虑药物序贯治疗：①某些骨吸收抑制剂治疗失效、疗程过长或存在不良反应时；②骨形成促进剂（甲状旁腺激素类似物）的推荐疗程仅为 18~24 个月，此类药物停药后应序贯治疗。推荐在使用甲状旁腺激素类似物等骨形成促进剂后序贯使用骨吸收抑制剂，以维持骨形成促进剂所取得的疗效。

其他治疗包括中医中药治疗、康复治疗。针对骨质疏松症的康复治疗主要包括运动疗法、物理因子治疗、作业疗法及康复工程等。

总之，骨质疏松症是慢性病，涉及骨骼、肌肉等多种组织、器官，需要综合防治。在常规药物、手术等治疗的同时，积极、规范、综合的康复治疗除可改善骨密度、降低骨折发生外，还可促进患者生活、工作能力的恢复。

知 识 扩 展

【问题 1】骨密度和骨折的关系是什么？

骨折风险与骨强度直接相关,骨强度由骨密度和骨质量共同决定。骨密度测量骨量,其变化能够反映 60%~70% 的骨强度。某些情况下,骨密度正常,但骨结构紊乱,强度减低,仍然容易发生骨折。

【问题 2】普通社区居民何时需要考虑行骨密度检查？

1. 骨质疏松症风险评估工具　骨质疏松症是受多因素影响的复杂疾病,对个体进行骨质疏松症风险评估,能为疾病早期防治提供有益帮助。临床上评估骨质疏松风险的方法较多,如国际骨质疏松基金会(IOF)骨质疏松风险一分钟测试题(表 25-2)和亚洲人骨质疏松自我筛查工具(osteoporosis self-assessment tool for Asians,OSTA),可作为疾病风险的初筛工具。

表 25-2　国际骨质疏松基金会(IOF)骨质疏松风险一分钟测试题

分类	编号	问题	回答
不可控因素	1	父母曾被诊断有骨质疏松或曾在轻摔后骨折?	是□否□
	2	父母中一人驼背?	是□否□
	3	实际年龄超过 60 岁?	是□否□
	4	是否成年后因为轻摔后发生骨折?	是□否□
	5	是否跌倒(过去 1 年超过 1 次跌倒),因为身体较虚弱而担心摔倒?	是□否□
	6	40 岁后的身高是否减少超过 3cm 以上?	是□否□
	7	是否体重过轻?（BMI<19kg/m²）	是□否□
	8	是否曾服用类固醇激素(例如可的松、泼尼松)连续超过 3 个月?（可的松通常用于治疗哮喘、类风湿关节炎和某些炎性疾病）	是□否□
	9	是否患过类风湿关节炎?	是□否□
	10	是否诊断出有甲状腺功能亢进或甲状旁腺功能亢进、1 型糖尿病、克罗恩病或乳糜泻等胃肠疾病或营养不良?	是□否□
	11	女士回答:是否 45 岁或以前就停经?	是□否□
	12	女士回答:除了怀孕、绝经或子宫切除外,是否曾停经超过 12 个月?	是□否□
	13	女士回答:是否在 50 岁前切除卵巢又没有服用雌 / 孕激素补充剂?	是□否□
	14	男士回答:是否出现过勃起功能障碍、性欲减退或其他雄激素过低的相关症状?	是□否□
生活方式(可控因素)	15	是否经常大量饮酒(每日饮用超过两单位的酒精,相当于啤酒 1 斤、葡萄酒 3 两或烈性酒 1 两)?	是□否□
	16	目前习惯吸烟,或曾经吸烟?	是□否□
	17	每日运动量少于 30 分钟?（包括做家务、走路和跑步等）	是□否□
	18	是否不能食用乳制品,又没有服用钙片?	是□否□
	19	每日从事户外活动时间是否少于 10 分钟,又没有服用维生素 D ?	是□否□
结果判断		上述问题,只要其中有一题回答结果为"是",即为阳性,提示存在骨质疏松的风险,并建议进行骨密度检查或 FRAX® 风险评估	

注:BMI,体重指数;FRAX®,骨折风险评估工具。

2. 亚洲人骨质疏松自我筛查工具　OSTA 基于亚洲 8 个国家和地区绝经后女性的研究,收集多项骨质疏松危险因素,并进行骨密度测定,从中筛选出 11 项与骨密度显著相关的危险因素,再经多变量回归模型分析,得出能较好体现敏感度和特异度的两项简易筛查指标,即年龄和体重。计算方法是:

OSTA 指数 =［体重（kg）－ 年龄（岁）］×0.2，结果评定见表 25-3。也可以通过简图根据年龄和体重进行快速查对评估（图 25-2）。

表 25-3　OSTA 指数评价骨质疏松风险级别

风险级别	OSTA 指数
低	>－1
中	－1～－4
高	<－4

注：OSTA，亚洲人骨质疏松自我筛查工具。

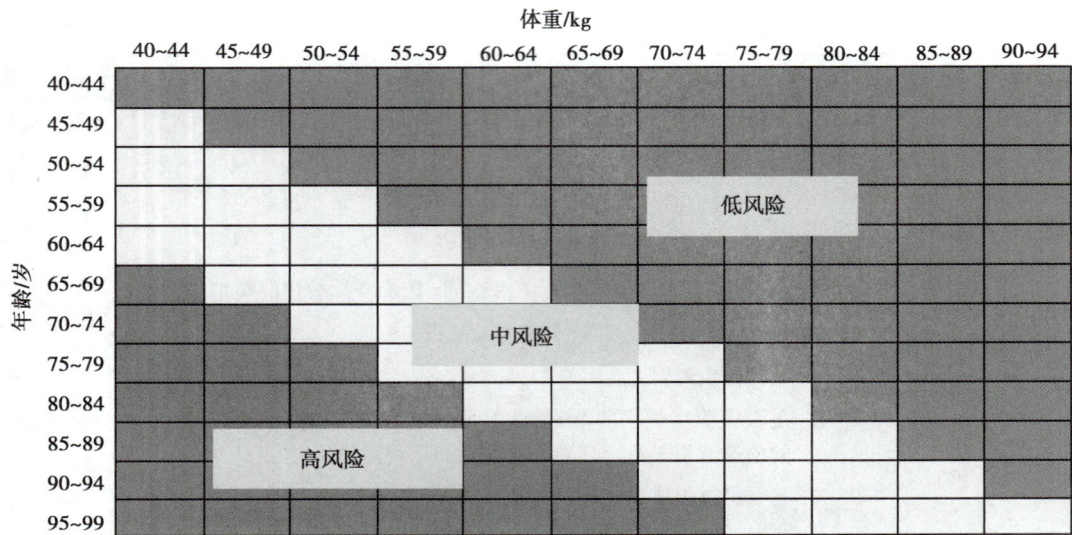

图 25-2　年龄、体重与骨质疏松风险级别的关系（OSTA）

OSTA 主要是根据年龄和体重筛查骨质疏松症的风险，但需要指出，OSTA 所选用的指标过少，其特异性不高，需结合其他危险因素进行判断，且仅适用于绝经后女性。

3. 骨质疏松性骨折的风险预测　世界卫生组织（WHO）推荐的骨折风险评估工具（fracture risk assessment tool，FRAX®），根据患者的临床危险因素及股骨颈骨密度建立模型，用于评估患者未来 10 年髋部骨折及主要骨质疏松性骨折（椎体、前臂、髋部或肩部）的概率。针对中国人群的 FRAX® 可通过登录以下网址获得：http://www.sheffield.ac.uk/FRAX/tool.aspx？country=2。

FRAX® 的计算参数主要包括部分临床危险因素和股骨颈骨密度（表 25-4）。

表 25-4　FRAX® 计算依据的主要临床危险因素、骨密度值及结果判断

危险因素	解释
年龄	模型计算的年龄是 40~90 岁，低于或超过此年龄段，按照 40 岁或 90 岁计算
性别	选择男性或者女性
体重	填写单位是 kg
身高	填写单位是 cm
既往骨折史	指成年期自然发生或轻微外力下发生的骨折，选择是与否
父母髋部骨折史	选择是与否
吸烟	根据患者现在是否吸烟，选择是与否

续表

危险因素	解释
糖皮质激素	如果患者正在接受糖皮质激素的治疗或接受过相当于泼尼松>5mg/d超过3个月,选择是
类风湿关节炎	选择是与否
继发性骨质疏松	如果患者具有与骨质疏松症密切关联的疾病,选择是 这些疾病包括1型糖尿病、成骨不全症的成人患者、长期未治疗的甲状腺功能亢进症、性腺功能减退症或早绝经(<45岁)、慢性营养不良或吸收不良、慢性肝病
过量饮酒	酒精摄入量≥3单位/d为过量饮酒(1个单位相当于8~10g酒精,相当于285ml啤酒,120ml葡萄酒,30ml烈性酒)
骨密度	先选择测量骨密度的仪器,然后真写股骨颈骨密度的实际测量值($g\cdot cm^{-2}$),如果患者没有测量骨密度,可以不填此项,系统将根据临床危险因素进行计算
结果判断	FRAX® 预测的髋部骨折概率≥3%或任何主要骨质疏松性骨折概率≥20%时,为骨质疏松性骨折高危患者,建议给予治疗;FRAX® 预测的任何主要骨质疏松性骨折概率为10%~20%时,为骨质疏松性骨折中风险;FRAX® 预测的任何主要骨质疏松性骨折概率<10%,为骨质疏松性骨折低风险

注:FRAX®,骨折风险评估工具。

4. 跌倒及其危险因素　跌倒是骨质疏松性骨折的独立危险因素,跌倒的危险因素包括环境因素和自身因素等,应重视对下列跌倒相关危险因素的评估及干预。

(1)环境因素:包括光线昏暗、路面湿滑、地面障碍物、地毯松动、卫生间未安装扶手等。

(2)自身因素:包括年龄老化、肌少症、视觉异常、感觉迟钝、神经肌肉疾病、缺乏运动、平衡能力差、步态异常、既往跌倒史、维生素D不足、营养不良、心脏疾病、直立性低血压、抑郁症、精神和认知疾患、药物(如催眠药、抗癫痫药及治疗精神疾病药物)等。

【问题3】人体骨代谢随年龄变化的特点是什么?

人类随年龄变化,骨代谢的特点大致可分为以下几个时期:

1. 骨量增长期　出生至20岁,其中青少年时期是体内骨量增长、钙贮存量增加最快的阶段。骨量缓慢增长期:20岁至30岁,每年骨钙增长率为0.5%~1%。

2. 骨量相对稳定期　30岁至40岁,此期达到一生中骨量峰值。

3. 骨量丢失期　女性40岁至49岁,男性40岁至65岁。骨量缓慢丢失,女性年丢失率为0.4%~0.6%,男性为0.3%~0.5%,进入负钙平衡。

4. 骨量快速丢失期　主要指女性绝经后,骨量丢失达到每年1.5%~2.5%。

5. 骨量缓慢丢失期　65岁以上普通成人,钙量丢失减慢,身体继续保持负钙平衡。

【问题4】饮食补钙如何选择食物?

饮食补充钙是最经济、安全的选择,下面列举了各种含钙较丰富的食物。

1. 主食　燕麦片、咸面包、小米、烧饼、标准粉。

2. 鱼虾肉类　虾、羊肉、鲫鱼、黄鱼。

3. 蛋奶类　咸鸭蛋、牛奶、鸡蛋。

4. 豆制品　素鸡、黄豆、腐竹。

5. 蔬菜　黄花菜、花生米、水发海带、油菜、芹菜、白菜、菠菜。

(曾学军)

第二十六章　血脂异常和脂蛋白异常血症

血脂异常（dyslipidemia）是指血浆中脂质的量和质异常，通常指血浆中胆固醇和／或甘油三酯升高，也包括高密度脂蛋白胆固醇降低。由于脂质不溶或微溶于水，在血浆中与蛋白质结合以脂蛋白的形式存在，因此，血脂异常实际上表现为脂蛋白异常血症（dyslipoproteinemia）。血脂异常以及与其他心血管风险因素相互作用导致冠状动脉和其他动脉的动脉粥样硬化，从而增加心脑血管疾病的发病率和死亡率。因此，积极干预血脂异常可以提高生活质量、延长生命。

临床病例

主观资料（S）：患者，王先生，55 岁，主因"健康体检发现血脂异常 2 周"就诊。

患者 2 周前单位健康体检发现血脂异常，胆固醇 7.53mmol/L，甘油三酯 4.64mmol/L，高密度脂蛋白 1.67mmol/L，低密度脂蛋白 4.33mmol/L。患者无乏力、胸闷等其他不适症状，为进一步诊治于社区门诊就诊。患者食欲睡眠正常，大小便正常。

既往史：否认高血压、糖尿病、脑梗死、冠心病等病史。否认外伤史和手术史。

个人史：吸烟史 35 年，每日 20 支。饮酒 30 年，每日 100ml（2 两）。饮食无节制，缺乏运动。家庭和睦，经济收入一般。

婚育史：28 岁结婚，育有 1 子，妻子及儿子身体健康。

家族史：母亲患冠心病，死于心肌梗死。父亲身体健康。有 1 兄 1 妹无明确心脑血管疾病。

【问题 1】根据以上病史，患者的诊断是什么？

思路 1：血脂和脂蛋白。

血脂是血浆中的中性脂肪（胆固醇、甘油三酯）和类脂（磷脂、糖脂、固醇、类固醇）的总称。在人体内胆固醇（total cholesterol，TC）主要以游离胆固醇及胆固醇酯形式存在。甘油三酯（triglyceride，TG）是甘油分子中的三个羟基被脂肪酸酯化而形成。循环血液中的胆固醇和 TG 必须与特殊的蛋白质（载脂蛋白）结合形成脂蛋白，才能被运输至组织进行代谢。

血浆脂蛋白是由蛋白质（载脂蛋白）和 TG、TC、磷脂等组成的球形大分子复合物。根据超速离心法将血浆脂蛋白分 5 大类：乳糜微粒（CM）、极低密度脂蛋白胆固醇（VLDL-C）、中间密度脂蛋白胆固醇（IDL-C）、低密度脂蛋白胆固醇（LDL-C）和高密度脂蛋白胆固醇（HDL-C）。此外，还有一种脂蛋白称为脂蛋白（a）［Lp（a）］。

思路 2：血脂异常的诊断标准。

随着血脂水平升高，缺血性心血管疾病风险明显升高。根据血脂异常水平带来的缺血性心血管风险不同，人为制订了血脂异常的诊断界点，分为合适范围、边缘升高、升高，血脂异常诊断标准不作为血脂异常的治疗界点，根据心血管疾病风险决定血脂异常的治疗。《中国成人血脂异常防治指南（2016 年修订版）》中我国人群血脂异常诊断标准见表 26-1。

思路 3：血脂异常如何分型？

目前仍沿用 1970 年世界卫生组织（WHO）分类法。根据各种脂蛋白升高的程度将脂蛋白异常血症分为 5 型，其中第 Ⅱ 型又分为 2 个亚型，共 6 型（表 26-2）。其中 Ⅱa、Ⅱb、和 Ⅳ 型较常见。分类不涉及病因，称为表型分类。

胆固醇的代谢途径（图片）

脂蛋白的代谢途径（动画）

乳糜微粒的代谢过程（动画）

低密度脂蛋白的代谢过程（动画）

高密度脂蛋白的代谢过程（图片）

表 26-1　中国一级预防人群血脂合适水平和异常分层标准　　　　　　　　　单位：mmol/L（mg/dl）

分层	TC	LDL-C	HDL-C	非 HDL-C	TG
理想水平		<2.6(100)		<3.4(130)	
合适水平	<5.2(200)	<3.4(130)		<4.1(160)	<1.7(150)
边缘升高	≥5.2(200)且	≥3.4(130)且		≥4.1(160)且	≥1.7(150)且
	<6.2(240)	<4.1(160)		<4.9(190)	<2.3(200)
升高	≥6.2(240)	≥4.1(160)		≥4.9(190)	≥2.3(200)
降低			<1.0(40)		

注：TC，总胆固醇；LDL-C，低密度脂蛋白胆固醇；HDL-C，高密度脂蛋白胆固醇；非 HDL-C，非高密度脂蛋白胆固醇；TG，甘油三酯。

表 26-2　脂蛋白异常血症表型分类（WHO，1970）

表型	血浆 4℃过夜外观	TC	TG	CM	VLDL-C	LDL-C	备注
Ⅰ	奶油上层，下层混浊	↑→	↑↑	↑↑	↑↑	↑→	易发胰腺炎
Ⅱa	透明	↑↑	→	→	→	↑↑	易发冠心病
Ⅱb	透明	↑↑	↑↑	→	↑	↑	易发冠心病
Ⅲ	奶油上层，下层混浊	↑↑	↑↑	↑	↑	↓	易发冠心病
Ⅳ	混浊	↑→	↑↑	→	↑↑	→	易发冠心病
Ⅴ	奶油上层，下层混浊	↑	↑↑	↑↑	↑↑	↑→	易发胰腺炎

注：↑示浓度升高；→示浓度正常；↓示浓度降低；↑↑示浓度明显升高。TC，总胆固醇；TG，甘油三酯；CM，乳糜微粒；VLDL-C，极低密度脂蛋白胆固醇；LDL-C，低密度脂蛋白胆固醇。

临床上也可简单地将血脂异常分为高胆固醇血症、高甘油三酯血症、混合型高脂血症和低高密度脂蛋白胆固醇血症（表 26-3）。

表 26-3　血脂异常的简易分型

分型	TC	TG	相当于 WHO 表型[①]
高胆固醇血症	↑↑		Ⅱa
高甘油三酯血症		↑↑	Ⅳ(Ⅰ)
混合型高脂血症	↑↑	↑↑	Ⅱb(Ⅲ,Ⅳ,Ⅴ)

注：①括号内为少见类型；↑↑表示浓度明显升高；TC，总胆固醇；TG，甘油三酯。

思路 4：该患者的诊断是什么？

患者 TC>6.2mmol/L，TG>2.3mmol/L，诊断为脂蛋白异常血症Ⅱb 或混合型高脂血症。

【**问题 2**】除上述病史外，全科医生还应采集哪些病史？

思路 1：血脂异常通常无临床症状，应详细询问是否存在动脉粥样硬化的相关临床表现，如冠状动脉粥样硬化患者是否存在心绞痛，双下肢动脉粥样硬化是否存在间歇性跛行，颈动脉粥样硬化是否存在头晕等。该患者问诊中无相关临床表现。

思路 2：是否存在引起血脂升高的相关因素（包括患者的生活饮食习惯、用药史、并存疾病等）（表 26-4）？

表 26-4　常见的继发高脂血症原因

继发原因	升高 LDL-C	升高 TG
饮食	饱和或反式脂肪	非常低脂肪饮食、高摄入碳水化合物、过量饮酒
药物	利尿剂、糖皮质激素、免疫抑制剂	口服雌激素，糖皮质激素，胆汁酸结合树脂、他莫昔芬、异维甲酸、环孢素、抗高血压药物（β 受体阻滞剂、噻嗪类）、抗反转录病毒治疗（蛋白酶抑制剂）、抗精神类药物（吩噻嗪类、第二代抗精神药物）

续表

继发原因	升高 LDL-C	升高 TG
疾病	胆道梗阻、肾病综合征、神经性厌食、库欣综合征	肾脏疾病、自身免疫性疾病(如病变蛋白血症或系统性红斑狼疮)
代谢紊乱和其他	甲状腺功能减退、肥胖、妊娠	遗传倾向、糖尿病、甲状腺功能减退、肥胖、妊娠

注:LDL-C,低密度脂蛋白胆固醇;TG,甘油三酯。

筛查患者是否存在继发性高脂血症的原因,进一步追问病史,患者无用药史,未进行其他疾病相关检查,如甲状腺功能、胆道疾病等。但有明确油腻饮食习惯和肥胖,可能是血脂升高的原因之一。

思路3:进一步了解患者是否存在家族性高脂血症。追问病史,患者不能提供家族成员的血脂情况,建议进一步筛查。

思路4:全科医生要了解患者的心理因素,患者对冠心病和高脂血症危险性的认知程度、对治疗的期望值、对长期口服药物是否存在顾虑等。

临床病例(续):社区门诊查体记录

客观资料(O):身高 177cm,体重 90kg,BMI 28.73kg/m²,腰围 108cm,血压 120/80mmHg。颈静脉无充盈,甲状腺未触及肿大,双肺呼吸音清,心界不大,心率 72 次/min,律齐,心音正常,心脏各瓣膜听诊区未闻及病理性杂音。腹稍膨隆,腹软,全腹无压痛,肝、脾肋下未触及,双下肢无水肿。

【问题3】体格检查还需要补充哪些内容?

思路1:注意颈部、腹部、下肢血管杂音。颈动脉搏动处、锁骨上窝可闻及明显血管杂音,提示颈动脉和锁骨下动脉狭窄。双侧上腹部闻及血管杂音,考虑肾动脉狭窄;中腹部闻及杂音,考虑腹主动脉瘤或狭窄,双侧下腹部或股动脉闻及血管杂音,考虑髂动脉或股动脉血管狭窄。当闻及血管杂音时应进一步行血管超声或血管造影证实外周血管病变。

思路2:是否存在眼睑黄色瘤、角膜环(图 26-1)。

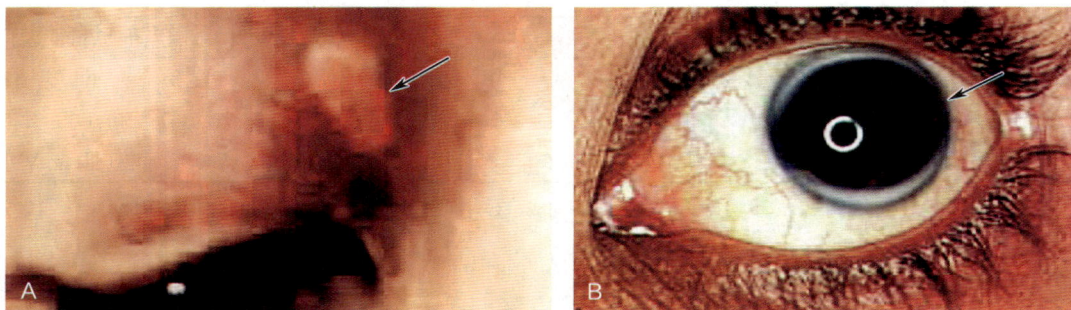

图 26-1　眼睑黄色瘤和角膜环
A.眼睑黄色瘤;B.角膜环(箭头所指)。

知识点

血脂异常的临床特点

1. 血脂异多无临床症状,常在健康体检时发现。
2. 血脂异常可伴有动脉粥样硬化表现。
3. 血脂异常无特殊临床体征,部分患者可表现黄色瘤、早发性角膜环,多伴血脂异常。
4. 严重高胆固醇血症可伴有游走性多关节炎,严重高甘油三酯血症可引起急性胰腺炎。

【问题4】患者目前存在哪些健康问题?

思路:患者存在的健康问题包括不良饮食习惯、缺乏运动、体重超标、吸烟、饮酒、作息不规律等。

【问题5】全科医生如何对该患者进行心血管疾病风险评估?

思路1:血脂异常的主要危害为缺血性心血管疾病,全科医生应对血脂异常患者进行心血管疾病风险评估,确定进一步的治疗决策。临床研究证实心血管疾病危险因素包括:①高血压;②年龄(男性≥45岁,女性≥55岁);③吸烟;④肥胖(BMI≥28kg/m²);⑤低HDL-C血症(<1.04mmol/L);⑥早发心血管疾病家族史(一级男性亲属发病时<55岁、一级女性亲属发病时<65岁)。该患者年龄55岁,吸烟,肥胖(BMI 28.73kg/m²),有早发缺血性心血管病家族史,共4个心血管疾病危险因素。

思路2:根据动脉粥样硬化性心血管疾病(atherosclerotic cardiovascular disease,ASCVD)发病风险采取不同强度干预措施是血脂异常防治的核心策略。总体心血管疾病危险评估是血脂异常治疗决策的基础。极高危人群:ASCVD患者。高危人群:① LDL-C≥4.9mmol/L或TC≥7.2mmol/L;②糖尿病患者1.8mmol/L≤LDL-C<4.9mmol/L或3.1mmol/L≤TC<7.2mmol/L且年龄≥40岁。不符合者,进一步评估10年ASCVD发病风险(图26-2)。若ASCVD发病风险为中危且年龄<55岁,需评估余生风险,具有以下任意2项及以上危险因素,定义为高危:①收缩压≥160mmHg或舒张压≥100mmHg;②非HDL-C≥5.2mmol/L;③HDL-C<1.0mmol/L;④BMI≥28kg/m²;⑤吸烟。本例患者TC>7.2mmol/L,为高危患者。

危险因素①		(或)3.1≤TC<4.1	(或)4.1≤TC<5.2	(或)5.2≤TC<7.2
无高血压	0~1个	低危(<5%)	低危(<5%)	低危(<5%)
	2个	低危(<5%)	低危(<5%)	中危(5%~9%)
	3个	低危(<5%)	中危(5%~9%)	中危(5%~9%)
有高血压	0个	低危(<5%)	低危(<5%)	低危(<5%)
	1个	低危(<5%)	中危(5%~9%)	中危(5%~9%)
	2个	中危(5%~9%)	高危(≥10%)	高危(≥10%)
	3个	高危(≥10%)	高危(≥10%)	高危(≥10%)

①包括吸烟、低水平高密度脂蛋白胆固醇且男性≥45岁或女性≥55岁。
ASCVD.动脉粥样硬化性心血管疾病;TC.总胆固醇;LDL-C.低密度脂蛋白胆固醇。
慢性肾病患者的危险评估及治疗参见特色人群血脂异常治疗。

图26-2 10年ASCVD发病风险评估

知识点

冠心病等危症

冠心病等危症指非冠心病者10年内发生主要冠状动脉事件的危险与已患冠心病者同等,新发和复发缺血性心血管事件的危险>15%。以下情况属于冠心病等危症:

1. 有临床表现的冠状动脉以外动脉的动脉粥样硬化,如缺血性卒中、周围动脉疾病、腹主动脉瘤、症状性颈动脉病(如短暂性脑缺血发作)等。

2. 糖尿病。

3. 有多种危险因素,其发生主要冠状动脉事件的危险相当于已确立的冠心病,心肌梗死或冠心病死亡的10年危险>20%。

【问题6】全科医生给予该患者的治疗建议是什么？

根据患者的病史、血脂水平以及 ASCVD 危险评估，该患者存在油腻饮食、缺乏运动、肥胖、吸烟等危险因素，进行健康指导，同时建议启动调脂药物治疗。

思路1：改变不良饮食习惯。血脂异常与饮食和生活方式密切相关，饮食治疗与改变生活方式是血脂异常治疗的基础措施。无论是否选择药物调脂治疗，都必须坚持控制饮食和改善生活方式。控制胆固醇、脂肪、碳水化合物摄入总量；选择富含膳食纤维和低血糖指数的碳水化合物替代饱和脂肪酸；食盐摄入量<6g/d；限制酒精摄入<25g/d；减少含糖饮料摄入等。

思路2：增加运动，减轻体重。肥胖是血脂代谢异常的重要危险因素。应减少每日食物总能量，改善饮食结构，维持健康体重水平（BMI:20.0~23.9kg/m^2）。建议每周 5~7 日，每次 30 分钟中等强度代谢运动。对于 ASCVD 患者应先进行运动负荷试验，充分评估其安全性后，再进行身体活动。

思路3：戒烟。完全戒烟和有效避免二手烟，有利于预防 ASCVD，并升高 HDL-C 水平。可以选择戒烟门诊、戒烟热线咨询以及药物来协助戒烟。

思路4：限制饮酒。中等量饮酒（男性每日 20~30g 酒精，女性每日 10~20g 酒精）能升高 HDL-C 水平。但即使少量饮酒也可使高甘油三酯血症患者甘油三酯水平进一步升高。饮酒对于心血管事件的影响无确切证据，提倡限制饮酒。

思路5：何时启动血脂异常的药物治疗？

《中国成人血脂异常防治指南（2016 年修订版）》提出，血脂异常治疗原则是防控 ASCVD，降低心肌梗死、缺血性卒中或冠心病死亡等心血管临床事件发生危险。由于遗传背景和生活环境不同，个体罹患 ASCVD 危险程度显著不同，调脂治疗能使 ASCVD 患者或高危人群获益。临床应根据个体 ASCVD 危险程度，决定是否启动药物调脂治疗（Ⅰ类推荐，A 级证据）。

思路6：调脂治疗的治疗靶点。

血脂异常尤其是 LDL-C 升高是导致 ASCVD 发生、发展的关键因素。大量临床研究反复证实，无论采用何种药物或措施，只要 LDL-C 水平下降，就可稳定、延缓或减退动脉粥样硬化病变，显著减少 ASCVD 发生率、致病率和死亡率。2017 美国内分泌医师协会 / 美国内分泌学会《血脂异常管理与粥样硬化预防指南》、2016 欧洲心脏病学会 / 欧洲动脉粥样硬化学会《血脂异常管理指南》等均强调 LDL-C 在 ASCVD 发病中的核心作用，提倡以降低血清 LDL-C 水平来防控 ASCVD 风险，推荐以 LDL-C 为首要干预靶点（Ⅰ类推荐，A 级证据），而非 HDL-C 可作为次要干预靶点（Ⅱa 类推荐，B 级证据）。将非 HDL-C 作为次要干预靶点，是考虑到高甘油三酯血症患者体内残粒脂蛋白升高，后者很可能有致动脉粥样硬化作用。

思路7：调脂治疗的达标策略。

近 20 年来，多项大规模临床试验结果一致显示，他汀类药物在 ASCVD（包括急性冠脉综合征、稳定性冠心病、血运重建术后、缺血性心肌病、缺血性卒中、短暂性脑缺血发作、外周动脉粥样硬化病等）一级和二级预防中能显著减低心血管事件（包括心肌梗死、冠心病死亡和缺血性卒中等）。他汀已成为防治这类疾病最为重要的药物。凡临床上诊断为 ASCVD 患者均属极高危人群。非 ASCVD 人群中，则需根据胆固醇水平和危险因素的严重程度及其数目多少，进行危险评估，将其分为高危、中危或低危，个体危险人群需要达到的 LDL-C/ 非 HDL-C 目标值有很大不同（表 26-5）。

表 26-5　不同 ASCVD 危险人群降 LDL-C/ 非 HDL-C 治疗达标值　　　　单位:mmol/L（mg/dl）

危险等级	LDL-C	非 HDL-C
低危、中危	<3.4（130）	<4.1（160）
高危	<2.6（100）	<3.4（130）
极高危	<1.8（70）	<2.6（100）

注:LDL-C,低密度脂蛋白胆固醇;HDL-C,高密度脂蛋白胆固醇。

思路8：建立社区健康档案，重视血脂异常筛查。

ASCVD 风险评估者具有中危心血管疾病风险，应该定期评估心血管病风险，及时健康指导和治疗指导,定期随访,建立社区健康档案。

对以下患者应进行血脂检查:冠心病、脑血管病或周围动脉粥样硬化病患者;高血压、糖尿病、肥胖、吸烟者;有冠心病或动脉粥样硬化病家族史者;有皮肤黄色瘤者;有家族性高脂血症者。

【问题7】该患者如何选择调脂药物治疗?

思路1:临床常见调脂药物。

人体血脂代谢途径复杂,有诸多酶、受体和转运蛋白参与。临床上可供选用的调脂药物有许多种类,大体上可分为两大类:①主要降低 TC 的药物;②主要降低 TG 的药物。其中部分调脂药物既能降低 TC,又能降低 TG。对于严重的高脂血症,常需多种调脂药联合应用,才能获得良好疗效。

临床上常用的调脂药物可分为 5 类:①他汀类;②贝特类;③烟酸类;④树脂类;⑤胆固醇吸收抑制剂(表 26-6)。

表 26-6　常见调脂药物的分类及主要作用

分类	药物	作用机制	主要作用
他汀类	阿托伐他汀、瑞舒伐他汀、辛伐他汀、普伐他汀、洛伐他汀等	竞争性抑制细胞内胆固醇合成早期过程中限速酶活性,上调细胞 LDL 受体,加速血浆 LDL 分解代谢,抑制 VLDL 合成	降低 LDL-C 为主,轻度降低 TG,轻度升高 HDL-C
贝特类	非诺贝特、苯扎贝特、氯贝特等	通过增强脂蛋白脂酶的活性,加速脂蛋白的分解,同时也能减少肝脏中脂蛋白的合成	降低 TG 为主,轻度降低 LDL-C,轻度升高 HDL-C
烟酸类	烟酸缓释片	抑制脂肪组织中的脂解,减少肝脏中 VLDL 合成和分泌	降低 TG 为主,轻度降低 LDL-C,轻度升高 HDL-C
树脂类	考来烯胺、考来替哌	为碱性阴离子交换树脂,在肠道内与胆酸呈不可逆结合,阻碍胆酸的肠肝循环,促使胆酸随大便排出,阻断胆汁酸中胆固醇重吸收	降低 LDL-C
胆固醇吸收抑制剂	依折麦布	口服后迅速吸收,通过选择性抑制小肠胆固醇转运蛋白,有效减少肠道内胆固醇吸收,有效降低血浆胆固醇水平以及肝脏胆固醇储量	降低 LDL-C

注:TG,甘油三酯;LDL-C,低密度脂蛋白胆固醇;HDL-C,高密度脂蛋白胆固醇;VLDL,极低密度脂蛋白;LDL,低密度脂蛋白。

思路2:他汀类药物的种类、药物剂量及服药时间。

目前国内临床上应用的他汀类药物包括阿托伐他汀、瑞舒伐他汀、辛伐他汀、普伐他汀、洛伐他汀、氟伐他汀和匹伐他汀。不同种类与剂量的他汀类药物降胆固醇幅度有较大差别,但任何一种药物剂量倍增时,LDL-C 进一步降低幅度仅约 6%,即所谓"他汀疗效 6%"。他汀类药物可使 TG 水平降低 7%~30%,HDL-C 水平升高 5%~15%。他汀类药物可以在任何时间段每日服用 1 次,但在晚上服用时 LDL-C 减低幅度可稍增多。

思路3:应用他汀类药物的注意事项。

他汀类药物禁用于活动性肝病、失代偿性肝硬化及急性肝衰竭患者、不明原因丙氨酸转移酶(ALT)持续升高和任何原因 ALT 升高超过正常上限 3 倍。因此在应用他汀类药物治疗前应检查基础肝功能。非酒精性脂肪肝病或非酒精性脂肪性肝炎患者、慢性肝病或代偿性肝硬化、ALT 小于正常上限 3 倍的轻度肝损害患者可以应用他汀,但要密切监测肝酶变化。对肌病患者禁用,对他汀类药物相关肌病高发人群应密切监测。目前研究证据表明,肾功能不全患者可以服用他汀类药物治疗,但要调整药物剂量。他汀类药物忌用于妊娠和哺乳期女性。

他汀类药物相关肌肉不良反应包括肌痛、肌炎和横纹肌溶解。患者有肌肉不适和/或无力,且连续监测肌酸激酶呈进行性升高时,应减少药物剂量或停药。

长期服用他汀类药物有增加糖尿病的风险,发生率 10%~12%,属他汀类效应。他汀类药物对心血管疾病的总体益处远大于新增糖尿病风险,无论是糖尿病高危人群还是糖尿病患者,有他汀类治疗适应证者都应坚持服用此类药物。

他汀类药物治疗可引起认知功能异常,但多为一过性、发生概率不高。荟萃分析结果显示他汀类药物对肾功能无不良影响。其他不良反应还包括头痛、失眠、抑郁,以及消化不良、腹泻、腹痛、恶心等消化道症状。

临床病例(续)

该患者2个月后就诊。

主观资料(S):患者,男性,55岁,主因"突发心前区疼痛30分钟"就诊。

患者30分钟前无明显诱因出现胸痛,呈压榨样,伴大汗、恶心,含服速效救心丸症状不缓解就诊,急查心电图提示:窦性心律,Ⅱ、Ⅲ、aVF导联ST段弓背抬高,心率56次/min。查体:血压90/60mmHg,双肺呼吸音清,心率56次/min,未闻及病理性杂音。给予阿司匹林300mg嚼服,硝酸甘油舌下含服,急呼120转专科医院就诊。

因高脂血症口服辛伐他汀20mg/d,不规律服药。仍吸烟,戒酒2个月。

【问题8】高脂血症患者何时转诊?

思路:血脂异常合并以下情况需要转诊:①急性冠脉综合征(不稳定型心绞痛、急性心肌梗死)需要快速转诊;②急性卒中需要快速转诊;③急性胰腺炎需要快速转诊;④慢性稳定性冠心病患者需要进一步评价血管病变程度以及心功能状态时,需要转专科医院进一步检查;⑤合并多脏器功能不全如心力衰竭、肾功能不全等情况时,需要转专科医院治疗;⑥外周动脉粥样硬化考虑血运重建患者需要转诊;⑦需要进一步完善血脂异常相关检查患者,如病因筛查等,需要转专科医院;⑧治疗效果不理想或出现严重不良反应患者需要转专科医院治疗。

临床病例(续):专科医院治疗情况

急诊就诊后即刻给予氯吡格雷600mg口服,瑞舒伐他汀20mg口服。查体:血压80/50mmHg,心率48次/min,未闻及病理性杂音,双肺(−)。心电图:窦性心动过缓,下壁ST段抬高心肌梗死。急诊进行冠状动脉造影提示:左主干、前降支、回旋支未见明显狭窄,右冠状动脉中段100%闭塞,在右冠行冠状动脉支架治疗。住院期间实验室检查:TC 5.61mmol/L,TG 2.5mmol/L,HDL-C 1.63mmol/L,LDL-C 1.5mmol/L,肌钙蛋白T 2.01μg/L。出院诊断:冠心病、急性下壁ST段抬高心肌梗死、心功能Ⅰ级,心律失常、窦性心动过缓,冠状动脉支架术后(右冠)。患者在专科医院住院7日病情平稳出院,出院医嘱:阿司匹林100mg,1次/d;氯吡格雷75mg,1次/d;瑞舒伐他汀20mg,1次/d;单硝酸异山梨酯40mg,1次/d,1片。转社区卫生服务中心随访。

【问题9】全科医生如何长期管理和随访血脂异常患者?

思路1:全科医生应加强社区管理,增加血脂异常患者长期治疗依从性。

《中国居民营养与慢性病状况报告(2020年)》显示,中国18岁及以上居民血脂异常患病率高达35.6%,较2015年仍继续上升。我国儿童青少年高胆固醇血症患病率也明显升高,预示未来中国成人血脂异常患者及相关疾病负担将继续加重。加强高脂血症患者社区管理、提高患者治疗依从性是全科医生面临的挑战。

社区管理包括以下几个方面:

(1)完善健康档案。

(2)加强血脂异常的知晓率和血脂异常控制标准的知晓率。

(3)让患者知晓坚持治疗性生活方式改变对心血管疾病的影响。

(4)与患者共同制订生活方式改变计划(包括戒烟、控制体重、体育锻炼、合理膳食)。

(5)让患者知晓坚持血脂达标可以进一步减少心血管事件发生。

(6)进行心理疏导,帮助患者缓解生活压力。

(7)加强随访:每4~6周进行电话随访或门诊随访。①随访患者用药情况,指导治疗;②随访新发心脑血管事件,及时发现,及时治疗,及时转诊;③随访肝酶、肌酶等指标,监测药物不良反应。

思路2:急性冠脉综合征患者的靶目标值及调脂强度。

患者目前诊断急性冠脉综合征(acute coronary syndrome,ACS)。2014年《中国胆固醇教育计划血脂异常防治专家建议》,对于明确冠心病患者 LDL-C 靶目标值<1.8mmol/L;2014 年《急性冠状动脉综合征患者强化他汀治疗专家共识》推荐,ACS 患者给予阿托伐他汀 40~80mg/d,使 LDL-C 低于 1.8mmol/L 或下降幅度大于 50%,并建议大剂量他汀维持 3~6 个月。

因此患者应该选用阿托伐他汀每日 40mg 或瑞舒伐他汀每日 20mg,3~6 个月,但应该强调的是,我国患者对他汀类药物的耐受性明显低于欧美国家患者,因此在使用大剂量他汀情况下需要密切观察他汀的耐受性和副作用。病情平稳阶段可选用中等剂量他汀治疗。

思路 3:长期管理血脂异常患者需要多长时间随访?

长期口服调脂药物主要为两大类,一是他汀类调脂药物,二是贝特类调脂药物,临床主要应用他汀类。两类药物的副作用和监测指标相似,他汀类药物长期监测和管理具体如下:

开始口服调脂药物时告知患者服药的利弊、用药的安全性,增加患者用药的依从性。用药后不适随时就诊,4~8 周检查肝功能、肌酶、血脂,进一步指导是否调整药物剂量。血脂达标,可以耐受正在服用的他汀类药物剂量,无不良反应,每隔 6~12 个月再次复查相关指标。

思路 4:长期管理血脂异常患者中,如何处理他汀类药物不耐受或达不到治疗目标?

1. 他汀类药物不耐受

(1)减少剂量或换用另一种他汀类药物,应用患者可以耐受的最大剂量再评价治疗效果。

(2)更换其他调脂药物。

①胆酸螯合剂:碱性阴离子交换树脂,可阻断肠道内胆汁酸中胆固醇的重吸收。临床用法:考来烯胺(每次 5g/ 次,3 次 /d)、考来替泊(每次 5g,3 次 /d)、考来维仑(每次 1.875g,2 次 /d)。与他汀类联用,可明显提高调脂疗效。常见不良反应有胃肠不适、便秘、影响某些药物吸收。禁忌证是异常 β 脂蛋白血症和血清 TG>4.5mmol/L(400mg/dl)。②胆固醇吸收抑制剂:依折麦布能有效抑制肠道内胆固醇吸收,推荐剂量 10mg/d,依折麦布的安全性和耐受性良好,其不良反应轻微且多为一过性,主要表现为头痛和消化道症状,与他汀联用也可发生转氨酶增高和肌痛等副作用,禁用于妊娠期和哺乳期。③普罗布考:普罗布考通过渗入 LDL 颗粒核心中,影响脂蛋白代谢,使 LDL 易通过非受体途径被清除。普罗布考常用剂量为每次 0.5g,2 次 /d。主要适用于高胆固醇血症,尤其是家族性高胆固醇血症及黄色瘤患者,有减轻皮肤黄色瘤作用。常见不良反应为胃肠道反应;也可引起头晕、头痛、失眠、皮疹等;极为少见的严重不良反应为 Q-T 间期延长。室性心律失常、Q-T 间期延长、血钾过低者禁用。

大量循证医学证据表明,他汀类药物在动脉粥样硬化疾病一级预防和二级预防的作用是其他调脂药物不能替代的,对有动脉粥样硬化性疾病和心血管疾病高危人群患者,尽量保留他汀类药物治疗。部分研究表明,非他汀类药物降低 LDL-C 可以减少 ASCVD 事件,因此,在不能耐受他汀类药物时可以选用非他汀类药物降低胆固醇药物。

2. 他汀类药物达不到治疗目标

(1)加大他汀类药物剂量。

(2)换用更强效果他汀类药物:如辛伐他汀 20mg/d 换用阿托伐他汀 20mg/d。

(3)联合用药:①他汀类药物联合胆固醇吸收抑制剂进一步降低 LDL-C;②他汀类药物联合树脂类药物进一步降低 LDL-C;③他汀类药物联合烟酸类药物用于升高 HDL-C,加强降低 LDL-C;④他汀类药物联合贝特类药物用于治疗混合型高脂血症,但不与吉非罗齐联合,发生肌病概率增加,可以联合低到中等剂量非诺贝特;⑤他汀类药物与 ω-3 脂肪酸联合用于治疗混合型高脂血症。

【问题 10】如何治疗该患者的高甘油三酯血症?

思路 1:高甘油三酯血症的危害。

血浆高甘油三酯致动脉粥样硬化作用仍存争议,极高甘油三酯血症主要风险是急性胰腺炎,一般升高的高甘油三酯血症可能存在致动脉粥样硬化作用。

思路 2:高甘油三酯血症的治疗。

甘油三酯的升高与饮食、血糖水平、运动、肥胖等有直接关系。改变生活方式对高甘油三酯血症治疗非常重要。主要有 3 种降低 TG 药物:贝特类、烟酸类和高纯度鱼油制剂。

思路 3:高甘油三酯血症治疗原则。

合并动脉粥样硬化疾病时首选他汀类药物治疗,既预防心血管事件发生又有降低甘油三酯作用,但是重

271

度高甘油三酯血症患者首选贝特类药物治疗,不推荐他汀类药物治疗。

该患者存在甘油三酯升高的许多因素,如饮食习惯、饮酒、超重等,同时存在明确的冠心病,治疗应从治疗性生活方式改变开始,同时给予他汀类药物治疗降低甘油三酯水平,也可联合 ω-3 脂肪酸治疗高甘油三酯。

【问题 11】重视血脂异常患者的家庭照顾。

血脂异常患者具有家族遗传倾向,家族性血脂异常与早发冠心病密切相关,因此对于血脂异常患者要重视家族因素筛查。除遗传因素外,家庭成员之间的生活方式和行为习惯具有行为共同性特征,家庭成员之间的生活方式、饮食习惯、健康概念等与血脂异常的发病、治疗及预后密切相关。血脂异常的长期管理也与家庭生活方式、家庭照顾和监督有着密切关系。血脂异常患者的家庭照顾包括以下几个方面:

1. 全科医生应了解血脂异常患者家庭成员基本资料,包括姓名、性别、年龄、家庭角色、职业、文化、健康问题、经济状况、生活环境等。了解家庭成员的患病情况、家庭成员相互之间关系是否和谐、家庭成员对血脂异常及其危害的认知程度。

2. 对于血脂异常患者,建议家族成员进行血脂筛查,包括患者父亲、妻子、儿子、兄妹。明确是否存在家族遗传性高脂血症,必要时进行基因筛查。对于存在心血管疾病危险因素的家庭成员进行血压、血糖、血管超声等筛查。

3. 全科医生应针对家庭存在的具体问题进行健康教育,对于存在血脂异常家庭成员进行心血管风险评估,做好一级预防和二级预防。激励家庭成员共同努力,共同制订预防保健计划,改善不良生活方式,保证计划落实完成,克服困难,树立战胜疾病的信心。

4. 全科医生做到定期家庭访视。对于血脂异常患者及其家庭成员进行定期访视,指导患者的治疗性生活方式改变以及药物治疗,监测药物副作用,监督家庭健康计划是否实施到位,对新发问题进行指导,发现家庭中潜在的危险因素。

（占伊扬）

第二十七章　卒　中

脑血管病(cerebrovascular disease,CVD)是我国第一位致死致残的疾病,由各种脑血循环障碍病因(涉及脑血管、心脏和血液)引起的脑部疾病的总称。卒中(stroke)是最常见、最危重的脑血管病亚型,是突发脑血循环障碍导致脑部疾病的总称,包括缺血性卒中和出血性卒中。缺血性卒中,即血管堵塞或严重狭窄导致脑部血液供应障碍(主要为缺血、缺氧),最终导致脑组织死亡,在头颅CT或MRI上形成局灶性、新的梗死病灶。出血性卒中,指血管破裂,血液流入脑实质内(脑出血)或流入蛛网膜下腔(蛛网膜下腔出血)等脑组织间隙中。

卒中具有高发病率、高患病率、高致残率、高死亡率及高复发率的特点,而且最近几年在我国有年轻化及愈演愈烈的趋势,是危害最大、需要紧急救治的脑血管病亚型;导致卒中发生风险增高的血管疾病危险因素,如高血压、糖尿病、高脂血症、动脉粥样硬化、心脏病等也是危害公众健康的主要慢性疾病。因此,针对卒中的综合防治意义重大。

第一节　缺血性卒中

缺血性卒中(ischemic stroke)又称"脑梗死(cerebral infarction)",是由局部血液循环障碍导致的神经功能缺损综合征,存在可经影像学证实的新发梗死灶,主要包括脑血栓形成、脑栓塞和腔隙性脑梗死等。脑缺血症状仅持续数分钟至数小时,且影像学检查无新发脑梗死,则称为短暂性脑缺血发作(transient ischemic attack,TIA)。出血性卒中主要包括脑出血和蛛网膜下腔出血。所有卒中类型中,缺血性卒中约占80%,出血性卒中约占20%。卒中发病率、死亡率、致残率及再发率均高,与心脏病及恶性肿瘤构成人类前三大死因。

临床病例

患者,男性,76岁,因"发现左侧肢体活动不灵2小时"至全科门诊就诊。

【问题1】针对这位患者,需要重点采集哪些病史?

思路:

1. 发病时间　缺血性卒中急性期最有效的治疗为血管再通,包括静脉溶栓和机械取栓,两者均有明确的治疗时间窗,因此明确发病时间是指导下一步治疗的关键。对于醒后卒中患者,应以"最后正常时间(last known normal time)"为发病时间。例如:患者晚上10点休息,次日7点晨醒后发现缺血性卒中,发病时间应该为前一日晚上10点。

2. 发病状态及重要伴随症状　两者有助于卒中的鉴别诊断,脑血栓形成常在安静状态下发病,脑栓塞、脑出血及蛛网膜下腔出血则多在活动状态下发病;其中脑栓塞和蛛网膜下腔出血发病速度最快,症状常在数秒或数分钟之内达到高峰。伴有剧烈头痛、恶心及呕吐时,出血性卒中可能性大。眩晕、复视、明显呛咳提示椎基底动脉系统受累,单眼黑矇、失语等提示颈内动脉系统受累。伴有明显心悸时,需考虑低血糖发作、心房颤动等可能。

3. 了解患者是否有出血风险　对于缺血性卒中患者,急性期抗栓治疗增加出血风险,治疗前应进行评估,包括近期外伤、手术史,消化性溃疡病史,抗血小板药物和抗凝药物使用情况等。

4. 了解脑血管病危险因素　包括高血压、糖尿病、血脂异常、冠心病等。

知识点

卒中的早期识别——"FAST"原则

1. F(face,脸) 让患者微笑,观察是否有口角歪斜。

2. A(arm,手臂) 让患者双手平举,观察是否有一侧肢体向下坠落。

3. S(speech,语言) 让患者重复一个简单的句子,观察是否有言语困难或言语难以理解。

4. T(time,时间) 出现上述任何一种症状,应高度怀疑卒中,需立即拨打120急救。

知识点

缺血性卒中的危险因素

缺血性卒中的危险因素根据是否可以干预分为3类:

1. 不可干预的危险因素 年龄、性别、遗传、种族、低出生体重等。

2. 可干预的危险因素 高血压、心脏病、糖尿病、血脂异常、TIA或卒中史、高同型半胱氨酸血症、吸烟及酗酒、肥胖、口服避孕药、缺乏运动和锻炼、无症状性颈动脉狭窄、膳食不合理、绝经后激素替代治疗等。

3. 潜在可干预的危险因素 药物滥用、偏头痛、代谢综合征、睡眠呼吸暂停、高凝状态、炎症和感染等。

临床病例(续)

患者,男性,76岁,因"发现左侧肢体活动不灵2小时"至全科门诊就诊。通过进一步采集病史了解到以下情况:

患者昨晚8:30上床休息,夜间有无起床不详,今晨7:30家人发现患者左侧肢体不能活动,口角歪斜,言语含混不清,伴有小便失禁。无意识障碍,无头痛、头晕,无恶心及呕吐,无复视。就诊时间为9:30。

既往史:10年前有急性心肌梗死,1年前行冠状动脉搭桥术,术后服用阿司匹林100mg、氯吡格雷75mg、阿托伐他汀20mg每日至今。既往有原发性高血压、2型糖尿病、血脂异常、轻度阻塞型睡眠呼吸暂停综合征等病史,自述血压、血糖控制尚可。无药物过敏史。

个人史:无吸烟、饮酒史,无疫水、疫区接触史,无化学性物质、放射性物质、有毒物质接触史。

家族史:2个儿子均有冠心病病史。否认有遗传性疾病家族史。

【问题2】病史采集结束后,查体应重点放在哪些方面?

思路:急性卒中患者的查体应简明扼要,重点突出,详细全面的查体应在后续诊疗过程中进行,以避免延误治疗。查体重点有以下方面:

1. 评估神经系统受损的部位 根据局灶性神经功能缺损的症状和体征确定受累的神经解剖结构,进一步推测受累的脑动脉分支,如颈内动脉系统分支或椎基底动脉系统分支。

2. 评估神经系统受损的严重程度 主要包括是否有意识障碍、生命体征是否平稳以及四肢肌力等。

3. 初步评估心脏及外周动脉病变 包括心脏听诊、颈动脉血管杂音听诊、桡动脉搏动、足背动脉搏动、双侧血压等。

临床病例(续)

体格检查:体温35.9℃,脉搏73次/min,呼吸20次/min,血压166/71mmHg。神志清楚,精神可,全身未见皮疹,未触及淋巴结肿大。呼吸频率20次/min,两肺呼吸音清,未闻及明显干湿啰音。心率70次/min,律齐,心音正常,各瓣膜区未闻及明显杂音。腹平软,无压痛反跳痛,肝脾肋下未及。颈动脉未闻及杂音,双侧桡动脉、足背动脉搏动正常。

神经专科查体:神志清楚,构音不清,双瞳孔等大,直径约3mm,对光反射存在,双眼左侧视野同向性偏盲,双眼向左侧凝视麻痹,双侧额纹对称,左侧鼻唇沟浅,伸舌偏左,左侧肢体肌力0级、肌张力低,右侧肢体肌力、肌张力正常,腱反射左侧稍高于右侧,左侧 Babinski 征阳性,右侧 Babinski 征可疑阳性,感觉及共济运动检查不配合,颈部无抵抗,Kernig 征阴性。NIHSS 评分 16 分。

【问题 3】该患者的病例特点及初步诊断是什么?

思路:患者为老年男性,存在高血压、冠心病、血脂异常、糖尿病等多种脑血管病危险因素。急性发病,主要表现为左侧肢体偏瘫、口角歪斜及语言障碍,同时具备了前述"FAST"原则的 3 项症状,因此高度怀疑卒中。结合安静状态下发病,无头痛、恶心及呕吐等伴随症状,初步诊断为缺血性卒中。需要注意的是,缺血性卒中和出血性卒中可有类似的临床表现,仅从临床表现难以将两者区分开来,确诊依赖于头颅 CT 或 MRI 检查。

【问题 4】需要与哪些疾病鉴别?

思路:

1. 脑出血　多于活动中或情绪激动时起病,多有高血压病史,病情进展快,常伴随有头痛、恶心、呕吐及意识障碍,头颅 CT 或 MRI 有助于明确诊断。

2. 蛛网膜下腔出血　多于活动中起病,病情进展急骤,头痛剧烈,多伴有恶心、呕吐,常常没有局灶性神经功能缺损的症状和体征,头颅 CT、MRI 及脑脊液检查有助于明确诊断。

3. 类卒中样疾病　包括癫痫发作、代谢紊乱(如电解质紊乱、血糖水平异常等)、偏头痛、颅内占位性病变等,头颅 CT、MRI 及实验室检查有助于明确诊断。

【问题 5】结合病史及查体结果,该患者需急诊完善哪些检查?

思路:疑似卒中患者,需紧急进行头颅 CT 或 MRI 检查,以明确卒中的性质,指导下一步治疗。头颅 CT 平扫是疑似卒中患者的首选影像学检查方法,可准确识别急性脑出血和蛛网膜下腔出血。MRI 平扫在识别急性小脑或脑干缺血性卒中方面明显优于 CT。除了影像学检查,所有疑似卒中患者都应完善以下检查,如血常规、肝肾功能、电解质、血糖、凝血功能、氧饱和度、心肌损伤标志物和心电图,用于指导急性期治疗。

临床病例(续)

头颅 CT 平扫:右侧颞叶、顶叶及基底节区大片状低密度影,边界模糊,局部脑组织肿胀,脑沟变浅,右侧侧脑室受压,中线居中,提示右侧大脑中动脉供血区急性大面积脑梗死(图 27-1)。血常规、肝肾功能、电解质、血糖、凝血功能、心肌损伤标志物均未见明显异常,心电图可见非特异性 T 波改变。

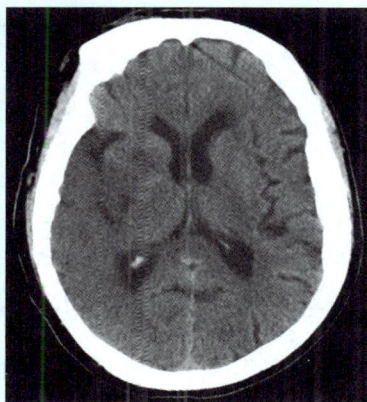

图 27-1　头颅 CT 平扫

知识点

缺血性卒中常见临床表现

1. 颈内动脉系统闭塞　常见临床表现有"三偏征"——对侧偏瘫、偏身感觉障碍、双眼对侧同向性偏盲,双眼向病灶侧凝视,优势半球受累可出现失语,非优势半球受累可有体像障碍。眼动脉受累时,可有单眼一过性或永久性视力丧失。梗死面积较大时,患者可有不同程度的意识障碍,脑水肿严重时导致脑疝形成,危及生命。

2. 椎基底动脉系统闭塞　常见临床表现有眩晕、恶心及呕吐、眼球震颤、复视、构音障碍、吞咽困难及共济失调等。脑干受累时可表现为各种特征性"交叉综合征",即病变侧脑神经麻痹伴对侧偏身感觉、运动异常,如 Weber 综合征、Wallenberg 综合征等。此外,椎基底动脉系统闭塞也可以表现为"三偏征"。

【问题 6】头颅 CT 平扫,缺血性卒中的早期征象有哪些?

思路:对于急性卒中患者,头颅 CT 平扫是首选的影像学检查手段,除了用于发现脑梗死灶,急性期 CT 检查更重要的目的是除外脑出血等疾病。头颅 CT 在缺血性卒中早期多正常,一般在 24~48 小时内出现低密度病灶。脑梗死早期阶段,CT 可以发现一些轻微的改变,包括大脑中动脉高密度征、岛叶及豆状核结构模糊、灰白质分界不清及脑沟消失等,需要仔细观察;必要时在 24 小时后可复查 CT,动态观察影像学改变。本例患者头颅 CT 平扫可见右侧颞叶灰白质分界不清晰,相应部位脑沟消失等征象,证实了缺血性卒中的诊断。

【问题 7】缺血性卒中的诊断明确后,下一步治疗方案是什么?

思路:

1. 血管再通治疗是缺血性卒中急性期最有效的治疗措施。因此,应首先评估患者是否适合进行静脉溶栓或机械取栓治疗,需仔细核对静脉溶栓和机械取栓治疗的适应证和禁忌证,对于适合血管再通治疗的患者,应积极进行溶栓或取栓治疗。

2. 不适合静脉溶栓或机械取栓治疗的患者,应根据患者具体情况选择合适的抗栓治疗策略,包括抗血小板治疗和抗凝治疗。

3. 对症支持治疗,主要针对缺血性卒中急性期并发症,如高血压、高颅压、应激性溃疡、气道保护、维持生命体征等。

4. 控制脑血管疾病危险因素,包括控制血压、控制血糖、他汀类药物调脂治疗等。

5. 康复治疗。

基底动脉取栓
(视频)

知识点

缺血半暗带和治疗时间窗

急性脑梗死病灶由缺血中心区及其周围的缺血半暗带(ischemic penumbra)组成。缺血中心区脑组织已发生不可逆性损害,而缺血半暗带尚有大量存活的神经元,如能在短时间内恢复血流,该区脑组织可存活并恢复功能。但是,恢复缺血半暗带血流需在发病后有限的时间内进行,这个时间段即为治疗时间窗(therapeutic time window)。超过治疗时间窗后恢复血流,不仅不能挽救缺血半暗带,反而会因缺血再灌注损伤加重脑组织功能受损。静脉溶栓治疗药物目前有重组组织型纤溶酶原激活剂(rt-PA)和尿激酶,前者的治疗时间窗为发病后 4.5 小时以内,后者的时间窗为发病后 6 小时以内。颈内动脉系统大动脉闭塞机械取栓治疗的时间窗为发病后 6 小时以内,部分经严格影像学检查证实有明显缺血半暗带的患者,时间窗可延长至发病后 24 小时以内;椎基底动脉系统大血管闭塞时,机械取栓的时间窗为发病后 24 小时以内。

【问题 8】该患者是否适合进行静脉溶栓治疗?

思路:从发病时间来看,患者为醒后卒中,最后正常时间为前一日晚上 8:30,就诊时间为次日 9:30,由此计算的发病时间为 13 小时,超过了 rt-PA 及尿激酶静脉溶栓治疗时间窗,不具备静脉溶栓适应证。此外,头颅 CT 提示右侧大脑中动脉供血区大面积急性脑梗死,为静脉溶栓治疗的禁忌证。因此,该患者不适合行静脉溶栓治疗。

知识点

静脉溶栓治疗的适应证和禁忌证

1. 3 小时内 rt-PA 静脉溶栓

(1)适应证:①缺血性卒中导致的神经功能缺损;②发病时间<3 小时;③年龄 ≥18 岁;④患者或家

属签署知情同意书。

(2) 禁忌证:①颅内出血(包括脑实质出血、脑室内出血、蛛网膜下腔出血、硬膜下/外血肿等);②既往颅内出血史;③近3个月有严重头颅外伤或卒中史;④颅内肿瘤、巨大颅内动脉瘤;⑤近3个月有颅内或椎管内手术;⑥近2周有大型外科手术;⑦近3周有胃肠或泌尿系出血;⑧活动性内脏出血;⑨主动脉弓夹层;⑩近1周有不易压迫止血部位的动脉穿刺;⑪收缩压≥180mmHg或舒张压≥100mmHg;⑫急性出血倾向,包括血小板计数低于$100×10^9$/L等;⑬24小时内接受过低分子量肝素治疗;⑭口服抗凝药且INR>1.7或PT>15秒;⑮48小时内使用凝血酶抑制剂或Ⅹa因子抑制剂;⑯血糖<2.8mmol/L或>22.22mmol/L;⑰头颅CT或MRI提示大面积脑梗死(梗死面积>1/3大脑中动脉供血区)。

(3) 相对禁忌证:①轻型非致残性卒中;②症状迅速改善的卒中;③惊厥发作后出现的神经功能损害(与此次卒中发生相关);④颅外段颈部动脉夹层;⑤近2周内严重外伤(未伤及头颅);⑥近3个月有心肌梗死史;⑦孕产妇;⑧痴呆;⑨既往疾病遗留较重神经功能残疾;⑩未破裂且未经治疗的动静脉畸形、颅内小动脉瘤(<10mm);⑪少量脑微出血(1~10个);⑫使用违禁药物;⑬类卒中。

2. 3~4.5小时内rt-PA静脉溶栓

(1) 适应证:①缺血性卒中导致的神经功能缺损;②发病时间3~4.5小时;③年龄≥18岁;④患者或家属签署知情同意书。

(2) 禁忌证:同"3小时内rt-PA静脉溶栓"禁忌证。

(3) 相对禁忌证:在"3小时内rt-PA静脉溶栓"相对禁忌证的基础上,增加以下内容。①使用抗凝药,INR≤1.7,PT≤15秒;②严重卒中(NIHSS评分>25分)。

3. 6小时内尿激酶静脉溶栓

(1) 适应证:①缺血性卒中导致的神经功能缺损;②发病时间<6小时;③年龄18~80岁;④意识清楚或嗜睡;⑤脑CT无明显早期脑梗死低密度改变;⑥患者或家属签署知情同意书。

(2) 禁忌证:同"3小时内rt-PA静脉溶栓"禁忌证。

【问题9】该患者是否需要转诊至专科? 转诊的目的是什么?

思路:该患者应尽快转到上级医院进一步诊治。转诊目的主要有3点:

1. 发病时间还在机械取栓治疗的时间窗内,因此应尽快转诊到能够开展机械取栓治疗的专科医院,以评估机械取栓治疗的可行性。

2. 头颅CT提示大面积脑梗死,预示着病情重,进展速度快,尽快转到专科医院,以便得到更好的综合诊治。

3. 进一步完善病因检查,明确发病原因,甚至致病机制,指导进一步的病因治疗。

临床病例(续)

辅助检查:转至专科医院后辅助检查。头颈部CTA:脑动脉粥样硬化改变,右侧大脑中动脉闭塞;右侧颈内动脉颅内段显影浅淡(图27-2)。头颅CT脑灌注检查(CTP):右侧大脑中动脉供血区灌注时间显著延长,局部灌注减低,缺血半暗带面积很小。

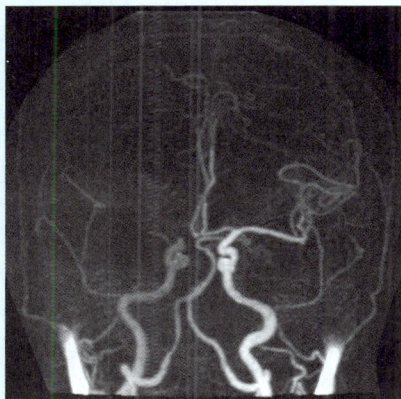

图27-2　头颈部CTA

【问题 10】该患者进一步的抗栓治疗方案是什么？

思路：

1. 患者为右侧大脑中动脉闭塞，尽管发病时间在 24 小时的时间窗以内，但是 CTP 检查提示缺血半暗带面积很小，因此不适合进行机械取栓治疗，下一步应该进行抗血小板或者抗凝治疗。

2. 抗栓治疗策略的选择与病因密切相关，例如，心源性脑栓塞患者应进行抗凝治疗，大动脉粥样硬化脑血栓形成患者则应选择抗血小板治疗。本例患者为右侧大脑中动脉闭塞，没有心房颤动病史，超声心动图未见附壁血栓，神经影像学检查亦不支持脑栓塞时常见的多个血管领域受累，因此病因分型考虑大动脉粥样硬化型，抗栓治疗应选择抗血小板治疗。

3. 该患者发病前规律阿司匹林联合氯吡格雷双抗治疗 1 年。大面积脑梗死患者脑出血转化风险高，双抗治疗会进一步增加出血风险，包括消化道大出血、脑出血等。因此，该患者抗血小板治疗方案应由双抗改为单抗治疗。

知识点

缺血性卒中的病因分型

目前广泛使用的病因分型为 TOAST 分型，它将缺血性卒中分为 5 型，分别为大动脉粥样硬化型、心源性栓塞型、小动脉闭塞型、其他明确病因型（如动脉炎、动脉夹层等）和不明原因型。病因分型的主要目的是指导病因治疗。

【问题 11】缺血性卒中患者，病因学检查主要包括哪些内容？

思路：明确缺血性卒中的病因有助于判断预后、指导治疗以及选择个体化的二级预防措施。病因学检查的主要内容可以分为以下 3 个方面：

1. 血液检查　包括血常规、肝肾功能、血脂、血糖、电解质、同型半胱氨酸、尿酸、血液黏稠度、超敏 C 反应蛋白（hs-CRP）、心肌损伤标志物、肿瘤标志物、丙肝抗体、HIV 抗体、梅毒抗体等。

2. 心脏检查　包括普通心电图、动态心电图、超声心动图等，必要时行经食管超声心动图、植入式长程心电图监测等。

3. 脑动脉检查　包括颈部血管超声、经颅多普勒超声、头颈部 CTA 或 MRA，必要时行 DSA 检查。

知识点

缺血性卒中危险因素、病因和机制

1. 危险因素　是指可以增加缺血性卒中发生概率的因素，但有了危险因素并不等于一定会患病，如高血压、血脂异常、吸烟等。

2. 病因　是可以最终导致缺血性卒中发生的病理生理过程，如进行性动脉粥样硬化，可导致动脉闭塞并最终引起缺血性卒中。

3. 机制　为导致缺血性卒中发生的方式。缺血性卒中常见发病机制：
①血栓形成：动脉粥样硬化病变导致血管内皮损伤，促进血小板黏附、聚集，进而导致血栓形成，使血管腔闭塞。②栓塞：指心脏或血管（包括动脉和静脉）来源的栓子随血流到达脑动脉，造成脑动脉闭塞，可见于心房颤动、心脏黏液瘤、颈动脉粥样硬化斑块，以及静脉系统血栓通过右向左分流引起的反常性栓塞。③低灌注：脑动脉明显狭窄患者出现低血压时，狭窄远端的脑组织发生低灌注，严重时导致脑梗死。

知识点

Willis 环及侧支循环

Willis 环位于脑底部，是由双侧颈内动脉、双侧大脑前动脉、双侧大脑后动脉、前交通动脉及双侧后交通动脉连接而成的脑动脉环。Willis环对颈内动脉系统与椎基底动脉系统之间,特别是两侧大脑半球之间的血液供应有重要的调节和代偿作用,与脑动脉闭塞后的临床表现密切相关。如一侧颈内动脉慢性闭塞的患者,如果Willis环完整及代偿功能良好,患者可以完全没有临床症状。Willis环为脑的一级侧支循环;颈内动脉与颈外动脉之间的吻合支,以及大脑前、中、后动脉软脑膜分支之间的相互吻合,构成脑的二级侧支循环;脑梗死后的新生血管形成,则构成脑的三级侧支循环。

临床病例(续)

发病3日后头颅CT平扫:右侧颞叶、额叶、顶叶、基底节区可见大片状低密度影,边界清楚,局部脑组织肿胀,脑沟变浅,右侧侧脑室明显受压,中线结构向左侧偏移(图27-3)。

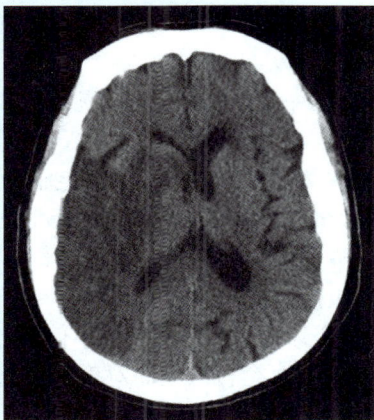

图27-3 头颅CT(发病3日后)

【问题12】脑梗死患者急性期常见并发症及处理。

思路:

1. 脑水肿与颅内压增高 是急性重症缺血性卒中的常见并发症,也是急性期死亡的重要原因之一。处理:①避免引起颅内压增高的因素,如头颈部过度扭曲、激动、用力、发热、咳嗽、便秘、输注低渗液体等;②抬高床头大于30°;③脱水降颅内压,可选用的药物有甘露醇、高张力盐水、甘油果糖及呋塞米;④对于发病48小时以内、60岁以下的恶性大脑中动脉梗死伴严重颅内压增高患者,尤其是意识水平下降的患者,可考虑行去骨瓣减压术治疗;⑤对于压迫脑干的大面积小脑梗死患者,应积极行去骨瓣减压术治疗。

2. 梗死后出血性转化 心源性脑栓塞、大面积脑梗死、使用抗栓药物(尤其是抗凝药物)或溶栓药物等会增加出血转化的风险。对于症状性出血转化患者,应停用抗栓治疗,待病情稳定10日至数周后可考虑恢复抗栓治疗,应仔细权衡利弊。

3. 肺炎 卒中患者合并肺炎的主要原因是误吸。意识障碍、呕吐、吞咽困难等是导致误吸的主要危险因素。意识障碍患者,应注意口腔卫生及气道保护。合并肺炎的患者应积极进行抗感染治疗。

4. 深静脉血栓形成 静脉血流淤滞、静脉系统内皮损伤和血液高凝状态是深静脉血栓形成的危险因素。应鼓励患者尽早活动,抬高下肢,尽量避免下肢(尤其是瘫痪侧)静脉输液。

知识点

恶性大脑中动脉梗死

大脑半球大面积脑梗死是大脑中动脉供血区域≥2/3的梗死,伴或不伴大脑前动脉/大脑后动脉供血区域梗死。大面积脑梗死患者发病早期,如果神经功能缺失和意识障碍进行性加重,并迅速出现脑疝,则称为恶性大脑中动脉梗死。恶性大脑中动脉梗死病死率高,即使患者存活,也将遗留严重神经功能残疾。恶性大脑中动脉梗死的治疗,除了基础生命支持与监护,部分颅骨切除减压治疗至关重要。

本例患者尽管有右侧大脑中动脉供血区大面积脑梗死,但病程中患者没有神经功能缺失和意识障碍进行性加重,因此不属于恶性大脑中动脉梗死。

知识点

缺血性卒中的预防

卒中具有致残率高的特点,因此卒中的防治工作,应着重强调预防的重要性。缺血性卒中的预防主要包含以下内容:

一级预防:一级预防的对象是健康人群,是发病前的预防,其主要内容是控制各种脑血管病危险因素,包括高血压、心脏病、糖尿病、血脂异常、吸烟及酗酒、高同型半胱氨酸血症等,从而达到减少发病机会的目的。

二级预防:二级预防的对象是发生过卒中或 TIA 的患者,通过寻找卒中事件发生的原因,对所有可干预的危险因素进行治疗,从而达到降低卒中复发的目的。除了控制各种脑血管疾病危险因素,大多数缺血性卒中患者应长期抗栓治疗预防复发,抗栓治疗方案包括抗血小板治疗和抗凝治疗。对于颈内动脉狭窄的患者,可根据具体情况考虑行颈动脉内膜剥脱术或颈动脉支架成形术。

【问题 13】全科医生问诊患者时还应包括哪些内容?

思路:全科医生面对的患者不仅是一个个体,还是一个家庭,不仅是急性期的问题,还要考虑到不让患者病情进展及复发、让患者尽早康复等问题。因此,全科医生面对患者的问诊需要更全面。首先,在问诊时除了针对患者的疾病,还要针对家属,取得家属配合,对患者进行有效的诊治。其次,对患者的既往健康状况进行评估,寻找缺血性卒中可能的危险因素。再次,对于转回社区的缺血性卒中患者,应该尽可能详细地收集专科医院的诊疗信息和资料,特别是针对病因进行记录和分析,制订有效且个体化的二级预防策略。最后,对患者的功能状况进行评估,指导家属协助患者及患者主动进行康复锻炼。

【问题 14】缺血性卒中诊疗流程。

思路:缺血性卒中诊疗流程主要包括 5 步。

1. 确认为突发神经功能缺损,同时行实验室检查、心脏功能检查或其他身体健康状况评估,以除外类卒中样疾病。

2. 行头颅 CT 和 / 或 MRI 检查,以明确是缺血性卒中还是出血性卒中。同时,可以除外肿瘤、炎症等非血管源性颅内疾病导致的神经功能缺损。

3. 如果是缺血性卒中,则应该评估是否可以进行血管再通治疗。

4. 明确缺血性卒中的病因及发病机制。经过病史询问、神经系统查体及头颅 CT 或 MRI 检查,临床上明确缺血性卒中的诊断后,需要对患者进行病因及发病机制的检查,除对症处理外更应该制订出全面的针对病因的治疗方案。

5. 针对病因治疗,并评估卒中复发的风险,制订缺血性卒中的二级预防方案。同时,对有残疾的患者进行康复治疗,以改善预后。

第二节　出血性卒中

出血性卒中约占所有卒中的 20%,主要包括脑出血(intracerebral hemorrhage,ICH)和蛛网膜下腔出血(subarachnoid hemorrhage,SAH)。脑出血又称“原发性脑出血”或“自发性脑出血”,是指非外伤性脑实质内出血,大多数病例的病因是高血压脑出血,50 岁以下年轻人脑出血的常见原因是脑动静脉畸形。SAH 是指脑底部或脑、脊髓表面血管破裂,血液流入蛛网膜下腔,又称“原发性蛛网膜下腔出血”,大多数 SAH 是囊性动脉瘤破裂所致。继发性 SAH 是在脑实质内出血、脑室出血等情况下,血液穿破脑组织和蛛网膜,流入蛛网膜下腔,可见于脑出血、脑外伤等情况。

临床病例

患者,男性,45岁,因"突发左侧肢体瘫痪伴言语不利1小时"至全科门诊就诊。

【问题1】针对这位患者,需要重点采集哪些病史?

思路:根据卒中早期识别"FAST"原则,该患者为疑似卒中患者,因此需重点采集以下病史:

1. 发病时间　缺血性卒中急性期血管再通治疗有明确的治疗时间窗,因此明确发病时间至关重要。

2. 发病状态及重要伴随症状　两者有助于出血性卒中和缺血性卒中的鉴别诊断。活动状态下发病,尤其是用力时,伴有剧烈头痛、恶心及呕吐,出血性卒中可能性大。

3. 了解患者是否有出血风险　包括近期外伤、手术史,消化性溃疡病史,抗血小板药物和抗凝药物使用情况等。

4. 了解脑血管病危险因素　包括高血压、糖尿病、血脂异常、冠心病等。

知识点

出血性卒中的病因

1. 高血压　长期未有效控制的高血压是脑出血最常见的原因。
2. 脑淀粉样血管病　是老年人非高血压脑出血的常见原因,好发于脑叶,容易反复出血。
3. 血管结构异常　包括动静脉畸形、海绵状血管畸形、颅内动脉瘤等。
4. 血液系统疾病　包括白血病、再生障碍性贫血、血小板减少性紫癜、凝血功能障碍等。
5. 其他　如烟雾病、血管炎、瘤卒中、药物因素(抗血小板药物、抗凝药物或溶栓药物)等。

出血性卒中的病因与年龄密切相关,中老年人以高血压脑出血、脑淀粉样血管病多见,青年人则需要更多考虑脑动静脉畸形、烟雾病等病因。

知识点

动脉瘤性SAH的危险因素

1. 吸烟。
2. 高血压。
3. 遗传因素。
4. 酗酒。
5. 药物因素　包括抗血小板药、抗凝药和拟交感药物等。
6. 动脉瘤较大　>7mm。

临床病例(续)

患者,男性,45岁,因"突发左侧肢体瘫痪伴言语不利1小时"至全科门诊就诊。通过进一步采集病史了解到以下情况:

患者1小时前大便后突然出现左侧肢体无力及左侧面瘫,伴左侧肢体感觉障碍及言语不利,伴头晕及右侧头痛,无大汗、恶心、呕吐、视物不清,无大小便失禁,无意识障碍,左侧肢体活动正常。

既往史:高血压病5年,血压最高180/110mmHg,未予以药物治疗。高脂血症5年,未予以治疗。无糖尿病史,无食物、药物过敏史。

个人史:无疫区、疫水接触史,无化学性物质、放射性物质、有毒物质接触史,无吸毒史,吸烟10余年,平均每日5支,未戒烟,无长期饮酒史。

家族史:否认家族性遗传病史。

体格检查:体温36.0℃,脉搏80次/min,呼吸18次/min,血压164/116mmHg。神志清楚,精神可,全身未见皮疹,未触及淋巴结肿大。呼吸频率18次/min,两肺呼吸音清,未闻及明显干湿啰音。心率80次/min,律齐,心音正常,各瓣膜区未闻及明显杂音。腹平软,无压痛反跳痛,肝脾肋下未及。颈动脉未闻及杂音,双侧桡动脉、足背动脉搏动正常。

神经专科查体:神志清楚,言语欠流利,双瞳孔等大,直径约2mm,对光反射存在,眼球活动正常,双侧额纹对称,左侧鼻唇沟浅,伸舌偏左,左侧肢体肌力2级、肌张力低,右侧肢体肌力、肌张力正常,腱反射左侧稍高于右侧,左侧Babinski征阳性,右侧Babinski征阴性,左侧肢体感觉减退,颈强直,颏胸2横指。

知识点

脑膜刺激征

SAH时,脊神经根受脑脊液血液成分刺激,导致其支配的肌肉出现反射性痉挛的阳性体征,统称为脑膜刺激征。除了SAH,脑膜刺激征还可见于脑膜炎、脑膜癌等疾病。

1. 颈强直　患者仰卧,双下肢伸直,检查者轻托患者枕部并使头部前屈,如颈有抵抗,下颏不能触及胸骨柄,提示存在颈强直。

2. Kernig征　患者仰卧,检查者托起患者一侧大腿,使髋关节、膝关节各屈曲呈90°角,然后固定膝关节,并将小腿慢慢上抬,如果大腿与小腿间夹角不到135°就产生明显阻力,并伴有大腿后侧及腘窝部疼痛,提示Kernig征阳性。

3. Brudzinski征　患者仰卧,双下肢伸直,检查者轻托患者枕部并使头部前屈,如有颈部抵抗及颈后疼痛感,同时双侧髋关节、膝关节不自主屈曲,提示Brudzinski征阳性。

需要注意的是,部分SAH患者,尤其是老年患者,脑膜刺激征可以不明显。

【问题2】该患者的病例特点及初步诊断是什么?

思路:患者为中年男性,存在高血压、血脂异常、吸烟等脑血管病危险因素,其中高血压和血脂异常均未进行药物治疗。急性发病,主要表现为左侧肢体偏瘫、左侧中枢性面舌瘫及语言不利,高度怀疑卒中。患者活动中起病,在大便后发病,且伴有明显的头痛症状,因此初步诊断为脑出血。本例患者临床表现与本章第一节脑梗死患者极为相似,可见仅凭临床表现难以将出血性卒中和缺血性卒中区分开来,确诊依赖于头颅CT或MRI检查。

【问题3】脑出血需要与哪些疾病鉴别诊断?

1. 脑梗死　老年人多见,多有脑血管病危险因素,头痛、恶心、呕吐症状少见,头颅CT检查有助于鉴别。

2. 蛛网膜下腔出血　青壮年多见,多在活动中起病,病情进展急骤,头痛剧烈,多伴有恶心、呕吐,多无局灶性神经功能缺损的症状和体征,头颅CT、MRI及脑脊液检查有助于明确诊断。

3. 类卒中样疾病　包括癫痫发作、代谢紊乱(如电解质紊乱、血糖水平异常等)、偏头痛、颅内占位性病变等,头颅CT、MRI及实验室检查有助于明确诊断。

4. 引起急性昏迷的全身性疾病　如一氧化碳中毒、镇静催眠药中毒、低血糖、肝性昏迷等,仔细询问病史、查体及相关实验室检查有助于明确诊断,头颅CT能除外脑出血。

临床病例(续)

头颅CT平扫(图27-4):右侧基底节区可见片状高密度影,提示脑出血(量约30ml),血肿周围可见少许片状低密度水肿带,右侧侧脑室受压变形并向左移位,脑室无扩大,右侧额顶叶部分脑沟变浅、消失,部分脑沟密度增高。头颅MRA(图27-5):颅内脑血管未见动脉瘤及动静脉畸形改变。血常规、肝肾功能、电解质、血糖、凝血功能、心肌损伤标志物及心电图检查均未见明显异常。

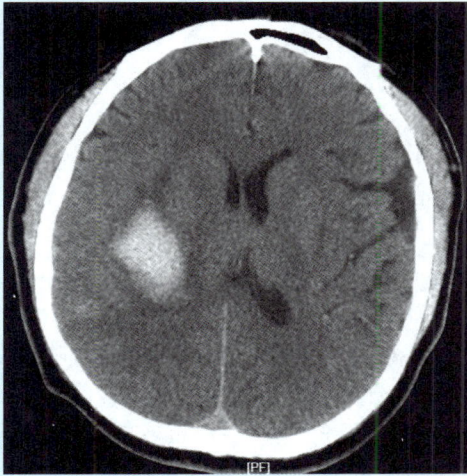

图 27-4 头颅 CT 平扫

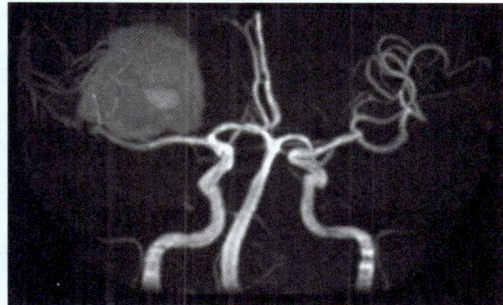

图 27-5 头颅 MRA

知识点

高血压脑出血的发病机制

1. 脑动脉的解剖特点 脑动脉壁较薄,中层肌细胞薄弱和外膜结缔组织较少,而且无外弹力层。

2. 长期高血压使脑实质小穿通动脉(如豆纹动脉、丘脑纹状体动脉)发生玻璃样变、纤维素样坏死或微小动脉瘤形成,在血压突然升高时容易破裂出血。

3. 豆纹动脉从大脑中动脉成直角发出,受血流冲击较大,因此是高血压脑出血最常见的部位。

知识点

脑出血的神经影像学检查

头颅 CT 是诊断脑出血的首选检查。脑出血急性期 CT 平扫可显示类圆形均匀高密度血肿,边界清楚,可确定血肿的部位、大小、形态及是否破入脑室,血肿周围是低密度水肿带,同时可以观察脑室受压、脑组织移位等占位效应。随着血肿内血红蛋白分解,脑血肿密度逐渐降低,3~6 周变为等密度病灶。出血 2~3 个月后,血肿逐渐吸收而形成卒中囊。脑出血 MRI 平扫信号改变复杂,与脑血肿成分的动态改变有关,对识别慢性脑出血和微出血优于头颅 CT。脑血管检查,包括头颈部 CTA、MRA 或 DSA 检查,有助于进一步明确脑出血的病因。

知识点

SAH 的神经影像学检查

头颅 CT 是诊断 SAH 的首选检查,表现为蛛网膜下腔高密度影,多见于大脑外侧裂、前纵列池、后纵列池、鞍上池及环池等。SAH 急性期 CT 检查敏感性好,不仅可早期诊断,还可根据 SAH 分布推断出血部位。值得注意的是,其敏感性与发病时间密切相关,发病当天 CT 平扫阳性率为 95%,1 日后降至 90%,5 日后为 80%,7 日可为 50%。因此临床高度怀疑 SAH 而头颅 CT 平扫阴性的患者,应及时进行脑脊液检查。DSA、CTA 对动脉瘤的敏感性高于 MRA。

> **知识点**
>
> ### 脑微出血
>
> 脑微出血是少量含铁血黄素沉积引起的点状低信号区域,在 MRI 平扫的 T_2^* 序列观察得最清楚,提示脑出血风险,并对其病因有一定提示意义。高血压患者的微出血多分布在丘脑、基底节和脑桥;脑淀粉样血管病患者的微出血主要分布在灰白质交界处。

【问题 4】高血压脑出血的常见部位及临床表现。

思路:高血压脑出血最常见的部位是壳核,占全部脑出血的 30%~50%,其次为丘脑、脑叶、脑桥、小脑和脑室等。

1. 壳核出血　可见"三偏征",即对侧肢体偏瘫、偏身感觉障碍及同向性偏盲,严重者出现昏睡、昏迷。

2. 小脑出血　见头痛、眩晕、呕吐及平衡障碍,通常没有肢体瘫痪,可压迫脑干或第四脑室而迅速出现昏迷。

3. 丘脑出血　可见"三偏征",以及上视麻痹、瞳孔缩小、凝视鼻尖等眼部体征。

4. 脑叶出血　临床表现随出血部位而异,例如,枕叶出血主要表现为对侧视野同向性偏盲,额叶出血可导致以对侧下肢为主的偏瘫。此外,脑叶出血引起癫痫发作的概率更高。

5. 脑桥出血　因累及上行性网状激活系统,常迅速出现昏迷、四肢瘫痪、瞳孔呈针尖样改变。

【问题 5】该患者的诊断是什么? 如何制订下一步治疗方案?

思路:头颅 CT 平扫可见脑出血和 SAH。患者既往有高血压病史,未进行药物治疗,头部 MRA 检查未见动静脉畸形、动脉瘤等血管病变,因此诊断为高血压脑出血、继发性 SAH。

高血压脑出血案例分析(课件)

1. 一般治疗　如安静卧床休息、控制感染、控制血糖、预防深静脉血栓、保持大便通畅、治疗应激性溃疡等。

2. 控制血压　脑出血后颅内压升高,此时血压升高是保证脑组织灌注的生理性调节反应。但是血压过高会导致血肿扩大,降压治疗则有导致脑组织灌注不足的风险。当急性脑出血患者收缩压>220mmHg 时,应积极使用静脉降压药物降低血压;当收缩压>180mmHg 时,可使用静脉降压药物控制血压,根据患者的临床表现调整降压速度,160/90mmHg 可作为降压的参考目标。

3. 治疗颅内压增高

4. 预防和治疗癫痫发作

5. 手术治疗

6. 康复治疗

【问题 6】该患者是否需要转诊至专科?

脑出血患者早期常有活动性出血或血肿扩大,应就近治疗,尽量减少搬运。经治疗病情稳定以后,再转至专科进一步明确脑出血的病因。病情较重以及有手术治疗指征的患者,可以考虑紧急转至专科医院治疗。

> **知识点**
>
> #### 动脉瘤的好发部位
>
> 动脉瘤好发于 Willis 环及其附近的分支,尤其是动脉分叉处。
>
> 1. 后交通动脉和颈内动脉交界处,约占 40%。
> 2. 前交通动脉和大脑前动脉,约占 30%。
> 3. 大脑中动脉的外侧裂分叉处,约占 20%。
> 4. 基底动脉尖或椎动脉与小脑后下动脉连接处,约占 10%。
>
> #### "镜像"动脉瘤
>
> 约 20% 的患者有 2 个或 2 个以上的动脉瘤,多位于对侧相同动脉,称为"镜像"动脉瘤。

【问题 7】脑出血手术治疗适应证有哪些? 该患者是否考虑手术治疗?

手术治疗的目的是挽救患者生命,促进神经功能恢复。以下 2 类患者可以考虑手术治疗:

①小脑出血:直径>3cm,引起脑干受压或梗阻性脑积水,临床症状进行性恶化。②脑叶出血:体积>30ml,出血贴近脑组织表面。手术方法包括开颅手术、立体定向穿刺、内镜下血肿清除术。手术宜在发病后 6~24 小时内进行,预后与术前意识水平有关,昏迷患者通常手术效果不佳。该患者为脑实质深部出血,不符合上述手术治疗指征。

【问题 8】SAH 的并发症主要有哪些?

1. 再出血　发病后 12 小时内再出血风险最大,发病后 4 周内再出血风险均较高,再出血的病死率约为 50%。临床表现为在病情稳定或好转的情况下,突发剧烈头痛、恶心呕吐、意识障碍加深、原有症状和体征加重或重新出现等。

2. 脑血管痉挛　脑血管痉挛一般于发病后 3~5 日开始出现,5~14 日为高峰期,2~4 周后逐渐减少。脑血管痉挛可引起迟发性缺血性损伤,严重者导致脑梗死。

3. 脑积水　因血凝块堵塞脑脊液循环通路,部分患者可在发病后 1 周内出现急性梗阻性脑积水,轻者表现为嗜睡,重者出现头痛、呕吐、意识障碍等。

【问题 9】SAH 的脑脊液特点是什么?

高颅压患者腰椎穿刺有诱发脑疝风险,因此,目前 SAH 患者脑脊液检查已基本被 CT 取代,仅在临床高度怀疑 SAH 而头颅 CT 平扫阴性的患者考虑腰椎穿刺检查。SAH 早期脑脊液呈均匀一致的血性脑脊液,红细胞、白细胞比值为 700:1,与外周血相似,数日后白细胞数及蛋白含量增加,糖和氯化物无明显变化。出血 12 小时后出现"脑脊液黄变",送检的脑脊液离心后上清液呈黄色。如果没有再出血,脑脊液的红细胞增多和黄变现象多于出血后 2~3 周消失。

【问题 10】SAH 的治疗原则有哪些?

1. 一般治疗　如绝对卧床 4~6 周、控制血压、控制感染、控制血糖、预防深静脉血栓、保持大便通畅、治疗应激性溃疡等。

2. 治疗颅内压增高

3. 防治再出血　根治动脉瘤是防止再出血最好的办法。诊断 SAH 后,应争取在 24~72 小时内进行动脉瘤介入栓塞或手术夹闭动脉瘤。对于不能及时根治动脉瘤的患者,可以短期应用抗纤维蛋白溶解药。

4. 防治迟发性脑血管痉挛　主要措施有维持正常血容量、口服尼莫地平和"3H"疗法。"3H"疗法指高血容量(hypervolemia)、轻度血液稀释(hemodilution)和诱导性高血压(hypertension)。

5. 防治急性脑积水　轻度脑积水可以进行降颅内压治疗,严重脑积水需及时脑室穿刺引流。

6. 手术治疗　可以祛除病因,及时止血,预防再出血及脑血管痉挛。

知识点

脑出血急性期血肿扩大的意义

部分患者在脑出血发病 24 小时内出现血肿体积明显增大,血肿扩大与神经功能恶化和预后差相关。CTA"斑点征"是指 CTA 检查时观察到的血肿内造影剂外渗现象,是提示血肿扩大的预测指标。血肿扩大的危险因素有高血压、使用抗栓治疗等。

知识点

SAH 的 Hunt-Hess 分级的临床应用

SAH 的 Hunt-Hess 分级(表 27-1)是目前应用最为广泛的分级系统之一,其初始临床评分和出血的严重程度相关,是用于评估外科手术风险的指标。

表 27-1　Hunt-Hess 分级法

分级	标准
0 级	未破裂动脉瘤
Ⅰ 级	无症状或轻微头痛
Ⅱ 级	中至重度头痛、脑膜刺激征、脑神经麻痹
Ⅲ 级	嗜睡、意识模糊、轻度局灶性神经体征
Ⅳ 级	昏迷、中或重度偏瘫、早期去大脑强直或自主神经功能紊乱
Ⅴ 级	深昏迷、去大脑强直、濒死状态

（龚　涛）

第二十八章 骨关节炎

骨关节炎(osteoarthritis,OA)是指由多种因素引起关节软骨纤维化、皲裂、溃疡、脱失而导致的以关节疼痛为主要症状的退行性疾病。病理特点为关节软骨变性破坏、软骨下骨硬化或囊性变、关节边缘骨质增生、滑膜病变、关节囊挛缩、韧带松弛或挛缩、肌肉萎缩无力等。OA以中老年患者多见,65岁以上的人群中患病率可达50%。骨关节炎好发于负重大、活动多的关节,如膝、脊柱(颈椎和腰椎)、髋、踝、手等关节。本章主要讨论原发性膝OA,我国已进入老龄化社会,膝OA患者逐年增加,膝OA可导致关节疼痛,功能障碍,生活质量严重下降。但目前该病发病机制及病因尚不十分清楚,我国对本病的防控还处于二、三级预防阶段。膝OA早期一般无明显临床症状,需要在社区膝OA筛查时才能发现,社区卫生服务中心是膝OA患者筛查和长期管理的主要医疗机构,因此全科医生将成为骨关节炎一、二级预防的主要力量。

临床病例

主观资料:患者,张某,女性,55岁,教师,以"左膝关节间断肿痛5年,加重1个月"为主诉来社区门诊就诊。初步病史采集如下:

现病史:患者于5年前爬山后出现左膝关节疼痛,休息、热敷后症状缓解。此后每当劳累或着凉后症状复发,主要为上下楼及蹲起疼痛明显,同时伴关节僵硬感,偶伴肿胀,给予口服镇痛药、膏药贴敷(具体不详)治疗后症状好转。1个月前晨练后左膝关节再次出现肿痛,上述治疗无明显好转,且膝关节疼痛加重,肿胀明显,伴小腿后疼痛,行走困难。为明确诊断及治疗今日就诊于社区卫生服务中心。患者自诉患病以来无寒战高热、无低热盗汗、无全身游走性疼痛,饮食、睡眠正常,精神状况尚可,大小便正常。

既往史:否认肝炎、结核等传染病史;否认高血压、冠心病、糖尿病史;否认重大外伤及手术史;无药物过敏史。

个人史:无吸烟、饮酒等不良嗜好,喜高能量饮食,以教师为职业,经常参加爬山、打网球等运动。

婚育史:已婚,育有1子1女,家人均体健。

家族史:否认家族遗传疾病病史,父母身体健康。1姐1弟均健康。

【问题1】通过上述问诊,全科医生首先应作出哪些判断?

思路1:患者此次就诊的主要原因是"左膝关节疼痛",全科医生应首先明确引起膝关节疼痛的病因有哪些? 临床上,引起膝关节疼痛的病因有外伤、炎症、退变性疾病等。

知识点

关节痛的常见病因见表28-1。

表28-1 关节痛的常见病因

分类	代表疾病
外伤	扭伤、拉伤、骨折、脱位等
感染	化脓性、结核性关节炎等
晶体性关节病	痛风
退行性关节病	骨关节炎

续表

分类	代表疾病
恶性肿瘤	原发或转移性骨肿瘤、白血病
风湿病	类风湿关节炎、强直性脊柱炎、系统性红斑狼疮
髋关节疾病	股骨头坏死等
腰椎疾病	腰椎管狭窄
其他	药物反应(如青霉素、巴比妥)

思路2：关节痛是一个临床常见、但非特异的症状。引起膝关节疼痛的病变有很多。全科医生首先应通过问诊进行鉴别诊断，必须仔细地采集病史，详细的病史可以使医生获知与病变有关的信息。为了进一步提供鉴别诊断的线索，需要对现病史进行以下完善。

症状出现前膝关节是否受过外伤？除膝关节疼痛外是否伴随其他关节疼痛？手部小关节是否曾经肿痛？若有是否为对称性肿痛，具体关节部位是哪里？患者晨起时关节僵硬大约持续多长时间？活动后是否有好转？是否伴有夜间痛？是否伴有膝关节交锁？是否伴有腰痛及下肢放射痛？是否伴有髋关节疾病？是否进行过系统治疗？具体治疗方式有哪些？是否用药？用药的名称与剂量如何？

思路3：除现病史外，既往健康状况，包括饮食习惯、职业性质、运动情况、性别、遗传等可能与其现患疾病有一定关系，所以还需完善以下病史：

1. 既往史　了解是否存在肥胖、炎性关节病、遗传代谢疾病病史等。
2. 个人史　职业性质和运动情况、饮食习惯、家庭情况、是否参加过健康教育等。
3. 月经史　女性要注意月经情况，询问是否闭经。
4. 家族史　了解直系亲属中是否有骨关节炎病史者。

知识点

OA 的危险因素

OA 的确切原因尚不清楚，可能与以下几种因素相关：

1. 年龄　本病患病率随年龄增长而增加。
2. 性别　女性发病率高于男性，尤其是绝经后女性。
3. 肥胖　主要原因是超重造成关节额外机械负荷。
4. 遗传　OA 的发病存在遗传性，尤其是手部远端指间关节的 OA（Heberden 结节）发生明显与遗传相关。
5. 反复过度性应力　本病与长期职业性及运动性应力过度有关，如矿工的膝关节、举重运动员的脊柱关节等。
6. 关节外伤史　关节受伤后即使没有关节软骨损伤，但只要存在关节不稳等因素，关节软骨就会很快发生退行性改变而出现骨关节炎。

【问题2】通过上述临床资料，该患者可能的诊断是什么？

思路1：患者中年、女性、左膝关节间断肿痛 5 年伴关节僵硬，劳累或着凉后易复发，休息后缓解，平时爱好爬山、打网球等剧烈运动，根据以上线索全科医生应考虑左膝 OA 的诊断。

思路2：该患者目前存在哪些膝 OA 危险因素？

1. 患者 55 岁，绝经期女性。
2. 肥胖　增加关节额外负荷。
3. 运动方式　该患者喜欢爬山、打网球运动，增加关节软骨磨损。

骨关节炎的诊断及鉴别诊断(视频)

4. 健康意识差,缺乏健康知识。

思路 3：OA 和类风湿关节炎(rheumatoid arthritis,RA)是临床常见病,在患病早期,存在一些类似表现。有时两种疾病共存。故在诊断 OA 的同时,需要与 RA 相鉴别。

骨关节炎的临床
表现(视频)

知识点

RA 典型临床表现及辅助检查

RA 发病年龄较小,以 30~50 岁居多,男女发病比例 1:3。起病可急可缓,往往休息后症状加重。主要表现为多关节、小关节、对称性关节的受累,关节肿胀多见,关节外表现多见,常伴有全身症状。

1. 关节表现

(1)持续 1 小时的晨僵对 RA 有诊断意义。

(2)多关节、小关节、对称性关节的疼痛及肿胀,尤其是近端指间关节、掌指关节和腕关节的疼痛及肿胀。

(3)关节畸形,有梭形肿胀、尺侧偏斜畸形、近端指间关节掌侧半脱位、峰谷畸形、尺侧半脱位、纽扣花和天鹅颈畸形、爪形手、望远镜手、翘指畸形、跟骨外翻畸形等。

(4)骨质疏松。

2. 关节外表现 可伴有类风湿结节、心包炎、肺间质纤维化等关节外表现。

3. 实验室检查 红细胞沉降率(ESR)增快,类风湿因子(RF)常阳性且滴度高。抗链球菌溶血素 O 一般正常,C 反应蛋白增高。

4. X 线检查 以关节破坏为主,可见骨质疏松、关节间隙的狭窄、关节面下的囊性变,病变进一步发展,关节纤维性僵直或骨性强直。

知识点

RA 与 OA 的主要鉴别点见表 28-2。

表 28-2 类风湿关节炎(RA)与骨关节炎(OA)的鉴别

鉴别点	类风湿关节炎(RA)	骨关节炎(OA)
发病年龄	30~50 岁为发病高峰	50 岁以后发病多见
诱发因素	不定	创伤、肥胖、先天异常
发病	缓慢,偶为急性	缓慢
全身症状	有	几乎无
晨僵	>30 分钟	<30 分钟
受累关节	多发、对称、四肢大小关节	远端指间、膝、髋和颈及腰椎
皮下结节	(+)	(-)
Heberden 结节	(-)	(+)
Bouchard 结节	(-)	(+)
类风湿因子	(+)	(-)
X 线特征	软组织肿胀,关节间隙变窄,关节变形,半脱位,强直	骨赘,骨硬化,可有关节间隙变窄

思路 4：根据症状、体征及 X 线片诊断 OA 并不难,必要时需要借助实验室检查及其他辅助检查,如 MRI。

知识点

OA 的辅助检查

1. 实验室检查　血常规、蛋白电泳、免疫复合物及血清补体等指标一般在正常范围。伴有滑膜炎的患者可出现 C 反应蛋白（CRP）和红细胞沉降率（ESR）轻度升高，类风湿因子（RF）阴性。

2. 关节液常规检查　多数黄白色，透明清亮，黏蛋白凝集实验正常，白细胞不高或轻度升高，蛋白浓度轻度升高，糖水平与血糖水平平行。

3. X 线检查　以增生为主，非对称性关节间隙狭窄，软骨下骨硬化和 / 或囊性变，关节边缘增生和骨赘形成，部分关节内可见游离体或关节变形。

X 线检查仍为该病的常规检查及追踪病情变化的金标准（图 28-1）。若 X 线表现不典型，需进一步完善 MRI 检查，MRI 能清晰显示关节软骨、滑膜、半月板、关节内和关节周围韧带和骨髓水肿，能直接反映软骨的厚度，甚至软骨基质损害状态，有利于早期诊断。MRI 有利于早期诊断，但不能替代 X 线检查的地位。

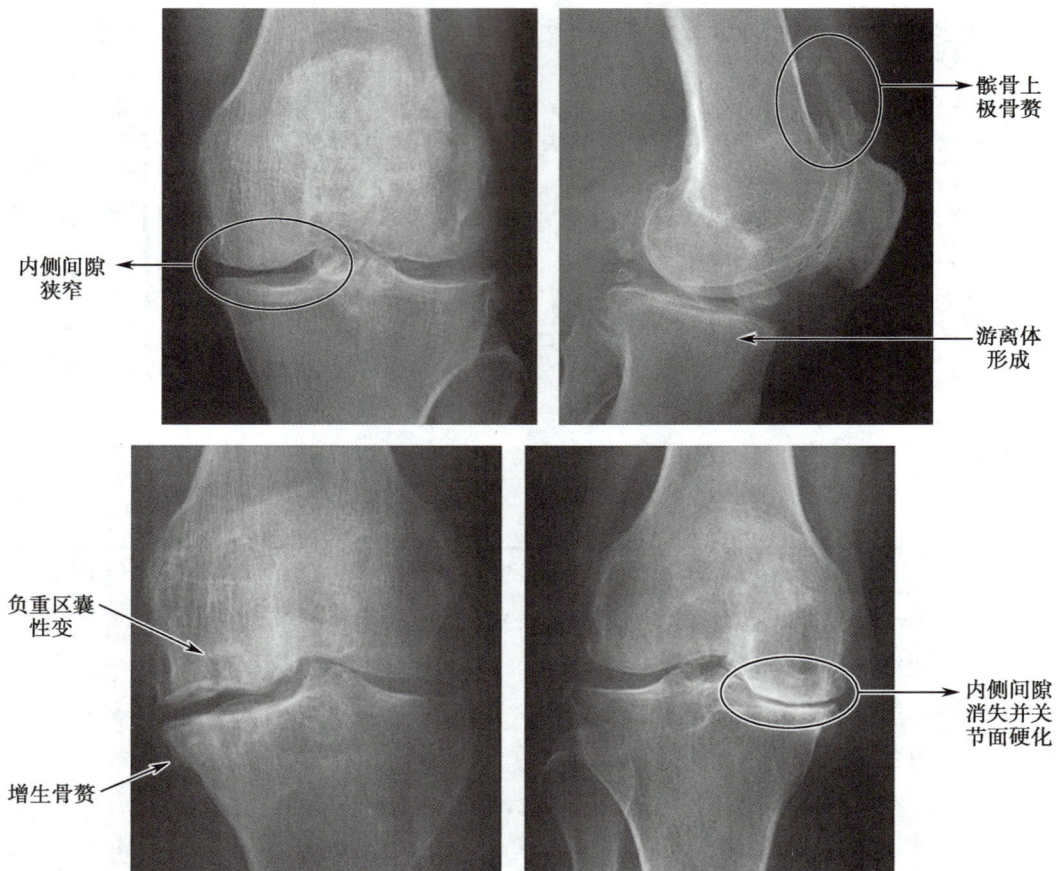

图 28-1　骨关节炎典型 X 线表现

临床病例（续）：社区门诊查体记录

客观资料（O）：

体格检查：体温 36.7℃，脉搏 80 次 /min，呼吸 20 次 /min，血压 114/71mmHg，体重指数 32kg/m²。左膝内侧压痛（+）。浮髌试验：左侧（+），右侧（−）；过伸痛：左侧（+），右侧（−）；过屈痛：左侧（+），右侧（−）。

【问题 3】上述门诊查体是否准确反映了患者的体征？

思路 1：上述门诊查体还不完善，需要进一步进行补充。应描述膝关节有无畸形、肿胀程度、皮温、关节活动度及关节稳定性等。

思路 2：因为闭孔神经在支配髋关节同时有分支支配同侧膝关节，所以髋关节病变可以产生同侧膝关节区域的疼痛或不适，甚至以膝关节症状为主诉；而来自脊柱的放射性疼痛也可向下肢放散，L_4 神经根受压可能出现膝关节内侧疼痛症状，L_5 神经根受压可能出现膝关节外侧疼痛症状。所以全科医生问诊及查体时，必须注意髋部有无疼痛、活动受限，注意腰部查体及下肢神经系统查体。

补充查体：双膝关节无内外翻畸形，左膝关节肿胀明显，左膝皮温略高于右膝，左膝内侧压痛（+）。浮髌试验：左侧（+），右侧（−）。髌磨试验：左侧（+），右侧（−）。膝关节 ROM：左侧 100°~0°~0°，右侧 130°~0°~0°。过伸痛：左侧（+），右侧（−）。过屈痛：左侧（+），右侧（−）。侧方应力试验：左侧（−），右侧（−）。前抽屉试验：左侧（−），右侧（−）。后抽屉试验：左侧（−），右侧（−）。Lachaman 试验：左侧（−），右侧（−）。McMurray 试验：左侧（+），右侧（−）。双侧髋关节无畸形，髋关节活动正常；双侧 Thomos 征（−），"4"字试验（−）。脊柱外观无畸形，活动无受限，腰椎棘突及棘间无压痛，双侧直腿抬高试验（−），双侧股神经牵拉试验（−）；双下肢肌力 5 级，肌张力正常；双下肢感觉正常，双下肢生理反射存在，病理反射未引出。

临床病例(续)：社区门诊辅助检查

实验室检查：

血常规：白细胞计数 $9.52 \times 10^9/L$，血红蛋白 149g/L，血小板计数 $206 \times 10^9/L$。尿常规：尿比重 1.025，尿葡萄糖（−），白细胞计数（−），蛋白（−），潜血（−），红细胞沉降率 25mm/h，C 反应蛋白 9mg/L。

左膝关节正侧位 X 线片（负重位）：左膝关节内侧间隙可见轻度狭窄，软骨下骨轻度硬化，关节边缘见少量骨赘形成。

知识点

X 线片拍摄

患者应在站立状态下拍摄膝关节正侧位 X 线片，因为这样能更准确地反映关节的力线和畸形程度。一般情况下，负重状态拍摄的膝关节间隙狭窄或畸形程度往往要重于卧位拍摄的 X 线片所显示的病变。

【问题 4】OA 分类及诊断标准。

思路 1：OA 的分类方法。

1. 按病因 OA 分为原发性和继发性两类。

原发性 OA：多见于中老年人，无明确的全身或局部诱因，发病与遗传、体质有一定的关系。

继发性 OA：常见因素包括 3 项。①外伤性：如关节内骨折、脱位、半月板损伤。②先天性或遗传性：如发育性髋关节骨脱位，膝内、外翻畸形等。③其他疾病：如内分泌病、血友病、神经源性关节病（Charcot 关节）、痛风等。

2. 按病变范围 可分为局限性和全身性 OA。OA 累及的关节常是一组或多组关节的组合：远端指间关节、近端指间关节和手指第一掌指关节；颈椎和腰椎的骨突关节；足的第一跖趾关节；膝关节及髋关节。这些关节组的受累通常是双侧，关节的数量也因人而异。有 3 个或 3 个以上的关节组受累为全身性 OA，但几乎均累及小关节。

3. 按有无临床症状 分为症状性 OA 和放射学 OA。

思路 2：《骨关节炎诊疗指南（2018 年版）》膝关节的骨关节炎诊断标准。

1. 近 1 个月内反复膝关节疼痛。

2. X 线片（站立或负重位）示关节间隙变窄、软骨下骨硬化和 / 或囊性变、关节缘骨赘形成。

3. 年龄 ≥ 50 岁。

4. 晨僵 ≤ 30 分钟。

5. 活动时有骨摩擦音（感）。

注:满足诊断标准 1+(2、3、4、5 条中的任意 2 条)即可诊断膝 OA。

知识点

膝 OA 影像学诊断标准

膝关节 X 线影像学检查显示,单侧或双侧膝关节 Kellgren/Lawrence(K/L)分级 ≥2 诊断为影像学膝 OA。K/L 分级 ≥3 诊断为重度影像学膝 OA。

Kellgren/Lawrence(K/L)分级:

0 级:正常。

1 级:关节间隙可疑变窄,可能有骨赘。

2 级:有明显骨赘,关节间隙可疑变窄。

3 级:中等量骨赘,关节间隙变窄较明显,有硬化性改变。

4 级:大量骨赘,关节间隙明显变窄,严重硬化性病变及明显畸形。

膝关节症状学诊断标准:K/L 分级 ≥2,同时在过去 1 年中膝关节疼痛至少持续 1 个月,诊断为症状性膝 OA。

思路 3:根据症状、体征及 X 线检查,该患者的初步诊断:左膝关节原发性 OA;左膝关节滑膜炎原因待查。

【问题 5】该患者关节炎严重程度评估及关节疼痛评估?

思路 1:在诊断明确后,为了更好地了解病情的轻重及便于指导下一步治疗,需要对骨关节炎的程度做进一步评估。WOMAC 骨关节炎指数评分(表 28-3)是根据患者相关症状和体征,用 24 个参数来评价关节炎的严重程度。每一项按照 VAS 评分打分,累计各项评分后的总分为 WOMAC 骨关节炎指数评分。WOMAC 骨关节炎指数评分越高表示骨关节炎越严重,轻度<80 分,中度 80~120 分,重度>120 分。

思路 2:疼痛是一种复杂的心理生理活动。疼痛的性质有时极难描述,人们通常可以指出疼痛的部位和程度,但要准确说明其性质则较为困难。为了明确描述疼痛,便于临床治疗及研究,通常使用评分量表量化疼痛性质。临床常用视觉模拟评分法(VAS)(图 28-2):采用一条 10cm 的尺,两端标明 0 和 10 的字样,"0"表示无痛,"10"表示难以忍受的剧痛,让患者在直尺上标出疼痛的相应位置,医生根据患者标出疼痛的位置为其评出分数(0 分:无痛。3 分以下:有轻微的疼痛,患者能忍受。4~6 分:患者疼痛并影响睡眠,尚能忍受。7~10 分:患者有强烈的疼痛,疼痛难忍)。

表 28-3　WOMAC 骨关节炎指数评分

项目	参数	
疼痛	1. 在平坦的地面行走	
	2. 上楼梯或下楼梯	
	3. 晚上,在床上打扰您睡眠的疼痛	
	4. 坐着或躺着	
	5. 挺直身体站立	
僵硬	6. 您的僵硬状况在早晨刚醒来时有多严重	
	7. 您的僵硬状况在出现以后的时间内坐、卧或休息之后有多严重	
进行日常活动的难度	8. 下楼梯	16. 穿上您的短裤或长裤
	9. 上楼梯	17. 从床上起来
	10. 由坐着站起来	18. 脱掉您的短裤或长裤
	11. 站着	19. 躺在床上
	12. 向地面弯腰	20. 进出浴缸
	13. 在平坦的地面上行走	21. 坐着的时候
	14. 进出小轿车、或上下公共汽车	22. 在卫生间蹲下或起来时
	15. 出门购物	23. 做繁重的家务活
		24. 做轻松的家务活

请选择最能描绘出您疼痛程度的脸谱告诉医生：

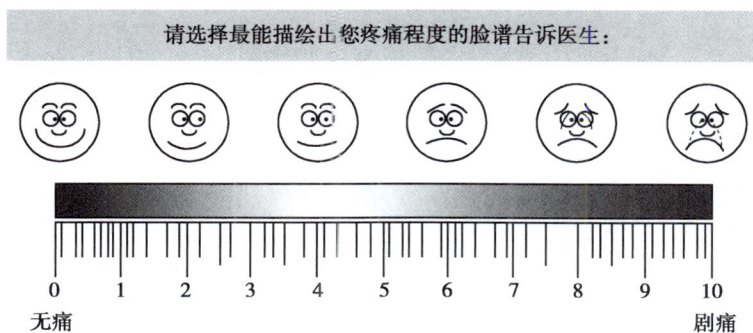

图 28-2　视觉模拟评分法（VAS）

通过 WOMAC 骨关节炎指数评分对患侧膝关节进行评估。按照 24 项逐个询问患者，计算出目前患者 WOMAC 骨关节炎指数评分为 95 分，VAS 疼痛评分 8 分，该患者膝 OA 程度为中度，疼痛为中度。

【问题 6】关于滑膜炎，全科医生应该掌握哪些基本知识？

思路：对膝关节积液多者或反复出现积液者，应做关节积液检查，它能反映出滑膜炎的性质及特点。故关节穿刺和滑液检查，对膝关节疾病的诊断和鉴别诊断均有重要参考价值。

知识点

不同特点的滑液及相关疾病见表 28-4。

表 28-4　不同特点的滑液及相关疾病

滑液特点	相关分类
非炎性	骨关节炎 骨坏死 Charcot 关节
炎性	类风湿关节炎（含幼年） 赖特综合征 急性晶体性关节炎 银屑病关节炎 肠病性关节炎 反应性关节炎 强直性脊柱炎 结缔组织病关节炎
化脓性	感染性关节炎
血性	创伤 肿瘤 血管瘤 色素性绒毛结节性滑膜炎 血小板减少 血友病 抗凝治疗

知识点

关节滑液的分类及特点见表 28-5。

表 28-5　关节滑液的分类及特点

项目	正常	非炎性	炎性	化脓性	血性
量(膝/ml)	<3.5	常>3.5	常>3.5	常>3.5	常>3.5
透明度	透明	透明	半透明-混浊	混浊	血性
颜色	无色	浅黄色	黄色、乳白色	黄色、脓性绿色	红色
黏稠度	高	高	低	不定	不定
白细胞计数/mm^3	<200	200~2 000	2 000~10 000	>1 000 000①	200~2 000
中性粒细胞/%	<25	<25	≥50	≥75	50~75
培养	阴性	阴性	阴性	常阳性	阴性
糖/(mg·dl^{-1})	约等于血糖	约等于血糖	>25,低于血糖	<25,低于血糖	约等于血糖

注:①如致病微生物毒力低或感染已治疗,则较低。

【问题 7】全科医生是否建议该患者转诊?

思路 1:大多数社区卫生服务中心具有对早中期 OA 的诊断及治疗条件,但是如果出现关节反复肿胀的症状,应该引起全科医生的重视,为避免拖延病情,建议转诊到专科医院行进一步检查及治疗。

思路 2:OA 由社区卫生服务中心向专科医院转诊的指征。

1. 因就诊医院条件限制不能给予明确诊断、合理治疗的患者。

2. 治疗效果不佳或关节反复肿胀,需进一步与其他关节疾病相鉴别。

3. 关节肿痛明显、活动受限或关节交锁、关节畸形(严重膝内翻、外翻畸形)需手术治疗的患者。

思路 3:转入专科医院,还应完善哪些检查?

1. 滑液检查,明确滑膜炎的性质。与类风湿关节炎、感染性关节疾病相鉴别。

2. 进行血清学抗体等检查。

3. 患者膝关节反复肿胀,建议行膝关节 MRI 检查,了解关节滑膜情况及膝关节软骨退变程度,关节韧带、半月板是否有损伤。

4. 肝肾功能检查、便隐血检查、心电图检查,了解肝肾、胃肠道、心脏情况,指导进一步用药。

临床病例(续):专科医院检查结果

关节液检查:关节液量 3ml,颜色清亮,透明,黏稠度高,拉丝 4cm,无自发凝集,白细胞计数 0.1×10^9/L,中性粒细胞 20%,细菌培养阴性,葡萄糖 5.1mmol/L。

类风湿抗体相关检查:抗环瓜氨酸肽抗体(CCP)25U/L,抗角蛋白抗体(AKA)阴性,抗核周因子抗体(APF)阴性,葡萄糖 -6- 磷酸异构酶(GPI)0.2mg/L,类风湿因子(RF)151U/ml。

便隐血检查:(−)

血尿酸检查:313.6μmol/L。

肝功能检查:ALT 41U/L,AST 21U/L,ALP 80U/L。

肾功能检查:尿素 4.72mmol/L,肌酐 68.0mmol/L。

心电图检查:窦性心律,大致正常心电图。

关节磁共振检查:左膝内侧平台及髌骨软骨面均变薄,软骨下信号增高,关节周边骨质增生,内侧关节间隙变窄,关节内滑膜增生,内侧半月板线状高信号,关节腔内积液。

专科医院确诊为"左膝原发性 OA 继发滑膜炎"。

专科医院给予的治疗方案如下:

(1)非药物治疗:①患者教育。需让患者知道,除少数 OA 病例外,绝大多数患者的预后良好。要消除患者不必要的思想负担。②自我行为管理。患者左膝关节肿胀明显,建议限制活动量,提倡非负重位下活动膝关节。OA 静止期建议减少不合理的运动,避免长时间跑、跳、蹲,减少或避免爬楼梯、爬山等运动,提倡有氧锻炼(如游泳、骑自行车等)、关节功能训练(如膝关节在非负重位下屈伸活动,以保持关节最大活动度)、肌力训练(如膝关节加强股四头肌训练)等。③物理治疗。建议局部热疗 2 周,促进局部血液循环,有助于关节积液吸收。④减轻体重。患者体重指数 32kg/m²,减轻体重目的是减少关节负荷、减轻关节磨损。

(2)外用控制症状药物:辣椒碱软膏或双氯芬酸钠乳剂外用,按照痛处面积大小,轻轻揉搓,使药物渗透皮肤,每日 3~4 次。

(3)镇痛药物:塞来昔布胶囊,推荐剂量为 200mg,2 次/d,口服。

(4)改善病情药物:硫酸氨基葡萄糖,每次 250~500mg,3 次/d,口服。

(5)关节腔注射糖皮质激素:常用地塞米松棕榈酸酯(利美达松)、倍他米松(得宝松)、曲安奈德等,注射前进行关节液抽吸,对 OA 合并难治性滑膜炎效果较好,可缓解疼痛和减少渗出。切忌反复多次使用,2 次间隔在 3~6 个月甚至以上,每年不超过 2~3 次。

【问题 8】骨关节炎的治疗方案是什么?

思路 1:OA 的总体治疗原则是非药物与药物治疗相结合,必要时手术治疗,非药物治疗是基础,适合所有患者。结合患者自身情况,如年龄、性别、体重、自身危险因素、病变部位及程度等选择阶梯化治疗方案,治疗应个体化。

知识点

OA 的非药物治疗

非药物治疗应作为 OA 的基本治疗,并贯穿于始终。具体包括:患者教育、自我管理、减轻体重、物理治疗、增加关节活动范围的锻炼、增强肌力的锻炼、行走的辅助支持等。

思路 2:OA 的治疗目标。

第一个目标:控制疼痛,包括急性疼痛和慢性疼痛。疼痛使肌肉活动减少、肌肉萎缩和骨量下降而影响运动功能,造成关节活动度下降,影响睡眠和形成心理压力。

第二个目标:保持肌力和关节活动度,保持关节功能水平,防止进一步疼痛、虚弱和残疾发生。

第三个目标:储备能量,即教会患者保持功能状态,避免肌肉疲劳。

第四个目标:提供支持治疗,或者利用支具,或者对患者丧失的部分功能进行替代。

第五个目标:向患者提供足够的知识,帮助患者根据目前的功能状态和残疾程度采取相应行为措施。

总之,要强化健康教育的内容,协助患者改善、提高自我管理水平,增强患者的主动性活动,从而减轻疼痛并改善关节活动障碍,尽量延缓患者骨关节炎发展进程。根据评估结果动态调整治疗方案,必要时行手术治疗。

知识点

OA 的治疗目标

①控制疼痛;②保持肌力和关节活动度;③储备能量;④关节支持治疗;⑤健康教育、行为管理。

思路 3:治疗骨关节炎的药物种类繁多,要根据药物疗效、作用机制和不同患者的特点选用药物,进行个体化、阶梯化的药物治疗。治疗 OA 的药物一般可分为:控制症状的药物、改善病情的药物及软骨保护剂。

1. 控制症状的药物 该类药物能较快地抗炎、镇痛,但对 OA 的基本病变不产生影响。

(1)局部用药:对于手和膝 OA,在采用口服药前,建议首先选择局部用药治疗,尤其是老年人。局部药物治疗可使用非甾体抗炎药(NSAIDs)的乳胶剂、膏剂、贴剂,以及非 NSAIDs 擦剂(辣椒碱等)。局部外用药可以有效缓解关节轻中度疼痛,对中、重度疼痛可以联合使用局部外用药物与口服 NSAIDs 等。

(2)全身镇痛药物

1)口服药物:①对于轻度疼痛的 OA 患者,一般选用对乙酰氨基酚(扑热息痛)。用法:0.3~0.6g,每日 2~3 次,每日最大剂量不超过 4 000mg,肝病患者应慎用。②对于中、重度疼痛的 OA 患者,首先推荐使用

NSAIDs。有研究显示,NSAIDs 对 OA 的静息痛和步行痛优于对乙酰氨基酚。因吲哚美辛、萘普生和大剂量阿司匹林对软骨基质合成有抑制作用,故不宜选用。而美洛昔康、双氯芬酸、萘丁美酮等对关节软骨无不良影响,适于 OA 患者应用。口服 NSAIDs 的疗效与不良反应在个体患者中不完全相同,参阅药物说明书并评估 NSAIDs 危险因素后选择性用药。如果患者胃肠道不良反应的危险性较高,可选用非选择性 NSAIDs 加用 H_2 受体拮抗剂、质子泵抑制剂或米索前列醇等胃黏膜保护剂,或选择性 COX-2 抑制剂(塞来昔布)。③其他镇痛药物:NSAIDs 治疗无效或不耐受的 OA 患者,可使用曲马多、阿片类镇痛剂,或对乙酰氨基酚与阿片类的复方制剂,特别注意该药有一定的成瘾性。

2)关节腔注射:①玻璃酸钠,早中期 OA,关节腔注射玻璃酸钠,可以缓解疼痛,改善关节功能,晚期 OA 及关节滑膜炎症明显时不适合应用。②糖皮质激素,短期明显缓解疼痛、起效快,但若长期使用,可加剧关节软骨损害。一般每年最多不超过 2~3 次,2 次之间的间隔至少为 3 个月。

2. 改善病情的药物及软骨保护剂

(1)D- 葡糖胺:用该品治疗 1~2 周可能改善关节疼痛,疗程 ≥2 个月可能使早期软骨病变得以修复。

(2)双醋瑞因(安必丁):该品对表达在软骨和滑膜细胞的 IL-1、IL-6、TNF-α、一氧化氮和金属蛋白酶有明显的抑制作用,因而有抗炎特性,可缓解 OA 症状及延缓病情发展,对 OA 具有靶向作用。

(3)其他:抗焦虑药物、中成药,可能改善 OA 症状。

改善病情的药物被认为可以延缓或逆转 OA 患者关节软骨损伤,但是,此类药物的作用机制尚有争议,同一药物在不同试验人群中取得的疗效不完全相同。目前美国的骨科学会及国际关节炎协会还没有肯定此类药物的确切疗效。

【问题 9】常用镇痛药物、用药原则及 NSAIDs 风险评估?

思路 1:治疗骨关节炎的镇痛药物较多,并且都有一定的药物毒副作用,并非适合所有的患者,需要全科医生针对不同患者个体化应用。用药原则:①用药前进行风险评估,关注潜在内科疾病风险;②根据患者个体情况,剂量个体化;③尽量使用最低有效剂量,避免过量用药及同类药物重复或叠加使用;④用药 3 个月,根据病情选择检查血、大便常规、大便隐血及肝肾功能。

思路 2:骨关节炎患者为中老年人群,常合并有其他内科疾病,所以在选择镇痛药物的同时,必须熟悉各种常用镇痛药物的特点、用法用量及不良反应。

知识点

常用镇痛药物见表 28-6。

表 28-6　常用镇痛药物

类别	药物名称	特点	用法用量	常见不良反应
解热镇痛药	对乙酰氨基酚	镇痛作用弱,无抗炎作用	每次 0.3~0.6g,2~3 次 /d,剂量不超过 4g/d	偶致恶心、呕吐,少数发生过敏性皮炎、粒细胞缺乏、血小板减少、贫血、肝功能损害,很少引起胃肠道出血
非甾体抗炎药	布洛芬	短效,半衰期 1.8h	每次 0.4~0.6g,每日 3 次,剂量不超过 2.4g/d	胃肠:消化不良,胃十二指肠溃疡及并发症
	双氯芬酸	镇痛效果强,抗炎效果弱	每日剂量不超过 150mg,分 2~3 次服用	头痛、头晕、恶心、呕吐、皮疹
	吲哚美辛	有肛塞制剂	每次 25~50mg,3 次 /d,剂量不超过 150mg/d	肝脏:转氨酶升高 血液:血细胞数量减少
	美洛昔康	长效,半衰期 20h	每次 7.5~15mg,1 次 /d,剂量不超过 15mg	过敏:皮肤过敏、哮喘 循环:高血压
	塞来昔布	选择性 COX-2 抑制剂	每日剂量 200mg,1 次 /d,口服;或 100mg,2 次 /d,口服	胃肠道不良反应少,可能增加心血管不良事件发生率。磺胺药过敏者禁用

续表

类别	药物名称	特点	用法用量	常见不良反应
弱阿片类	曲马多	不抑制前列腺素合成，与非阿片类药物联用效果好	每次 50~100mg，2~3 次/d，剂量不超过 400mg/d	偶见出汗、恶心、呕吐、食欲减退、头晕、无力、嗜睡，罕见皮疹、心悸、直立性低血压，无成瘾性，无呼吸抑制作用
阿片类	阿片控释片	镇痛效果好，无剂量限制	从每次 10~20mg，1 次/12h 开始，根据镇痛效果增加剂量	成瘾性；胃肠道反应常见，如便秘，建议同时处方导泻剂；老年人使用应注意呼吸抑制情况

思路 3 : NSAIDs 具有抗炎、镇痛作用，是治疗 OA 最常用的药物。NSAIDs 通过抑制环氧合酶阻断花生四烯酸合成前列腺素，从而发挥抗炎及镇痛作用，但在发挥抗炎作用的同时又引起不同程度的不良反应。

知识点

非甾体抗炎药（NSAIDs）治疗发生相关不良反应的危险因素评估见表 28-7。

表 28-7　非甾体抗炎药（NSAIDs）治疗发生相关不良反应的危险因素

序号	上消化道不良反应高危患者	心脑肾不良反应高危患者
1	高龄（年龄>65 岁）	高龄（年龄>65 岁）
2	长期应用	脑血管病史（有过卒中史或目前有一过性脑缺血发作）
3	口服糖皮质激素	心血管病史
4	上消化道溃疡、出血病史	肾脏病史
5	使用抗凝药	同时用血管紧张素转换酶抑制剂及利尿剂
6	酗酒史	冠状动脉搭桥术围术期（禁用 NSAIDs）

知识点

OA 的镇痛药选择

1. 轻度疼痛的 OA 患者，一般选用对乙酰氨基酚（扑热息痛）。

2. 中重度疼痛的 OA 患者，首选 NSAIDs。如果患者胃肠道不良反应的危险性较高，可选用选择性 COX-2 抑制剂（塞来昔布）。

3. NSAIDs 治疗无效或不耐受的 OA 患者，可使用曲马多、阿片类镇痛剂，或对乙酰氨基酚与阿片类的复方制剂。

4. 早中期 OA，可联合关节腔注射玻璃酸钠。

5. 不能耐受 NSAIDs 治疗、持续疼痛、炎症明显者，可行关节腔内注射糖皮质激素。

【问题 10】OA 的外科治疗方案。

思路 1 : 外科治疗的目的包括 6 方面：进一步协助诊断；减轻或消除疼痛；防止或矫正畸形；防止关节破坏进一步加重；改善关节功能；是综合治疗的一部分。

思路 2 : OA 外科治疗方法。

1. 关节镜手术　当轻中度膝 OA 伴有交锁时，考虑有半月板损伤或游离体形成时，可采用关节镜探查清理。

2. 截骨术 通过关节截骨,可改善关节力线平衡,重新分配关节不同部位的压力,有效缓解患者的髋或膝关节疼痛。常常用于治疗OA,特别是合并单间室受累,出现内翻或外翻畸形的患者。

3. 人工关节置换术 严重的膝关节多间室OA,尤其伴关节畸形,可予以关节置换,由此可显著减轻疼痛症状,改善关节功能,远期疗效确切。

4. 其他 新的治疗方法,如软骨移植及自体软骨细胞移植等有可能用于OA的治疗,但仍在临床研究之中。

临床病例(续):再次社区门诊就诊记录(2个月后)

患者无不适主诉。查体:双膝关节无肿胀,双膝皮温正常,双膝内侧压痛(−)。浮髌试验:左侧(−),右侧(−)。髌磨试验:左侧(+),右侧(−)。膝关节ROM:左侧,130°~0°~0°,右侧130°~0°~0°。过伸痛:左侧(−),右侧(−)。过屈痛:左侧(−),右侧(−)。

辅助检查:红细胞沉降率、C反应蛋白、血常规均正常。

【问题11】全科医生如何开展膝OA患者社区管理?

思路1:对于膝OA患者,首先应加强社区管理,包括以下5个方面。

1. 建立健康档案,定期对OA高危人群进行筛查。

2. 加强OA健康宣教,使社区人群对该病有一定认识。

3. 与患者共同制订生活方式改变计划(包括控制体重、体育锻炼、合理膳食)。

4. 进行心理疏导,帮助患者缓解生活压力。

5. 加强随访,电话随访或门诊随访。包括:①随访患者用药情况;②随访患者消化道事件发生,及时发现,及时治疗,及时转诊;③随访用药不良事件。

思路2:按照膝OA患者的诊治与评估流程如图28-3。

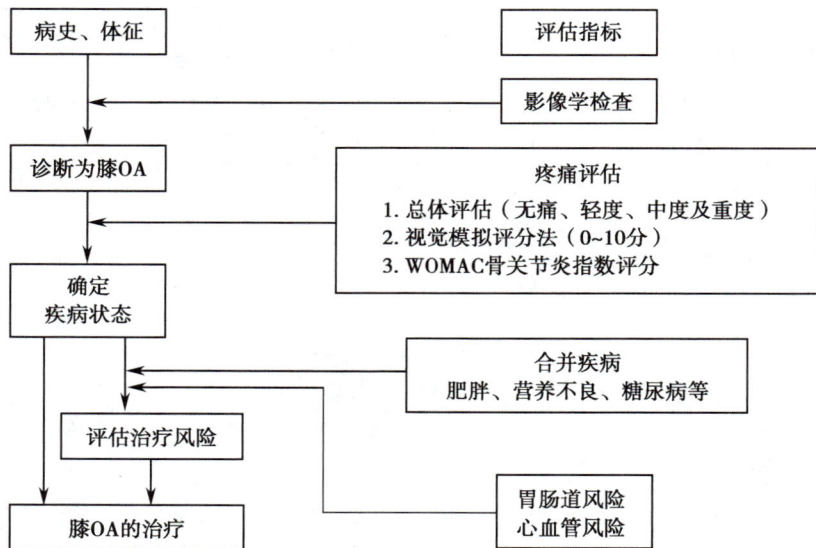

图28-3 膝骨关节炎(OA)患者的诊治与评估流程图

思路3:针对社区不同人群开展三级预防。

1. 一级预防 针对一项或多项危险因素未发生骨关节炎者:年龄>40岁;直系亲属中有骨关节炎患者;膝外伤或手术史;肥胖、关节负荷过重。危险因素与骨关节炎的发生风险呈倍数递增关系。具备两项及以上危险因素者为易感人群。其中肥胖、关节外伤和关节负荷过重是可干预因素,减轻体重明显降低有症状膝OA发生,尤其对于女性;负重或剧烈运动可增加关节的损伤,减少关节损伤和磨损能降低膝OA发生;对于曾有外伤史患者酌情使用关节辅助器以减少关节进一步损伤而降低OA发生;如果关节负荷过重与职业性质相关,建议其改变工作方式,应用必要机械器具。若为非职业因素引起,应改变生活方式,进行适度合理运动,避免关节高强度、高耐力、高负荷运动,改为散步、游泳等比较舒缓的运动方式。对于绝经女性使用雌激素替代治疗,多进食富含维生素 C、维生素 D、维生素 E 及钙等的食物,在一定程度上可以预防 OA 发生。

2. 二级预防 针对出现影像学改变或关节软骨损伤,但无临床症状或者临床症状轻微的人群,目前二级预防的研究较少,很多患者症状可能会进行性加重,针对这类人群,除坚持一级预防的各项措施外,酌情应用氨基葡萄糖口服治疗,长期应用可能有疗效,安全性高,不良反应小。

3. 三级预防 针对确诊为 OA 的人群,根据患者个体情况选择不同治疗方案,目的是减轻或消除疼痛,矫正畸形,改善或恢复关节功能,提高生活质量。非药物治疗应作为基本治疗贯穿始终。若治疗无效,可根据关节疼痛情况选择药物治疗,分为局部和全身药物治疗,以延缓病程、改善患者症状。对内科保守治疗无效的严重骨关节炎患者,日常活动受限、疼痛明显时,进行评估后转入上级医院进行外科治疗。

(赵晓光)

第二十九章 甲状腺功能异常

甲状腺功能异常,包括甲状腺功能亢进和甲状腺功能减退。甲状腺功能亢进,是指大量甲状腺激素(TH)进入血液循环引起的一组高代谢临床综合征。甲状腺功能减退,主要是由于各种原因导致的血液循环中甲状腺激素过少或者甲状腺激素抵抗引起的全身性低代谢综合征。

第一节 甲状腺功能亢进症

甲状腺毒症(thyrotoxicosis)是指血液循环中甲状腺激素水平增高引起的临床综合征,主要以神经、循环、消化等系统兴奋性增高和代谢亢进为主要表现。甲状腺功能亢进症(hyperthyroidism),简称甲亢,是甲状腺本身产生过多 TH 所致的甲状腺毒症。

临床病例

患者,刘女士,39 岁,15 年前因怕热、多汗、消瘦诊断为"甲亢",其后未规律治疗,3 年前因症状加重开始服用抗甲状腺药物,近半年甲巯咪唑片 10mg 每日一次口服,但未遵医嘱定期复查。1 周前着凉后出现咽痛、低热、心悸、乏力,体重下降 3kg。

【问题 1】如何迅速判断患者状态,果断给予处置?

思路:

1. 现病史 由于血液循环中甲状腺激素水平增高导致交感神经兴奋性增高和新陈代谢加速,同时对儿茶酚胺的敏感性增强,引起甲状腺毒症的高代谢症状,造成多个器官系统功能损害。

知识点

甲状腺毒症的组织特异性症状见表 29-1。

表 29-1 甲状腺毒症的组织特异性症状

组织	症状
中枢神经系统	神经质、情绪不稳定、双手细震颤
心血管系统	心悸、心动过速、心房颤动、脉搏压增大
胃肠道	大便增多、胃肠活动亢进、腹泻
肌肉	近端肌肉软弱、肌萎缩、反射亢进
皮肤	温热、湿润而光滑、多汗、指甲分离、杵状指、发细易脱失
代谢性	不耐热、体重减轻而食欲常亢进

指甲变形(图片)

杵状指(图片)

---

2. 治疗过程 抗甲状腺药物(antithyroid drugs,ATD)的作用是抑制甲状腺激素合成,ATD 的应用最广,但仅能获得 40%~60% 治愈率,年龄较小、病情轻、甲状腺轻度肿大者应选择 ATD 治疗。

知识点

抗甲状腺药物（ATD）

1. ATD 分类　ATD 分为硫脲类和咪唑类，硫脲类有丙硫氧嘧啶（propylthiouracil，PTU）和甲硫氧嘧啶，咪唑类有甲巯咪唑（methimazole，MMI，他巴唑）和卡比马唑。

2. 治疗方案和疗程　ATD 治疗的疗程通常 6 个月~2 年。长程治疗方案以 MMI 为例，初治期：30~40mg/d，每日 1 次或分 3 次口服，每 4 周复查甲状腺功能，至症状缓解或血 TH 基本恢复正常时减量；减量期：每 2~4 周减量一次，每次减 5~10mg，每 4 周复查甲状腺功能，待 TSH 正常后再减至最小维持量；维持期：5~10mg 或更少。疗程一除非发生药物不良反应，一般不宜中断，并定期随访疗效。

3. ATD 不良反应　①药疹和过敏性皮炎。②粒细胞减少：发生率约为 5%，严重者可发生粒细胞缺乏症，多发生在用药后的 2~3 个月内，也可见于任何时期。由于甲亢本身也可以引起白细胞减少，必须在治疗前和治疗后定期检查血白细胞分类计数，加以区分及监测。如外周血白细胞计数低于 $3.0×10^9$/L 或中性粒细胞计数低于 $1.5×10^9$/L，应考虑停用 ATD，并应用升白细胞药物，如维生素 B_4、鲨肝醇、利血生等，必要时给予糖皮质激素口服，伴发热、咽痛等疑为粒细胞缺乏症时，应立即停止 ATD，使用广谱抗生素和粒细胞集落刺激因子等治疗。③中毒性肝炎。④抗中性粒细胞胞质抗体（ANTA）相关性小血管炎等。

【问题 2】患者是否应该立即转诊至上级医院？

思路：

1. 患者目前 ATD 治疗维持期，仍存在明显高代谢症状，同时伴有咽痛、发热等疑为白细胞减少症相关症状，需即刻明确甲状腺功能状态及血白细胞分类计数情况，给予对症处置并及时转诊至上级医院。

临床病例（续）：门诊查体记录

体格检查：体温 36.5℃，脉搏 102 次/min，呼吸 18 次/min，血压 112/70mmHg。神志清，精神萎靡，消瘦体型，甲亢面容，皮肤潮湿多汗，双手细震颤（+），双眼球无突出，眼球活动度正常。咽部充血，扁桃体未见肿大。甲状腺Ⅱ度肿大，质略韧，无压痛，未触及结节，随吞咽上下移动，甲状腺区未及血管杂音及震颤。双肺呼吸音正常，未闻及干湿啰音。心率 102 次/min，节律规整，各瓣膜区未闻及杂音。双下肢无水肿，无胫前黏液水肿。

辅助检查：血常规示，红细胞计数 $4.40×10^{12}$/L，血红蛋白 90.04g/L，白细胞计数 $3.17×10^9$/L，中性粒细胞百分比 $1.28×10^9$/L，血小板计数 $171.7×10^9$/L。甲状腺功能：FT_3 12.63ng/L（正常值 1.71~3.71ng/L），FT_4 3.66ng/dl（正常值 0.70~1.48ng/dl），TSH 0.004mU/L（正常值 0.35~4.94mU/L）。肝功能：AST 45.3U/L（8.00~40.00U/L）。

2. 建立初步诊断　结合病史、体格检查及部分检验结果，患者初步诊断为"甲亢；白细胞减少症、贫血"。

3. 转诊前处置　立即停用甲巯咪唑；解除儿茶酚胺效应，给予普萘洛尔 20mg，3 次/d，口服，同时还具有抑制 T_4 转换为 T_3 的作用；升白细胞药物：维生素 B_4 20mg，3 次/d，口服，鲨肝醇 20mg，3 次/d，口服，利血生 10mg，3 次/d，口服。

4. 转诊至上级医院指征　①需明确甲状腺毒症病因，甲状腺激素合成增多抑或非甲状腺激素合成过多；②需明确甲亢病因；③需手术治疗；④需 ^{131}I 治疗；⑤合并甲亢性心脏病、肝损伤、白细胞减少症等。

知识点

甲状腺毒症的病因见表 29-2。

表 29-2　甲状腺毒症的病因

分类	病因
由于甲状腺激素合成增多	TSH 受体占有增多
	甲状腺刺激性免疫球蛋白（TSI）
	Graves 病、桥本甲状腺炎
	人绒毛膜促性腺激素
	葡萄胎、绒癌
	促甲状腺激素（TSH）
	垂体 TSH 瘤
	自发性甲状腺激素合成增多（与 TSH 无关）
	毒性腺瘤、毒性多结节性甲状腺肿、滤泡癌
	碘过多性甲状腺功能亢进
非甲状腺激素合成增多	甲状腺激素释放增多
	亚急性肉芽肿性甲状腺炎（疼痛性）
	亚急性淋巴细胞性甲状腺炎（无痛性）
	损伤性甲状腺炎
	放射性甲状腺炎
	桥本一过性甲状腺毒症
	非甲状腺来源的甲状腺激素增多
	人为甲状腺毒症
	卵巢畸胎瘤
	甲状腺滤泡癌转移

临床病例（续）：上级医院检查记录

急查血常规：红细胞计数 $4.20 \times 10^{12}/L$，血红蛋白 91.84g/L，白细胞计数 $3.63 \times 10^9/L$，中性粒细胞计数 $1.39 \times 10^9/L$，血小板计数 $170.7 \times 10^9/L$。甲状腺抗体：TgAb 13.94U/ml（正常值 0.00~4.11U/ml），TPOAb 401.84U/ml（正常值 0.00~5.61U/ml），TRAb 2.25U/L（正常值 0.30~1.75U/L）。抗核抗体 ANA 单项：阴性。

甲状腺摄 ^{131}I 试验：3 小时 78.24%（正常值 8.2%~31.0%），24 小时 79.37%（正常值 25.8%~61.8%），甲状腺摄碘率 3 小时、24 小时均增高，符合"甲亢"。甲状腺超声：甲状腺弥漫性增大，形态尚规整，实质回声增粗、减低、分布欠均匀。CDFI：腺体血供丰富。甲状腺静态显像：甲状腺位置正常，外形增大，轮廓清晰，双侧腺体放射性分布浓聚，口腔腺体显影不清晰。

【问题 3】患者明确诊断是什么？

思路：

1. 临床诊断　患者典型临床表现结合检查结果，明确诊断为"毒性弥漫性甲状腺肿；白细胞减少症，贫血"。毒性弥漫性甲状腺肿（toxic diffuse goiter）（又称 Graves 病）属于甲状腺激素（TH）分泌增多的自身免疫性甲状腺病，促甲状腺激素受体刺激性抗体（TSAb）为其特征性免疫标志物。Graves 病是甲亢最常见的病因，占甲状腺毒症的 60%~90%，临床上以高代谢症状、甲状腺弥漫性肿大、Graves 眼病（GO）和胫前黏液性水肿为特点。

知识点

甲亢诊断的程序

1. 甲亢的诊断　典型病例易于诊断，不典型病例易被误诊或漏诊。甲亢的诊断有赖于甲状腺功能检查，血清 TSH 测定的敏感性、特异性最高，应在排除诊断中作为初始筛查，TSH 降低和 TH 升高，可考虑甲亢，血清 TSH 降低，T_3、T_4 正常，在排除下丘脑 - 垂体疾病、甲状腺功能正常的病态综合征后，可诊断为亚临床甲亢。

2. 甲亢的病因诊断　临床表现为甲亢而不能诊断为 Graves 病时,应进行放射性碘摄取检查,出现甲状腺结节时应行甲状腺扫描。

对于甲状腺对称性增大、新发的眼病和中到重度甲亢的患者,若 Graves 病的诊断充分,对病因的评估即不必要。甲亢病因诊断流程图见图 29-1。

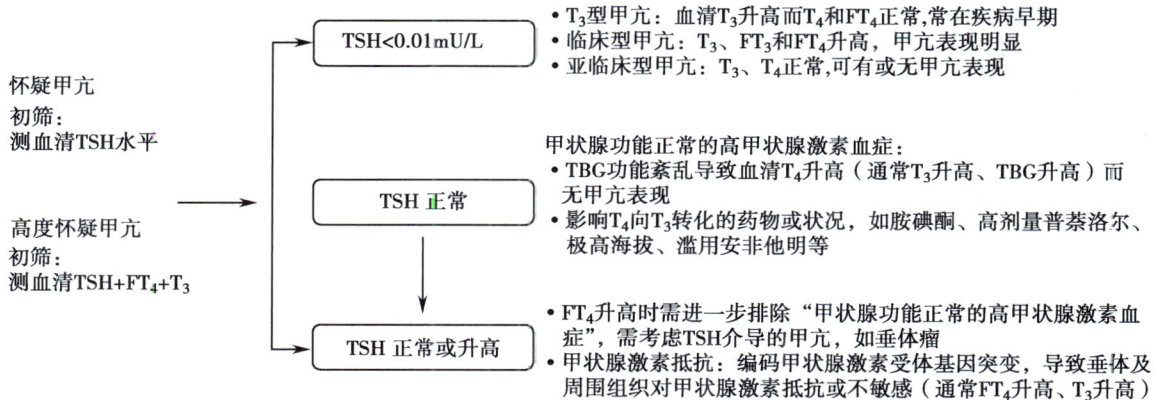

怀疑甲亢
初筛:
测血清TSH水平

高度怀疑甲亢
初筛:
测血清TSH+FT₄+T₃

TSH<0.01mU/L
- T₃型甲亢:血清T₃升高而T₄和FT₄正常,常在疾病早期
- 临床型甲亢:T₃、FT₃和FT₄升高,甲亢表现明显
- 亚临床型甲亢:T₃、T₄正常,可有或无甲亢表现

TSH 正常
甲状腺功能正常的高甲状腺激素血症:
- TBG功能紊乱导致血清T₄升高(通常T₃升高、TBG升高)而无甲亢表现
- 影响T₄向T₃转化的药物或状况,如胺碘酮、高剂量普萘洛尔、极高海拔、滥用安非他明等

TSH 正常或升高
- FT₄升高时需进一步排除"甲状腺功能正常的高甲状腺激素血症",需考虑TSH介导的甲亢,如垂体瘤
- 甲状腺激素抵抗:编码甲状腺激素受体基因突变,导致垂体及周围组织对甲状腺激素抵抗或不敏感(通常FT₄升高、T₃升高)

图 29-1　甲亢病因诊断流程图

2. 对症治疗　注意消毒隔离及口腔、皮肤黏膜护理;延续应用社区卫生服务中心给予的普萘洛尔及升白细胞药物;重组人粒细胞刺激因子 150μg,皮下注射连续 2 日,并监测白细胞变化情况。

3. 甲亢治疗方案选择　抗甲状腺药物(ATD)治疗、放射免疫法(RIA)治疗、手术三种方法各有利弊,其中 RIA 治疗,即 ¹³¹I 治疗,利用甲状腺高度摄取和浓聚碘的能力,以及 ¹³¹I 释放 β 射线对甲状腺的生物效应,破坏滤泡上皮细胞而减少 TH 分泌,治愈率达85%以上。该患者经积极对症治疗血白细胞已升至正常值范围,考虑其甲亢病史长、ATD 治疗依从性差,且发生 ATD 相关严重药物不良反应,无 ¹³¹I 治疗甲亢禁忌证,故积极完善甲状腺摄 ¹³¹I 率测定、甲状腺超声、甲状腺静态显像检查,经核医学科会诊后给予 ¹³¹I 5mCi 治疗。出院后嘱继续监测血常规,口服普萘洛尔及升白细胞药物,社区卫生服务中心随访。

知识点

Graves 病各种治疗方法的适应证

1. ATD 治疗　缓解可能性大的患者(特别是女性、轻度甲亢、甲状腺轻度肿大、TRAb 阴性或低滴度的患者);妊娠;年老体弱者;合并严重心、肝、肾疾病不能耐受手术者;预期生命有限或不能遵循放射安全守则者;接受过手术或有颈部照射史的患者;无法行甲状腺大部分切除术患者;中到重度活动性 Graves 眼病者。

2. RIA 治疗　计划妊娠的女性患者(预计 ¹³¹I 治疗 4~6 个月可治愈者);老年患者;外科手术风险较高患者;既往曾手术治疗或颈部外照射治疗;无法行甲状腺大部分切除术患者或有 ATD 使用禁忌的患者。

3. 外科手术　有压迫症状或甲状腺肿大明显(≥80g);¹³¹I 相对低摄取;证实或怀疑有甲状腺恶性肿瘤(如细胞学检查怀疑或不能定性);大的无功能或低功能结节;合并甲状旁腺功能亢进需要手术治疗者;女性患者 4~6 个月内计划妊娠者(如在选择 ¹³¹I 治疗后 4~6 个月内 TH 无法恢复正常者);中到重度活动性 Graves 眼病。

【问题4】 社区随访要点。

思路：Graves 病总体预后良好。ATD 治疗的缓解率差异很大，40%~60%，^{131}I 治疗和手术治疗的缓解率高于 ATD，且复发率低于 ATD，但永久性甲减的发生率高于 ATD。偶见没有及时发现和积极治疗的甲亢导致机体多系统功能受损，特别是心脏受累，或由于某些诱因导致甲状腺危象发生，可以导致死亡。

1. ATD 治疗随访监测　ATD 长程治疗初治期及减量期每4周监测 FT_3、FT_4、TSH，并根据结果调整剂量，维持期在最小剂量后甲状腺功能正常时，4~8 周监测一次较为合适，在甲状腺功能完全正常后，评估生化和临床情况的间隔可延长至 2~3 个月。在治疗后数月内血清 TSH 都有可能处于抑制水平，所以 TSH 并不是监测治疗效果的良好指标。治疗维持期主要目标是 FT_4 浓度在正常范围内，减少甲亢复发，预防甲减。

2. ATD 不良反应监测　轻微的皮肤反应可在不停用 ATD 的同时加用抗组胺药治疗，严重过敏反应的病例不推荐使用其他 ATD；ATD 治疗期间如有发热和咽炎，应进行白细胞分类计数；常规监测肝功能有助于防止严重肝脏毒性，如转氨酶水平达到正常上限 2~3 倍（无论是在治疗初期、偶然发现或临床检查）且在 1 周内复查无改善者，需停用 PTU。在停药后，应每周监测肝功能，如果无证据表明肝功能改善，需转诊。

3. ^{131}I 治疗随访监测　^{131}I 治疗后 1~2 个月内的随访应包括 FT_4、T_3 的评估，如患者仍处于甲状腺功能亢进，生化检查应该在以后的随访中以 4~6 周的间隔进行监测；甲状腺功能减退症在治疗后 4 周开始出现，但最常见是发生于 2~6 个月内，应根据甲状腺功能检查、临床症状和体格检查决定甲状腺激素替代治疗的时机，当甲状腺功能正常后，建议每年均应检测甲状腺功能；谨慎解释 TSH，建议联合测定 FT_4、T_3；RAI 治疗后 6 个月 Graves 病仍存在，或治疗 3 个月后机体的反应极小，则建议再次行放射碘治疗。

知识点

^{131}I 给药后应采取预防性措施的时间见表 29-3。

表 29-3　^{131}I 给药后应采取预防性措施的时间　　　　　　　　　　　　单位：d

活动方式及接触人群	不同 ^{131}I 剂量（MBq）给药后应采取预防性措施的时间			
	200	400	600	800
避免乘坐公共交通工具	0	0	1	2
不上班	0	0	1	2
避免到娱乐场所活动、避免与他人密切接触	1	5	9	12
避免与孕妇、儿童密切接触、避免做对辐射敏感的工作	14	21	24	27

注：200MBq=5.4mCi。

【问题5】 医患沟通要点。

1. 告知患者甲亢及其并发症的危害，强调生活方式改变对治疗的重要性，如忌碘饮食、避免剧烈运动及暴饮暴食。

2. 贯彻以患者为中心的最佳诊治策略的核心理念，一旦诊断确立，负责治疗的医生和患者应当就每一种治疗选择进行开诚布公的讨论，包括治疗方法是否容易获得、获益、疾病恢复的速度、缺点、可能的副作用，以及治疗的花费。基于这些详细的分析和讨论，医生根据最佳的临床判断作出推荐，患者结合个人价值观和喜好，作出最终的决定。

3. 叮嘱定期随访的重要性。

第二节　甲状腺功能减退症

甲状腺功能减退症（hypothyroidism），简称甲减，是由于甲状腺激素合成和分泌减少或组织作用减弱导致的全身代谢减低综合征，主要分为临床甲减和亚临床甲减。

临 床 病 例

患者,49 岁,2 年前无明显诱因出现怕冷、乏力、嗜睡、记忆力减退,伴有声音嘶哑、皮肤粗糙、颜面及双下肢水肿及腹胀。近 2 个月上述症状加重,有睡眠打鼾及憋醒,偶有胸闷,体重增加 4kg,偶有便秘。

既往史:痛风病史 1 年,否认高血压、冠心病病史。

个人史:无烟、酒嗜好,无放射性物质接触史,无颈部手术及放射性治疗史。

家族史:家族无遗传性疾病史。

【问题 1】甲减的临床表现有哪些?

本病发病隐匿,病程较长,初期缺乏特异性症状和体征。症状主要表现以代谢率减低和交感神经兴奋性下降为主。

1. 现病史　甲减的临床表现缺乏特异性,轻症病例易被漏诊或误诊。当下述临床表现具备 3 个或 3 个以上时要考虑甲减可能,特别是既往不耐寒、现有便秘的症状,要考虑甲减的诊断。

> **知识点**
>
> 甲减的临床表现见表 29-4。
>
> 表 29-4　甲减的临床表现
>
> | 分类 | 临床表现 |
> | --- | --- |
> | 低代谢症状 | 易疲劳、怕冷、体重增加、行动迟缓 |
> | 精神神经系统 | 嗜睡、反应迟钝、痴呆、幻想、木僵、昏睡或惊厥、腱反射变化具有特征性 |
> | 皮肤改变 | 黏液性水肿面容、皮肤干燥发凉、粗糙脱屑、毛发干燥稀疏、眉毛外 1/3 脱落、指甲厚脆、表面有裂纹、发音不清、言语缓慢、声音低哑 |
> | 心血管系统 | 心动过缓、心绞痛、慢性心力衰竭、心包积液、高血脂、高血压 |
> | 消化系统 | 食欲减退、腹胀、便秘、黏液水肿性巨结肠、麻痹性肠梗阻 |
> | 内分泌系统 | 腺垂体增大、高催乳素血症、溢乳 |
> | 血液系统 | 贫血 |
> | 呼吸系统 | 胸腔积液、阻塞型睡眠呼吸暂停 |
> | 生殖系统 | 性功能减退、月经过多、不孕不育 |
> | 肌肉与骨关节系统 | 肌肉乏力、肌萎缩、关节病变、关节腔积液 |

2. 发病年龄　各年龄层段均可罹患本病。起病于胎儿期或新生儿期的称克汀病(又称呆小病),因影响神经系统,尤其脑发育障碍,以严重智力低下、生长发育障碍和黏液性水肿为主要表现;起病于儿童期称幼年型甲减,表现为生长发育障碍,严重者有黏液性水肿;起病于成人期称成年型甲减。

> **知识点**
>
> 原发性甲减的流行病学
>
> 甲减的患病率与 TSH 诊断界点值、年龄、性别、种族等因素有关,国外报告甲减的患病率 5%~10%,亚临床甲减患病率高于临床甲减。根据 2010 年我国十城市甲状腺疾病患病率调查,以 TSH>4.2mU/L 为诊断界点,甲减的患病率为 17.8%,其中亚临床甲减患病率为 16.7%,临床甲减患病率 1.1%。女性患病率高于男性,随年龄增长患病率升高。我国甲减年发病率为 2.9‰。

3. 甲减的高危人群　目前对于甲减在普通人群中的筛查未能达成共识。建议在下述高危人群积极筛查:有自身免疫病者;有恶性贫血者;既往有甲状腺手术或功能异常史者;有颈部及甲状腺的放射史(包括甲亢的放射性碘治疗)及头颈部恶性肿瘤的外放射治疗者;患有精神性疾病者;服用胺碘酮、锂制剂、酪氨酸激酶抑制剂等者;一级亲属有自身免疫性甲状腺病者;甲状腺检查异常者;有心包积液者;高催乳素血症者;血脂异常者。

知识点

甲减的病因分类见表 29-5。

表 29-5　甲减的病因分类

分类	病因
原发性甲减(甲状腺本身病变)	自身免疫性甲状腺炎(桥本甲状腺炎、萎缩性甲状腺炎、木样甲状腺炎等)
	甲状腺全切或次全切术后
	甲亢 ^{131}I 治疗后
中枢性甲减(下丘脑和垂体病变)	垂体外照射
	垂体大腺瘤
	颅咽管瘤
	垂体缺血性坏死
消耗性甲减[因Ⅲ型脱碘酶(D_3)代偿性活性增加而致 T_4 灭活过多)]	
甲状腺激素抵抗综合征(由于甲状腺激素在外周组织实现生物效应障碍引起的甲减)	

临床病例(续):门诊查体记录

　　体格检查:体温 36.5℃,脉搏 68 次/min,呼吸 18 次/min,血压 128/84mmHg。表情淡漠,言语缓慢,声音嘶哑,颜面水肿,面色苍黄。皮肤干燥粗糙,有脱屑。睑结膜无苍白。甲状腺Ⅱ度肿大,质略韧,结节感,无压痛。双肺呼吸音正常,未闻及干湿啰音。心率 68 次/min,节律规整,心音低钝,各瓣膜区未闻及杂音。双下肢非凹陷性水肿。

　　辅助检查:

　　血常规:红细胞计数 4.02×10^{12}/L,血红蛋白 120g/L;甲状腺功能:FT_3<1.00ng/L(正常值 1.71~3.71ng/L),FT_4<0.40ng/dl(正常值 0.70~1.48ng/dl),TSH>100mU/L(正常值 0.35~4.94mU/L);血脂:TC 4.11mmol/L,LDL 2.76mmol/L,TG 2.79mmol/L;甲状腺抗体:TgAb>1 000U/ml(正常值 0.00~4.11U/ml),TPOAb>1 000U/ml(正常值 0.00~5.61U/ml);甲状腺超声:甲状腺弥漫性病变,腺体血供减少,甲状腺左叶实性结节,甲状腺左叶囊性结节;心电图:窦性心动过缓,低电压,T 波低平。

【问题 2】患者最可能的诊断是什么?

　　1. "嗜睡、反应性动作迟缓、便秘"甲减诊断三联征的存在,一般不作为初步诊断,而是考虑是否需要紧急处理或立即转诊。

　　2. 通过询问病史、查体及辅助检查,明确是否存在甲减的特殊临床表现,如甲减性心脏病、阻塞型睡眠呼吸暂停综合征、浆膜腔积液、黏液性水肿昏迷等。

知识点

甲减的特殊临床表现

1. **甲减性心脏病**　甲减引起心脏的损害最早是由 Zondex 于 1918 年报道的,目前认为 70%~80% 的甲减伴有心血管病变,其中以心动过缓、心脏增大多见。严重者出现心包积液、心力衰竭等改变,心电图可表现为低电压、窦性心动过缓、ST-T 变化等非特异性改变。

2. **阻塞型睡眠呼吸暂停综合征**　多发生于较严重的甲减患者,其原因是黏液性水肿使得上呼吸道阻塞,气道狭窄;多导睡眠图提示有特异性异常;甲状腺激素治疗后,甲减与呼吸暂停均明显改善或消失。

3. **浆膜腔积液**　甲减发生浆膜腔积液的原因是淋巴回流缓慢、毛细血管通透性增加、浆膜腔黏蛋白和黏多糖亲水性、TSH 刺激浆膜腔中腺苷酸环化酶活性从而使透明质酸酶分泌增多,引起腹水、心包积液、胸腔积液和关节腔积液。

4. **黏液性水肿昏迷**　是未治疗甲减的终末期表现。临床特征为进行性虚弱、木僵,低体温,呼吸浅表,低血糖、低血钠、水中毒、休克以至死亡。一旦明确诊断,应立即给予紧急抢救措施。在常规治疗的基础上,尽快使用甲状腺激素及糖皮质激素治疗。

3. **甲减患者问诊及查体要点**　甲减的症状、本征缺乏特异性,通过有目的的问诊及有针对性的体格检查可迅速勾勒出"诊断三联征",从而形成诊断意向。

知识点

甲减患者问诊及查体要点见表 29-6。

表 29-6　甲减患者问诊及查体要点

诊断要点		具体实施内容(包括症状和体征)
问诊要点	一般情况	年龄、饮食、营养状况
		儿童和青少年要了解生长发育情况
	系统症状	一般表现:嗜睡、畏寒、乏力、体重增加、体温过低、水肿、昏迷
		皮肤:皮肤干燥、粗糙、黏液性水肿、毛发脱落
		肌肉:疼痛、肌肉僵硬、肌无力
		中枢神经系统:健忘、神情淡漠、黏液水肿性痴呆、小脑共济性失调
		呼吸系统:通气动力减弱、胸膜渗漏、睡眠性呼吸暂停
		心血管系统:心动过缓、心绞痛、慢性心力衰竭、心包积液、高血脂、高血压
		消化系统:便秘、麻痹性肠梗阻、腹水、巨结肠
		血液系统:缺铁性贫血、低钠血症、高催乳素血症
		生殖系统:不孕不育、月经过多、性功能减退、非妊娠性溢乳
	既往史	自身免疫病,恶性贫血,精神性疾病,甲状腺手术或功能异常史,颈部及甲状腺的放射史(包括甲亢的放射性碘治疗),头颈部恶性肿瘤的外放射治疗史,胺碘酮、锂制剂、酪氨酸激酶抑制剂、α干扰素等应用史
	个人史	出生地及居留地为碘缺乏地区、碘充足地区、碘过量地区、生活习惯及嗜好
	月经史	月经周期、月经量
	家族史	一级亲属自身免疫性甲状腺病
体格检查	一般检查	身高、体重、腰围、臀围
	生命体征	体温、脉搏、呼吸、血压
	皮肤检查	颜色、湿度、弹性、脱屑
	甲状腺检查	视诊:有无肿大及分度。触诊:质地、压痛,注意结节有无,结节大小、质地、活动度、是否压痛
	心脏检查	叩诊:有无心界扩大。听诊:心率、心律、心音有无低钝、遥远、各瓣膜区杂音

4. 甲减的诊断依据　该患者诊断为"原发性甲减,桥本甲状腺炎",通过详细询问病史,结合典型临床表现,佐证激素测定结果从而明确诊断。TSH 增高,FT_4、T_4 减低,原发性甲减即可诊断,需进一步寻找甲减的病因,如果 TPOAb、TgAb 阳性,可考虑甲状腺自身免疫为其病因。血清 TSH 减低或者正常,T_4、FT_4 减低,考虑中枢性甲减,进一步寻找垂体和下丘脑的病变(图 29-2)。

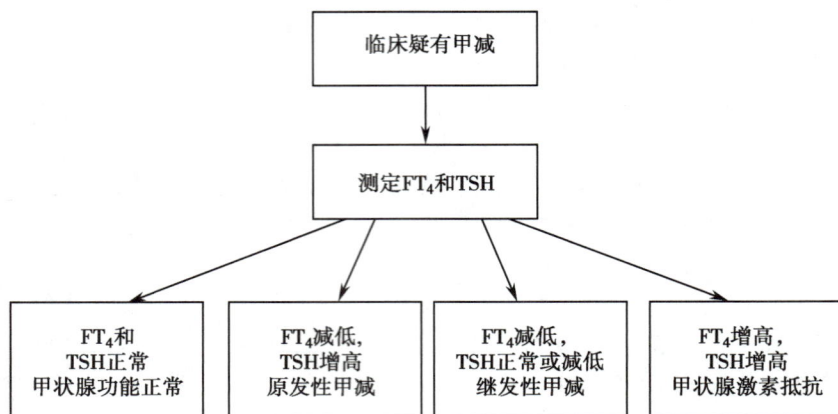

图 29-2　甲减病因诊断流程图

【问题 3】哪些患者需要转诊至上级医院?

1. 甲减症状隐匿、多样,全身代谢减低导致多器官系统受累且患者常同时存在多种伴发病及并发症,因此,如何凝练临床问题,准确判断、及时转诊至关重要。

2. 甲减转诊指征　①老年、临床表现严重、存在多种共患病者;②合并甲减特殊临床表现如甲减性心脏病、阻塞型睡眠呼吸暂停综合征、浆膜腔积液等;③疑诊黏液性水肿昏迷者;④中枢性甲减需明确病因者;⑤低 T_3 综合征、甲状腺激素抵抗综合征需明确诊断者。

临床病例(续):上级医院检查记录

心肌酶:LDH 348U/L(正常值 91~180U/L),CPK 2 860U/L(正常值 22~269U/L),CK-MB 92U/L(正常值 0~25U/L);心脏超声:左心房轻度增大,前后径40mm,二尖瓣、主动脉瓣反流(少量),心包脏壁层分离,可见少-中量液性暗区,左心室后壁 7.8mm,右心室前壁 2mm,右心室侧壁 3.9mm;多导睡眠图呼吸监测结果:呼吸暂停低通气指数 84.3,最长呼吸暂停 80.0 秒,最长低通气 58.5 秒,睡眠中平均血氧饱和度 90%,最低血氧饱和度 63%。

【问题 4】甲减的治疗方案?

1. 明确诊断　完善相关检查后患者明确诊断为"原发性甲减,桥本甲状腺炎,甲减性心脏病,阻塞型睡眠呼吸暂停综合征,高甘油三酯血症"。

2. 治疗经过　左甲状腺素($L-T_4$)25μg 每日一次,口服(早餐前半小时),替代治疗,并逐渐增加剂量至维持剂量,并辅以非诺贝特、辅酶 Q_{10}、盐酸曲美他嗪等药物降血脂、改善心肌代谢治疗。4 周后患者怕冷、乏力、嗜睡症状明显缓解,颜面水肿消退,显著升高的心肌酶谱已逐渐下降,甲状腺功能逐渐趋于正常,患者转回社区卫生服务中心随访。

知识点

补充甲状腺激素的临床问题见表 29-7。

1. 剂型　①干燥甲状腺片是用动物的甲状腺焙干,研磨成粉,压制成片,含有部分 T_3 成分,效价不稳定,干燥甲状腺片和 T_4 的相对效价为 1:400~1:600,即 40~60mg 干燥甲状腺片含 T_4 效价 100μg。②合成的 $L-T_4$ 存放期长,疗效均一,在血浆内半衰期为 7~8 日,药物进入体内,部分在外周组织转化为 T_3,服药后 80% 吸收,每日一次服药即可使 T_3、T_4 和 TSH 水平保持稳定。③T_3 也是人工合成的甲状腺激素制剂,在血浆内半衰期为24小时,1日剂量需分次服用,由于心肌细胞 T_3 受体较多,服药后患者的心血管对 T_3 的作用太强,可诱发心绞痛、心肌梗死和心力衰竭,临床上很少应用。

表29-7 补充甲状腺激素的临床问题

项目	临床问题
剂型	L-T_4 非活性激素,需在外周组织转化 目前尚没有方便使用的 T_3 成品药物
剂量	甲状腺激素水平个体差异大 过量甲状腺激素可导致心律失常(心房颤动)、骨质疏松
监测	具有延迟效应,可在停药后继续上升 剂量调整4~6周后监测

2. 剂量 甲减患者首选 L-T_4 单药治疗。平均补偿剂量 1.6~1.8μg/kg,儿童需要较高的剂量,老年患者则需要的剂量较低,妊娠时的替代量需要增加30%~50%。起始剂量和达到最终补偿剂量所需的时间要根据患者年龄、心脏状态、特定情况决定。年轻体健的成年人可以最终补偿剂量起始;老年人和有冠心病者,起始剂量应为 12.5~25μg/d,每4~6周增加 25~50μg;妊娠女性则应完全替代剂量起始或尽快增至最终补偿剂量。

3. 监测 L-T_4 替代治疗后4~8周监测血清 TSH,治疗达标后,每6~12个月复查一次。妊娠期甲减每4周复查一次。原发性甲减根据 TSH 水平调整 L-T_4 剂量,治疗目标个体化。中枢性甲减,依据 FT_4 水平而非 TSH 调整治疗。服用 L-T_4 后2~6小时,T_4 水平稍见增高,可持续8~10小时,故抽血测定甲状腺激素,应在20~24小时后,即空腹抽血且在当日服用甲状腺素之前。

【问题5】社区随访医患沟通要点?

甲减一般不能治愈,需要甲状腺激素终身替代治疗,但是也有桥本甲状腺炎所致甲减自发缓解的报道。

1. 向患者详细介绍甲减的特点,避免患者出现悲观情绪。

2. 正确认识生活方式干预与疾病良好控制的关系。

3. L-T_4 替代治疗的目的及注意事项。

(1)治疗目的:缓解症状,避免疾病进展发生黏液性水肿、心血管疾病等不良结局。

(2)注意事项:为了使 L-T_4 吸收充分,服药方法首选早饭前1小时1次口服(如剂量大,可分次服),与其他药物和某些食物的服用间隔应当在4小时以上,如果不能早餐前1小时服用,睡前服药也可选择。

4. 叮嘱定期随访的重要性。

知识点

碘与甲状腺疾病

碘是人体健康所必需的营养素,是甲状腺激素的主要成分,可为甲状腺细胞提供微环境;其缺乏与过量均可导致甲状腺疾病。中国营养学会对我国成人的推荐是每日摄入120μg,孕期和哺乳期在此基础上每日分别增加摄入110μg和120μg。

1. 甲亢 与碘相关的甲亢称为碘致性甲亢,其发生与预防前碘缺乏的水平及预防期间碘摄入量相关。

2. 甲减 研究显示,碘过量摄入地区的显性甲减的患病率可增加6.7倍多;亚临床甲减的患病率在碘足量摄入地区和碘过量摄入地区分别增加3.2倍和6.8倍;亚临床甲减的累积患病率在碘足量摄入地区和碘过量摄入地区分别增加13倍和14.5倍(对1999年及2011年的数据进行对比)。但是,临床甲减的发病率无差异,这可能归因于其发生存在潜伏期。

3. 自身免疫性甲状腺炎 桥本甲状腺炎及萎缩性甲状腺炎的患病率随碘摄入量的增加而增高,且 Graves 病患病率无差异。碘摄入量充足地区及过量地区的自身免疫性甲状腺炎的发病率可分别增加5

倍及 6.5 倍,而 Graves 病发病率无差异。

4. 甲状腺癌　尽管有动物实验研究显示"碘缺乏可导致甲状腺癌",但目前尚无有关甲状腺癌与碘摄入量相关性的充分证据。TSH 水平增高可能与甲状腺癌的发生具有相关性。

食物中以海产植物类含碘量为最高,如紫菜、海带等。其他食物,包括海产鱼、虾、贝类,其含碘量都不足以与碘盐相比。对于碘的摄入过量与否,最好的评价方法为尿碘的检测,以此为依据进行碘摄入的调整,可以避免碘缺乏或过量带来的健康隐患。

(周立红)

第三十章 心理疾病

第一节 焦虑症

焦虑症是最常见的心理疾病之一,包括广泛性焦虑障碍和惊恐障碍。即使焦虑症状可能已严重影响了社会功能,多数广泛性焦虑障碍患者通常仍不能意识到自己罹患一种心理疾病,很有可能到全科而不是到心理科或者是精神科就诊。因而,在各级医疗机构,特别是初级医疗机构中的全科医生应特别注意就诊患者的焦虑体验,及时识别和治疗焦虑症。

广泛性焦虑障碍是以慢性、泛化、持续性对一些生活情景的不现实的过度担心及紧张为特征。广泛性焦虑障碍患者典型的表现为任何时候均可能体验到一种对各种事情持续、过度的担心,常表现为持续性心理紧张,并伴有躯体症状,如头晕、胸闷、心悸、呼吸困难、口干、尿频、尿急、出汗、震颤及运动性不安等症状。这类症状可能并非由实际的威胁或危险所引起,其担心和紧张的程度与现实事件明显不相符。

惊恐障碍又称"急性焦虑发作",是一种突然发作、不可预测的强烈的焦虑、躯体不适和痛苦,严重者可能有濒死感。症状在发病后 10~30 分钟后达到高峰,持续时间较短,极少超过 1 个小时。不发作时可能与常人一样。未经治疗的惊恐发作可持续出现,反复就诊于急诊或各种专科,四处求医,到处看病。绝大多数患者会担心他们再次发作,甚至害怕一个人独处。惊恐发作是指单次、自发的急性焦虑发作,当惊恐发作反复发生,持续至少 1 个月以上并达到惊恐障碍的诊断标准时称为惊恐障碍。

临床病例

患者,胡先生,男性,50 岁,已婚,公务员,反复头晕、出汗、入睡困难及心悸 1 年余,自行到社区卫生服务中心就诊。

【问题 1】针对患者本次来就诊的信息需要考虑哪些生物 - 心理 - 社会因素?

思路 1:患者是自行来就诊,主动要求治疗,说明患者对自己的痛苦有一定认识,重性精神疾病患者通常自知力缺乏。自知力相对完整的患者在排除了躯体疾病等生物学的因素外,首先要考虑心理疾病。

思路 2:患者为已婚的公务员,其独自来就诊,有可能存在工作压力或家庭负担等因素,要注意仔细询问工作状况、婚姻关系及最近是否受到来自生物 - 心理 - 社会方面的创伤。

思路 3:患者自行来就诊,不管是什么原因,在问诊过程中应该与患者达成保密共识,建立良好的医患关系。

【问题 2】患者目前的症状需要考虑哪些疾病?

思路 1:患者存在反复头晕、出汗、心悸等躯体症状,对于首次接触的患者,首先需考虑神经系统相关的疾病、心血管疾病等躯体疾病,而入睡困难可能是躯体疾病引起的躯体不适。在完善相关检查,排除躯体疾病后,根据该患者同时出现多个系统的不适主诉,以及有明显的过度担心等焦虑症状,可以考虑该患者可能属于典型的焦虑表现。这些躯体不适的症状可能是焦虑症的躯体化表现。

思路 2:患者有明显的心理方面和躯体性焦虑症状,临床上可见于多种心理疾病,比如应激相关障碍、躯体形式障碍、精神活性物质滥用、戒断症状、躯体疾病所致精神障碍以及精神分裂症等。

知识点

广泛性焦虑障碍的三大临床特征

广泛性焦虑障碍临床表现主要有心理性焦虑、躯体性焦虑和运动性紧张三大临床特征。

1. 心理性焦虑　表现为对日常所有的琐事都有过度、持久的不安和担心。焦虑的痛苦在心理上体验为对一些指向未来或不确定的事件过度担心和害怕,怕有灾难、意外或不可控制的事件发生,如担心家人患病、孩子发生意外、工作上有失误、经济问题、人际关系紧张等。内容可以随日常生活中遇到的事情不同而变化不定,心理性焦虑可同时伴有睡眠的异常,如失眠、多梦,还可能有注意力集中困难、工作效率下降、易激惹等。

2. 躯体性焦虑　躯体性焦虑主要表现为自主神经功能异常,患者可表现为手心出汗、恶心、心悸、心率加快、口干、咽部不适、异物感、腹泻、多汗等。泌尿生殖系统症状有尿频、尿急、勃起不能、性欲冷淡。神经系统症状有耳鸣、视物模糊、周身不适、皮肤刺痛感、头晕及"晕厥"感。

3. 运动性紧张　运动方面的症状表现为烦躁不安、肌肉震颤、身体发抖、坐立不安、无目的活动增多、易激惹、发怒等。如外观可见到其表情紧张、精神痛苦、眉头紧锁、姿势僵硬不自然,可伴有震颤等。

知识点

惊恐障碍的常见临床症状

惊恐障碍的临床特点是反复发生、自发出现、难以预料的急性焦虑发作。首次发作常常是突然、自发地出现心跳加快、心悸、震颤、胸式呼吸困难、发热或发冷、头晕等各种躯体症状。

典型惊恐障碍发作的心理体验有三种表现:

1. 濒死感　患者突然产生胸闷、胸部压迫感、窒息感,不能自主呼吸的恐惧紧张感,感觉自己下一秒就可能会死亡。

2. 失去控制感　有的表现为极度的精神紧张,有即将失去控制的焦虑或将变得疯狂的恐惧。

3. 精神崩溃感　部分患者体验到无法控制的精神崩溃的来临。

惊恐障碍发作的患者常因上述灾难性体验而担心再次发作,有的患者认为是心脏病发作,去急诊就诊,多次行心电图及相关检查并未能发现器质性疾病的证据。

临床病例(续)

患者于1年前因为经济压力开始出现头晕,感觉昏昏沉沉、迷迷糊糊,躺着的时候可缓解;睡眠差,有时只能睡1~2小时,有时能睡6~7小时,有时甚至整晚都睡不着;伴心悸、出汗,偶有紧张担心,担心自己的身体,担心自己的血压高。曾在当地医院多次住院治疗,行胸部CT示:左肺上叶舌段及两肺下叶少量纤维钙化灶;头部MRI无异常,住院期间血压最高为148/86mmHg,诊断为"高血压",规律服用降压药物。患者每日担心自己的高血压会影响肾功能,觉得高血压要一辈子吃药,随时可能出现脑出血,每日给自己测五六次血压,血压稍微高一点,就为此坐立不安,在办公室走来走去。经常用手机查高血压治疗以及相关的新闻,联想到自己的心悸,觉得自己心脏可能也不好,曾去医院多次行心电图检查及心肌酶学检查,均正常后才放心。反复和家人诉说自己的身体不适,担心自己的身体无法坚持到退休,认为家人不理解自己的痛苦。最近看到公交车意外的新闻后,每日都担心自己爱人上下班的安全,要反复多次打电话确认爱人的平安。在单位上班常注意力不能集中,无法完成工作计划。起病以来精神欠佳,饮食一般,体重无明显变化。

既往史:高血压病史1年余,最高为148/86mmHg,目前规律服用坎地沙坦酯1片/d,美托洛尔0.5片/d,血压控制可;自诉有"胃病"史,具体不详,目前规律服用艾普拉唑1片/d。否认肝炎、结核、疟疾病史,否认手术、外伤、输血史,否认食物、药物过敏史,按当地防疫部门要求预防接种。

个人史:母孕期情况正常、顺产,生长发育期情况正常;入学年龄6岁,学历中专,学习成绩一般,劳动工作情况一般;无不良嗜好,有吸烟史 10 年余,每日一包,目前已戒烟 1 年,无饮酒史;无毒物及疫水接触史。病前个性:外向但敏感、做事认真,亲力亲为,无特殊人格。

婚姻史:已婚,育有 1 子,妻子、儿子均体健。

家族史:父母健在,1 兄 1 姐健在,否认家族性遗传病史,两系三代内无精神疾病患者。

【问题 3】依据以上资料分析患者的临床特征?

思路:患者为中年男性,1 年前因经济压力出现失眠、注意力集中困难等焦虑症状,目前所出现的持续、过度担心从自身的疾病到家人的安全等不确定性事件,其过度担心与现实事件并不相称,同时还伴随有明显的躯体性焦虑,如心悸、头晕等不适感,坐立不安等运动性紧张不安症状,这些症状持续时间严重影响其生活和工作达半年以上,符合典型的广泛性焦虑障碍的表现。

【问题 4】该患者还需要追查哪些辅助检查?

思路:该患者有明显的心悸、头晕,病史已提到头部 MRI、肺部 CT、心电图、心肌酶学检查未见明显的特异性异常,患者存在自主神经功能异常,患者既往曾多次在中医院住院治疗,需考虑是否已完善甲状腺功能和心脏超声检查。以此来排除可能的躯体疾病。

【问题 5】该患者的临床心理评估可以用到哪些工具?

思路:患者具有明显的焦虑症状,可以考虑用焦虑自评量表(SAS)和医生用的汉密尔顿焦虑量表(HAMA)。对于患者的人格评估还可以用明尼苏达多项人格测试(MMPI),但 MMPI 量表涉及多项人格,条目较多,测试时间较长;MMPI 优点为自评量表,如掌握了评分技术,推荐全科医生门诊常规使用。MMPI 的校正分析可以评估患者是否认真填写问卷,基本可以保证测验的真实性。

临床病例(续)

辅助检查:当地医院行心电图检查为窦性心律,心率 78 次/min。甲状腺功能三项无异常,心脏超声无异常。门诊血压:128/86mmHg。心理测验:SAS 评分 73 分。

体格检查:心肺腹及神经系统检查未见明显异常。

精神状况检查:

一般表现:患者衣着整洁,年貌相符,意识清晰,时间、地点、人物定向准确,接触交谈被动合作,问答切题,交谈间手指反复小动作较多,自知力存在,主动要求治疗。

认知活动:否认错觉、幻觉及感知觉综合障碍;未查及思维形式及逻辑障碍,未查及思维内容障碍;注意力欠集中,记忆力、近期及远期记忆未见明显异常。

情感反应:情感反应尚协调,情绪显焦虑,偶有心悸,比较容易激动,发脾气,反复询问医生自己的这些问题能否治好,药物会不会有副作用,否认既往存在持续的情感高涨或情绪低落史。

意志行为活动:意志行为活动一般,兴趣一般,精力欠佳,本能活动可,日常生活能自理,暂无自杀自伤、冲动毁物想法及行为。

【问题 1】如何考虑该患者的诊断?

思路:患者为反复头晕、出汗、入睡困难及心悸 1 年余。存在心理性焦虑、躯体性焦虑以及运动性紧张三大症状的典型表现,社会功能受损,工作能力下降,生活自理能力正常,自知力完整。查体及神经系统检查未见明显异常,无使用精神活性物质的证据;意识清晰,智能、记忆力检查正常;可排除器质性、躯体疾病及精神活性物质所致精神障碍。诊断考虑为:①广泛性焦虑障碍;②高血压 1 级高危。

知识点

广泛性焦虑障碍的诊断要点(ICD-10)

根据 ICD-10 诊断标准,广泛性焦虑障碍的诊断要点如下:

一次发作中,患者必须在至少数周(通常为数月)内的大多数时间存在焦虑的原发症状,这些症状通常应包含以下要点:

1. 恐慌（为将来的不幸烦恼，感到"上下不安"、注意困难等）。
2. 运动性紧张（坐卧不宁、紧张性头痛、颤抖、无法放松）。
3. 自主神经活动亢进（头重脚轻、出汗、心动过速或呼吸急促、上腹不适、头晕、口干等）。

【问题2】广泛性焦虑障碍的治疗策略？

思路1：首先应该仔细评估患者焦虑症状的严重性、病程及特征，作出明确诊断，回顾和评价生活事件与患者焦虑的关系，强调药物治疗与心理治疗、社会支持联合的综合策略。由于焦虑症的发病与社会、心理因素密切相关，主张在生物-心理-社会医学模式指导下进行综合评估与治疗。对于焦虑症，心理治疗和药物治疗同样重要，在临床上强调心理治疗联合药物治疗，会给患者带来最大的益处。

思路2：由于焦虑症患者发病特点和个体差异性应该依据患者的年龄、性别、病情、病程、既往用药经历以及药物本身的代谢特点和药理作用、心理治疗的偏好等综合因素来考虑选择治疗药物的种类、剂量和心理治疗方案。尤其是很多焦虑症患者对药物副作用的担忧，在药物选择和调整过程中要遵循个体化治疗原则。

思路3：抗焦虑药物需根据患者症状特点来选择，5-羟色胺再摄取抑制剂（SSRIs）、5-羟色胺与去甲肾上腺素再摄取抑制剂（SNRIs）和三环类抗抑郁药具有抗焦虑和抑郁作用，是治疗焦虑症的常用药物；短期的间歇性焦虑可短期使用苯二氮䓬类药物；由于三环类抗抑郁药具有明显的心脏毒性、抗胆碱能副作用，通常不作为抗焦虑药物的首选。对于以自主神经系统功能亢进为主要症状者，可以考虑选用 β 受体阻滞剂等。

思路4：广泛性焦虑障碍患者联合药物治疗往往能在全病程起到较好的效果，可用支持性心理治疗、松弛治疗、认知行为治疗等多种心理治疗方法，其中认知行为治疗被认为是治疗广泛性焦虑障碍的有效方法。

心理治疗方法之
行为治疗讲解
（音频）

知识点

广泛性焦虑障碍的认知行为治疗

认知行为治疗通过治疗师与患者的合作，针对患者的具体情绪状态或现实问题进行心理治疗，使患者的认知改变后，能够达到进一步调整、降低焦虑行为的一种心理治疗方法。强调焦虑症患者参与治疗以及家庭作业的重要性。

广泛性焦虑障碍的认知行为治疗包括四个主要的环节：①建立良好的治疗性关系和治疗联盟，对患者进行关于焦虑知识方面的健康教育，使其对焦虑症有正确的认识；②放松训练；通过进行性肌肉放松训练或指导想象的放松训练，帮助患者减轻焦虑的生理和情绪反应，并且作为患者每日的作业进行自我训练；③认知重建，帮助患者了解导致焦虑的非理性认知，认识和处理不合理的自动思维，以及了解这些思维是如何引发焦虑情绪的，学习和建立新的认知方式，立足于现实、理性、当下以解决问题取向的认知模式；④将在治疗中学会的认知模式运用在各种导致焦虑的事件和情境中，反复练习和暴露在可能诱导焦虑的情境中，试图将这些新的认知方式用于解决患者当下的问题。认知行为治疗让患者观察、记录诱发焦虑的情景、事件及伴随的认知方式、躯体反应和情绪变化，并通过不断的认知行为练习，学习阻断和切换成合理的认知方式。

第二节　抑　郁　症

抑郁发作通常以典型的心境低落、兴趣和愉快感的减少、思维迟缓和活动减少，常伴有注意力障碍、自我评价降低、无望感等认知功能损害，以及出现食欲、性欲、体重等躯体方面症状，严重者可出现消极自伤、自杀想法和行为，相当一部分患者共患焦虑，个别患者可存在精神病性症状。抑郁症的自杀率为10%~15%。多数患者具有反复发作的倾向，每次发作大多数可缓解，部分患者会有残留症状或转为慢性。

临床病例

患者,张某,女性,21岁,未婚,汉族,大学二年级学生,半年来心情差,失眠,近3个月来寡言少语,脾气大,疑心重,2日前有割腕自杀的行为,由姐姐及学校辅导员陪伴来诊。

【问题1】心理疾病面对面问诊及向知情人了解病史时,应注意什么?

思路1:患者系在读大学生,本次陪伴来诊者为其辅导员,应注意遵守告知、无害与保密的原则,尤其是患者沉默少语、疑心重,患者可能担心别人对自己不利而隐瞒病情,甚至完全不配合精神状况检查、心理评估。

思路2:患者长期在校上学,与家人的交流可能不多,尽可能向患者的辅导员及同学了解更多的信息,同时注意就患者信息的保密问题与相关知情人达成共识,但是也应该向家人了解她的生长发育、个性以及既往的情况,并将病史情况及时告知患者的法定监护人。

思路3:患者姐姐陪诊,说明具备必要的家庭支持,患者近期有自杀行为,应考虑患者是否是自愿就诊。依据《精神卫生法》,患者如果需要住院治疗,自愿住院患者需要患者本人签字,而非自愿住院患者,则需以监护人、配偶、父母、成年子女以及其他近亲作为特指的监护人签字办理入院。该患者存在自伤、自杀行为,如需要住院治疗,需告知其姐姐相关法律条例,避免可能出现的法律纠纷。

思路4:患者属于在校大学生,应了解是否存在情感、学业的问题,因为这可能是起病的诱因。

知识点

心理疾病患者面谈的基本原则与技巧

1. 为使面对面访谈获得良好效果应遵循的原则

(1)充分理解和尊重患者,让患者感到舒适,这一步需要医务人员要想患者之所想,运用好共情技术。根据具体情况面谈可以单独进行,因为在人多的环境中或家庭成员的关注下,患者可能很难顺利地进入状态。

(2)根据情况在适当的时候简要介绍自己及本次面谈的目的、所需时间及需要患者配合的情况。

(3)及时发现患者在交流开始以后所出现的可能的关键性回答,一般情况下,这种回答与其焦虑、抑郁情绪、认知损害有关。

(4)正确运用倾听、开放式交流、封闭式提问等技术,调控面谈的进程,有效地收集相关信息。

(5)注重非言语性面谈的作用,有时通过医生鼓励性眼神、点头等肢体性语言或肯定性语气,可以让患者更容易对医生产生信任而吐露出内心的想法。

2. 心理疾病患者面谈的常用技巧

(1)在与患者面谈前,应从生理、心理、社会、文化等方面综合了解患者的情况,特别是从兴趣爱好、性格特征、家庭情况、学习或工作情况、人际关系等方面。

(2)注意对患者要尊重、同情、理解,例如注意对不同性别、年龄患者的称呼,使患者感到亲切、温暖而敞开心扉进行交谈。

(3)接触交谈的一般仪态和言语方面,医生要以端庄的仪态、诚恳的态度、温和的言语对待患者,善于体会患者的心情,谈话要以安慰鼓励为主。即使有不同意见,也一定要注意避免敌意性回应,应采取婉转的方式。尽可能地让患者能够接受医生正确的观点。

(4)专心倾听,交谈时,要注意倾听,让患者自己谈他的问题,谈话的初期尽量不要打断他谈话,这有利于患者解除过分的警戒心理、增加信任感。在倾听时,应思考、分析和发现患者的真实想法,以及导致其心理疾病的关键性问题。

(5)针对式交谈一般可以先进行开放启发式交谈,然后再作针对性封闭式交谈。对于一些较为特殊的问题,目的在于帮助患者解决问题,帮助患者明白如何自己善待自己,例如对该患者询问有关自杀的问题。

(6)个体化交谈的方式应灵活多样,对不同对象应采用不同的交谈方式和提不同的问题。有的患者在表述自己的感受或经历时,会偏离主题或出现思路停顿,应给予适当的启发或引导,使患者完整地谈出想说的内容,如问患者:"您说的是这个意思吗?"在接触多疑、敏感(如幻觉、妄想)的患者时,不要因其荒谬的思维而随便打断患者说话,更不要与患者争辩或强行指正其病态,否则将会阻碍患者的表述或引起患者猜疑,以致成为患者妄想的对象。可以问患者:"您的这些想法是如何产生的?"引导患者与妄想共存,减少妄想对患者社会功能的影响。对于抑郁的患者,应以鼓励的话语,引导患者思考自己的长处和既往成绩。

【问题 2】目前应考虑有哪些症状?

思路:该患者可能存在的临床表现为:半年以上的情绪低落、行为活动减少、自杀观念及行为等症状,初步判断患者存在抑郁、焦虑症状,需要随后的面诊,对精神状况、心理评估进一步核实和确认,并仔细询问其他相关症状。

知识点

抑郁发作的"三低症状"

1. 情绪低落主要表现为显著而持久的抑郁悲观。患者终日忧心忡忡、郁郁寡欢、愁眉苦脸、长吁短叹;或者感到闷闷不乐,无愉快感,凡事缺乏兴趣,任何事都提不起劲,感到心里压抑。高兴不起来的患者可能痛不欲生,悲观绝望,有度日如年、生不如死之感。患者常诉说"我活着是多余的""我没有用"等。部分患者可伴有焦虑、激越症状,特别是更年期和老年抑郁症患者更明显。典型病例其抑郁症状具有晨重夜轻的节律改变特点,即情绪低落在早晨较为严重,而傍晚时可有所减轻,这一特征有助于抑郁症的诊断。在情绪低落的影响下,患者自我评价低,自感一切都不如别人,并将所有的过错归咎于自己,常产生无用感、无希望感、无助感。感到自己无能力、无作为,觉得自己连累了家庭和社会。回想过去,一事无成,并对过去不重要、不诚实的行为有罪恶感;想到将来,感到前途渺茫,预见自己的工作要失败,家庭要出现不幸,自己的健康必然会恶化等。在悲观失望的基础上,常产生孤立无援的感觉,伴有自责自罪,严重时可出现罪恶妄想亦可在躯体不适的基础上产生疑病观念,怀疑自己身患癌症等。还可能出现关系妄想、被害妄想等。部分患者亦可出现幻觉,以听幻觉较常见。这些精神病性症状均与负性情绪有关,也是在负性情绪的基础上产生的。

2. 思维迟缓的患者思维联想速度缓慢,反应迟钝,思路闭塞,自觉"脑子好像是生了锈的机器""脑子像充满了糨糊一样无法运转"。临床上可见主动言语减少,语速明显减慢,声音低沉,对答困难,严重者交流无法顺利进行。

3. 意志活动减退的患者意志活动呈显著持久的抑制。临床表现行为缓慢,生活被动、疏懒,不想做事,不愿和周围人接触交往,常独坐一旁,或整日卧床,不想去上班,不愿外出,不愿参加平常喜欢的活动,业余爱好也没有兴趣,常闭门独居、疏远亲友、回避社交。严重时蓬头垢面、不修边幅,甚至发展为不语、不动、不食,可达木僵状态,称为抑郁性木僵。但精神检查时患者仍流露痛苦抑郁情绪。伴有焦虑的患者,可有坐立不安、手指抓握、搓手顿足或踱来踱去等症状。严重的患者常伴有消极自杀的观念或行为。消极悲观的思想及自责自罪的想法,部分患者甚至出现绝望的念头,认为"自己活在世上是一种累赘,而结束自己的生命是一种解脱"。

临床病例(续)

患者半年前与男友分手后,逐渐出现心情差,感觉心情压抑,烦躁,早上尤其明显,整天愁眉苦脸,整日忧心忡忡,高兴不起来,夜间入睡困难,辗转反侧至深夜 2 点后才能入睡,早晨 5~6 点钟即醒,醒后难以再次入睡。白天多半待在宿舍,经常不去上课。近 3 个月来病情加重,对任何事情不感兴趣,对原来特别喜欢的逛淘宝、打游戏现在也失去了兴趣,购物也觉得无聊,感觉疲乏无力,经常感到紧张不安、担心,易发脾气。活动减少,动作缓慢,反应迟钝,经常独坐于窗前;和室友及同学们交流较少,即使讲也只有比较简单的几句话;总是感到疲乏,没有精神,整天躺在床上。室友反映患者近期常说宿管阿姨们在楼下操场上谈论自己长得丑,做人很失败,现在全校师生都知道了。觉得出门有不少人在背后对自己指指点点,看自己的眼神不对。对生活绝望,数次和室友流露出不想活的念头,经常上网搜自杀的相关资料。2日前有用美工刀割腕自杀的行为,被室友发现制止。食欲下降,每日点的外卖仅吃几口后就返回床上,体重下降9kg。

【问题1】如何评估该患者的自杀风险?

思路1:该患者长期存在明显的抑郁情绪,曾上网搜索自杀的方法并多次向室友流露出不想活的想法,尤其2日前曾有割腕自杀未遂的行为,从想法到计划到实施显示患者自杀的想法非常强烈,目前应评估其有极高自杀风险的可能性。

知识点

自杀风险的评估

自杀风险的主要评估内容:

1. 自杀念头的评估,了解患者自杀念头的内容及其产生自杀的原因,例如对抑郁症患者是否存在自杀的想法等。

2. 自杀计划的评估,评估患者是否有自杀计划,包括时间、方法及方法的可实施性等。

3. 自杀企图或行为的严重程度评估。除了一般性高危因素的评估外,对患者是否存在自杀行为的线索进行评估,包括流露自杀企图或计划的谈话或留有遗嘱、拒绝与医护人员讨论自杀观念、常独处、收集自杀相关资料或者准备自杀用品等;通过对各种危险因素及自杀行为线索的评估,对患者急性自杀发生的危险度进行评估和预测,并进行及时有效的预防。

4. 应持续进行自杀评估监测,对高危患者应当保持持续的高度警觉。

有研究表明,住院后刚接受治疗的早期及出院后1周或3个月是自杀风险的两个高峰期。

思路2:患者目前属于极高风险,首先要向患者姐姐及辅导员交代患者的自杀风险,并在门诊病例中记录沟通过程,叮嘱家属贴身陪护,防止患者再次出现自杀的行为。建议家属及同学老师支持和鼓励患者,减少再次出现自杀的风险。尽可能地帮助患者消除引起自杀的原因。

知识点

自杀的干预措施

心理疾病患者的自杀企图或行为往往较为隐蔽,很难预防,自杀的预防通常包括三级预防。应当密切关注高自杀风险患者的病情变化,加强监护。如果在院外出现自杀企图或行为,应该保证患者在24小时之内均有人陪伴监护,并尽早住院得到医疗监护和治疗。全科医生在门诊主要是给予一级预防措施,如保证患者得到24小时之内有效监护、取走患者身边所有用来自杀的物品、及时寻找到自杀的可能原因,并且及时转诊,尽早与专科医生合作,采取针对性的药物与心理方面的干预等。

二级预防:对于自杀行为如自杀未遂、自杀意念如自杀观念和自杀企图的患者,应该及时、积极地提供预防自杀的措施。

三级预防:及时处理自杀未遂引起的躯体损害,并及时进行进一步自杀危险性评估,采取相应措施,防止再度自杀。抑郁症患者如果有严重的自杀企图,应以电休克治疗联合药物治疗为首选,辅助心理治疗;物质滥用者,如酒精中毒和苯丙胺类药物所致精神障碍患者,以戒酒、戒毒治疗为主,辅助心理治疗。

【问题2】目前应考虑哪些精神症状和诊断?

思路1:根据以上病史资料、高度考虑患者存在抑郁症状群和伴随的焦虑症状、关系妄想和可疑的言语性幻听,需要在精神检查中进一步核实和验证。

思路2:患者情绪不好、失眠、脾气大也可以是焦虑的表现,因此需要考虑"焦虑障碍"的可能,应询问患者及家属相关的情况,如是否存在无故的恐慌、担心、坐立不安等运动性紧张、出汗、心动过速或呼吸急促等自主神经功能紊乱等不适。

　　思路3：患者觉得宿管阿姨在操场说自己长得丑，属于可疑的幻听，而觉得被人在背后指点是思维内容的异常，这些表现提示感知和思维障碍的可能性，应详细询问患者这些感觉和想法的性质，是自己猜想的还是真正听到、感受到的。另外，需明确敏感、多疑的性质、强度、持续时间及有无可理解的心理背景。以明确患者是否存在精神病性症状。

　　思路4：该患者有情绪低落、兴趣丧失、精力下降、自我评价低、自责自罪感、无望感、自杀观念和行为、思维迟缓、睡眠障碍、食欲下降等典型和其他的抑郁症症状，并且这些症状一直贯穿于患者的病程中，后期虽出现精神病性症状，应优先考虑伴有精神病性症状的抑郁发作，在最终确诊前还需进一步获取患者既往史、精神活性物质使用史、家族史和个人史，并在精神状况检查中核实患者的相关症状，以排除躯体疾病所致精神障碍、物质依赖所致精神障碍、精神分裂症、分裂情感性障碍及双相情感障碍等诊断。

　　思路5：考虑抑郁发作的可能性时，应注意询问患者既往有无类似的抑郁发作或轻躁狂或躁狂发作的表现。双相障碍是一类发作性的疾病，并有一定的自发缓解性，很多抑郁患者在第一次到医院就诊之前就可能出现过一些程度较轻或很快缓解的双相障碍发作，可能已经达到了抑郁发作或轻躁狂/躁狂发作的标准。对患者情感高涨及低落史进行仔细询问有助于确立正确的诊断，避免漏诊双相障碍，并有助于治疗方案调整及预后判断，值得注意的是，双相障碍抑郁发作与抑郁症治疗原则完全不同，前者需要以心境稳定剂治疗为主，如果要用抗抑郁药物，也要在使用心境稳定剂的基础上使用。

临床病例（续）

　　患者既往体健，有一个姐姐。母孕期及幼年生长发育未见异常。6岁上学，成绩中上等，目前大二在读。生活及成长经历环境无特殊。本人性格内向、敏感，做事认真、怕出错而追求完美。未婚未育，月经规律。无烟酒嗜好和违禁药物使用史。患者小姨曾患"抑郁症"，曾住院治疗。

　　精神状况检查：

　　1. 一般情况　患者自行步入病房，动作显迟缓。年貌相称，略显消瘦，衣着整洁，配合护理。可在家人督促下进食，饮食量小，大小便基本正常。存在入睡困难及早醒，上床后需2个小时左右才能入睡，早晨5点前即醒，难以再次入睡。体重下降明显。

　　2. 认知活动　患者自感脑子反应迟钝，发现学校的许多同学也在用嘲笑或者怜悯的目光看她，三三两两地议论她。患者表示感觉宿管阿姨在讨论自己长得丑，但并没有听见她们说话声，发现周围不认识的人也用异样的眼神看自己，指指点点的，认为自己是家人的累赘，经常默默流泪。交谈中注意力不集中，自诉记忆力差，智能粗测正常。自知力部分存在，认识到自己最近的状态不对，情绪不好，脑子变慢了，整个人呆呆的，但认为自己不是生病了。

　　3. 情感活动　感到非常失落和沮丧，特别压抑，对任何事情都不感兴趣，什么也不愿做，觉得自己不配有梦想和未来，否认既往持续情感低落及高涨史。

　　4. 意志活动　患者意志活动减退，不愿出门，多待在宿舍，与室友及家人交流明显减少，最近3个月很少去上课，对考试成绩也不在乎。常有自杀的想法，2日前觉得自己不配活下去，有用小刀割腕的自杀行为。

　　【问题1】详细了解家族史、个人史和既往史对于该患者诊断治疗的意义是什么？

　　思路1：抑郁症等心理疾病的发生与生物、心理和社会因素有关，阳性的家族史、负性生活事件、童年创伤、人格缺陷等因素可使个体发生抑郁症的风险显著增加，具有较明显的焦虑、强迫等特质的个体更容易发生抑郁。

　　思路2：负性生活事件，如丧偶、离婚、失业、单身、慢性躯体疾病均可导致抑郁的发生，其中丧偶是与抑郁症关系最密切的负性生活事件。该患者出现情感问题后情绪逐渐出现低落，可能是导致抑郁的重要原因之一，但值得指出的是，抑郁症的发生通常是许多因素共同作用所致。

　　【问题2】对于该患者，除了进行全面的身体检查及神经系统检查外，还需要考虑哪些辅助检查及实验室检查？

　　思路：该患者长期食欲、睡眠较差，还需要考虑的一些辅助检查和实验室检查有血糖、血常规、电解质、甲状腺功能及心电图等。部分心境障碍的患者可能有临床或亚临床甲状腺功能减退，因此应该做甲状腺功能测定，该患者尤其要注意是否存在水、电解质及酸碱失衡的情况。

【问题3】抑郁症症状评估有哪些量表？

思路：抑郁症的临床评定量表较多，可分为自评量表与他评量表两类。全科医生门诊常用的有 Zung 抑郁自评量表（SDS）和汉密尔顿抑郁量表（HAMAD）。SDS 由 Zung（1968 年）编制，它的使用和计分简便易行，因此是使用最广泛的抑郁症测量工具之一。患者可根据自己的感觉对 20 个条目分别作出没有、很少时间有、大部分时间有或全部时间都有的应答。HAMD 是目前使用最广泛的抑郁症评估量表，需要指出的是，该自评量表及分数可作为临床检查的参考，可以评估抑郁症的临床症状的严重程度，但不能代替诊断。HAMD 属于他评量表，其量表包括 17 项、21 项及 24 项三种版本。针对 17 项 HAMD 而言：24 分以上是重度抑郁，17~24 分是中度抑郁，7~17 分是轻度抑郁，<7 分是无抑郁。

【问题4】根据目前的临床资料，该患者的诊断思路及诊断是什么？

心理疾病的诊断遵循从症状（symptoms）、综合征（syndrome），综合征到疾病分类学诊断（diagnosis）的基本思路，简称"S-S-D 诊断思路"。

思路 1：症状分析。

1. 认知方面　可疑言语性幻听。患者曾和室友提到感觉宿管阿姨在讨论自己长得丑，经核实后患者表示并没有听见他们说话声，并不属于幻听。关系妄想，继发于患者对自己的负性评价，发现周围不认识的人也用异样的眼神看自己，指指点点的，但在相当程度上能够被大部分人所理解。思维迟缓。患者有脑子反应迟钝的体验，对抑郁的诊断有一定的临床意义。自知力部分存在，认识到自己最近的状态不对，情绪不好，脑子变慢了，整个人呆呆的，但认为自己不是生病了。

2. 情感方面　情感症状为原发症状。情绪低落的症状贯穿病程的始终，包括兴趣丧失，提不起兴趣参加一些娱乐活动及社交活动，精力下降，经常感觉全身疲乏、无力，自我评价低自责、无望感，睡眠障碍等特点。患者有自杀行为以及自杀观念，频繁出现不想活的自杀想法。

3. 意志与行为方面　意志行为下降。意志活动减退，不愿出门，多待在宿舍，与室友及家人交流明显减少，最近 3 个月很少去上课，对考试成绩也不在乎。

4. 其他方面　一般情况意识清楚，活动明显减少，食欲差，体重明显下降。

思路 2：构筑抑郁的临床综合征。

抑郁症状：患者有三个"核心症状"（情绪低落、思维迟缓、活动减少），六个其他症状（自我评价低、自责自罪感、无望感、自杀观念、睡眠障碍、食欲下降），已经 3 个月不能继续学习，达到了重度抑郁症的症状条目及严重程度标准。抑郁状态是原发性的，伴有早醒、食欲下降、体重减轻、精神运动性迟滞等躯体症状。

妄想症状：妄想主要为关系妄想，继发于抑郁心境，不具有特异性的诊断价值，考虑为伴有精神病性症状的抑郁症。

思路 3：根据患者的精神状况检查、病史资料以及 ICD-10 诊断标准，该患者门诊诊断为：伴有精神病性症状的重性抑郁症。

【问题5】需要和哪些疾病相鉴别？

根据患者的病史资料和各项检查结果，还需要与以下疾病进行鉴别诊断。

思路 1：抑郁发作首先需要与继发的心境障碍鉴别，尤其是老年患者。继发性心境障碍通常有明显的器质性疾病或精神活性物质使用史，体格检查和辅助检查常有阳性发现；器质性心境障碍急性期可出现意识障碍，如谵妄等急性脑病综合征表现，慢性期则可出现遗忘综合征及智力等认知功能障碍。

思路 2：患者本次起病于失恋之后，需要与应激相关障碍鉴别。创伤后应激障碍（post-traumatic stress disorder, PTSD）常在严重的、灾难性的、对生命有威胁的创伤性事件（如强奸、地震、被虐待）后出现，多数有典型的三联征表现（闯入性回忆或闪回、警觉性增高、持续回避）。

思路 3：患者存在关系妄想、生活懒散、少语少动等症状，需与精神分裂症相鉴别。精神分裂症的精神运动性抑制症状，其情感非原发症状，而是以思维障碍和情感淡漠为原发症状。精神分裂症患者的思维、情感和意志行为等精神活动不协调，常表现为言行紊乱、思维不连贯、情感不协调甚至情感淡漠。精神分裂症多数为发作进展或持续进展病程，病情缓慢期常有残留精神症状或人格的缺损；病前性格、家族遗传史、预后和药物治疗的反应等均有助于鉴别。

思路 4：与恶劣心境相鉴别。恶劣心境是一种慢性、轻度、持续性的心境低落，一般病程标准在 2 年以上，其间从未符合过抑郁发作的诊断标准。病程中心情不好的时间远远多于心情正常的时间，即几乎没有间歇期。

思路 5：与双相情感障碍鉴别。双相情感障碍一般为反复抑郁发作和躁狂/轻躁狂发作循环、交替出现，或者以混合发作的特征存在。该患者既往并无情感高涨、易激惹、兴趣活动明显增加、自我评价增高、睡眠需求显著减少等症状，故暂时可排除双相情感障碍。但因该患者伴有精神病性症状、存在阳性家族史等病史特点，应高度关注今后发展成双相情感的可能性。

【问题 6】根据目前诊断，如何制订治疗方案？

思路：患者抑郁发作诊断明确，病情严重，社会功能明显受损，需积极的医学帮助与综合治疗介入。目前患者有极高的自杀风险，住院治疗是首要选择，在住院期间除了给予抗抑郁药物治疗等措施，还需要辅助心理治疗，以使患者全面认识疾病，鼓励患者及家属正确对待疾病，提高治疗的依从性。此外，全科医生在门诊还可以告知家属改良电休克治疗（MECT）会起到快速控制自杀意念、防止自杀和冲动行为的效果。

【问题 7】抑郁症的治疗目标有哪些？

思路：抑郁症的治疗目标包括 3 项。①提高临床治愈率和显效率，最大限度减少病残率和自杀率，尽量彻底消除临床症状；②提高生存质量，恢复社会功能；③预防复发。抑郁症是一种高复发性的疾病，药物治疗可通过控制症状而减少复发，尤其是针对有抑郁发作高危因素的人群。

知识点

ICD-10 中抑郁发作的诊断标准

在 ICD-10 中，抑郁发作是指首次发作的抑郁症和复发的抑郁症，不包括双相抑郁。患者通常具有心境低落、兴趣和愉快感丧失、精力不济或疲劳感等典型症状。其他常见症状：①集中注意和注意的能力降低；②自我评价降低；③自罪观念和无价值感（即使在轻度发作中也有）；④认为前途暗淡悲观；⑤自伤或自杀的观念或行为；⑥睡眠障碍；⑦食欲下降。病程持续至少 2 周。

根据抑郁发作的严重程度，将其分为轻度、中度和重度三种类型。

1. 轻度抑郁　是指具有至少 2 条典型症状，再加上至少 2 条其他症状，且患者的日常工作和社交活动有一定困难，患者的社会功能受到影响。

2. 中度抑郁　是指具有至少 2 条典型症状，再加上至少 3 条（最好 4 条）其他症状，且患者工作、社交或家务活动有相当困难。

3. 重度抑郁　是指 3 条典型症状都应存在，并加上至少 4 条其他症状，其中某些症状应达到严重的程度，症状极为严重或起病非常急骤时，依据不足 2 周的病程作出诊断也是合理的。除了在极有限的范围内，几乎不可能继续进行社交、工作或家务活动。

作出诊断前，应明确排除器质性精神障碍或精神活性物质和非成瘾物质所致的继发性抑郁障碍。

知识点

抑郁症的治疗策略

抑郁症目前主张全病程治疗策略，分为急性期治疗、巩固期治疗和维持治疗。首次发作的抑郁症患者，可能超过 50% 会再次发作，因此维持治疗是防止复发的重要手段。早期诊断、早期治疗的效果较好。

1. 急性期治疗　控制症状，并尽可能达到临床治愈。治疗严重的抑郁症时，一般药物治疗 2~4 周开始有效。如果患者用药治疗 4~6 周无效，改用作用机制不同的另一类药物可能有效。

2. 巩固期治疗　目的是防止症状复燃。巩固治疗至少 4~6 个月，所使用药物的剂量应与急性期相同，而且用法等保持一致。在此期间患者常出现病情不稳定，症状复燃风险较大。

3. 维持期治疗　目的在于防止病情复发，在此期间可以根据情况适当调减药物种类和剂量。维持治疗完成后，病情稳定，可缓慢减药至终止治疗。但应密切监测复发的早期征象，一旦发现宜迅速恢复原有治疗。多数意见认为,首次抑郁发作维持期治疗为 3~4 个月(总治疗时间一般在 12 个月以上);有 2 次以上复发,特别是起病于青少年、半有精神症状、病情严重、风险高并有家族遗传史的患者,维持治疗时间至少 2~3 年;多次复发的患者主张长期维持治疗。

在以上药物治疗同时,也要考虑运用心理治疗,提高患者的自知力、心理承受能力,提高治疗的效果和预防复发。

第三十章　练习题

（薛志敏）

第四篇
常见恶性肿瘤的临床预防

第三十一章　肺　癌

肺癌(lung cancer),又称"支气管肺癌",发病率居我国恶性肿瘤的第一位,但占全部癌症死亡率第一位。吸烟是肺癌的主要致病因素。对有危险因素,特别是吸烟的患者,应筛查肺癌。怀疑肺癌的病变,应尽快获得病理诊断依据。肺癌早期诊断是肺癌预后的关键。本章将重点讨论肺癌的早期诊断与预防。

临床病例

患者,男性,50岁,因"咳嗽3个月"就诊。无发热,无胸痛,无盗汗,无心悸,无气急。既往史无特殊。个人史:每周饮酒100~150ml(2~3两)。家族史:父亲死于恶性肿瘤,母亲死因不详。查体:一般情况良好,心肺无异常。

【问题1】为明确诊断,上述病例需补充什么内容?

思路:对任何疾病的诊断,病史和查体是基础。肺癌的早期诊断也不例外。根据上述病例,患者的现病史、既往史、个人史、家族史均需补充完全。患者的体格检查需补充详细情况。

知识点

肺癌病因学

肺癌是指起源于支气管黏膜上皮的恶性肿瘤。肺癌发病机制不明,通常认为与以下因素有关。

1. 吸烟　吸烟是肺癌的重要致病因素,特别是导致中心型肺癌的主要病因。包括直接和间接吸烟。香烟燃烧时所产生的烟雾中含二十多种致癌物质,如多环芳烃的苯并芘及苯并蒽、亚硝胺、钋210、镉、砷、β-萘胺等,以苯并芘致癌作用最强。长期吸烟可导致支气管黏膜上皮细胞增生诱发肺癌。各国的大量调查资料都表明,吸烟者患肺癌的危险性随着所吸烟的数量和时间递增。有吸烟习惯者肺癌发病率比不吸烟者高10~13倍,吸烟量大者比不吸烟者高20倍。临床确诊的肺癌病例中,每日吸烟20支以上历时30年以上者,约占80%以上。

2. 职业致癌因子　石棉、无机砷化合物、二氢甲醚、铬化合物、放射性物质等。

3. 空气污染　室内如被动吸烟、燃烧及烹调烟雾等;室外如汽车废气,公路沥青等。

4. 电离辐射　中子、α、β、X线等。

5. 其他因素　病毒感染、真菌毒素、结核瘢痕、免疫功能低落、内分泌失调、家族遗传、基因突变,如原癌基因活化、抑癌基因失活、细胞生长调节失控等;饮食与营养,如较少食用含β胡萝卜素、维生素A的食物等。

原发性支气管肺癌的病因(视频)

全面的病史和查体有利于肺癌患者的早期诊断。

临床病例(续)

患者3个月前无明显诱因出现咳嗽、少许白痰,无发热,无盗汗,无胸痛,无心悸、气急等,未予重视。病后,精神、食欲一般,睡眠可,大小便无特殊,体重减少约1kg。

既往史:否认结核、慢性阻塞性肺疾病、支气管哮喘、鼻炎等病史。否认高血压、脑梗死、糖尿病、心脏病、肝炎、肿瘤等病史。无药物、食物过敏史。否认长期用药史。

个人史:担任炼油厂工程师25年,吸烟每日1包,30年,每周饮酒100~150ml(2~3两)。

家族史:父亲死于肺癌,母亲死因不详。家有 1 女体健。

体格检查:步入诊室,一般情况良好。体温 36.6℃,脉搏 90 次 /min,呼吸 18 次 /min,血压 119/82mmHg,身高 170cm,体重 65kg,体重指数 22.5kg/m²。神志清,精神可,皮肤、巩膜无黄染,口唇无发绀,浅表淋巴结未扪及肿大,颈软,气管居中,甲状腺不大,胸廓对称无畸形,双肺呼吸动度一致,未闻及干湿啰音,心界不大,心率 90 次 /min,律齐,未闻及病理性杂音。腹平软,肝脾未扪及,移动性浊音(-),肠鸣音 4~6 次 /min。肋膈角无压痛,双肾区无叩痛,双下肢无水肿,神经精神无异常发现。

【问题 2】为进一步诊断,需做什么检查?

思路 1:血常规、尿常规和便常规是实验室检查的基础,血生化是常规推荐的实验室检查。

思路 2:吸烟患者慢性咳嗽,应筛查肺癌,胸部 X 线片是常规影像学检查。

思路 3:在我国,慢性咳嗽也应该筛查结核。

知识点

肺癌流行病学

我国恶性肿瘤的发病率和死亡率急速上升,其中肺癌上升幅度最大,过去 30 年上升了 4 倍以上。我国肺癌发病率居恶性肿瘤的第 1 位,占全部癌症死亡率第 1 位。虽然,对普通人群并不推荐筛查肺癌,但对有危险因素,特别是吸烟的患者,应筛查肺癌。

临床病例(续)

血常规:白细胞计数 9×10⁹/L,中性粒细胞百分比 70%,血红蛋白 102g/L,红细胞平均体积 80fl,血小板计数 320×10⁹/L。超敏 C 反应蛋白>160mg/L。尿常规:正常范围。大便常规:正常范围。血生化:葡萄糖 6.79mmol/L,白蛋白 28.9g/L,乳酸脱氢酶 602U/L,总胆固醇 3.21mmol/L,AST 20U/L,ALT 30U/L。红细胞沉降率 61mm/h。结核菌素试验阳性。胸部 X 线片:右肺门淋巴结肿大。

【问题 3】该患者目前的诊疗计划是什么?

思路 1:全科诊断要根据临床证据,并按最新 ICD 版本,尽量避免作出可疑的疾病诊断。

思路 2:全科诊断要求全面,对每一个诊断作出相应的处理,形成全科诊疗计划。推荐用的格式是根据病情主次,依次列出诊断,相应治疗或进一步诊断措施紧跟在每一个诊断后,形成逻辑严密的全科诊疗计划。

临床病例(续)

全科诊疗计划:

1. 咳嗽　止咳药。

2. 肺门淋巴结肿大　胸部 CT 平扫。

3. 贫血　贫血相关检查。

4. 结核菌素试验异常反应　结核 γ 干扰素检测,结核抗体检测。

5. 烟草成瘾　戒烟教育。

患者服药后咳嗽无好转,自行决定改用中医治疗,由于工作繁忙,未遵医嘱做进一步检查。3 个月后出现右背痛及痰中带血。

【问题 4】患者需进一步做什么检查?

思路 1:患者咳嗽、右背痛及痰中带血,2 个月前 X 线检查发现右肺门可疑增大,应高度怀疑肺癌,完善胸部 CT 检查、痰查癌细胞、肿瘤标志物等。

思路 2:结核菌素试验阳性,完善结核相关检查。

思路 3:贫血相关检查,如铁代谢。

知识点

肺癌的早期临床表现

早期肺癌患者通常没有太多临床表现,可能出现以下症状:咳嗽,为肺癌常见的始发症状,多为干咳;咯血,多呈间歇或断续出现痰中带血、以清晨第一口痰多见;胸痛,部位不定(包括背痛),以间歇性胸部疼痛多见;喘鸣,肿瘤导致支气管部分阻塞,少数患者出现局限性喘鸣;胸闷气急,肿瘤压迫所致,突然渐进性胸闷气急,可能有胸腔积液;发热,多数为低热,治疗后或有好转,但经常反复;体重减轻,肿瘤消耗所致;"肺部炎症",胸部 X 线显示"肺部炎症",经治疗不能彻底控制,症状反复出现或加重者;肿瘤转移引起的症状,如颈部淋巴结肿大、声音嘶哑、胸腔积液、骨痛等;肺外症状,不明原因的关节、肌肉顽固性疼痛,男性乳房发育等。

原发性支气管肺癌的临床表现(视频)

临床病例(续)

胸部 CT:右肺门包块 3cm×3cm。结核 γ 干扰素检测阴性,结核抗体检测阴性。贫血相关检查:叶酸、维生素 B_{12}、铁蛋白、血清铁正常范围。痰查癌细胞 3 次均阴性。肿瘤标志物,如 FER、CA12-5、AFP、CEA、CA19-9、CA15-3、CA50、CA24-2,均在正常范围。

【问题 5】为明确诊断,患者需进一步完善什么检查?

思路 1:肺部包块应该尽快获得病理学诊断。原则是以最简便的、创伤最小的方法获得病理诊断依据。

思路 2:痰细胞学检查简便无创,但阳性率极低。纤维支气管镜是常用的检查方法,但属于介入诊断,且只能诊断支气管内的病变,穿刺活检属有创诊断,但有诊断价值。

原发性支气管肺癌的辅助检查(视频)

知识点

肺癌的早期诊断

对于高危人群建议每年行胸部 X 线检查,当发现可疑结节、肿块、肺门肿大及阴影时应行 CT 扫描。发现可疑肿瘤病变,可行支气管镜检查。咳嗽、咳痰和痰中带血者,反复痰查癌细胞和/或做支气管镜检查。发现肺部结节或肿块但支气管镜检查阴性者,可以行 CT 定位下穿刺活检。

原发性支气管肺癌的诊断(视频)

临床病例(续)

复查痰细胞学检查:6 次未查见癌细胞,抗酸杆菌阴性。纤维支气管镜报告:右主支气管管腔狭窄,似外压性变形,右上叶支气管舌段开口变小,管腔变窄,未见新生物生长,黏膜明显肿胀。间嵴增宽。右下叶支气管开口呈裂隙状。局部黏膜肿胀,间嵴增宽。余支气管未见明显异常。支气管灌洗液:涂片未查见抗酸杆菌,未查见癌瘤细胞。培养:正常菌群,未培养出真菌。经皮肺门包块穿刺病检:恶性肿瘤,待免疫组化进一步检查。免疫组化:低分化鳞状细胞癌。

【问题 6】患者应该如何处理?

思路 1:根据患者的主客观资料作出的初步疾病诊断或健康问题评估。根据病史、体格检查和辅助检查结果,该患者评估(A)如下:①肺癌首先考虑;②建议戒烟及脱离工作环境;③解释病情,根据其治疗意向,尽快请肿瘤科会诊。

原发性支气管肺癌的早期诊断(拓展阅读)

知识点

肺癌的分型

病理分型:肺癌可分为鳞状细胞癌(简称鳞癌)、腺癌、未分化小细胞癌(简称小细胞癌)和未分化大细胞癌(简称大细胞癌)。由于小细胞肺癌恶性程度高且对放化疗敏感,临床上倾向于将肺癌分为:①小细胞肺癌(SCLC,恶性程度最高的病理类型);②非小细胞肺癌(NSCLC):包括鳞癌(最常见的临床类型)、腺癌(女性最多见的病理类型)、大细胞癌。细支气管肺泡癌(简称肺泡癌)是腺癌的一个亚型。

临床分型:①中央型肺癌,发生在段支气管以上至主支气管的癌肿称为中央型,约占3/4,以鳞状细胞癌和小细胞未分化癌较多见;②周围型肺癌,发生在段支气管以下的癌称为周围型,约占1/4,以腺癌较为多见。

不同的肺癌有不同的生物学行为和不同的处理方法。确诊肺癌的患者,肿瘤科医生会诊是下一步诊疗计划的开端。

310006

原发性支气管肺癌的分型(视频)

临床病例(续)

患者家属要求对患者保密,主管医生未对患者解释真实病情,患者被告知是"肺部感染",未遵医嘱去肿瘤科会诊。2个月后,患者出现胸痛、气紧。胸部 X 线片发现右侧胸腔大量积液。

【问题7】患者目前该如何处置?

思路1:肺癌患者出现胸腔积液应做胸腔穿刺,并留取胸腔积液进行检查。

思路2:恶性肿瘤患者需做全面体格检查、全身影像学检查,准确分期,明确下一步的治疗方案。

知识点

肺癌的临床分期

肺癌的 TNM 临床分期是明确治疗方案的基础。T 代表原发肿瘤分期,N 代表淋巴转移分期,M 代表远处转移分期。综合 TNM 分期标准(参照肿瘤专科标准),肺癌临床分为 0、I、II、III 及 IV 期。临床分期越高,预后越差。

310007

原发性支气管肺癌的分期(视频)

临床病例(续)

患者胸腔穿刺后见血性胸腔积液,未发现癌细胞。全面体格检查:一般情况尚可。体温37℃,脉搏92次/min,呼吸18次/min,血压120/80mmHg,身高170cm,体重60kg,体重指数21kg/m²。神清合作,皮肤、巩膜无黄染,口唇无发绀,浅表淋巴结未扪及肿大,颈软,气管居中,甲状腺不大,胸廓对称无畸形,右肺呼吸音减低,未闻及干湿啰音,心界不大,心率92次/min,律齐,未闻及病理性杂音。腹部平软,肝脾肋下未扪及,移动性浊音(-),肠鸣音4~6次/min。肋膈角无压痛,双肾区无叩痛,双下肢无水肿。表情忧郁,反应迟钝,流泪。右下肢痛觉减退。肌力、肌张力正常。

辅助检查:

头颅增强 CT:左顶叶占位性病变 2cm×3cm,造影后明显增强。胸腹联合增强 CT:①右肺门及右前纵隔见软组织肿块影,大小 12.2cm×8.4cm,部分边界不清,右肺上下叶气管受压,致右肺部分不张及炎变。②右肺中叶外侧段见斑片影,考虑为感染。③右肺中叶及下叶后基底段条索影。④气管前、血管前间隙、主动脉窗、隆突下多个淋巴结显示。腹部:肝脏大小正常,见多个占位性病变,最大直径2cm,造影后增强。脾脏无异常。左肾囊性占位,造影后无增强。全身骨扫描:第11胸椎左侧,左第10、11肋骨后支,双侧骶髂关节上,异常放射性浓聚灶。

【问题8】患者目前的诊断、分期及治疗原则。

　　思路:患者目前的诊断为右肺中央型低分化鳞状细胞癌(病理确诊)。临床诊断:癌性胸腔积液,左顶叶脑转移,肝多发转移及骨转移。临床分期:最大可能Ⅳ期;左肾囊性占位;抑郁症;体重减轻。

知识点

肺癌的照顾

　　晚期肺癌的治疗原则是姑息性治疗,即减轻痛苦及延长寿命。恶性肿瘤患者常伴发抑郁症。1 年内体重减轻约 4.5kg,可诊断体重减轻,体重减轻是恶性肿瘤的常见并发症。对失去手术及放化疗机会的晚期肺癌患者进行照顾是全科医生的责任。

原发性支气管肺癌的治疗(视频)

知识点

肺癌的预防

以下措施有助于肺癌的预防:

1. 远离烟草　不直接和间接吸烟、吸烟者戒烟,是预防肺癌最有效的途径。
2. 预防职业性肺癌　避免职业致癌因子,包括石棉、致癌气体及放射线等。
3. 预防空气污染　包括室内、室外空气污染,特别是控制室内烟尘及氡污染。
4. 预防电离辐射　避免电离射线接触人体,高辐射影像学检查应尽量减少。
5. 营养预防　多吃新鲜蔬菜水果,营养结构合理。
6. 预防感染　尽量避免呼吸道感染可能有助于预防肺癌。
7. 增强体质　生活规律,心情愉快,劳逸结合,锻炼身体,增加防病抗病的能力。
8. 筛查　中年以上居民应定期检查身体,对高危人群进行肺癌筛查。

　　恶性肿瘤的预防和早期诊断是全科医生的工作。已确诊肺癌的患者,若无认知功能障碍,宜被告知,并配合医务人员共同应对癌症。

原发性支气管肺癌的预防(视频)

(李　健)

第三十二章 胃 癌

胃癌(gastric carcinoma)是最常见的恶性肿瘤之一,是指发生于胃黏膜上皮的恶性肿瘤,在组织学上以胃腺癌(gastric adenocarcinoma)为主。幽门螺杆菌感染、环境因素和遗传因素在胃癌的发生中起重要作用。胃癌发病情况有明显的地域和性别差异。日本、中国以及南美和欧洲东部是胃癌高发地区;北美、非洲以及欧洲北部是胃癌低发地区;男性发病约为女性2倍。

我国是胃癌高发国家,胃癌发病率在恶性肿瘤中排第3位;胃癌在男性发病率中排第3位,为25.14/10万;在女性发病率排第6位,为10.31/10万。我国胃癌的发生也有明显的地域差异,西北各省发病率最高,向东北地区及南方和西南逐渐降低,广东、广西和云南等省的发病率最低。而在同一省内各县,胃癌发病率也存在不同。近20年来我国胃癌发病率有所下降,其中胃窦部癌下降相对明显,而胃体上部和贲门部癌无下降趋势。

多数早期胃癌患者无明显症状,随着内镜技术及早癌认知水平的提高,我国早癌的检出率有了显著增高。全科医生站在与患者交流和沟通的第一线,需要特别警惕,争取胃癌的早期发现、早期诊断、早期治疗。

临床病例

患者,男性,59岁,因"上腹部隐痛不适伴食欲减退3个月"来社区卫生服务中心就诊。患者3个月来感觉上腹正中剑突下方疼痛,为持续性隐痛,偶有反酸和嗳气症状。无进食哽咽感,无腹胀,无呕吐。按"慢性胃炎"服用"胃黏膜保护剂"治疗,效果不佳。症状于近日有所加重。发病以来,食欲减退明显,体重下降5kg,大小便正常。既往:10年前因间断上腹痛于外院行胃镜检查,诊断为"慢性胃炎,幽门螺杆菌(+)",未行规律药物治疗,后未复查。吸烟史20余年,10支/d。无手术外伤史。其父健在,其母12年前因"胃癌"去世。

【问题1】通过上述问诊,该患者可疑的诊断是什么?

根据患者的主诉、症状、既往史和个人史,全科医生应高度怀疑胃癌可能。

思路1:中年男性,慢性胃炎病史,幽门螺杆菌感染史,有胃癌家族史,患者为胃癌的易发人群,应引起重视。

思路2:非特异性的上消化道症状是胃癌常见的临床症状,需和胃十二指肠良性溃疡的症状相鉴别。问诊时还应特别注意询问有无食欲减退、体重下降等消耗症状,其对恶性疾病的诊断具有提示作用。

知识点

胃癌的临床表现

多数早期胃癌患者无明显症状,有时可出现上腹部不适,进食后饱胀、恶心等非特异性的上消化道症状。随着病情发展,患者出现上腹疼痛加重、食欲下降、乏力、消瘦、体重减轻。部分患者可出现类似十二指肠溃疡的症状,按慢性胃炎和十二指肠溃疡治疗,症状可暂时缓解,易被忽视。胃十二指肠良性溃疡的疼痛通常具有规律性,而胃癌的疼痛没有规律性。

思路3:全科医生问诊时应注意几个特殊症状,如腹胀、呕吐、大便颜色、有无便血等,以除外特殊部位的胃癌可能引起的症状或合并症。

> **知识点**
>
> **胃癌的特殊表现**
>
> 贲门胃底癌可有胸骨后疼痛和进食哽咽感；幽门附近的胃癌生长到一定程度，可导致幽门部分或完全性梗阻而发生呕吐，呕吐物多为隔夜宿食和胃液；肿瘤破溃或侵犯胃周血管可有呕血、黑便等消化道出血症状；也有可能发生急性穿孔。

思路 4：全科医生问诊时应特别注意既往史、个人史、家族史的收集。胃癌的病因尚不明确，可能与地域环境因素、饮食生活因素、幽门螺杆菌感染、癌前病变、遗传和基因因素相关。该患者有幽门螺杆菌感染史、吸烟史、胃癌家族史，均为胃癌的易感因素。

> **知识点**
>
> **胃癌的病因**
>
> 1. 地域环境 我国的西北与东部发病率高于南方地区。日本及东南亚发病率高，欧美低。
> 2. 饮食生活因素 长期食用熏烤、盐腌食品的人群发病率高，与亚硝酸盐、真菌毒素、多环芳烃化合物含量高有关。缺乏新鲜蔬菜和水果与发病也有一定关系。吸烟者的胃癌发病危险度较不吸烟者高 50%。
> 3. 幽门螺杆菌感染 幽门螺杆菌感染也是引发胃癌的主要因素之一。幽门螺杆菌主要引起以下改变：
> (1) 促进胃黏膜上皮过度增殖。
> (2) 诱导胃黏膜细胞凋亡。
> (3) 代谢产物直接转化胃黏膜。
> (4) DNA 转换到黏膜细胞中致癌。
> (5) 诱发同种生物毒性炎症反应。
> 4. 慢性疾患和癌前病变 易发生胃癌的胃疾病包括胃息肉、慢性萎缩性胃炎及胃部分切除后的残胃。胃腺瘤的癌变率在 10%~20%，直径超过 2cm 时癌变机会加大。萎缩性胃炎常伴有肠上皮化生或黏膜上皮异型增生，可发生癌变。胃黏膜巨大皱襞症（Menetrier 病），旧称肥厚性胃炎，癌变率 10%~13%。胃大部切除术后残胃黏膜发生慢性炎症改变，可能在术后 15~25 年发展为残胃癌。
> 5. 遗传因素 胃癌患者有血缘关系的亲属，其胃癌发病率较对照组高 4 倍，其一级亲属患胃癌的比例显著高于二、三级亲属。

【问题 2】 全科医生应当如何筛选出胃癌的高危人群？

思路 1：胃癌诊断早晚与治疗效果密切相关，早期诊断是提高治愈率的关键。但由于早期胃癌无特异性症状，容易被患者和医务人员所忽视，未能使用有效的检查手段进行诊断。国内早期胃癌占胃癌住院患者的比例小于 50%。因此对门诊就医的患者，全科医生应特别注意其是否具有易感因素，并进一步进行检查以确诊。

> **知识点**
>
> **胃癌的普查原则**
>
> 1. 40 岁以上，既往无胃病史而出现上述消化道症状者或已有溃疡病史但症状和疼痛规律明显改变者。
> 2. 有胃癌家族史者。
> 3. 有慢性疾患及胃癌前期病变者，如萎缩性胃炎、胃腺瘤、胃息肉、胃黏膜巨大皱襞症、胃大部切除病史者。
> 4. 有原因不明的消化道慢性失血或贫血，或短期内体重明显减轻者。

思路2：全科医生在胃癌筛查中的任务。

全科医生是患者长期的健康照顾者，熟悉患者的生活习惯，了解患者个人史及家族史等，定期组织患者健康体检，为患者解决腹痛、食欲减退等症状，对慢性疾病进行长期治疗，可以筛查高危人群，做到胃癌的早期发现。

【问题3】为进一步明确诊断，全科医生需要收集哪些临床资料？

思路1：应重视外科专科查体。

全科医生应重点检查有无贫血，腹部体格检查，有无腹部压痛、包块。早期患者多无明显体征，晚期患者可出现上腹部质硬固定的包块，且边界不清，活动度差。此外，还需要关注与肿瘤转移有关的临床表现：①腹水：移动性浊音阳性；②淋巴结转移：锁骨上（尤其是左锁骨上）淋巴结肿大；③腹腔转移：直肠指诊直肠前凹扪及肿块；④肝转移：肝大、黄疸、腹水；⑤穿孔：急性腹膜炎、腹部脓肿；⑥肺转移：咳嗽、气促、血痰；⑦脑转移：意识不清、偏瘫等；⑧骨转移：骨痛、跛行等。

知识点

胃癌的转移

1. 淋巴转移　是胃癌的主要转移途径，胃癌的淋巴结转移通常是循序渐进，但也可发生跳跃式淋巴转移。终末期胃癌可经胸导管向左锁骨上淋巴结转移。

2. 胃癌可发生腹膜种植转移　当胃癌组织浸润至浆膜外后，肿瘤细胞脱落并种植在腹膜和脏器浆膜上，形成转移结节。直肠前凹的转移癌，直肠指诊可以发现。癌细胞腹膜广泛播散时，可出现大量癌性腹水。

3. 直接浸润　分化差浸润生长的胃癌突破浆膜后，易扩散至网膜、结肠、肝、脾、胰腺等邻近器官。

4. 血行转移　胃癌细胞进入门静脉或体循环向身体其他部位播散，形成转移灶。

思路2：全科医生应对患者进行全面评估。

评估内容包括：①心肺功能；②肝肾功能；③心理状态；④患者及家人对该病的认识；⑤目前的家庭资源（经济情况、家人鼓励和陪伴）及可以调动的潜在资源等。全面地评估有助于患者及家人了解病情，面对和接受下一步诊疗（手术、放疗、化疗等）。

【问题4】哪些患者需要转诊至上级医院？

思路1：胃癌需要早诊断、早治疗，全科医生应在发现胃癌病例或可疑病例后立即转诊。

知识点

胃癌的转诊标准

1. 疑似有胃癌应立即转诊至消化内科或胃肠外科。

2. 既往幽门螺杆菌感染、慢性萎缩性胃炎、胃腺瘤、胃溃疡、胃黏膜巨大皱襞症等病史，应定期至上级医院或专科医院进行诊断、病理检查和治疗。

思路2：全科医生在向上级医院转诊时需要提供的资料。

1. 围绕胃癌的资料（主诉、现病史、体格检查和辅助检查），辅助专科医生决定下一步的诊疗措施，避免患者承担不必要的重复检查费用。

2. 合并疾病、既往史及手术史。为专科医生做全面的治疗前评估提供资料。

3. 目前正在使用的药物和治疗措施。

4. 主要脏器功能（如心、肺、脑等重要器官的功能状态），以帮助专科医生判断患者的手术耐受情况。

5. 家庭状况、社会经济心理状况等，辅助专科医生对患者进行综合性评估。

临床病例（续）

患者自社区卫生服务中心转至上级医院就诊，由门诊收入院治疗。

常规检查：白细胞计数 5.7×10^9/L，血红蛋白 98g/L，白蛋白 35g/L，电解质正常。CEA 12.3μg/L，CA19-9 25.6U/ml。大便隐血（+）。

胸部 X 线检查：双肺未见转移灶。

腹部增强 CT（图 32-1）检查：胃窦部小弯侧胃壁增厚性改变，可见强化，胃壁僵硬，胃腔略变窄，长度约 3.5cm，累及胃壁全层，浆膜面毛糙，与肌层分界不清，胃角处黏膜可见一凹陷改变，基底宽 2cm，表面欠光整，增强期表面可见强化，幽门和十二指肠球部未见受累。胃周脂肪层清晰，沿胃小弯侧可见数枚淋巴结，最大直径 1.3cm，幽门上可见一枚直径约 0.8cm 淋巴结。肝脏形态正常，实质内未见异常密度灶。腹盆腔未见积液征象。临床诊断：胃窦癌。

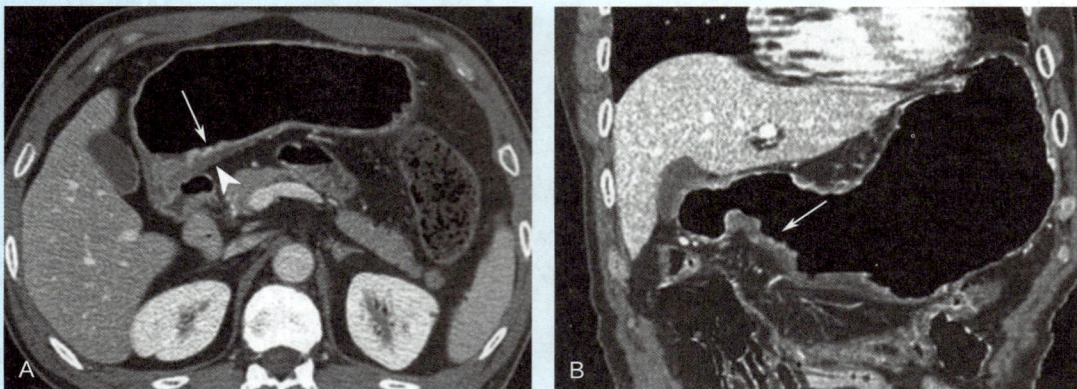

图 32-1　腹部增强 CT
A. 横断面；B. 矢状面。

电子胃镜（图 32-2）检查：食管、贲门、胃底、胃体黏膜色泽正常，未见溃疡与异常隆起，胃窦小弯侧可见一 2.5cm×2cm 溃疡型病变，周围黏膜隆起水肿，溃疡面渗出，质脆，取活检 5 块送病理检查。病理结果：（胃窦部）腺型胃组织中有异型细胞浸润，符合中分化腺癌。

超声内镜（图 32-3）检查：提示该病变侵及胃壁肌层达浆膜层。胃小弯侧可探及数个肿大淋巴结。幽门未累及，十二指肠球部未见异常。

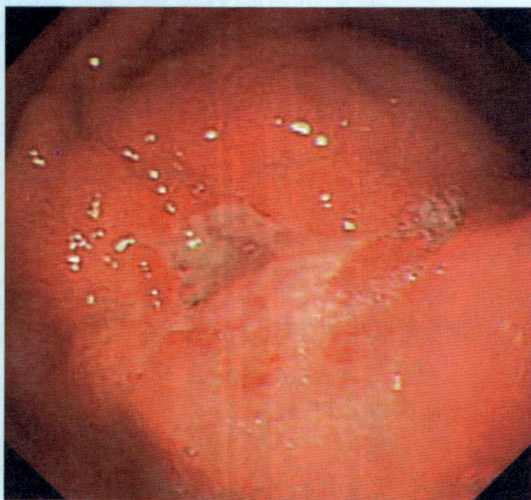

图 32-2　电子胃镜图

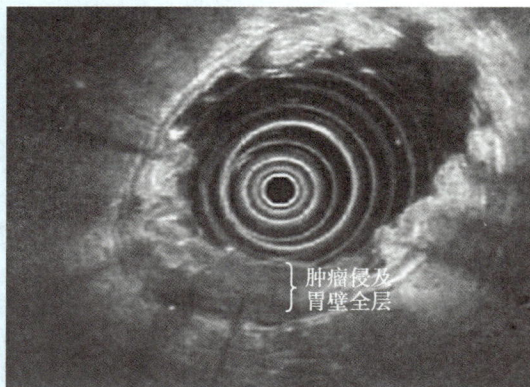

肿瘤侵及胃壁全层

图 32-3　超声内镜

【问题 5】患者转诊到专科医院后最需要的检查是什么？

思路 1：全科医生在怀疑或初步诊断胃癌转诊至上级医院前,向患者及家属简要介绍进一步的检查,包括电子胃镜、X 线钡餐、CT 等检查,必要时使用超声内镜检查。

知识点

胃癌的辅助检查

1. 电子胃镜检查　电子胃镜的特点是能够直接观察胃黏膜病变的部位和范围,并可以对可疑病灶钳取小块组织做病理学检查,是诊断胃癌的最有效方法。为提高诊断率,应对可疑病变组织活检 4~6 处,不应集中一点取材。

2. X 线钡餐检查　多用钡餐和空气双重造影技术检查胃和十二指肠,对表现为充盈缺损的隆起性病变和表现为龛影的凹陷性病变都能诊断,对弥漫浸润型胃癌的胃壁僵硬,失去蠕动,有其检查优点,但对于早期胃癌的诊断效果差一些。

3. CT 检查　了解胃癌侵犯、扩散、转移情况,用于术前评估和分期。

4. 超声内镜检查　采用带超声探头的电子胃镜,对病变区域进行超声探测成像,获取胃壁各层次和胃周围邻近脏器超声图像,可了解肿瘤在胃壁内的浸润深度以及向壁外浸润和淋巴结转移情况,有助于胃癌的术前临床分期,以及决定病变是否适合进行内镜下切除。

5. 实验室检查　中晚期胃癌患者常有轻度贫血。粪便隐血持续阳性提示胃癌可能。CEA、CA19-9、CA72-4、CA12-5 等指标诊断敏感性和特异性不高。

思路 2：病灶发生在胃的哪个部位?

病灶发生在胃窦小弯侧,应该掌握胃的解剖结构和胃癌的好发部位。

知识点

胃癌好发部位

依次为胃窦、贲门、胃体、全胃或大部分胃;胃小弯多于胃大弯(图 32-4)。

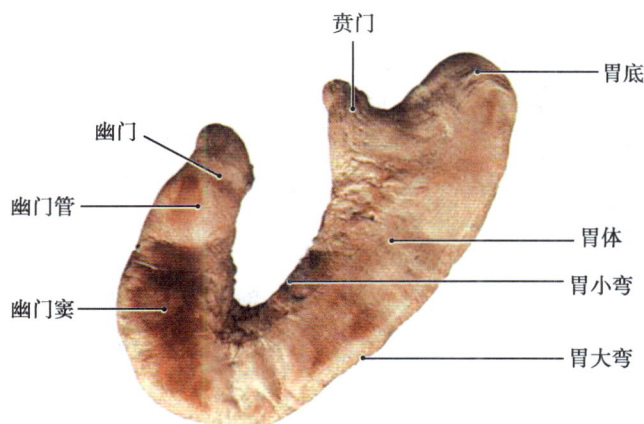

图 32-4　胃解剖图

思路 3：患者的病变是否属于早期胃癌?

早期胃癌是指病变仅限于黏膜或黏膜下层,不论病灶大小或有无淋巴结转移。进展期胃癌则指癌组织浸润深度超过黏膜下层的胃癌。内镜检查中可通过超声内镜明确病变浸润深度。该患者属于进展期胃癌。

知识点

早期胃癌的形态分型

Ⅰ型为隆起型,癌灶突向胃腔;Ⅱ型为表浅型,癌灶比较平坦,没有明显的隆起与凹陷;Ⅲ型为凹陷型,为较深的溃疡。Ⅱ型还可以分为三个亚型,即Ⅱa表浅隆起型、Ⅱb表浅平坦型和Ⅱc表浅凹陷型(图32-5)。

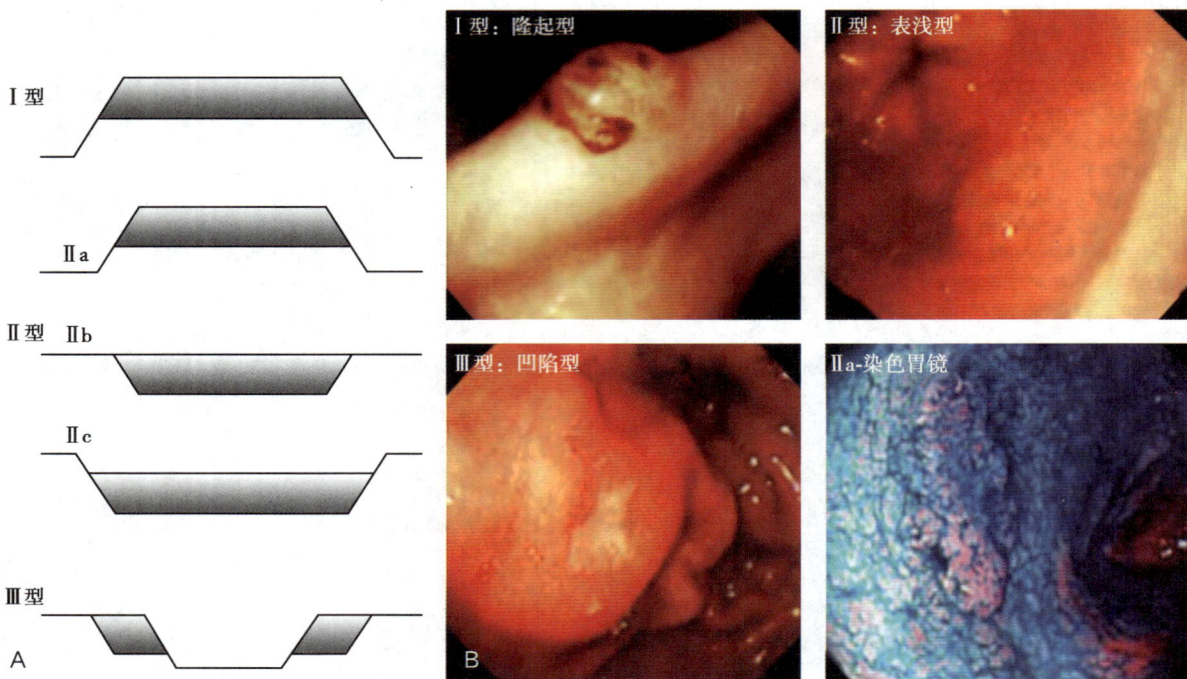

图32-5　早期胃癌形态分型
A.示意图;B.胃镜照片。

思路4:该患者属于进展期胃癌的哪一种大体病理类型?

进展期胃癌按Borrmann分型法分四型:Ⅰ型(隆起型,又称息肉型),为边界清楚突入胃腔的块状癌灶;Ⅱ型(局限溃疡型),溃疡深达固有肌层,边缘清楚;Ⅲ型(浸润溃疡型),较深的溃疡,同时边缘不清楚;Ⅳ型(弥漫浸润型),癌肿沿胃壁各层全周性浸润生长,边界不清。若全胃受累胃腔缩窄、胃壁僵硬如革囊状,称皮革胃(linitis plastica),恶性度极高,发生转移早。该患者属于Ⅲ型(浸润溃疡型),见图32-6。

思路5:患者的病理组织类型是哪种?

患者的病理组织类型属于腺癌,胃癌绝大部分为腺癌。特别需要注意的类型是黏液腺癌和印戒细胞癌,提示病变恶性程度高。

思路6:患者下一步应当如何处理?

患者进展期胃癌诊断明确,应收入普通外科病房,进行进一步检查,以确定治疗方案。

临床病例(续)

患者在全身麻醉下行开腹探查胃癌根治术。手术过程记录如下:上腹部正中切口由剑突至脐左水平,逐层进腹。探查腹腔无腹水,肝脏腹壁及盆腔等无转移性结节。肿瘤位于胃角,2cm×3cm大小,浆膜无肉眼侵犯,网膜、腹腔干、脾动脉、肝总动脉旁及脾门均未及明显肿大淋巴结。拟行根治性胃大部切除术。病理标本肉眼所见:胃角溃疡性病变,质硬质脆,周围黏膜紊乱,浸透胃壁全层(Borrmann Ⅲ型),大小为3cm×2cm。距十二指肠切缘6cm,距胃切缘6cm。

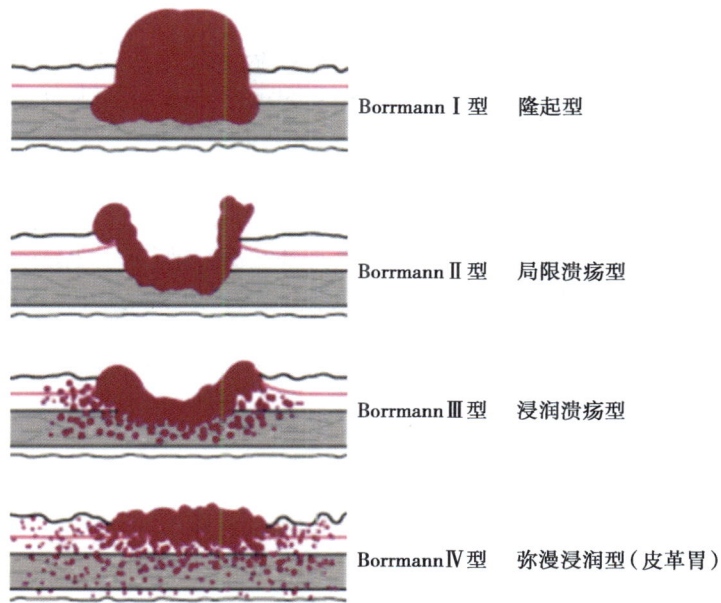

BorrmannⅠ型　隆起型

BorrmannⅡ型　局限溃疡型

BorrmannⅢ型　浸润溃疡型

BorrmannⅣ型　弥漫浸润型（皮革胃）

图 32-6　进展期胃癌按 Borrmann 分型

知识点

胃周淋巴结分组示意图见图 32-7。

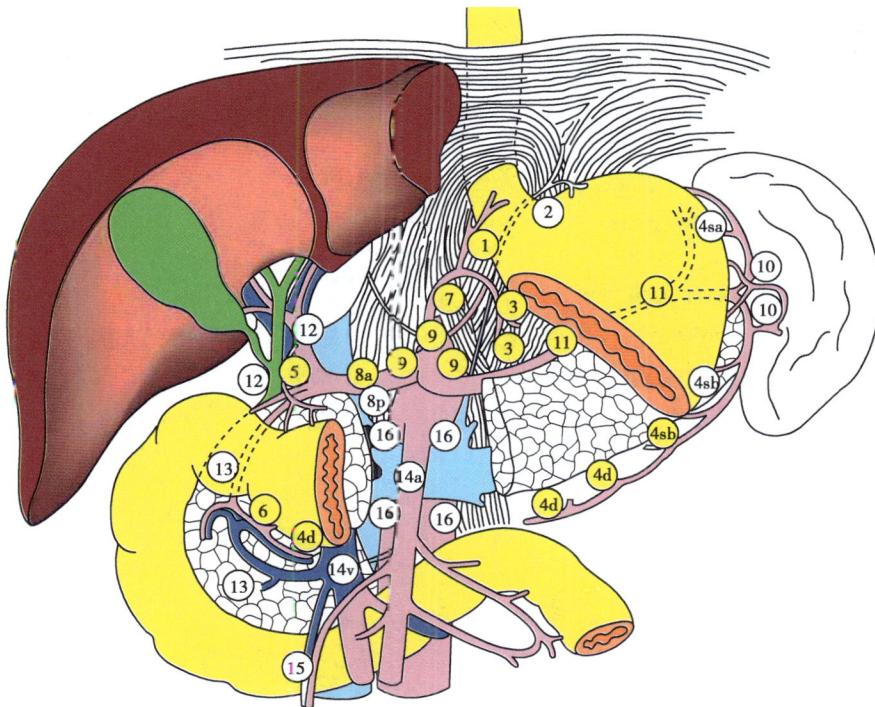

图 32-7　胃周淋巴结分组示意图

【问题6】患者术前需要进行何种检查?

思路1:常规术前检查项目有哪些?

胃癌术前需进行系统检查,了解患者的一般情况,做好术前准备。血常规中应注意血红蛋白水平,有无贫血,贫血是否与潜在的消化道出血有关。如贫血程度重(血红蛋白<90g/L),可考虑术前输血以改善贫血。通过血清白蛋白水平了解患者的营养状况,血清白蛋白过低可能影响手术效果及术后恢复,应予以术前补充。术前有电解质异常者应及时纠正。癌胚抗原(CEA)、CA19-9等肿瘤标志物在部分胃癌患者中可见升高。

胸部X线检查可以提示有无来自肺部的远处转移,对术前分期有帮助。如怀疑有转移病变,可进一步行胸部CT以明确。腹部增强CT可作为目前胃癌术前分期的首选方法。阅片时应关注胃癌病变范围,侵犯胃壁的深度、局部淋巴结转移情况,以及有无来自肝脏、腹膜和盆腔的远处转移,对病变作出初步的分期。

知识点

肿瘤标志物的检测意义

癌胚抗原(CEA)在40%~50%的胃癌病例中升高,其他肿瘤标志物(CA19-9、CA12-5、CA24-7等)也可能在胃癌病例中出现不同程度的升高,但并无筛查或诊断价值。在判断治疗效果和术后随访时有一定意义,如术前升高的患者在术后是否下降到正常,术后复查时如果出现持续性升高则提示有复发及转移可能。

思路2:如何进行胃癌的分期?

知识点

胃癌的TNM分期

T代表原发肿瘤浸润胃壁的深度。T_1:肿瘤侵及固有层、黏膜肌层或黏膜下层;T_2:肿瘤浸润至固有肌层;T_3:肿瘤穿透浆膜下结缔组织而未侵犯脏腹膜或邻近结构;T_{4a}:肿瘤侵犯浆膜;T_{4b}:肿瘤穿过浆膜累及邻近器官。

N代表局部淋巴结的转移情况。N_0:无淋巴结转移(受检淋巴结个数≥15);N_1:1~2个区域淋巴结转移;N_2:3~6个区域淋巴结转移;N_3:7个以上区域淋巴结转移。

M代表肿瘤远处转移的情况。M_0:无远处转移;M_1:有远处转移。

【问题7】该患者应该选择何种治疗方式?

原则上,手术治疗是胃癌的首选治疗措施,全科医生应及时转诊,由专科医师判断治疗方案和手术方式。该患者属于局部进展期胃癌,没有远处转移或腹膜转移迹象,一般状况可耐受手术,应考虑限期实施胃癌根治性手术,并根据术后病理分期情况决定辅助治疗方案。

知识点

胃癌的常用治疗方案

1. 目前胃癌的治疗强调多学科合作的综合治疗,确定治疗方案的基础则为胃癌的临床和病理分期,同时需结合一般状况及伴随疾病等进行考虑。通常需要外科、肿瘤化疗科、医学影像科、病理科等多科室会诊协商制订治疗方案。

2. 早期胃癌不伴有淋巴结转移者可根据侵犯深度考虑内镜下治疗,如内镜下黏膜切除术(EMR)和内镜下黏膜下层剥离术(ESD);或施行胃癌根治性手术可获得治愈性切除,可行腹腔镜或开腹胃部分切除术。术后无须进行辅助放疗或化疗。

---

3. 局部进展期胃癌或伴有淋巴结转移的早期胃癌应采取以手术为主的综合治疗手段,根据肿瘤侵犯深度及是否伴有淋巴结转移可考虑直接进行根治性手术或术前先进行新辅助化疗,待肿瘤降期后再考虑根治性手术,成功实施根治性手术的局部进展期胃癌需根据术后病理分期决定辅助治疗的方案。

4. 转移性胃癌在没有出血、穿孔、梗阻等合并症的情况下应采取以化学治疗为主的综合治疗手段。化疗分为姑息化疗、辅助化疗和新辅助化疗和转化治疗。化疗应当充分考虑患者的疾病分期、年龄、体力状况、治疗风险、生活质量及患者意愿等,避免治疗过度或治疗不足。

5. 放疗是胃癌的重要治疗手段之一。根据临床随访研究数据和尸检数据,提示胃癌术后局部区域复发和远处转移风险很高,因此只有多个学科的共同参与,才能有效地将手术、化疗、放疗、分子靶向治疗等结合为一体,制订出合理的治疗方案,使患者获益。

6. 中药治疗、靶向治疗、激光治疗、免疫治疗、介入治疗等都在探索研究中。

临床病例(续)

患者术后恢复好,无发热,腹腔引流液为淡血性液体,100~200ml,逐渐减少,术后第 4 日拔除腹腔引流管。胃肠减压量每日 100~250ml,术后第 3 日排气,术后第 4 日拔除鼻胃管并嘱饮水。分别于术后第 5 日、第 6 日、第 7 日给予流食半量、流食和半流食。

术后第 7 日排便。术后第 7 日病理结果回报:

远端胃切除标本:胃角小弯侧溃疡性中 - 低分化腺癌,肿瘤大小 2.5cm×1.5cm×0.9cm,浸润胃壁全层达外膜,未突破间皮层,可见脉管癌栓及神经侵犯,手术两断端净。淋巴结:(小弯侧 NO.3)3/17,(幽门上 NO.5)2/3,(肝动脉周围 NO.8)1/1 可见癌转移;(大弯侧 NO.2)0/5,(幽门下 NO6.)0/2,(贲门右 NO1.)0/3,(胃左动脉周围 NO.7)0/1,(腹腔动脉周 NO.9)0/1 及网膜组织内未见癌。免疫组化:P53(-),ki67 70%~90%,HER-2(-),CD44(-),bcl-2(-),EGFR(++),CEA(+),CA19-9(+)。

【问题8】患者术后如何进一步治疗?

思路 1:胃癌根治术后应注意患者哪些情况?

1. 患者生命体征,术后 24 小时注意引流管颜色,有无腹腔出血。

2. 患者液体补充　应考虑纠正电解质紊乱,维持出入量平衡,营养维持、纠正负氮平衡等。

3. 控制感染　发现可疑感染,注意检测体温。如出现体温高,应结合血常规等检查除外可能存在的感染,常见的如肺部、泌尿系统、导管相关的感染。与手术相关的应注意伤口感染和腹腔感染。腹腔感染可能由于吻合口瘘或十二指肠残端漏,应观察腹腔引流液的颜色、性状和引流量,必要时可行病原学培养,并应用敏感抗生素。严重时不排除再次手术可能。拔除引流管后的腹腔感染不易发现,可行超声或 CT 以明确。

4. 观察胃肠道功能恢复情况　观察患者每日胃肠减压量、有无主诉腹胀、肠鸣音恢复情况和排气与否,胃肠道功能恢复后可拔除鼻胃管,并循序渐进地恢复饮食。毕 II 式吻合可出现输入袢、输出袢梗阻或胃排空障碍。必要时可行上消化道造影以明确,并根据具体情况进行相应处理。

思路 2:从病理结果中能得到什么重要信息?

病理结果是患者最重要的临床材料之一,包含对疾病的最终诊断、准确的临床病理分期和下一步治疗方向。应注意病变的大体类型、分化程度、组织类型、病变范围、浸润深度,淋巴结清扫范围、数量和阳性淋巴结的数目。免疫组化结果可以帮助确定组织类型、判断疾病预后,对某些靶向药物治疗有指导意义。

根据该患者病理结果的描述,TNM 分期为 $T_{4a}N_2M_0$,进一步的临床病理分期为 III 期。不同 TNM 划分的胃癌临床分期(第 8 版)见表 32-1。

表 32-1　不同 TNM 划分的胃癌临床分期(第 8 版)

分期	N_0	N_1	N_2	N_3
T_1	I	II A	II A	II A
T_2	I	II A	II A	II A

续表

分期	N₀	N₁	N₂	N₃
T₃	ⅡB	Ⅲ	Ⅲ	Ⅲ
T₄ₐ	ⅡB	Ⅲ	Ⅲ	Ⅲ
T₄ᵦ	ⅣA	ⅣA	ⅣA	ⅣA
M₁	ⅣB	ⅣB	ⅣB	ⅣB

思路3：患者术后下一步治疗方案是什么？

目前胃癌强调综合治疗。对于进展期胃癌,除进行手术切除外,还应进行化疗。该患者选择了 XELOX 方案:奥沙利铂130mg/m²,第1日;卡培他滨每次1 000mg/m²,2次/d,服用2周,每3周重复1次;共8~12 次。其他辅助治疗还包括放疗、免疫治疗、靶向治疗、中医中药治疗等。近年来对于 HER-2 蛋白经免疫组化 或 FISH 检测为阳性的患者,给予曲妥珠单抗联合化疗取得了一定的疗效。

知识点

胃癌常用的化疗方案

常用的化疗药物:5-氟尿嘧啶(5-FU)、卡培他滨、替吉奥(TS-1)、顺铂、依托泊苷、阿霉素、表柔比星、紫杉醇、多西他赛、奥沙利铂、伊立替康等。其中 TS-1 是新一代 5-FU 类药物的代表,配方中吉美嘧啶 可抑制 5-FU 降解。TS-1 单药使用和 TS-1 联合顺铂已被推荐为胃癌化疗的一线方案。

常用的化疗方案:

1. 顺铂联合氟尿嘧啶类药物　CF 方案(顺铂/5-FU),XP(顺铂/卡培他滨),SP(顺铂/TS-1)。

2. 奥沙利铂联合氟尿嘧啶类药物　FOLFOX(奥沙利铂/CF/5-FU),XELOX(奥沙利铂/卡培他滨), SOL(奥沙利铂/TS-1)。

3. 紫杉烷类联合氟尿嘧啶类药物　紫杉醇或多西紫杉醇联合 5-FU 或卡培他滨或 TS-1。

4. ECF 方案(表柔比星/顺铂/5-FU)及其改良方案(奥沙利铂代替顺铂和/或卡培他滨代替 5-FU)。

思路4：患者转回社区时专科医生需要提供的资料。

1. 胃癌的明确诊断(含病理)、分期(含转移部位)、已经实施的治疗方法,专科随诊方案及术后需要继续 治疗方案简介(含放化疗剂量、间隔、其他治疗措施)。

2. 术后治疗过程中可能出现的问题及社区处理建议,包括围术期的吻合口瘘、术后出血和消化道梗阻、 造瘘口感染、术后胰腺炎、残胃炎、胃瘫、营养性并发症,以及放化疗期间粒细胞、血小板数量减少等变化的监 控和处理。

3. 需要转回专科治疗的情况,包括吻合口瘘、消化道梗阻、胃瘫、术后出血、放化疗严重副作用、术后感 染、术后急性重症胰腺炎等。

【问题9】患者的社区长期管理。

思路1：基于健康档案的长期管理。为胃癌患者建立健康档案,详细记录患者发病情况、既往病史、辅助 检查结果、住院期间治疗情况、患者目前病情及药物和非药物治疗方案等。根据病情制订健康教育和健康指 导内容,并记录在案。明确预约随访或家庭访视日期。

思路2：做好患者的随访工作。胃癌的预后与其病理分期、部位、组织类型、生物学行为以及治疗措施 有关。Ⅰ期胃癌的5年生存率为82%~95%,Ⅱ期55%,Ⅲ期为15%~30%,而Ⅳ期仅2%。肿瘤的复发和转 移直接影响患者生存期。因此,应对患者进行严格的随访。通常术后2年内,每3个月门诊复查一次,复查 的内容包括血常规、生化检查、肿瘤标志物、胸部X线片、超声,必要时可行腹部增强CT及内镜检查。术后 2~5年,可每半年复查一次,5年之后可每年复查一次,终生随诊。

思路3：患者在社区的心理干预。对患者进行有效的心理干预和心理健康教育,让患者接受患病的事实, 在此基础上树立康复的信心,提升配合治疗的积极性,预防疾病后抑郁等的发生。晚期患者的心理干预内容是坦然接受死亡。

思路 4 :患者的健康教育。食用易消化、质软、新鲜、营养价值高的食物,少食油腻、辛辣、油炸烧烤等食物,少食多餐,忌酒、戒烟,适度体育锻炼,改善生活作息。

【问题 10 】患者家庭的全科医学照顾。

思路 1 :一级亲属初步筛查服务。依据胃癌的流行病学特征,全科医生应为 40 岁以上的胃癌一级亲属提供初步筛查服务,包括:①饮食习惯、排便状况、近期体重改变情况。②慢性胃炎、胃溃疡、幽门螺杆菌感染史。③血常规、X 线钡餐、纤维胃镜检查;对幽门螺杆菌感染进行根治;积极治疗胃癌癌前疾病,预防胃癌的发生。

思路 2 :患者家属的心身照顾。全科医生在对肿瘤患者心身照顾的同时也应关注患者家属的心身健康。在与疾病的抗争中,家属也承受了巨大的心理压力,生活习惯也受到改变,容易诱发心脑血管疾病及出现精神心理问题。全科医生应该给予相应的处理或详细的就医指导建议。

(王 敏)

第三十三章 肝 癌

原发性肝癌（primary hepatic carcinoma），简称肝癌，是常见的恶性肿瘤之一。我国恶性肿瘤死亡率肝癌排第三位，每年有 11 万人死于肝癌，占全世界肝癌死亡人数的 45%。慢性乙型肝炎是我国肝癌的主要致病因素。肝癌早期无症状，对高危人群行甲胎蛋白（AFP）和超声筛查是早期诊断肝癌的方法。本章将重点讨论肝癌的早期诊断与预防。

临 床 病 例

患者，男性，50 岁，乏力、食欲减退 3 个月。无发热。既往史：肝炎。个人史：不吸烟。家族史：父亲母亲死因不详。查体：一般情况良好，心肺无异常。

【问题 1】为明确诊断，上述病史还需补充什么？

思路：对任何疾病的诊断，病史和查体是基础。根据上述病例情况，需补充患者的现病史、既往史、个人史、家族史、体格检查。

知识点

肝癌的病因学

广义的肝癌是指发生于肝脏的癌症，如发源于肝脏自身器官内细胞，称为原发性肝癌；如果由其他器官的癌症转移到肝脏而形成，称为继发性肝癌，又称转移性肝癌。原发性肝癌根据组织学可以分为肝细胞型、胆管细胞型和混合型，以前者最常见。肝癌发病机制不明，通常认为与以下因素有关：

1. 病毒性肝炎 如乙型肝炎、丙型肝炎、丁型肝炎。近年的分子生物学研究证实肝癌细胞的 DNA 整合了乙型肝炎病毒 DNA 的片段，慢性乙型肝炎可能是肝癌的最主要病因。

2. 肝硬化 在中国，原发性肝癌主要在病毒性肝炎后肝硬化基础上发生；在欧美国家，肝癌常在酒精性肝硬化的基础上发生。

3. 铁沉着病 铁沉着病患者肝癌发病率增高。

4. 黄曲霉毒素 动物实验证明黄曲霉毒素为很强的致癌物质。食物霉变污染的黄曲霉毒素与肝癌的发生呈正相关。

5. 饮用水污染 大量的流行病学调查证明饮用水污染是独立于肝炎病毒和黄曲霉毒素之外的另一个肝癌危险因素。

6. 化学致癌物 亚硝胺、有机氯、偶氮芥类等均为值得重视的致癌因素。

7. 酒精 大量饮酒可以引起酒精肝、肝炎、肝硬化等肝脏疾病，这些疾病都有癌变的可能，因此酒精是肝癌发生的致病因素之一。

8. 寄生虫 未煮熟的鱼可能带有肝病寄生虫，这些寄生虫进入身体后可以引起肝脏损伤，长此以往可以引起癌变。

9. 脂肪肝 近年来，脂肪肝和肝癌的关系受到重视，酒精性和非酒精性脂肪肝都可导致肝硬化，从而增加发生肝癌的风险。

10. 遗传和基因突变 癌基因研究证实遗传和基因突变与肝癌相关。有学者认为，环境中的突变原和病毒作用激发肝细胞分裂反应途径的活化，引起细胞的点突变和基因易

原发性肝癌知识概述（课件）

340

位,是加速癌细胞增殖的可能因素。

全面的病史采集和体格检查有利于肝癌患者的早期诊断。

原发性肝癌知识要点(课件)

临床病例(续)

3个月前无明显诱因出现乏力、食欲缺乏。患者患病后,精神、食欲一般,睡眠可,大小便无异常,体重减少约1kg。既往史:慢性乙型肝炎,余无特殊。个人史:职业农民,不吸烟,饮白酒每日250ml 20年。家族史:父亲母亲死因不详。

体格检查:一般情况良好。体温36℃,脉搏80次/min,呼吸16次/min,血压120/80mmHg,身高165cm,体重75kg,体重指数27.5kg/m²;神清合作,皮肤、巩膜无黄染,口唇无发绀,浅表淋巴结未扪及肿大,颈软,气管居中,甲状腺不大;胸廓对称无畸形,双肺呼吸动度一致,未闻及干湿啰音,心界不大,心率80次/min,律齐,未闻及病理性杂音;腹部平软,肝脾肋下未扪及,移动性浊音(−),肠鸣音4~5次/min;双肾区无叩痛,双下肢无水肿,神经精神无异常发现。

【问题2】为进一步诊断,需做什么检查?

思路1:血、尿、便常规是实验室检查的基础,血生化是常规推荐的实验室检查。

思路2:酗酒患者乏力、食欲缺乏,应警惕肝功能异常。

思路3:慢性乙型肝炎史患者应查乙型肝炎表面标志物、乙型肝炎病毒DNA定量、AFP及腹部超声。

知识点

肝癌流行病学

我国是肝癌发病率最高的国家,占全世界肝癌死亡人数的45%。2017《中国肿瘤的现状和趋势》报告显示,肝癌位居中国恶性肿瘤死亡率第三位,肝癌发病率男性是女性的3倍。农民和渔民发病率高。对普通人群不推荐筛查肝癌,但对有危险因素,特别是慢性乙型肝炎及酗酒的患者,应筛查肝癌。

临床病例(续)

血常规:白细胞计数8×10⁹/L,中性粒细胞百分比70%,血红蛋白112g/L,红细胞平均体积90fl,血小板计数300×10⁹/L。HBsAg(+),HBsAb(−),HBeAg(−),HBeAb(+),HBV DNA 2×10⁶/ml。尿常规:正常。便常规:正常。血生化:Glu 7.2mmol/L,TC 6.8mmol/L,LDL-C 4.2mmol/L,AST 60U/L,ALT 80U/L。腹部超声:肝脏大小正常,重度脂肪肝,肝内弥漫性不均匀回声增强,肝表面粗糙。

【问题3】该患者目前的诊疗计划是什么?

思路1:诊断根据临床证据。

思路2:全科诊断要求全面。对每一个诊断作出相应的处理,形成全科诊疗计划。

知识点

肝硬化可导致肝癌

肝硬化可发展成肝癌。肝癌大多合并大结节性肝硬化。在我国,这种肝硬化多由乙型肝炎病毒感染致。肝癌患者的血清中能检测到乙型肝炎病毒感染标志的占95%。据统计,我国原发性肝癌合并肝硬化的发生率为50%~90%,而肝硬化发生原发性肝癌的概率为

肝癌的大体病理形态(图片)

9.9%~16.6%。大量饮酒及脂肪肝也是肝硬化危险因素,进而增加肝癌发病率。

　　肝癌高危患者,发现肝硬化改变,应警惕肝癌,进一步检查。

临床病例(续)

全科诊疗计划:

1. 慢性活动性乙型肝炎　抗病毒治疗。
2. 肝硬化　腹部 CT 扫描、AFP。
3. 脂肪肝　饮食控制、锻炼。
4. 高胆固醇血症　他汀类药物治疗。
5. 高血糖　复查血糖、糖化血红蛋白。
6. 肝功能异常　应用治疗肝损伤的药物。
7. 酒瘾综合征　戒酒教育。
8. 肥胖综合征　减肥、运动。

患者经济有困难,不愿进一步检查及抗病毒治疗。2个月后出现肝区痛,患者家属愿意资助患者做检查。

【问题 4】患者需进一步做哪些检查?

思路:患者在慢性乙型肝炎、肝硬化基础上出现肝区痛,应高度怀疑肝癌,做腹部 CT 检查、AFP 检查。

知识点

肝癌的早期临床表现

　　肝癌早期一般无症状。肝癌高危人群,若出现不明原因的乏力、体重下降、肝区持续性钝痛(这些与慢性肝炎、肝硬化等症状类似,通常很难想到是肝癌),应怀疑肝癌。

临床病例(续)

　　腹部 CT:肝硬化,弥漫性硬化结节,无明显占位性病变。肿瘤标志物:FER 200 9g/L,AFP 400μg/L,CA12-5、CEA、CA19-9、CA15-3、CA50、CA24-2 均在正常范围。

【问题 5】患者进一步需做什么检查?

　　思路:患者高度怀疑肝癌,腹部 CT 检查无明显占位性病变,但 AFP 高的患者,可考虑增强 MRI 检查。

知识点

肝癌的早期诊断

　　肝癌早期诊断主要依靠肝癌的筛查,AFP 检测和超声检查是筛查肝癌的主要手段。若两者均呈阳性结果,即 AFP>400μg/L,且超声发现明确的肝区实质性占位性病变,则临床诊断为肝癌。若 AFP 阳性而超声未发现占位性病变,应行进一步影像学检查。CT 检查敏感性高,性价比高,应选择,必要时做敏感性更高的 MRI 检查。数字减影血管造影(DSA)和 / 或碘油 CT 造影,虽然敏感度高,但属有创介入检查,一般不用。PET/CT 对于大多数肿瘤非常有效,但是对于肝癌,敏感性却只有 50%,不建议作为常规检查手段。

弥漫性肝癌病例
分析(拓展阅读)

临床病例(续)

　　增强 MRI 检查:肝右叶实质性占位 1.5cm,注射造影剂后增强。

【问题6】患者应该怎么处理?

思路:AFP阳性,肝实质性占位,肝癌临床诊断确立,应给患者及家属解释,尽快规范化诊治。

知识点

小　肝　癌

小肝癌又称"亚临床肝癌"或"早期肝癌",临床上无明显肝癌症状和体征,单个癌结节最大直径或两个癌结节直径之和不超过3cm。小肝癌80%合并肝硬变,75%有慢性肝炎。无转移的小肝癌手术切除可根治。2cm小肝癌切除后的5年存活率为82%。

小肝癌临床诊断建立,但缺乏病理学诊断的情况下,全科医生应对患者全面检查,如全身CT扫描、骨扫描,必要时行MRI以排除转移灶。确定无转移时,可申请肝胆外科会诊,争取手术根治。

临床病例(续)

患者文化程度有限,经济有一定困难,自我感觉无异常,放弃进一步检查/病理活检并拒绝手术。3个月后,患者出现腹胀。腹部超声发现腹腔大量积液,肝右叶实质性占位8cm×9cm。复查AFP 2 000μg/L。联系农村合作医疗机构,医疗费可报销大部分,患者要求治疗。

【问题7】患者现在该如何处理?

思路1:临床诊断肝癌患者出现腹水,应做腹腔穿刺并送检,寻找细胞学诊断依据。

思路2:患者还需做全面体格检查、全身影像学检查,明确分期,才能制订正确的治疗方案。

知识点

肝癌的临床分期

肝癌的TNM临床分期是治疗方案制订的基础。肝癌一旦突破小肝癌范围,即使手术,效果也不佳。

临床病例(续)

腹腔穿刺,见血性腹水,离心沉淀发现肝细胞癌细胞。体格检查:一般情况尚可。体温37℃,脉搏90次/min,呼吸17次/min,血压120/80mmHg,身高165cm,体重55kg,体重指数20kg/m²。神清,皮肤、巩膜黄染,口唇无发绀,浅表淋巴结未扪及肿大,颈软,气管居中,甲状腺不大。胸廓对称无畸形,双肺呼吸音正常,未闻及干湿啰音,心界不大,心率90次/min,律齐,未闻及病理性杂音。腹部膨隆,肝脾未扪及,移动性浊音(+),肠鸣音4~6次/min。双肾区无叩痛,双下肢无水肿,神经精神无异常。头颅增强CT:无异常。胸腹联合增强CT:①肝右叶见软组织肿块影,大小为10cm×9cm,部分边界不清,造影后增强;②腹腔大量积液;③双肺见多发结节,最大2cm×2cm,造影后增强,考虑转移性占位病变;④右肾囊性占位,造影剂后无增强。全身骨扫描:无异常。

【问题8】患者目前的诊断、分期及治疗原则。

思路:患者目前的诊断:肝癌Ⅳ期伴癌性腹水(细胞学确诊),临床诊断(缺病理确诊)双肺转移;右肾囊性占位;体重减轻。

知识点

肝癌患者的照顾

晚期肝癌的治疗原则是姑息性治疗,减轻痛苦及延长寿命。

患者家属询问肝癌是否会传染,有何预防措施。

【问题9】肝癌会传染吗? 危险因素有哪些?
思路1:肝癌无传染性。
思路2:患者有多种危险因素与肝癌相关,包括职业(农民)、慢性乙型肝炎、大量饮酒、脂肪肝等。
思路3:患者没有自己的全科医生,肝癌的预防及早期诊断环节缺失。
思路4:患者临床诊断肝癌后,由于经济原因拒绝进一步检查和治疗,延误了病情。

知识点

肝癌的预防

1. 防治肝炎　肝炎是导致肝癌发生的重要因素,注射/接种肝炎疫苗,特别是乙型肝炎疫苗,已成为预防肝癌有效的手段之一。肝慢性持续性感染与肝癌发生密切相关,对慢性肝炎的积极治疗有助于预防肝癌。

2. 防治肝硬化　肝硬化直接与肝癌相关,积极防治肝硬化有助于预防肝癌。肝硬化多由病毒性肝炎、酒精性肝炎、药物性肝炎、脂肪肝等疾病发展而来。对这些原发病的治疗是最有效的预防方法。注意饮食、合理营养、节制饮酒、加强运动保健、避免各种慢性化学中毒也是预防的积极措施。对于疑有肝硬化者应及时进行有关检查和治疗。

3. 管理铁沉着病　铁沉着病患者肝癌发病率增高,因此,铁沉着病患者应积极治疗,并定期筛查肝癌。

4. 避免黄曲霉毒素入口　黄曲霉毒素污染的粮食是肝癌的致癌因素。不吃黄曲霉毒素超标的食物是预防肝癌的措施之一。粮食部门应检查黄曲霉毒素含量,食品检验应包括黄曲霉毒素检查。做好粮食防霉工作,避免黄曲霉毒素入口。

5. 改良饮水　水源污染是导致肝癌发生的重要原因。必须保证饮水质量。严禁污染源排入抽取饮水的江、河、湖等自然水源,饮水源附近禁止修建污染源排放超标的工厂。不喝有可疑污染的水。

6. 避免化学致癌物　肝癌的化学致癌物包括亚硝胺、有机氯、偶氮芥类等。这些化学致癌物一般通过污染的饮食和环境致癌。避免化学致癌物污染饮食和环境。

7. 戒酒或限酒　长期大量酒精摄入可导致酒精性肝炎、肝硬化及脂肪肝,是肝癌的重要致病因素之一。不饮酒或适量饮酒,避免或减少酒精摄入是预防肝癌的措施之一。

8. 防治寄生虫　肝寄生虫可增加肝癌风险,防治肝寄生虫病可降低肝癌发病率。

9. 防治脂肪肝　脂肪肝是肝硬化的病因之一,增加发生肝癌的风险。积极防治脂肪肝可降低肝癌发病率。

10. 营养预防　营养因素是肝癌的发病原因之一,特别是硒缺乏可能与肝癌发生有关。营养结构合理,适当补硒可降低肝癌发病率。

对于高危人群,包括血清AFP值持续升高的慢性肝病患者、有肿瘤家族史、肝内有性质未明的占位病灶、机体内其他部位已有恶性肿瘤,要密切追踪检查,以利于肝癌早期诊断和治疗。肝癌是高度恶性、进展迅速的恶性肿瘤,一旦临床诊断建立,应尽快规范化诊治。

(李　健)

第三十四章 大 肠 癌

大肠癌包括结肠癌（colon cancer）和直肠癌（rectal cancer）。前者是发生在升结肠、横结肠、降结肠和乙状结肠的肿瘤，后者是乙状结肠直肠交界处至齿状线之间的肿瘤。大约70%的结肠癌是由腺瘤性息肉演变而来。结肠癌以41~65岁发病率高。我国近20年来发病率明显上升，尤以城市上升趋势明显。随着结肠癌发生率增高，结肠癌呈现多于直肠癌的趋势。在直肠癌当中，低位直肠癌占直肠癌的60%~70%，故直肠指诊可触及绝大多数直肠癌病变。早期发现大肠癌和术后全程照顾是全科医生在大肠癌防治中的主要任务。

临床病例

患者，男性，56岁，因"间断右下腹阵发性隐痛半年"来社区卫生服务中心就诊。患者半年来无明显诱因出现右下腹痛，为阵发性隐痛，每次发作持续十余分钟至数小时不等，可自行缓解。发作时疼痛评估为中度疼痛。伴食欲减退，进食减少，无腹胀、腹痛、反酸、嗳气、恶心、呕吐、腹泻、胸痛、胸闷、憋气。2个月前出现大便不成形，每日1次。便色暗红，潜血阳性。病程中体重下降5kg。既往：甲状腺瘤术后16年。否认高血压、糖尿病、冠心病、卒中及肠道疾病史。否认胰腺炎、胆囊结石病史。否认烟酒嗜好。无手术外伤史。其父亲健在，母亲于6年前因心血管疾病去世，家族成员无类似疾病史。

【问题1】通过上述问诊，该患者可能的诊断是什么？

根据患者的"间断右下腹阵发性隐痛半年""大便不成形""便血（潜血阳性）"，全科医生应考虑到结肠癌和溃疡性结肠炎等下消化道疾病的可能。

思路1：中年，男性，慢性病程。患者为大肠癌的好发年龄。

知识点

大肠癌的临床表现

大肠癌早期常无特殊临床表现，病情发展到一定程度才出现下列五大症状：

①肠道刺激症状和排便习惯的改变：腹泻或便秘，或腹泻和便秘交替；直肠癌患者可发现大便变形，变细。②便血：鲜红或暗红色，一般出血量不多，间歇性出现。如出现果酱样大便，提示肿瘤位置较高，血与粪便相混。③肠梗阻：左侧结肠梗阻多见。先出现腹胀、腹部不适，然后出现阵发性腹痛，排气排便停止。④腹部肿块：常以右半结肠癌多见（90%以上）。肿块初期可推动，侵袭周围后固定。⑤全身中毒症状：可表现为贫血、消瘦、发热、无力等；因肿瘤继发感染，引起发热和中毒症状所致，以右半结肠癌多见。

随着病情发展，大肠癌患者还会出现肿瘤转移至扩散部位而表现出相应不同症状，晚期表现包括恶病质和全身衰竭等。

思路2：便中带血、黏液性粪便以及排便习惯改变对大肠癌的诊断具有提示作用。

上述表现在考虑结肠癌的同时应与溃疡性结肠炎、肠结核、肠阿米巴病、克罗恩病等相鉴别。全科医生在现有条件下难以对上述疾病作出明确诊断，故应及时转诊。

思路3：问诊时应重点关注排便习惯改变和大便性状。

> **知识点**
>
> **大肠癌的早期表现**
>
> 排便习惯与粪便性状的改变常是结肠癌最早出现的症状。多表现为便频、腹泻、便秘,有时腹泻和便秘交替,粪便中带血、脓或黏液,里急后重、肛门坠胀,并常有腹部隐痛。
>
> 直肠刺激症状是直肠癌患者较早出现的临床表现,包括:便意频繁,排便习惯改变;便前肛门有下坠感、里急后重、排便不尽感。此外,癌肿侵犯致肠管狭窄,初时大便变形、变细。
>
> 值得注意的是:大部分患者没有养成观察粪便性状的习惯,也没有注意自身排便规律性变化,所以相当一部分患者的首发症状是贫血。

思路4:问诊时应特别注意既往史、个人史、家族史的收集。

> **知识点**
>
> **大肠癌的病因**
>
> 大肠癌的病因并不明确,但全科医生应重视以下线索:①过多的动物脂肪及动物蛋白饮食;②缺乏新鲜蔬菜及纤维素食品;③缺乏适度的体力活动;④家族中有大肠癌患者;⑤家族性肠息肉病(已被公认为癌前期疾病);⑥结肠腺瘤(半数以上的结肠癌来自腺瘤癌变);⑦溃疡性结肠炎以及结肠血吸虫病肉芽肿。

思路5:应重视查体。

结肠癌早期可无明确的体征。部分患者可以触及腹部肿块,肿块多为瘤体本身,大多坚硬,呈结节状。横结肠和乙状结肠癌可有一定活动度。肿块固定且可有明显压痛提示癌肿穿透肠壁。但老年人腹部肿块有时可能是梗阻近侧肠腔内的积粪,需要鉴别。

直肠指诊是诊断直肠癌最重要的方法,在早诊断方面意义重大,也可以有效避免将直肠癌误诊为痢疾、肠炎、痔疮等直肠疾病。患者有便血、直肠刺激症状、大便变形等症状时均应行直肠指诊检查以排除直肠癌。

> **知识点**
>
> **直　肠　指　诊**
>
> 中国人直肠癌近75%以上为低位直肠癌,所以大部分直肠癌可经直肠指诊发现肿块。凡遇患者有便血、大便习惯改变、大便变形等症状,均应行直肠指诊。
>
> 若病灶位于直肠前壁时,男性应查明它与前列腺的关系,女性应明确病灶是否累及阴道后壁。
>
> 对直肠指诊阳性患者,应作内镜、细胞学或取组织作病理学检查。
>
> 对直肠指诊阴性者,应进一步作大便隐血试验,必要时作X线、内镜检查。

【**问题2**】全科医生如何早期发现大肠癌患者?

思路1:对于门诊患者,如何筛选出大肠癌的高危人群?

早发现、早诊断、早治疗是延长患者存活时间和提高生活质量的关键。由于早期大肠癌无特异性症状,所以早期诊断率不高。对门诊就医的患者,应当重点通过症状、既往史和家族史的搜集,判断患者是否具有易感因素,并进一步进行检查以确诊。

> **知识点**
>
> ### 大肠癌的高危人群
>
> 1. 有结直肠腺瘤和溃疡性结肠炎病史患者。
> 2. 其他高危人群　①大便隐血阳性;②有结直肠癌家族史;③本人有癌症史;④长期吸烟、过度摄入酒精、肥胖、少活动、年龄>50岁;⑤符合下列6项之任意2项者:慢性腹泻、慢性便秘、黏液血便、慢性阑尾炎或阑尾切除史、慢性胆囊炎或胆囊切除史、长期精神压抑;⑥有盆腔放疗史者。

思路2:全科医生在大肠癌筛查中的任务。

全科医生是患者的长期健康照顾者,熟悉患者的生活习惯,经常为患者解决便秘、慢性腹泻的问题。这就决定了全科医生可以成为大肠癌的首要发现者。

> **知识点**
>
> ### 大肠癌的筛查程序
>
> 1. 病史及体格检查　应全面、正确,强调对大肠癌的高危人群家族肿瘤史的询问与记录。
> 2. 直肠指诊
> 阴性:应进一步作大便隐血试验,必要时作X线、内镜检查。
> 阳性:应做内镜、细胞学或取组织作病理学检查。
> 3. 大便隐血试验　大便隐血试验能有效降低16%左右的大肠癌相关病死率,而且价格便宜、检测方法便捷,为大规模普查或对高危人群进行初筛的简便手段。

【问题3】对诊断大肠癌的患者,全科医生还应该注意搜集哪些临床资料?

思路1:全科医生除了关注肿瘤本身的症状之外,还应该关注与肿瘤转移有关的相关表现。例如:①引起局部侵袭→如骶部疼痛;②肝转移→肝大、黄疸、腹水;③穿孔→急性腹膜炎、腹部脓肿;④肺转移→咳嗽、气促、血痰;⑤脑转移→偏瘫、昏迷;⑥骨转移→骨痛、跛行等。

> **知识点**
>
> ### 大肠癌的转移途径
>
> 直接浸润:结肠癌可以直接浸润到膀胱、子宫、输尿管。横结肠癌可侵犯胃壁,甚至形成内瘘。直肠癌可直接浸润子宫、膀胱等邻近脏器,下段直肠癌可直接侵入前列腺、精囊腺、阴道、输尿管等。
>
> 淋巴转移:结肠癌主要经淋巴转移,首先转移到结肠壁和结肠旁淋巴结,再到肠系膜血管周围和肠系膜血管根部淋巴结。淋巴转移同样是直肠癌的主要扩散途径。上段直肠癌向上沿直肠上动脉、肠系膜下动脉及腹主动脉周围淋巴结转移。下段直肠癌多向上方和侧方转移。
>
> 血行转移:结肠癌血行转移多见于肝,其次为肺、骨等。直肠癌侵入静脉后沿门静脉转移至肝,也可由髂静脉转移至肺、骨和脑等。
>
> 种植转移:结肠癌脱落细胞可在腹膜种植转移。直肠癌种植转移的机会较少。

340001

结肠癌肝转移
(图片)

思路2:全面的身体状态评估有助于判断大肠癌患者能否面对手术、放疗、化疗等一系列针对性治疗。评估内容:①心肺功能;②肝肾功能;③心理状态;④患者及家人对该病的认识;⑤目前的家庭资源(经济情况、家人鼓励和陪伴)及可以调动的潜在资源等。

【问题4】哪些患者需要转诊至上级医院?

思路1:大肠癌需要早诊断、早治疗,全科医生应在发现大肠癌病例或可疑病例后立即转诊。

> **知识点**
>
> **大肠癌的转诊标准**
>
> 疑似有大肠癌应立即转诊至综合性医院消化内科或胃肠外科。
>
> 新发现有结肠腺瘤性息肉,特别是家族性多发性结肠息肉病的患者,应转至上级医院进行诊断,必要时应做病理检查。
>
> 既往有溃疡性结肠炎病史,也需要定期到上级或专科医院检查及治疗。

思路2: 全科医生在向上级医院转诊时需要提供的资料。

> **知识点**
>
> **大肠癌转诊时的转诊资料**
>
> 1. 围绕大肠癌的资料(主诉、现病史、查体和辅助检查),帮助专科医生决定下一步的诊疗措施,也有效避免患者承担不必要的重复检查费用。
>
> 2. 基础疾病,为专科医生做全面的术前评估提供资料。
>
> 3. 目前正在使用的药物,尤其是阿司匹林等可能对手术产生影响的药物。
>
> 4. 主要脏器功能,如心、肺功能分级,以帮助专科医生判断是否有手术禁忌证。
>
> 5. 家庭状况、社会经济心理状况等。

临床病例(续)

患者,男性,56岁,主因"间断右下腹阵发性隐痛半年"就诊。患者半年来无明显诱因出现右下腹阵发性隐痛,伴食欲减退。便隐血阳性,色红。1周前行增强CT示:回盲部异常改变,考虑恶性占位可能,回盲部肠系膜区多发淋巴结节。5日前结肠镜显示升结肠中段5cm×8cm肿物,向肠腔内生长。取标本,病理结果为腺癌。发病以来,食欲明显减退,体重下降6kg,小便正常。收入院治疗。

【问题4】 患者转诊到医院后最需要的检查是什么?

思路1: 全科医生在怀疑或初步诊断大肠癌转诊至上级医院前,向患者及家属简要介绍进一步的检查,包括纤维结肠镜、CT、MRI、结肠造影等。

> **知识点**
>
> **大肠癌的检查**
>
> 1. 内镜检查　直视下肉眼作出诊断,而且可取组织进行病理检查。内镜检查包括直肠镜、乙状结肠镜和纤维结肠镜检查。
>
> 2. 钡剂灌肠检查　是结肠癌的重要检查方法,可观察肿瘤在肠道腔内的情况,但对直肠癌的诊断意义不大。
>
> 3. 腔内超声检查　检测癌肿浸润肠壁的深度及侵犯邻近脏器情况,多用于术前评估。
>
> 4. MRI检查　显示肿瘤在肠壁内的浸润深度,用于术前评估和分期。
>
> 5. CT检查　了解大肠癌侵犯、扩散、转移情况。
>
> 6. 其他检查　低位直肠癌伴有腹股沟淋巴结肿大时,应行淋巴结活检。癌肿位于直肠前壁的女性患者应做阴道检查及双合诊检查。

右半结肠癌CT (图片)

左半结肠癌CT (图片)

思路2: 该患者属于大肠癌的哪一种大体分型?

该患者升结肠中段5cm×8cm肿物,向肠腔内生长,为隆起型。

知识点

大肠癌的大体分型

1. 隆起型 肿瘤的主体向肠腔内突出,呈结节状、息肉状或菜花样隆起。可发生于结肠任何部位,但多发于右半结肠和直肠壶腹部,特别是盲肠。

2. 溃疡型 早期形成溃疡,溃疡可穿透肠壁侵入邻近器官和组织,好发于直肠与远段结肠。

3. 浸润型 肿瘤向肠壁各层弥漫浸润,易引起肠梗阻,好发于直肠、乙状结肠及降结肠。

4. 胶样型 癌体较大易溃烂,外观及切面均呈半透明胶冻状,好发于右侧结肠及直肠。

思路3:该患者属于大肠癌的哪一种病理类型?

大肠癌的组织学分类:腺癌(管状腺癌、乳头状腺癌、黏液腺癌、印戒细胞癌)、未分化癌、腺鳞癌、鳞状细胞癌、小细胞癌和类癌。大肠癌可以在一个肿瘤中出现两种或两种以上的组织类型,且分化程度并非完全一致。该患者结肠癌检查时取标本,病理结果为腺癌。

思路4:该患者是否应该检测肿瘤标志物?

该患者应在术前检测肿瘤标志物,目的是帮助评估预后和监测复发。

知识点

大肠癌的主要肿瘤标志物

癌胚抗原(CEA)早期大肠癌诊断价值有限,但对中晚期大肠癌有一定的诊断价值,目前主要用于预测大肠癌的预后和术后监测复发。大肠癌术前CEA升高的患者,手术切除干净则血清CEA水平可降至正常。经手术、放疗、化疗后,CEA值下降表示疗效良好,不降或持续上升则表示病情未控制。一般在手术后6周内CEA可降至正常,切除不完全则仅轻度下降,不能恢复正常。一般术后6周作CEA第一次复查,3年内每3~4个月复查一次,3~5年间每半年一次,5年后每年一次,可以起到监测复发的作用。

糖类抗原19-9(CA19-9)对大肠癌早期诊断意义不大,对判断肿瘤转移、复发、预后方面有一定意义。

临床病例(续)

手术记录:术中见腹腔内少量澄清腹水。肝、脾、胰腺、胃十二指肠及空回肠形态正常,未见明显肿瘤转移结节。肠系膜血管根部未见明显肿大淋巴结。肿物位于盲肠部,形态不规则质地坚硬,肿瘤浸润浆膜。升结肠、横结肠、降结肠及乙状结肠未见肿瘤转移结节,浆膜完整,张力正常。行右半结肠切除术,距盲肠15cm处切断回肠,横结肠中部切断结肠,回肠及横结肠端端吻合。术中快速冰冻病理回报告腺癌。

【问题5】该患者应选择何种治疗方法?

原则上,大肠癌以手术切除为首选治疗方案,故全科医生应及时转诊,由专科医师决定治疗方案和手术方式。目前常用策略原则有:手术+化疗、辅助化疗+手术+化疗等。该患者肿物位于升结肠中段,无肠梗阻,适合行右半结肠切除术。

知识点

大肠癌的主要手术方式

1. 结肠癌根治性手术切除范围须包括癌肿所在肠袢及其系膜和区域淋巴结。术式包括:①右半结肠切除术;②横结肠切除术;③左半结肠切除术;④乙状结肠癌的根治切除术;⑤结肠癌并发急性肠梗阻,实施大手术有危险时,可先作盲肠造口解除梗阻,二期手术行根治性切除;⑥对肿瘤不能切除者,则行姑息性结肠造口术。

2. 手术切除是直肠癌的主要治疗方法。术式包括：①局部切除术。②根治性切除术，术式包括腹会阴切除术（Miles 手术）、低位前切除术（Dixon 手术）、经腹直肠癌切除、近端造口、远端封闭手术（Hartmann 手术）。③姑息手术，排便困难或肠梗阻可行乙状结肠双腔造口；肿瘤出血无法控制可行肿瘤姑息性切除。

结肠癌外科治疗（动画）

临床病例（续）

术后情况：患者术后恢复好，无发热，腹腔引流液为淡血性液体，100~200ml，逐渐减少，术后第 4 日拔除腹腔引流管。术后第 3 日排气，第 7 日排便。术后第 7 日病理结果回报：手术切除回肠、回盲部、升结肠、部分横结肠标本：肿块型中分化腺癌，肿瘤大小 6.0cm×4.5cm×1.5cm，浸润肠壁全层达外膜，手术两断端净。淋巴结未见转移。

【问题6】从病理结果中能得到什么重要信息？

病理结果是患者最重要的临床材料之一，包括病变的大体类型、分化程度、组织类型、病变范围、浸润深度，以及淋巴结清扫范围、数量和阳性淋巴结的数目。免疫组化结果可以帮助确定组织类型、选择后续治疗方案和判断疾病预后。

根据该患者病理结果的描述，TNM 分期为 $T_3N_0M_0$。

【问题7】患者的其他治疗计划是什么？

思路1：目前大肠癌强调综合治疗。

术前放疗可以提高手术切除率，降低术后局部复发率。术后放疗仅适用于晚期患者或手术未达到根治或术后局部复发的患者。

化疗给药途径有动脉灌注、门静脉给药、静脉给药、术后腹腔置管灌注给药及温热灌注化疗等，以静脉化疗为主。

其他辅助治疗还包括基因治疗、免疫治疗、靶向治疗等。

思路2：患者转回社区时专科医生需要提供的资料。

1. 大肠癌的明确诊断（含病理）、分期（含转移部位）、已经实施的治疗方法，专科随诊方案及术后需要继续治疗方案简介（含放化疗剂量、间隔）。

2. 术后治疗过程中可能出现的问题及社区处理建议，包括：围手术期的吻合口瘘和消化道梗阻、造瘘口感染，以及放化疗期间粒细胞、血小板减低等变化的监控和处理。

3. 需要转回专科治疗的情况，包括吻合口瘘、血常规检测粒细胞数值异常等。

【问题8】患者的社区长期管理包括哪些内容？

思路1：基于健康档案的长期管理。

为大肠癌患者建立健康档案，详细了解患者发病情况、既往病史、辅助检查、住院期间治疗情况、目前的药物和非药物治疗等。根据病情制订健康教育和健康指导内容，并记录在案。预约随访或家庭访视日期。

思路2：患者的社区随诊内容和时限。

通常术后 2 年内，每 3 个月门诊复查一次，复查的内容包括：①肿瘤复发和转移可能出现的症状；②血常规、生化检查、肿瘤标志物，胸部 X 线片、腹部超声检查；③怀疑复发和转移时行腹部增强 CT 及内镜检查。术后 2~5 年，可每半年复查一次，5 年之后可每年复查一次，终生随诊。遇有其他需要随诊的临床情况应缩短随诊间隔。

思路3：患者在社区的心理干预。

早期心理干预的重点是让患者接受患病的事实，在此基础上树立康复的信心，提升配合治疗的积极性。晚期患者应给予临终关怀与死亡教育。

思路4：患者的健康教育。

养成按时排便习惯，保持排便通畅。避免高脂肪饮食，多进富有纤维素的食物。学会观察大便性状。

思路5：肠造口患者的护理。

使患者或家属掌握肠造口护理技巧,正确使用造瘘口器材。注意肠造口的排气、排便情况。长期服用抗生素、免疫抑制剂和激素的患者,应特别注意肠造口真菌感染。

【问题9】按照全科医学以家庭为单位提供健康照顾的原则,全科医生应提供哪些健康服务?

思路1:一级亲属初步筛查服务。

确诊大肠癌后,其一级亲属即可列为肠癌的高危人群。全科医生应为40岁以上一级亲属提供初步筛查服务,包括:①饮食习惯、排便状况(黏液血便、慢性腹泻、慢性便秘)、近期体重改变情况;②肠道腺瘤或息肉史;③大便隐血试验;④初步考虑直肠疾病者,应行直肠指诊等。

大肠癌病例1
(拓展阅读)

思路2:患者家属的心身照顾。

肿瘤患者家属同样承受巨大的心理压力,生活节律也会被改变。这些变化可能成为患者家属潜在疾病(特别是心脑血管疾病)发作的诱因,全科医生应该给予相应的处理,例如与家庭成员一起讨论所面临的情况以及如何应对。发现患者家属有心理问题时,全科医生应帮助患者家属寻求心理医师的帮助。

思路3:动员家庭资源为患者提供帮助。

大肠癌病例2
(拓展阅读)

家庭是患者术后康复和长期的生存环境,家庭成员对患者的支持能力对预后有重大影响。全科医生应该通过定期的家庭会议或与患者的主要陪伴者会谈,动员家属为患者提供合理的营养,提高患者遵医性,以及连续观察患者的体重变化、体能状况、大便性状以及与复发和转移相关的症状。

(马 岩)

第三十五章 乳 腺 癌

乳腺癌(breast cancer)是女性常见的恶性肿瘤之一,发病率位居女性恶性肿瘤首位,严重危害女性的心身健康。目前,通过采用综合治疗手段,乳腺癌已成为疗效最佳的实体肿瘤之一。消除疾病危险因素,建立健康的行为和生活方式可以降低乳腺癌的发病率。通过简单、有效、经济的检查措施,对无症状女性开展早期筛查,以及对乳腺癌患者规范的诊治,不仅可以提高乳腺癌患者的生存率,更能显著提高患者生活质量。

临床病例

患者,女性,52岁,主因"自检发现左乳肿块2个月"来医院门诊就诊。患者2个月前无意间自检触及左乳内侧一肿块,约鹌鹑蛋大小,伴触痛、阵发性刺痛,无胸部外伤史,无红肿疼痛,无乳腺溢液溢血,无咳嗽咳痰,无胸闷胸痛,无骨骼疼痛不适,未予重视,未治疗。肿块有所增大,疼痛有所加重。以"左乳肿块:乳腺癌可能"入院。自病以来,神清,精神可,胃纳可,睡眠一般,二便正常,体重无明显减轻。患者12岁初次月经,经量适中,无痛经。专科检查:神清,精神可,双乳外形对称,左乳10点方向距乳晕2cm可及一2.31cm×0.91cm肿块,质硬,边界欠清,活动度可,右乳未及明显肿块。双侧腋下及锁骨下淋巴结未及肿大。患者母亲因乳腺癌去世。

【问题1】通过上述问诊,该患者可疑的诊断是什么?

根据患者的主诉、症状、家族史,应高度怀疑乳腺癌可能。

思路1:中年女性,患者为乳腺癌的好发人群,应引起重视。

知识点

乳腺癌的预防

乳腺癌是女性常见的恶性肿瘤,尤其是35~65岁的女性更应重视乳腺癌预防和筛查。

乳腺癌高危人群的定义:有明显的乳腺癌遗传倾向者;既往有乳腺导管或小叶中重度不典型增生或小叶原位癌患者;既往行胸部放疗的淋巴瘤患者。

乳腺癌的预防:

1. 饮食习惯 美国癌症协会估计,有1/3的癌症患者死亡都与不健康的饮食习惯以及缺乏锻炼有关。调整健康的饮食习惯和适当的运动对乳腺癌的预防起重要作用。

2. 定期健康体检 乳腺癌检查从20岁开始重视,乳腺X线检查对女性来说十分重要。尽管乳腺癌患者数量逐年上升,但因此死亡的患者却在减少,原因是及时有效的早期检查和治疗。

3. 乳房自查

(1)视诊:乳腺癌自检的最佳时间在月经结束1周后,因为月经前或经期由于乳腺生理性充血,腺泡增生和腺管扩张等组织变化,使乳腺组织肥厚,影响检查效果。如果月经周期不规则,最好在每月的同一时间进行自检。

(2)触诊:直立镜前脱去上衣,在明亮的光线下,面对镜子对两侧乳房进行视诊,比较双侧乳房是否对称,注意外形有无大小和异常变化。其异常体征主要包括乳头溢液、乳头回缩、皮肤皱缩、酒窝征、皮肤脱屑及乳房轮廓外形有异常变化。

举起左侧上肢用右手三指(示指、中指、无名指)指腹缓慢稳定、仔细地触摸乳房。在左乳房作由外向内逐渐移动检查,从乳房外围起至少三圈,直至乳头。也可采用上下或放射状方向检查,但应注意不要遗漏任何部位。同时一并检查腋下淋巴结及锁骨区域淋巴结有无肿大。

最后,用拇指和示指间轻挤压乳头观察有无乳头排液。如发现有混浊的、微黄色或血性溢液,应立即就医。同样的方法检查对侧乳房。

(3)平卧检查:平卧检查时,待检侧上肢举过头放于枕上或用折叠的毛巾垫于待检侧肩下。该体位的目的是使乳房平坦,易于检查,其方法与触诊相同。

乳腺癌的自查见图35-1。

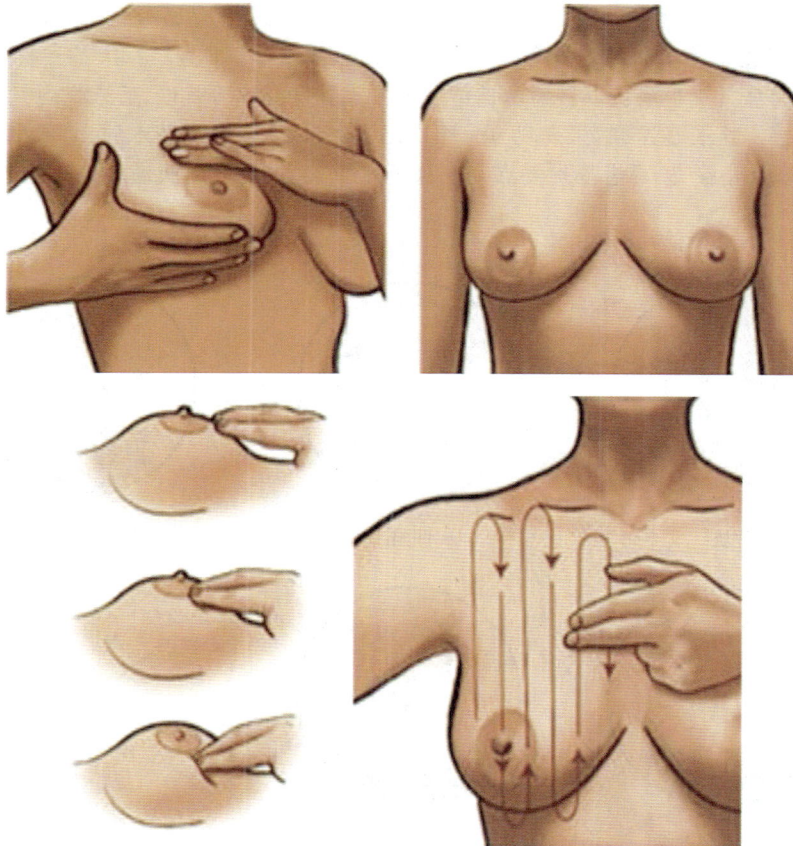

图 35-1　乳腺癌的自查

思路 2 :乳腺肿块是乳腺癌最常见的症状,常为无痛性,有时也可表现为有轻微疼痛感。要和纤维腺瘤、乳腺囊性增生等疾病相鉴别。问诊还应特别注意询问有无食欲减退、体重下降等消耗症状,对恶性疾病的诊断具有提示作用。

知识点

乳腺癌的临床表现

以下为乳腺癌的典型体征,多在癌症中期和晚期出现(图35-2)。

1. 乳腺肿块　80% 的乳腺癌患者以乳腺肿块首诊。患者常无意中发现肿块,多为单发,质硬,边缘不规则,表面欠光滑。大多数乳腺癌为无痛性肿块,仅少数伴有不同程度的隐痛或刺痛。

2. 乳头溢液　非妊娠期从乳头流出血液、浆液、乳汁、脓液,或停止哺乳半年以上仍有乳汁流出者,称为乳头溢液。引起乳头溢液的原因很多,常见的疾病有导管内乳头状瘤、乳腺增生、乳腺导管扩张症和乳腺癌。单侧单孔的血性溢液应进一步检查,若伴有乳腺肿块更应重视。

3. 皮肤改变　乳腺癌引起皮肤改变可出现多种体征,最常见的是肿瘤侵犯乳房悬韧带后与皮肤粘连,出现"酒窝征"。若癌细胞阻塞了淋巴管,则会出现"橘皮样改变"。乳腺癌晚期,癌细胞沿淋巴管、腺管或纤维组织浸润到皮内并生长,形成"皮肤卫星结节"。

4. 乳头、乳晕异常　肿瘤位于或接近乳头深部,可引起乳头回缩。肿瘤距乳头较远,乳腺内的大导管受到侵犯而短缩时,也可引起乳头回缩或抬高。乳头湿疹样癌,即乳头 Paget 病,表现为乳头皮肤瘙痒、糜烂、破溃、结痂、脱屑、伴灼痛,至乳头回缩。

5. 腋窝淋巴结肿大　医院收治的乳腺癌患者 1/3 以上有腋窝淋巴结转移。初期可出现同侧腋窝淋巴结肿大,肿大的淋巴结质硬、散在、可推动。随着病情发展,淋巴结逐渐融合,并与皮肤和周围组织粘连、固定。晚期可在锁骨上和对侧腋窝摸到转移的淋巴结。

6. 隐匿性乳腺癌　少数病例以腋窝淋巴结肿大作为首发症状而就诊,而未找到乳腺原发灶。

7. 炎性乳腺癌　生长迅速,临床表现为乳腺广泛发红,伴有局部皮肤水肿,局部皮肤温度可有轻度升高。本病易误诊为乳腺炎,两者鉴别要点是乳腺炎疼痛较重、局部皮肤温度升高明显,常伴有发热等全身症状。

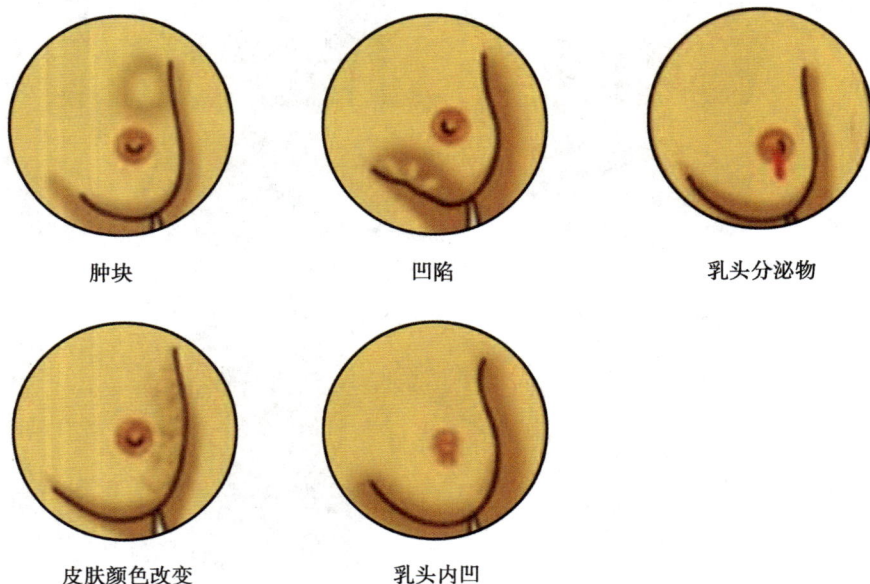

肿块　　　　　　　　　　凹陷　　　　　　　　乳头分泌物

皮肤颜色改变　　　　　　乳头内凹

图 35-2　乳腺癌的临床表现

思路 3 : 问诊时应特别注意家族史、月经史、既往史的收集。乳腺癌的病因尚未明确,可能与月经初潮年龄、生活环境、饮食习惯、雌激素水平、遗传和基因等因素相关。该患者月经初潮时间早,为乳腺癌的高危因素。

知识点

乳腺癌的高危因素

月经初潮年龄和绝经年龄与乳腺癌的发病有关。

初次足月产的年龄越大,乳腺癌发病的危险性越大。

哺乳总时间与乳腺癌危险性呈负相关。

有乳腺癌家族史、高脂饮食、肥胖、外源性雌激素过多摄入可增加发生乳腺癌的危险。

环境因素及生活方式与乳腺癌的发病有一定关系。

思路 4 :乳腺癌诊断的早晚与治疗的效果密切相关。早期诊断是提高治愈率的关键。因此对不同年龄段女性开展相应的乳腺癌筛查尤显重要。

知识点

乳腺癌筛查建议

1. 一般人群女性乳腺癌筛查建议

20~39 岁:不推荐对非高危人群进行乳腺癌筛查。

40~49 岁:①适合机会性筛查;②每年 1 次乳腺 X 线检查;③推荐与临床体检联合;④对致密型乳腺推荐与超声检查联合。

50~69 岁:①适合机会性筛查和人群普查;②每年 1 次乳腺 X 线检查;③推荐与临床体检联合;④对致密型乳腺推荐与超声检查联合。

70 岁或以上:①适合机会性筛查;②每 2 年 1 次乳腺 X 线检查;③推荐与临床体检联合;④对致密型乳腺推荐与超声检查联合。

2. 高危人群女性乳腺癌筛查建议 建议对乳腺癌高危人群提前进行筛查(40 岁前),筛查间期推荐每半年一次,筛查手段除了应用一般人群常用的临床体检、超声、乳房 X 线检查之外,可以应用 MRI 等影像学手段。

【问题 2】 为进一步明确诊断,需要进行何种检查?

思路 1 :应重视外科专科检查。

重点检查有无乳腺肿块,乳头溢液,皮肤、乳头乳晕有无异常改变。乳腺癌最常见的好发部位是外上象限,早期患者常因发现单侧乳腺肿块就诊,应及时对肿块的大小、性质、与周围组织有无粘连等情况作出判断。特别注意腋窝淋巴结情况,如发现腋窝淋巴结肿大,则可能肿瘤发生转移,应引起重视。

乳房查体(视频)

知识点

乳腺癌的转移途径

1. 局部扩展 癌细胞沿导管或筋膜间隙蔓延,继而侵及乳房悬韧带和皮肤。

2. 淋巴转移主要途径 ①癌细胞经胸大肌外侧缘淋巴管侵入同侧腋窝淋巴结,然后侵入锁骨下淋巴结、锁骨上淋巴结,进而可经胸导管或淋巴管侵入静脉血流而向远处转移;②癌细胞向内侧淋巴管,沿着乳内血管的肋间穿支引流到胸骨旁淋巴结,继而达到锁骨上淋巴结,并可通过同样途径侵入血流。

3. 血运转移 以往认为血运转移多发生在晚期,这一概念已被否定。研究发现有些早期乳腺癌已有血运转移,乳腺癌是全身性疾病已得到共识。癌细胞可经淋巴途径进入静脉,也可直接侵入血循环而致远处转移。最常见的远处转移部位依次为肺、骨、肝。

思路 2 :患者目前最需要的检查是什么?

影像学检查,如乳腺 X 线摄影、乳腺超声、乳腺 MRI 检查。当影像学检查结果为可疑时,可采取组织病理学检查确诊。

知识点

诊断乳腺癌的金标准

组织病理学诊断是乳腺癌的确诊和治疗依据,是通过综合分析临床各种信息及病理形态得出的最后诊断。进行组织病理学诊断时,需要临床医生提供完整、确切的临床情况,及时、足量的组织标本。

如何早期发现乳腺癌(视频)

【问题3】患者下一步应当如何处理?

患者可收入院,进行全身详细的体格检查,检查血常规、尿常规,乳腺 X 线、乳腺及腋窝淋巴结超声、MRI 确定病变部位,腹部超声查看有无肿瘤转移。通过这些检查确定进一步的治疗方案。

临床病例(续)

一般情况:神清,精神可,生命体征平稳,双乳外形对称,左乳 10 点方向距乳晕 2cm 可及一 2cm 左右肿块,活动度可,右乳未及明显肿块,双侧腋下和锁骨上淋巴结未及肿大。心肺听诊无异常,腹软无压痛,全身骨骼无压痛。

常规检查:总胆固醇 6.39mmol/L(3.1~5.17mmol/L),高密度脂蛋白胆固醇 2.73mmol/L(0.83~1.97mmol/L);癌抗原 12-5(CA12-5):67.53U/ml(<35U/ml)。尿液分析:尿白细胞(+),尿隐血(++)。乳腺钼靶:两侧乳腺小叶增生,左乳沙粒样钙化,建议进一步检查。

乳腺及腋窝淋巴结超声提示:双乳小叶增生,左乳 10 点处可见一低回声结节,大小 2.31cm×0.91cm, BI-RADS 分级 4c,癌不能排除;双腋下多发淋巴结可及。

MRI 提示:左乳内上象限占位,BI-RADS 分级 4c。

腹部超声检查:未见明显转移灶。

【问题4】入院后的影像学检查包括哪些? 其适用范围是什么?

乳腺癌患者入院后需进行系统检查,了解患者的一般情况,另外行影像学检查,为患者做好术前准备。

知识点

乳腺癌的影像学检查

1. 乳腺 X 线检查　常规体位包括双侧内外侧斜位及头足位。对常规体位显示不佳或未包括全乳腺实质者,可根据病灶位置选择补充体位。为使病灶显示效果更佳,必要时可开展一些特殊摄影技术,如局部加压摄影、放大摄影或局部加压放大摄影等。适应证:①乳腺肿块、硬化,乳头溢液,乳腺皮肤异常,局部疼痛或肿胀;②筛查发现异常改变;③良性病变的短期随诊;④乳房修复重建术后;⑤乳腺肿瘤治疗时;⑥其他需要进行放射检查或放射科医师会诊的情况。

对 35 岁以下、无明确乳腺癌高危因素或临床查体未见异常的女性,不建议进行乳腺 X 线检查。

2. 乳腺超声　用于所有疑诊乳腺病变的人群。可同时进行乳腺和腋窝淋巴结的检查。乳腺超声扫描体位常规取仰卧位,扫描范围自腋窝顶部至双乳下界,包括全乳及腋窝。

适应证:①年轻、妊娠、哺乳期女性乳腺病变首选的影像学检查;②对临床触及的肿块及可疑异常进行确认,进一步评估临床及影像所见;③评估植入假体后的乳腺病变;④引导介入操作。

3. 乳腺 MRI 检查　MRI 不作为乳腺癌诊断的常规检查项目。可用于乳腺癌分期评估,确定同侧乳腺肿瘤范围,判断是否存在多灶或多中心性肿瘤。初诊时可用于筛查对侧乳腺肿瘤,同时,有助于评估新辅助治疗前后肿瘤范围、治疗缓解状况,以及是否可以进行保乳治疗。

【问题5】乳腺癌患者的确诊依据主要是什么?

患者左乳肿块,单发,80% 的乳腺癌患者以乳腺肿块为首诊,根据患者这一临床表现,首先考虑癌。建议手术治疗,术后组织病理学检查可明确诊断。

【问题6】按照乳腺癌的 TNM 分期,该患者应为哪一期?

超声结果肿块大小为 2.31cm×0.91cm,为 $T_2N_1M_0$,临床分期为 ⅡB 期。

知识点

乳腺癌的病理类型

1. 非浸润性癌　包括导管原位癌(DCIS)、小叶原位癌(LCIS)及乳头佩吉特病(Paget 病)。此型属早期,预后较好(图 35-3)。

2. 原位癌早期浸润 包括导管原位癌早期浸润、小叶原位癌早期浸润。此型仍属早期,预后较好。

3. 微浸润性癌(microinvasive carcinoma) 指在原位癌的背景上,在小叶间质内出现一个或几个镜下明确分离的微小浸润灶。当不能确定是浸润时,应诊断为原位癌。

4. 浸润性癌 包括浸润性导管癌(图 35-4)、浸润性小叶癌、小管癌、浸润性筛状癌、髓样癌、分泌黏液的癌、原发性神经内分泌肿瘤、浸润性乳头状癌、浸润性微乳头状癌、大汗腺癌、化生性癌、富脂质癌、分泌性癌、嗜酸性细胞癌、腺样囊性癌、腺泡细胞癌、乳腺富于糖原的透明细胞癌、皮脂腺癌、炎症性癌。

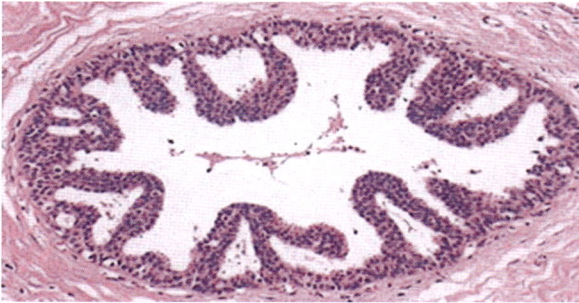

图 35-3　非浸润性导管癌

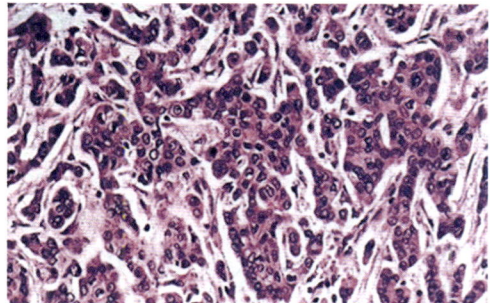

图 35-4　浸润性导管癌

知识点

乳腺癌的 TNM 分期法

现多采用国际抗癌协会建议的 TNM 分期法,具体如下:

1. 原发肿瘤(T) 原发肿瘤的分期定义,不管是临床还是病理都一样。如果肿瘤的大小由查体得到,可用 T_1、T_2 或 T_3 来表示。如果是由其他测量方法,如乳腺 X 线片或病理学测量得到,则可用到 T_1 的亚分类。肿瘤大小应精确到 0.1cm。

T_X　原发肿瘤不能确定

T_0　没有原发肿瘤证据

T_{is}　原位癌

T_{is}　导管原位癌

T_{is}　小叶原位癌

T_{is}　乳头 Paget 病,不伴有肿块

注:伴有肿块的 Paget 病按肿瘤大小分类。

T_1　肿瘤最大直径 ≤2cm

T_{1mic}　微小浸润癌,最大直径 ≤0.1cm

T_{1a}　肿瘤最大直径 >0.1cm,但 ≤0.5cm

T_{1b}　肿瘤最大直径 >0.5cm,但 ≤1cm

T_{1c}　肿瘤最大直径 >1cm,但 ≤2cm

T_2　肿瘤最大直径 >2cm,但 ≤5cm

T_3　肿瘤最大直径 >5cm

T_4　无论肿瘤大小,直接侵及胸壁或皮肤

T_{4a}　肿瘤侵犯胸壁,不包括胸肌

T_{4b}　乳腺皮肤水肿(包括橘皮样变),或溃疡,或不超过同侧乳腺的皮肤卫星结节

T_{4c}　同时包括 T_{4a} 和 T_{4b}

T_{4d}　炎性乳腺癌

2. 区域淋巴结（N）

临床分期：

N_X　区域淋巴结不能确定（例如曾经切除）

N_0　区域淋巴结无转移

N_1　同侧腋窝淋巴结转移，可活动

N_2　同侧腋窝淋巴结转移，固定或相互融合或缺乏同侧腋窝淋巴结转移的临床证据，但临床上发现*有同侧内乳淋巴结转移

N_{2a}　同侧腋窝淋巴结转移，固定或相互融合

N_{2b}　仅临床上发现*同侧腋窝淋巴结转移，而无同侧腋窝淋巴结转移的临床证据

N_3　同侧锁骨下淋巴结转移伴或不伴有腋窝淋巴结转移；或临床上发现*同侧内乳淋巴结转移和腋窝淋巴结转移的临床证据；或同侧锁骨上淋巴结转移伴或不伴腋窝或内乳淋巴结转移

N_{3a}　同侧锁骨下淋巴结转移

N_{3b}　同侧内乳淋巴结及腋窝淋巴结转移

N_{3c}　同侧锁骨上淋巴结转移

3. 远处转移（M）

M_x　远处转移无法评估

M_0　无远处转移

M_1　有远处转移

4. 临床分期标准

0 期：$T_{is}N_0M_0$

Ⅰ 期：$T_1N_0M_0$

Ⅱ A 期：$T_0N_1M_0$，$T_1N_1M_0$，$T_2N_0M_0$

Ⅱ B 期：$T_2N_1M_0$，$T_3N_0M_0$

Ⅲ A 期：$T_0N_2M_0$，$T_1N_2M_0$，$T_2N_2M_0$，T_3N_1、N_2M_0

Ⅲ B 期：$T_4N_0M_0$，$T_4N_1M_0$，$T_4N_2M_0$

Ⅲ C 期：任何 T，N_3M_0

Ⅳ 期：任何 T，任何 N，M_1

* "临床上发现"指影像学检查（淋巴结闪烁扫描除外）、临床查体或肉眼可见的病理异常。

【问题 7】乳腺癌应与哪些疾病进行鉴别?

知识点

乳腺癌的鉴别诊断

乳腺癌需与乳腺增生、纤维腺瘤、囊肿、导管内乳头状瘤、乳腺导管扩张症（浆细胞性乳腺炎）、乳腺结核等良性疾病，与乳房恶性淋巴瘤，以及转移性乳腺恶性肿瘤进行鉴别诊断。鉴别诊断时需要详细询问病史和仔细查体，并结合影像学检查（乳腺超声、乳腺 X 线检查及乳腺 MRI 等），最后还需要结合细胞学和 / 或病理组织学检查明确诊断。

临床查体可触及肿块的乳腺癌约占 80%，可以进行外科手术活检行病理组织学诊断，在有条件的医院可借助穿刺尽快明确诊断。临床触诊阴性的乳腺癌增加了鉴别诊断的难度，需借助影像学检查定位病灶进行穿刺，或在乳腺 X 线引导下放置金属定位线，再经外科切除活检明确诊断。

少数乳腺癌患者伴有乳头溢液，需与乳腺增生、导管扩张、乳汁潴留、导管内乳头状瘤及乳头状瘤病等鉴别。有条件的医院可借助乳头溢液细胞学涂片查找癌细胞，通过乳管内镜检查，了解乳管内有无占位性病变，需要时再经活检明确诊断。

【问题8】该患者应选择何种治疗方法?

乳腺癌应采用综合治疗的原则,根据肿瘤的生物学行为和患者的身体情况,联合运用多种治疗手段,兼顾局部治疗和全身治疗,以期提高疗效和改善患者的生活质量。该乳腺癌患者癌细胞未广泛转移,可采用手术治疗为主的综合治疗。

知识点

乳腺癌的治疗方式

乳腺癌的治疗包括手术、放疗、化疗、内分泌治疗、分子靶向治疗等多种治疗手段,当病变局限于局部或区域淋巴结时以局部治疗为主,辅以术前术后的全身治疗。当病变较广泛或已有远处转移时则以全身治疗为主局部治疗为辅。

1. 手术治疗 乳腺癌手术范围包括乳腺和腋窝淋巴结两部分。乳腺手术有肿瘤扩大切除和全乳切除。腋窝淋巴结可行前哨淋巴结活检和腋窝淋巴结清扫,除原位癌外均需了解腋窝淋巴结状况。选择手术式应综合考虑肿瘤的临床分期和患者的身体状况。

2. 放疗 原则上所有保乳术患者均需要放疗,浸润性乳腺癌患者保乳术后通过全乳放疗可以降低局部复发率。70岁以上、TNM分期为Ⅰ期、激素受体阳性,全乳放疗后乳房水肿、疼痛等不良反应消退缓慢的患者可以考虑选择单纯内分泌治疗。

3. 化疗 晚期乳腺癌的主要治疗目的不是治愈患者,而是提高患者生活质量、延长患者生存时间。若接受化疗的患者受益可能大于风险,可进行术后辅助化疗。新辅助化疗是指为降低肿瘤临床分期,提高切除率和保乳率,在手术或手术加局部放疗前,先进行全身化疗。

4. 内分泌治疗 对年龄大于35岁,无病生存期大于2年,仅有骨和软组织转移,或存在无症状的内脏转移,ER/PR阳性的晚期乳腺癌患者,可首选内分泌治疗。对ER/PR阳性的早期乳腺癌可采取辅助内分泌治疗。

5. 靶向治疗 目前,针对HER-2阳性的乳腺癌患者可进行靶向治疗,主要药物是曲妥珠单克隆抗体。

临床病例(续)

患者在全身麻醉下行左乳癌保乳根治术＋左腋窝淋巴结清扫术。患者平卧位,外展左上肢,全身麻醉,常规留置导管,取左乳肿块表面包括穿刺点的梭形切口,切除肿块并且清扫淋巴结,从腋前线创口最低处戳孔放置引流管1根,引流腋下创面,外接200ml J-P引流球。清点器械敷料无误后,缝合伤口。术后标本常规送检病理,患者安返麻醉后监测治疗室复苏。

术中冰冻切片病理结果:(左)乳浸润性癌,四侧及基底切缘阴性。(前哨)淋巴结见癌转移(2+/3)

【问题9】手术方式的选择。

根据肿瘤分期不同选择不同的手术方式。

知识点

手 术 类 型

1. 乳腺手术

乳腺癌改良根治术:是目前最常用的手术术式,适用于Ⅰ、Ⅱ期及Ⅲ期患者。

乳腺单纯切除术:适用于乳腺原位癌。

乳腺癌保留乳房手术:简称保乳术,是早期乳腺癌治疗发展趋势,但由于条件的限制,不建议市基层医院开展此类手术。对于适合保乳术的患者,如患者有保乳愿望,可到具备相应资质的医院治疗。保乳术适应证:①肿瘤生物学行为低度恶性;②肿块最大直径≤3cm;③肿瘤/乳房比例适当,行肿瘤切除术后乳房外形无明显改变;④钼靶 X 线提示乳房无广泛沙粒样钙化;⑤单发肿瘤,无皮肤和胸壁受累征象;⑥肿瘤距乳晕 ≥2cm;⑦局部晚期癌治疗后降至 I、II 期者;⑧患者有保乳要求。保乳术的绝对禁忌证:①不同象限二个或以上肿瘤;②弥漫性微小钙化(多发散在恶性钙化);③肿瘤切缘连续多次阳性;④妊娠期乳腺癌;⑤既往接受过患侧乳腺或胸壁放疗。

2. 腋窝淋巴结的外科手术　处理腋窝淋巴结是浸润性乳腺癌标准手术中的一部分。其主要目的是了解腋窝淋巴结的状况,以确定分期,选择最佳治疗方案。

1)乳腺癌前哨淋巴结活检:对于临床检查腋窝淋巴结无明确转移的患者,可以做前哨淋巴结活检替代腋窝淋巴结清扫。若前哨淋巴结活检阳性,可进行腋窝淋巴结清扫;若前哨淋巴结阴性,则腋窝不需再手术。

2)腋窝淋巴结清扫:应切除背阔肌前缘至胸小肌外侧缘、胸小肌外侧缘至胸小肌内侧缘的所有淋巴结。清扫腋窝淋巴结要求在 10 个以上,以保证能真实地反映腋窝淋巴结的状况。

临床病例(续)

患者术后恢复好,无发热,腋下引流管引流通畅,引流液为暗红色液体,第 1 日 40ml,逐渐减少。术后第 6 日予 PICC 置管,术后第 7 日拔除腋下引流管,无任何不适。术后第 7 日行 EC-T 方案第一次化疗,过程顺利。术后第 7 日病理结果:(左)乳区段切除标本,浸润性导管癌(2 级),淋巴结内见癌转移(2+/22),切缘阴性。

【问题 10】乳腺癌根治术后应注意患者哪些情况?

1. 皮肤切口及腹部创面渗血,再次手术可能。
2. 切口脂肪液化、感染、愈合不良可能。
3. 术后伤口疼痛、发热、恶心呕吐等需对症处理。
4. 切口延迟愈合。
5. 下肢静脉血栓栓塞,肺栓塞可能。
6. 长期留置导尿管可导致尿路感染,膀胱、尿路刺激症状,术后排尿障碍,需对症处理。
7. 皮瓣坏死。
8. 皮下积液。
9. 恶性肿瘤,术后复发率高,预后差。
10. 术后复发可能。
11. 发生坠积性肺炎,咳嗽咳痰、胸闷气急、发热,需长期抗感染治疗。

【问题 11】从病理结果中能得到什么重要信息?

病理结果是患者最重要的临床材料之一,包含着对疾病的最终诊断、准确的临床病理分期,提示下一步治疗方向。该患者病理结果示淋巴结内见转移灶,术后应行化疗治疗。

知识点

化疗适应证及方案

1. 晚期乳腺癌化疗

(1)适应证:年龄小于 35 岁;疾病进展迅速,需要迅速缓解症状;ER/PR 阴性;存在有症状的内脏转移。

(2)化疗方案:患者首次化疗选择蒽环类药物为主方案,或蒽环类药物联合紫杉类药物,蒽环类药物治疗失败的患者一般首选含紫杉类药物的治疗方案。而蒽环类和紫杉类均失败时,可选择长春瑞滨、卡培他滨、吉西他滨、铂类等单药或联合化疗。

2. 术后辅助化疗

(1)适应证:腋窝淋巴结阳性;淋巴结转移数目较少(1~3 个)的绝经后患者,如果具有受体阳性、HER-2 阴性、肿瘤较小、肿瘤分级 I 级等其他多项预后较好的因素,或者患者无法耐受或不适合化疗,也可考虑单用内分泌治疗;对淋巴结阴性乳腺癌,术后辅助化疗只适用于具有高危复发风险因素的患者(患者年龄<35岁、肿瘤直径≥2cm、分级Ⅱ~Ⅲ级、脉管瘤栓、HER-2阳性、ER/PR阴性等)。

(2)化疗方案:①首选含蒽环类药物联合化疗方案,常用的有CA(E)F、AC(C环磷酰胺、A阿霉素、E表柔比星、F氟尿嘧啶);②蒽环类与紫杉类药物联合化疗方案,如TAC(T多西他赛、A阿霉素、C环磷酰胺);③蒽环类与紫杉类序贯方案,如AC→T/P(P紫杉醇)或FEC→T;④老年、较低风险、蒽环类禁忌或不能耐受的患者可选用非蒽环类联合化疗方案,常用的有CMF(C环磷酰胺、M甲氨蝶呤、F氟尿嘧啶)或TC(T多西他赛、C环磷酰胺);⑤不同化疗方案的周期数不同,一般为4~8周期。若无特殊情况,不建议减少周期数和剂量。70岁以上患者需个体化考虑辅助化疗。

3. 新辅助化疗

(1)适应证:临床分期为ⅢA(不含T_3,N_1,M_0)、ⅢB、ⅢC;临床分期为ⅡA、ⅡB、ⅢA(仅T_3,N_1,M_0)期,除了肿瘤大小以外,符合保乳术的其他适应证。

(2)化疗方案:术后辅助化疗方案均可应用新辅助化疗,推荐含蒽环类和/或紫杉类药物的联合化疗方案。常用的化疗方案包括:①蒽环类方案,CAF、FAC、AC、CEF、FEC;②蒽环类与紫杉类联合方案,A(E)T、TAC;③蒽环类与紫杉类序贯方案,AC→T/P;④其他可能对乳腺癌有效的化疗方案;⑤HER-2阳性患者化疗时可考虑联合曲妥珠单克隆抗体治疗。

【问题12】若患者乳腺癌术后复发,该如何处理?

根据乳腺癌术后复发风险分级(表35-1),再根据不同的危险度进行相应的治疗(表35-2)。

表35-1 乳腺癌术后复发风险的分级

危险度分级	标准
低度危险	腋淋巴结阴性,并同时具备以下特性:
	标本中病灶大小(pT)≤2cm
	分级[1] 1级
	瘤周脉管未见肿瘤侵犯[2]
	HER-2基因没有过度表达或扩增[3]
	年龄≥35岁
中度危险	腋淋巴结阴性且具备下列至少一条:
	标本中病灶大小(pT)≥2cm
	分级2~3级
	有瘤周脉管肿瘤侵犯
	HER-2基因过度表达或扩增
	年龄≤35岁,腋淋巴结1~3个阳性但没有HER-2过度表达和扩增
高度危险	腋淋巴结1~3个阳性者且HER-2过度表达或扩增
	腋淋巴结4个或以上转移者

注:①组织学分级/核分级。②瘤周脉管侵犯存在争议,它只影响腋淋巴结阴性患者的危险度分级;并不影响淋巴结阳性者的分级。③HER-2的测定必须经严格质量把关的免疫组化或FISH检测。

表 35-2　乳腺癌术后全身辅助治疗的选择

危险级别	ER/PR 阳性	ER/PR 状况不明	ER/PR 阴性
低危	内分泌治疗或不用治疗	化疗→内分泌治疗	不适用
中危	单用内分泌治疗或化疗→内分泌治疗	化疗→内分泌治疗	化疗
高危	化疗→内分泌治疗	化疗→内分泌治疗	化疗

【问题 13】如何做好患者的随访工作?

1. 随访性检查的频率应与复发的风险相关。术后 3 年内乳腺癌患者复发和转移的风险较高,所以该患者在最初的 2 年内一般每 3~6 个月进行 1 次临床体检。后 3~5 年内每 6~12 个月 1 次;术后 5 年以上的患者肿瘤复发和转移的风险明显降低,随访的时间间隔可适当延长,一般每年 1 次。

2. 对于有高危因素的患者,如年龄<35 岁者,淋巴结转移数目多(4 枚以上)或清扫不彻底、*HER-2* 阳性的患者,应采用加强随访。该患者 52 岁,有淋巴结转移(2+/22),所以随访项目还应包括胸部 X 线片、腹部超声,可每年检查 1 次。如怀疑该患者局部复发,应进行细胞学或病理学检查。

3. 随访过程中还应对患者及其家属进行健康教育及康复指导,提高患者的生存质量。

(1)指导患者继续进行患侧上肢功能锻炼:如上肢旋转运动、扩胸运动等。避免负重,术后 3 个月内避免做劳累活动,避免提、推、拉过重的物品,避免从事重体力劳动或较剧烈的体育活动。术后患者衣着不可过紧,以免影响血液循环。

(2)定期复查,坚持服药:治疗完成后按照随访标准定期复查;抗癌药要坚持服用。如需服他莫昔芬片(三苯氧胺),要遵医嘱持续服用 3~5 年,告知患者他莫昔芬可抑制肿瘤细胞生长,不可擅自停药。观察药物治疗的副作用,若患者出现食欲不振、外阴瘙痒、不规则子宫出血等严重不良反应,要及时就诊。

(3)遵医嘱按时做放疗、化疗:放疗期间需要保持照射野皮肤的清洁、干燥,防止溃烂和感染,如发现放射性皮炎,及时就诊。化疗期间需要定期复查血常规、肝功能,一旦出现骨髓抑制,需暂停放疗、化疗。

(4)指导患者改善自我形象:①鼓励患者佩戴义乳,佩戴义乳可减少因不对称姿势而导致的颈痛及肩臂疼痛,有助于纠正斜肩、保持平衡、预防颈椎倾斜、恢复良好体态,同时具有保护胸部的作用,并能增强自信心;②选择义乳以及如何佩戴需请专业人员指导,不宜过大或太重,一般在康复 1 年后佩戴;③对乳腺癌根治术者,术后 3 个月可行乳房再造术,但有肿瘤转移或乳腺炎者,严禁假体植入。

(5)性生活的恢复是正常生活恢复的一项重要内容:患者家属或性伴侣的主要顾虑有两点,一是怕传染,二是怕对患者造成伤害,影响其治疗和预后。在对患者进行教育时可请家属一同参加,告知患者乳腺癌不传染,正常、适度的性生活不仅对患者没有伤害,还能巩固夫妻双方关系;伤口愈合后即可恢复性生活;术后 5 年应避免妊娠,不要服用避孕药。

(6)定期行乳腺自我检查(包括健侧和患侧):每年 X 线片检查一次,以便早期发现复发征象。乳腺癌患者的姐妹和女儿属发生乳腺癌的高危人群,应加强自查,定期健康体检。

(7)加强营养,坚持运动,保持乐观情绪:应保持低脂、高蛋白、富含维生素的均衡饮食,保持理想体重。选择一项适合自己并能终生坚持的有氧运动。研究表明,均衡饮食、有氧运动及乐观情绪可增强人体免疫功能,有效减轻精神压力,改善睡眠,缓解由癌症及治疗引起的疲劳症状,从而增强人体的抗病能力。

知识点

随　访　原　则

1. 临床体检　最初 2 年每 4~6 个月一次,其后 3 年每 6 个月一次,5 年后每年一次。

2. 乳腺超声　每 6 个月一次。

3. 乳腺钼靶照相　每年一次。

4. 胸部 X 线片　每年一次。

5. 腹部超声　每 6 个月一次,3 年后改为每年一次。

6. 存在腋窝淋巴结转移 4 个以上等高危因素的患者,行基线骨扫描检查,全身骨扫描每年一次,5

年后可改为每2年一次。

  7. 血常规、血液生化、乳腺癌标志物的检测每6个月一次,3年后每年一次。

  8. 应用他莫昔芬的患者每年进行一次盆腔检查。

  9. 乳腺癌的发病与情绪有关,对于情绪不佳的患者应注意随访并提醒患者调整情绪。

  10. 临床随访花费少,对经济条件差、无条件进行加强随访的高危患者进行临床随访会很有益处。

(陈丽英)

第三十六章 宫 颈 癌

宫颈癌(cervical cancer)是常见的妇科恶性肿瘤之一,在女性生殖道恶性肿瘤中居第一位。发病的高峰年龄为40~60岁。近年来,大量循证医学证据表明,宫颈癌发病年龄有年轻化趋势。宫颈癌分布有地区差异,农村高于城市,山区高于平原,发展中国家明显高于发达国家。随着宫颈癌二级预防及液基细胞学和高危型HPV联合筛查工作的开展,早期宫颈癌和癌前病变可以及时被发现并进一步诊治,发病率和死亡率明显下降。

临床病例

患者,女性,55岁,主因"阴道不规则出血半年余"来医院门诊就诊。患者既往月经不规则,月经周期30~40日,经期3日,量中,色红,痛经明显。患者绝经3年,半年前无明显诱因出现阴道少量不规则流血伴腥臭阴道排液,持续1日,比月经量少。无腹痛腹胀,无发热畏寒,无恶心呕吐、无尿频尿急尿痛等不适。自病以来,神清,精神可,胃纳可。睡眠一般,二便正常,体重无明显减轻。为求进一步治疗来院,门诊以"阴道出血待查"收入。既往史:15年前行双侧输卵管结扎,无高血压、糖尿病等,否认药物过敏史。19岁结婚,育有1子1女。其父健在,母亲于17年前因宫颈癌去世。

【问题1】通过上述问诊,该患者可疑的诊断是什么?根据患者的主诉、症状、既往史、婚育史、家族史,应高度怀疑宫颈癌可能。

思路1:老年女性,绝经3年,患者为宫颈癌的好发人群,应引起重视。

知识点

宫颈癌的预防

1. 妇科普查不容忽视 宫颈癌虽然危险,但是也有它自己的"软肋",最易早期发现。从早期的炎症发展到恶性的癌变需要6~8年的时间,通过合理有效的检查手段,检查出病变,及时治疗。

2. 远离宫颈癌的危险因素,开展健康教育 目前此病在发展中国家发病率高于发达国家,原因就在于发展中国家女性的保健意识较差,往往发病后就诊,肿瘤已经到晚期。因此,增强保健意识尤为重要。

3. 妊娠对宫颈癌患者来说是危险的 宫颈癌早期不会影响妊娠,随着孕期增加,子宫大量充血,孕妇输送来的营养不仅养了胎儿,同时会使癌变部位迅速增长。另外,孕妇身体因妊娠分泌的一些激素对癌症有促进作用,且妊娠时身体免疫力下降。此类宫颈癌患者预后不佳。所以女性在妊娠前,一定要做好宫颈癌筛查。

4. 提倡计划生育和晚婚晚育 过早性生活会提高宫颈糜烂的概率,间接导致宫颈癌的发生。妊娠次数的增加对宫颈癌的发生有一定影响。

5. 普及卫生知识,加强女性卫生保健 重视宫颈慢性病的防治,积极治疗宫颈病变,如宫颈糜烂、宫颈湿疣、宫颈不典型增生等疾病。

6. 预防性HPV疫苗接种 目前全世界有三种预防性HPV疫苗,包括二价HPV疫苗、四价HPV疫苗、九价HPV疫苗(表36-1),均获得国家药品监督管理局(CFDA)批准,在我国内地成功上市。三种疫苗均采用肌内注射的方式。

表 36-1 预防性 HPV 疫苗

疫苗类型	二价 HPV 疫苗	四价 HPV 疫苗	九价 HPV 疫苗
预防的 HPV 亚型	16、18	6、11、16、18	6、11、16、18、31、33、45、52、58
CFDA 推荐接种年龄	9～25 岁	20～45 岁	16～26 岁
接种程序	3 剂(0,1,6)	3 剂(0,2,6)	3 剂(0,2,6)
主要功能	预防 70% 的宫颈癌	预防 70% 的宫颈癌和 90% 的生殖器疣	预防 92.1% 的宫颈癌和 90% 的生殖器疣

思路 2：阴道流血为宫颈癌的常见症状,老年患者常表现为绝经后不规则流血,该患者情况与之相符。

知识点

临 床 表 现

1. 症状

(1)阴道流血:早期多为接触性出血,晚期为不规则出血。年轻患者也可表现为经期延长,经量增多;老年患者常为绝经后不规则阴道流血。

(2)阴道排液:多数患者阴道有白色或血性、稀薄如水、腥臭样的排液,晚期患者因癌组织坏死伴感染,可有大量米汤样或脓性恶臭白带。

(3)晚期症状:根据癌灶累及范围出现不同的继发性症状,如尿频、尿急、便秘、下肢疼痛等;癌肿压迫或累及输尿管时,可引起输尿管梗阻、肾盂积水及尿毒症;晚期可有贫血、恶病质等全身衰竭症状。

2. 体征

(1)视诊:应在充足照明条件下进行,直接观察外阴和通过阴道窥器观察阴道及宫颈。除一般观察外应注意癌浸润范围,宫颈肿瘤的位置、范围、形状、体积及与周围组织的关系。

(2)触诊:肿瘤的质地、浸润范围及其与周围组织的关系等必须通过触诊确定。有些黏膜下及颈管内浸润,触诊比视诊更准确。三合诊检查可了解阴道旁、宫颈旁及子宫旁有无浸润,肿瘤与盆壁关系,子宫骶骨韧带、子宫直肠窝、直肠本身及周围情况等。

思路 3：问诊时应特别注意婚育史、既往史的收集。宫颈癌的病因尚未明确,可能与性行为和分娩次数、病毒感染、吸烟、生活环境、饮食习惯等因素有关。该患者性生活较早,分娩次数多,均为宫颈癌的易感因素。

知识点

宫颈癌的高危因素

人乳头瘤病毒(HPV)感染是宫颈癌及癌前病变的首要因素。高危因素有过早性生活、多个性伴侣、多产、丈夫婚外性行为、阴茎癌等;其他因素,如社会经济条件较差、营养不良、吸烟,也与宫颈癌的发生相关。

HPV 感染与宫颈癌的自然史(图片)

思路 4：宫颈癌诊断的早晚与治疗效果密切相关。早期诊断是提高治愈率的关键。因此对不同年龄段女性开展相应的宫颈癌筛查尤显重要。

知识点

宫颈癌筛查建议

1. 所有女性都应从21岁开始接受宫颈癌筛查。

2. 21~29岁的女性应每3年进行1次子宫颈涂片检查。

3. 30岁以上的女性除了应每3年进行1次子宫颈涂片检查外,还应每3~5年进行1次HPV检查。

4. 65岁以上女性若在3次子宫颈涂片检查中均未发现异常状况,则不需要进行HPV检查。

5. 子宫颈涂片检查结果正常,但HPV检查结果为阳性的女性,应接受相关的复查及基因分型测试,以确定其是否携带HPV-16和HPV-18。在宫颈癌患者中,70%的人是因感染这两类HPV而发病。

6. 若子宫颈涂片检查的结果轻度异常,但HPV筛查结果阴性,应每3年进行1次HPV检查或子宫颈涂片检查。

7. 已经接受HPV疫苗的女性,也应从21岁开始进行宫颈癌筛查。

【问题2】为进一步明确诊断,需要进行何种检查?

思路1:应重视妇科专科检查。

重点检查有无宫颈改变,是否触摸到肿块,若有,应及时对肿块的大小、性质、与周围组织有无粘连等情况作出判断,查看阴道两侧有无异常、子宫骶骨韧带、子宫直肠窝有无变化等。如发现周围组织有异常变化,则可能肿瘤发生转移,应引起重视(图36-1、图36-2)。

正常子宫颈(图片)

宫颈癌的临床表现(视频)

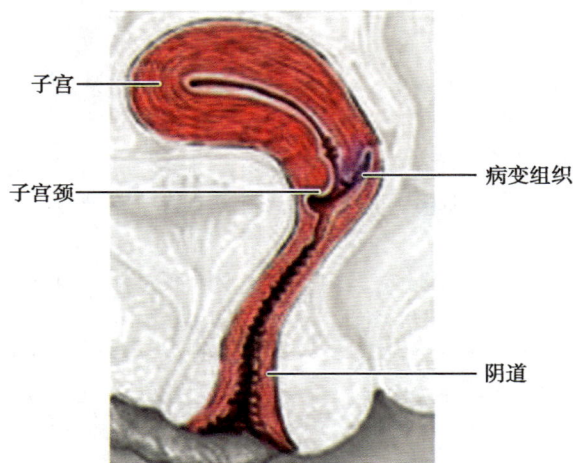

图 36-1 宫颈癌的病变部位

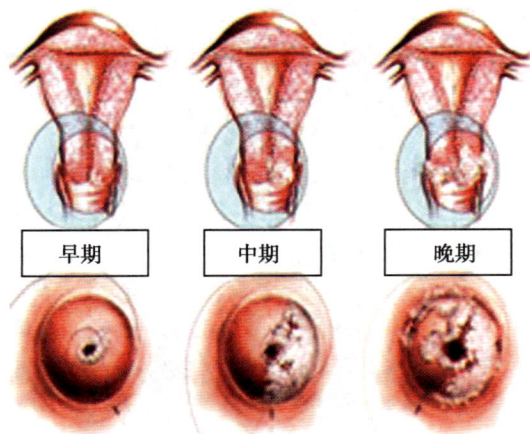

图 36-2 宫颈癌的演化

知识点

宫颈癌的转移途径

1. **直接蔓延** 最常见,癌组织局部浸润,向邻近器官及组织扩散。常向下累及阴道壁,极少向上由宫颈管累及宫腔;癌灶向两侧扩散可累及主韧带及宫颈旁、阴道旁组织直至骨盆壁;癌灶压迫及侵犯输尿管时,可引起输尿管阻塞及肾积水。晚期可向前后蔓延侵及膀胱或直肠,形成膀胱阴道瘘或直肠阴道瘘。

2. **淋巴转移** 癌灶局部浸润后侵入淋巴管形成瘤栓,随淋巴液引流进入局部淋巴结,经淋巴管内扩散。

3. **血行转移** 极少见,晚期可转移至肺、肝或骨骼等。

宫颈癌的转移途径(视频)

思路 2: 患者目前最需要检查什么?

患者目前最需要进行宫颈/阴道细胞学检查。

知识点

宫颈癌筛查方式

1. **宫颈/阴道细胞学检查** 是发现宫颈上皮内瘤变(CIN)和早期宫颈癌的主要手段,特别是对临床体征不明显的早期病变。

宫颈脱落细胞涂片检查在过去70余年中一直是宫颈癌筛查的主要方法。近年来,宫颈薄层液基细胞学检查(TCT)被引入到宫颈癌筛查中,它能显著提高标本的满意度和宫颈异常细胞的检出率,逐渐取代宫颈脱落细胞涂片检查成为宫颈细胞学检查的主要方法。

目前宫颈癌细胞学筛查的诊断报告均采用国际妇科病理学会 2001 分级,不再沿用巴氏分级。诊断报告首先将宫颈细胞学标本分为满意和不满意两类,对于不满意标本注明原因并建议复查;然后报告是否存在滴虫、霉菌、支原体、放线菌和 HPV 等病原体感染;最后将诊断结果报告为以下几类:阴性(即无上皮内瘤变和癌细胞,包括正常范围和良性反应性改变)、无明确诊断意义的不典型鳞状细胞(ASC-US)、不能排除高级别鳞状上皮内病变的不典型鳞状细胞(ASC-H)、低级别鳞状上皮内病变(LSIL)、高级别鳞状上皮内病变(HSIL)、鳞状细胞癌、不典型腺细胞(AGC)、腺癌。

2. **HPV 检查** HPV 检测有 100 多种亚型,仅高危型 HPV 才引起宫颈病变和宫颈癌,因此 HPV 检测应针对高危型。

一般认为,HPV 检测有以下用途:

(1)分流:对于 21 岁及以上的女性,当宫颈细胞学诊断为 ASC-US 时,如果 HPV 阳性,推荐阴道镜检查,阴性则 3~6 个月复查宫颈细胞学。对于 65 岁以上的老年女性的 LSIL,也可通过检测 HPV 做类似分流。

(2)随诊:对于细胞学诊断为 ASC-US、ASC-H、LSIL 或 AGC 而阴道镜活检为阴性或仅为 CIN Ⅰ 的女性,可用 HPV 检测进行随诊。对于接受过治疗的 CIN Ⅱ、CIN Ⅲ 患者,也可采用检测 HPV 随诊。与宫颈细胞学筛查类似,不建议在 21 岁以下的年轻女性中行 HPV 检测,如果无意间进行了检测,其结果也不作为后续处理依据。

在 100 多种亚型中,依照 HPV 与癌瘤的关系,可以分为低度危险型和高度危险型。其中 6、11、42、43、44 亚型属低危型,一般不诱发病变;16、18、31、33、35、39、45、51、52、56 或 58 亚型属高危。高危型 HPV 亚型产生 E6 和 E7 癌蛋白,与宿主细胞的抑癌基因 $P53$ 和 Rb 相结合,导致细胞周期控制失常发生癌变。最为常见的 HPV 亚型依次为 HPV-16、18、33、45、31、58、52 和 35。90% 的宫颈癌患者可检出以上 8 种 HPV 之一。其中 HPV-16 和 HPV-18 感染占所有宫颈癌患者的 70%。HPV-16 或 HPV-18 阳性患者其 ASC-US 或 LSIL 转变为 CIN Ⅲ 的概率远高于其他 HPV 亚型阳性或未检测出 HPV 者。

思路 3: 初步诊断之后,该患者还需进行什么检查?

患者可以进一步行妇科超声和阴道镜活检明确诊断。

知识点

阴道镜检查

美国妇产科学会(ACOG)以及美国阴道镜和宫颈病理学会(ASCCP)均认为宫颈细胞学检查是宫颈癌的初始筛查手段,仅在有指征的女性中进行阴道镜检查。关于阴道镜检查,ASCCP 认为有几点需要强调:首先,要明确阴道镜检查是否满意(即是否完全暴露移行带)并对异常改变进行描述;其次,在阴道镜指导下对可疑病变进行多点活检;最后,要根据阴道镜检查和年龄决定是否满意、是否行宫颈管搔刮术(ECC)。

ASCCP 指南对以下人群分别进行了讨论：

1. 21 岁及以上的非妊娠女性（普通人群）　对于宫颈细胞学报告为 ASC-H、LSIL、HSIL 的女性，无论 HPV 阳性与否，均推荐行阴道镜检查和活检。对于报告为 ASC-US 的女性，有 3 种可选措施：一是通过 HPV 检测进行分流，阳性者行阴道镜检查，阴性者 3~6 个月后复查细胞学；二是直接行阴道镜检查；三是观察并治疗潜在的炎症后 6 个月复查细胞学。对宫颈细胞学报告为 AGC 的女性，均推荐阴道镜检查，并视情况行 ECC 或诊断性刮宫。如果患者 <35 岁且无子宫内膜高危因素，ECC 即可；如果患者 ≥35 岁，或有子宫内膜癌高危因素、不正常阴道出血、发现不典型子宫内膜腺细胞，则应行诊断性刮宫。

2. 妊娠女性　一般认为妊娠期行宫颈细胞学检查是安全的，但阴道镜检查和宫颈活检需要慎重，ECC 在妊娠期则属于禁忌。对于妊娠期的 ASC-US，可推迟到产后 6 周再行阴道镜检查；对于妊娠期的 LSIL，可行阴道镜检查，也可推迟到产后 6 周进行。对于妊娠期的 HSIL 或更重病变以及 AGC，推荐阴道镜检查。如果阴道镜检查怀疑 CIN Ⅱ、Ⅲ 或宫颈癌，则需行宫颈活检。

3. 绝经后女性和免疫抑制状态的女性　对于绝经后女性的 LSIL，可通过 HPV-DNA 检测进行分流。对于绝经后女性其他类型的细胞学结果，推荐阴道镜检查和 ECC。HIV 感染和肾移植后有免疫抑制状态的女性，阴道镜检查指征同普通人群。

4. 年龄 <21 岁的女性　对于 21 岁以下女性的 ASC-US，每年 1 次宫颈细胞学复查即可。如果在第 12 个月随诊时仍为 ASC-US，可 12 个月后再复查。如果随诊发现 HSIL 或更高级别病变，则需要阴道镜检查。如果在第 24 个月复查时仍为 ASC-US 或更重的病变，也需要阴道镜检查。

联合筛查 HPV 阳性且细胞学阴性的女性不应该直接转诊阴道镜检查，应遵循以下方案之一：①在 12 个月重复联合筛查。如 12 个月后的联合筛查任一项阳性（HPV 阳性，LSIL 或更严重的细胞学异常），则需转诊阴道镜检查；如联合筛查均为阴性（HPV 阴性和 ASC-US 或细胞学阴性），则继续常规筛查。②立即行 HPV 分型检测，如高危型 HPV，包括 HPV-16、18、33、45、31、58、52 和 35 检测阳性，尤其以 HPV-16 或 HPV-18 阳性，应立即转诊阴道镜检查；高危型 HPV 阴性则在 12 个月进行联合筛查。

临床病例（续）

妇科检查：外阴呈老年性改变，阴道畅通，少量白色分泌物，宫颈肥大，呈菜花样改变，面积大小 3.4cm×3.6cm，阴道后穹窿变浅，双侧宫旁间隙无缩窄，组织弹性可，宫骶韧带缩短。阴道超声示：绝经后子宫，双侧卵巢萎缩。阴道镜活检病理示：（宫颈）鳞状细胞癌，（左右侧阴道壁）黏膜组织慢性炎（图 36-3、图 36-4）。

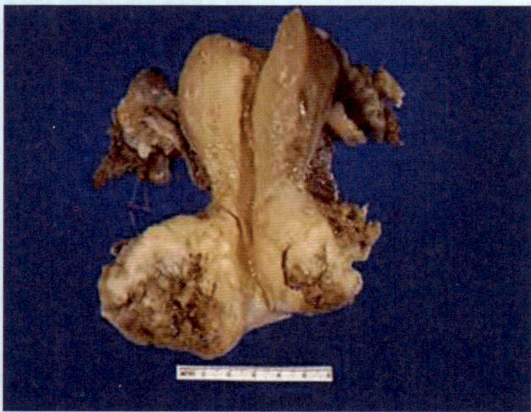
图 36-3　宫颈鳞癌的大体标本

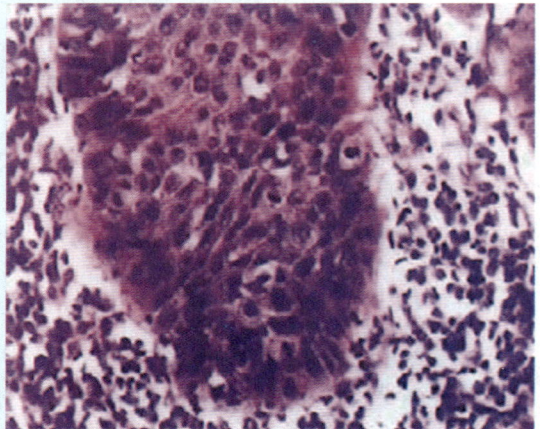
图 36-4　宫颈鳞癌的病理切片

【问题 3】宫颈癌的组织学分型有哪几类？该患者属于哪一类？

根据患者病理检查结果，该患者属于鳞状细胞癌。

组织学分型见表 36-2。

表 36-2　宫颈癌组织学分型

类别		分型
上皮性肿瘤		
鳞状上皮肿瘤及其癌前病变	鳞状细胞癌	非特殊类型 角化型 非角化型 基底细胞样 疣状 湿疣状 乳头状 淋巴上皮瘤样 鳞状上皮移行细胞癌
	早期浸润性（微小浸润性）鳞状细胞癌	
	鳞状上皮内肿瘤	宫颈上皮内瘤变（CIN）Ⅲ级 原位鳞状细胞癌
	良性鳞状上皮病变	尖锐湿疣 鳞状上皮乳头状瘤 纤维上皮性息肉
腺上皮肿瘤及其癌前病变	腺癌	黏液腺癌 宫颈型 肠型 印戒细胞型 微小偏离型 绒毛腺型
	子宫内膜样腺癌	
	透明细胞腺癌	
	浆液性腺癌	
	中肾管型腺癌	
	早期浸润性腺癌	
	原位腺癌	
	腺体不典型增生	
	良性腺上皮病变	米勒管源性乳头状瘤 宫颈管内膜息肉
其他上皮性肿瘤	腺鳞癌	毛玻璃细胞亚型
	腺样囊性癌	
	腺样基底细胞癌	
	神经内分泌肿瘤	类癌 非典型类癌 小细胞癌 大细胞神经内分泌癌
	未分化癌	

续表

类别		分型
间叶性肿瘤和肿瘤样病变	平滑肌肉瘤	
	子宫内膜样间质肉瘤,低度恶性	
	未分化宫颈管肉瘤	
	葡萄状肉瘤	
	腺泡状软组织肉瘤	
	血管肉瘤	
	恶性外周神经鞘肿瘤	
	平滑肌瘤	
	生殖道型横纹肌瘤	
	手术后梭形细胞结节	
上皮和间叶混合性肿瘤	癌肉瘤(恶性米勒管源性混合瘤;化生性癌)	
	腺肉瘤	Wilms 肿瘤
		腺纤维瘤
		腺肌瘤
黑色素细胞肿瘤	恶性黑色素瘤	
	蓝痣	
杂类肿瘤	生殖细胞型肿瘤	卵黄囊瘤
		表皮样囊肿
		成熟性囊性畸胎瘤
淋巴造血组织肿瘤	恶性淋巴瘤(特殊类型)	
	白血病(特殊类型)	
继发性肿瘤		

【问题4】该患者的 FIGO 临床分期属于哪一期?

根据患者临床资料,分期为Ⅰb1 期。

知识点

宫颈癌的 FIGO 临床分期

Ⅰ　肿瘤严格局限于宫颈

　Ⅰa　镜下浸润癌。间质浸润≤5mm,水平扩散≤7mm

　Ⅰa1　间质浸润≤3mm,水平扩散≤7mm

　Ⅰa2　间质浸润>3mm,但≤5mm,水平扩展≤7mm

　Ⅰb　肉眼可见病灶局限于宫颈,或临床前病灶>Ⅰa 期

　Ⅰb1　肉眼可见病灶最大径线≤4cm

　Ⅰb2　肉眼可见病灶最大径线>4cm

Ⅱ　肿瘤超过子宫颈,但未达骨盆壁或未达阴道下 1/3

　Ⅱa　无宫旁浸润

　Ⅱa1　肉眼可见病灶最大径线≤4cm

　Ⅱa2　肉眼可见病灶最大径线>4cm

　Ⅱb　有明显宫旁浸润,但未扩展至盆壁

Ⅲ　肿瘤扩展到骨盆壁和/或累及阴道下 1/3 和/或引起肾盂积水或肾无功能者

　Ⅲa　肿瘤累及阴道下 1/3,没有扩展到骨盆壁

Ⅲb 肿瘤扩展到骨盆壁和 / 或引起肾盂积水或肾无功能

Ⅳ 肿瘤侵犯邻近器官（膀胱及直肠）或肿瘤播散超出真骨盆

Ⅳa 肿瘤侵犯膀胱或直肠黏膜（活检证实）。泡状水肿不能分为Ⅳ期

Ⅳb 肿瘤播散至远处器官

【问题 5】患者下一步应当如何处理？

患者宫颈癌诊断明确，应收入妇科病房，行进一步诊治。

临床病例（续）

常规检查：WBC 7.6×10^9/L，Hb 108g/L，HCT 35.8%，PLT 215×10^9/L，肝肾功能、电解质等无异常发现。

肿瘤标志物检测：SCC 3.2μg/L。

胸部 CT 检查：双肺未见转移灶。

腹部增强 CT：未见明显转移灶。

盆腔 MRI 提示：宫颈癌Ⅰb1，请结合临床；子宫腺肌病考虑。

【问题 6】入院后的常规检查应关注哪些项目？

宫颈癌患者入院后需进行系统检查，了解患者的一般情况，并为患者做好术前准备。

知识点

肿瘤标志物检查的意义

肿瘤标志物异常升高可以协助诊断、疗效评价、病情监测和治疗后的随访监测，尤其在随访监测中具有重要作用。鳞状细胞癌相关抗原测定是宫颈鳞状细胞癌的重要标志物，血清 SCC 水平超过 1.5μg/L 被视为异常。因宫颈癌以鳞状细胞癌最为常见，所以 SCC 是宫颈癌诊治过程中常用的血清学肿瘤标志物。

【问题 7】宫颈癌患者的确诊依据主要是什么，在宫颈癌诊断中影像学检查有什么意义？

绝大多数宫颈癌经妇科检查及细胞病理学检查即可确诊。在宫颈癌诊断中影像学检查的价值主要是对肿瘤转移、侵犯范围和程度的了解（包括评价肿瘤局部侵犯的范围、淋巴结转移及远处器官转移等），以指导临床决策并用于疗效评价。

知识点

宫颈癌的检查手段

1. 宫颈 / 阴道细胞学检查 目前为发现 CIN 和早期宫颈癌的主要手段，特别是对临床体征不明显的早期病变的诊断。

2. 组织学检查 CIN 和宫颈癌的诊断均应有活体组织学检查证实。如病变部位肉眼观察不明显，可用碘试验、涂抹 3% 或 5% 醋酸后或在阴道镜下提示活检部位。对于多次取活检仍不能确诊者，需用切取法进一步采取较深部组织。同时应注意对患者进行宫颈管搔刮术。当宫颈表面活检阴性、阴道细胞学涂片检查阳性或临床不能排除宫颈管癌时，或发现癌但不能确定有无浸润和浸润深度而临床上需要确诊者，可行宫颈锥形切除送病理检查。

3. 腔镜检查

（1）阴道镜：对发现宫颈癌前病变、早期宫颈癌、确定病变部位有重要作用，可提高活检的阳性率。阴道镜活检的同时应注意宫颈管搔刮术的重要性，所有接受阴道镜活检的患者均要做宫颈管搔刮术（满意的阴道镜检查和高质量的病理检查对于宫颈癌前病变的准确诊断及正确治疗至关重要，如社区卫生服务中心不具备相应条件应转诊到上级医院）。

（2）膀胱镜、直肠镜：临床上怀疑膀胱或直肠受侵犯的患者应对其进行相应腔镜检查。无条件的单位应转上级医院诊治。

4. 影像学检查

（1）腹盆腔超声：包括经腹部及经阴道（或直肠）超声。主要用于宫颈局部病变的观察，同时可以观察盆腔及腹膜后区淋巴结转移情况，以及腹盆腔其他脏器的转移情况。设备的优劣及操作者的经验影响诊断正确率。

（2）腹盆腔 MRI：MRI 软组织分辨率高，是显示宫颈病变最佳的影像学方法，可以明确分辨病变与周围正常结构的界限，特别是明确病变与直肠、膀胱、阴道等结构的关系。依照 MRI 结果提高术前分期的准确率，同时也可观察双侧腹股沟、盆腔及腹膜后区淋巴结转移的情况。

（3）腹盆腔 CT：平扫 CT 观察宫颈局部病变效果不好，尤其是分期较早的病变；增强 CT 扫描有利于宫颈局部病变的显示，但仍有近 50% 的病变呈等密度，不能清晰显示。CT 检查可以客观评价宫颈病变与周围结构（膀胱、直肠等）的关系，以及淋巴结是否有转移，同时观察腹盆腔其他器官是否有转移。

（4）胸部 X 线片及胸部 CT 检查：包括胸部正位和侧位片，主要目的是排除肺转移，必要时行胸部 CT 检查。

（5）核素骨扫描：仅用于怀疑有骨转移的患者。

（6）对于Ⅳa 期的患者，需要有膀胱镜或直肠镜活检病理证实。

【问题 8】该患者应选择何种治疗方法？

目前宫颈癌强调多学科合作的综合治疗，确定治疗方案的基础为宫颈癌的临床和病理分期，同时需结合一般状况及伴随疾病等进行考虑。该患者无远处转移，可采用手术治疗。

知识点

宫颈癌的治疗手段

宫颈癌的治疗包括手术、放疗、化疗和综合治疗。早期宫颈癌患者（Ⅰ～Ⅱa1）可选择单纯根治性手术与单纯根治性放疗，两者治疗效果相当，5 年生存率、死亡率、并发症概率相似。各期宫颈癌均可选择放疗。对于Ⅱb 以上中晚期宫颈癌及局部晚期宫颈癌（Ⅰb2 和Ⅱa2 期）采用以顺铂为基础的同步放化疗。治疗方式的选择应根据患者年龄、病理类型、分期等综合考虑。

1. 手术治疗　手术治疗主要用于早期宫颈癌，即Ⅰa～Ⅱa 期。对于局部晚期、大癌灶Ⅰb2～Ⅱa2（>4cm）患者采取手术治疗仍存有争议。2006 年国际妇产科联盟（FIGO）公布的子宫颈癌治疗指南中推荐以下几种方式：①同步放化疗；②广泛子宫切除术加盆腔淋巴清扫、腹主动脉淋巴结取样、术后个体化辅助治疗；③新辅助化疗后广泛子宫切除术和盆腔淋巴结清扫术及腹主动脉淋巴结取样术、术后个体化治疗。由于放疗可能导致的阴道狭窄会使患者（特别是中青年患者）更倾向于选择根治性手术。

2. 放疗　适用于各期宫颈癌，但主要应用于Ⅱb 期以上中晚期宫颈癌患者及不能耐受手术治疗的早期宫颈癌患者。放疗包括体外照射和腔内照射及二者联合应用。研究表明同步放化疗较单纯放疗提高疗效，降低复发风险。早期宫颈癌患者手术后如存有手术切缘不净、宫旁受侵、淋巴结转移等高危因素，术后需辅助放、化疗。术中/后如发现肿瘤大、深部间质受侵和/或脉管间隙受侵等危险因素，术后需辅助盆腔放疗或放化疗。

3. 化疗　主要应用于放疗患者给予单药或联合化疗进行放疗增敏，即同步放化疗。另外，还有术前的新辅助化疗以及晚期远处转移、复发患者的姑息治疗等。治疗宫颈癌的有效药有顺铂、紫杉醇、5-氟尿嘧啶、异环磷酰胺、吉西他滨、拓扑替康等。

临床病例(续)

患者在全身麻醉下行膀胱输尿管"D-J"留置管置入＋开腹宫颈癌根治术(广泛全子宫＋双附件切除＋盆腔淋巴清扫术)。患者麻醉成功后,去膀胱结石位,常规消毒铺巾,经尿道置入镜头到膀胱,请泌尿外科医生协助行左输尿管"D-J"留置管,留置导尿管接尿袋。取下腹正中切口,探查盆腔。手术结束后清点敷料、器械无误,逐层关腹,术后安返麻醉后监测治疗室恢复。

【问题 9】手术方式的选择。

手术方式根据肿瘤分期不同而有不同选择。以该患者为例,该患者属于Ⅰb1期,故选用宫颈癌根治术。

知识点

手 术 方 式

Ⅰ型:扩大子宫切除术,即筋膜外子宫切除术(适用于Ⅰa1期患者)。

Ⅱ型:次广泛子宫切除术,切除范围还包括 1/2 骶、主韧带和部分阴道(适用于Ⅰa2期患者)。

Ⅲ型:广泛子宫切除术,切除范围还包括靠盆壁切除骶、主韧带和上 1/3 阴道(为标准的宫颈癌根治手术,适用于Ⅰb~Ⅱa期患者)。

Ⅳ型:超广泛子宫切除术(根据患者具体情况)。

Ⅴ型:盆腔脏器廓清术(根据患者具体情况)。

临床病例(续)

患者术后恢复好,无发热,腹腔引流液为暗红色液体,约 100ml,逐渐减少,术后第 4 日拔除腹腔引流管。尿引流管通畅,于术后两周拔出导尿管,改普食。术后第 7 日病理结果:全子宫及双附件切除标本,宫颈中分化鳞状细胞癌,浸润至肌层约 1cm,淋巴结未见癌转移(0/19),宫旁及阴道切缘阴性。

【问题 10】宫颈癌根治术后应注意患者哪些情况?

1. 皮肤切口及腹部创面渗血,再次手术可能。
2. 切口脂肪液化、感染,阴道残端愈合不良可能。
3. 术后伤口疼痛、发热、恶心呕吐等需对症处理。
4. 肠粘连、肠梗阻,需保守治疗或再次手术可能。
5. 术中损伤周围脏器如膀胱、肠管、输尿管等,导致尿瘘、粪瘘,再次手术可能。
6. 下肢静脉血栓栓塞,肺栓塞可能。
7. 长期留置尿管可导致尿路感染,膀胱、尿路刺激症状,术后排尿障碍,需对症处理。
8. 淋巴管囊肿可能合并感染可能。
9. 包裹性积液。
10. 恶性肿瘤,术后复发率高,预后差。
11. 神经损伤引起感觉、运动障碍。
12. 术后复发可能。
13. 坠积性肺炎,咳嗽咳痰、胸闷气急、发热,需长期抗感染治疗。

【问题 11】根据该患者的情况,术后是否需要进行放疗?

术后放疗是根据手术后病理检查结果决定的,该患者淋巴结未见癌转移,宫旁及阴道切缘阴性,局部复发可能性小,可不进行术后放疗。

知识点

放疗原则及并发症

1. 放疗原则 恶性肿瘤的放疗原则与其他治疗手段一样,要最大限度地杀灭癌细胞,尽最大可能保护正常组织和重要器官,即提高治疗效果,降低并发症。因此,适当的治疗工具、适宜的照射范围、足够的照射剂量、均匀的剂量分布、合理的照射体积、个体化治疗是放疗的基本要求。行根治性放疗时,对肿瘤区域给予根治剂量照射,由于照射范围较大,照射剂量也高,因此,对肿瘤附近的正常组织和器官,特别是一些对放射线敏感的组织和器官的防护,就成为治疗中的一个重要问题。如果放疗方案设计不当就容易引起严重的并发症。姑息性放疗是为了减轻症状,减少患者痛苦,但不一定能延长患者的生存时间。根治性放疗与姑息性放疗是相对的,在治疗过程中可根据肿瘤及患者情况而互相转换。

若放疗联合手术综合治疗时,要根据肿瘤情况及患者条件决定是术前放疗还是术后放疗。术前放疗是计划性的,其目的是通过术前放疗,降低癌细胞活力或减少种植和扩散的概率;缩小肿瘤范围,提高手术切除率;杀伤亚临床病灶,降低局部复发率。术后放疗是根据手术后病理检查结果决定,具有不良预后影响因素(如淋巴结转移、切缘阳性、宫旁浸润、深肌层浸润、宫颈局部肿瘤体积大以及脉管瘤栓等)可行术后放疗,可减少局部复发,提高疗效,但两种治疗并用也增加了治疗并发症。

2. 放疗并发症 由于放射源种类、放射方法、照射面积、照射部位、单位剂量、总剂量、总的分割次数及总治疗时间等因素不同,以及患者对放射线敏感性的差异,放疗并发症的发生概率及严重程度各不相同。从事放疗的工作者一方面要了解放疗并发症,另一方面要熟悉腹盆腔器官对放射线的耐受剂量,以减少放疗的并发症。

(1)早期并发症:包括治疗中及治疗后不久发生的并发症,如感染、阴道炎、外阴炎、骨髓抑制、胃肠反应、直肠反应、膀胱反应和机械损伤等。

(2)晚期并发症:常见的有放射性直肠炎、放射性膀胱炎、皮肤及皮下组织的改变、生殖器官的改变、放射性小肠炎等。最常见的是放射性直肠炎,多发生在放疗后1~1.5年。主要表现为大便次数增多、黏液便、便血,严重者可出现直肠阴道瘘,其次常见的是放射性膀胱炎,多数在1年半左右,主要表现为尿频、尿痛、尿血、排尿不畅,严重者可出现膀胱阴道瘘。

【问题 12】如何做好患者的随访工作?

患者,55岁,术后第1~2年,每3~6个月进行1次宫颈或阴道细胞学检查。

1. 若宫颈细胞学诊断为 ASC-US 时,行 HPV 检查,如果 HPV 阳性,推荐阴道镜检查,阴性则3~6个月复查宫颈细胞学。

2. 若1~2年内,宫颈或阴道细胞学检查均为阴性,则第3~5年,每6个月1次,然后每年随诊1次。此期间该患者已达65岁以上,已达绝经后状态,对于绝经后女性的 LSIL,可通过 HPV-DNA 检测进行分流。对于绝经后女性的其他类型的细胞学结果,推荐阴道镜检查。

3. 评估患者心理状况及对疾病的了解程度,根据评估结果,对患者及其家属进行正确的健康教育及康复指导。

(1)完善随访系统:宫颈癌患者治疗出院后应向其说明随访的重要性,建立完善的随访系统,并核对通信地址及联系电话,科内建立咨询电话,建立医患沟通窗口,及时解答患者所遇到的问题。

(2)心理护理:癌症患者往往表现出恐惧、焦虑、怀疑和悲观失望的心理。指导患者学会自我调节不良情绪,正确面对自己所患的疾病,保持心情愉快和心理平衡,学会自我管理。

(3)饮食指导:告知患者在食品调配上要注意色、香、味,少食多餐,高蛋白、高维生素、高热量饮食。如果出现腹泻,宜进食少渣低纤维饮食,避免易产气的食物,如糖、豆类、碳酸类饮食。

(4)生活指导:指导患者生活要有规律,按时作息,注意保暖,预防感冒,保证休息和充足的睡眠。注意外阴部清洁,勤换内裤,2年内禁止性生活。接诊医师要向其配偶讲解性知识,性交疼痛是宫颈癌治疗的主要问题。出院时告诉患者如有尿频或突发性血尿、大便伴脓血、下腹坠痛,要立即来医院检查。

通过对宫颈癌术后患者进行健康教育,使医生与患者密切交流,医患关系更融洽;患者对疾病的认识明显提高,降低患者紧张、恐惧、焦虑及抑郁绝望等不稳定情绪;使患者能主动配合各项诊疗护理工作,提高患者治疗效果和生命质量。

(陈丽英)

第五篇
社区和家庭意外伤害及预防

第三十七章　社区常见意外伤害及预防

意外伤害是指因意外事件导致身体受到的伤害,常用于保险业。按照保险业的常见定义,意外伤害是指外来的、突发的、非本意的、非疾病的客观事件使身体受到的伤害。意外伤害的四个要素:非本意的、外因造成、突生、非疾病的。社区常见意外伤害包括:中暑、群体性中毒、溺水、锐器伤、挤压碰撞伤、动物伤害等。提高社区人员对意外伤害的认识,社区医生积极开展意外伤害的宣教活动,加大对意外伤害的重视,可降低意外伤害的发生率。

一、中暑

中暑(heat illness)是在高温、无风、湿度较大及长时间热辐射的环境下,导致机体热平衡和/或代谢紊乱等引起的以中枢神经系统和/或心血管系统障碍为主要表现的临床症候群,主要表现为机体体温调节障碍、水电解质代谢紊乱以及神经功能损害。我国每年因高温中暑导致的疾病和死亡日益成为公众关注的公共卫生问题。

临床病例:

主观资料(S):患者,男性,32 岁。因"头晕伴全身无力、意识模糊 4 小时"至全科门诊就诊。

【问题 1】如何详细询问病史,掌握初步诊断资料?

思路:

1. 患者出现一个严重的信号,即意识障碍。面对以"意识障碍"为主诉的患者,应当首先评估患者的病情严重程度,了解意识障碍的持续时间、伴随症状等。如什么时候开始? 在什么情况下出现? 是突然发生的还是逐渐发生的? 持续多长时间了?

2. 发生意识障碍时是否有休克、发热、头痛、呕吐、腹泻、皮肤黏膜出血及感觉与运动障碍等相关伴随症状? 是否有高血压、动脉粥样硬化、糖尿病、肝肾疾病、肺源性心脏病、癫痫、颅脑外伤、肿瘤等病史? 是否有药物应用史? 是否有服毒及毒物接触史?

知识点

意识障碍(disturbance of consciousness):是指人对周围环境及自身状态的识别和觉察能力出现障碍。多由于高级神经中枢功能活动(意识、感觉和运动)受损所引起,可表现为嗜睡、意识模糊和昏睡,严重的意识障碍为昏迷。

按病因分类:

1. 重症急性感染　如败血症、肺炎、颅脑感染等。

2. 颅脑非感染性疾病　如脑血管意外、脑占位性疾病、颅脑损伤、癫痫等。

3. 内分泌与代谢障碍　如尿毒症、肝性脑病、甲状腺危象、糖尿病昏迷、低血糖等。

4. 水、电解质平衡紊乱　如低钠血症、低氯性碱中毒、高氯性酸中毒等。

5. 外源性中毒　如催眠药、有机磷杀虫药、一氧化碳、酒精和吗啡等中毒。

6. 物理性及缺氧性损害　如高温中暑、触电、高山病等。

意识障碍分类,根据意识障碍的程度,由轻到重。

370101

意识障碍(按程度分类)(拓展阅读)

临床病例（续）

主观资料(S)：患者，男性，32岁。因"头晕伴全身无力、意识模糊4小时"至全科门诊就诊。通过进一步采集病史了解到以下情况：

患者于2016年8月16日12:00左右在工地上连续工作4小时后(当时环境温度较高)感到头晕乏力，无法正常站立，伴恶心，呕吐数次，呈非喷射性，呕吐物为胃内容物，无血性及咖啡样物质，感口渴，并随后意识模糊，伴四肢抽搐，无晕厥，无胸痛胸闷，无腹痛腹泻。遂至当地医院就诊。自起病来，意识模糊，高热，大小便失禁，近期体重无明显改变。既往史：既往体健。个人史：有吸烟史10余年，总量200支/年，无饮酒史。无疫区、疫水接触史，否认传染病接触史。否认有药物成瘾史。家族史：否认有遗传性疾病家族史。

【问题2】该患者的病例特点是什么？如何考虑其可能诊断？

思路1：患者既往体健，为青壮年，本次发病前在烈日下长时间高强度工作，且当时环境温度较高，因此，考虑中暑可能性大；从临床症状上来看，患者有恶心伴呕吐，但呈非喷射性，可初步排除中枢性呕吐，但需要进一步检查，鉴别诊断；意识障碍前有口渴，继出现意识模糊等中枢神经系统受损表现，因此，初步考虑为"中暑"。

思路2：根据患者病情，需行头颅CT检查，且要排除一些早期中枢神经系统疾病。

知识点

根据患者病史及临床表现，初步诊断为中暑。其他疾病也可以出现昏迷，如流行性乙型脑炎、细菌性脑膜炎、甲状腺危象、抗胆碱能药物中毒等，应作出相应的鉴别。

中暑的临床表现分级(石展阅读)

临床病例（续）

客观资料(O)：

体格检查：体温41℃，心率130次/min，律齐，血压90/60mmHg，躁动不安。双侧瞳孔等大等圆，直径3mm，对光反射迟钝，皮肤干燥，双肺呼吸音正常，未闻及干湿啰音。心腹查体未见阳性体征。

【问题3】结合上述查体结果，为明确诊断应进一步进行哪些检查？

思路：上述查体结果提示高热及心动过速，合并低血压，为进一步明确病情，应该急诊完善血尿便三大常规、肝肾功能、电解质、凝血功能、D-二聚体、动脉血气分析、血浆B型钠尿肽(BNP)、C反应蛋白(CRP)、降钙素原(PCT)、心肌酶谱、心电图、超声、胸部X线片等。

知识点

1. 患者出现水电解质紊乱。
2. 患者出现水电质紊乱和肝肾功能损害，如血清谷草转氨酶(AST)、谷丙转氨酶(ALT)异常。
3. 除上述症状外，还会出现酸碱平衡紊乱、多器官功能衰竭、DIC、横纹肌溶解等。

临床病例（续）

客观资料(O)：患者实验室检查结果回报，凝血功能、D-二聚体、B型钠尿肽大致正常；胸部X线片未见明显异常。白细胞计数增高，血小板计数减少，高钾，高钙，Cr、BUN、AST、ALT、LDH、CK增高。动脉血气分析示代谢性酸中毒。

【问题4】该患者在就诊时的初步评估是什么？在基层应如何处置？

思路1：核心温度(core temperature)是一种评价患者病情严重程度的常用指标，核心温度越高，病情越重,死亡率越高。

思路2: 如果现场无法测核心温度,如何评价病情?

根据患者临床症状及体征、实验室检查对患者病情评估如下:

阶段1:先兆中暑(轻微中暑)。临床症状及体征包括:头晕、无力、大汗、肌肉疼痛及僵硬,不伴有意识改变。此阶段患者一般不需要转至医院就诊,现场救治即可。

阶段2:介于先兆中暑和热痉挛、热射病、热衰竭之间的中暑。临床症状及体征包括:头痛、恶心呕吐、无力感、注意力下降、判断障碍。此类患者需要医务人员进行详细的体格检查,以防漏诊。

阶段3:患者处于热痉挛、热射病、热衰竭状态。临床症状及体征包括:中枢神经功能障碍,如意识丧失、脑细胞水肿、抽搐等。同时合并有肝、肾、凝血功能异常。此类患者需要立即送至医院进一步诊治。

临床病例(续)

处置计划(P):①物理降温,将患者移送到清凉通风处,立即脱去衣物,头戴冰帽,大动脉处冰敷等;②药物降温,常用氯丙嗪,常用用法为25~50mg氯丙嗪加入500ml葡萄糖或生理盐水中滴注1~2小时,病情严重可行冬眠疗法;③对症支持治疗。

中暑的急救流程
(图片)

【问题5】 全科医生在中暑治疗和预防过程中的作用是什么?

思路1: 首先要了解中暑易在什么情况下发生,哪些人群易发生中暑。

思路2: 如何预防中暑发生?

中暑往往发生在高温作业下的工作人员,这类人群多属于青壮年,是家庭、社会的主要成员,一旦中暑后造成伤残,对家庭和社会造成严重影响。另外,老年人、婴幼儿、儿童、精神疾病患者及慢性病患者由于体温调节功能下降,不能适应外部环境,易引起中暑。了解中暑的原因和高发人群对预防中暑可起到一定作用,避免该疾病对人群造成严重的伤残。中暑常常发生在炎热的夏季或初秋,特别是在高温、高湿度环境下,应做好防暑准备,并进行如何防暑的宣教。

知识点

中暑预防措施

1. 适量饮水,保证饮水量充分、注意补充盐分和矿物质。在高温天气里,不论运动量大小,都需要增加液体的摄入,不应等到口渴时才饮水。如果需要在高温的环境里进行体力劳动或剧烈运动,至少每小时喝2~4杯凉水(500~1 000ml),不要饮用含酒精或大量糖分的饮料。同时,还应避免饮用过凉的冰冻饮料,以免造成胃部痉挛。当人们不得不在高温环境下从事体力劳动或进行剧烈运动时,应保证流失的盐分和矿物质得到补充以满足人体正常需求。

2. 注意饮食及休息,少食高油高脂食物,饮食尽量清淡。高温环境下人们更需要摄取足够的热量,补充蛋白质、维生素和钙,多吃水果蔬菜。保证充足的睡眠。

3. 高温天气里应尽量避免外出,如果一定要在室外活动,应当尽量选择轻薄、宽松及浅色的服装。最好避开正午时段,避免太阳直晒,同伴间应互相留意彼此的健康状况。当感觉有中暑的迹象,如心跳加快且胸闷憋气,尤其是已经感到头晕、虚弱,要立即停止一切活动,告知同伴,迅速找到凉爽通风处休息,并适当补充液体。

4. 关心高危人群。虽然任何人在任何时间都有可能中暑,但有些人群在高温天气里更易发生危险,应当给予格外关注,如婴幼儿及儿童,更易受到高温的影响,并且更需依赖他人的帮助来安排适宜的环境和补充水分;此外,大于65岁的老年人,在高温天气里,属于高危人群,请至少每日上下午两次确认他们的安危。

二、群体性中毒

群体性中毒是指在一定时间内,在某个相对的区域,因食入或吸入特定有毒物质后,同时或相继出现3例及以上相同临床症状、体征者,其临床表现基本相似。

临床病例

主观资料(S)：某小学某班级中午在食堂就餐的同学25人，下午12人相继因"胃肠道不适、发热、上吐下泻等症状"至全科门诊就诊。

【问题1】同学们为何相继发生同样的状况？流行病学特点是什么？

思路：根据以上资料，患者是否属于食物中毒？如何进行流行病学调查？

1. 群体性食物中毒的流行病学特点为潜伏期较短、来势急剧、多数人短时间内同时或相继发病、在短时间内达到高峰、患者都有大致相同的临床表现。患者有在相近时间、地点食用过同样食物的经历。发病范围局限在食用该种中毒食物的人群，停止食用这种食物，发病很快停止。发病曲线呈突然上升又迅速下降趋势，一般无传染病流行趋势。

2. 该类患者在食堂就餐时，应根据所食用的种类甄别可疑的食物。

3. 留取所有的残留食物、呕吐物以及粪便，以备进一步的细菌学检查。

食物中毒标本采集(拓展阅读)

临床病例(续)

客观资料(O)：搜集25名中毒者的资料，有6人有不同程度的发热，体温37.5~38.5℃，心脏检查均未发现异常，血压正常。双侧瞳孔等大等圆，直径2mm，对光反射正常，皮肤黏膜正常，肺部检查正常。大部分有上腹部疼痛，压痛(+)，肠鸣音亢进，5~7次/min。

【问题2】食物中毒临床表现是什么？如何进行食物中毒的分类？

1. 食物中毒临床表现

(1)消化道表现：以恶心、呕吐为主要症状，常伴有腹痛、腹泻等。

(2)全身感染性表现：以发热、畏寒、全身不适、肌肉关节酸痛乏力、头晕、头痛、食欲下降等全身症状和胃肠道症状。

2. 食物中毒的分类　细菌性食物中毒、真菌性食物中毒、动物性食物中毒、植物性食物中毒、化学性食物中毒。

临床病例(续)

处置计划(P)：食物中毒的急救处理原则为尽快消除胃肠道内未被吸收的毒物，防止毒物吸收，排出已吸收的毒物；采取必要的对症治疗并防止感染和后遗症。

知识点

食物中毒的处置

1. 催吐　多用于中毒发生不久，毒物尚未被吸收，意识清醒并依从性较好的患者。催吐可采用刺激咽部或给催吐药。

2. 洗胃　洗胃越早越好，根据毒物酸碱度选用洗胃液，若毒物性质不明，使用清水洗胃。

3. 导泻与灌肠　如中毒时间较长，洗胃后可服泻药。常用泻药有硫酸镁或硫酸钠，亦可用中药大黄导泻。

4. 促进毒物排泄　大量饮用温开水或糖盐水，静脉滴注生理盐水、5%葡萄糖盐水或10%葡萄糖溶液等，促进已吸收毒物的排泄，应注意电解质平衡。

5. 对症治疗　对中毒者除采取上述急救措施外，还必须对患者出现的脱水、酸中毒、休克、循环衰竭、呼吸衰竭等症状采取有效措施进行对症治疗。

6. 防止毒物的吸收和保护胃肠道黏膜。

食品安全事故分级(拓展阅读)

食物中毒的预防(拓展阅读)

三、交通伤害

道路交通伤害为世界上一个重要的公共卫生事件,每年有几千万人受伤害或致残。儿童、行人、骑自行车的人以及老年人是最脆弱的道路使用者。有资料表明,造成道路交通事故的原因包括人员因素、道路因素、车辆因素、环境因素。据世界卫生组织 2015 版道路安全全球现状报告称,道路交通事故是全球一项重要死亡原因,也是 15~29 岁人群的主要死亡原因。

交通伤害的伤情特征:伤情复杂、严重,有隐蔽性;多发伤多,脏器受损多;并发症及合并症多,致残多;群死群伤发生多;青壮年为主,死亡率高。

临 床 病 例

主观资料(S):患者,女性,39 岁,因"车祸受伤后伴意识不清 3 小时"来诊。

【问题 1】面对受伤的病患,如何进行病情判断?

思路 1:患者为受伤后出现意识不清,因此首先评估患者的生命体征。

思路 2:创伤评估指标有很多种,最常用的是遵循"ABC"原则,如首先评估气道,然后是呼吸、循环等;也有很多评分指标可用于创伤评估,如 AIS-ISS 评分、APACHE Ⅱ 评分、GCS 评分、院前指数(PHI)等。

病情评估:

1. 总体伤情的判断　患者生命体征的检查。

2. 创伤性内出血包括胸腹腔内出血,其诊断较为困难,关键是确定有无内脏损伤、内出血,需要严密的观察,细致的体格检查,必要时需反复检查,检查时动作要轻柔。

创伤性内出血的判断(拓展阅读)

【问题 2】如何处理多人受伤?

如果是同时间发生多人受伤,要评估所有伤员受伤严重程度,遵循先重后轻、先急后缓、先救命后治病的原则进行现场急救。应先行抢救能够挽回生命的伤员,如大出血、脊椎受伤或者重度休克等伤病员。

院前救治的原则以及交通伤现场救援原则(拓展阅读)

临 床 病 例(续)

主观资料(S):患者,女性,39 岁,因"车祸受伤后伴意识不清 3 小时"就诊。通过进一步采集病史了解到以下情况:

患者于 3 小时前骑电瓶车过红绿灯路口时因闯红灯与侧面抢红灯的小轿车相撞,具体过程与车速不详,伤后患者即出现意识不清,伴鼻腔、口腔出血不止,双眼淤青,呕吐数次,呕吐物为胃内容物,伴呼吸急促,无二便失禁。意识不清,GCS 评分 4 分。既往体健。

【问题 3】该患者的病例特点是什么? 如何查体?

思路 1:该患者为典型的多发伤患者,病史中有意识不清,伴呕吐,提示颅脑有损伤;双眼淤青,提示有颅底骨折伴有脑脊液漏;口腔颌面部损伤,同时伴有呼吸急促,不排除胸部挫伤,可能伴有张力性气胸、创伤性血气胸等。

思路 2:本例患者为交通事故伤,可能合并有腹部闭合性损伤,同时可能伴有脊髓损伤,因此,首先要评估生命体征,在生命体征稳定的前提下进行查体,查体应重点有序,以防漏诊。

CRASH PLAN 检查顺序(拓展阅读)

急救原则如下:

1. 抢救生命　①徒手心肺复苏,清理呼吸道;②抢救休克;③建立静脉通路:输血、输液。

2. 创口包扎　①橡皮带止血;②伤口包扎;③闭合骨折复位;④肢体肿胀或处理伤口时可剪开衣服。

3. 骨折夹板固定或邻肢固定。颈椎损伤患者用颈托固定,注意脊柱患者的搬运。

4. 迅速转运。

5. 同时注意其他科室的处理　胸腔闭式引流,烧伤部位的处理。

临床病例（续）

客观资料（O）：

体格检查：体温 37℃，脉搏 163 次 /min，呼吸 26 次 /min，血压 80/47mmHg。深昏迷状态，呼之不应，全身皮肤潮湿，双侧面部及右侧颞部明显肿胀伴擦伤，双眼睑肿胀，呈"熊猫眼"征。双侧瞳孔等大等圆，直径约 3mm，对光反射迟钝。左侧呼吸音低，右侧呼吸音未闻及；心律齐，未闻及明显心脏杂音；腹软，未及肌紧张，肠鸣音 3 次 /min；骨盆挤压分离征（-）。

【问题 4】病史采集结束后，下一步体格检查及辅助检查应重点关注哪些方面？

思路 1：本例按 CRASH PLAN 顺序进行了体格检查，同时在体格检查中尽量做到动作轻柔，以防二次损伤，对可疑有脊髓损伤的患者，要执行先固定原则。同时应该密切监测患者呼吸、循环状态。急性创伤需快速使用 FAST 检查方法，明确有无胸腹腔脏器损伤及内出血。

思路 2：患者进行完体格检查后，在病情允许的情况下，应该尽早行影像学检查以准确评估损伤情况。恰当地运用 X 线确定有无骨折、CT 明确有无颅脑损伤、超声，有效降低漏诊率及死亡率。

FAST 超声检查
（拓展阅读）

【问题 5】该患者的紧急救治策略是什么？

思路：患者到达医院后，应该立即进行全身评估，管理气道，维持呼吸和循环稳定；同时，患者血压较低，心率快，提示失血性休克，应该立即进行液体复苏，为后续的治疗提供条件。

1. 保持呼吸道的通畅，维持呼吸功能，必要时行机械通气。
2. 维持循环功能，补充有效循环血容量，抗休克治疗。
3. 多科室协同治疗。

多发伤急救流程
图（图片）

四、淹溺

淹溺是指人淹没于液体介质后导致呼吸功能受损的过程，可分为非致死性（以往称为近乎淹溺）和致死性。淹溺所导致的缺氧可损伤多个脏器。治疗包括进行心肺复苏和纠正缺氧、通气不足和低体温等支持治疗。淹溺是世界范围内引起意外死亡的主要原因之一，特别是在儿童和 19 岁以下青少年。根据世界卫生组织（WHO）的统计，全球每年约有 372 000 人死于淹溺，意味着每日每小时有 40 余人因淹溺而丧失性命。在青少年意外伤害致死的事故中，淹溺事故占第一位。婴幼儿溺水常发生在游泳池、热水浴缸和天然水坑甚至水桶。

临 床 病 例

患者，男性，15 岁，因"溺水心搏骤停行心肺复苏术后约 10 分钟"来诊。

【问题 1】如何详细询问病史，掌握初步诊断资料？

思路 1：主诉中出现一个严重的临床信号，即溺水、心搏骤停。面对以心搏骤停为主诉的患者，应当首先评估患者的病情严重程度，了解心搏骤停的持续时间、诱因、有无基础病等。什么时候开始？在什么情况下出现？

思路 2：发生心搏骤停后现场有无行心肺复苏术？什么时候开始的？持续了多长时间，心跳有无恢复？

知识点

心 搏 骤 停

心搏骤停是指心脏射血功能突然终止，造成全身血液循环中断、呼吸停止和意识丧失。引发心搏骤停常见的心律失常类型包括心室颤动（VF）、无脉性室性心动过速（VT）、心室停顿以及无脉性电活动（PEA），后者并称为电 - 机械分离。心搏骤停本质上是一种临床综合征，是多种疾病或疾病状态的终末表现，也可以是某些疾病的首发症状，常常是心源性猝死的直接首要因素。心搏骤停发作突然，约 10 秒即可出现意识丧失，如在 4~6 分钟黄金时段及时救治可获存活，贻误者将出现生物学死亡，且罕见自发逆转者。

心搏骤停常见病因:"6H"和"6T"。

"6H"分别指:低血容量、低氧、低/高温、电解质升高/降低、低/高血糖症、酸碱失衡。

"6T"分别指:创伤、张力性气胸、肺栓塞、心脏栓塞、心脏压塞、药物过量。

临床病例(续)

患者,男性,15 岁,因"溺水心搏骤停行心肺复苏术后约 10 分钟"来诊。

患者于 2016 年 7 月 21 日 16:20 左右游泳时突然出现抽搐,随即沉入水中,同伴迅速将其拖至岸上,当时患者神志不清,呼之不应,同伴立即呼叫路人及呼叫 120 并报警,并进行初步急救,路人行心肺复苏术,约 5 分钟后患者心跳恢复,并送至医院进一步诊治。患者神志不清,大小便失禁,近期体重无明显改变。既往体健。否认有遗传性疾病家族史。

【问题 2】 该患者的病例特点是什么?

思路 1: 患者青少年,既往体健,有明确的溺水病史,因此诊断明确。

思路 2: 患者淹溺后出现意识不清,淹溺前有抽搐表现。因此,考虑抽搐导致患者四肢痉挛,从而导致溺水;病程中,患者心搏骤停,因此需要立即行心肺复苏术。

知识点

淹溺最新定义及需要澄清的几个概念:

1. 淹溺定义　将淹溺定义为一种于液态介质中而导致呼吸障碍的过程。淹溺并非时间上某一点的概念,其含义是气道入口形成一道液/气界面,它可阻止人进一步呼吸,在这一过程之后,无论患者存活或死亡都属于淹溺概念的范畴。

2. 如果淹溺者被救,淹溺过程则中断,称为"非致命性淹溺"。如果是因为淹溺而在任何时候导致死亡,则成为"致命性淹溺"。

3. 不再使用"湿或干性淹溺""主动/被动/静默性淹溺""二次淹溺""濒临淹溺"等名词。

4. 发生淹溺原因　不会游泳意外落水;在游泳过程中,时间过长力气耗尽或受冷水刺激发生肢体抽搐或肢体被植物缠绕等;在浅水区跳水,头撞硬物,发生颅脑损伤而溺水;潜水意外,或投水自杀、游泳过程中疾病急性发作等。

5. 淹溺的临床特点　淹溺 1~2 分钟内,主要表现为一过性窒息的缺氧:神志多清醒、有呛咳、呼吸频率加快、血压增高、胸闷胀痛不适及四肢酸痛无力等。淹溺 3~4 分钟内,可有烦躁、剧烈咳嗽、喘憋、呼吸困难、心率减慢、血压降低、皮肤冷、颜面水肿、眼充血、口鼻血性泡沫痰、发绀、上腹膨胀等。淹溺 5 分钟以上,上述症状加重,并出现昏迷、呼吸衰竭、心力衰竭,以致瞳孔散大、呼吸心跳停止。

6. 淹溺病理生理学特点　当患者被水淹没之后,淹溺者起初会屏住呼吸,在这一过程中,淹溺者会反复吞水。随着屏气的进行,淹溺者会出现缺氧和高碳酸血症。喉痉挛反射可能会暂时地防止水进入到肺内。然而最终这些反射会逐渐减弱,水被吸入肺内。在很多成年患者肺中发现大约 150ml 的液体,这个液体量(2.0ml/kg)已足够引起机体出现严重的缺氧症状。研究显示,无论肺内水量多少,抑或吸入海水还是淡水,临床上并无实质性区别,其共同之处都是缺氧。此时若逆转缺氧可以防止心搏骤停。

7. 淹溺救治特点　淹溺的病理生理学特点是缺氧,很多淹溺患者在心搏骤停前可因低氧而出现严重的心动过缓,此时通过给予有效的通气以纠正低氧血症至关重要。因此,淹溺救治的关键是纠正低氧血症,并立即启动心肺复苏术,心肺复苏顺序应为"A—B—C",开放气道和人工呼吸更为重要。

【问题 3】 发生淹溺,现场如何自救与互救?

淹溺救治分为自救与互救：

自救：①不会游泳者，落水后不要心慌意乱，应保持头脑清醒。方法是采取仰面位，头顶向后，口向上方，使口鼻露出水面，此时就能进行呼吸，忌将手上举或挣扎，此动作反而易使人下沉。②会游泳者，若因小腿腓肠肌痉挛而致淹溺，可将自己身体抱成一团，浮上水面；深吸一口气，把脸浸入水中，将痉挛（抽筋）下肢的拇指用力向前上方拉，使拇指跷起来，直到剧痛消失，痉挛也就停止了。

互救：①发现溺水者，首先呼救周围人员，拨打110及120。②使用救援物品（如抛掷绳索、木棍、竹竿等）。③如果下水营救，施救者应尽可能找到浮力较大的救生设备，如自身安全不能得到保障，建议不要盲目施救。如发现心脏已停搏，应立即进行心肺复苏。注意：应尽快开放气道进行人工呼吸和胸外按压，而各种控水措施，包括倒置躯体或海姆利希手法是不适宜的。

淹溺急救流程图
（图片）

临床病例（续）

客观资料（O）：体温37℃，脉搏130次/min，呼吸30次/min，血压85/50mmHg；患者昏迷状态，GCS评分为5分，口唇发绀，呼吸浅快，两肺大量湿啰音。

【问题4】结合上述体检结果，为明确诊断应进一步实施哪些检查？

思路：根据病史特点，待生命体征稳定后，应立即开展血常规、肝肾功能、电解质水平、血气分析、胸部X线片、心电图等检查。

知识点

淹溺鉴别诊断

淹溺诊断比较明确，患者都有溺水病史，且多数有目击者，鉴别诊断主要是评估与淹溺相关的损伤。如最常见的是有无合并头颈部损伤，有无颈椎损伤，有无胸部、腹部及脊髓损伤等。而且多数损伤是隐匿性的，同时患者如果意识不清，更容易漏诊，救治时应仔细查体及询问病史。同时也应该询问有无基础病，如高血压、脑血管病、心脏病等，淹溺可能是由于这些基础病发病导致，也可能是淹溺发生后并发心律失常、心脑血管意外、癫痫、晕厥等，同时还要判断有无自杀或他杀可能。

临床病例（续）

客观资料（O）：患者实验室检查结果回报，凝血功能、D-二聚体、BNP大致正常；胸部X线片如图37-1。白细胞计数增高，血小板计数减少，肝肾功能未见明显异常。动脉血气分析结果示代谢性酸中毒。

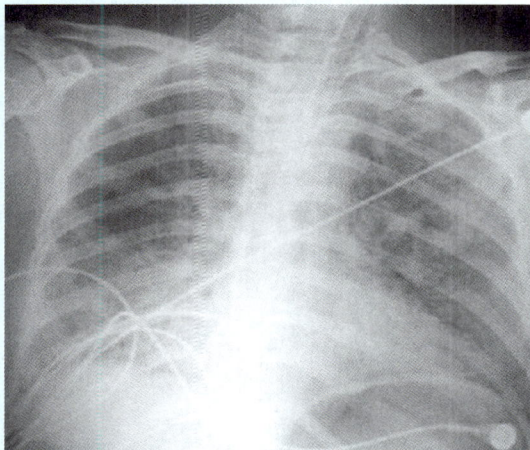

图37-1　溺水后胸部X线片

【问题5】该患者如何进一步处置？

思路1：该患者诊断明确，且意识不清，心肺复苏术后，胸部X线片提示广泛的肺水肿，因此入院后应该立即建立高级气道,并接呼吸机辅助通气。

　　思路 2:患者应该进行保温治疗,同时进行脑复苏治疗,同时防止各种并发症等治疗。

知识点

复苏后生命支持

　　1. 呼吸系统　淹溺者肺部多重损伤,导致难治性的低氧血症。淹溺患者发生急性呼吸窘迫综合征(ARDS)的风险很高。淹溺后肺炎较为常见,抗菌药物的应用与否及选择应根据水质情况而定。无论病情轻重,所有经历过淹溺的患者均应常规到医院观察或治疗。做好呼吸管理,预防 ARDS。

　　2. 循环系统　大多数淹溺患者的循环会在充分给氧、快速晶体注入、恢复正常体温之后变得稳定。

　　3. 神经系统　神经损伤预后主要取决于缺氧的时间。早期积极进行评估和维护神经功能,避免其恶化。常规治疗的目标是实现正常的血糖值、动脉血氧饱和度、二氧化碳分压,避免任何情况下增加大脑新陈代谢。处于严重低体温的淹溺患者在早期复苏时往往需要实施积极的复温措施。

知识点

如何预防淹溺

　　游泳前:①了解水域情况;②了解水温,最理想的水温是 27℃;③辅助器材,如救生圈和潜水镜等。

　　游泳时:①不要冒险跳水;②不要单独游泳;③饭后 45~60 分钟内不要游泳;④在江河流域游泳,注意要有保护性措施。

（蒋静涵）

第三十八章 家庭常见意外伤害及预防

意外伤害是指突然发生的各种事件对人体所造成的损伤,包括各种物理、化学和生物因素。一般发生在家庭中的伤害事件称为家庭意外伤害。幼儿期、老年人是家庭意外伤害的主要人群,在家庭中发生的意外伤害主要是烧烫伤、气管异物、跌落、中毒、外伤、触电等6种意外伤害。

目前,意外伤害是我国儿童死亡的主要原因,幼儿是意外伤害的高发人群。在幼儿意外伤害中,主要是:烧烫伤、气管异物、跌倒损伤、中毒,且这些意外伤害基本都发生在家中。老年人家庭意外伤害主要是跌倒损伤、中毒。往往由多种因素造成,如何祛除或回避危险因素的行为是预防意外伤害的主要方法。

一、烧烫伤

临床病例

主观资料(S):患儿,男性,5岁,因"喝水时不慎烫伤手背约半小时"来诊。

【问题1】患者的烧烫伤严重程度如何?

思路:

1. 患儿因开水烫伤,其诊断明确,重点在于烫伤的程度,根据其烫伤的不同程度,临床处理的方式不同。

知识点

烧烫伤的定义、分度、面积、严重程度。

1. 烧烫伤的定义 烧烫伤,又称"灼伤",是由热力(火焰灼热气体、液体或固体,或电能、化学物质、放射线)作用于不同厚度和含水量的皮肤而造成不同程度的损伤。

2. 烧烫伤的分度 ①一度烧烫伤;②二度烧烫伤;③三度烧烫伤。

3. 烧烫伤的面积计算方法

(1)手掌法:以患者自己的一侧五指并拢的手掌面积为1%,本法用于小面积烧伤。

(2)新九分法(成人)

在100%的体表总面积中:头颈部占9%(9×1)(头部、面部、颈部各占3%);双上肢占18%(9×2)(双上臂7%,双前臂6%,双手5%);躯干前后(包括会阴1%)占27%(9×3)(前躯13%,后躯13%,会阴1%);双下肢(含臀部)占46%(双臀5%,双大腿21%,双小腿13%,双足7%)(9×5+1),女性双足和臀各占6%。

4. 烧烫伤的严重程度 Ⅰ度(轻度);Ⅱ度(中度);Ⅲ度(重度);Ⅳ度(严重度);Ⅴ度(极重度)。

烧烫伤严重程度及面积计算方法(拓展阅读)

特殊烧烫伤早期处理(拓展阅读)

---

2. 根据引起烧烫伤的原因不同,其烧伤的程度判定在临床上各不相同。

(1)滚烫开水、油质燃烧:其温度持续时间均不相同,若温度越高,持续时间愈久,烧伤愈深。

(2)特殊化学品燃烧(如塑料制品等):可造成严重吸入性化学损伤或烟雾中毒。

(3)酸碱烧伤:因其表面结痂难以进行早期深度判断。

(4)电烧伤:存在着深层组织损伤的可能。

【问题2】判定患者烧烫伤严重程度后,社区医生应该如何处理?

思路：

1. 轻度烧烫伤可以在社区处理。一度烧烫伤应立即除去创面覆盖物，将创面放入冷水中浸洗半小时。浅二度烧烫伤大水疱可用消毒针刺破水疱边缘放水，涂上烫伤膏后包扎，松紧要适度。

2. 中度以上烧烫伤应转入综合医院进行处理。

【问题3】 中度及以上烧烫伤在转入综合医院前应进行如何处理？

思路： 患者在转送前应做哪些工作？

1. 向上级医院提供接诊时社区卫生服务中心病例以及前期处理资料。

2. 建立通道，维持生命体征。

3. 保持呼吸道通畅和镇痛措施。

【问题4】 对于烧烫伤，全科医生如何进行家庭预防？

1. 社区卫生服务中心做好宣教工作。对于开水等容易引起烫伤的物品应安全放置，避免儿童不慎接触造成烧烫伤。

2. 对于引起烧烫伤的化学品物质，应专人保管，放置到安全位置。如发生此类物质燃烧，现场人员应尽快脱离现场，无关人员禁止靠近，防止受到伤害。

3. 对于电源引起的火灾，现场及救援人员也应注意周围安全，要首先切断电源。

4. 避免在高压线下进行危险活动，如钓鱼等。

二、跌伤

儿童和老年人是伤害发生的高危人群，而老年人伤害的主要原因是跌倒。跌倒的发生率随着年龄的增加而上升。跌伤会影响老年人的生存率和生活质量，跌伤死亡率随年龄的增加明显上升。老年人跌倒后，人们常常都是迅速将老人扶起，然而这样做，并不都是正确的。对于老年人的跌倒，应注意其跌倒的原因、既往病史、跌伤部位等，进行分析后再确定处理方法。

临床病例

主观资料（S）：患者，男性，75岁，因"在家中上厕所时不慎跌倒约半小时"向诊所医生求助。患者诉腰部及左下肢疼痛，检查患者呈清醒状态，体温36.5℃，脉搏80次/min，呼吸17次/min，血压160/90mmHg。皮肤黏膜正常，肺呼吸音清，未闻及明显干湿啰音，心音有力，心律齐，心率80次/min，各听诊区未闻及异常心音及杂音；腹平软，无肌紧张，无压痛及反跳痛，肝脾未及，双下肢无水肿；生理反射存在，病理反射未引出。既往患者高血压病史，正规服用降压药物治疗，血压控制良好。有颈椎病史、冠心病史。

【问题1】 采集病史后，问诊应该注意什么？

思路： 引起老年患者跌倒的原因较多，首先问诊时应注意患者跌倒前有无前期症状，如头昏、头痛等。此外，患者年龄较大，有无外部因素导致跌倒，如行走不便、地面不平、其他基础疾病。

知识点

跌倒的相关因素

1. **患者因素**　原发性高血压、短暂性脑缺血发作（TIA）、冠心病、短暂突发性心律失常、颈椎病、脑梗死、脑出血等，都是引起患者跌倒的相关因素。

2. **外部因素**　引起老年患者跌倒的周围环境因素，包括地面的湿滑、障碍物等。由于其行走困难，视觉较差，轻微的外部因素就可以导致患者跌倒。

【问题2】 患者跌倒后，是否应当立即扶起？

思路： 对于一些老年患者，跌倒后，应视情况进行相关处理，防止二次损伤。老年患者跌倒的环境因素分为平地跌倒和高处跌倒，依据不同的跌倒状况，患者伤情可能有所差异，产生的临床症状各不相同，往往在治疗过程中，因为处置不当而造成继发性损伤，引起伤残或死亡。

> **知识点**
>
> ### 跌伤正确的处理方法
>
> 1. 观察老人的意识状况,如意识清醒,可征求老人意见,酌情予以帮助。
>
> 2. 对呕吐患者,应将其头部偏向一侧,清除口腔和鼻内的呕吐物,以防止呕吐物反流入呼吸道而引起窒息。
>
> 3. 对心绞痛发作患者,应让其服用急救药,并立即送往就近的医院。
>
> 4. 对于呼吸和心脏搏动停止者,应立即进行心肺复苏,维持其基础生命支持;并尽快送医院进行高级生命支持。
>
> 5. 搬动患者时,根据患者的伤情,采取不同的搬运方式,若腰背部先着地,可能造成脊柱骨折,损伤脊髓,引起下肢瘫痪,不宜随意搬动,应三人水平移动。颈椎损伤者应固定颈椎后再搬运,对骨折患者应初步固定后再搬运。
>
> 6. 对于高处跌落或有出血的患者,首要观察伤病员的意识,有无昏迷、休克等现象,尽可能了解患者首先着地部位。如头部先着地,同时伴有呕吐、昏迷等症状,首先考虑颅脑损伤,应尽快送医院抢救。对有颅底骨折的患者,患者的耳、鼻可能有血液流出,不可填塞或冲洗,以免造成颅内压增高或反流引起颅内感染,造成二次伤害,危及患者生命。此时,应让患者取头高卧位,尽可能避免咳嗽、打喷嚏和擤鼻涕。
>
> 7. 有出血者,应临时上止血带并记录时间。止血时应注意每隔30~60分钟松开止血带1次,以免造成组织缺血性坏死。祛除口腔异物,保持呼吸道通畅。运送伤员时应注意脚在前、头在后,便于救援者观察伤情变化。
>
> 常见外伤的创面早期处理、骨折现场固定、止血带应用(拓展阅读)

【问题3】患者在转送综合医院过程中,全科医生应注意哪些问题?

思路:

1. 向上级医院提供接诊时社区病例以及前期处理资料。

2. 建立通道,维持生命体征。

3. 保持呼吸道通畅,对疼痛剧烈者必要时镇痛治疗。

【问题4】对于跌伤,全科医生在预防中的角色。

思路:跌伤一般都发生在家庭或工作中,全科医生往往并不能够阻止事件的发生,但可以通过安全性卫生宣教,降低其发生率。

1. 老年人在家中常活动的地方尽量避免地面湿滑或有障碍物,如卫生间、厨房、阳台。

2. 外出有坡的地方应该设有醒目的提示,并在家庭日常宣教中告知。

3. 对于人群经常出入的地方,如有高坡,应设立安全屏障。

三、自杀

自杀可以发生在各个年龄段。关于自杀的方式和手段,要与自杀工具的易获得性和自杀手段的易操作性有关。我国农村多为自缢、服毒、自溺或自伤,城市则多为服毒、自伤、跳楼、煤气中毒或卧轨;国外的自杀方式和手段常常以枪械和车为主。

临床病例

主观资料(S):患者,女性,35岁,被发现浅昏迷来诊,送诊者在患者昏迷时的身边发现有洒落药品和镇静催眠药的包装盒。

【问题1】患者是否因镇静催眠药引起的昏迷?是否是自杀?还是其他原因引起?

思路:根据现场及患者情况,患者自杀使用药物可能性较大,大多与中毒有关,但不排除年轻人脑血管病变引起的昏迷,如蛛网膜下腔出血,患者因头痛仅用镇静药物,现场给人造成假象。

知识点

1. 引起昏迷的原因包括脑血管意外、低血糖、高渗性昏迷等自身疾病,药物中毒(自服、误服、他杀)。

2. 若患者自杀,是否存在潜在性诱因,如抑郁症、与他人矛盾的激化等。

3. 对于中毒引起的昏迷,其临床表现有两方面。①神经系统症状,表现为嗜睡、神志恍惚,甚至昏迷、言语不清、瞳孔缩小、共济失调、腱反射减弱或消失。②呼吸与循环系统,表现为呼吸减慢或不规则,严重时呼吸浅慢甚至停止;皮肤湿冷、脉搏细速、发绀、尿少、血压下降、休克。

临床病例(续)

客观资料(O):

查体:体温 36℃,呼吸 12 次/min,脉搏 96 次/min,血压 100/70mmHg;瞳孔 2mm,等大等圆,对光反射存在,颈软;肺呼吸音清,未闻及明显干湿啰音,心音有力,心律齐,心率 96 次/min,各听诊区未闻及异常心音及杂音;腹平软,无压痛及反跳痛,肝脾未及,双下肢无水肿;生理反射存在,病理反射未引出。询问患者家属,既往有轻度抑郁症病史,未正规治疗。否认糖尿病、高血压病史。

【问题2】根据以上临床表现,诊断是否明确?还需补充哪些检查?

思路:根据临床表现,患者中毒存在自杀的因素,结合现场环境,提示了自杀的可能,但应排除中枢神经系统疾病和其他疾病。

知识点

1. 自杀的常见因素

(1)疾病:大量调查研究表明,精神疾病,尤其是抑郁症、敌意、边缘人格、攻击性行为与自杀有密切关系,久病不愈或身患绝症也是自杀的主要原因之一。

(2)模仿:是青少年和儿童自杀的主要原因。

(3)家境:患者与身边亲人的关系直接影响患者的精神状态。

(4)教育:教育方法不当,德育和心理卫生教育缺失,导致部分人员意识畸形发展,自制力较差,无责任感,人际关系不佳,行为易受感情冲动所支配,挫折承受力差而轻生。

2. 排除其他因素引起昏迷应补充的检查　如血常规、尿常规、血生化、血糖、甲状腺功能、头颅CT、毒物的检测。

临床病例(续)

处置计划(P):①清除体内尚未吸收的毒物;②维持生命体征。

【问题3】如何清除体内毒物和注意事项?

思路:应根据毒物进入体内的方式、毒物的种类,选择不同的清除方法。

知识点

1. 毒物进入体内的方式有口服、皮肤吸收、呼吸道吸入、血管内注射等。

2. 不同的毒物其清除的方法各不相同,包括催吐、洗胃、血液净化等,强酸强碱中毒禁止洗胃和催吐。应尽可能地了解毒物的性质。

3. 保持呼吸道通畅,吸氧;酌情使用呼吸兴奋剂,维持呼吸功能;必要时应用呼吸机辅助呼吸。

4. 特殊解毒药物的使用,如有拮抗毒物的药物应尽早使用。

5. 促进药物排泄,可以使用利尿剂等。

6. 对症支持治疗。

临床病例(续)

处置计划(P):康复期心理指导和基础疾病的诊疗计划。

【问题4】全科医生如何进行康复期的指导?

1. 加强心理疏导,提高患者对挫折的耐受力。

(1)克服障碍,使需要得到满足。

(2)回避困难,通过别的途径达到目的。

(3)改变目标,用其他需要代替原来需要。

(4)压抑需要,暂缓或放弃满足。对待挫折最好的办法是克服,应用理智、代偿、转移、幽默、升华、宣泄、自慰等心理技术来制怒消愁,适应环境,以便平安地渡过危机。

2. 重视自杀预兆,使自杀消灭在萌芽之中。

【问题5】全科医生如何对患者进行基础疾病的治疗?

思路:根据病史提供的资料,患者存在着抑郁症,基础疾病的治疗是预防自杀的重要手段,并防止类似事件的再次发生。

知识点

1. 建立健康档案,纳入重点监管范围。

2. 药物治疗　包括治疗目标、治疗原则、治疗的药物、心理治疗。

3. 对控制不良的患者应由专科医生治疗。

知识点

大多数自杀者在死前表露过欲死的态度或自杀的苗头,通过暗示或直截了当透露出自己的打算,多数陷入苦恼中的自杀者都希望获得别人的帮助,这种现象成为"自杀沟通",这是自杀行为可以预防和救助的基础。

【问题6】全科医生在预防自杀中的作用?

思路:自杀的干预主要在于预防,全科医生应加强心理辅导、健康宣教,做好三级预防。

知识点

自杀的三级预防

一级预防:主要是指预防个体自杀倾向的发展。一级预防的主要措施有管理好农药、毒药、危险药品和其他危险物品,监控有自杀可能的高危人群,积极治疗自杀高危人群的精神疾病或躯体疾病,广泛宣传心理卫生知识,提高人群应付困难的能力。

二级预防:主要是指对处于自杀边缘的个体进行危机干预。通过心理热线咨询或面对面咨询服务帮助有轻生念头的人摆脱困境,打消自杀念头。

三级预防:主要是指采取措施预防曾经有过自杀未遂的人再次发生自杀。

四、动物伤害

自然界中能够攻击人类造成损伤的动物有数万种,它们利用其牙、爪、角、刺等袭击人类,造成咬伤(bite)、蜇伤(sting)和其他损伤(包括过敏、中毒、继发感染、传染病)。大多数动物伤害是由人类熟悉的动物(包括宠物)所致。其中常见的有狗、猫、鼠咬伤及蜂蜇伤等。

临床病例

主观资料(S):患者,男性,30岁,因"右下肢被狗咬伤后半小时"来诊。

【问题1】常见狗、猫、鼠类多咬伤在哪些部位? 如何判定咬伤的严重程度?

思路:狗、猫、鼠咬伤部位以下肢、上肢、头面部、颈部多见。创口严重程度取决于动物的大小、撕咬力度、凶悍性以及咬伤时的具体状况。不但要考虑到毒物伤害的直接损伤,还要考虑到其他因素带来的间接伤害,有时间接伤害比直接伤害更为严重。

知识点

咬伤时,除造成局部组织撕裂损伤外,由于动物口腔牙缝、唾液内常存在有多种致病的细菌或病毒,尤其是厌氧菌大量存在,如破伤风杆菌、气性坏疽杆菌族、梭状芽孢杆菌、螺旋体等,可造成伤口迅速感染。因动物咬伤的伤口常较深、组织破坏多,更适合于厌氧菌的繁殖,因此,感染可发展到严重状态。另外,若动物已感染了狂犬病毒,动物口腔中的分泌物含的狂犬病毒可通过伤口感染人体,引起狂犬病。鼠类咬伤还可能引起流行性出血热甚至鼠疫等严重传染病。

临床病例(续)

客观资料(O):

查体:体温36.0℃,呼吸15次/min,脉搏90次/min,血压120/70mmHg;瞳孔3mm,等大等圆,对光反射存在,颈软;肺呼吸音清,未闻及明显干湿啰音,心音有力,心律齐,心率90次/min,各听诊区未闻及异常心音及杂音;腹平软,无压痛及反跳痛,肝脾肋下未及;双下肢无水肿,右下肢可见一3cm×4cm撕裂伤口,创面不整齐,有血痂;生理反射存在,病理反射未引出。

【问题2】动物咬伤的临床特点包括哪些?

思路:

哺乳动物的咬伤特点:局部有利牙撕咬形成的牙痕和伤口,周围组织水肿,皮下出血、血肿,局部疼痛。部分病例在8~24小时后出现伤口感染表现,伤口疼痛逐渐加剧,周围渐出现红肿、脓性分泌物。从咬伤部位向外扩散呈线状红丝,咬伤部位可有局部淋巴结肿大。如无全身并发症,一般较轻,若产生并发症,如伤口感染、淋巴管炎、发热,甚至脓毒症等较重临床症状。对于狂犬病,有一定的潜伏期,常为数日至数年不等,潜伏期较短者诊断相对容易,如潜伏时间较长,应追询病史,及时诊断和治疗。

鼠咬伤和蜂蜇伤的特点及处理(拓展阅读)

临床病例(续)

处置计划(P):①伤口处理;②狂犬病免疫处理。

【问题3】如何清创?

思路:

处理原则:当伤口轻微时,可不缝合,也可不包扎,立即用肥皂水或清水彻底冲洗伤口至少15分钟,也可用大量过氧化氢冲洗。然后用2%碘酒或75%酒精涂擦伤口消毒处理。创面可用透气性敷料覆盖。伤口较大或者面部重伤影响面容或者功能时,确需缝合的,在完成清创消毒后,应当先用被动免疫制剂进行伤口周围的浸润注射,以中和病毒。数小时后(不少于2小时)再行缝合和包扎。对于伤口较大或较深者应放置引流条,引流伤口污染物及分泌物。缝合前一定要进行规范的清创。清创时应进行局部麻醉,使患者能耐受彻底冲洗伤口,清除坏死组织,对所有伤口都要进行被动免疫制剂(抗毒血清)的浸润注射。缝合的目的是止血,一般采用稀疏缝合,有利于伤口愈合,也可以减轻患者换药的痛苦,减少瘢痕残留。除常规被动免疫制剂、破伤风抗毒素、人用狂犬病疫苗外,还要常规给予广谱抗生素,同时需预防伤口局部厌氧菌感染。

知识点

狂犬病疫苗接种程序:动物咬伤后伤者应于 0(注射当日)、3、7、14、28 日各注射狂犬病疫苗 1 个剂量(儿童用量相同)。注射部位为上臂三角肌肌内注射。婴幼儿可在大腿前外侧肌内注射。禁止臀部注射。

临床病例(续)

处置计划(P):当伤口处理后,应制订后续的诊疗计划和预防同类事件的再次发生。加强监管,普及狂犬病防治知识,加大狂犬病防治知识宣传。

知识点

1. 全科医生在社区全年要进行至少一次狂犬病预防宣传工作,让广大群众知道狂犬病预防的重要性,以及狂犬病会带来的严重后果,将狂犬病的预防知识作为健康教育板报必须内容。
2. 狂犬病毒由狗携带,猫、鼠或其他动物均可携带,一旦受伤后,均应及时按规定注射狂犬病疫苗。
3. 家庭饲养宠物的均应对其进行减毒活疫苗的预防性接种。

(蒋静涵)

中英文名词对照索引

B

保密原则（principle of keeping secret）　82

病例发现（case finding）　60

波状热（undulant fever）　123

不规则热（irregular fever）　123

不伤害原则（principle of non-maleficence）　81

C

诚信（sincerity）　78

弛张热（remittent fever）　123

D

道德（morality）　80

第二级预防（secondary prevention）　55

第三级预防（tertiary prevention）　55

第一级预防（primary prevention）　55

毒性弥漫性甲状腺肿（toxic diffuse goiter）　302

短暂性脑缺血发作（transient ischemic attack，TIA）　273

F

发热（fever）　122

肺癌（lung cancer）　324

腹痛（abdominal pain）　137

G

甘油三酯（triglyceride，TG）　264

公正原则（principle of justice）　82

沟通（communication）　77

骨关节炎（osteoarthritis，OA）　287

骨质疏松症（osteoporosis，OP）　252

冠心病（coronary heart disease，CHD）　190

冠状动脉粥样硬化性心脏病（coronary atherosclerotic heart disease）　190

H

化学预防（chemoprophylaxis）　62

回归热（relapsing fever）　123

J

稽留热（continued fever）　123

急性腹痛（acute abdominal pain）　138

急性冠脉综合征（acute coronary syndrome，ACS）　190

疾病管理（disease management）　100

疾病筛查（screening）　58

家庭评估（family assessment）　33

家庭圈（family circle）　34

家庭生活周期（family life cycle）　30

家庭资源（family resource）　31

家系图（genogram，family tree）　34

甲状腺毒症（thyrotoxicosis）　300

甲状腺功能减退症（hypothyroidism）　304

甲状腺功能亢进症（hyperthyroidism）　300

间歇热（intermittent fever）　123

健康（health）　83

健康档案（health record）　95

健康风险评估（health risk assessment）　96

健康管理（health management）　94

健康咨询（health counselling）　57

K

咳嗽（cough）　106

咳嗽变异性哮喘（cough variant asthma，CVA）　108

L

理性（reason） 78

临床思维（clinical thinking） 64

临床预防（clinical prevention） 56

临床诊断策略（diagnostic strategy） 68

临床诊断思维（diagnostic thinking） 64

临终关怀（hospice care） 83

伦理（ethics） 80

M

慢性腹痛（chronic abdominal pain） 138

慢性阻塞性肺疾病（chronic obstructive pulmonary disease，COPD） 215

免疫接种（immunization） 61

N

脑出血（intracerebral hemorrhage，ICH） 280

脑梗死（cerebral infarction） 273

脑血管病（cerebrovascular disease，CVD） 273

尿路感染（urinary tract infection，UTI） 124

P

平等（equality） 78

Q

全科医生（general practitioner） 8

全科医学（general practice） 2

缺血半暗带（ischemic penumbra） 276

缺血性心脏病（ischemic heart disease） 190

缺血性卒中（ischemic stroke） 273

R

人际沟通（interpersonal communication） 77

S

社区为导向的基层医疗（community-oriented primary care，COPC） 49

社区卫生服务（community health service） 47

社区卫生需求评价（community health needs assessment） 50

社区医学（community medicine） 47

社区医学教育（community medical education） 48

社区诊断（community diagnosis） 50

慎言（cautious） 78

失眠（insomnia） 152

嗜睡（hypersomnia） 153

T

头晕（dizziness） 130

W

胃癌（gastric carcinoma） 329

胃食管反流病（gastroesophageal reflux disease，GERD） 239

稳定性冠心病（stable coronary artery disease，SCAD） 193

X

消化性溃疡（peptic ulcer，PU） 247

血脂异常（dyslipidemia） 264

胸痛（chest pain） 113

眩晕（vertigo） 130

Y

验前概率（pre-test probability，PTP） 193

腰背痛（lumbodorsalgia） 145

腰椎间盘突出症（lumbar disc herniation） 147

医德（medical morality） 80

医德监督（medical ethics supervision） 84

医德评价（medical ethics evaluation） 84

医德修养（medical ethics accomplishment） 84

医患沟通（doctor-patient communication） 79

医患关系（doctor-patient relationship） 73

医患关系模式（doctor-patient relationship model） 74

医学伦理学（medical ethics） 80

移情（empathy） 78

以人为中心的健康照顾（person-centered care） 17

以预防为导向的健康照顾（prevention-oriented care） 54

意识障碍（disturbance of consciousness） 378

有利原则（principle of beneficence） 81

预防医学（preventive medicine） 54

Z

支气管哮喘（bronchial asthma） 226

知情同意原则（principle of informed consent） 81

脂蛋白异常血症（dyslipoproteinemia） 264

治疗时间窗（therapeutic time window） 276

中暑（heat illness） 378

周期性健康检查（period health examination） 59

蛛网膜下腔出血（subarachnoid hemorrhage，SAH） 280

卒中（stroke） 273

尊重（respect） 78

尊重原则（principle of respect） 81

推荐阅读文献

［1］陈孝平，汪建平，赵继宗 . 外科学 . 9 版 . 北京：人民卫生出版社，2018.
［2］方力争，贾建国 . 全科医生手册 . 2 版 . 北京：人民卫生出版社，2017.
［3］葛均波，徐永健，王辰 . 内科学 . 9 版 . 北京：人民卫生出版社，2018.
［4］郝伟，陆林 . 精神病学 . 8 版 . 北京：人民卫生出版社，2018.
［5］李兰娟，任红 . 传染病学 . 9 版 . 北京：人民卫生出版，2018.
［6］梁万年，路孝琴 . 全科医学 . 2 版 . 北京：人民卫生出版社，2018.
［7］任菁菁 . 全科常见未分化疾病诊疗手册 . 2 版 . 北京：人民卫生出版社，2020.
［8］万学红，卢雪峰 . 诊断学 . 9 版 . 北京：人民卫生出版社，2018.
［9］于晓松，季国忠 . 全科医学 . 北京：人民卫生出版社，2016.
［10］于晓松，路孝琴 . 全科医学概论 . 5 版 . 北京：人民卫生出版社，2018.
［11］赵忠新 . 睡眠医学 . 北京：人民卫生出版社，2016.
［12］祝墡珠 . 全科医生临床实践 . 2 版 . 北京：人民卫生出版社，2017.
［13］尿路感染诊断与治疗中国专家共识编写组 . 尿路感染诊断与治疗中国专家共识 (2015 版)——复杂性尿路感染 . 中华泌尿外科杂志，2015, 36 (4): 241-243.
［14］魏丽惠，沈丹华，赵方辉，等 . 中国子宫颈癌筛查及异常管理相关问题专家共识 (二). 中国妇产科临床杂志，2017, 18 (03): 286-288.
［15］魏丽惠，赵昀，沈丹华，等 . 中国子宫颈癌筛查及异常管理相关问题专家共识 (一). 中国妇产科临床杂志，2017, 18 (02): 190-192.
［16］张瑾，陈薇，刘蕾 . 2017 年《NCCN 乳腺癌筛查和诊断临床实践指南》(第 1 版) 更新与解读 . 中国全科医学，2017, 20 (24): 2939-2943.
［17］赵水平 . 中国成人血脂指南修订中降脂原则的思考 . 中华心血管病杂志，2016, 44 (10): 901-902.
［18］中国成人血脂异常防治指南修订联合委员会 . 中国成人血脂异常防治指南 (2016 年修订版). 中华心血管病杂志，2016, 44 (10): 833-853.
［19］中国成人血脂异常防治指南修订联合委员会 . 中国成人血脂异常防治指南 (2012 年修订版). 中国循环杂志，2016, 31 (10): 937-951.
［20］中国康复医学会脊柱脊髓专业委员会专家组 . 中国急 / 慢性非特异性腰背痛诊疗专家共识 . 中国脊柱脊髓杂志，2016, 26 (12): 1134-1138.
［21］中国抗癌协会乳腺癌专业委员会 . 中国抗癌协会乳腺癌诊治指南与规范 (2017 年版). 中国癌症杂志，2017, 27 (9): 695-759.
［22］中华传染病杂志编辑委员会 . 发热待查诊治专家共识 . 中华传染病杂志，2017, 35 (11): 641-655.
［23］中华心血管病杂志编辑委员会，胸痛规范化评估与诊断共识专家组 . 胸痛规范化评估与诊断中国专家共识 . 中华心血管病杂志，2014, 42 (8): 627-632.
［24］中华医学会，中华医学会杂志社，中华医学会全科医学分会 . 支气管哮喘基层诊疗指南 (2018 年). 中华全科医师杂志，2018, 17 (10): 751-762.
［25］中华医学会儿科学分会呼吸学组，《中华儿科杂志》编辑委员会 . 儿童支气管哮喘诊断与防治指南 (2016 年版). 中华儿科杂志，2016, 54 (3): 167-181.
［26］中华医学会骨科学分会关节外科学组 . 骨关节炎诊治指南 (2018 年版). 中华骨科杂志，2018, 38 (12): 705-715.
［27］中华医学会呼吸病学分会哮喘学组 . 咳嗽的诊断与治疗指南 (2015). 中华结核和呼吸杂志，2016, 39 (5): 323-354.
［28］中华医学会呼吸病学分会哮喘学组 . 支气管哮喘防治指南 (2016). 中华结核和呼吸杂志，2016, 39 (9): 675-697.
［29］中华医学会内分泌学分会 . 成人甲状腺功能减退症诊治指南 . 中华内分泌代谢杂志，2017, 33 (2): 167-180.
［30］中华医学会神经病学分会，中华神经科杂志编辑委员会 . 眩晕诊治多学科专家共识 . 中华神经科杂志，2017, 50

(11): 805-812.

［31］ 中华医学会神经病学分会，中华医学会神经病学分会脑血管病学组．中国急性缺血性脑卒中诊治指南 2018. 中华神经科杂志，2018, 51 (9): 666-682.

［32］ 中华医学会神经病学分会，中华医学会神经病学分会脑血管病学组．中国缺血性脑卒中和短暂性脑缺血发作二级预防指南 2014. 中华神经科杂志，2015, 48 (4): 258-273.

［33］ 中华医学会糖尿病学分会，国家基层糖尿病防治管理办公室．国家基层糖尿病防治管理指南 (2018). 中华内科杂志，2018, 57 (12): 885-893.

［34］ 中华医学会心血管病学分会，中华心血管病杂志编辑委员会．非 ST 段抬高型急性冠状动脉综合征诊断和治疗指南 (2016). 中华心血管病杂志，2017, 45 (5): 359-376.

［35］ 中华医学会心血管病学分会介入心脏病学组，中华医学会心血管病学分会动脉粥样硬化与冠心病学组，中国医师协会心血管内科医师分会血栓防治专业委员会，等．稳定性冠心病诊断与治疗指南．中华心血管病杂志，2018, 46 (9): 680-694.

45